제3판

산업재해보상보험 및 자동차보험 청구실무

박 기 수 저

계축문화사

제3판 머리말

겨울답지 않은 포근한 날씨에 2019년 크리스마스 캐럴이 거리를 울리고 있는 가운데 오늘도 산업현장의 폭발사고와 도로에서의 교통사고로 사람들이 다쳤다는 소식이다. 그들도 우리 중 누군가의 가족일텐데 이 아름다운 아침에 사고 소식은 우리의 마음을 아프게 한다.

2017년 7월에 제2판을 출판하고 시간이 다소 지났다. 2017년 5월은 한국의 정치사에서 또 하나의 변혁의 시기였다고 할 수 있다. 이러한 변혁의 시기는 사회구조적으로도 많은 변화를 초래하게 될 것으로 보았으며 그로부터 3년이 되어가는 2020년을 맞이하는 시점에서 경제사회적으로 실제로 많은 변화가 있다.
산재보험과 자동차보험은 사회경제적인 분야와 정부의 국민에 대한 복지정책과도 밀접하게 연동되고 있다고 볼 수 있으며 그런 의미에서 정치사회의 변혁은 산재보험과 자동차보험에도 미치는 영향이 있다고 할 것이다.

이번 3판의 개정 방향은 정치사회의 변혁에 따라 새로운 사회의 등장에 따른 경제사회적인 변화의 측면에서 도입되는 산재보험과 자동차보험의 보장성 확대 및 그간의 법적 및 판례의 변화에 대하여 좀 더 기술하고자 하였다.

법령은 이 시간에도 개정되고 있다. 제2판 발행 후 2년 반이 지나는데도 많은 분야에서 법령이 바뀌었다. 법령이 살아있다는 느낌이다. 마치 바다의 파도처럼 잠시도 가만있지 않는다.

법은 한 사회의 나아가는 방향을 설정하는 기준이 되며 이것은 제도와 문화를 형성한다. 그리고 그 문화는 오랫동안 지속된다. 우리나라의 산재보험과 자동차보험도 오랫동안의 법체계 속에서 지금까지 발전해 왔고 앞으로도 발전할 것이다. 그런 의미에서 산재보험과 자동차보험의 지속적인 개정은 변화하고 발전하는 그 사회를 반영하고 미래를 선도하기 위하여 반드시 필요한 일일 것이다.

우리는 이 개정판에서 가장 최신의 법령과 각종 기준을 반영하려고 하고 있지만 법 개정의 속도를 즉시즉시 반영하지는 못한다. 따라서 이 개정판에 모두 담지 못하는 내용은 필요한 경우 국가법령정보센터나 고용노동부, 근로복지공단, 국토교통부, 건강보험심사평가원 등 관계기관의 홈페이지에서 정보를 획득하여 사용할 수밖에 없다는 것을 미리 알리고자 한다. 다만 저자는 앞으로도 지속적으로 개정되는 법령과 기준, 판례, 제도, 문화와 사례들을 최선을 다하여 다음 기회에도 새로운 책에 반영하려고 노력할 것이다.

이번 개정판을 위하여 새롭게 전 부분을 다시 검토해보니 많은 곳에서 오자나 탈자, 법조문 오류 등 부끄러운 부분이 많았음을 솔직히 고백하고 고치려고 노력하면서 독자님들의 넓은 이해를 바라고자 한다.

끝으로 이 책의 보다 나은 개선을 위하여 노고를 아끼지 않는 계축문화사의 사장님과 잠자고 있는 저자를 깨우게 하는 관계자님들께 깊이 감사드리며, 특히 졸저로 수업하시고 수업을 받는 여러 교수님들과 학생들, 독자님들께 진심으로 감사드린다.

2020년 새해를 시작하며

錦山齋에서

저자 올림

머리말
Preface

산재보험은 1964년 우리나라에서 최초로 시행된 사회보험이다. 1960년대 이후 우리나라가 경제개발 시대로 접어들면서 사업장이 현대화 및 대규모화, 다양화되고 근로자의 수도 크게 증가하기 시작하였다. 이에 따라 전 국가적 차원에서 산업재해의 보장은 시대적 사명이 되었고 산업재해보상보험도 필수적으로 도입될 수밖에 없었다.

산재보험은 당초 근로기준법에서 재해보장을 규정하였으나 점차 발전하여 가는 사회경제 상황에 따라 사업주들은 근로자들의 재해보장과 건강증진은 물론 산업재해의 예방과 보상으로 사업주들에게도 경제적 부담을 경감시킬 수 있는 제도가 되고 국가적으로도 반드시 필요한 사업이 되는 것이다.

산재보험은 초기에 정부기관에서 담당하여 그나마 상당히 체계적으로 운영되어 왔고 산재의료기관들도 그에 따라 관리되어 왔으나 현재와 같은 산재보험 수가체계가 완성된 것은 1995년 건강보험 수가체계로 통합되면서부터라고 보아야 할 것이다.

산재보험은 타 사회의료보험과 달리 근로복지공단의 승인과 그에 따른 매우 많은 종류의 서류를 필요로 하는 제도이다. 이에 따라 산재보험 의료기관들은 산재보험 환자관리가 다른 환자들에 비해 훨씬 까다롭고 어려운 것으로 생각되어 왔다.

우리나라에 현대적 의미의 자동차보험이 도입되어 운용되기 시작한 것은 1963년도부터이다. 자동차산업과 자동차보험은 우리나라의 경제사회 및 국가의 발달과 함께 많은 발전을 추구해 왔으며 2015년 6월말 현재 우리나라의 자동차 등록대수는 2055만대로 거의 모든 국민이 자동차보험의 적용대상으로 보아도 무리가 없을 것이다.

자동차보험은 자동차를 보유한 사람이 자동차를 소유, 관리, 운행하는 동안에 발생하는 사고에 대하여 타인을 보상하기 위하여 보험제도를 통하여 위험을 분산하고 경제적 경감을 기하고자 가입하는 제도이다.

국가와 경제, 사회가 발전해 오는 과정에서 자동차보험도 가입대상을 비롯 보장 분야에서도 지속적인 발전을 하여 현재에 이르고 있음은 그간의 자동차보험법의 역사를 통하여 이해할 수 있다.

그러나 이러한 보장 범위의 확장에도 불구하고 아직도 자동차보험에 가입하지 않거나 적용을 받지 못하는 대상자가 있는가 하면 보험 급여 적용범위도 손해배상의 특성상 새롭게 발전하는 산업의 특성에 따른 변화를 적시에 수용하지는 못하고 있는 것도 현실이다. 특히 국가 및 국민들의 수준에 맞는 자동차보험의 부정 수급 등 보험 사기와 도덕적 해이 등은 자동차보험이 지향해야 할 자동차보험 문화발전의 중요한 과제이다.

자동차보험은 초기에는 한국자동차보험이 단일 사업자로 운영되어 왔고 자동차보험 의료기관들도 그에 따라 관리되어 왔으나 현재는 자동차보험을 자유화하여 모든 보험사가 담당을 하고 있고 자동차보험 수가체계가 1995년 건강보험 수가체계를 이용한 의료보수 고시와 이후 1999년 현재와 같은 자동차보험 진료수가 기준을 확립하게 되었다.

산재보험에 관하여는 그간 노동법적 차원에서 산재보험의 법률적인 부분에 대한 저술서들이 있고 공인노무사 수험용으로 산재보험법에 관한 수험서 등이 발행되어 왔으나 자동차보험에 관해서는 법률적인 부분에 대해서도 별로 없고 손해사정사 수험용으로 자동차보험법에 관한 서적 등이 발행되어 왔으나 점차 전문화되어 가는 산재보험과 자동차보험 의료관리 실무에 대한 구체적인 해설서나 지침서가 없어 의료기관의 담당자들은 전통적인 지식과 선배로부터의 구전학습으로만 이어져 와 매우 아쉬운 상황이었다.

또한 최근에는 대학의 의료경영 및 보건행정 계열에서도 산재보험 및 자동차보험에 관한 강의가 개설되고 있으나 전문적인 교재로나 의료기관의 실무에서 그대로 사용하기는 다소 아쉬운 것이 사실이다.

산재보험과 자동차보험은 둘 다 건강보험 체계를 준용하고 있지만 산재보험 환자 및 자동차보험 환자에 대한 진료 및 진료비청구, 보상이라는 건강보험과는 다른 체계라는 특성을 반영한 진료관리가 필요하고 건강보험과 산재보험, 자동차보험 등과 관련되는 업무를 같이 수행해야 하는 네트워크적이고 융합적인 사고도 필요하다.

따라서 이 책에서는 기본적으로 저자가 수십년간 일선 산재보험 및 자동차보험 의료기관에서 근무한 경력과 또 대학에서 다년간 산재보험과 자동차보험 과목을 강의한 경험을 기초로 하여 산재 및 자동차보험 의료기관에서 산재보험 및 자동차보험환자를 관리하는 담당자와 대학의 강의자 입장에서 산재보험과 자동차보험의 제도와 환자관리, 진료 및 장해, 진료비청구, 심사 지급 및 근로자 및 환자의 권리보장과 진료관계, 산재보험 및 자동차보험의 문화발전 등을 폭넓게 다루면서 산재보험 환자 및 자동차보험 환자에 관한 전문적이고 다양한 실무지식을 구성하려고 하였다.

특히 자동차보험의 진료비의 청구와 심사를 건강보험심사평가원에서 시행하고 있고 산재보험 진료비도 심사평가원에서 실시할 수도 있으므로 모든 사회보장성 환자들의 진료비가 건강보험 진료수가 체계로 단일화되어 가고 그에 관한 실무적인 사항도 점차 까다로워지는 과정에 있어 이를 정확하게 이해하고 실무를 습득하는 일이 매우 중요해지게 되었다.

이 책은 의료기관에서 산재보험과 자동차보험 업무를 담당하는 담당자와 대학에서 관련 과목을 수강하는 학생들에게 매우 도움이 될 것이다. 아울러 각 사업장에서 산재업무를 담당하는 실무자들은 물론 노무관련 업무를 담당하는 전문가 및 이를 준비하는 수험생들에게도 산재보험 의료를 이해하는데 도움이 될 것으로 생각한다.

또한 자동차업무를 담당하는 실무자들은 물론 손해사정사 수험을 준비하는 수험생들에게도 자동차보험 의료를 이해하는데 도움이 될 것으로 생각한다.

이 책이 나오기까지 많은 분들의 도움을 받았다. 우선 힘든 여건 속에서도 인고의 시간을 극복할 수 있도록 자극을 준 아내에게 감사를 한다. 또한 아버지의 일에 자기 일처럼 적극적으로 성원을 해 주고 있는 아들에게도 감사를 한다.

특히 늘 좋은 말씀으로 용기와 지혜를 주시는 마산대학교 보건행정과의 여러 교수님들께 깊은 감사를 드린다.

그리고 이렇게 졸저인 내용을 흔쾌히 발행하여 주겠다는 계축문화사의 주영일 사장님과 관계자분들께 깊이 감사드리고 앞으로도 사정이 허락하는 한 좋은 내용의 글로 보답하기를 약속드린다.

2015. 겨울의 문턱에서

錦山齋에서

박 기 수

산재보험에서 주로 개정된 내용

■ 주요 신설, 추가된 부분

1. 업무상 재해의 분류에서 출퇴근 재해 및 직장내괴롭힘에 대한 내용
2. 대리운전자 등에 대한 근로자의 판단에 대한 확장
3. 법령 개정 및 대법원 판결로 인한 최저임금에 포함되는 내용의 변화
4. 산재관리의사에 대한 지원근거의 신설
5. 의학적 판단을 위한 자문의사회의 참석 및 그밖에 공단이 요청하는 이송에 대한 요양비의 지급
6. 산재전문의료기관으로서 재활인증의료기관의 신설
7. 치료보조기구, 보청기, 신경인지기능검사의 산재추가
8. 전원요양신청소견서 등에 대한 수수료 지급의 확대
9. 전문재활치료료 및 처치료, 예방접종비용의 산재수가에 포함
10. 합병증 등 예방관리에 관한 사항의 진료일반기준
11. 전원요양의 절차 및 유예 추가
12. 병행진료 대상의 추가
13. 심사자문회의 위원의 제척 관련 규정 신설
14. 보험 급여의 거짓, 부정수급에 대한 조력자에 대한 벌칙 신설
15. 산재심사위원회 위원 직무 관련 비위사실자 면직규정 추가
16. 요양중인 근로자의 사망, 자해, 자살시도 등에 대해 공단통보사항 추가
17. 산재의료기관 지정기준 중 장해진단서 정확히 작성, 전원 및 진찰요구, 예방관리 약제와 치료용 약제 구분, 업무상 재해로 내원시 산재보험처리 설명의무 추가
18. 산재보험 의료기관 지도점검 내용에 산재의료기관 지정조건 준수, 보험급여까지 확대
19. 의료기관 지도점검 내용 중 외출외박현황 등에 대해서도 서면/전자문서로 비치하도록 함
20. 의료기관 개설 무자격자의 개설/면허대여/법인명의대여 등을 이사장에게 보고하도록 함

■ 주요 변경부분

1. 상병보상연금제도 중 “폐질”을 “중증요양상태”로 용어 변경

2. 법령명칭을 "공무원연금법"에서 "공무원재해보상법"으로 변경
3. 산재보험 가입대상에서 상시근로자 수를 1명에서 5명으로 변경
4. "요양신청서"를 "요양급여신청서", "산재소견서"를 "요양급여신청소견서" 등으로 명칭 변경
5. 특진의료기관의 업무상 질병자에 대한 상담, 안내 등 필요한 지원을 규정
6. 합병증 등 예방관리부분을 보다 구체적으로 정리
7. 휴업급여 통합청구 동시제출 및 입원근로자는 5일이내에 전달치 지급하도록 규정
8. 기타 장해등급 기준에서 신체부위 표시를 한문적, 영어적 용어에서 한글적 용어로 순화
9. 유족 보상에서 자녀, 손자녀의 연령을 일괄 19세에서 자녀 25세, 손자녀 19세로 분리
10. 우수의료기관 인센티브 지급 규정을 이동(재활+평가 재정적 지원-요양급여기준 2조의2로, 규정37조로 옮김)
11. 간병료 지급에서 "자체인력"에서 "간병제공"으로 포괄화함
12. "가정산소치료"를 "산소치료"로, 진료과목 명칭을 "비뇨기과"에서 "비뇨의학과"로, "정신과"를 "정신건강의학과"로 각각 변경, 의료법령변경에 따른 "신고필증"을 "신고증명서"로, "산재사고"를 "업무상재해"로 용어를 통일하고 "공단직영병원"을 "소속병원"으로 변경
13. 의료기관 현지조사시 "미리 알림"을 "알림"으로 변경, 행정절차법 준수하지만 사전예고없이 즉시통보도 가능하도록 함
14. 산재보험 재심사위원회 재심사위원의 수를 60명에서 90명으로 확대
15. 소멸시효를 기본은 3년이며 장해급여, 유족급여, 장의비 등은 5년으로 연장
16. 산재보험 의료기관의 위반행위 개선을 위한 청문절차에서 지정취소나 진료제한의 위반행위를 "3회 이상"에서 "2회 이상"으로 강화
17. 의료법 위반 산재보험 의료기관 자격정지처분자에게 진료제한조치, 개선명령을 하지 아니한다라고 규정
18. 지정의료기관 지정, 심사, 결정, 통지는 지역본부장이, 지정취소, 변경사항 등은 소속기관장이 처리하는 것으로 이원화
19. 의료기관 현황 변경신고사항을 좀 더 세분화함

■ 삭제부분

1. 소규모주택 및 기타 건설공사 등 2천만원 미만공사 등 적용제외의 제외로 산재보험 가입 대상 적용 범위를 확대
2. 선택진료제도가 없어짐으로 관련 규칙을 삭제
3. 요양비 지급시 자문의사 미자문 지급 분야를 모두 자문으로 변경
4. 산재보험 의료기관 지정조건 중 산재근로자 진료실적이 없을 때 지정취소는 삭제

■ 보완부분

1. 산업안전법상의 산업재해조사표의 작성부분을 추가
2. 요양급여 등 결정시 자문의사회의 자문을 받을 수 있도록 한 부분을 추가
3. 팔 다리 장해에 따른 예방관리 부분을 추가

자동차보험에서 주로 개정된 내용

■ 신설, 추가부분

1. 법 적용대상자에 건설기계대여업자가 포함됨
2. 자동차보험 사업자에 캐롯손해보험이 추가됨
3. 시범재활치료에 대한 수가적용
4. 정신건강복지법에 따른 질환자 시범사업수가 추가
5. 자동차취급업자에 대리운전업이 포함
6. 진료비명세서 청구코드의 변경 및 추가
7. 심평원의 자체적인 심사지침의 제정. 시행 신설로 심사위원회/진료심사평가위원회 심의 후 공고 적용, 수정-변경, 임상진료지침-교과서 사용 가능하도록 함
8. 전자문서 접수증의 확인 중요성
9. 사고접수번호 및 지급보증번호 중요성
10. 보험회사가 가불금 구상시 반환받지 못하는 금액 정부에 청구
11. 보험금 등 사고부담금 부담에서 음주/무면허 운전에 사고후 무조치를 추가
12. 심의회의 전문심사기관에 대한 자료 및 의견요청을 추가

■ 변경부분

1. 자동차보험회사 명칭에서 동부화재를 DB화재로 변경
2. 음주운전 등 사고시 예치금액에서 200만원을 300만원으로 변경
3. 산재보험 적용대상이나 자동차보험 비적용 부분 추가
4. 상급병실제도의 변경에 따른 사항
5. 각종 자료인용시 2012년, 2017년 등의 시기별 시점을 2020년 시점으로 변경
6. 심사평가원의 자보환자 심사시 "건강보험심사위원회" 자문을 "자보심사위원회" 자문으로 독립 적용
7. 진료과목 명칭에서 비뇨기과를 비뇨의학과로 변경하고 치과를 진료과목을 세분화
8. 명세서 작성 요령 중 단어 문맥이 잘못된 부분을 바르게 정리
9. 심의회 운영규정 제정에서 국토교통부 승인 규정을 없앰
10. 보험가입의무 적용제외 대상에 자동차의 구상금 부담을 제외
11. 법령명칭변경-"공무원연금법"을 "공무원재해보상법" 등으로 변경
12. 자료 및 통계를 과거시점 자료에서 현재시점 자료로 변경
13. 용어의 변경-"요양보상"을 "의료보상"으로, "국토해양부"를 "국토교통부"로 변경 등

■ 삭제부분

1. 판례 중 이중으로 도입된 부분을 삭제함
2. 선택진료제도의 삭제
3. 심사평가원의 자동차보험심사조직/업무내용을 삭제함
4. 청구명세서 작성에서 청구방법 중 "EDI"를 삭제, 서면/포털로 단일화
5. 청구방법에서 보험회사별 별도 청구를 삭제, 보험회사기호로 통일
6. 한방응급분야 삭제

공통사항

1. 2020년 1월 1일을 기준으로 최대한 가장 최신의 법령과 자료를 사용하려고 하였다.

2. 현행법령과 기준에 따라 제3판에서 사용되는 법령 개정일자와 법령번호 등을 수정하였다.
3. 법령의 개정에 따른 조문의 추가, 변경, 삭제, 용어의 변경 등을 모두 반영하고자 하였다.
4. 제2판에서 편집이 잘못되거나 오타가 있는 부분 및 단어사용의 오류가 있는 부분을 바로잡고자 하였다.

이 책의 특징
Character

- 이 책은 대학에서 산재보험 및 자동차보험 환자관리와 관련한 수업을 듣는 학생들에게 필요한 내용으로 구성되었음
- 이 책은 산재 및 자동차보험 의료기관의 산재환자 및 자동차보험환자 담당 실무자를 위한 내용으로 구성되었음
- 이 책은 산재보험 및 자동차보험에 대한 기본 이해, 요양관리, 진료비청구, 심사지급, 권리보장, 산재보험 및 자동차보험 의료기관 관리, 문화발전론 등으로 산재보험 및 자동차보험에 관한 사항을 망라하였음
- 이 책은 의료기관의 업무 흐름에 따라 편성하였음. 따라서 실무시 업무에 대한 이해도를 높이고 수업시에도 이해도를 높일 수 있도록 하였음
- 이 책은 특히 산재보험 환자 및 자동차보험 환자와 의료기관의 권리보장과 진료관계론, 문화발전론을 강화하여 산재보험의 현상도 중요하지만 환자의 보호와 의료기관의 보호 및 장래 산재보험과 자동차보험의 문화발전을 위하여 방향을 제시하고자 하였음
- 산재보험료에 대한 사항은 다른 법률에서 구체적으로 정하고 있으므로 기본 사항만 설명하였고 자동차보험에 관한 법령을 실무차원에서 해석하였으며 구체적인 업무규정과 지침까지 일부 인용하여 해당 부분을 상세하게 설명하고 있음
- 다만 이 책이 법령에 대한 해석을 중심으로 하는 것이 아니어서 판례, 심사-재심사 등은 많이 싣지 않았고 환자관리 실무에 중점을 두었음. 다만 자동차보험 부분에서는 필요한 부분에서 법령에 대한 해석을 이해하도록 판례를 도입하였음
- 정보화시대를 맞이하여 꼭 필요한 부분만 교재에 포함하고 과감하게 줄이고 산재보험법령 및 기타 관련규정은 모두 부록편에 싣지 않고 국가법령정보센터나 고용노동부, 근로복지공단, 국토교통부 등의 법령자료실이나 인터넷 홈페이지를 참조하도록 함으로써 교재의 분량을 줄이고자 하였음
- 강의교재로 사용하기 위해서는 강의 분량에 따라 강의 및 실무분야의 수업자료를 별도로 준비하여 활용하도록 하였음
- 법령전문과 각종 규정, 진료비명세서와 양식은 부록편에 리스트를 정리하였으므로 국가법령정보센터 및 건강보험심사평가원 자료실과 근로복지공단 고용산재보험 토탈서비스 등에서 다운받아 활용하도록 하였음

차 례
Contents

제1편 산업재해보상보험

제1장 산업재해보상보험의 개요

제2장 산재보험 진료관리론

제3장 산재보험 급여관리론

제4장 산재보험 진료비관리론

제5장 산재보험 권리보장관계론

제6장 산재보험 진료관계론

제7장 산재보험 문화발전론

제2편 자동차보험

제1장 자동차보험의 개요

제2장 자동차보험 보상관리론

제3장 자동차보험 진료관리론

제4장 자동차보험 진료비관리론(I)

제5장 자동차보험 진료비관리론(II)

제 1 편

산업재해보상보험

제1장 산업재해보상보험의 개요

학습목표

- 산재보험의 개요에 대해 이해한다.
- 산재보험 원무관리의 필요성에 대해 이해한다.
- 산재보험의 주요 발달과정에 대해 이해한다.
- 업무상 재해, 업무상 사고, 업무상 질병 등 용어의 개념에 대해 이해한다.
- 각종 임금에 대한 개념을 이해하여야 한다.
- 산재보험의 적용범위 및 현재 시행 중인 보험급여의 종류를 이해한다.

제1절 산재보험제도

1 산업재해보상보험제도의 의의

산업재해보상보험은 근로자를 사용하여 사업을 운영하는 사업주가, 사업운영상에 있어서 발생할 수 있는 근로자 및 사용자(중소기업)의 업무상 재해(사고와 질병)에 대하여 신속 · 공정하게 보상하고, 불의의 재해를 당한 근로자와 그 가족의 생활을 보장하고, 이에 필요한 보험시설을 설치 · 운영하며, 뜻하지 않은 재해로 인한 사업주의 위험을 분산 · 경감시켜 기업안정에 기여하기 위하여, 사업주가 낸 보험료 기금으로 정부가 관장하여, 근로자와 사업주를 보호하는 사회보험형 사회보장제도의 하나이다.[1]

1) 윤광윤. 산업재해보상보험법정해. 1985. 중앙노무관리연수원 p.11

2 산재보험의 시작

근로자의 재해보상을 보장하기 위한 제도는 1884년 독일의 재해보험법을 효시로, 현재 많은 나라에서 채택하고 있다. 우리나라에서는 1963년 산업재해보상보험법이 제정되어 1964년부터 근로기준법의 적용을 받는 사업 또는 사업장의 근로자에 대한 업무상의 재해를 신속·공정하게 보상함과 동시에, 이에 필요한 보험시설을 설치·운영함으로써 근로자 보호에 기여하여 왔다.

근로자의 재해보상은 산재보험법 도입 이전부터 근로기준법에서는 재해보상제도를 규정하고 있었지만, 이는 개별적인 사용자의 책임에 한정되었기 때문에 기업이 산업재해로 인하여 큰 손실을 입거나 도산하는 경우 등에는 보호를 받을 수 없었다. 따라서 어떠한 경우에도 재해보상이 확실히 보장되는 제도적 뒷받침이 필요하였는데, 이것이 곧 보험기술을 이용하여 단체적 책임 하에 재해를 보상하는 산재보험제도의 마련이었다. 이는 사용자의 입장에서 보아도 산업재해로 인한 위험부담을 분산·경감해 주고 안정된 기업활동을 할 수 있도록 도와주는 이점이 있다.[2)]

3 현행법상의 재해보상제도

재해보상제도는 산업재해로 인하여 부상·사망한 경우 피재근로자나 그의 가족을 보호하기 위한 제도이다. 우리나라의 현행법상의 산업재해로 인한 재해보상제도는 민법상의 손해배상제도, 근로기준법상의 재해보상제도 및 산업재해보상보험법상의 규정 등이 있다.[3)]

민법상의 보상은 과실책임주의로 사용자의 고의·과실을 근로자가 입증해야 하는 어려움과 비용이 많이 든다. 그러나 근로기준법상의 보상은 무과실책임주의와 직접보상방식을 채택하고 있으나, 사용자의 재정부족시 보상이 불가능해지는 문제가 있고 특히 발전하는 산업화와 함께 증가하고 다양화해지는 산업재해를 모두 수용할 수 없어 산업재해보상보험법의 독립이 필요하게 되었다.

이에 따라 산업재해보상보험법에서는 민법에 대한 특별법으로서의 위치와 근로기준법상의 문제점을 보완하고 점차 다양화하고 증가하고 있는 산업재해에 대비하기 위하여 무과실책임주의와 사용자의 보험가입을 통한 간접보상방식을 채택하여 신속하고 간단한 보상을

---

2) 네이버 두산백과:http://terms.naver.com/entry.nhn?docId=1108632&cid=40942&categoryId=31831
3) 이재홍 외. 산재보험 및 자동차보험 청구실무. 2014. 수학사 p.14

보장하고 있다.

4 산업재해보상보험제도의 도입 목적

산업재해보상보험은 기본적으로 피재근로자가 업무상 재해로 인한 신체상의 피해와 그로 인한 경제적인 손실을 신속하고 공정하게 보상하기 위하여 사업주로 하여금 보험 가입을 의무화하고 근로기준법에 규정하고 있는 사용자의 손해보상책임을 담보하는 제도이다.

이에 따라 산업재해보상보험법[시행 2020.1.16.] [법률 제16272호, 2019.1.15., 타법개정] 제1조(목적)에서는 "이 법은 산업재해보상보험 사업을 시행하여 근로자의 업무상의 재해를 신속하고 공정하게 보상하며, 재해근로자의 재활 및 사회 복귀를 촉진하기 위하여 이에 필요한 보험시설을 설치 · 운영하고, 재해 예방과 그 밖에 근로자의 복지 증진을 위한 사업을 시행하여 근로자 보호에 이바지하는 것을 목적으로 한다."고 규정하고 있다.

산업재해보상보험은 근로기준법에서 정한 재해보상의 책임을 사업을 영위하는 전체 사업주들에게 사회보험방식을 채택하여 보험사업에 소요되는 재원을 공동부담시켜 산재보상으로 인한 사업주의 일시적인 경제적 부담을 경감시키는데도 목적이 있으며, 개별 사업주와 산재 근로자간의 관계를 국가와 근로자간의 관계로 전환시켜 사회보장을 확립하고 재해보상과 관련된 노사관계의 악화를 막는다는 데에도 의의가 있다.[4)]

이에 따라 산재보험의 실시로 근로자는 재해보상청구권의 행사가 간소화되어 보상을 신속하게 받을 수 있고 국가가 보험자가 됨에 따라 보상을 보다 확실히 받을 수 있다는 안정성 측면에서도 효과를 가진다고 할 것이다.

5 산업재해보상보험의 기본 이념

1) 생존권 보장

헌법은 제34조 제①항에서 "모든 국민은 인간다운 생활을 할 권리를 가진다."고 규정하고 있고 제②항에서 "국가는 사회보장 · 사회복지의 증진에 노력할 의무를 진다."고 규정하고 있으며 제⑥항에서도 포괄적 의미의 "국가는 재해를 예방하고 그 위험으로부터 국민을 보호하기 위하여 노력하여야 한다."고 규정하고 있고 또한 제35조 제①항에서 "모든 국민은 건

4) 이재홍 외. 산업재해보상보험 및 자동차보험 청구실무. 2014. 수문사 p.16

강하고 쾌적한 환경에서 생활할 권리를 가지며, 국가와 국민은 환경보전을 위하여 노력하여야 한다."고 규정하여 국민이 건강하고 최소한의 기본적인 생활을 할 수 있는 권리를 보장하고 있고 국민의 생활안정을 위한 국가의 역할을 부여하도록 하고 있다.

이에 따라 국가는 산재보험법을 실시 그 구체적 내용을 실현하고 있는데 업무상 재해를 당한 근로자와 중소기업 사업주에 대하여 그 가족의 생활권의 보장을 목적으로 하고 있는 것이다.

2) 무과실책임주의

세계적으로는 18세기 이후 산업혁명과 자본주의의 발전에 따라 생산시설의 기계화로 산업재해가 증가하게 되었다. 이러한 산업재해는 근로자의 과실도 있겠으나 사업주가 설치한 시설의 하자나 근로자의 과로로 인하여 발생할 수도 있으므로 근로자의 근로의 결과 이익을 얻게 되는 사업주는 산업재해에서 발생되는 모든 손해를 배상할 의무가 있는 것으로 인정되기에 이르렀고 근로자의 노동력 제공과 이에 따른 수입으로 근로자가 생활을 하게 되는 현실에 따라 산업재해로 인하여 근로자의 생활보장이라는 근로자 보호문제가 대두되게 되는 것이다.

이에 따라 모든 기업주는 업무상 발생하는 모든 산업재해에 책임을 져야 한다는 이유에서 무과실책임을 지는 의무를 부담하게 되었고 사업주의 책임에 대한 손해배상이라는 시민법 원리의 책임 영역을 넘어 근로자의 생활보장의 문제까지 책임을 지는 독특한 제도로 발전하게 된 것이다.

이에 대한 견해는 위험책임설, 보상책임설, 원인책임설(윤.p15) 및 산업위험이론, 사회비용최소화이론, 사회적 타협이론 등의 여러 견해가 있으나 여기서는 논의를 생략한다(이.p16).

3) 사회보장보험으로서의 비영리성

산재보험은 사용자의 근로자의 업무상 재해에 대한 재해보상책임을 보장하는 사회보장보험이다. 이것은 산업재해보상보험법 제1조(목적)에서 근로자의 업무상 재해를 신속하고 공정하게 보상하며, 재해근로자의 재활 및 사회 복귀를 촉진하기 위하여 이에 필요한 보험시설을 설치 · 운영하고, 재해 예방과 그 밖에 근로자의 복지 증진을 위한 사업을 시행하여 근로자 보호에 이바지하는 것을 목적으로 한다고 규정하고 있기 때문이다.

또한 이 법은 당초 사회보장에 관한 법률에 의하여 발원하였고 당시 입법 취지문에서도 사회보장에 관한 법률에 의하여 산업재해보상보험사업을 행함으로써 근로자의 업무상의 재해를 신속하고 공정하게 보상할 수 있도록 하려는 것이라고 규정하고 있다.

4) 보험시설의 설치 운영

산재보험법은 제1조에서 재해근로자의 재활 및 사회 복귀를 촉진하기 위하여 이에 필요한 보험시설을 설치 · 운영하고, 재해 예방과 그 밖에 근로자의 복지 증진을 위한 사업을 시행하는 것을 규정하고 있는데 이는 산재보험이 재해근로자에게 지급되는 보험급여 이외에 별도의 시설을 설치 · 운영하여 이들을 적극적으로 보호, 재활, 사회복귀를 견인하겠다는 기본 방향을 나타낸 것이라고 볼 수 있다.

그러므로 산재보험법상의 재해보상은 보험급여와 보험시설로서 이루어졌으며 재해로 인한 노동력의 손실을 회복하고 보전하는 1차적인 보상을 넘어 의료 및 직업재활과 재해예방과 신체장해자의 고용촉진 및 복지증진 등 다양한 방법으로 재해근로자의 보호에 기여하도록 하고 있다고 볼 것이다.

5) 사업주의 위험부담 경감

산업재해보상보험은 1963년 제정법의 제정이유에서는 언급한 바가 없으나 이후 1971년 개정법에서는 [시행 1971.1.1.] [법률 제2271호, 1970.12.31., 일부개정] 업무상 재해를 입은 근로자에 대한 재해보상의 신속 · 공정을 보장하는 동시에 사업주의 위험부담을 경감시키려는 산업재해보상보험의 근본이념에 따라 보험급여사유를 확대하고, 장해급여와 유족급여에 대하여는 일시보상이 아닌 연금제도로 할 수 있게 하고 장해등급을 세분화하여 근로자보호정책의 장기적인 발전기초를 마련하려는 것이라고 사업주의 위험부담 경감을 분명하게 언급하고 있다.

따라서 사업주는 사회보험 방식을 통하여 자기의 부담으로 산업재해보상보험을 운영하면서 업무상 재해를 입은 근로자에 대한 보상을 실시함으로써 그로 인하여 발생할 수 있는 사업주의 경영위험을 방지할 수 있게 되었다.

6 산업재해보상보험의 특성

우리나라의 산업재해보상보험은 다음과 같은 몇 가지 특성을 가지고 있다.

1) 무과실 책임주의

우리나라 산재보상보험법의 가장 중요한 특징은 전술한 바와 같이 근로자의 업무상의 재해에 대하여 사용자에게는 고의 · 과실의 유무를 불문하는 무과실 책임주의라는 사실이다. 무과실 책임주의란 근로자가 업무를 수행하는 동안 자기의 과실의 여부에 불문하고 사용자가 보상을 해 준다는 것을 의미한다. 그러나 모든 경우에 업무상 재해로 인정되는 것은 아니고 반드시 업무와 관련하여 재해를 당하거나 질병에 이환되어야 하는 업무와 상당인과관계가 확인되어야 한다. 반대로 업무상 재해와 관련하여 사용자의 과실이 중대한 원인이 인정되는 경우에는 민사소송에 갈음하여 장해 및 유족 특별급여를 신청할 수도 있다.

2) 보험료의 사업주 부담 원칙

산업재해보상보험의 보험사업에 소요되는 재원인 보험료는 원칙적으로 사업주가 전액 부담 및 자진신고, 자진납부를 원칙으로 한다. 즉 수혜자와 보험료 납부자가 다르다. 이에 따라 사업주는 정부가 각 사업의 상황에 따라 매년 정하는 산재보험요율에 따라 산재보험료를 납부하여야 하며 여기는 근로자에 지급되는 임금과 사업규모에 따른 공사비 금액 등의 기준이 적용되고 다음해에 정산하도록 한다. 이것은 정부가 관장하는 보험사업으로 사회보험의 취지를 달성하기 위한 것도 있고 보험가입자인 사업주의 의무를 강화하기 위한 것으로 볼 수 있다.

또한 정부는 사업주로부터 징수하는 산재보험료를 그간 산재보험법 규정에 의하여 보험료를 징수하여 오던 것을 2005년 1월 1일부터 고용보험 및 산재보험료를 통합 징수하기 위하여 「고용보험 및 산업재해보상보험의 보험료 징수 등에 관한 법률」을 별도로 제정하여 시행하여 오고 있다(법 제4조).

3) 정률보상 원칙

산재보험 급여는 재해발생에 따른 손해 전체를 보상하는 것이 아니라 평균임금을 기초로 하는 정률보상방식을 채택하고 있다. 즉 근로자가 업무상 재해를 입었을 경우에 재해 당시의 급여를 기준으로 각종급여와 보상을 하는 것이 아니라 근로자의 3개월간의 평균 임금을 산정 기준으로 한다. 이것은 근로자의 당시 근로 상황은 물론 일시적인 급여를 기준으로 하였을 때 급여 금액의 불안정성을 완화하기 위하여 채택한 제도라고 볼 수 있다. 이에 따라 휴업급여의 경우 월정임금의 100%가 아니고 평균임금의 70%를 지급하는 등 보험으로서의 안정성과 근로자 보호로서의 기능을 달성하고자 하고 있다.

4) 신속한 지급, 심사청구제도

산재보험은 재해보상과 관련되는 급여의 지급과 이의신청을 신속히 하기 위하여 심사 및 재심사청구 제도를 운영하는데 이것은 근로자의 생활보호와 편의성을 증진시키고 경제적 효율성을 달성하고자 하는 것이다.

근로자가 업무상 재해를 입었을 때 요양급여를 비롯 이에 대한 이의신청을 하는 경우 많은 시간과 경비 등이 소요되면 결과적으로 근로자에 대한 2중 3중의 피해를 초래하게 되므로 이를 신속하고 공정하게 보장하기 위하여 산재보상심사위원회 및 재심사위원회 등을 설치하여 행정청을 기속하고 행정심판과 같은 효과를 내도록 하고 있다.

5) 정부가 관장하는 비영리성 강제보험

산재보험은 사업주의 보험료를 가지고 정부가 사업을 시행하는 강제보험의 성격을 가진다(법 제2조). 정부는 근로복지공단을 통하여 사업주의 의무가입 및 보험료 부담과 근로자에 대한 보상의 담당, 보험사업의 운용 등을 시행하게 된다.

이것은 산재보험이 사회보험으로서의 기능과 목적을 달성하도록 하며 산재보험 사업의 공정성과 실현가능성을 보증한다. 이 경우 정부는 사업의 수행에 필요한 경비를 부담할 수도 있다(법 제3조).

보험사업을 정부가 관장하는 사유는 피재자의 업무상 재해를 신속하고도 공정한 보상을 도모하고, 산재보험의 가입과 보험료 징수를 강제하며, 보험급여 및 피재자와 그 유족에 대한 직업 훈련, 산재방지, 근로자의 복지증진 등 보험사업을 실시하고, 산재보험 업무의 효율화, 사업주 부담률 경감과 이윤추구가 목적이 아닌 비수익사업으로 사회보장의 기능을 다하기 위한 것이라고 볼 것이다[5].

그리고 이때 국가는 회계연도마다 예산의 범위 내에서 보험사업의 사무집행에 드는 비용과 보험사업에 드는 비용의 일부를 지원할 수 있도록 함으로써 정부의 역할을 규정하고 있다.

6) 노사의 대립성 문제

우리나라의 산재보험은 사업주가 보험료를 납부하고 정부가 관장하며 근로자가 보장을 받는 구조로 운영되고 있다. 산재보험은 사업주가 근로자의 업무상 재해를 대비하여 가입하는 사업인데 근로자에 대한 보장과 사업주의 적용 신청의 모든 것이 항상 원활한 것은 아니다.

그 이유는 산재보험료 납부요율 결정이 사업장 중심으로 관리되고 있고 정부의 산업안전보건정책이 강화되면서 사업주는 산재보험료를 납부하고도 정부의 통제나 보험요율 인상 등의 이유로 산재보험 적용을 망설이고 있으며 사업주도 사업장의 안전보건관리상의 문제 등으로 모든 경우에 제한 없이 근로자에게 산재보험 적용을 해주지 못하는 문제점을 갖고 있다.

이것은 정부의 산업안전 정책상의 문제라고도 볼 수 있는데 근로자가 업무상 재해로 인정받기 위해서는 엄격하게 업무수행성과 업무기인성을 증명해야 하는데 이를 증명하지 못하여 불리한 처분을 받는다고 호소하고 있는가 하면 근로자의 산재 요구가 증명되지 않음으로써 발생하는 산재보험사기와 산재보험료의 안정성 문제, 사업주의 산업안전보건관리상의 문제 등이 혼재하면서 산업사회의 문제점으로 항상 남아있는 것이다.

7) 기타 특성

(1) **수지상등의 원칙** : 사업의 시행에 소요되는 재원은 보험료의 납부액의 범위 내에서 시행되는 것으로 해마다, 산재발생률에 따라 보험료가 비례하여 달라진다.

(2) **사업장중심제도** : 사업장 근로자를 대상으로 하는 것이 아니라 보험에 가입한 사업장 단위를 대상으로 보험료의 산정과 자격관리, 보상 등을 시행한다. 산재사고가 많이 발생하면 보험료율이 올라간다.

5) 김수복. 산업재해보상보험법. 1985. 중앙노무관리연수원. p.18

7 산업재해보상보험의 기능

1) 근로자 보호기능

근로자의 업무상의 재해를 신속하고 공정하게 보상하여 근로자의 급여에 의존하고 있는 근로자와 그 가족에 대한 보호 및 가족의 생계를 보장하고자 한다.

2) 근로자의 재해예방 및 복지증진 기능

산재보험은 산재근로자에 대한 직접 치료시설로서의 산재병원을 비롯하여 재활시설 등 보험시설 설치운영하고 보험 사업을 시행함으로써 재해근로자의 치료 및 재활 및 사회복귀를 촉진하고 재해예방과 근로자 복지증진을 꾀하도록 하고 있다.

2) 사회보장적 기능

모든 국민은 근로할 수 있고 근로에 따른 재해의 위험성이 내포되어 있으며 근로자를 사용하는 사업주는 그의 부담으로 근로자의 재해를 예방하고 이를 정부가 관리함으로써 모든 국민들에게 적용될 수 있는 사회보장제도로서의 기능을 수행하게 된다.

3) 사업주의 위험부담 경감

사업주는 근로자의 업무상 재해를 대비하여 산재보험에 가입하여 보험의 특성에 따른 위험분산 장치를 마련하고 근로자가 업무상 재해에 노출되었을 때 일시적으로 부담해야 하는 경제적, 경영적 위험성을 분산할 수 있도록 한다.

4) 산업경제발전에 기여

산재보험은 사업주가 업무상 재해를 대비하여 보험에 가입함으로써 사업주의 경영상의 위험을 피하고 근로자도 재해의 위험에서 안전하게 업무를 수행할 수 있으므로 업무상 재해에 따른 사회적 위험성을 감소시켜 재해를 예방하고 안전하고 생산성이 높은 경제활동을 함으로써 넓은 의미에서 산업경제 발전에 기여하게 된다.

8 정부의 산업안전정책의 변화

1) 정부의 강력한 산업안전관리 정책

정부는 산업재해의 발생이 근로자의 신체적, 정신적, 경제적 손실은 물론 사업주의 경제적 손실과 국가적으로도 경제적, 사회적 손실을 초래한다는 판단 하에 지속적으로 산업안전의 강화에 노력을 기울이고 있다. 산업재해로 인하여 발생할 수 있는 손실은 1차적으로 근로자의 신체적, 정신적, 경제적 손실은 물론 사업주의 오래된 숙련자의 사고는 생산능력의 저하와 경제적 손실을 초래하고 이것은 국가적으로도 산업생산의 위축과 경제발전에 저해요소로 작용하게 된다고 보는 것이다. 또한 업무상 사고와 질병 등의 발생과 이에 따른 노사간의 갈등은 국가의 통합이나 발전 등 사회적으로도 문제요소로 등장하게 되는 것이다.

이에 따라 정부는 사업장의 안전사고와 업무상 질병 등에 대해 클린사업장의 관리와 중소규모사업장의 안전지도 강화, 안전사고 발생시 사후관리 철저 등 지속적으로 강력한 산업안전관리 정책을 추진하고 있는 것이다.

2) 국민들의 산업재해 예방의식 향상

산업재해에 대하여 국민들은 이제 과거와 같은 안전 불감증과 같은 의식이 많이 감소하고 있다고 생각한다. 회사는 기본적으로 안전에 관한 투자를 강화하고 산업설비에도 안전설비를 의무적으로 부착하며 근무시작시 안전보건 교육과 건강진단, 안전모의 착용과 같은 안전장구의 착용 등 그간 산업발전과정에서 다소 소홀했던 안전에 관한 의식과 행동, 투자에 이르기까지 많은 관심을 갖고 있다고 보고 있다.

근로자들은 근로자의 안전이 곧 가족의 행복이라는 모토로 안전에 대해 의식을 높이고 있으며 이것은 국민들의 산업안전에 관한 문화수준을 향상시키는 방안으로 작용하고 있다고 볼 것이다.

3) 대형 산재사고의 발생 감소 노력

산업재해는 이 정도는 괜찮겠지 하는 안전의식의 약화와 순간적인 부주의 등에 의해서 발생하는 경우가 많지만 구조적으로 잘못되어 있거나 안전에 관한 사항들을 무시해서 총체적으로 부실한 경우에 발생하는 경우가 많았다. 사회적으로 문제를 발생시키는 대형 산업재해는 결국 무리한 작업과 안전의식의 부재, 철저한 감리와 감독의 부재 등이 원인인 경우가 많았다.

그러나 이러한 사고의 발생을 예방하기 위하여 사업주들은 안전관리자와 보건관리자를 엄격하게 운용하고 안전에 문제가 발생하는 경우에 즉시 공정을 중지하고 대책을 강구하는 등 안전사고를 예방하기 위하여 노력하고 있는 것으로 이해할 수 있다.

또한 사업장에서도 작업환경을 개선하여 쾌적한 현장, 정리정돈 등을 실시하여 산업재해의 발생을 억제하기 위한 노력들을 게을리 하지 않고 있는 것이다.

그러나 일부 사업장에서는 아직도 체계화된 산업안전시스템을 시행하지 못하고 구조적인 안전사고의 발생에 노출되어 있는 경우가 발생하고 있는 것으로 보이는데 이는 법적, 제도적인 시스템의 확립도 중요하지만 근본적으로는 사업을 운영하는 사업주의 혁신적인 발상 전환이 필요하다고 볼 것이다.[6)]

4) 업무상 질병의 증가

산업이 발전하여 감에 따라 과거 탄광이나 공장 등에서 발생하던 사고가 화학적, 기능적 질병 즉 백혈병이나 근골격계질환 등으로 변화되는 양상을 나타내고 있는 점 등은 유의하여야 할 사항이 되고 있다. 예전에도 특정 화학물질에 장시간 노출 등으로 업무상 질병이 나타나는 경우가 있었다고 보지만 새로운 산업이 등장함으로 인하여 여기서 발생하는 산업환경이 업무상 질병으로 이환되는 것으로 우려하고 있는 것이다.

이에 따라 새로운 업무상 질병의 인정 여부에 따라 사업주와 근로자 또는 노조 및 사회적인 문제로 등장하기도 한다.[7)]

---

6) https://www.nocutnews.co.kr/news/5253543

7) 삼성반도체의 백혈병 산재 인정 요구 등의 사례

5) 보상체계관리의 엄격화

산재보험은 요양급여와 휴업, 장해, 유족 급여 등 근로자를 위하여 합리적인 제도로 운영하기 위해 구성되어 있다. 과거 근로자들의 장기 요양이나 장해등급의 상향 등 일부 불합리한 요소들이 작용하기도 하였으나 지금은 다양한 의료기술적 방법과 특별진찰 등을 통하여 합리적으로 의료를 제공받고 적정한 진료를 마치면 종결하고 이후 재활을 하거나 후유증상 관리 등으로 통하여 치료와 보상에 적정성을 기하기 위하여 매우 엄격한 노력들을 하고 있는 것으로 이해할 수 있다.

6) 산재보험문화 제도의 정착 노력

산재보험이 사업주의 전액 부담으로 근로자를 위하여 시행되고 있는 과정에서 그간 최대한 근로자를 보호한다는 전제하에 근로자에게 적정한 보험급여를 해 주려고 했다고 할 것이다. 그러나 이것이 근로자의 요구를 완전히 충족시킬 수는 없으며 어떤 경우에는 산재보험을 악용하고자 하는 사례들도 나타난 것이 사실이다.

이에 대해 점차 산재보험은 관리가 투명해지고 까다로워졌으며 근로자에게 적정하게 치료를 해 주려고 하지만 이후 계속하여 나타나는 문제에 대해서는 재활이라든가 하는 이차적인 방법으로 보상이나 재활, 후유증상 관리를 합리적으로 하고 산재보험의 부정 수급이나 장기 요양 등은 지양하는 방향으로 정책이 변화되고 있는 것으로 이해할 수 있다.

하지만 아직도 산재보험에 대한 부정수급은 여전한 것으로 보이며 이는 산재보험의 발전을 가로막는데 상당한 제한을 줄 것으로 보는데 선진국으로 발전하기 위하여 시급히 개선되어야 할 사회문화적 인식이라고 할 것이다(https://comwel2009.blog.me/221643580452).

9 산업재해보상보험과 근로기준법, 민법과의 다른 점

1) 민법과 산재보험법과의 차이[8)]

민법의 손해배상제도는 과실책임주의를 기초 원리로 하기 때문에 피해자는 가해자의 과실을 입증해야 하는 어려움이 있다. 이에 비하여 산업재해보상보험은 사용자의 무과실책임

8) 이재홍 외. 산업재해보상보험 및 자동차보험 청구실무. 2014. 수문사 p.17

주의를 채택하고 있다.

민사상의 손해배상청구는 과실책임주의를 원칙으로 하고 있으므로 고용주의 고의 또는 과실을 요건으로 하지만 산재보험은 고용주의 과실이 요건이 아니라 고용주의 산재보험 가입여부와 재해의 업무상 관련성을 요건으로 한다. 따라서 사업주가 산재보험을 가입하지 않으면 가입이 강제되고 산재보험을 가입하지 않은 상태에서 산업재해가 발생하면 벌칙을 부과 받을 수 있다.

보상액의 결정도 산재보험은 사전에 정해진 법적 기준에 의거하여 소정의 금액을 지급하는 반면에 민사상의 손해배상은 피해자의 손실액을 산정하여 그 액수를 보상한다.

즉, 산재보험의 보상액은 일정한 액수, 즉 평균임금×법정일수 인데 비해 민사상의 손해배상은 정신적 배상을 비롯한 실질 손실액 전액 보상을 원칙으로 한다.

2) 근로기준법과의 차이

근로기준법상의 재해보상제도는 업무상 재해를 당한 근로자에게 직접 보상을 하는 제도이다. 근로기준법상의 재해보상제도는 민법에 대한 특별법으로서 노동관계법의 기본법이다. 그러나 이 제도는 사용자가 경제적 능력의 결여 등으로 재해보상의무를 제대로 이행하지 못하는 경우에는 유명무실해지는 우려가 있다. 산업재해보험법은 이러한 문제를 감안하여 사용자의 근로기준법상의 재해보상 책임을 보장하기 위하여 국가가 사업주로부터 소정의 보험료를 징수하여 그 기금으로 사업주를 대신하여 산재근로자에게 보상을 해 주는 구조로 운용되고 있는 것이다.

구체적으로는 근로기준법과 산재보험법은 다음과 같은 차이가 있다.

[표 1-1] 산재보험법과 근로기준법과의 차이

구 분	산재보험법	근로기준법
보상책임/재원	보험관장자/보험료/사업주	사용자/사용자 개인재산
권리구제	심사, 재심사, 행정소송	중재, 민사소송
요양급여	4일 이상	4일 미만도 적용
휴업급여	평균임금의 70%	평균임금의 60%
장해보상(일시금)	1474일분－55일분	1340일분－50일분
유족보상(일시금)	1300일분	1000일분
장의비	120일분	90일분

제2절 산재보험 원무관리의 필요성

우리가 산재보험 원무관리의 필요성에 대하여 관심을 갖는 이유는 다음과 같다.

1 산재보험의 사회보험화

우선 산재보험이 제도적 측면에서 사회보험으로서 우리 사회에 상당한 영향력을 가지고 있는 것은 다 아는 사실이다. 그런데 산재환자의 진료를 담당하는 의료기관에서도 관리운영적 측면에서 건강보험과 더불어 병원의 환자관리와도 많은 연관성을 가지고 있는데 비해 일부 산재지정 의료기관에만 해당되는 문제로 국한하여 좁게만 생각하여 왔는데 이것에 대해 관리적 필요성이 확대되었다고 볼 수 있다.

즉, 추후 설명하는 산재환자 진료관리가 점차 강화되고 진료비관리 등이 건강보험 등 사회보험 환자 진료비관리체계와 동일시되며 이에 따른 진료비 청구방법의 전문성 등도 계속하여 강화되어지는 현실에 직면하고 있기 때문이다.

2 산재환자 관리체계 강화 및 진료관리의 전문화 필요성 및 산재보험 문화의 발달

산업사회의 발달로 1964년 처음으로 산재보험이 도입 운영된지 현재 50년이 지나고 있다. 그동안 많은 산재환자가 발생하여 왔고 이것이 산재보험의 기본적 기능을 충실히 해 온 것은 사실이다. 그럼에도 불구하고 그간 산재보험에 대한 원무관리적 측면에서의 제도나 이론의 도입은 거의 전무하다시피 하고 학교 등에서의 전문적인 교육도 일부 학교를 제외하고는 이루어지지 못했고 통상의 병원관리의 측면에서 접근하여 왔다.

그나마 산재보험 환자의 관리는 노동부와 근로복지공단의 전문성과 안정성 등에 힘입어 점차 발전되어 왔고 이에 따라 산재보험 원무관리도 상당한 체계를 유지해 온 것은 사실이다.

그러나 산재환자의 보험사기 사건 등 사회적 문제도 계속하여 발생하고 있고 산재환자의 관리도 엄격하게 시행되어 산재환자의 관리의 고도화와 산재보험 문화의 발전에도 기여할 필요성이 있다.

3 산재보험 진료비의 청구심사 전문화 및 건강보험 동일화

그동안 산재보험 환자에 대한 진료비의 청구 및 심사지급 등은 산재보험만의 별도의 체계로 시행되어 왔으나 이것이 건강보험 수가체계와 통합되고 난 이후 점차 이에 대한 관리와 접근이 건강보험과 단일화하는 방향으로 가고 있는 것으로 보여지고 또한 그렇게 될 수밖에 없는 것으로 생각되며 현재도 산재환자 진료비관리의 경우에서 보면 거의 건강보험의 진료비 청구심사체계를 준용하고 있는 것으로 보여진다.

산재보험이 자동차보험처럼 건강보험심사평가원으로 심사 통합으로 가는 것은 건강보험, 의료급여는 물론 자동차보험이 2013년 7월부터 건강보험심사평가원에서 심사를 담당하면서 한층 뚜렷해 졌고 이러한 과정에서 보면 산재보험도 예외는 아닐 것으로 생각되고 있다.[9)]

따라서 산재보험환자를 진료하고 있는 각종 산재지정 의료기관에서는 이에 대한 대비를 강화하고 그에 따른 관리의 전문성을 제고하지 않으면 안될 것이다.

또한 산재지정 의료기관이 아니라 하더라도 산재환자의 관리에 관한 흐름을 이해하여 산재환자의 진료는 물론 병원 경영 및 관리에도 이해를 증진시킬 수 있을 것으로 보기 때문이다.

그렇게 함으로써 산재보험 당국은 산재환자의 관리철저와 보험재정의 안정 등 산재보험 문화의 발전에도 기여할 것을 목표로 하게 될 것이다.

4 산재보험 환자관리의 업무 특성

산재보험 환자를 관리하는 데는 노사관계의 특성과 함께 환자 진료와 관련하여 수많은 서류들이 관련된다는 점이다.

우선 근로자가 산재환자로 진료를 받기 위해서는 회사로부터의 요양신청서를 제출받아야 하고 이에 더하여 의료기관은 환자에 대한 진단서격인 산재소견서를 발행하여 근로복지공단에 제출하여 요양승인을 받아야 한다.

그리고 이후에는 근로자의 급여와 관련되는 휴업급여와 진료의 연장의 경우에는 진료계획서, 후유장해의 경우에는 장해진단서 등 많은 서류가 발생되게 되고 이것이 근로복지공

9) http://www.bosa.co.kr/umap/sub.asp?news_pk=319869

단의 승인으로 이루어져야 하며 이때 승인을 받지 못하거나 진료계획이 단축되면 이에 따른 2차적인 업무도 발생한다. 이때 진료기간과 같은 날짜의 개념은 또 매우 중요하게 작용한다.

이러한 서류들과 절차들은 많은 부분에서 개선되고 전산화하고 있지만 산재환자 진료를 위한 의료기관 지정 신청에서부터 환자진료, 진료비관리에 이르기까지 많은 서류와 날짜, 승인, 진료계획 등과 함께 근로자인 환자, 사업주, 의사, 근로복지공단 등의 업무관계에서 조정력 등 회사 및 의료기관 담당자의 역할이 매우 중요하게 된다.

제3절 산업재해보상보험법령 개요

1 산업재해보상제도의 발달과정

1) 근로기준법 시대

우리나라에서 근로자에 대한 재해보상제도가 처음 시작된 것은 근로기준법[시행 1953.8.9] [법률 제286호, 1953.5.10, 제정] 제8장(재해보상 이하)에서 제78조(요양보상) 제①항에서 근로자가 업무상 부상 또는 질병에 걸린 경우에는 사용자는 그 비용으로 필요한 요양을 행하거나 또는 필요한 요양비를 부담하여야 한다는 규정에서 시작한다. 이 법에서는 제79조에서 평균임금의 100분의 60에 해당하는 휴업보상과 제80조에서 장해보상을 행하여야 한다고 규정하고 있다.

또한 제82조에서 평균임금의 1000일분의 유족보상과 제83조에서 평균임금의 90일분의 장의비를 지급하도록 하는 등 기본적인 재해보상 기준을 규정하고 있다.

그러나 이때에도 제81조에서 근로자가 중대한 과실로 인하여 업무상 부상 또는 질병에 걸리고 또한 사용자가 그 과실에 대하여 노동위원회의 인정을 받은 경우에는 휴업보상 또는 장해보상을 행하지 아니 하여도 무방하다는 예외를 규정하고 있고 이 권리는 2년간 행사하지 아니하는 경우에는 시효로 인하여 소멸한다고 규정하고 있다.

2) 산업재해보상보험법 시대

근로기준법이 시행된 이후 산업화의 물결 속에 산업재해가 증가하고 사회가 발전, 다원화되어감으로 인하여 근로기준법에서 보장하는 재해보장에 대한 규정만으로 근로자 보호의 목적을 충분히 달성할 수 없게 됨으로서 이를 보다 세분화, 전문화하고 개별 사업주의 부담을 사회보험화하여 국가사회의 공동 책임으로 확대하고자 하려는 노력으로 산업재해보상보험법[시행 1964.1.1.] [법률 제1438호, 1963.11.5., 제정]을 제정하게 된 것으로 볼 수 있다.

그런데 이 당시 법령 규정을 보면 초기 제정법령에서는 근로기준법에 대한 근거규정이 없었으나 1971년 개정법령[시행 1971.1.1.] [법률 제2271호, 1970.12.31., 일부개정]에서는 근로기준법에 근거함을 규정하고 있다.

참고법률

▶ **산업재해보상보험법** [시행 1971.1.1.] [법률 제2271호, 1970.12.31., 일부개정]

제1장 총칙

§제1조(목적) 이 법은 사회보장에 관한 법률 및 근로기준법에 의하여 산업재해보상보험사업(이하 "보험사업"이라 한다)을 행함으로써 근로자의 업무상 재해를 신속하고 공정하게 보상하고 이 사업에 필요한 시설을 설치하는 것을 목적으로 한다.

당시 제정법률의 제정이유를 보면 사회보장에 관한 법률에 의하여 산업재해보상보험사업을 행함으로써 근로자의 업무상의 재해를 신속하고 공정하게 보상할 수 있도록 하고자 하려는 것을 분명히 하고 있다.

그러나 이 규정은 1976년 개정법[시행 1976.12.22.] [법률 제2912호, 1976.12.22., 일부개정]에서는 사회보장에 관한 법률과 근로기준법에 근거하는 규정을 삭제하고 비로소 독립법으로 정착하고 있다.

참고법률

▶ **산업재해보상보험법** [시행 1976.12.22.] [법률 제2912호, 1976.12.22., 일부개정]

제1장 총칙

§제1조(목적) 이 법은 산업재해보상보험사업(이하 "보험사업"이라 한다)을 행하여 근로자의 업무상의 재해를 신속하고 공정하게 보상하고 이에 필요한 보험시설을 설치 · 운영함으로써 근로자 보호에 기여함을 목적으로 한다. [전문개정 1976.12.22]

이후 이 법은 현재 수많은 개정과정을 거쳐 계속하여 발전하는 사회환경과 경제환경에 맞게 발전하고 있으며 현대 한국사회에서 근로자 보호를 위한 대표법령으로 자리하고 있다.

현재 적용되고 있는 산재보험법은 그간 사회변화 및 산업현장의 변화와 함께 지속적으로 개정 변경되어 온 것으로 법률 제16272호(시행 2020.1.16., 2019.1.15., 타법개정)로 제1장 총칙에서 제8장 벌칙에 이르기까지 8개장 129개조 부칙 등으로 이루어져 있다.

3) 산재보험 요양급여기준의 건강보험 수가기준 적용

산재보험 의료수가가 자체적인 의료수가를 운영하고 있다가 건강보험 의료수가 체계를 도입한 것은 현행 국가법령자료센터에서 확인된 바에 따르면 1995년부터 시행된 것으로 생각된다.

당시의 법 제개정 이유를 살펴보면 산업재해보상보험법의 개정(1994.12.22. 법률 제4826호) 및 동법시행령의 개정(1995.4.15. 대통령령 제14628호)에 따라 동법령에서 위임된 사항과 그 시행에 관하여 필요한 사항을 규정함으로써 산업재해보상보험업무를 원할하게 운영할 수 있도록 하려는 것이라고 하고 있고, 주요골자 라. 항에서 보면 요양급여의 범위 및 요양에 소요된 비용의 산정은 보건복지부장관이 고시하는 요양급여기준 및 진료수가기준에 의하도록 하되, 동기준에서 정하고 있지 아니한 사항에 대하여는 노동부장관이 요양급여심의위원회의 심의를 거쳐 고시하는 산업재해보상보험요양비산정기준에 의하도록 한다고(제17조) 하고 있는 것을 볼 수 있다.

즉, 우리나라에서 건강보험 체계가 도입된 것이 1977년이고 전국민건강보험이 1989년이므로, 그 이후에 산재보험에서도 건강보험 체계를 도입했다고 볼 수 있는 것이다.

2 용어의 정의

산재보험에서는 다음과 같은 용어가 아주 많이 사용된다. 산재보험을 학습하는 사람들은 이에 대한 용어를 정확하게 알고 있어야 한다. 여기서는 산재환자 진료관리에 필요한 기본적인 용어에 대해서만 설명하기로 한다.

1) 업무상의 재해

(1) 업무상 재해

“업무상 재해”란 업무상의 사유에 따른 근로자의 부상 · 질병 · 장해 또는 사망을 말한다(법 제5조1호). 이에 따라 업무상 재해는 업무상 사고에 따른 부상과 업무상 질병, 그에 따른 장해 및 사망 등을 의미한다.

업무상 재해는 다시 업무상 사고와 업무상 질병으로 구분한다. 그런데 업무상 재해에 대하여 사업주가 선뜻 업무상 재해로 인정하지 못하는 문제가 있는데 이에 대해서는 산업안전의 문제, 사업의 도급의 문제, 사업주의 보상 책임 등이 있기 때문이라고 보이는데 관련분야에서 재론하기로 한다.

＊ 업무상 재해에 대한 사항을 표로 정리하면 다음과 같다.

[표 1-2] 업무상 재해의 분류

업무상 재해	업무상 사고	• 업무수행 중의 사고 • 시설물 등의 결함에 따른 사고 • 행사 중의 사고 • 휴게시간 중의 사고 • 특수한 장소에서의 사고 • 요양 중의 사고 • 제3자의 행위에 따른 사고 • 업무상 재해를 원인으로 한 정신적 이상 상태에 의한 자해행위
	업무상 질병	• 유해 · 위험 요인을 취급하거나 그에 노출되어 발생한 질병(직업병) • 업무상 부상이 원인이 되어 발생한 질병 • 「근로기준법」 제76조의2에 따른 직장 내 괴롭힘, 고객의 폭언 등으로 인한 업무상 정신적 스트레스가 원인이 되어 발생한 질병 • 그 밖에 업무와 관련하여 발생한 질병
	출퇴근 재해	• 사업주가 제공한 교통수단이나 그에 준하는 교통수단을 이용하는 등 사업주의 지배관리하에서 출퇴근하는 중 발생한 사고 • 그 밖에 통상적인 경로와 방법으로 출퇴근하는 중 발생한 사고(일상생활에 필요한 행위를 포함)
	업무상 장해	업무상 재해로 산재 치료를 마치고 장해가 남은 경우
	업무상 사망	업무상 재해로 사망한 경우(업무상 사고로 인한 사망, 치료 중 사망, 치료 후 상당인과관계를 가진 사망, 업무상 질병으로 인한 사망 등을 포함하는 개념임)

＊ 업무상 재해에 대해서는 별도로 자세히 설명함

(2) 업무상 사고

업무를 수행하는 과정에서 업무와 사고가 상당인과관계가 있거나 기타 업무와 관련하여 발생한 사고를 총칭한다. 다음에서 구체적으로 설명한다.

(3) 업무상 질병

업무수행 과정에서 업무와 질병과의 상당인과관계가 있거나 업무상 부상 및 기타 업무와 관련하여 발생한 질병을 총칭한다. 다음에서 구체적으로 설명한다.

(4) 출퇴근 재해

① 사업주가 제공한 교통수단이나 그에 준하는 교통수단을 이용하는 등 사업주의 지배관리하에서 출퇴근하는 중 발생한 사고

② 그 밖에 통상적인 경로와 방법으로 출퇴근하는 중 발생한 사고(일상생활에 필요한 행위를 포함)

(5) 업무상 재해의 상당인과관계설

업무상 재해의 상당인과관계설은 업무와 재해간에 상당한 인과관계가 있는 경우에만 인정할 수 있다는 것이다(법 제37조1항). 즉 업무상 이유로 인한 근로자의 부상, 질병, 신체장해 또는 사망을 판단할 때 업무와 상병 및 업무상의 질병 등과의 사이에 일정한 인과관계가 존재하는 경우를 나타내는 것이다.

참고판례

▶ 산업재해보상보험법 소정의 업무상 재해를 인정하기 위한 업무와 재해 사이의 상당인과관계에 대한 입증의 정도

산업재해보상보험법 소정의 업무상 재해라고 함은 근로자의 업무수행 중 그 업무에 기인하여 발생한 질병을 의미하는 것이므로 업무와 질병 사이에 인과관계가 있어야 하지만, 질병의 주된 발생원인이 업무수행과 직접적인 관계가 없더라도 적어도 업무상의 과로나 스트레스가 질병의 주된 발생원인에 겹쳐서 질병을 유발 또는 악화시켰다면 그 사이에 인과관계가 있다고 보아야 할 것이고, 그 인과관계는 반드시 의학적 · 자연과학적으로 명백히 입증되어야 하는 것은 아니고 제반 사정을 고려할 때 업무와 질병 사이에 상당인과관계가 있다고 추단되는 경우에도 그 입증이 있다고 보아야 한다.

(출처 : 대법원 2003.11.14. 선고 2003두5501 판결[유족급여및장의비부지급처분취소] 종합법률정보 판례)

그러나 업무와 재해 간에 상당한 인과관계가 없는 경우에는 산재보험 적용을 하지 않는다는 사실을 유의하여야 한다. 많은 경우에 이를 증명하기 위하여 노력을 하고 있으나 증명을 하지 못하여 산재적용이 불가능한 경우도 발생할 수 있다.

(6) 업무수행성

업무수행성이란 당해 근로자가 사업주의 지휘 · 명령하에 업무를 수행하는 과정에서 재해가 발생하는 것으로 사업주와 근로계약을 맺고 사업주의 지배 · 관리하에서 업무에 종사하고 있는 경우, 사업주의 지배 · 관리하에 있지만 업무에 종사하지 않고 있는 상태, 사업주의 지배하에 있지만 관리하를 떠나 업무에 종사하고 있는 경우 등을 들 수 있다(신.p72).

이와 같이 사업주와의 포괄적인 지배관리를 포함하고 있지만 그렇다고 하더라도 근로자의 개개인의 사적인 모든 행위가 업무수행성으로 인정되지 않고 있음은 유의하여야 한다.

참고판례

▶ 업무상 재해의 요건인 업무수행성 및 업무기인성의 판단기준

1. 업무상 재해의 요건인 업무수행성은 반드시 근로자가 현실적으로 업무수행에 종사하는 동안만 인정할 수 있는 것이 아니라 사업장에서 업무시간 중 또는 그 전후에 휴식하는 동안에도 인정할 수 있는 것이고 또 업무기인성을 판단함에 있어서 업무와 사망 사이의 상당인과관계 유무는 보통평균인이 아니라 당해 근로자의 건강과 신체조건을 기준으로 하여 판단하여야 할 것이다.

(출처 : 대법원 1991.09.10. 선고 91누5433 판결[유족보상금지급청구부결처분취소] 종합법률정보 판례)

2. 근로자가 사업장을 떠나 출장중인 경우에는 그 용무의 이행 여부나 방법 등에 있어 포괄적으로 사업주에게 책임을 지고 있다 할 것이어서 특별한 사정이 없는 한 출장과정의 전반에 대하여 사업주의 지배하에 있다고 볼 수 있으므로 출장에 당연 또는 통상 수반하는 범위 내의 행위에 대하여는 일반적으로 그 업무수행성을 인정할 수 있다 할 것이고, 이때 그 출장명령의 내용, 출장업무의 성질, 출장에 제공된 교통수단의 종류 기타 당해 사업에 있어서의 관행 등에 비추어 시인할 수 있는 때에는 출장업무를 마친 후 출장지로부터 사무실을 들르지 않고 곧바로 귀가하는 경우에도 그 귀가행위까지 출장과정의 일부로 볼 수는 있다 할 것이지만, 그 경우 출장의 종료시점은 그 업무수행성 인정의 근거가 되는 사업주의 지배관리의 범위를 벗어나 근로자의 사적 영역 내에 도달하였는지 여부를 가지고 판단하여야 한다.

(출처 : 대법원 2004.11.11. 선고 2004두6709 판결 [유족보상금및장의비부지급처분취소] 종합법률정보 판례)

(7) 업무기인성

업무기인성이란 업무상의 재해가 업무상의 행동 · 작업 내용 또는 작업환경과 상당한 인과관계가 있는 것으로 업무와 재해간에 그 업무에 종사하지 않았다면 당해 재해가 발생하지 않았거나 그와 같은 업무에 종사한다면 당해 재해가 발생할 수도 있다는 점이 인정될 때 업무기인성이 존재한다는 것이다(이.p39).

Tip 산업재해의 발생 원인[10)]

- **일반적 요인** – 단순 반복 작업으로 인한 신경 피로, 집중력 저하, 숙련공의 자기 과신, 안전부주의, 능력급제, 안전시설 미비
- **기술적 요인** – 건물 및 기계 불량, 부적합한 재료, 생산방법, 점검 및 정비불량
- **교육적 요인** – 안전의식 부족, 오해, 경험과 훈련부족, 작업방법 및 유해요인 교육 부족
- **관리적 요인** – 불충분한 조직체계–안전–관리, 작업수칙 미제정, 부족한 인원배치, 부당한 작업지시, 불충분한 작업준비, 안이한 자세, 규율 해이

2) 업무상 재해의 인정기준

업무상의 재해의 인정기준에 대하여 법 규정은 다음과 같이 정하고 있다(법 제37조).

① 근로자가 다음 각 호의 어느 하나에 해당하는 사유로 부상 · 질병 또는 장해가 발생하거나 사망하면 업무상의 재해로 본다. 다만, 업무와 재해 사이에 상당인과관계(相當因果關係)가 없는 경우에는 그러하지 아니하다. 〈개정 2010.1.27.〉

(1) 업무상 사고(법 제37조1항1호)

① 근로자가 근로계약에 따른 업무나 그에 따르는 행위를 하던 중 발생한 사고
② 사업주가 제공한 시설물 등을 이용하던 중 그 시설물 등의 결함이나 관리소홀로 발생한 사고
③ 사업주가 주관하거나 사업주의 지시에 따라 참여한 행사나 행사준비 중에 발생한 사고
④ 휴게시간 중 사업주의 지배관리하에 있다고 볼 수 있는 행위로 발생한 사고
⑤ 그 밖에 업무와 관련하여 발생한 사고

---

10) 이재홍 외. 산업재해보상보험 및 자동차보험 청구실무. 2014. 수문사 p.38

이에 대해 산재법시행령에서는 업무상 사고에 대해 다음과 같이 조금 더 구체적으로 규정하고 있다.

업무상 사고에 대한 판단

업무상 사고에 대한 판단은 요양신청서를 제출하면 근로복지공단에서 판단하여 요양승인, 불승인 등의 처분이 내려지나 많은 경우에 법에 규정한 바와 달라서 실제적이고 구체적인 판단을 하기 어려운 경우가 많다. 따라서 이에 대한 구체적인 판단은 산재심사, 재심사 및 산재소송 사례 등에서 접할 수 있으므로 참고하기 바란다.

사업주가 제공한 교통수단이나 그에 준하는 교통수단을 이용하는 등 사업주의 지배관리하에서 출퇴근 중 발생한 사고에 대한 헌법불합치 판단

헌법재판소는 2016.9.29. 위 사항에 대한 헌법재판에서 사업주의 지배관할에 있는 근로자만 산재보험이 적용되고 자기 방법으로 출퇴근 하는 근로자에게는 산재보험이 적용되지 않는 것은 형평성에 위배된다하여 헌법에 합치되지 아니한다고 하고 위 법률조항은 2017. 12. 31.을 시한으로 입법자가 개정할 때까지 계속 적용한다고 판시하였다.

참고판례

▶ 헌재 2016. 9. 29. 2014헌바254(산업재해보상보험법 제37조 제1항 제1호 다목(사업주가 제공한 교통수단이나 그에 준하는 교통수단을 이용하는 등 사업주의 지배관리하에서 출퇴근 중 발생한 사고) 등 위헌소원

근로자의 출퇴근 행위는 업무의 전 단계로서 업무와 밀접·불가분의 관계에 있고, 사실상 사업주가 정한 출퇴근 시각과 근무지에 기속된다. 대법원은 출장행위 중 발생한 재해를 사업주의 지배관리 아래 발생한 업무상 재해로 인정하는데, 이러한 출장행위도 이동방법이나 경로선택이 근로자에게 맡겨져 있다는 점에서 통상의 출퇴근행위와 다를 바 없다. 따라서 통상의 출퇴근 재해를 업무상 재해로 인정하여 근로자를 보호해 주는 것이 산재보험의 생활보장적 성격에 부합한다.

(출처 : 헌법재판정보–http://search.ccourt.go.kr/ths/hm/index.do)

(2) 업무상 질병(법 제37조1항2호)

① 업무상 질병의 인정기준

1. 업무수행 과정에서 물리적 인자(因子), 화학물질, 분진, 병원체, 신체에 부담을 주는 업무 등 근로자의 건강에 장해를 일으킬 수 있는 요인을 취급하거나 그에 노출되어

발생한 질병
2. 업무상 부상이 원인이 되어 발생한 질병
3. 그 밖에 업무와 관련하여 발생한 질병

Tip 업무상 질병의 종류[11)]

- **사고성 질병** : 업무상 부상에 다른 질병 뿐만 아니라 그로 인하여 발생한 속발성 질병 또는 최초 부상과 상당한 인과관계가 있는 질병
- **직업성 질병** : 업무에 내재하는 유해 또는 위험한 물질에 장기간 접촉하거나 건강에 유해한 근로조건이나 작업환경에 노출되어 발병한 질병
- **과로성 질병** : 과로에 따른 뇌질환, 심장 및 혈관 질환 등
  - 온도나 기압, 소음, 진동 등과 같은 물리적 인자 : 소음이 심한 작업장 근로자의 청력손실, 냉동창고 근로자의 말초혈관 장애, 잠수병 등
  - 분진이나 유기용체, 금속중독 등 화학적 인자 : 원진레이온 이황화탄소중독, 탄광작업자의 진폐증 등
  - 생물학적 인자 : 병원근로자에게 발생하는 감염성 질환, 옥외작업자에게 발생하는 쯔쯔가무시병 등
  - 사회심리학적 인자 : 스트레스, 정서적인 이상반응 양상
  - 인간공학적 인자 : 직업성 근골격계 질환

업무상 질병에 대한 판단기준

산재보험과 관련하여 업무상 사고에 비하여 더욱 판단하기 어려운 것은 업무상 질병에 관한 사항이다. 업무상 사고도 많은 사례들이 구체적으로는 모두 다르기 때문에 판단하기가 용이하지 않다고 전술한 바 있으나 업무상 질병은 특히 업무환경의 특성과 개인적 요소 등이 복합적으로 작용하기 때문에 판단하기가 매우 어렵다.

이에 따라 법 제38조에서는 업무상 질병의 인정 여부를 심의하기 위하여 공단 소속기관에 업무상질병판정위원회를 두어 효율성을 기하도록 하고 있으나 여전히 애로사항이 많다. 업무상질병판정위원회는 규칙 제6조에서 정하고 있는데 위원장 1명을 포함하여 150명 이내의 위원으로 구성한다.

산업발전과 더불어 업무상 질병에 관한 사항은 인정범위가 계속하여 확대되어 가고 있지만 산재적용이 매우 힘든 경우도 있으므로 근로복지공단은 물론 법원 판례 등을 참고하고

11) 상게서 p.45

사회적으로 중요한 문제 등에 있어서는 관련기준의 정비가 필요하고 사회적 타당성에 의한 합의가 있어야 할 것은 상당한 숙제로 보아야 할 것이다.

업무상 질병에 대한 구체적인 인정기준은 영 제34조 제3항에 따라 영 별표 3에서 정하고 있다.

(3) 출퇴근 재해

① 사업주가 제공한 교통수단이나 그에 준하는 교통수단을 이용하는 등 사업주의 지배관리하에서 출퇴근하는 중 발생한 사고

- 근로자가 출퇴근하던 중에 발생한 사고가 다음 각 호의 요건에 모두 해당하면 법 제37조제1항제3호가목에 따른 출퇴근 재해로 본다(영 제35조1항).
  1) 사업주가 출퇴근용으로 제공한 교통수단이나 사업주가 제공한 것으로 볼 수 있는 교통수단을 이용하던 중에 사고가 발생하였을 것
  2) 출퇴근용으로 이용한 교통수단의 관리 또는 이용권이 근로자측의 전속적 권한에 속하지 아니하였을 것

② 그 밖에 통상적인 경로와 방법으로 출퇴근하는 중 발생한 사고

㉠ 사고 중에서 출퇴근 경로 일탈 또는 중단이 있는 경우에는 해당 일탈 또는 중단 중의 사고 및 그 후의 이동 중의 사고에 대하여는 출퇴근 재해로 보지 아니한다. 다만, 일탈 또는 중단이 일상생활에 필요한 행위로서 대통령령으로 정하는 사유가 있는 경우에는 출퇴근 재해로 본다.

㉡ 법 제37조제3항 단서에서 "일상생활에 필요한 행위로서 대통령령으로 정하는 사유"란 다음 각 호의 어느 하나에 해당하는 경우를 말한다(영 제35조2항).

1) 일상생활에 필요한 용품을 구입하는 행위
2) 「고등교육법」 제2조에 따른 학교 또는 「직업교육훈련 촉진법」 제2조에 따른 직업교육훈련기관에서 직업능력 개발향상에 기여할 수 있는 교육이나 훈련 등을 받는 행위
3) 선거권이나 국민투표권의 행사
4) 근로자가 사실상 보호하고 있는 아동 또는 장애인을 보육기관 또는 교육기관에 데려주거나 해당 기관으로부터 데려오는 행위
5) 의료기관 또는 보건소에서 질병의 치료나 예방을 목적으로 진료를 받는 행위
6) 근로자의 돌봄이 필요한 가족 중 의료기관 등에서 요양 중인 가족을 돌보는 행위

7) 제1호부터 제6호까지의 규정에 준하는 행위로서 고용노동부장관이 일상생활에 필요한 행위라고 인정하는 행위

③ 출퇴근 경로와 방법이 일정하지 아니한 직종으로 대통령령으로 정하는 경우에는 따른 출퇴근 재해를 적용하지 아니한다(법 제37조3항).

④ "출퇴근 경로와 방법이 일정하지 아니한 직종으로 대통령령으로 정하는 경우"란 다음 각 호의 어느 하나에 해당하는 직종에 종사하는 사람(법 제124조에 따라 자기 또는 유족을 보험급여를 받을 수 있는 자로 하여 보험에 가입한 사람으로서 근로자를 사용하지 아니하는 사람을 말한다)이 본인의 주거지에 업무에 사용하는 자동차 등의 차고지를 보유하고 있는 경우를 말한다(영 35조의2).

1. 「여객자동차 운수사업법」 제3조제1항제3호에 따른 수요응답형 여객자동차운송사업
2. 「여객자동차 운수사업법 시행령」 제3조제2호라목에 따른 개인택시운송사업
3. 제122조제1항제2호라목에 해당하는 사람이 수행하는 배송 업무

(4) 기타의 재해

근로자의 고의 · 자해행위나 범죄행위 또는 그것이 원인이 되어 발생한 부상 · 질병 · 장해 또는 사망은 업무상의 재해로 보지 아니한다. 다만, 그 부상 · 질병 · 장해 또는 사망이 정상적인 인식능력 등이 뚜렷하게 저하된 상태에서 한 행위로 발생한 경우로서 대통령령으로 정하는 사유가 있으면 업무상의 재해로 본다(법 제37조2항).

이에 대해서 영 제36조 자해행위에 따른 업무상의 재해의 인정 기준에서 다음 각 호의 어느 하나에 해당하는 경우를 말한다고 규정하고 있다.

1. 업무상의 사유로 발생한 정신질환으로 치료를 받았거나 받고 있는 사람이 정신적 이상 상태에서 자해행위를 한 경우
2. 업무상의 재해로 요양 중인 사람이 그 업무상의 재해로 인한 정신적 이상 상태에서 자해행위를 한 경우
3. 그 밖에 업무상의 사유로 인한 정신적 이상 상태에서 자해행위를 하였다는 것이 의학적으로 인정되는 경우

(5) 공무상 재해

① 공무상 재해

공무상 재해란 공무원의 공무집행과 관련하여 발생한 질병 또는 부상(공무원산재)을 말한다. 공무원도 근로자와 같이 근무 중 부상과 질병을 당할 수 있어 이를 보호하기 위하여 이런 규정을 적용한다고 볼 수 있다.

② 관련법령

공무상 재해와 관련된 법령은 공무원연금법령 등의 관련법과 판례에 따르게 된다.

③ 진료비 산정기준

공무상 재해에 대한 진료비 산정 기준은 실무적으로 산재와 유사하다고 보면 될 것이다.

④ 진료비 청구처

공무상 재해환자를 진료하고 진료비를 청구하는 곳은 건강보험심사평가원으로 하면 된다.

3) 근로자

"근로자"·"임금"·"평균임금"·"통상임금"이란 각각 「근로기준법」에 따른 "근로자"·"임금"·"평균임금"·"통상임금"을 말한다. 다만, 「근로기준법」에 따라 "임금" 또는 "평균임금"을 결정하기 어렵다고 인정되면 고용노동부장관이 정하여 고시하는 금액을 해당 "임금" 또는 "평균임금"으로 한다.

근로기준법상 "근로자"란 직업의 종류와 관계없이 임금을 목적으로 사업이나 사업장에 근로를 제공하는 자를 말한다(근기법 제2조1호).

(1) 직업의 종류를 불문한다.

따라서 정신노동, 육체노동, 사무노동, 상용, 일용, 정규, 비정규, 촉탁 등 근무형태, 직종, 직급 등을 불문한다. 이때 "근로"란 정신노동과 육체노동을 말한다(근기법 제2조1항3호).

(2) 사용종속관계에서 근로를 제공하여야 한다.

따라서 근로자가 사용자와의 관계에서 근로계약을 작성하고 실질적으로 사용자의 지휘감독을 받고 근로를 제공할 것을 요구한다.

이때 "근로계약"이란 근로자가 사용자에게 근로를 제공하고 사용자는 이에 대하여 임금을 지급하는 것을 목적으로 체결된 계약을 말한다(근기법 제2조1항4호).

(3) 임금을 목적으로 하여야 한다.

임금이란 사용자가 근로의 대가로 근로자에게 임금, 봉급, 그 밖에 어떠한 명칭으로든지 지급하는 일체의 금품을 말한다(근기법 제2조1항5호). 따라서 근로자는 근로자로서의 인정을 받으려면 반드시 임금을 목적으로 근로관계가 유지되어야 한다.

(4) 기타 요소

그 외에 근로자로서의 판단기준은 모든 사항마다 구체적인 내용이 다르므로 도급이나 위임 등 사용종속관계의 적용, 독립성의 문제 등에 따라 별도로 검토되어야 할 사항이다.

기타 산재법상 근로자에 대한 적용의 특례가 적용되는 경우가 있다.

1. 국외의 사업에 대한 특례(법 제121조)
2. 해외파견자에 대한 특례(법 제122조)
3. 현장실습생에 대한 특례(법 제123조)
4. 중 · 소기업 사업주에 대한 특례(법 제124조)
5. 특수형태근로종사자에 대한 특례(법 제125조)
6. 「국민기초생활 보장법」상의 수급자에 대한 특례(법 제126조)

참고규정

▶ **자활급여 수급자가 종사하는 사업**

[시행 2015.12.31.] [고용노동부고시 제2015-103호, 2015.12.31., 일부개정]

Ⅰ. 자활급여 수급자가 종사하는 사업

「국민기초생활 보장법」 제15조 및 같은 법 시행령 제20조에 따라 국가 또는 지방자치단체가 실시하는 자활근로사업

판례 : 근로자로 보는 경우에 대한 판례의 확장

▶ **배달대행업체 소속 배달원의 근로자성 판단(대법원 2018. 4. 26. 선고 2017두74719 판결)**

오토바이배달대행 등의 서비스업을 영위하는 갑에게서 이륜자동차 1대를 임차하여 스마트폰 애플리케이션을 통하여 의뢰받은 음식점 배달 업무를 수행하던 중 오토바이가 빗길에 미끄러지면서 승용차와 충돌하는 사고로 사망한 을이 특수형태근로종사자에 해당하는지가 문제 된 사안에서, 구 산업재해보상보험법 시행령 제125조 제6호는 '주로' 하나의 퀵서비스업자로부터 업무를 의뢰받아 배송업무를 하는 사람으로 명시하고 있어 소속 배달원들이 다른 배달 업체의 스마트폰 애플리케이션을 이용할 가능성이 있다는 사정만으로 배달원의 '전속성'을 부정할 수는 없는 점 등에 비추어, 을에게 특수형태근로종사자의 요건인 '전속성'을 인정할 수 있음에도 이와 달리 보아 특수형태근로종사자에 해당하지 않는다고 단정한 원심판단에 법리를 오해한 잘못이 있다고 하여 특수형태종사 근로자로 판단을 확장함

(출처 : 대법원 2018. 4. 26. 선고 2017두74719 판결 [산재보험료부과처분취소] 〉 종합법률정보 판례)

▶ **도로공사 수납원의 근로자성 판단(대법원 2019. 8. 29. 선고 2017다219072 등)**

한국도로공사와 고속국도 통행료 수납업무 용역계약을 체결한 외주사업체에 고용되어 고속국도 영업소에서 통행료 수납업무 등을 담당한 갑 등이 한국도로공사를 상대로 근로자 지위 확인 등을 구한 사안에서, 제반 사정에 비추어 갑 등은 외주사업체에 고용된 후 외주사업체와 용역계약을 체결한 한국도로공사로부터 직접 지휘 · 명령을 받으며 한국도로공사를 위한 근로를 제공하였으므로 갑 등과 한국도로공사는 근로자파견관계에 있었다고 본 원심판단이 정당하다고 한 사례

(출처 : 대법원 2019. 8. 29. 선고 2017다219072, 219089, 219096, 219102, 219119, 219126, 219133 판결 [근로자지위확인등] 〉 종합법률정보 판례)

▶ **KT스카이라이프 설치기사의 근로자성 판단**

KT스카이라이프 설치기사가 근로기준법상 근로자라는 법원의 판결이 나왔다. 대법원 제3부(재판장 이동원)는 지난 11월 28일, 주식회사 이에스통신이 근로복지공단을 상대로 제기한 '요양승인처분취소' 소송에서 상고를 기각하고 근로자측 손을 들어준 원심을 확정했다(2019두50168).

(출처 : http://www.worklaw.co.kr/view/view.asp?accessSite=Naver&accessMethod=Search&accessMenu=News&in_cate=117&in_cate2=1047&gopage=1&bi_pidx=30117)

4) 사용자

"사용자"란 사업주 또는 사업 경영 담당자, 그 밖에 근로자에 관한 사항에 대하여 사업주를 위하여 행위하는 자를 말한다(근기법 제2조1항2호).

5) 임금

임금이란 사용자가 근로의 대가로 근로자에게 임금, 봉급, 그 밖에 어떠한 명칭으로든지 지급하는 일체의 금품을 말한다(근기법 제2조1항5호). 따라서 근로자는 근로자로서의 인정을 받으려면 반드시 임금을 목적으로 근로관계가 유지되어야 한다.

(1) 임금의 요건

임금은 근로의 대상이다. 근로자가 정상적으로 근로를 제공하였다면 이에 대한 급부로서 상응하는 임금을 받게 된다. 근로자에게 있어서는 경제활동의 목표이며 근로자 본인과 가족들을 위한 생존수단이다.

임금은 기본급, 각종 수당 등 여하한 명칭으로든지 사용자가 근로자에게 지급하는 일체의 금품을 총칭한다. 그러나 임의적, 은혜적, 복리후생, 기업시설(용품 등)과 비정기적, 1회적 성질의 것은 제외한다.

임금은 평균임금과 통상임금으로 구분한다.

(2) 평균임금

"평균임금"이란 이를 산정하여야 할 사유가 발생한 날 이전 3개월 동안에 그 근로자에게 지급된 임금의 총액을 그 기간의 총일수로 나눈 금액을 말한다. 근로자가 취업한 후 3개월 미만인 경우도 이에 준한다(근기법 제2조1항6호).

평균임금의 도입취지는 근로자의 급여가 근무형태와 여건에 따라 차이가 나므로 최대한 전체 근로기간에 대한 평균임금을 산정하여 근로자를 보호하고자 하는 제도이다.

평균임금에 포함되는 종류는 기본급, 각종 수당, 관행적 상여금 등 모두 포함한다. 그러나 임의적, 은혜적, 복리후생, 기업시설(용품 등)과 비정기적, 1회적 성질의 것은 제외한다.

산재보상법에서의 평균임금은 휴업급여, 장해급여, 유족급여, 상병보상연금 및 장의비 등 산재보험 급여의 산정기초가 되는 금액으로서 근로기준법에 의한 평균임금 또는 고용노동부장관이 고시한 임금으로 한다.

평균임금에 포함되는 임금은 급여, 고정상여금 등 고정적으로 급여로 지급되는 것을 12개월간 지급한 평균으로 나누어 해당 기간만큼 포함하여야 한다.

그러나 평균임금의 계산에서 제외되는 기간과 임금(근기법 영제2조)은 ① 「근로기준법」 제2조제1항제6호에 따른 평균임금 산정기간 중에 다음 각 호의 어느 하나에 해당하는 기간

Tip 평균임금 계산식

▶ 평균임금 계산방법

평균임금 = 산정사유발생일 이전 3개월 동안 지급된 임금총액/산정사유 발생일 이전 3개월 동안 총 일수(달력상)

- 계산 례

이전 3개월간 월 평균 급여	3,000,000원	3개월간	9,000,000원
(각종 수당 등을 포함하고 갑근세 등을 공제하기 전의 총 금액임)			
연간 총 상여금	6,000,000원 (월 평균 50만원)	3개월간	1,500,000원
(연간 상여금은 합산하여 월 평균으로 나눔)			
급여 합계			10,500,000원

- 산정사유 발생일 이전 3개월 동안 총 일수 = 7월/31일, 8월/31일, 9월/30일 (92일) (달력상의 일수)
  (1월/31일, 2월/28일, 3월 31일 = 90일이 될 수도 있음)
- 3개월간 급여합계 총 10,500,000원 / 총일수 92일 = 1일 당 114,130.43원

이 있는 경우에는 그 기간과 그 기간 중에 지급된 임금은 평균임금 산정기준이 되는 기간과 임금의 총액에서 각각 뺀다.〈개정 2011.3.2, 2012.7.10, 2016.11.29.〉

그 이유는 보험급여(진폐보상연금 및 진폐유족연금은 제외)를 산정시 해당 근로자의 근로형태가 특이하여 평균임금을 적용하는 것이 적당하지 아니하다고 인정되는 경우 별도의 산정 방법에 따라 산정한 금액을 평균임금으로 하도록 한 것이다. 그 취지는 일반적인 평균임금 산정방식으로 하면 부당하게 저액으로 근로자 보호의 취지를 살리지 못하는 경우 이를 보완하기 위한 방안으로 하기 위함이다.

기본적으로 평균임금에 제외되는 종류는 축의금, 위로금 등, 출장비, 작업복 등 1회성 금품은 제외되도록 하고 있고 규정상 다음과 같은 내용이 있다.

1. 법 제35조제5호에 따른 수습 사용 중인 기간
2. 법 제46조에 따른 사용자의 귀책사유로 휴업한 기간
3. 법 제74조에 따른 출산전후휴가 기간
4. 법 제78조에 따라 업무상 부상 또는 질병으로 요양하기 위하여 휴업한 기간
5. 「남녀고용평등과 일 · 가정 양립 지원에 관한 법률」 제19조에 따른 육아휴직 기간
6. 「노동조합 및 노동관계조정법」 제2조제6호에 따른 쟁의행위기간
7. 「병역법」, 「예비군법」 또는 「민방위기본법」에 따른 의무를 이행하기 위하여 휴직하거나

근로하지 못한 기간. 다만, 그 기간 중 임금을 지급받은 경우에는 그러하지 아니하다.

8. 업무 외 부상이나 질병, 그 밖의 사유로 사용자의 승인을 받아 휴업한 기간

② 법 제2조제1항제6호에 따른 임금의 총액을 계산할 때에는 임시로 지급된 임금 및 수당과 통화 외의 것으로 지급된 임금을 포함하지 아니한다. 다만, 고용노동부장관이 정하는 것은 그러하지 아니하다. 〈개정 2010.7.12〉

산재법 시행령 제23조 이하에서 근로형태가 특이한 근로자의 범위 및 평균임금, 직업병에 걸린 사람 평균임금, 최고 · 최저보상기준 금액 등에 대하여 규정하고 있고, 그 외 일용근로자의 평균임금(근기법 영제3조)과 특별한 경우의 평균임금(근기법 영제4조) 등이 있으나 설명을 생략하고 국가법령정보센터를 참조하기 바란다.

(3) 평균임금의 조정

평균임금의 조정이란 보험급여를 산정하는 경우 해당 근로자의 평균임금을 산정하여야 할 사유가 발생한 날부터 1년이 지난 이후에는 매년 전체 근로자의 임금 평균액의 증감률에 따라 평균임금을 증감하는 제도이다(법 제36조제3항 및 근기법 영제5조).

이 제도는 산재환자가 요양기간이 장기화되는 경우 급여변동을 반영하여 실질적인 보장이 되도록 하기 위한 제도이다(산재 영제22조).

① 법 제36조제3항 및 제4항에 따른 전체 근로자의 임금 평균액의 증감률 및 소비자물가 변동률의 산정 기준과 방법은 별표 2와 같다.

② 법 제36조제3항에 따른 평균임금의 증감은 보험급여 수급권자의 신청을 받아 하거나 공단이 직권으로 할 수 있다.

(4) 통상임금(근기법 영제6조)

① 법과 이 영에서 "통상임금"이란 근로자에게 정기적이고 일률적으로 소정(所定)근로 또는 총 근로에 대하여 지급하기로 정한 시간급 금액, 일급 금액, 주급 금액, 월급 금액 또는 도급 금액을 말한다.

② 제1항에 따른 통상임금을 시간급 금액으로 산정할 경우에는 다음 각 호의 방법에 따라 산정된 금액으로 한다.

1. 시간급 금액으로 정한 임금은 그 금액-이것은 최저임금과는 다른 것이므로 구별할 수 있어야 한다.

2. 일급 금액으로 정한 임금은 그 금액을 1일의 소정근로시간 수로 나눈 금액
3. 주급 금액으로 정한 임금은 그 금액을 주의 통상임금 산정 기준시간 수(법 제2조제1항제7호에 따른 주의 소정근로시간과 소정근로시간 외에 유급으로 처리되는 시간을 합산한 시간)로 나눈 금액
4. 월급 금액으로 정한 임금은 그 금액을 월의 통상임금 산정 기준시간 수(주의 통상임금 산정 기준시간 수에 1년 동안의 평균 주의 수를 곱한 시간을 12로 나눈 시간)로 나눈 금액
5. 일 · 주 · 월 외의 일정한 기간으로 정한 임금은 제2호부터 제4호까지의 규정에 준하여 산정된 금액
6. 도급 금액으로 정한 임금은 그 임금 산정 기간에서 도급제에 따라 계산된 임금의 총액을 해당 임금 산정 기간(임금 마감일이 있는 경우에는 임금 마감 기간을 말한다)의 총 근로 시간 수로 나눈 금액
7. 근로자가 받는 임금이 제1호부터 제6호까지의 규정에서 정한 둘 이상의 임금으로 되어 있는 경우에는 제1호부터 제6호까지의 규정에 따라 각각 산정된 금액을 합산한 금액

③ 제1항에 따른 통상임금을 일급 금액으로 산정할 때에는 제2항에 따른 시간급 금액에 1일의 소정근로시간 수를 곱하여 계산한다.

참고판례

▶ 통상임금에 대하여 대법원 2013. 12. 18. 선고 2012다89399 전원합의체 판결

[퇴직금]〈통상임금 사건(정기상여금)〉[공2014상,236]에서 [1] 어떠한 임금이 통상임금에 속하는지 판단하는 기준 및 근로기준법상 통상임금에 속하는 임금을 통상임금에서 제외하기로 하는 노사합의의 효력(무효) 등의 중요한 판례가 있었으므로 추가로 자세한 사항은 참조하기 바람

(출처 : 대법원 2013. 12. 18. 선고 2012다89399 전원합의체 판결[퇴직금] >종합법률정보 판례)

(5) 최저임금과의 구별

임금과 관련하여 이해하여야 할 사항으로 최저임금이 있다. 최저임금이란 근로자가 사람다운 생활을 유지하는 데 필요한 최저한도의 임금, 근로자의 생계비, 비슷한 직종에 종사하는 근로자의 임금 등을 고려하여 국가가 결정하고, 그 미만의 임금을 지급할 수 없도록 강제로 규정하는 것이다.

최저임금의 목적은 근로자에 대하여 임금의 최저수준을 보장하여 저임금 근로자의 생활 안정과 노동력의 원활한 공급과 생산의 질적 향상을 꾀함으로써 국민경제의 건전한 발전에 이바지하기 위한 것으로 하고 있다(최저임금법 제1조).

최저임금은 근로자를 사용하는 모든 사업 또는 사업장으로 하며 다만 동거하는 친족만을 사용하는 사업과 가사사용인, 선원법 적용의 경우에는 적용하지 않는다(최저임금법 제3조).

최저임금액(최저임금으로 정한 금액을 말한다)은 시간 · 일(日) · 주(週) 또는 월(月)을 단위로 하여 정한다. 이 경우 일 · 주 또는 월을 단위로 하여 최저임금액을 정할 때에는 시간급(時間給)으로도 표시하여야 한다(최저임금법 제5조 각항).

이하 구체적인 사항은 최저임금법을 참조하기 바란다.

그러나 이 최저임금의 기준이 근로관계의 최저기준으로 작용하고 있고 많은 수의 근로자들이 최저임금으로 근로관계를 유지하고 있음은 매우 안타까운 일이다.

여기에 더하여 2017년 5월 새로운 임기가 시작된 정부가 2020년까지 시급 1만원 시대를 실현하기 위한 과정으로 2017년에 비해 2018년도 최저임금이 16.4% 인상되고 2019년도 최저임금은 2018년도에 비하여 10.9% 인상되는 등 단기간에 급격하게 인상됨으로서 경제사회적으로 미치는 영향이 크다는 중소규모 경영자 및 자영업자들의 입장과 경제의 침체와 악화된 고용사정 등을 반영하여 2020년도는 사용자위원 안(案)인 2.9% 인상에 그쳤다.

또한 2018년도에는 관련법령을 고쳐 정기상여금과 복리후생 수당 등이 2019년부터 점차적으로 모두 최저임금에 포함되도록 했다(출처 : 다음백과).

최저임금은 매년 고용노동부장관이 최저임금위원회의 심의결정에 따라 매년 8월 5일까지 결정하며(동법 제8조1항) 매년 1월 1일부터 1년간 적용된다(동법 제10조2항).

6) 기타 용어

(1) 유족

"유족"이란 사망한 자의 배우자(사실상 혼인 관계에 있는 자를 포함한다) · 자녀 · 부모 · 손자녀 · 조부모 또는 형제자매를 말한다(법 제5조3호).

(2) 치유

"치유"란 부상 또는 질병이 완치되거나 치료의 효과를 더 이상 기대할 수 없고 그 증상이 고정된 상태에 이르게 된 것을 말한다(법 제5조4호).

(3) 장해

"장해"란 부상 또는 질병이 치유되었으나 정신적 또는 육체적 훼손으로 인하여 노동능력이 상실되거나 감소된 상태를 말한다(법 제5조5호).

(4) 중증요양상태

"중증요양상태"란 업무상의 부상 또는 질병에 따른 정신적 또는 육체적 훼손으로 노동능력이 상실되거나 감소된 상태로서 그 부상 또는 질병이 치유되지 아니한 상태를 말한다(법 제5조6호). 구체적인 중증요양상태 등급 등에 대해서는 재론한다.

(5) 진폐

"진폐"(塵肺)란 분진을 흡입하여 폐에 생기는 섬유증식성(纖維增殖性) 변화를 주된 증상으로 하는 질병을 말한다(법 제5조7호).

(6) 출퇴근

"출퇴근"이란 취업과 관련하여 주거와 취업장소 사이의 이동 또는 한 취업장소에서 다른 취업장소로의 이동을 말한다(법 제5조8호).

3 산재보험의 적용범위

1) 의의

산재보험법은 모든 사업 또는 사업장에 적용하도록 하고 있다. 그러나 사업의 규모나 위험률, 장소 등을 고려하여 산재의 발생 위험이 상대적으로 미약한 곳에는 적용을 제외하도록 하고 있다. 그러나 근로기준법상의 재해보상과 민법상의 손해배상 등과는 다른 사항이므로 유의하여야 한다.

또한 영세사업장이나 공사장 등에서도 사고가 발생할 수 있고 그 경우 오히려 근로자를 보호할 수 없다는 치명적인 문제가 있으므로 관련법을 개정하여 소규모공사 또는 총공사비 2천만원 이하의 공사 등도 가입하도록 하면서 사업주가 공단의 승인을 받아 임의로 가입하거나 해지할 수 있도록 하고 있다(영 제2조, 보험료징수법 제5조4항).

2) 당연가입

산재보험법의 적용을 받아 당연히 산재보험에 가입하여야 하는 경우를 말한다. 고용보험 및 산업재해보상보험의 보험료징수 등에 관한 법률[시행 2020.1.16.] [법률 제16268호, 2019.1.15., 일부개정]에 따르면 「산업재해보상보험법」을 적용받는 사업의 사업주는 당연히 「산업재해보상보험법」에 따른 산업재해보상보험(이하 "산재보험"이라 한다)의 보험가입자가 된다고 규정하고 있다(보험료징수법 제5조3항).

이 법은 근로자를 사용하는 모든 사업 또는 사업장(이하 "사업"이라 한다)에 적용한다. 다만, 위험률 · 규모 및 장소 등을 고려하여 대통령령으로 정하는 사업에 대하여는 이 법을 적용하지 아니한다(법 제6조).

Tip 사업과 사업장[12)]

1. 사업이란
- 어떤 목적을 위하여 업으로 행하여지는 계속적, 사회적, 경제적 활동 단위
- 활동의 목적이 영리성 여부와는 관계가 없음
- 경영조직으로서의 독립성을 가진 최소단위의 경영체로서 일정한 장소에서 일정한 조직 하에 유기적으로 서로 연관되어 행해지는 작업의 일체

2. 사업장이란
- 사업이 행해지고 있는 인적, 물적 시설이 존재하는 장소적인 의미

3) 산재보험법의 적용 제외 사업 범위(영 제2조)

① 법 제6조 단서에서 "대통령령으로 정하는 사업"이란 다음 각 호의 어느 하나에 해당하는 사업 또는 사업장(이하 "사업"이라 한다)을 말한다.〈개정 2008.8.7., 2010.3.26., 2015.4.14., 2018.9.18.〉

1. 「공무원 재해보상법」 또는 「군인연금법」에 따라 재해보상이 되는 사업. 다만, 「공무원 재해보상법」 제60조에 따라 순직유족급여 또는 위험직무순직유족급여에 관한 규정을 적용받는 경우는 제외한다.

2. 「선원법」, 「어선원 및 어선 재해보상보험법」 또는 「사립학교교직원 연금법」에 따라

12) 신태식 p.24

재해보상이 되는 사업

3. 삭제〈2017.12.26.〉
4. 가구내 고용활동
5. 삭제〈2017.12.26.〉
6. 농업, 임업(벌목업은 제외한다), 어업 및 수렵업 중 법인이 아닌 자의 사업으로서 상시근로자 수가 5명 미만인 사업

② 제1항 각 호의 사업의 범위에 관하여 이 영에 특별한 규정이 없으면 「통계법」에 따라 통계청장이 고시하는 한국표준산업분류표(이하 "한국표준산업분류표"라 한다)에 따른다.〈개정 2017.12.26.〉

③ 삭제〈2017.12.26.〉

이에 따라 소규모주택 및 전기공사 등 총공사비 2천만원 이하의 공사 등도 산재보험에 가입하도록 확대되었다.

Tip 회원단체의 산재보험 가입[13)]

Q : 회원단체도 당연가입대상에 포함되나요?

A : 네, 물론입니다. 회원단체도 1인 이상 근로자가 있을 경우 영리, 비영리와 상관없이 당연가입대상입니다. 당연가입 회원단체로는 제조업자단체, 상공회의소, 경영자단체, 무역협회, 지역경제단체, 중소기업협동조합중앙회, 농민단체, 대한병원협회, 전문가단체, 특정직업인단체, 대한변호사협회, 대한의사협회, 전문학회, 예술인단체, 노동조합, 종교단체, 정당 및 정치단체, 시민운동단체, 자선단체, 한국학술진흥재단, 대한민국학술원, 재향군인협회, 동호인단체 등이 있으니, 참고하시기 바랍니다.

4) 상시근로자 수의 산정 및 적용 시점(영 제2조의2)

① 영 제2조제1항제6호에 따른 상시근로자 수는 사업을 시작한 후 최초로 근로자를 사용한 날부터 그 사업의 가동일수(稼動日數) 14일 동안 사용한 근로자 연인원(延人員)을 14로 나누어 산정한다. 이 경우 상시근로자 수가 5명 미만이면 최초로 근로자를 사용한 날부터 하루씩 순차적으로 미루어 가동기간 14일 동안 사용한 근로자 연인원을 14로 나누어 산정한다.〈개정 2017.12.26.〉

13) http://blog.kcomwel.or.kr/852

② 제1항에도 불구하고 최초로 근로자를 사용한 날부터 14일 이내에 사업이 종료되거나 업무상 재해가 발생한 경우에는 그 때까지 사용한 연인원을 그 가동일수로 나누어 산정한다.

③ 제1항 및 제2항에 따라 산정한 상시근로자 수가 5명 이상이 되는 사업은 상시근로자 수가 최초로 5명 이상이 되는 해당 기간의 첫 날에 상시근로자 수가 5명 이상이 되는 사업이 성립한 것으로 본다. 〈개정 2017.12.26.〉

Tip 산재보험과 타법관계 및 유사 용어

이 책에서 산재보험과 타법과의 관계 및 유사 용어에 대하여 이해를 돕기 위하여 실무상에서 사용하는 용어를 간단히 설명하고자 한다.

- **산재보험** – 업무상 부상, 질병에 대해서 회사부담으로 적용 – 4일 이상
- **건강보험** – 개인사유로 부상, 질병 – 개인이 부담
- **근로기준법** – 업무상 부상, 질병으로 3일 이내 진료 – 회사부담
- **근재보험** – 산재보험 외 회사에서 임의가입
- **선원보험** – 선원산재보험으로 이해
- **공무상요양–공무원 산재** – 공무수행중 발생하는 재해
- **철도공상** – 철도에서 승객 등이 부상하는 경우
- **기타** – 민법적용

5) 임의가입

"보험료징수법" 제5조 각 항에 따라 「산업재해보상보험법」 제6조 단서에 따라 같은 법을 적용하지 아니하는 사업의 사업주는 공단의 승인을 받아 산재보험에 가입할 수 있다. 이에 따라 고용보험 또는 산재보험에 가입한 사업주가 보험계약을 해지할 때에는 미리 공단의 승인을 받아야 한다. 이 경우 보험계약의 해지는 그 보험계약이 성립한 보험연도가 끝난 후에 하여야 한다. 이때 사업주가 고용보험계약을 해지할 때에는 근로자(「고용보험법」 제10조 및 제10조의2에 따른 적용 제외 근로자는 제외한다) 과반수의 동의를 받아야 한다.

이것은 산재보험에 당연히 가입할 대상은 아니지만 사업주의 판단으로 산재보험 등에 가입할 수 있도록 함으로써 산재보험에 가입하지 못한 사업주에게 산재보험의 가입을 가능하게 하여 근로자와 사업주를 보호하고자 하는 취지라 해석할 수 있다.

6) 의제가입

"보험료징수법" 제6조 각 항에 따르면 ① 제5조제1항에 따라 사업주 및 근로자가 고용보험의 당연가입자가 되는 사업이 사업규모의 변동 등의 사유로 「고용보험법」 제8조 단서에 따른 적용 제외 사업에 해당하게 되었을 때에는 그 사업주 및 근로자는 그 날부터 제5조제2항에 따라 고용보험에 가입한 것으로 본다.

② 제5조제3항에 따라 그 사업주가 산재보험의 당연가입자가 되는 사업이 사업규모의 변동 등의 사유로 「산업재해보상보험법」 제6조 단서에 따른 적용 제외 사업에 해당하게 되었을 때에는 그 사업주는 그 날부터 제5조제4항에 따라 산재보험에 가입한 것으로 본다.

③ 제5조제1항부터 제4항까지의 규정에 따른 사업주가 그 사업을 운영하다가 근로자(고용보험의 경우에는 「고용보험법」 제10조에 따른 적용 제외 근로자는 제외한다)를 고용하지 아니하게 되었을 때에는 그 날부터 1년의 범위에서 근로자를 사용하지 아니한 기간에도 보험에 가입한 것으로 본다.

④ 제1항 및 제2항의 사업주 및 근로자에 대한 보험계약의 해지에 관하여는 제5조제5항 및 제6항을 준용한다.[전문개정 2009.12.30.]

그 이유는 산재보험에 가입하였던 가입자가 산재비적용 사업이 되거나 적용사업이 되는 경우 보험 사업의 안정성과 근로자 보호 등의 목적으로 그때부터 산재보험을 적용하거나 그 때부터 사업이 종료될 때까지 산재보험에 적용되도록 하고 있는 것으로 이해할 수 있다.

7) 보험관계의 성립일(보험료징수법 제7조)

산재보험의 보험관계는 다음 각 호의 어느 하나에 해당하는 날에 성립한다.

1. 제5조제1항에 따라 사업주 및 근로자가 고용보험의 당연가입자가 되는 사업의 경우에는 그 사업이 시작된 날(「고용보험법」 제8조 단서에 따른 사업이 제5조제1항에 따라 사업주 및 근로자가 고용보험의 당연가입자가 되는 사업에 해당하게 된 경우에는 그 해당하게 된 날)
2. 제5조제 3항에 따라 사업주가 산재보험의 당연가입자가 되는 사업의 경우에는 그 사업이 시작된 날(「산업재해보상보험법」 제6조 단서에 따른 사업이 제5조제3항에 따라 사업주가 산재보험의 당연가입자가 되는 사업에 해당하게 된 경우에는 그 해당하게 된 날)
3. 제5조제2항 또는 제4항에 따라 보험에 가입한 사업의 경우에는 공단이 그 사업의 사

업주로부터 보험가입승인신청서를 접수한 날의 다음 날

4. 제8조제1항에 따라 일괄적용을 받는 사업의 경우에는 처음 하는 사업이 시작된 날
5. 제9조제1항 단서 및 제2항에 따라 보험에 가입한 하수급인의 경우에는 그 하도급공사의 착공일

[전문개정 2009.12.30.]

산재보험에서는 보험관계 성립일이 매우 중요한데 모든 보험관계가 그렇지만 특히 산재보험에서는 보험관계 성립 전에 사고가 발생하는 경우 등은 그에 관한 벌칙성 제재가 부과될 수 있으므로 유의하여야 한다.

Tip 산재보험 미가입시의 산재사고

▶ **산재보험 미가입시의 산재사고**[14)]

산업재해보상보험법(산재법)은 근로자를 사용하는 모든 사업 또는 사업장에 적용된다. 즉 상시근로자 1인 이상의 사업장은 고용형태를 불문하고 산재보험이 의무적으로 적용되는 것이다. 사업이 개시되어 적용요건을 충족하게 되었을 때, 사업주의 의사와는 관계없이 자동적으로 보험관계가 성립하게 되며 적용제외 사업을 제외하고 근로자를 1인 이상 사용하는 모든 사업 또는 사업장은 당연 적용대상에 해당이 된다.

따라서 사업주의 보험관계 성립신고 여부와 관계없이 사업을 개시한 날 이후에 재해를 당한 근로자는 산재보험의 보상을 받을 수 있다. 다만, 산재보험 미가입장의 사업주는 법적 의무(산재보험 가입)를 다하지 않은 책임에 따른 일정한 불이익을 받게 된다.

산업재해보상보험 가입신고를 게을리 한 기간 중에 발생한 재해에 관하여 산재보험에 가입하여야 하는 날(보험관계 성립일로부터 14일 이내)로부터 보험가입신고를 한 날까지의 기간 중에 발생한 재해에 대한 요양급여, 휴업급여, 장해급여, 간병급여, 유족급여, 상병보상연금에 대하여 행하되, 재해자에게 지급 결정된 보험급여의 50%를 사업주에게 부과하게 되는 것이다.

* 기타 산재보험료에 관한 구체적인 사항은 고용보험 및 산업재해보상보험의 보험료징수 등에 관한 법률을 참고하기 바람

14) http://blog.naver.com/PostView.nhn?blogId=land1005&logNo=70121609330

4 산업재해보상보험 및 예방심의위원회(법 제8조, 영 제3조 이하)

① 산업재해보상보험 및 예방에 관한 중요 사항을 심의하게 하기 위하여 고용노동부에 산업재해보상보험 및 예방심의위원회(이하 "위원회"라 한다)를 둔다.〈개정 2009.10.9., 2010.6.4.〉

② 위원회는 근로자를 대표하는 자, 사용자를 대표하는 자 및 공익을 대표하는 자로 구성하되, 그 수는 각각 같은 수로 한다.

③ 위원회는 그 심의 사항을 검토하고, 위원회의 심의를 보조하게 하기 위하여 위원회에 전문위원회를 둘 수 있다.〈개정 2009.10.9.〉

④ 법 제8조제1항에 따른 산업재해보상보험 및 예방심의위원회(이하 "위원회"라 한다)는 다음 각 호의 사항을 심의한다.〈개정 2010.2.24., 2010.7.12.〉

1. 법 제40조제5항에 따른 요양급여의 범위나 비용 등 요양급여의 산정 기준에 관한 사항
2. 보험료징수법 제14조제3항 및 같은 조 제4항에 따른 산재보험료율의 결정에 관한 사항
3. 법 제98조에 따른 산업재해보상보험 및 예방기금의 운용계획 수립에 관한 사항
4. 「산업안전보건법」 제4조제1항 각 호에 따른 산업안전 · 보건 업무와 관련되는 주요 정책 및 같은 법 제8조에 따른 산업재해 예방에 관한 중 · 장기 기본계획
5. 그 밖에 고용노동부장관이 산업재해보상보험 사업(이하 "보험사업"이라 한다) 및 산업안전 · 보건 업무에 관하여 심의에 부치는 사항

⑤ 위원회의 위원은 다음 각 호의 구분에 따라 각각 고용노동부장관이 임명하거나 위촉한다.〈개정 2010.2.24., 2010.7.12.〉

1. 근로자를 대표하는 위원은 총연합단체인 노동조합이 추천하는 사람 5명
2. 사용자를 대표하는 위원은 전국을 대표하는 사용자 단체가 추천하는 사람 5명
3. 공익을 대표하는 위원은 다음 각 목의 사람 5명
   가. 고용노동부차관
   나. 고용노동부에서 산업재해보상보험 업무를 담당하는 고위공무원 또는 산업재해 예방 업무를 담당하는 고위공무원 중 1명
   다. 시민단체(「비영리민간단체 지원법」 제2조에 따른 비영리민간단체를 말한다)에서 추천한 사람과 사회보험 또는 산업재해 예방에 관한 학식과 경험이 풍부한

사람 중 3명

⑥ 위원의 임기는 3년으로 하되, 연임할 수 있다. 다만, 제4조제3호가목 또는 나목에 해당하는 위원의 임기는 그 재직기간으로 한다.〈개정 2010.2.24.〉

1. 보궐위원의 임기는 전임자의 남은 임기로 한다.
2. 고용노동부장관은 제4조에 따른 위원회의 위촉위원이 다음 각 호의 어느 하나에 해당하는 경우에는 해당 위원을 해촉(解囑)할 수 있다.〈신설 2016.3.22.〉
   가. 심신장애로 인하여 직무를 수행할 수 없게 된 경우
   나. 직무와 관련된 비위사실이 있는 경우
   다. 직무태만, 품위손상이나 그 밖의 사유로 인하여 위원으로 적합하지 아니하다고 인정되는 경우
   라. 위원 스스로 직무를 수행하는 것이 곤란하다고 의사를 밝히는 경우

⑦ 위원회에 위원장과 부위원장을 각 1명씩 둔다.

1. 위원장은 고용노동부차관이 되고, 부위원장은 공익을 대표하는 위원 중에서 위원회가 선임한다.〈개정 2010.7.12.〉
2. 위원장은 위원회를 대표하며, 위원회의 사무를 총괄한다.
3. 부위원장은 위원장을 보좌하며 위원장이 부득이한 사유로 직무를 수행할 수 없을 때에는 그 직무를 대행한다.

⑧ 위원장은 위원회의 회의를 소집하고 그 의장이 된다.

1. 위원회의 회의는 고용노동부장관의 요구가 있거나 재적위원 과반수의 요구가 있을 때 소집한다.〈개정 2010.7.12.〉
2. 위원회의 회의는 재적위원 과반수의 출석으로 개의하고, 출석위원 과반수의 찬성으로 의결한다.

5 산재보험의 업무수행 주체

산재보험은 법 제1조의 목적을 달성하기 위한 사업을 효율적으로 수행하기 위하여 근로복지공단을 설립하여 운영한다(법 제10조).

근로복지공단은 정부에서 직접 관리 운영하던 산업재해보상보험에 관한 일선 업무를 1995.5.1 노동부산하 근로복지공단을 신설하여 산재보험 업무의 전문성과 효율성을 확보하

고자 하였다.[15)]

① 근로복지공단은 다음 각 호의 사업을 수행한다.〈개정 2015.1.20.〉(법 제11조)

1. 보험가입자와 수급권자에 관한 기록의 관리 · 유지
2. 보험료징수법에 따른 보험료와 그 밖의 징수금의 징수
3. 보험급여의 결정과 지급
4. 보험급여 결정 등에 관한 심사 청구의 심리 · 결정
5. 산업재해보상보험 시설의 설치 · 운영

5의2. 업무상 재해를 입은 근로자 등의 요양 및 재활(주로 의료기관이 해당)

5의3. 재활보조기구의 연구개발 · 검정 및 보급

5의4. 보험급여 결정 및 지급을 위한 업무상 질병 관련 연구

5의5. 근로자 등의 건강을 유지 · 증진하기 위하여 필요한 건강진단 등 예방 사업

6. 근로자의 복지 증진을 위한 사업
7. 그 밖에 정부로부터 위탁받은 사업
8. 제5호 · 제5호의2부터 제5호의5까지 · 제6호 및 제7호에 따른 사업에 딸린 사업

② 공단은 제1항제5호의2부터 제5호의5까지의 사업을 위하여 의료기관, 연구기관 등을 설치 · 운영할 수 있다.〈신설 2010.1.27., 2015.1.20.〉

이 규정에 따라 근로복지공단은 현재 전국에 9개의 공단병원과 1개의 공단요양병원을 설치 운영하고 있다(자세한 내용은 근로복지공단 인터넷 홈페이지 참조 : http://www.kcomwel.or.kr/medi/orgn/intr_idx.jsp).

③ 제1항제3호에 따른 사업의 수행에 필요한 자문을 하기 위하여 공단에 관계 전문가 등으로 구성되는 보험급여자문위원회를 둘 수 있다.〈개정 2010.1.27.〉

④ 제3항에 따른 보험급여자문위원회의 구성과 운영에 필요한 사항은 공단이 정한다.〈개정 2010.1.27.〉

---

15) 산업재해보상보험법 [시행 1995.5.1.] [법률 제4826호, 1994.12.22., 전부개정]【제 · 개정이유】
[전문개정]
정부에서 직접 관리 · 운영하던 산업재해보상보험에 관한 일선업무를 노동부산하 근로복지공사에 위탁하게 됨에 따라 동 공사의 운영체제를 비수익적 성격을 가진 근로복지공단으로 개편하여 산업재해보상보험업무의 전문성과 효율성을 확보하고, 산업재해보상보험특별회계법 및 산업재해보상보험업무 및 심사에 관한 법률을 이 법으로 통합 · 정비함으로써 산업재해보상보험업무의 효율화를 촉진하려는 것임
① 근로자의 업무상 재해에 대한 보상보험업무와 그에 필요한 보험시설의 설치 · 운영 및 근로자복지증진사업을 전문적 · 효율적으로 추진하기 위하여 종전의 근로복지공사를 근로복지공단으로 개편하여 동 공단으로 하여금 이들 업무를 수행하게 함

⑤ 정부는 예산의 범위에서 공단의 사업과 운영에 필요한 비용을 출연할 수 있다.〈신설 2015.1.20.〉

⑥ 공단은 법인으로 한다(법 제12조).

⑦ 공단은 주된 사무소를 정관으로 정하고 각 지역에는 지역본부를 두며 하위지역에는 지사를 두고 운영하고 있다.

이를 위하여 공단은 많은 업무를 수행하고 있으며 공단의 사업을 하기 위하여 정부는 출자나 출연을 할 수도 있다(법 제32조).

6 보험급여의 종류

현재 우리나라 산재보험법에서 정하여 실시하고 있는 보험급여는 다음과 같다(법 제36조 보험급여의 종류와 산정 기준 등).

① 보험급여의 종류는 다음 각 호와 같다. 다만, 진폐에 따른 보험급여의 종류는 제1호의 요양급여, 제4호의 간병급여, 제7호의 장의비, 제8호의 직업재활급여, 제91조의3에 따른 진폐보상연금 및 제91조의4에 따른 진폐유족연금으로 한다.〈개정 2010.5.20.〉

1. 요양급여
2. 휴업급여
3. 장해급여
4. 간병급여
5. 유족급여
6. 상병(傷病)보상연금
7. 장의비(葬儀費)
8. 직업재활급여

② 제1항에 따른 보험급여는 제40조, 제52조부터 제57조까지, 제60조부터 제62조까지, 제66조부터 제69조까지, 제71조, 제72조, 제91조의3 및 제91조의4에 따른 보험급여를 받을 수 있는 자(이하 "수급권자"라 한다)의 청구에 따라 지급한다.〈개정 2010.5.20.〉

③ 보험급여를 산정하는 경우 해당 근로자의 평균임금을 산정하여야 할 사유가 발생한 날부터 1년이 지난 이후에는 매년 전체 근로자의 임금 평균액의 증감률에 따라 평균임금을 증감하되, 그 근로자의 연령이 60세에 도달한 이후에는 소비자물가변동률에

따라 평균임금을 증감한다. 다만, 제6항에 따라 산정한 금액을 평균임금으로 보는 진폐에 걸린 근로자에 대한 보험급여는 제외한다.〈개정 2010.5.20.〉

평균임금의 조정에 대해서는 용어의 정의에서 전술한 바 있다.

④ 제3항에 따른 전체 근로자의 임금 평균액의 증감률 및 소비자물가변동률의 산정 기준과 방법은 대통령령으로 정한다. 이 경우 산정된 증감률 및 변동률은 매년 고용노동부장관이 고시한다.〈개정 2010.6.4.〉

⑤ 보험급여(진폐보상연금 및 진폐유족연금은 제외한다)를 산정할 때 해당 근로자의 근로 형태가 특이하여 평균임금을 적용하는 것이 적당하지 아니하다고 인정되는 경우로서 대통령령으로 정하는 경우에는 대통령령으로 정하는 산정 방법에 따라 산정한 금액을 평균임금으로 한다.〈개정 2010.5.20.〉

⑥ 보험급여를 산정할 때 진폐 등 대통령령으로 정하는 직업병으로 보험급여를 받게 되는 근로자에게 그 평균임금을 적용하는 것이 근로자의 보호에 적당하지 아니하다고 인정되면 대통령령으로 정하는 산정 방법에 따라 산정한 금액을 그 근로자의 평균임금으로 한다.〈개정 2010.5.20.〉

⑦ 보험급여(장의비는 제외한다)를 산정할 때 그 근로자의 평균임금 또는 제3항부터 제6항까지의 규정에 따라 보험급여의 산정 기준이 되는 평균임금이 전체 근로자의 임금 평균액의 1.8배(이하 "최고 보상기준 금액"이라 한다)를 초과하거나, 2분의 1(이하 "최저 보상기준 금액"이라 한다)보다 적으면 그 최고 보상기준 금액이나 최저 보상기준 금액을 각각 그 근로자의 평균임금으로 한다. 다만, 휴업급여 및 상병보상연금을 산정할 때에는 최저 보상기준 금액을 적용하지 아니한다.

⑧ 최고 보상기준 금액이나 최저 보상기준 금액의 산정방법 및 적용기간은 대통령령으로 정한다. 이 경우 산정된 최고 보상기준 금액 또는 최저 보상기준 금액은 매년 고용노동부장관이 고시한다.〈개정 2010.6.4.〉

이 장에서는 일반적인 산재보험의 보험급여 차원에서 관련된 사항에 대하여 열거하였고 보다 구체적인 사항은 다음 장에서 관련분야별로 설명하고자 한다.

단원평가

제1절 산재보험제도

1. 산업재해보상보험제도의 의의를 이해한다.
2. 산재보험의 시작에 대해 이해한다.
3. 현행법상의 재해보상제도에 대해 이해한다.
4. 산업재해보상보험제도의 도입 목적에 대해 이해한다.
5. 산업재해보상보험의 기본 이념에 대해 이해한다.
6. 산업재해보상보험의 특성에 대해 이해한다.
7. 산업재해보상보험의 기능에 대해 이해한다.
8. 정부의 산업안전정책의 변화에 대해 이해한다.
9. 산업재해보상보험과 근로기준법, 민법과의 다른 점에 대해 이해하고 구별할 줄 알아야 한다.

제2절 산재보험 원무관리의 필요성

1. 산재보험 원무관리의 필요성에 대해 이해한다.

제3절 산업재해보상보험법령 개요

1. 산업재해보상제도의 발달과정에 대해 이해한다.
2. 연도별 산재보험의 변천과정에 대해 주요사항을 숙지한다.
3. 산재보험에서 사용하는 용어의 개념에 대해 명확하게 이해한다.
4. 업무상 재해-업무상 사고와 업무상 질병에 대해 개략적인 것을 이해한다.
5. 업무수행성에 대해 이해한다.
6. 업무기인성에 대해 이해한다.
7. 업무상 질병의 판정 절차에 대해 이해한다.
8. 특례 적용하는 근로자에 대해 이해한다.
9. 임금에 대한 개념을 명확하게 이해한다.
10. 평균임금, 통상임금, 최저임금, 휴업급여 등을 이해하고 구분하고 계산할 수 있어야 한다.
11. 평균임금의 조정에 대하여 이해한다.
12. 산재보험의 당연가입과 임의가입, 의제가입을 구분하여 이해할 수 있어야 한다.
13. 산재보험의 적용 제외 사업을 구분할 수 있어야 한다.
14. 근로복지공단의 설치와 업무에 관하여 이해한다.
15. 현행 우리나라 산재보험에서 시행하고 있는 보험급여의 종류를 숙지하여야 한다.

제2장 산재보험 진료관리론 – 요양 및 진료관리

학습목표

- 산재환자의 진료관리 실무에 대하여 전체적인 과정 및 각 부분에 대하여 구체적인 사항을 이해한다.
- 산재환자 및 진료관리의 특성을 이해한다.
- 요양급여(현물급여)와 요양비지급(현금급여)에 대하여 이해하고 구분한다.
- 산재환자의 토탈서비스 업무 처리절차에 대해 이해한다.
- 진료계획의 의의와 사유, 진행절차에 대해 이해한다.
- 전원요양의 의의와 사유, 신청 및 결정과정을 이해한다.
- 추가상병 및 병행진료의 개념에 대해 이해한다.
- 재요양의 개념과 요건, 실무사항에 대해 이해한다.
- 후유증상 및 합병증 등의 예방관리에 대한 개념에 대해 이해한다.
- 후유증상 대상자의 서비스카드 및 진료관리에 대해 이해한다.
- 후유증상 진료비용의 심사 및 부당이득, 환수와 현지조사와 통합하여 이해한다.
- 현장요양서비스와 의료기관 지도점검 등에 대해 통합하여 이해한다.

제1절 산재환자 관리의 특성

1 산재환자 진료관리의 특성

산재환자의 일반적 특성을 구분하면 다음과 같이 설명할 수 있다.

1) 산재환자란

산재환자란 업무상 재해(업무상 사고 및 업무상 질병을 포함한다)로 인하여 의료기관에서

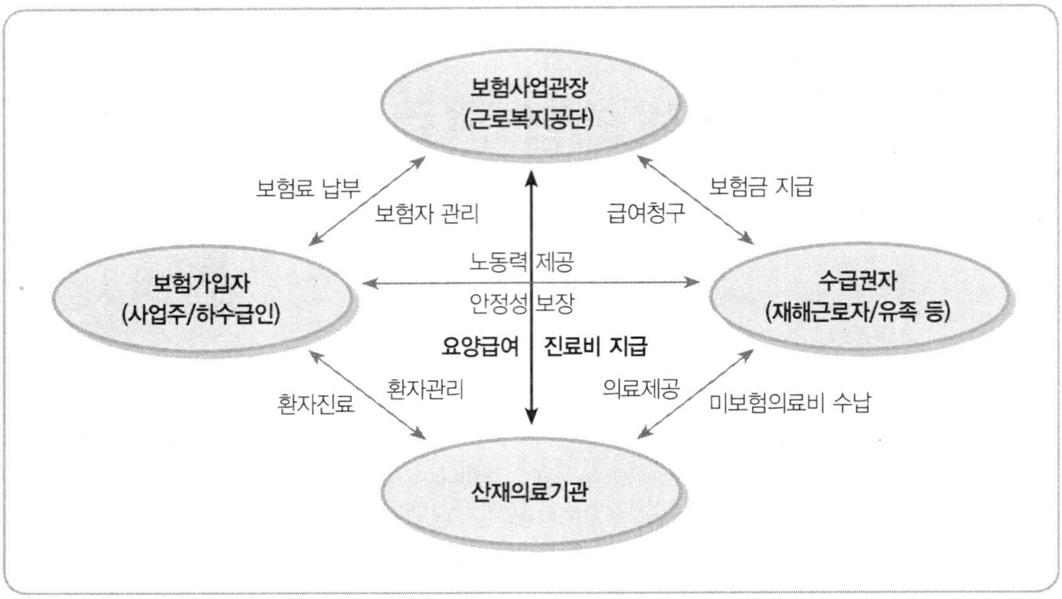

[그림 2-1] 산재보험의 수행체계

진료를 받았거나 또는 받는 자로 정의할 수 있다.

2) 산재환자의 진료관리의 특성

산재환자의 진료관리란 업무상 재해로 인하여 의료기관에서 진료를 받았거나 받는 과정에서 의료기관에서 행하는 의료행위 및 환자관리의 모든 것이라고 설명할 수 있다.

산재환자는 산재보험에 가입한 사업 또는 사업장에서 근로하는 근로자가 업무상 재해를 당했을 때 진료하는 것으로 요양신청에서부터 치료의 종결 및 장해진단, 진료비의 청구 및 수령 등에 관하여 많은 행위가 있고 절차가 상당히 까다롭다.

산재환자의 관리에는 모두 서류를 통하여 움직인다는 점이 다른 보험 종별과는 현저하게 다른 점이다. 즉 환자를 처음 진료할 때부터 요양신청서와 산재소견서를 발행하는 것은 물론 치료기간이 연장되는 경우에는 진료계획서, 장해가 발생하면 장해진단서, 근로자의 급여에 대해서는 휴업급여의 확인 등 많은 서류가 발생하고 이들 서류는 정해진 기간에 작성되어야 하며 근로복지공단에 의한 요양승인이라는 형식으로 정해진 기간 외의 의사의 자유로운 진료는 산재에서 인정되지 않는다.

다만 산재는 건강보험 및 자동차보험보다는 보장 범위가 넓고 특별진찰제도의 운영, 보험급여의 일시중지 및 제한 등 근로자를 보호하거나 규제하는 절차가 운영되는 등의 특징도 가지고 있다.

또한 산재환자를 진료하는 과정에서 의료기관의 산재보험 업무 담당자는 산재환자에 대한 관리는 물론 환자 진료와 관련하여 회사와 근로자, 근로복지공단, 의사와 병원 등의 관계에서 많은 역할을 해야 할 수도 있다.

3) 산재환자의 특성

(1) 중증 또는 복잡다발성 부상

산재사고의 경우에는 중증인 경우가 많다. 무릇 사고라 함은 경상인 경우도 있지만 중대한 재해가 많은 것이 산재사고의 특징이라 할 것이다. 산재환자의 경우에도 보통 사람이 가정에서 작업을 하다가 다치는 경우도 있겠지만 그보다는 산업현장에서 크게 다치는 경우가 더 많다고 보아야 할 것이다.

따라서 중증인 경우는 물론 여러 곳을 복합적으로 다치는 다발성 사고가 많다고도 할 수 있다.

(2) 회복지연

사고의 특성상 중증 및 다발성인 경우 회복이 지연되거나 이로 인한 장해의 발생 가능성 및 질병에 대한 합병증 등의 발병 가능성이 높다. 이것은 두부 손상이나 뇌출혈, 척추 등의 부상으로 장기간 요양하는 경우 우려되는 것이다.

(3) 긴급성 또는 응급성

산업 현장에서의 사고는 추락, 절단, 화상 등 복합적이고 다발성과 함께 수지절단 등 긴급성 또는 응급성을 요하는 경우가 많다.

(4) 재활성

산재환자는 상대적으로 젊은 계층에서의 사고도 많을 수밖에 없다. 이들은 사고 후 재활을 하여 사회에 복귀하여야 할 필요성도 있기 때문에 이에 대한 수요나 대처가 필요하다. 이것은 산재환자가 장기적으로 치료를 요하는 원인이 되는 수도 있다.

(5) 관리필요성

산재환자는 부상하기 전에는 건강한 신체의 소유자였기 때문에 입원생활에 적응하지 못하고 어려움을 호소할 수도 있으므로 1차 치료에서 회복하면 재활 등 적절한 의료기관으로 전원과 병동생활을 하도록 지도할 필요가 있다.

(6) 각종 서류관리의 유의

산재환자는 자동차보험이나 건강보험 등의 경우에 비하여 모든 것이 서류로 움직인다. 최초 요양신청과 산재소견서를 비롯하여 모든 과정에서 서류를 작성하여야 하고 긴급한 경우가 아니면 근로복지공단으로부터 승인이 나야 가능하기 때문에 상당한 주의와 관심이 필요하다. 이에 따라 환자 및 회사에 대하여 관련서류의 적절한 문서의 수발이 매우 중요하다.

(7) 환자분류의 애로

산재환자는 업무상 사고 등의 부상과 업무상 질병을 원인으로 하게 되므로 환자의 보험종별 분류가 곤란하다는 것을 들 수 있다. 산재환자가 처음 병원에 내원하면 이를 산재로 할 것인지 건강보험으로 할 것인지 회사직불로 할 것인지 등에 따라 보험 적용과 진료비 수납 등의 방법이 결정되는데 이를 즉시 결정할 수가 없는 경우도 있고 추후 변동되는 경우도 많다.

(8) 업무상 질병 판정 장시간 소요, 어려움, 심리적 약화

산재환자의 업무상 질병의 경우 이를 판정하는데 장기간 소요되므로 환자입장에서는 산재적용이 안 될까봐 긴장하게 되고 심리적인 약화현상을 초래할 수도 있으며 병원입장에서는 건강보험으로 적용하다가 산재결정이 나면 종별 전환을 하거나 영수증을 발급하는 등 지속적인 관리를 해야 하는 현상 등이 발생할 수 있다.

(9) 노동단체의 기능

산재환자는 근로복지공단에서 산재로 승인이 나기 전에는 산재로 처리할 수 없다. 업무상 부상의 경우에는 업무수행성이 인정되는 경우에는 비교적 산재 승인이 용이하다고 볼 수 있으나, 그것도 모든 경우에 100% 요양 승인이 난다고 할 수도 없으며, 특히 업무상 질병의 경우에는 그 판정을 위해 많은 절차와 과정이 고도의 판단이 요구되므로 요양승인을 받기가 쉽지 않다.

이 과정에서 노동조합이나 사회단체 등이 개입하여 산재 승인을 받기 위해 투쟁하는 경우도 발생할 수 있으며 대표적으로는 S전자의 백혈병 환자와 같은 사례가 있다.

그 외에도 노동조합과의 관계는 업무상 사고와 건강진단 등의 경우에 참여할 수 있는 여건이 될 수 있다.

(10) 산재관리의 엄격에 따른 부작용

사업장에서의 많은 산재환자의 발생은 필연적으로 근로자의 안전보호에 문제가 있을 수 있다는 것을 의미한다. 당연히 산재가 많이 발생하는 사업장에 대해서는 감독관청인 고용노동부의 안전관리가 강화되며, 이를 회피하기 위하여 경미한 경우에는 산재로 처리하지 않을 수 있다. 이 경우 통상 공상이라는 용어로 설명하게 되는데 이 경우 근로자는 회사의 치료보장과 임금수령 등에 대해 불안을 나타내거나 병원으로서는 진료비의 미납 등의 문제를 발생시킬 수도 있다.

(11) 적정한 치료종결의 역할

산재환자는 부상과 질병의 특성상 장기적인 치료와 재활, 후유증 등이 복합적으로 작용한다. 이에 따라 산재환자는 최대한의 회복을 위하여 노력하게 되고 그러므로 치료기간이 장기화되는 경우가 발생한다. 이 경우 의사가 의학적 측면에서 치료를 하게 되지만 환자는 이에 만족하지 못하게 되고 치료를 연장하는 경우에 공단의 승인이라는 제3자의 역할이 있기 때문에 이를 합리적으로 조정, 결정하는 모두가 만족하는 치료종결 결정을 내리기가 쉽지 않는 것이 진료현실에서 애로가 있는 것이다.

2 산재환자 진료관리 절차

산재환자의 진료관리에 관한 기본적인 절차와 과정은 다음과 같다.

① 초진접수 – 응급실 및 외래 진료 접수

② 입원 및 통원 결정에 따른 진료

③ 진료 병행과 함께 회사확인 및 요양신청서 접수

④ 산재(초진)소견서 발행

⑤ 요양승인 신청 및 결정 확인

⑥ 필요시 추가상병 신청, 병행진료 신청

⑦ 필요시 진료계획서 발행 – 진료연장시
⑧ 필요시 전원소견서 발행
⑨ 휴업급여 등 서류 발급 협조
⑩ 진료종결 및 필요시 장해진단서 발행
⑪ 진료비 청구(진료비 종결과 관련없이 매월 규칙적으로)
⑫ 진료비 심사, 지급과 이의신청
⑬ 종결

이하에서 각 분야별로 구체적으로 설명하도록 한다.

제2절 요양급여(법 제40조)

1 의 의

산재환자의 보험급여 및 진료관리는 요양급여로부터 시작한다. 요양급여는 산재보험의 가장 기본적이고 대표적인 급여이다. 요양급여는 근로자가 업무상의 사유로 부상을 당하거나 질병에 걸린 경우에 그 근로자에게 지급한다(법 제40조).

산재보험법상의 요양급여는 산재보험 적용사업에 종사하는 근로자가 업무상 부상이나 질병에 걸린 경우에 근로자에게 병원 등에서 치유될 때까지 본인의 부담 없이 치료해 주는 보험급여의 일종이라고 할 수 있다. 이에 대해 근로기준법(제78조)에서는 근로자가 업무상 부상 또는 질병에 걸리면 사용자는 그 비용으로 필요한 요양을 행하거나 필요한 요양비를 부담하여야 한다고 규정하고 있다.

이 제도의 취지는 근로자의 업무상 부상 또는 질병에 대한 요양을 사용자의 단순한 은혜적 부조의 관념에서 탈피하여 노동력의 보호내지 근로자의 생존권을 보호한다는 적극적 이념에서 사용자에게 요양보상을 의무로서 규정하고 있는 것으로 보아야 한다.[1)]

1) 김수복 p.124

2 요양급여의 지급방법

요양급여의 지급방법은 요양급여(현물급여), 요양비 지급(현금급여)으로 구분한다.

1) 요양급여

요양급여는 원칙적으로 재해근로자의 업무상 부상 또는 질병에 걸린 경우에 완치될 때까지 그 소요시간과 비용에 구애 없이 근로자는 전혀 비용을 부담하지 않고 노동부장관이 설치한 보험시설이나 지정한 의료기관에서 무료로 치료받는 것으로 현물급여라고 설명할 수 있다.

요양급여는 현물급여를 원칙으로 한다. 따라서 여기에 따른 요양급여는 법 제43조제1항에 따른 산재보험 의료기관에서 요양을 하게 한다고 규정하고 있다(법 제40조제2항). 다만, 부득이한 경우에는 요양급여를 갈음하여 요양비를 지급할 수 있다(동조2항 단서). 이것은 현금급여라고 한다.

2) 요양비 지급

산재보험 자체에서 설치(근로복지공단 OO병원) 또는 지정한 병원에서 진료를 받는 것이 원칙이나 당해 근로자가 반드시 산재지정병원 근처에서만 부상을 당하거나 질병에 걸리는 것은 아니다. 또한 적합한 전문의사나 진료과목, 시설 · 장비 등이 불비하여 부득이 지정병원이 아닌 곳에서도 치료받는 경우 또는 요양과 관련하여 간병비 등 직접비용이 발생하는 경우도 있을 수 있다. 이 경우 사업주 또는 근로자가 먼저 치료비를 납부하고 추후 공단의 요양승인이 나면 치료비를 청구하여 수령하는 제도로 이것은 근로자의 실질적 보호와 업무의 편의를 위해 운영하는 제도라고 볼 수 있다.

요양비의 청구와 지급 등에 관한 자세한 사항은 진료비관리론에서 재론한다.

3) 요양급여의 요건 및 범위

요양급여는 당해 근로자가 산재보험 적용사업장에 종사하여야 하고 근로자가 업무상 부상 또는 질병으로 4일 이상의 요양기간을 필요로 할 때 적용한다(법 제40조제3항). 이 경우에 4일 이상이라 함은 달력상의 총 기간을 의미하며 3일 이내의 요양으로 치유될 수 있으면 요양급여를 지급하지 아니한다. 다만 이 규정은 산재보험을 적용하지 않는다는 것이지 근로자가 부담해야 한다는 뜻은 아니다. 따라서 근로자가 업무상 재해로 3일 이내의 진료를 받게 되면 근로기준법에 따라 회사에서 부담하여야 한다는 점을 이해하여야 한다.

여기서 진료기간이 3일 이내이면 부상이나 질병이 경미하고 그에 대해서는 근로기준법에서도 충분히 보장이 가능하고 각종 서류절차 구비 등 보험관리적 차원에서도 효율성을 고려한 것으로 이해할 수 있다. 그러나 1일에 치료하고 7일에 치료하여 실 치료일수는 2일이라 하더라도 달력상의 기간은 7일 이므로 산재요양 대상이 된다고 할 수 있는 점을 유의하여야 한다.

다만 산재환자가 3일 이내에 사망한다든지 다른 병원으로 전원을 한다든지 하는 것은 당연히 해당 보험급여를 적용해야 하고 3일 이내라는 제한 사항과는 전혀 별개의 문제이다.

4) 요양급여의 한도

요양급여는 원칙적으로 요양기간이나 요양금액의 한도에 제한은 없다고 할 수 있다. 부상이나 질병의 발생에 따른 치료시부터 완치될 때까지의 전 기간 및 소요되는 모든 비용에 아무 제한이 없다. 이러한 특징 때문에 산재보험환자의 진료기간이 장기화 되고 보험재정에 문제가 발생한다고도 볼 수 있는데 지금은 상당히 엄격하게 운영되고 있는 것으로 생각한다. 다만 산재보험 등에서 정하지 않은 사항 즉 상급병실, 선택진료 등 산재보험의 취지에 맞지 않는 사항에 대해서는 산재보험을 적용하지 않을 수 있다.

요양급여는 기본적으로 다음에서 설명하는 범위로 하는데 건강보험의 범위보다 훨씬 넓게 적용되고 있다.

3 요양급여의 담당

1) 요양급여의 담당

산재환자의 요양급여를 담당하는 것을 통상 산재보험 지정의료기관이라고 한다. 이에 대해서는 법 제43조(산재보험 의료기관의 지정 및 지정취소 등) ①항에서는 업무상의 재해를 입은 근로자의 요양을 담당할 의료기관(이하 "산재보험 의료기관"이라 한다)은 다음 각 호와 같다고 규정하고 있다. 〈개정 2010.1.27., 2010.5.20., 2010.6.4., 2015.5.18〉

1. 법 제11조제2항에 따라 공단에 두는 의료기관－공단 업무편에서 설명한 사항을 참조

하기 바람

2. 「의료법」 제3조의4에 따른 상급종합병원
3. 「의료법」 제3조에 따른 의료기관과 「지역보건법」 제10조에 따른 보건소(「지역보건법」 제12조에 따른 보건의료원을 포함한다)로서 고용노동부령으로 정하는 인력 · 시설 등의 기준에 해당하는 의료기관 또는 보건소 중 공단이 지정한 의료기관 또는 보건소

2) 상급종합병원의 이용제한

업무상의 재해를 입은 근로자가 요양할 산재보험 의료기관이 제43조제1항제2호에 따른 상급종합병원인 경우에는 「응급의료에 관한 법률」 제2조제1호에 따른 응급환자이거나 그 밖에 부득이한 사유가 있는 경우를 제외하고는 그 근로자가 상급종합병원에서 요양할 필요가 있다는 의학적 소견이 있어야 한다(법 제40조6항). 〈개정 2010.5.20.〉

이 규정은 산재환자가 무분별하게 상급종합병원을 이용하지 않도록 적절하게 운용하겠다는 것을 의미한다. 그러나 중증환자의 상급종합병원 이용을 제한하는 것은 아니고 일반병원에서 진료 중 상황이 악화되거나 전문적인 진료가 필요한 경우까지 이를 제한하는 것은 아니라고 보아야 하며 다만 의료전달체계를 잘 활용할 것을 강조하는 것으로 이해할 수 있다.

이에 대해서는 산재환자의 전원 편에서 재론한다. 또한 산재지정 의료기관의 지정 및 지정취소 등에 대해서는 진료관계론에서 후술한다.

4 요양급여의 범위

1) 요양급여의 범위는 다음 각 호와 같다(법 제40조4항).

(1) 진찰 및 검사

초진, 재진, 왕진 및 진료상 필요한 각종 검사, 방사선의 사진 판독 등 근로자의 직업상, 환경상의 특수성 등을 고려하여 의사가 여러 가지 방법으로 환자의 병이나 증상을 살피는 것으로 의사가 행할 수 있는 일반적인 것을 인정한다. 다만 연구 목적의 진료는 불인정하는 것으로 보아야 한다.[2)]

2) 신태식 p.128

(2) 약제 또는 진료재료와 의지(義肢) 그 밖의 보조기의 지급

약제 또는 진료재료 등은 요양급여를 시행하는 과정에서 필수적으로 요구되는 사항이다. 이는 건강보험 등의 기준에 정한 것은 물론이고 산재보험에서 근로자의 치료를 위하여 필요하다고 판단되어 고용노동부에서 별도로 정한 것도 포함될 수 있다. 또한 상병이 치유된 후 신체적 장애를 보조하기 위한 일체의 보조장구-의수족, 휠체어, 보조기, 안경, 보청기 등도 산재요양의 특성상 필요한 범위 내에서 인정하도록 규정하고 있다.

(3) 처치, 수술, 그 밖의 치료

산재환자의 요양에 필요한 처치 및 수술 등은 당연히 인정되는 사항이라고 볼 것이며 처치에는 거즈, 붕대의 교환, 약의 도포, 환부세척, 드레싱, 점안, 산소호흡, 이물제거, 체위변경, 좌욕, 목욕 등은 물론 절개술, 창상봉합술, 뇌수술, 흉복부수술, 골절수술, 절단-접합수술 등을 모두 포함한다고 볼 것이다.

(4) 재활치료-물리치료 등

산재환자의 조속한 회복을 위하여 재활 및 물리치료 등을 시행하는 것은 당연한 것이다. 이를 위해 산재공단은 지정의료기관 외에 공단산재병원 등에 재활을 위한 전문시설을 설치 운영하고 있기도 하다.

(5) 입원

산재환자의 진료를 위하여 의사의 의학적 판단에 의한 입원은 당연히 필요한 과정이다. 그러나 단순피로, 통원불편으로 입원 등은 금지되며 퇴원은 의학적 타당성에 근거하여 원칙대로 진료되어야 한다.

(6) 간호 및 간병

간호 또한 산재환자에게도 적용됨은 당연하다. 그런데 산재보험에서는 간병에 대해서도 건강보험과는 달리 급여로 적용하고 있다. 간병은 환자 스스로 진료과정에서 일상생활이 안될 때 이를 보조하는 사람(요양보호사)에게 급여 지급하게 된다. 2017.1.1.부터 산재보험에서도 간호간병통합서비스가 시행되었다. 자세한 사항은 후술한다.

(7) 이송

이송은 재해근로자의 요양을 위하여 의료기관으로 후송 및 전원시 이동, 외래 진료시 통원에 소요되는 비용 등에 대하여 실비로 지급하게 된다. 이때 동행인(간호)이 필요한 경우에 인정하게 되는 데 이것은 산재보험에서만 적용되는 사항이다. 미리지급도 가능하다.

(8) 그 밖에 고용노동부령으로 정하는 사항

이에 대해서는 고용노동부령 산재보험법시행규칙과 고용노동부 고시 산재보험요양급여산정기준에서 자세히 정하고 있다.

2) 한방요양[3)]

(1) 요양대상

산재보험에서의 한방요양 대상은 당연히 산재보험법 적용을 받는 사업 또는 사업장 소속 근로자의 업무상 부상 또는 질병으로 4일 이상의 요양이 필요한 경우에 해당한다.

(2) 한방요양을 받을 수 있는 상병

한방요양을 받을 수 있는 상병은 양방요법으로 외과적 치료를 받은 후 한방요법에 의한 요양이 필요한 외상, 요통, 염좌, 근골격계 질환, 뇌혈관 및 심장질환 등 업무상 질병, 기타 한방요양의 필요성이 인정되는 내과질환 등이 해당된다.

(3) 한방요양 방법

한방요양의 방법은 상병상태에 따라 한방 의료기관에서 입원, 통원치료가 가능한데 요양 승인기간 중 양방과 한방 의료기관에서 각각 다른 날짜에 통원치료 가능하다. 다만 유의할 사항은 입원환자는 타 의료기관에 통원치료는 불가하다(다만, 한의과(한방) 의료기관 요양 중인 환자가 약제의 투약 등으로 의과(양방)의료기관의 통원 진료가 필요한 경우는 가능).

또한 동일상병에 대하여 2개 이상의 의료기관에 통원치료는 불가하며 동일상병에 대하여 양 · 한방의 중복투약도 불가하다. 따라서 동시에 양 · 한방 진료가 가능한 의료기관 위주로 실시하는 것이 유용하다고 볼 것이다.

---

3) 2010 산재고용보험 실무편람 p.74

(4) 한방요양 급여의 범위

한방요양 급여의 범위는 한방 건강보험 요양급여기준 및 진료수가 기준을 원칙적으로 적용하되, 산재보험 요양급여 산정 기준을 추가 적용하고 있다.

한방 건강보험 요양급여기준 및 진료수가 기준은 진찰료, 입원료, 투약(가미소요산 등 56종) 및 처방 조제료, 침술, 구술, 부항술 처치료, 양도락 검사, 맥전도 검사, 경락기능 검사 등이고 기본적으로 한방의 첩약, 물리치료는 산재급여 대상이 아니다.

다만 한방 첩약은 한방 의료기관에서 요양 중인 산재 근로자의 진료상 반드시 필요한 경우 지급하게 되는데 한방 탕전료는 1일 1회 산정 지급한다.

3) 건강보험의 준용 등

산재보험은 기본적으로 건강보험의 수가체제를 따르고 있다. 산재보험은 법 시행규칙 제10조(요양급여의 범위 및 비용)에서 ① 법 제40조제5항에 따른 요양급여의 범위나 비용 등 요양급여의 산정 기준은 「국민건강보험법」 제41조제2항 및 「국민건강보험 요양급여의 기준에 관한 규칙」, 같은 법 제45조제4항, 같은 법 제49조 및 같은 법 시행규칙 제23조제4항에 따라 보건복지가족부장관이 고시하는 요양급여 비용의 기준, 같은 법 제51조제2항 및 같은 법 시행규칙 제26조에 따른 기준(이하 "건강보험 요양급여기준"이라 한다)에 따른다.

다만, 요양급여의 범위나 비용 중 건강보험 요양급여기준에서 정한 사항이 근로자 보호를 위하여 적당하지 않다고 인정되거나 건강보험 요양급여기준에서 정한 사항이 없는 경우 등 고용노동부장관이 법 제8조에 따른 산업재해보상보험 및 예방심의위원회의 심의를 거쳐 기준을 따로 정하여 고시하는 경우에는 그 기준에 따른다〈개정 2010.7.12, 2010.11.24, 2015.3.24〉고 규정하여 건강보험보다 산재보험의 범위를 넓게 이전하고 산재보험만의 특수성을 인정하고 있다.

또한 ② 공단은 법 제11조제2항에 따라 공단에 두는 의료기관에서 하는 요양에 대한 요양급여의 범위 · 비용 등에 대하여는 고용노동부장관의 승인을 받아 제1항의 기준(이하 "산재보험 요양급여기준"이라 한다)을 조정하여 적용할 수 있다〈개정 2010.3.29, 2010.7.12.〉고 하여 별도의 요양급여기준을 사용할 수 있도록 하고 있다.

그 외 구체적인 요양급여의 범위나 비용 등 요양급여의 산정 기준은 산업재해보상보험 요양급여 산정기준[시행 2020.1.1.] [고용노동부고시 제2019-80호, 2019.12.27., 일부개정]에서 구체적으로 규정하고 있다.

산재보험에서 적용하는 건강보험의 적용기준 및 방법은 모든 보험 종별의 진료 및 진료비 심사의 기본적인 지침이 된다. 따라서 모든 진료와 진료비는 이 기준을 벗어나면 과잉진료, 불법, 부당청구 등으로 조정될 수 있으므로 항상 이 기준을 준수하도록 염두에 두어야 한다.

5 요양급여의 신청(법 제41조)

산재보험에서 업무상 재해로 진료를 받고자 하는 자는 필요한 서류를 첨부하여 공단에 요양급여를 신청하여야 한다.

1) 회사에서 요양신청을 하는 경우

(1) 급여의 신청(법 제41조)

① 제40조제1항에 따른 요양급여(진폐에 따른 요양급여는 제외한다)를 받으려는 자는 소속 사업장, 재해발생 경위, 그 재해에 대한 의학적 소견, 그 밖에 고용노동부령으로 정하는 사항을 적은 서류를 첨부하여 공단에 요양급여의 신청을 하여야 한다.

(2) 요양급여 신청시 구비서류

산재환자의 최초 요양신청시 제출하는 서류는 다음과 같다.

1. 요양급여신청서(최초요양) 1부
   * 이때 산재보험 의료기관이 근로자의 요양급여(진폐에 따른 요양급여는 제외한다. 이하 이 조에서 같다) 신청을 대행하는 경우에는 해당 근로자가 요양급여의 신청 대행에 동의하였음을 확인할 수 있는 서류를 첨부하여야 한다(규칙 제20조1항).
2. 요양급여신청소견서 1부 또는 업무상 질병 전문소견서(뇌심혈관계 질병, 근골격계 질병) 1부
   * 이때 요양급여신청소견서를 제출할 수 없는 사정이 있는 경우에는 신청 대상이 되는 상병과 치료기간 등이 명시된 진단(소견)서를 첨부하여 신청하게 할 수 있다(요양업무처리규정 제7조).
3. 목격자 및 행정기관(경찰서) 등에서의 관련 진술서 사본 등 재해경위와 사실 확인을 위한 관계인의 진술 또는 관련 서류 1부

4. 「민법」 또는 다른 법령에 의거 보상이나 배상을 받은 경우 및 보험가입자(사업주) 또는 제3자 등으로부터 보험급여에 상당한 금품을 받은 경우 금품의 내역 및 금액을 알 수 있는 판결문 · 합의서 등의 서류

(3) 회사의 확인

법 제41조제1항에서 "고용노동부령으로 정하는 사항"이란 요양급여를 받으려는 근로자의 재해발생 경위에 대한 보험가입자의 확인을 말한다.〈개정 2010.7.12.〉(규칙 제20조2항)

여기서 회사의 확인을 받는 이유는 근로자의 재해발생에 대하여 회사의 재해경위를 확인함으로써 업무상 재해여부를 판단하는데 기초자료로 삼고자 하는 것으로 이해될 수 있다.

(4) 신청절차 – 최초 요양급여의 신청방법 등(요양업무처리규정〈개정 2019.8.12. 규정 제1152호〉 제7조)

① 소속기관장은 근로자가 법 제41조에 따라 최초로 요양급여를 신청하려는 때에는 그 근로자에게 별지 제2호 서식의 요양급여신청서에 별지 제3호 서식의 요양급여신청소견서를 첨부하여 신청하게 하여야 하고, 신청 대상 상병이 뇌혈관 · 심장질병이면 별지 제3호의2 서식의 업무상질병 전문소견서(뇌심혈관계질병), 허리부위 · 어깨부위 근골격계질병이면 별지 제3호의3 서식의 업무상질병 전문소견서(근골격계질병)를 첨부하게 할 수 있다. 다만, 별지 제3호 서식의 요양급여신청소견서를 제출할 수 없는 사정이 있는 경우에는 신청 대상이 되는 상병과 치료기간 등이 명시된 진단(소견)서를 첨부하여 신청하게 할 수 있다.〈개정 2019.8.12.〉

② 소속기관장은 법 제41조제2항에 따라 산재보험 의료기관이 근로자의 요양급여 신청을 대행하려는 때에는 근로자의 동의를 받은 서류를 제출하게 하여야 한다. 이 경우 별지 제2호의 요양급여신청서에 요양급여 신청 대행에 대한 근로자의 서명이나 날인을 받으면 근로자의 동의를 확인하는 별도의 서류를 제출하지 아니하게 할 수 있다.

③ 소속기관장은 산재보험 의료기관이 요양급여의 신청을 대행하는 때에는 요양급여의 신청을 한 날부터 5년간 요양급여의 신청에 관한 서류의 원본을 보관하게 하여야 한다.

④ 소속기관장은 산재근로자의 요양서비스의 제공에 필요하여 산재보험 의료기관을 방문하거나 산재보험 의료기관의 지정기준 유지 여부, 요양서비스 실태 등에 대한 점검을 하는 때에는 제3항에 따른 요양급여 신청 서류의 보관 여부 및 서류 내용의 사실 여부를 확인하여야 한다.〈개정 2018.12.12.〉

2) 근로자가 직접 신청하는 경우

(1) 의의

근로자를 진료한 제43조제1항에 따른 산재보험 의료기관은 그 근로자의 재해가 업무상의 재해로 판단되면 그 근로자의 동의를 받아 요양급여의 신청을 대행할 수 있다(법 제41조2항). 근로자의 업무상 재해에 대하여 산재보험을 적용받기 위해서는 가입자인 회사는 1차적으로 업무상 재해에 해당한다고 판단하여 회사에서 해당 근로자에 대한 산재보험 요양신청서를 제출하여야 한다. 그러나 요양환자의 성격상 산재보험 적용 여부가 불분명하여 회사에서 요양신청서를 제출하지 않아 근로자가 직접 요양신청을 하는 경우를 설명하고 있다.

이 규정은 회사가 요양신청서를 제출하는 경우에 이에 대한 협조를 하라는 의미와 회사가 요양신청에 동의하지 않아 환자가 직접 요양신청을 하는 경우에 협조를 하도록 하는 경우를 규정하는 것으로 이해할 수 있다.

전자의 경우에는 회사가 판단하여 요양신청을 하는 경우에 당연히 초진소견서 등을 작성하여 협조하는 경우로 이해할 수 있다. 그러나 후자의 경우에는 회사가 요양신청을 해 주지 않음으로써 여전히 산재 적용여부를 최종 판단할 수 없지만 회사로부터 배려받지 못하는 약자인 근로자가 스스로 요양신청을 하는 경우에는 의료기관은 회사가 동의하지 않는 요양신청에 중간자적인 입장에서 근로자의 요양신청을 협조하도록 하여 근로자의 권익을 보호하고자 하는 것이다. 이에 대한 최종판단은 당연히 공단에서 결정하게 되는 것이고 이에 대해 공단은 회사에도 통보하도록 하여 회사의 견해를 제시하도록 하고 있다.

(2) 절차

① 본인에 의한 직접 신청(규칙 제20조)

㉠ 법 제41조제2항에 따라 산재보험 의료기관이 요양급여의 신청을 대행하는 경우에는 제1항에 따른 서류 외에 해당 근로자가 요양급여의 신청 대행에 동의하였음을 확인할 수 있는 서류를 첨부하여야 한다.

㉡ 법 제41조에 따라 요양급여의 신청을 받은 공단은 그 사실을 해당 근로자가 소속된 보험가입자에게 알려야 한다. 이 경우 보험가입자는 통지를 받은 날부터 10일 이내에 공단에 그 요양급여 신청에 대한 의견을 제출할 수 있다.

㉢ 공단은 제2항 후단에 따라 제출된 보험가입자의 의견이 요양급여의 신청 내용과 다를 때에는 그 내용을 신청인(법 제41조제2항에 따라 산재보험 의료기관이 요양급여의 신청을 대행한 경우에는 산재보험 의료기관을 포함한다)에게 알려야 한다.

② 대리인에 의한 신청(요양규정 제7조의2)

㉠ 신청인은 제7조에 따른 요양급여를 신청할 때 또는 그 이후에 다음 각 호의 어느 하나에 해당하는 사람을 대리인으로 선임할 수 있다.〈신설 2015.5.1.〉

1. 신청인의 배우자, 직계존속 · 비속 또는 형제자매
2. 변호사 또는 공인노무사

㉡ 소속기관장은 신청인이 대리인을 선임하거나 해임하면 별지 제25호 서식의 대리인 선임(해임) 신고서를 제출하게 하여야 한다. 이 경우 대리인 선임(해임)의 효력은 대리인 선임(해임) 신고서가 접수된 때부터 발생한다.〈신설 2015.5.1〉

㉢ 소속기관장은 제2항에 따라 대리인 선임(해임) 신고서를 제출받은 때에는 그 내용을 제59조에 따른 공단의 보험급여의 지급업무를 처리하는 전산시스템에 기록 · 관리하여야 한다.〈신설 2015.5.1.〉

③ 대리의 범위(요양규정 제7조의3)

㉠ 제7조의2에 따른 대리인은 요양급여와 관련된 사항에 대하여 신청인을 대리할 수 있다. 다만, 신청인이 대리권의 범위를 구체적으로 정한 경우에는 그 범위에서 대리행위를 할 수 있다.〈신설 2015.5.1.〉

㉡ 대리인은 신청인이 제출한 요양급여신청서 등 민원서류 반려를 요청하는 때에는 신청인의 동의서를 첨부하여야 한다.〈신설 2015.5.1.〉

(3) 처리방법(요양업무처리규정 제8조)

① 소속기관장은 법 제41조제1항에 따른 최초의 요양급여 신청을 받은 경우에는 그 사실을 별지 제4호서식의 요양급여 신청 사실 통지서에 따라 보험가입자에게 알리고 그 의견을 확인하여야 한다. 다만, 보험가입자가 별지 제4호의2서식인 보험가입자 의견서를 미리 제출한 경우 및 구두 · 전화 등 그 밖의 방법으로 요양급여 신청의 원인이 되는 재해발생 사실을 인정하는 때에는 통지 절차를 생략 할 수 있다.〈개정 2017.12.27.〉

② 소속기관장은 보험가입자 의견이 요양급여의 신청내용과 다른 경우 보험가입자에게 별지 제4호의2서식인 보험가입자 의견서를 제출하게 하여야 한다.〈개정 2017.12.27.〉

③ 소속기관장은 보험가입자의 의견이 요양급여의 신청 내용과 달라 규칙 제20조제3항에 따라 그 의견을 신청인에게 알릴 때에는 별지 제4호의3서식(보험가입자 의견 통지서 및 근로자 의견서)에 따라 그 사실을 알리고 10일 이내의 기간을 정하여 의견을 제출할 수 있도록 하여야 한다. 이 경우 보험가입자가 제출한 자료(「공공기관의 정보공개에 관한 법률」제9조에 따른 비공개 대상 정보는 제외한다)의 사본을 함께 제공하여야 한다.〈개정 2017.12.27.〉

④ 소속기관장은 보험가입자가 재해발생 경위에 대한 의견을 제출하지 아니하거나 소속사업장의 폐업 등으로 보험가입자의 의견을 확인할 수 없는 때에는 직권으로 사실관계를 조사하여 요양급여의 지급 여부를 결정할 수 있다.〈개정 2011.12.28.〉

(4) 불이익 처우의 금지(법 제111조의2)

사업주는 근로자가 보험급여를 신청한 것을 이유로 근로자를 해고하거나 그 밖에 근로자에게 불이익한 처우를 하여서는 아니 된다.[본조신설 2016.12.27.]

이것은 업무상 재해를 입은 근로자가 산재보험 급여를 받기 위해서는 1차적으로는 회사에서 요양신청서를 제출하여야 하지만, 회사측에서 업무상 재해 여부 확인 불가 또는 확인 지연 및 산재처리 회피 등을 이유로 이를 이행하지 않거나 지연될 때, 근로자를 보호하기 위해 회사의 요양신청에 앞서 근로자가 먼저 요양신청을 하는 경우에 회사가 근로자에게 불이익을 주게 될 것을 우려하여, 이를 방지하여 근로자의 업무상 재해를 신속하게 보장하고자 하는 실질적인 조치라고 볼 수 있다.

3) 요양급여의 신청방법

산재환자에 대한 요양급여 등의 신청방법은 서면신청과 산재보험 토탈서비스를 이용한 신청 등으로 할 수 있다.

(1) 요양급여신청서 제출

회사로부터 혹은 근로자로부터(이하 회사 등이라고 한다) 요양급여신청서의 제출이 요청되면 병원은 요양급여신청서상의 〈요양급여신청 의료기관 대행 제출 위임(동의)장〉의 위임자 란에 근로자인 신청인의 확인을 받아서 정보통신망의 방법[근로복지공단고용 · 산재보험 토탈서비스(total.kcomwel.or.kr) 포함]으로 신청을 하게 된다.

이때 부가서비스 및 재활서비스 등에 대한 개인정보 수집 · 이용 및 제3자 제공 동의 등에 동의 여부를 결정하여 주도록 하고 있다. 또한 개인정보 수집 · 이용 · 조회는 「산업재해보상보험법」 및 같은 법 시행령에 따라 별도의 동의 절차가 필요 없으며, 「산업재해보상보험법」 제36조 및 같은 법 시행령 제21조에 따른 보험급여 결정에 관한 통지는 개인정보 수집 · 이용 및 제3자 제공 동의와 무관하게 통지됨을 알려주고 있다.

(2) 산업재해보상보험 요양급여신청 소견서 제출

회사 등으로부터 요양급여신청서가 제출되면 의료기관은 진단서와 유사한 성격의 요양급여신청 소견서를 작성하여 요양급여신청서와 함께 서면 또는 정보통신망의 방법 등으로 신청을 하게 된다. 요양급여신청 소견서는 통상 의무기록관리를 OCS나 EMR로 관리하고 있으므로 의료기관의 산재담당자가 환자의 담당의사에게 요양급여신청 소견서의 발급을 의뢰하고 이 자료를 받아서 요양급여신청서와 함께 정보통신망으로 제출하고 제출한 관련자료는 해당 의료기관에 1부 보관하고 회사에 1부를 제출하도록 하고 있다.

정보통신망을 이용한 신청 또는 청구(규칙 제2조)는 ① 「산업재해보상보험법」(이하 "법"이라 한다) 및 같은 법 시행령(이하 "영"이라 한다) 또는 이 규칙에 따른 신청 · 청구 · 신고 또는 보고 등(이하 "신청 등"이라 한다)은 「고용보험 및 산업재해보상보험의 보험료징수 등에 관한 법률」(이하 "보험료징수법"이라 한다) 제4조의2제1항에 따른 고용 · 산재정보통신망(이하 "고용 · 산재정보통신망"이라 한다)을 이용하여 할 수 있다. 이 경우 신청 등에 관한 내용이 고용 · 산재정보통신망에 입력된 때에 그 신청 등을 한 것으로 본다.

② 고용 · 산재정보통신망을 이용한 신청 등의 방법 · 절차 등에 관하여는 「고용보험 및 산업재해보상보험의 보험료징수 등에 관한 법률 시행규칙」(이하 "보험료징수법 시행규칙"이라 한다) 제2조의2를 준용한다. 이 경우 "신고 또는 신청"이나 "신고 · 신청"은 "신청 등"으로 본다.

③ 법 제10조에 따른 근로복지공단(이하 "공단"이라 한다)은 법, 영 또는 이 규칙에 따른 신청 등에 대한 결정 내용이나 그 밖의 사항을 신청 등을 한 사람에게 알릴 때에는 그 신청 등을 한 사람이 지정한 정보통신망(「정보통신망 이용촉진 및 정보보호 등에 관한 법률」 제2조제1항제1호에 따른 정보통신망을 말한다)을 이용하여 전자문서(「정보통신망 이용촉진 및 정보보호 등에 관한 법률」 제2조제1항제5호에 따른 전자문서를 말한다)로 알릴 수 있다.

④ 제3항에 따른 전자문서는 신청 등을 한 사람이 지정한 정보통신망에 입력된 때에 도달

된 것으로 본다.

4) 요양급여신청서의 제출기한

최초 요양급여신청서의 제출기한에 대하여는 특별한 규정은 없으나 특별한 사정이 없으면 재해가 발생하면 가급적 지체없이 신청하도록 한다. 이것은 재해근로자에 대한 적절한 보장의 측면과 제출이 너무 늦으면 재해조사와 요양승인 등 업무처리의 효율성이 저하될 수 밖에 없을 것이다. 이에 따라 최초 요양급여신청서의 제출이 늦으면 근로자의 독촉에 의해 제출되어질 수도 있고 근로복지공단으로부터 제출 독촉 내지 불이익한 처분을 받을 우려도 있다.

다만 요양급여신청서의 제출과는 다소 다른 의미라고 볼 수 있겠지만 산업안전보건법 시행규칙[시행 2019.4.19.] [고용노동부령 제250호, 2019.4.19., 일부개정] 제4조(산업재해 발생 보고)에서 사업주는 산업재해로 사망자가 발생하거나 3일 이상의 휴업이 필요한 부상을 입거나 질병에 걸린 사람이 발생한 경우에는 법 제10조제2항에 따라 해당 산업재해가 발생한 날부터 1개월 이내에 별지 제1호의2서식의 산업재해조사표를 작성하여 관할 지방고용노동관서의 장에게 제출(전자문서에 의한 제출을 포함한다)하도록 하고 있다.

또한 이때 사업주는 산업안전보건법 제2조제1항제1호부터 제3호까지의 재해(이하 "중대재해"라 한다)가 발생한 사실을 알게 된 경우에는 법 제10조제2항에 따라 지체 없이 다음 각 호의 사항을 관할 지방고용노동관서의 장에게 전화·팩스, 또는 그 밖에 적절한 방법으로 보고하여야 한다. 다만, 천재지변 등 부득이한 사유가 발생한 경우에는 그 사유가 소멸된 때부터 지체 없이 보고하여야 한다. 〈개정 2010.7.12., 2016.10.28.〉고 하고 있으므로 유의하여야 하며 이때 사용하는 산업재해조사표 양식은 산업안전보건법시행규칙의 기준을 따른다.

참조법령

▶ **산업안전보건법시행규칙** [시행 2019.4.19.] [고용노동부령 제250호, 2019.4.19., 일부개정]

제2조(정의)

① 「산업안전보건법」(이하 "법"이라 한다) 제2조제7호에서 "고용노동부령으로 정하는 재해"란 다음 각 호의 어느 하나에 해당하는 재해를 말한다.〈개정 2010.7.12〉

1. 사망자가 1명 이상 발생한 재해
2. 3개월 이상의 요양이 필요한 부상자가 동시에 2명 이상 발생한 재해
3. 부상자 또는 직업성질병자가 동시에 10명 이상 발생한 재해

5) 신청하는 곳

최초의 요양급여신청서는 정보통신망으로 신청하도록 하고 있으므로 의료기관 측면에서의 제출처가 의미가 없겠으나 요양업무처리규정 제47조(최초 요양급여 및 진폐의 판정 신청, 결정 등에 관한 업무)에 따라 최초의 요양급여 신청 및 진폐에 대한 요양급여 신청에 관한 업무는 근로자가 소속된 사업장을 관할하는 근로복지공단 소속기관장(이하 "사업장 관할 소속기관장"이라 한다)이 처리한다.

6 재해조사(요양업무처리규정 [시행 2019.8.26. 근로복지공단 규정 제1152호, 개정 2019.8.12. 규정 제1152호] 제4조)

산재보험은 근로자가 업무상 재해로 산재보험 급여 신청이 접수되면 이에 대한 재해조사를 시행하도록 하고 있다. 이것은 산재보험 급여의 법적 안정성을 유지하기 위한 절차라고 이해할 수 있으며 다음과 같이 시행된다. 이에 대한 법적 근거는 법 제117조와 118조에서 규정하고 있다. 자세한 사항은 위 규정을 참조하기 바란다.

7 요양급여의 결정

1) 요양급여의 결정(규칙 제21조)

① 공단은 법 제41조에 따른 요양급여의 신청을 받으면 그 신청을 받은 날부터 7일 이내에 요양급여를 지급할지를 결정하여 신청인(법 제41조제2항에 따라 산재보험 의료기관이 요양급여의 신청을 대행한 경우에는 산재보험 의료기관을 포함한다) 및 보험가입자에게 알려야 한다.

② 제1항에 따른 처리기간 7일에는 다음 각 호의 어느 하나에 해당하는 기간은 산입하지 않는다.

1. 판정위원회의 심의에 걸리는 기간
2. 법 제117조 및 법 제118조에 따른 조사에 걸리는 기간
3. 법 제119조에 따른 진찰에 걸리는 기간
4. 제20조에 따른 요양급여 신청과 관련된 서류의 보완에 걸리는 기간

5. 제20조제3항에 따른 보험가입자에 대한 통지 및 의견 제출에 걸리는 기간
6. 업무상 재해의 인정 여부를 판단하기 위한 역학조사나 그 밖에 필요한 조사에 걸리는 기간

③ 공단은 제1항에 따른 요양급여에 관한 결정을 할 때 필요하면 영 제42조제1항에 따른 자문의사(이하 "자문의사"라 한다)에게 자문하거나 영 제43조에 따른 자문의사회의(이하 "자문의사회의"라 한다)의 심의를 거칠 수 있다.(자문의사회의에 대해서는 후술한다) 이때 실무적으로는 7일을 경과하여 통지가 오는 경우가 있고 그때까지는 건강보험 적용 등 근로자를 보호하기 위한 방법들을 강구하고 있다.

2) 요양급여의 지급 원칙 및 결정 통지(요양업무처리규정 제3조)

① 소속기관장은 근로자에게 요양급여(재요양을 포함한다)를 지급하기로 결정한 때에는 그 근로자에게 법 제40조제2항 본문에 따라 산재보험 의료기관에서 요양을 하게 하여야 한다. 이 경우 그 근로자가 산재보험 의료기관이 아닌 다른 의료기관에서 요양을 하고 있으면 산재보험 의료기관으로 옮겨서 요양을 하도록 통보하여야 한다.

② 소속기관장은 법 · 영 · 규칙 · 이 규정(이하 "법령 등"이라 한다)에 따라 요양급여(재요양, 추가상병, 전원요양, 병행진료, 요양비를 포함한다)의 지급 여부를 결정한 때에는 그 내용을「보상업무처리규정」별지 제6호 서식에 따라 신청인(청구인을 포함한다) 보험가입자 및 산재보험 의료기관에 통지하여야 한다. 이 경우 신청인이 제7조의2에 따른 대리인을 선임한 경우에는 그 대리인에게 통지하여야 한다.〈개정 2015.5.1.〉
이 경우 의료기관의 담당자는 요양승인 통지서가 정보통신망 또는 토탈서비스를 통하여 오게 되므로 평소 업무시 이를 수시로 확인하여 업무를 수행할 수 있도록 하여야 한다.

③ 소속기관장은 요양급여(재요양, 추가상병, 진료계획, 전원 요양, 병행진료, 요양비를 포함한다)의 지급 결정이나 그 밖에 산재근로자에 대한 요양서비스 제공에 관하여 영 제42조에 따른 자문의사, 영 제43조에 따른 자문의사회의의 의학적 자문을 받을 수 있다. 이 경우 의학적 자문의 기준 및 절차, 방법 등은 이사장이 따로 정한다.〈신설 2018.12.12.〉

3) 국외근로자의 재해발생 및 국외에서 발생한 재해에 대한 보험급여의 청구 절차 등(규칙 제19조)

① 근로자가 국외에서 업무상의 재해를 입어 법 제36조에 따른 보험급여를 청구하거나 신청하는 경우에는 진단서 등 재해발생 경위를 확인할 수 있는 자료를 첨부하여야 한다.〈개정 2014.12.31〉

② 제1항에 따른 업무상의 재해를 입은 근로자가 재해일부터 30일까지의 기간 동안 해당 외국 의료기관에서 받은 요양에 대한 요양비는 해당 외국 의료기관에 지급한 금액으로 한다.〈개정 2015.3.24〉

③ 제1항에 따른 업무상의 재해를 입은 근로자가 제2항에 따른 재해일부터 30일까지의 기간을 초과하여 해당 외국에서 요양한 경우 그 초과한 기간에 대한 요양비는 해당 근로자의 부상 · 질병 상태와 비슷한 부상 · 질병 상태에 대하여 직전 보험연도에 지급된 평균진료비에 준하여 산정한다. 다만, 외국 의료기관에 요양을 위하여 지급한 비용이 해당 평균진료비보다 적은 경우에는 그 외국 의료기관에 지급한 비용으로 한다.〈개정 2015.3.24〉

④ 제3항 본문에도 불구하고 다음 각 호의 어느 하나에 해당하는 기간의 요양비는 해당 외국 의료기관에 요양을 위하여 지급한 비용으로 한다.〈개정 2015.3.24〉

1. 천재 · 지변 등으로 교통수단의 이용이 불가능하여 국내의료기관으로 전원이 불가능한 기간
2. 상병상태가 위중하거나 그 밖의 부득이한 사유로 국내 의료기관으로 전원을 할 수 없는 기간

⑤ 제2항, 제3항 단서 및 제4항에 따라 요양비를 지급하는 경우에 적용할 환율은 다음 각 호와 같다.〈개정 2015.3.24〉

1. 국내에서 외국 의료기관으로 진료비를 송금한 경우에는 국내 금융기관을 통하여 국외로 외환이 송금된 시점의 기준환율
2. 해외지점 · 출장소 · 영업소 등에서 해당 외국 의료기관에 직접 진료비를 지불한 경우에는 그 외국 의료기관이 진료비 수납영수증을 발급한 시점의 기준환율

⑥ 국외에서 업무상의 재해를 입은 근로자가 국외 요양 및 국내 요양을 받는 기간 중의 간병료 및 이송료에 관하여는 제11조부터 제18조까지의 규정을 준용한다.

8 건강보험의 우선 적용(법 제42조)

1) 건강보험의 우선 적용

① 법 제41조제1항에 따라 요양급여의 신청을 한 자는 공단이 이 법에 따른 요양급여에 관한 결정을 하기 전에는 「국민건강보험법」 제41조에 따른 요양급여 또는 「의료급여법」 제7조에 따른 의료급여(이하 "건강보험 요양급여 등"이라 한다)를 받을 수 있다. 〈개정 2011.12.31.〉

② 제1항에 따라 건강보험 요양급여 등을 받은 자가 「국민건강보험법」 제44조 또는 「의료급여법」 제10조에 따른 본인 일부 부담금을 산재보험 의료기관에 납부한 후에 이 법에 따른 요양급여 수급권자로 결정된 경우에는 그 납부한 본인 일부 부담금 중 제40조제5항에 따른 요양급여에 해당하는 금액을 공단에 청구할 수 있다.〈개정 2011.12.31.〉

이 규정은 근로자가 업무상 재해로 인하여 의료기관에서 요양급여를 받는 동안 요양신청 후 지정된 기간 내에 공단의 요양승인이 나지 않는 경우 근로자의 안정적인 요양을 위하여 시행하는 제도이다. 이에 따라 의료기관은 요양승인과 관련한 절차가 진행되는 동안에는 1차적으로 건강보험에 준하여 의료를 제공하고 공단의 승인 결과에 따라 산재보험 전환 또는 건강보험 계속 적용 등의 방법을 취하도록 하고 있다.

이 경우 의료기관에서는 실무적으로는 건강보험 측면에서는 근로자가 산재보험으로 적용되지 않고 있는 동안에 업무상 사고 등으로 진료를 받게 되는 경우에는 건강보험에는 상해외인조사 혹은 급여제한 조회 여부를 검토하여야 한다. 따라서 급여제한여부 조회가 필요하면 건강보험 등에 조회를 한 후 건강보험을 적용하는 것이 추후 건강보험으로부터의 구상 등 불필요한 업무를 발생하지 않게 하는 효율을 기할 수 있다고 볼 것이다.

2) 요양급여 비용의 정산(법 제90조)

이 제도는 산재환자 등이 건강보험 등으로 진료를 받은 후 건강보험과 산재보험이 상호정산을 하는 것으로 산재환자가 건강보험 등을 우선 적용하여 진료를 받도록 하여 근로자를 보호하고 추후 산재보험으로 승인이 나게 되면 건강보험 등이 환자로부터의 구상 등의 절차를 취하지 않고 건강보험 등과 산재보험 등이 상호정산을 하여 근로자의 편의와 실질적인 보호를 하도록 하면서 건강보험 및 산재보험의 보험간 업무를 구분 수행하도록 하여 행정효율성을 확보하고자 하는 것으로 이해할 수 있다.

① 공단은「국민건강보험법」제13조에 따른 국민건강보험공단 또는「의료급여법」제5조에 따른 시장, 군수 또는 구청장(이하 "국민건강보험공단 등"이라 한다)이 제42조제1항에 따라 이 법에 따른 요양급여의 수급권자에게 건강보험 요양급여 등을 우선 지급하고 그 비용을 청구하는 경우에는 그 건강보험 요양급여 등이 이 법에 따라 지급할 수 있는 요양급여에 상당한 것으로 인정되면 그 요양급여에 해당하는 금액을 지급할 수 있다.〈개정 2011.12.31.〉

② 공단이 수급권자에게 요양급여를 지급한 후 그 지급결정이 취소된 경우로서 그 지급한 요양급여가「국민건강보험법」또는「의료급여법」에 따라 지급할 수 있는 건강보험 요양급여 등에 상당한 것으로 인정되면 공단은 그 건강보험 요양급여 등에 해당하는 금액을 국민건강보험공단 등에 청구할 수 있다.

이에 대한 구체적인 사항은 업무상 재해근로자의 건강보험 · 의료급여 요양비 대체업무처리지침[시행 2016.11.11] [근로복지공단지침 제2016-44호, 2016.11.11, 일부개정]에서 규정하고 있다.

3) 국민건강보험 요양급여 비용의 정산(법 제90조의2)

① 제40조에 따른 요양급여나 재요양을 받은 사람이 요양이 종결된 후 2년 이내에「국민건강보험법」제41조에 따른 요양급여를 받은 경우(종결된 요양의 대상이 되었던 업무상의 부상 또는 질병의 증상으로 요양급여를 받은 경우로 한정한다)에는 공단은 그 요양급여 비용 중 국민건강보험공단이 부담한 금액을 지급할 수 있다.

이 제도는 산재로 요양을 받은 사람이 요양이 종료되더라도 산재에 해당되지 않을 정도의 재발이나 후유증 등의 증상이 있을 때 이를 근로자 개인의 건강보험이 아니라 산재보험으로 치료비를 정산하게 함으로써 산재요양의 기간을 연장시켜 주는 효과를 낼 수 있을 것으로 기대한다.

② 제1항에 따른 요양급여 비용의 지급 절차와 그 밖에 필요한 사항은 고용노동부령으로 정하고 있는데 [본조신설 2015.1.20.]

1. 청구된 요양급여 비용이 법 제40조에 따른 요양급여 또는 법 제51조에 따른 재요양의 대상이 되었던 업무상의 부상 또는 질병(이하 이 조에서 "업무상 부상 · 질병"

이라 한다)의 증상에 대한 것인지 여부

2. 청구된 요양급여 비용이 업무상 부상 · 질병에 대한 법에 따른 요양이 종결된 후 2년 이내에 「국민건강보험법」에 따라 실시된 요양급여에 대한 것인지 여부

3. 청구된 요양급여 비용이 「국민건강보험법」 제41조에 따른 요양급여 기준에 맞게 지급되었는지 여부에 따라 지급 여부 및 금액을 결정하게 된다(시행규칙 제64조의 2 각항). 〈2015.4.21. 본조신설〉

또한 1. 「국민건강보험법」에 따른 요양급여를 받은 사람이 업무상 부상 · 질병에 대한 요양급여를 받은 사람이 아닌 것으로 확인된 경우

2. 제1항 및 제3항 후단의 청구에 따라 지급한 요양급여 비용이 계산 착오 등의 사유로 잘못 지급된 경우 등에는 건강보험공단에 지급한 요양급여 비용의 반환을 청구할 수 있다(동4항). [본조신설 2015.4.21.]

4) 국민건강보험 요양급여 비용의 본인 일부 부담금의 대부(법 제93조)

이 제도는 근로자가 업무상 질병과 상당인과관계에 있는 질병에 이환되어 산재보험에 요양신청을 한 경우 요양급여의 결정이 상당한 시간을 요하게 되므로 당해 기간 동안 건강보험 등을 우선 적용하게 되는 상황에서 근로자가 질병에 따른 진료와 건강보험의 적용에 따른 본인부담분 등의 진료비를 부담해야 하는 2중적 애로를 해소하기 위하여 비록 요양 승인이 나지 않아 휴업급여를 지급하지는 못하지만 산재보험에서 근로자에게 진료비용을 대부하여 추후 요양승인이 나서 지급하게 될 요양급여비에서 상환하도록 하여 근로자가 질병을 치료하는 과정에서 경제적 비용 부담을 완화하여 실질적으로 근로자를 보호하고자 하는 제도라고 할 수 있다.

공단은 제37조제1항제2호에 따른 업무상 질병에 대하여 요양신청을 한 경우로서 요양급여의 결정에 걸리는 기간 등을 고려하여 대통령령으로 정하는 자에 대하여 「국민건강보험법」 제44조에 따른 요양급여 비용의 본인 일부 부담금에 대한 대부사업을 할 수 있다(법 제93조제1항).

이에 대해서는 구체적으로는 요양급여 비용의 본인 일부 부담금 대부사업 운영규정[시행 2014.8.4] [근로복지공단규정 제827호, 2014.8.4, 일부개정]에서 정하고 있다.

제3절 진료계획

1 진료계획

1) 의의

진료계획이란 산재환자를 진료하는 의료기관이 최초 요양신청을 제출한 후 그 요양기간을 연장할 필요가 있는 경우에 당해 근로자의 상병경과를 토대로 향후의 치료예정기간 및 치료방법 등을 예상하여 근로복지공단으로 제출하도록 하는 제도이다.

이 제도는 그간 타 의료기관에서 산재환자가 전원되어 온 경우 또는 산재환자의 진료시 진료기간을 연장할 필요성이 있는 경우마다 진료연기신청서를 제출하도록 하였는데 이를 축소시키고 가급적 행정적 낭비와 비효율을 줄이고 산재환자의 안정적 진료관리를 기하고자 하는 제도라고 볼 수 있다.

2) 진료계획의 제출(법 제47조)

① 산재보험 의료기관은 제41조 또는 제91조의5에 따라 요양급여를 받고 있는 근로자의 요양기간을 연장할 필요가 있는 때에는 그 근로자의 상병경과(傷病經過), 치료예정기간 및 치료방법 등을 적은 진료계획을 대통령령으로 정하는 바에 따라 공단에 제출하여야 한다.〈개정 2010.5.20.〉

② 공단은 제1항에 따라 제출된 진료계획이 적절한지를 심사하여 산재보험 의료기관에 대하여 치료기간의 변경을 명하는 등 대통령령으로 정하는 필요한 조치(이하 "진료계획 변경 조치등"이라 한다)를 할 수 있다.

3) 진료계획의 제출시 기재사항(영 제40조)

① 산재보험 의료기관은 법 제47조제1항에 따른 진료계획(이하 "진료계획"이라 한다)에 다음 각 호의 사항을 적어야 한다.

1. 해당 근로자의 업무상의 재해에 따른 부상 또는 질병의 명칭
2. 해당 근로자의 부상 · 질병의 경과, 진료내용 및 현재의 상태
3. 요양기간을 연장할 의학적 필요성
4. 향후 입원 · 통원 또는 취업치료 등 치료방법, 치료내용 및 치료예정기간
5. 그 밖에 해당 근로자의 진료에 필요한 사항

② 산재보험 의료기관은 제1항에 따른 진료계획을 3개월(부상 · 질병의 특성상 1년 이상의 장기 요양이 필요한 경우로서 공단이 정하는 부상 · 질병의 경우에는 1년) 단위로 하여 종전의 요양기간(공단이 제41조제2항제1호에 따른 변경조치를 한 경우에는 변경된 요양기간을 말한다)이 끝나기 7일 전까지 공단에 제출하여야 한다.

4) 진료계획의 심사 및 변경 조치(영 제41조)

① 법 제47조제2항에 따라 공단이 진료계획을 심사할 때에는 제42조에 따른 자문의사에게 자문하거나 제43조에 따른 자문의사회의의 심의를 거칠 수 있다.

② 법 제47조제2항에서 “대통령령으로 정하는 필요한 조치”란 다음 각 호의 조치를 말한다.

1. 치료의 종결 또는 치료예정기간의 단축
2. 입원 · 통원 등 치료방법의 변경
3. 법 제48조제1항에 따른 전원(轉院)
4. 그 밖의 진료계획 변경

③ 공단은 진료계획에 대하여 제2항 각 호의 조치를 하려면 그 내용을 해당 근로자 및 산재보험 의료기관에 알려야 한다.

이하 구체적인 사항은 요양규정에서 정하고 있다.

위반시 벌칙

법 제47조제1항에 따른 진료계획을 정당한 사유 없이 제출하지 아니하는 자에게는 100만원 이하의 과태료를 부과한다(법 제129조2항). 따라서 이 점을 명심하고 업무를 수행하여야 한다.

2 자문의사

1) 자문의사(영 제42조)

① 공단은 업무상의 재해에 따른 보험급여 · 진료비 또는 약제비 등의 지급 결정이나 그 밖에 보험사업에 필요한 의학적 자문을 하기 위하여 의사 · 치과의사 또는 한의사(공단의 직원인 의사 · 치과의사 또는 한의사를 포함한다)를 자문의사로 위촉하거나 임명할 수 있다.
② 제1항에 따른 자문의사(이하 "자문의사"라 한다)의 자격과 위촉 · 임명 절차 등에 관하여 필요한 사항은 공단이 정한다.

이에 대한 구체적인 사항은 요양업무처리규정(개정 2019. 8.12. 규정 제1152호) 제25조 이하에서 정하고 있다.

2) 자문의사회의(영 제43조)

① 공단은 업무상의 재해에 따른 보험급여 · 진료비 또는 약제비 등의 지급 결정이나 그 밖에 보험사업과 관련된 의학적 판단이 필요한 사항에 대하여 체계적으로 자문하기 위하여 공단 소속 기관에 자문의사회의를 둔다.
② 자문의사회의는 자문의사 5명 이상으로 구성한다.
③ 자문의사회의는 공단의 자문에 응하여 의학적인 판단이 필요한 사항으로서 다음 각 호에 해당하는 사항을 심의한다.
1. 요양 중인 근로자의 치료종결 여부(주치의와 자문의사의 치료종결에 관한 의학적 소견이 서로 다른 경우에만 해당된다)
2. 법 제48조제1항제4호에 따른 전원 요양 사유의 타당성
3. 제72조에 따른 보험급여의 일시지급 금액의 산정과 관련된 의학적 소견
4. 제118조제4항 단서에 따른 판정 또는 판단과 관련된 의학적 소견
5. 그 밖에 보험급여 · 진료비 및 약제비에 관한 사항으로서 공단 소속 기관의 장이 자문의사회의의 심의가 필요하다고 인정하는 사항

④ 자문의사회의의 구성 및 운영에 필요한 사항은 공단이 정한다.

자문의사회의의 회의는 월 1회 이상 정기적으로 개최하되, 필요한 경우 수시로 회의를 개최할 수 있고 자문의사회의는 필요하다고 인정하면 해당 근로자 및 그 근로자의 주치의사, 그 밖에 관련 전문가 등에게 회의에 참석하여 의견을 진술하게 할 수 있다. 다만, 의학적 소견의 결정 과정에 대하여는 그러하지 아니하다.

그 외 자세한 사항은 요양규정 제29조 이하에서 정하고 있다.

3) 임무(요양규정 제31조)

영 제43조제3항제5호에서 "공단 소속 기관의 장이 자문의사회의의 심의가 필요하다고 인정하는 사항"이란 다음 각 호의 어느 하나에 해당하는 경우를 말한다.

1. 규칙 제10조에 따른 산재보험 요양급여기준을 적용할 때에 전문적인 의학적 소견이 필요한 사항
2. 영 제53조에 따른 장해등급을 결정하는 경우로서 자문의사회의의 심의가 필요한 사항
3. 그 밖에 소속기관장이 자문의사회의의 심의가 필요하다고 인정하는 사항이나 자문의사가 자문의사회의의 심의를 요청하는 사항

3 특별진찰(법 제119조 진찰 요구(요양규정 18조))

1) 의의

공단은 보험급여에 관하여 필요하다고 인정하면 대통령령으로 정하는 바에 따라 보험급여를 받은 자 또는 이를 받으려는 자에게 산재보험 의료기관에서 진찰을 받을 것을 요구할 수 있다. 이 제도는 업무상의 재해로 요양 중인 근로자에 대하여 계속 요양 또는 장해 등급 등 주치의사가 판단하기 어렵거나 곤란한 문제에 대하여 공단의 판단으로 상급종합병원 등의 의사에게 진료를 받도록 하여 산재환자의 요양 및 장해등급 등의 판정에 합리적인 결정을 하도록 하기 위함이라고 볼 것이다.

2) 진찰 요구 대상 등(영 제117조)

① 법 제119조에 따라 공단이 진찰을 요구할 수 있는 경우는 다음 각 호와 같다.

1. 업무상의 재해로 요양 중인 근로자에 대한 계속 요양의 필요성을 판단하기 위한 진찰
2. 장해등급 또는 중증요양상태등급의 판정을 위한 진찰
3. 업무상의 재해인지 판단하기 위한 진찰
4. 재요양이 필요한지 판단하기 위한 진찰

② 제1항에 따른 진찰비용은 그 진찰에 드는 실비로 지급한다.

③ 제2항에 따라 지급하는 진찰비용 중 제1항제3호에 따른 진찰비용에는 업무상의 재해로 추정할 수 있는 증상을 가진 사람으로서 그 증세가 위독하거나, 진찰 중 바로 치료하지 않으면 증세가 급속히 악화되어 진찰과 향후 치료에 지장이 있다는 의학적 소견에 따라 치료한 경우 그 치료에 든 비용을 포함할 수 있다.

④ 법 제119조에 따른 진찰 요구는 문서로 하여야 한다.

3) 특진의료기관(영 제118조)

① 법 제119조에 따른 진찰(이하 이 조에서 "진찰"이라 한다)은 다음 각 호의 어느 하나에 해당하는 산재보험 의료기관(이하 "특진의료기관"이라 한다)에서 한다.〈개정 2010.3.26., 2010.11.15.〉

1. 법 제43조제1항제1호에 따른 공단에 두는 의료기관
2. 법 제43조제1항제2호에 따른 상급종합병원
3. 제1호 및 제2호에 해당하지 아니하는 산재보험 의료기관 중 「의료법」 제3조제3항에 따른 종합병원

② 공단은 진찰을 요구할 때에는 진찰 요구의 목적, 진찰을 받을 사람의 거주지, 부상·질병 또는 장해 상태 등을 고려하여 진찰의 목적 달성에 적정하다고 인정하는 2개의 특진의료기관을 제시하여 진찰을 받을 사람이 그 중 하나를 선택하도록 할 수 있다.

③ 공단은 제117조제1항제2호에 따른 진찰을 할 특진의료기관을 따로 정하여 운영할 수 있다.

④ 공단은 특진의료기관에서 진찰한 결과가 주치의 및 자문의사의 소견과 각각 다른 경우에는 다시 진찰하여 판정하거나 판단할 수 있다. 다만, 그 진찰의 결과로는 제117조

제1항 각 호의 어느 하나에 해당하는 진찰 요구의 목적에 따른 판정 또는 판단이 곤란한 경우에는 자문의사회의의 심의를 거쳐 판정하거나 판단할 수 있다.

⑤ 특진의료기관은 제117조제1항제3호에 따른 진찰결과 업무상 질병에 해당된다고 판단되는 경우에는 진찰받은 사람과 같은 장소에서 동일 또는 유사한 유해요인에 노출된 근로자에게 법 제41조에 따른 요양급여 신청에 관한 상담, 안내, 그 밖에 필요한 지원을 할 수 있다.〈신설 2018.12.11.〉

제4절 전원요양

1 의 의

전원요양은 산재환자가 진료를 받는 과정에서 최초 요양을 실시한 의료기관에서 다음에서 정한 사유 등에 의하여 의료기관을 옮기고자 하는 경우를 말한다. 산재환자가 업무상 부상이나 질병으로 치료를 하는 과정은 모든 여건이 모두 갖추어진 상태에서 진료를 하는 것은 아니다. 즉, 업무상 사고의 경우에는 산재지정병원이 있거나 없는 경우도 있고 의료시설이나 인력, 장비가 갖추어진 경우도 있지만 그렇지 못한 경우도 있게 된다. 또한 근로자가 거주하는 지역일 수도 있고 그렇지 못한 경우도 있으며 진료과정에서 치료경과가 좋아져 일반 의료기관으로 옮길 필요가 있기도 하지만 상태가 악화되거나 전문적인 치료나 검사가 필요한 경우 등 다양한 사유가 발생하게 된다. 또한 산재 지정 의료기관이 더 이상 산재환자를 진료할 수 없는 경우 등도 발생할 수 있는 데 이러한 경우에 산재보험은 산재근로자의 적절한 보호를 위하여 전원을 결정하게 되는 것이다.

2 전원요양 사유(법 제48조)

① 공단은 다음 각 호의 어느 하나에 해당하는 사유가 있으면 요양 중인 근로자를 다른 산재보험 의료기관으로 옮겨 요양하게 할 수 있다.〈개정 2010.5.20.〉

1. 요양 중인 산재보험 의료기관의 인력·시설 등이 그 근로자의 전문적인 치료 또는

재활치료에 맞지 아니하여 다른 산재보험 의료기관으로 옮길 필요가 있는 경우

2. 생활근거지에서 요양하기 위하여 다른 산재보험 의료기관으로 옮길 필요가 있는 경우
3. 제43조제1항제2호에 따른 상급종합병원에서 전문적인 치료 후 다른 산재보험 의료기관으로 옮길 필요가 있는 경우
4. 그 밖에 대통령령으로 정하는 절차를 거쳐 부득이한 사유가 있다고 인정되는 경우

> **영 제44조(전원 요양)** 법 제48조제1항제4호에서 "대통령령으로 정하는 절차"란 자문의사회의의 심의 절차를 말한다.

이 경우에는 산재지정 의료기관이 의료법 위반 등으로 처분을 받거나 의료기관 폐업이나 휴업 등 더 이상 산재환자를 진료할 수 없는 경우가 발생하는 경우를 의미한다.

② 요양 중인 근로자는 제1항제1호부터 제3호까지의 어느 하나에 해당하는 사유가 있으면 공단에 전원(轉院) 요양을 신청할 수 있다.

3 전원요양 절차

1) 전원 요양의 신청 및 결정(요양규정 제11조)

① 소속기관장은 산재근로자가 법 제48조제1항제1호부터 제3호까지의 어느 하나에 해당하는 사유로 전원 요양을 신청하려는 때에는 그 산재근로자에게 별지 제5호의 전원 요양 신청서에 별지 제6호의 전원 요양 소견서를 첨부하여 신청하게 하여야 한다. 다만, 전원 요양의 신청 사유가 다음 각 호의 어느 하나에 해당하면 전원 요양 소견서를 제출하지 아니하게 할 수 있다.〈개정 2018.3.6.〉

1. 법 제48조제1항제1호의 경우로써 제18조제3항제3호에 따른 진찰 결과 전문재활치료가 필요하여 재활인증 의료기관으로 전원
2. 법 제48조제1항제2호에 따른 전원

② 소속기관장은 제1항에 따라 전원 요양 신청을 받은 때에는 전원 요양 신청 사유의 타당성을 검토하여 전원 요양 여부를 결정하여야 한다.〈개정 2018.12.12.〉

③ 소속기관장은 제2항에 따라 전원 요양을 결정하기 전까지는 해당 산재근로자가 다른 산재보험 의료기관으로 미리 옮기지 않도록 필요한 조치를 하여야 한다. 다만, 그 산재근로자가 「응급의료에 관한 법률」에 따른 응급환자에 해당하는 경우에는 그러지 아니하다.

2) 직권 전원 요양 및 전원 요양의 유예(요양규정 제12조)

① 소속기관장은 다음 각 호의 어느 하나에 해당하면 직권으로 산재근로자를 다른 산재보험 의료기관으로 옮겨서 요양을 하게 할 수 있다. 〈개정 2017.10.17., 2018.12.12.〉

1. 법 제48조제1항제1호부터 제4호까지의 어느 하나에 해당하는 경우
2. 규칙 제25조에 따른 진료제한 조치를 한 경우
3. 규칙 제25조에 따른 지정취소를 한 경우
4. 산재근로자가 제17조에 따라 병행진료를 하는 때에 주된 상병에 대한 치료가 종료된 이후 병행진료의 대상이 된 상병에 대한 치료가 계속 필요하여 병행진료를 담당하고 있는 산재보험 의료기관으로의 전원이 필요한 경우

② 소속기관장은 제1항에도 불구하고 같은 항 제2호에 해당하는 경우로서 해당 산재보험 의료기관에서 요양을 하고 있는 산재근로자의 상병상태가 다음 각 호의 어느 하나에 해당하면 그 상태가 해소되기 전 까지는 계속하여 요양하게 할 수 있다.

1. 산재근로자가 중환자실에 수용되어 있는 등 상병상태가 응급조치를 받아야 할 상태인 경우
2. 산재근로자의 상병상태가 절대적 안정이 필요한 상태로서 전원 요양을 위하여 산재보험 의료기관을 옮기는 과정에서 상병 상태를 악화시킬 우려가 있는 경우
3. 의료장비 등 산재보험 의료기관의 시설이나 의료인의 전문성 등을 고려할 때 소속기관의 관할 지역에 소재한 다른 산재보험 의료기관에서는 산재근로자의 요양을 담당하기 곤란한 경우
4. 그 밖에 전원하여야 할 산재근로자의 상병상태가 중하여 산재보험 의료기관을 옮기는 것이 적당하지 아니하다고 소속기관장이 인정하는 경우

③ 소속기관장은 법 제48조제1항제1호 또는 제3호에 해당하는 사유로 전원 요양 조치를 하는 경우로서 산재근로자가 다음 각 호의 어느 하나에 해당하면 산재근로자의 의사(意思), 부상 · 질병의 상태, 제공되는 의료서비스의 수준, 생활근거지 등을 고려하여

법 제43조제1항제1호에 따른 산재보험 의료기관으로 전원 요양을 하게 할 수 있다.

1. 적극적인 재활치료를 받으면 장해상태의 경감 등 치료 효과가 기대되는 산재근로자
2. 법 제43조제2항 및 제3항에 따른 지정취소 또는 진료제한 등의 조치로 말미암아 다른 산재보험 의료기관으로 옮겨서 요양을 하여야 하는 산재근로자
3. 대한민국 국민이 아닌 산재근로자
4. 진폐로 요양을 받고 있는 산재근로자
5. 중증요양상태등급이 제1급부터 제3급까지에 해당하거나 이에 준하는 산재근로자 〈개정 2018.12.12.〉
6. 그 밖에 소속기관장이 필요하다고 인정하는 산재근로자

4 유의사항

산재환자의 타 병원 전원은 반드시 사전에 근로복지공단의 승인을 받아 시행되어야 한다는 것을 명심해야 한다. 물론 환자의 상태가 급박하여 환자를 우선적으로 보호해야 할 의학적 의견이 있으면 그에 따르는 것이 원칙일 것이나 그렇지 않은 통상의 경우에는 반드시 사전에 근로복지공단의 승인을 받아서 처리하여야 한다.

만약 환자가 초진시 바로 다른 의료기관으로 전원해야 할 사유가 있으면 초진 요양급여 신청시 전원신청을 동시에 하도록 하며 그렇지 않으면 사전에 전원 절차를 모두 취하고 시행되어야 한다.

또한 산재환자가 다른 의료기관으로 전원을 가는 경우에는 전원승인서를 지참하고 가야 하며 다른 의료기관에서 전원을 오는 경우에도 반드시 전원승인서를 지참하고 오도록 해야 한다.

만약 응급환자 등 사전에 전원승인을 받지 못하고 전원을 가거나 오는 경우에는 근로복지공단의 담당자와 긴밀하게 협의하여 합리적인 방법으로 진행하여야 한다.

그리고 산재환자가 전원을 검토 내지 협의하는 경우에는 반드시 사전에 담당의료진과 협의를 거쳐 전원 진료가 가능한 상병인지 여부를 확인하고 추진하는 것이 합리적이며 그렇지 못한 경우 전원 진료가 불가능하여 많은 번거로움을 발생시킬 수 있음을 유의하여야 한다.

제5절 추가상병 및 병행진료

1 추가상병

1) 추가상병 요양급여의 신청(법 제49조)

추가상병이란 산재환자가 최초 요양시 상황에 따라 상병이 확정되지 않은 경우가 있거나 지연되어 나타나는 경우 또는 합병증 등이 병발하는 경우 등 진료과정에서 최초 승인 상병 외의 상병이 나타나 치료를 받아야 할 필요성이 있는 경우에 이를 추가로 신청하여 치료를 받도록 하는 제도이다.

예를 들어 뇌진탕의 경우 뇌내에서 출혈이 서서히 진행되거나 이에 관한 추가적인 상병이 발생하는 경우 등은 물론 최초 상병시 긴급한 부분을 먼저 진료하고 추후 나타나는 사항에 대하여 관련 상병 혹은 산재환자 진료를 위한 검사시 검사 방법이나 장비 등의 사유로 지연되어 나타나는 골절 등 여러 가지 사항이 발생할 수 있는 것이다.

이런 경우에 산재보험이 기본적으로 최초 상병에 대해 근로복지공단의 승인을 받아 진료하도록 하고 있음으로 인하여 이에 대해서도 추가로 승인을 받아 향후 진료와 보상 등에서 타당성을 확보할 필요가 있기 때문이다.

업무상의 재해로 요양 중인 근로자는 다음 각 호의 어느 하나에 해당하는 경우에는 그 부상 또는 질병(이하 "추가상병"이라 한다)에 대한 요양급여를 신청할 수 있다.

1. 그 업무상의 재해로 이미 발생한 부상이나 질병이 추가로 발견되어 요양이 필요한 경우
2. 그 업무상의 재해로 발생한 부상이나 질병이 원인이 되어 새로운 질병이 발생하여 요양이 필요한 경우

2) 요양 중의 사고와 추가상병

영 제32조에 따른 요양 중의 사고는 요양급여의 신청에 관하여 법 제49조에 따른 추가상병으로 본다(영 제45조).

요양 중의 사고라 함은 업무상 부상 또는 질병으로 요양을 하고 있는 근로자에게 다음 각

호의 어느 하나에 해당하는 사고가 발생하면 법 제37조제1항제1호바목에 따른 업무상 사고로 본다(영 32조). 〈개정 2018.12.11.〉

1. 요양급여와 관련하여 발생한 의료사고
2. 요양 중인 산재보험 의료기관(산재보험 의료기관이 아닌 의료기관에서 응급진료 등을 받는 경우에는 그 의료기관을 말한다. 이하 이 조에서 같다) 내에서 업무상 부상 또는 질병의 요양과 관련하여 발생한 사고
3. 업무상 부상 또는 질병의 치료를 위하여 거주지 또는 근무지에서 요양 중인 산재보험 의료기관으로 통원하는 과정에서 발생한 사고 산재와 관련된 사항으로 발생한 2차적인 사고를 말하는데 이에 대해서도 산재로 인정함으로써 산재근로자의 요양급여 범위를 상당히 확대한다고 볼 수 있다.

추가상병에 대한 실무처리는 요양규정에서 정하고 있다.

2 병행진료

1) 병행진료

"병행진료"란 산재근로자가 동시에 둘 이상의 법 제43조제1항에 따른 산재보험 의료기관(이하 "산재보험 의료기관"이라 한다)에서 요양을 하는 것을 말한다(요양규정 제2조 5호). 병행진료란 산재환자가 요양 중인 산재보험 의료기관에 진료에 필요한 전문 진료과가 없거나 한방진료, 특수검사 등, 1차 수술 의료기관에서의 추시 관찰 등 서로 다른 2개의 산재보험 의료기관에서 동시에 진료를 할 필요가 있는 경우에 근로복지공단의 승인을 얻어 시행하게 되는 것이다.

이 제도는 산재환자의 진료에 효율성을 높이고 산재환자의 보호에 전문성을 넓히고 권리를 보호하기 위하여 시행되는 제도라고 이해할 수 있다.

이에 대한 구체적인 내용은 요양규정에서 정하고 있다.

2) 병행진료 대상(요양규정 제17조)

① 소속기관장은 산재근로자가 다음 각 호의 어느 하나에 해당하면 서로 다른 2개의 산

재보험 의료기관에서 병행진료를 하게 할 수 있다.〈개정 2017.3.1., 2018.12.12.〉

1. 요양 중인 산재보험 의료기관에 치과, 안과, 이비인후과, 비뇨의학과, 정신건강의학과, 피부과, 신경과, 흉부외과, 내과, 마취통증의학과가 없어 다른 산재보험 의료기관에서 통원 진료가 필요한 경우〈개정 2012.11.8., 2018.7.17.〉
2. 수술 후 상병상태를 확인하기 위하여 수술을 한 산재보험 의료기관에 통원 진료가 필요한 경우
3. 진폐로 요양급여를 받고 있는 산재근로자가 폐암진료를 위하여 법 제43조제1항제2호에 따른 상급종합병원에서 요양이 필요한 경우
4. 진폐로 요양급여를 받고 있는 산재근로자가 수술이 필요한 합병증 또는 속발증이 발생하였으나 해당 산재보험 의료기관에서 수술이 불가능한 경우
5. 진폐로 요양급여를 받고 있는 산재근로자가 진폐 요양급여 지급대상 합병증 또는 속발증이 발생할 우려가 있거나 그 이외의 질병이 발생한 경우로서 상급 의료기관에서 진료할 특별한 사유가 있다고 해당 산재보험 의료기관에서 인정하는 경우
6. 요양 중 산재보험 의료기관에 자기공명영상진단(MRI), 전산화단층촬영장치(CT), 본스캔 검사 및 근전도 검사를 위한 검사장비가 없어 다른 산재보험 의료기관에서 검사가 필요한 경우〈개정 2012.11.8.〉
7. 산재근로자가 요양을 하고 있는 산재보험 의료기관이 「응급 의료에 관한 법률」에 따른 응급 의료기관으로 지정되어 있지 않아 요양 중 다른 산재보험 의료기관에서 응급처치를 한 경우
8. 인접한 장소(같은 건물이나 일정한 구역을 말한다)에서 의과 산재보험 의료기관과 한의과 산재보험 의료기관이 서로 협의하여 진료체계를 이루고 있는 경우 산재근로자가 다음 각 목의 어느 하나에 해당하는 사유로 의과 산재보험 의료기관과 한의과 산재보험 의료기관에서 동시진료가 필요한 경우
   가. 한의과 산재보험 의료기관에서 요양을 하고 있는 산재근로자가 약제의 투여 등으로 의과 산재보험 의료기관에서 통원진료가 필요한 경우
   나. 통원요양 중인 산재근로자가 서로 다른 상병으로 의과 산재보험 의료기관과 한의과 산재보험 의료기관에서 동시에 통원진료가 필요한 경우
9. 해당 산재근로자가 수술 등 상병의 치료를 목적으로 다른 산재보험 의료기관(상급종합병원으로 한정한다. 이하 이 조에서 같다)으로 전원 요양을 하기 위하여 미리 전원 요양을 하고자 하는 그 산재보험 의료기관에서 수술 등을 위한 검사가 필요하

여 통원진료를 받는 경우

10. 산재근로자가 법 제43조제1항제1호에 해당하는 의료기관 또는 「산재보험 의료기관 관리규정」 제6조제2항에 따라 이사장이 정한 재활치료전문 산재보험 의료기관에서 전문적인 재활치료의 필요성을 판단하기 위하여 전원 요양 전에 통원진료를 받는 경우〈신설 2012.6.28.〉
11. 뇌혈관질환으로 업무상 재해로 인정받은 산재근로자가『의료법』제3조제3항에 따른 종합병원 이상에서 수술을 하지 않고 전원을 한 후 계속적인 약물치료 등 경과관찰이 필요한 경우〈신설 2012.11.8.〉
12. 현재 요양 중인 산재보험 의료기관에서 시설 및 전문 인력이 없고 통원요양으로 수술 및 처치가 가능한 경우〈신설 2012.11.8.〉

제6절 재요양

1 재요양(법 제51조)

법 제40조에 따른 요양급여를 받은 자가 치유 후 요양의 대상이 되었던 업무상의 부상 또는 질병이 재발하거나 치유 당시보다 상태가 악화되어 이를 치유하기 위한 적극적인 치료가 필요하다는 의학적 소견이 있으면 다시 제40조에 따른 요양급여(이하 "재요양"이라 한다)를 받을 수 있다.

이 제도는 산재환자가 1차 치료를 받은 후 부상 또는 질병이 재발하거나 치유 당시보다 상태가 악화되어 후유증상관리 등의 방법으로 수습이 되지 않을 정도로 적극적인 치료가 필요하다는 의학적 소견이 있는 경우에 다시 요양급여를 시행하는 것이다.

이 제도는 산재환자의 요양급여권을 1차로 모두 종료하는 것이 아니라 2차적인 치료까지도 보장함으로써 근로자가 산재로 인한 치료를 충분히 받게 하고 이를 회복하여 인간다운 생활을 할 수 있는 권리를 존중하는 것과 함께 근로자와 사업주에게 사회보장 기능과 사회적 책임을 충실히 한다는 것을 의미한다고 볼 수 있다.

다만 재요양은 산재보험의 시효가 3년이므로 이를 유의하여야 할 필요가 있다. 일부 견해는 재요양의 경우 이미 최초 요양을 한 경우이므로 3년이라는 시효를 적용받지 않는다고 하고 있다.[4] 따라서 재요양 사유가 발생한 이상 시효와 관계없이 언제든지 재요양신청을 할 수 있고 소속 사업장에서 퇴직한 이후라든가 소속 사업장이 폐업하였다 하더라도 신청할 수 있다.

2 재요양의 요건 및 절차(영 제48조)

① 법 제51조에 따른 재요양(이하 "재요양"이라 한다)은 업무상 부상 또는 질병에 대하여 요양급여(요양급여를 받지 아니하고 장해급여를 받는 부상 또는 질병의 경우에는 장해급여)를 받은 경우로서 다음 각 호의 요건 모두에 해당하는 경우에 인정한다.

1. 치유된 업무상 부상 또는 질병과 재요양의 대상이 되는 부상 또는 질병 사이에 상당인과관계가 있을 것
2. 재요양의 대상이 되는 부상 또는 질병의 상태가 치유 당시보다 악화된 경우로서 나이나 그 밖에 업무 외의 사유로 악화된 경우가 아닐 것
3. 재요양의 대상이 되는 부상 또는 질병 상태의 호전을 위하여 수술(신체 내 고정물의 제거 수술 또는 의지 장착을 위한 절단 부위의 재수술을 포함한다) 등 적극적인 치료가 필요하다고 인정될 것
4. 재요양의 대상이 되는 부상 또는 질병의 상태가 재요양으로 치료효과를 기대할 수 있다고 인정될 것

② 재요양을 받으려는 사람은 고용노동부령으로 정하는 바에 따라 공단에 재요양을 신청하여야 한다. 〈개정 2010.7.12.〉

3 재요양의 신청 절차 등(규칙 제31조)

① 영 제48조제2항에 따라 재요양을 신청하는 경우에는 다음 각 호의 서류를 첨부하여야 한다.

1. 재요양의 대상이 되는 부상 · 질병 상태와 재요양의 필요성에 관한 의사 · 치과의사 또는 한의사의 진단서 또는 소견서
2. 재요양을 신청하기 전에 보험가입자 또는 제3자 등으로부터 보험급여에 상당하는

---

4) 신태식 p.139

금품을 받은 경우에는 그 금품의 명세 및 금액을 확인할 수 있는 판결문 · 합의서 등의 서류

3. 재요양을 신청하기 전에 보험가입자 또는 제3자 등으로부터 보험급여에 상당하는 금품을 받지 않은 경우에는 그 사실을 확인하는 본인의 확인서

② 재요양의 결정에 관하여는 제21조를 준용한다. 이 경우 "요양급여"는 "재요양"으로 본다.

4 재요양시 실무사항

산재환자가 재요양을 실시하고자 하는 경우에 산재 의료기관은 다음과 같은 절차로 시행한다.

1) 진료가 먼저 필요한 경우

산재환자가 1차 요양과정을 끝낸 후 재요양을 하게 되는 경우에 환자의 상태가 시급히 진료를 필요로 하는 경우에는 먼저 건강보험 등으로 진료를 시행하면서 재요양신청서를 제출하여 승인을 득하면 보험 종별을 산재로 전환하거나 건강보험 요양비 정산의 절차를 취하면 될 것이다. 만약 공단의 재요양의 승인을 득하지 못하면 건강보험으로 계속하여 진료를 하면 된다.

2) 재요양신청을 먼저 하는 경우

산재환자가 진료가 필요하지만 재요양 승인을 받은 후 진료를 할 필요성이 있는 경우–예를 들면 수술 등으로 내고정물을 제거하는 경우 등–에는 진료가 필요한 시기를 맞추어 재요양신청을 하고 승인을 득하는 것과 동시에 바로 산재로 재요양을 시행하면 될 것이다. 만약 이 과정에서 승인이 나지 않게 되면 진료를 하지 않거나 건강보험 등으로 진료를 할 수밖에 없을 것이다.

6 재요양의 신청 및 결정 등에 관한 업무(요양규정 제51조)

재요양의 신청(재요양을 하기 위한 추가상병 요양급여 신청을 포함한다)및 결정 등에 관한 업무는 산재근로자가 요양을 종결할 당시의 의료기관 관할 소속기관장 또는 사업장 관할 소속기관장 중에서 접수받은 소속기관장이 처리한다.

제7절 후유증상 및 합병증 등

1 합병증

1) 합병증 등 예방관리(법 제77조)

공단은 업무상의 부상 또는 질병이 치유된 자 중에서 합병증 등 재요양 사유가 발생할 우려가 있는 자에게 산재보험 의료기관에서 그 예방에 필요한 조치를 받도록 할 수 있다.

여기서 합병증 등이란 합병증과 후유증상을 말하는 것으로 이해할 수 있는데 "합병증 등 예방관리"(이하 '예방관리 증상'이라 한다)란 산업재해보상보험법(이하 "법"이라 한다) 제5조에 따른 업무상 상병이 치유되었으나 해당 질환에 관련하여 일어나는 다른 질환의 증상 및 해당 상병 또는 장해의 특성으로 인하여 발생하였거나 발생할 우려가 있는 증상으로서, 합병증규정 【별표 1】에서 규정하는 코드의 어느 하나에 해당되나 법 제51조에 따른 재요양의 대상에 해당되지 아니하는 증상을 말한다(합병증규정 제2조1호).

그런데 이 규정은 "합병증 등 예방관리"(이하 '예방관리 증상'이라 한다)라는 용어가 현행 규정에서는 "예방관리 증상"이라는 용어로 변경되어 나타나는데 이는 단순히 "합병증 등"이란 명문의 규정은 없어졌지만 본법과 시행령에서도 그 용어를 그대로 사용하고 있고 구 규정에서도 이를 동의어로 사용한다고 하고 있었으므로 실제적 내용은 이를 포함하고 있는 것으로 이해된다(합병증 등 예방관리업무처리규정 개정 2018.12.12. 규정 제1102호).

이 제도는 산재환자가 업무상 상병이 치유된 후 해당 질환과 관련하여 나타날 수 있는 2차적인 다른 질환 및 해당 상병 또는 장해의 특성으로 추가적인 질환이 발생하였거나 발생할 우려가 있는 증상을 정기적인 관찰, 간단한 의학적 처치 등을 통하여 증상의 악화 또는 합병증의 예방을 목적으로 관리하여 산재환자의 사후관리와 재요양으로 인한 산재보험의 손실 방지 및 근로자의 생활을 보호하기 위하여 2000년 7월부터 시행한 제도라고 할 수 있고 또한 하위법령에서는 합병증 등 예방관리 조치대상 등에 대해 좀 더 구체적으로 정하고 있다(영 제72조의2).

① 법 제77조제1항에 따른 합병증 등 재요양 사유가 발생할 우려가 있는 자(이하 "합병증 등예방관리대상자"라 한다)는 공단이 자문의사의 자문 또는 제43조에 따른 자문의사

회의의 심의를 거쳐 합병증 등의 예방관리가 필요하다고 결정한 사람으로 한다.

② 공단은 합병증등예방관리대상자에게 산재보험 의료기관에서 다음 각 호의 어느 하나에 해당하는 조치를 받게 하고 예산의 범위에서 해당 비용을 지원할 수 있다. 이 경우 비용의 산정 기준은 법 제40조제5항에 따른 요양급여의 산정 기준에 따른다.

1. 진찰 및 검사
2. 약제 또는 진료재료의 처방
3. 수술을 제외한 처치, 그 밖의 치료
4. 재활치료
5. 입원

③ 합병증등예방관리대상자의 결정 기준 및 절차, 제2항에 따른 조치비용의 인정 범위, 그 밖에 필요한 사항은 공단이 정한다. [본조신설 2018.12.11.]

2) 진료의 목적

합병증 등 예방관리를 위한 진료는 업무상 재해로 인한 근로자의 상병이 치유되었으나 치유 후에도 후유증으로 인하여 당초 상병의 악화, 재발 또는 합병증 등이 유발될 수 있으므로 재요양의 대상은 되지 아니하나 후유증상 또는 예방관리 증상의 관리를 위하여 의료기관이 하는 진찰 · 약제 · 처치 · 의료시설수용, 그 밖의 필요한 의학적 조치를 통하여 이를 사전에 예방하거나 조기 발견하는 것을 목적으로 한다(합병증규정 제2조 및 별표1 제1조).

3) 진료 인정기준(별표 1 제2조)

① 진료는 통원진료를 원칙으로 한다. 다만, 다음 각 호의 어느 하나에 해당하는 경우에는 입원진료를 인정할 수 있다.

1. 산재 장해등급 제1급부터 제3급까지에 해당하는 예방관리 대상자가 폐렴, 요로감염 등의 합병증으로 예방관리를 위해 의학적으로 반드시 입원이 필요한 경우: 1주 이내
2. 진폐증에 따른 예방관리로 인한 폐렴 · 폐농양 · 진균성 폐감염 및 이와 유사한 상병: 최초(재)결정시 유효기간 시작일부터 연간 3개월(총 92일) 내에서 분할 입원 가능

3. 진폐증을 제외한 예방관리로 응급진료를 받았으나 재요양의 요건을 갖추지 못한 경우: 1주 이내

② 삭제〈개정 2017.11.20.〉

③ 진찰은 외래환자 진찰료(초진료, 재진료)를 말하며, 별도의 규정이 없는 경우 월 1회에 한정한다. 다만 의학적으로 반드시 필요하다는 인정되는 경우에는 추가 진찰을 인정할 수 있다.

④ 검사는 제2절의 각 예방관리 증상별 관리내용에서 규정된 검사가 있는 경우에 한정하며, 규정된 검사 외에도 의학적으로 반드시 필요한 경우에는 인정할 수 있다.

⑤ 약제는 제2절의 각 예방관리 증상별 관리내용에서 규정된 약제가 있는 경우에 한정하며, 규정된 약제 외에도 의학적으로 반드시 필요한 경우에는 인정할 수 있다. 다만, 개인질병에 대한 약제, 그 밖의 진료는 인정하지 않는다.

⑥ 처치는 제2절의 각 예방관리 증상별 관리내용에서 규정된 처치가 있는 경우에 한정하며, 규정된 처치 외에도 의학적으로 반드시 필요한 경우에는 인정할 수 있다.

⑦ 물리치료(한방물리요법 포함)는 제2절의 각 예방관리 증상별 관리내용에서 규정된 물리치료가 있는 경우에 한정하며, 규정된 물리치료 횟수 외에도 의학적으로 반드시 필요한 경우에는 그 횟수를 초과할 수 있다.

⑧ 시술은 제2절의 각 예방관리 증상별 한방관리내용에서 규정된 시술이 있는 경우에 한정한다.〈신설 2017.11.20.〉

4) 진료시 유의사항 : 의료기관의 확인(합병증 등 규정 제11조)

① 소속기관장은 제5조, 제7조 및 제9조에 따라 결정된 예방관리 대상자가 해당 증상별 관리내용으로 지정 의료기관에서 합병증 등 예방관리를 위한 진료를 받을 수 있게 하여야 한다.

② 소속기관장은 지정 의료기관이 예방관리 대상자의 본인 여부 및 예방관리 증상 코드, 유효기간 등을 확인한 후 별표 1에 따라 진료하게 하여야 한다.

5) 진료 및 진료비의 청구

합병증 등 예방관리 대상자에게는 산재보험 요양급여에 준하여 진료하되 최초 진료시 예

방관리 대상자 인지를 확인하여야 하며(결정통지서로 확인) 처방전은 개인질환과는 분리하여 발행하여야 하고 약국에도 이 결정통지서를 제시하여야 한다.

또한 진료비의 청구는 산재보험 의료기관 관리규정을 준용하여 시행하며 소속기관장은 해당 유효기간 내에 합병증 등 예방관리를 위한 진료를 받은 예방관리 대상자가 다음 각 호의 어느 하나에 해당하는 사유로 부득이 진료비용을 부담한 경우에는 별지 제4호서식의 근로자 합병증 등 예방관리비용 청구서를 제출하게 하여야 한다(합병증 등 규정 제13조). 〈개정 2017.11.20.〉

1. 제5조 및 제9조에 따라 합병증 등 예방관리 대상 결정전에 예방관리를 위해 받은 진료
2. 응급진료의 경우 입원 · 통원 구분 없이 1주 이내 진료
3. 지정 의료기관에 검사장비 미비 등의 이유로 다른 산재보험 의료기관에서 단기간 진찰, 검사 등이 필요하다는 의학적 소견이 있어 실시한 진료〈개정 2018.12.12.〉

6) 예방관리 대상자 및 기간

(1) 예방관리 증상

이 규정의 적용대상이 되는 예방관리 대상별 진료인정기준의 세부적인 내용은【별표 1】에 따른다(합병증규정 제3조).

- 눈의 장해에 따른 예방관리
- 귀의 장해에 따른 예방관리
- 코의 장해에 따른 예방관리
- 입의 장해에 따른 예방관리
- 두부, 안면부, 경부 흉터 장해에 따른 예방관리
- 신경계통의 기능 또는 정신기능 장해에 따른 예방관리
- 흉복부 장기 장해에 따른 예방관리
- 척추 및 그 밖의 체간골의 장해에 따른 예방관리
- 팔(손가락), 다리(발가락)의 장해에 따른 예방관리
- 무장해자에 따른 예방관리

＊ 별표 1의 각 항목별 구체적인 기준은 합병증규정 참조

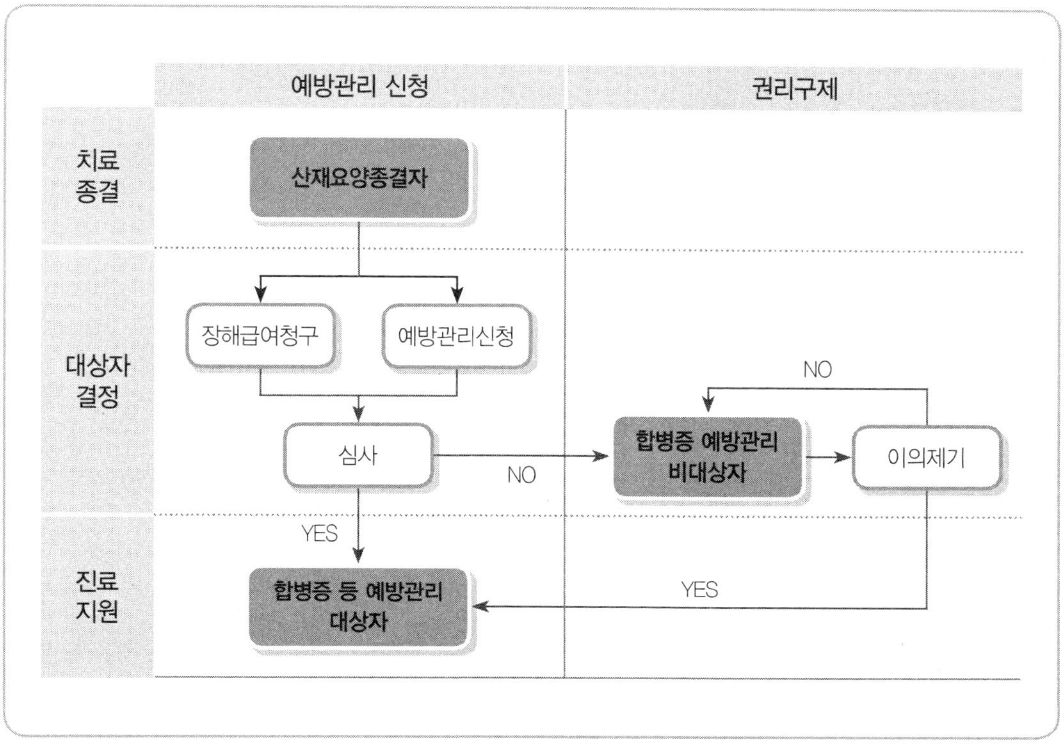

[그림 2-2] 합병증 진료지원 서비스 절차

* 자료출처 – 근로복지공단 인터넷 홈페이지

* 이하 합병증처리에 관한 구체적인 사항은 합병증규정 및 근로복지공단 인터넷 홈페이지 참조

2 후유증상

후유증상에 대해서는 당초 산업재해보상보험법[법률 제8694호, 2007.12.14., 전부개정] 제77조에서 후유증상의 진료라는 명칭으로 규정되어 있었고 하위 규정도 후유증상관리업무처리규정[시행 2009.1.29] [근로복지공단규정 제467호, 2009.1.29, 일부개정]이 있었으나 산업재해보상보험법[법률 제9988호, 2010.1.27., 일부개정]에서 합병증 등 예방관리로 개정되면서 합병증과 후유증상으로 분리되어 운영되고 있는 것으로 이해된다.

참고법률

▶ **산업재해보상보험법** [법률 제8694호, 2007.12.14., 전부개정]

§제77조(후유증상의 진료) 공단은 제51조에 따른 재요양의 요건에는 해당하지 아니하지만 그 업무상의 부상 또는 질병의 특성상 치유된 후에 후유증상이 발생하였거나 발생할 우려가 있는 자에게 산재보험 의료기관에서 필요한 조치를 받도록 할 수 있다.

▶ **산업재해보상보험법** [법률 제9988호, 2010.1.27, 일부개정]

§제77조(합병증 등 예방관리) 공단은 업무상의 부상 또는 질병이 치유된 자 중에서 합병증 등 재요양 사유가 발생할 우려가 있는 자에게 산재보험 의료기관에서 그 예방에 필요한 조치를 받도록 할 수 있다. [전문개정 2010.1.27]

1) 후유증상 관리 근거

후유증상의 관리에 관한 규정은 산재법 제77조에서 합병증 등과 통합하여 규정하고 있으나 구체적으로는 합병증 등 예방관리업무처리규정(제정 2000. 6. 30. 규정 제162호, 개정, 시행 2010.7. 7. 규정 제596호)에서 정하고 있다.

다만 이 항목은 합병증 등 예방관리규정이 시행 2017.1.1. 2016. 12. 26. 일부개정 규정 제991호에서 보면 모두 개정되어 후유증상이라는 명칭이 모두 없어졌으므로 합병증 등으로 용어를 통일하여 이해하며 후유증상은 다만 참조용으로 설명한다.

2) 후유증상관련 용어의 정의

(1) "후유증상"이라 함은 법 제5조에 따른 업무상 상병이 치유되었으나 해당 상병 또는 장해의 특성으로 인하여 발생하였거나 발생할 우려가 있는 증상으로서, 【별표 1】에서 규정하는 코드의 어느 하나에 해당되나 법 제51조에 따른 재요양의 대상에 해당되지 아니하는 증상을 말한다(후유증상규정 제2조).

(2) "후유증상 대상자"란 제3호의 산재장해자 중 근로복지공단(이하 "공단"이라 한다)이 후유증상의 관리를 위한 진료를 하기로 결정한 자를 말한다(동규정 제2조4호).

(3) "후유증상서비스카드(이하 "서비스카드"라 한다)"란 공단이 후유증상 대상자에게 진료 등에 필요한 사항을 기재하여 발급하는 증서를 말한다(동규정 제2조5호).

3) 후유증상의 종류, 대상자 및 기간

이 규정의 적용대상이 되는 후유증상, 적용대상자 및 후유증상별 진료인정기준의 세부적인 내용과(동규정 제3조) 단위기간 및 동규정 제3조에 따른 후유증상별 단위기간 및 연장은 【별표 1】에 따른다(동규정 제4조).

＊ 후유증상에 관한 구체적인 내용은 합병증 등 예방관리규정으로 통합되었으므로 이를 참조한다.

제8절 현장요양서비스

1 의 의

이 제도는 산재환자의 관리를 담당하고 있는 근로복지공단의 직원이 산재 의료기관을 방문하여 환자가 제대로 진료를 잘 받고 있는지 등을 관리하는 것으로 이해할 수 있다. 이 제도는 요양기관의 지도점검에서 근거를 찾을 수 있고 산재환자의 요양 현실을 확인하고 문제점을 파악하여 보다 나은 산재환자 관리를 하기 위한 것으로 볼 수 있다.

2 현장 요양서비스(요양규정 제19조)

소속기관장은 산재근로자에게 요양이나 보험급여의 지급에 관한 사항의 안내, 상병의 특성이나 상태에 적합한 의료 · 재활서비스를 제공하기 위하여 소속 직원에게 산재보험 의료기관을 방문하도록 하거나 그 밖의 방법으로 그 산재근로자의 상병의 치료 · 보험급여의 지급 또는 직업복귀에 필요한 사항 등을 지원(이하 "현장 요양서비스"라 한다)하게 할 수 있다.

소속기관장은 제1항에 따른 지원을 하는 때에는 산재근로자의 상병상태의 정도에 따라 일반서비스 대상자와 집중서비스 대상자로 구분하여 지원할 수 있다. 이 경우 집중서비스 대상자에 대하여는 상담 내용 및 상병의 정도를 고려하여 집중지원계획을 수립하고, 그 계획에 따라 의료 및 재활서비스를 제공할 수 있다.

제9절 진료관리실무

산재환자의 진료관리는 외래와 입원으로 구분하고 각 분야별로 산재보험 환자의 특성에 맞게 간단히 설명하고자 한다.

1 최초 진료관리

1) 진료접수-응급실 및 외래 진료 접수 및 진료

산업현장에서 사고나 업무상 질병 등으로 내원하는 경우에 통상의 외래나 응급실에서 진료하는 절차와 같이 진료접수와 함께 진료에 돌입한다.

응급실이나 외래에서 산재환자가 내원하면 우선적으로 진료에 중점을 두면서 담당자들은 환자 및 환자가 소속한 회사와 인적사항 확인에 적극 나서야 한다. 이 경우 산재여부가 명확하지 않으므로 우선 산재(또는 공상), 건강보험 등으로 접수하여 인적사항을 확보하고 진료에 들어간다. 사업장의 관계자가 동행하게 되면 회사 인적사항도 추가로 기재한다.

이때 환자진료의 과정은 일반적인 환자 진료과정과 동일하며 추후 환자 소속회사의 지불보증, 산재처리방침 등이 별도로 작용하게 된다.

2) 인적사항 파악

환자가 내원하면 본인이 의식이 명료하여 자기의 인적사항을 표시하는 경우에는 그에 따르면 될 것이나 그렇지 못한 경우 동반자나 환자의 신분증으로 인적사항을 확인하도록 한다. 이때 필요한 경우 동반한 보호자 등의 인적사항도 추가로 기재하여 만약의 사태에 대비하여야 한다. 또한 환자가 의식이 없는 경우 등에는 관리에 도움이 될 만한 것은 모두 확보하도록 하며 환자가 확인 능력이 없으면 인상착의라도 파악해 두어야 하는데 이것은 차후에 특히 대량인명 사고에서 매우 중요하게 작용한다.

3) 담당자의 환자 확인

환자가 내원하면 접수를 하고 원무과의 산재담당자에게 연락이 되도록 한다. 이것은 병원 내의 산재환자와 관련한 커뮤니케이션이 원활한 경우에는 물론 모든 경우에 즉시 연락을 하도록 하여 환자 진료초기부터 병원 내의 전문담당자가 직접 관리에 나서도록 하는 것이 업무의 효율성 측면에서 매우 바람직하다. 이를 위하여 병원내의 업무네트워크를 잘 유지할 필요가 있다.

4) 회사에 통보 및 협조

환자의 진료와 함께 회사의 담당자와 연락하여 의사의 판단에 따른 환자의 상태와 앞으로의 진료방향에 대해 협조를 요청한다. 회사의 산재 업무처리방침에 따라 요양급여신청서 제출을 요청하고 이에 따라 의료기관의 절차를 안내하고 본격적인 환자 진료관리에 돌입한다.

이때 회사가 의료기관의 인근에 있거나 건설사업장 등 평소 안전사고가 발생하여 면식이 있는 경우 등에는 그에 따라 진료비관리를 염두에 두도록 하며 기본적으로는 매 진료시기에 진료비를 수납 받는 것을 원칙으로 하지만 산재처리가 명백한 상황에서는 담당자는 산재환자 진료관리 지침에 따라 융통성을 가질 수 있다.

5) 요양급여 환자 분류

환자 접수 후 사업장에서 업무상 사고 등이 확실한 경우에는 요양급여신청서를 지참하지 않았다고 하더라도 산재환자에 준하여 관리하도록 하고 개인적인 사유로 부상을 한 경우에는 건강보험 등으로 분류하여 진료를 하도록 한다. 이때 자동차사고 등으로 부상을 당한 경우에는 우선 자동차보험으로 간주하고 접수를 하며 추후 사업장 담당자의 의견을 참조하거나 요양급여신청서 혹은 자동차보험 접수 등의 상황에 따라 보험 종별 분류를 변경하도록 한다.

Tip 자동차사고 후 산재보험과의 관계

자동차를 이용하여 업무를 수행하다가 사고가 발생한 경우 이를 자동차보험으로 적용할 것인지 산재보험으로 적용할 것인지 선택해야 할 경우가 있다.

이 경우에는 당연히 업무수행자가 산재보험에 가입한 근로자라는 것을 필요로 할 것이며 원칙적으로 자동차보험 적용이 우선이라고 볼 것이다. 그러나 자동차보험이 적용되지 않는 사항이거나 자동차보험으로의 보장이 미흡하게 되면 산재 적용을 검토할 수 있을 것이다.

이 경우에 회사는 사고의 경위를 정확히 파악하여 관할 근로복지공단 등과 협의하여 근로자를 보호하기 위한 최선의 방법으로 적용하는 것이 바람직하다고 할 것이다.

6) 회사 자체관리

회사 자체관리라 함은 근로자가 사업장에서 부상 등을 당하여 내원하는 경우에 산재보험 처리를 하지 않고 건강보험도 적용하지 않는 경우를 의미한다. 통상 '공상'이라고 부르는 것으로 이는 업무상 부상 등으로 병원에 내원하여 진료하지만 산재로 처리하지 않고 근로기준법 등에 준하여 회사가 진료비를 부담하고 근로자에게 휴업급여를 지급하는 방법이라고 설명할 수 있다. 이것은 물론 공무원 공상과는 다른 의미로 일반 회사를 의미한다.

이것은 환자관리 실무상 회사가 업무상 부상을 당한 재해자에게 모두 산재를 적용하여야 하지만 모든 경우에 산재로 적용하게 되면 산재보험료가 올라가거나 안전관리상의 점검이 강화되고 건설공사 등에서 입찰제한 등의 벌칙을 받을 수 있어 이를 방지하고자 하는 것으로 이해될 수 있다.

또한 4일 이상 진료를 필요로 하는 모든 경우에 모두 산재를 적용하면 그에 따른 실무상의 문제도 발생할 수 있는가 하면 3일 이하의 경미한 사례의 경우 회사가 직접 관리하는 것이 환자보호나 경영효율성 측면 등에서 실익이라고 볼 수도 있기 때문이다.

이 경우 근로자 입장에서는 치료와 임금을 보장하면 별도의 손해는 없으므로 선택의 문제이나 치료와 임금보장의 불안정 및 경미한 사례가 아닌 경우에는 산재보험 제도의 원칙과는 약간의 거리가 있을 수 있음은 부인할 수 없다.

7) 산재소견서 발급

산재소견서는 요양급여신청서 발급 부분에서 전술한 바 있는데 산재소견서는 통상 의료기관에서 발행하는 진단서와 유사한 내용으로 이해하면 된다. 다만 산재보험과 관련하여 의학적으로 매우 자세한 내용을 기재하도록 하고 있으며 이는 산재환자의 적용 요건에 적합한지의 여부 판단의 참고자료로 이용되거나 추후 산재환자와 관련한 통계나 산재보험 정책의 자료로 사용될 수 있기 때문이라고 이해할 수 있다.

산재소견서는 요양급여신청 소견서와 전원요양 소견서, 진료계획서, 추가상병 소견서, 병행진료 소견서, 요양비청구용 소견서, 업무상질병 전문소견서(뇌심혈관계, 근골격계질병) 등이 있다.

요양급여신청 소견서는 산재환자가 내원하여 처음 진료하고 발행하는 소견서로 최초요양급여 신청시 반드시 첨부되어야 하는 서류이다. 요양급여신청 소견서는 담당의사의 진료 및 검사결과에 따른 소신있는 판단으로 환자의 상병상태와 상병명, 진료예상기간 등을 기재하도록 하고 있다. 요양급여신청 소견서는 원칙적으로 초진 진료 후 하루 이상 경과 후 발행할 수 있겠는데 다만 요양급여신청서와 동시에 제출되어야 하므로 회사로부터 요양급여신청서가 제출되어야 하므로 그에 맞추면 된다. 다만 회사에서 요양급여신청서를 제출하지 않아 근로자가 임의로 제출하고자 하면 그에 따르면 될 것이다.

산재소견서는 3부 발행이 원칙이고 1장은 반드시 환자의 산재제출 동의, 위임장을 받고 정보통신망을 이용하여 근로복지공단에 제출하고 1장은 회사에 제출하며 1장은 차트에 보관하도록 한다. 이 경우 통상 전자차트(EMR 등)를 사용하는 경우에는 별도의 철을 두어 관리하거나 스캔을 떠서 전산장치에 저장하도록 한다.

산재소견서와는 다르게 환자인 근로자나 회사가 별도의 진단서를 발급받기를 원하는 경우에는 통상적인 진단서 발급과정에 맞게 시행하면 되고 추후 산재소견서와 진단명, 진단기간 등은 통일되게 작성되어야 불필요한 오해와 이의제기를 방지할 수 있다. 이 경우 진단서 비용은 본인에게 수납을 받는 것이 원칙이고 근로복지공단에 제출하는 서식에 대한 발행비는 추후 요양승인이 나면 근로복지공단으로 청구하도록 한다.

이하 진료계획서, 추가상병 소견서, 병행진료 소견서 등은 요양급여신청 소견서와 절차가 유사하므로 이중 설명을 생략하고 전술한 진료계획, 추가상병, 병행진료 부분을 참고하기 바란다.

산재소견서(요양급여신청 소견서-진단서) 발행 절차

1. 요양급여신청서 제출시 필수 첨부 서류
2. 환자의 진료차트를 확인 - 종이/전자차트
3. 환자의 주치료 담당의사를 방문
4. 환자 인적사항 및 용도설명 후 산재소견서 발급을 요청
5. 산재소견서 받음 - 서식/전산
6. 담당의사 확인 - EMR 등록 서명 날인 확인
7. 요양급여신청서상 신청인(환자인 근로자)의 개인정보 동의 및 제출 위임장 날인
8. 정보통신망을 통하여 근로복지공단에 제출
9. 1부는 병원 보관, 1부는 병원 대표자 직인 날인하여 환자의 소속 회사로 제출(필요시 원칙)

2 진료관리

1) 외래관리

(1) 진료기간 관리

산재환자는 전술한 바와 같이 모든 진료일정을 근로복지공단에 요양급여를 신청하여 승인을 득하면서 관리가 이루어진다. 즉 산재환자가 내원하면 1차로 환자를 진료하면서 요양급여신청서와 산재소견서(요양급여신청 소견서)를 근로복지공단에 제출하여 근로복지공단으로부터 신청 상병과 진료기간에 대한 승인을 받은 대로만 시행하게 된다. 만약 승인 받지 않은 상병과 진료기간을 초과하여 진료하게 되면 추후 진료비나 휴업급여, 장해보상 등에 불이익이 초래될 수 있기 때문에 매우 유의하여야 한다.

따라서 승인상병이나 장해진단, 진료기간 등 치료종결일자가 가까워지면 산재 담당자는 접수관리 담당자 및 환자에게 잘 주지하여 진료종결에 협조하도록 하여야 한다.

(2) 외래 통원과 입원 결정시 유의사항

산재보험 환자가 외래에서 통원을 하는 경우는 의사의 진료 후 의학적 소견상 부상이나 질병이 경미하여 굳이 입원하여 진료할 필요가 없다고 판단되는 경우에 실시하여야 한다. 즉 환자의 입원은 통원불편, 보호자 부재 등으로 의학적 소견과는 상관없이 입원하고자 하는 경우는 배제되어야 한다. 특히 산재환자는 요양급여 신청서와 요양급여신청 소견서를 제

출하여 승인을 받아야 하기 때문에 의료기관에서 임의로 입원을 시킨 후 근로복지공단으로부터 입원 불가 승인이 나면 진료비를 청구하지 못할 수 있으므로 반드시 의학적 소견을 기준으로 입원 결정을 하도록 유의하여야 한다.

2) 입원 진료관리

산재환자의 재원관리는 통상의 경우와 같은 내용으로 하면 된다. 다만 다음의 몇 가지 유의할 사항에 대해 설명하고자 한다.

(1) 입원 결정

산재환자의 진료 후 환자의 상태가 입원하여 진료가 필요한 경우 의사는 입원 결정을 내리게 된다. 앞에서 전술한 바와 같이 의사는 반드시 의학적 판단에 따라 입원 결정을 하여야 하며 건강보험 요양급여기준에서 설명한 바와 같이 환자의 불편 등을 이유로 결정하여서는 안된다.

만약 의사의 판단으로 입원이 불필요하다고 하는데 환자가 입원을 요구하는 경우에는 환자의 개인적 환경이나 환자의 사보험 등의 경제적 목적이 있을 수 있으나 이는 전혀 고려요소가 아니다.

의사가 입원이 필요하다고 판단하는 것은 사실 의학적 판단에 따르기는 하지만 주관적일 수도 있다. 따라서 의사의 판단에 따라 입원이 결정되면 담당자는 의사의 소견을 존중하여 이유 없이 입원시킨 것이 아니라는 것을 근로복지공단이나 관계자들에게 인식시켜 주도록 하여야 한다.

만약 이것이 증명되지 못하면 결국 산재보험 사기 등의 사회적 문제에 전혀 의도한 바와 다르게 협조하는 상황처럼 인식될 수도 있기 때문에 매우 유의하여야 한다.

(2) 입원수속

산재환자도 통상 환자의 입원수속과 비슷하다고 할 것이다. 다만 중증환자, 교통사고 등 경합 보험, 상급병실 사용과 선택진료 등 건강보험과 산재보험 비급여 적용 여부 등에 따라 진료비 수납 여부에 영향을 미칠 수 있으므로 별도의 지불보증에 유의하여야 한다. 따라서 산재환자의 입퇴원 결정시 입퇴원담당자와 산재담당자의 역할과 협력이 꼭 필요하며 종합병원처럼 업무가 분리되어 있는 경우에는 더욱 그렇다고 볼 것이다.

따라서 산재환자의 입원시에는 추후 산재환자의 관리를 위해서도 반드시 산재담당자가 확인하도록 하는 것이 좋다.

(3) 통원하다가 입원하는 경우

산재환자가 처음에는 통원을 하면서 치료하다가 며칠 후 상병 상태의 변화로 입원을 하게 되는 경우도 발생할 수도 있다. 이 경우는 처음 응급실이나 외래로 왔다가 정확한 병명이 나오지 않아 며칠간 통원하다가 진단이 확정되어 입원을 하는 경우 등 다양한 사례가 발생할 수 있다.

그런데 산재는 다른 사회보험과는 달리 산재환자의 요양과정에서 반드시 근로복지공단의 승인을 받아야 하기 때문에 요양급여 신청서나 요양급여신청 소견서를 제출하기 전이라면 다소 용이하다 하겠으나 요양급여신청 소견서를 제출한 후에 이 문제가 발생하는 경우에는 먼저 환자의 치료를 우선으로 하고 진료계획서나 추가상병소견서 등을 제출하여 기존 승인된 상병과 진료기간을 변경하여 진료를 할 수 있도록 하여야 한다.

또한 이 경우에도 반드시 입퇴원담당자는 산재담당자와 협의를 거쳐야 하며 산재담당자는 필요한 서류의 발행은 물론 회사의 관리자 및 공단의 담당자에게도 통보하여 관련되는 조치를 취하도록 하는 것이 좋다.

특히 외래환자가 통원진료를 하다가 입원하게 되면 원무과 산재담당자가 추적관리를 하기가 어려우므로 입원시에는 반드시 알 수 있도록 내부 협력체계가 구축되어 있어야 한다. 만약 그렇지 않으면 내부 전산망으로 확인을 할 수 있는 시스템을 구축하도록 하여야 한다.

(4) 산재환자의 입원환자 관리

산재환자의 입원환자 관리의 목적은 법령에 특별히 규정된 바는 없으나 자동차보험의 경우에 비추어보면 산재환자는 병실생활규정을 준수하고 엄격한 진료관리를 통하여 상병의 조속한 치유를 꾀하고 산재보험의 의료질서를 확립하고자 하는 것이라고 볼 수 있다.

이것은 건강보험 등과는 달리 입원진료를 하면 자기가 진료비를 납부하는 것이 아니라 산재보험이라는 공적 사회보험으로 진료비를 납부하므로 환자의 조속한 치유의 목적과 산재보험의 재정 보호 및 산재보험 사기 등 사회문제의 발생 억제 등에도 기여하기 위한 것으로 이해해야 한다.

또한 산재보험 담당자의 재원환자관리 필요성은 당연히 환자의 진료상황의 관리는 물론 산재요양기간의 관리, 종별 전환 및 비급여 등 진료비 보증 등에 따른 진료비 관리, 외출 외박 등 재원 규칙의 준수여부 등 다양한 업무가 존재한다고 볼 수 있다.

산재보험 환자의 특성은 전술한 바와 같이 통상의 사고인 경우 중증이거나 다발성으로 회복지연, 최선 회복 등의 특성을 가지고 있으며 자기가 진료비를 부담하는 건강보험환자에 비해 재원일수가 대체로 장기인 경우가 많다.

따라서 산재보험 담당자는 환자상태에 따라 적시퇴원, 다른 병원 전원 등이 필요하고 치료 말기, 회복기에 있는 환자에 대한 관리에 유의하여야 한다.

재원하고 있는 환자가 외출 · 외박이 잦은 이유는 진료상의 이유가 아니라면 개인적인 사유가 관련되는 경우가 많을 것으로 생각되는 데 이것이 적절히 관리되지 않으면 외출 · 외박시 다른 사고를 유발하여 병원에 대해 책임을 제기하는 경우도 발생하고 나아가서는 산재보험 사기 등의 문제로 병원의 입장이 어려워질 수도 있으므로 유의해야 한다.

이에 따라 산재보험 담당자는 산재환자가 입원하면 가급적 매일 매일 신규환자, 기존환자들을 확인하고 방문하여 관리하도록 하며 대형병원은 모든 환자에게 매일 방문하는 것이 어렵겠지만 가능한 범위 내까지 실시하고 중소병원이나 의원은 담당자가 입원환자를 모두 파악하고 있는 것이 좋다고 할 수 있다.

산재담당자가 환자를 방문하여 업무와 관련하여 환자의 상병상태 변동에 대해서 병원–근로복지공단–회사 등 관계담당자끼리 문의하고 협의하는 경우가 있을 수 있기 때문에 환자의 관리에 지속적인 관심이 필요하다고 볼 것이다.

(5) 입원환자의 외출 · 외박 관리

산재환자가 재원 중 외출 · 외박을 하게 되는 경우에는 환자의 상태가 어느 정도 외출 · 외박이 가능한 상태이기 때문에 발생할 수 있는 일이라고 볼 것이며 개인적으로 부득이한 사유로 외출 · 외박을 해야 하는 경우 등이 발생할 수 있다. 만약 환자의 상태가 외출 · 외박을 해도 가능한 상태에 이르면 당연히 퇴원을 하여 통원을 하도록 하는 것이 원칙이나 그렇지 못한 경우라면 철저히 관리되어져야 한다.

입원환자의 외출 · 외박은 산재보험 뿐만 아니라 자동차보험 등에서도 항상 사회문제를 유발시키는 원인으로 작용하고 있으므로 의료기관에서 불필요한 오해를 받지 않기 위해서는 엄격히 관리되어져야 한다.

산재보험 입원환자는 외출, 외박시 반드시 외출외박대장을 기록하도록 하여야 한다. 이는 일반적인 경우에도 필요한 것으로 환자의 외출, 외박시 의료기관의 허락을 득하여 환자의 상황에 대하여 파악하기 위하여 반드시 필요한 사항이다.

특히 산재보험의 경우 추후 진료비를 청구하면 산재보험 진료비 지급 심사시 입원환자의 외출 외박과 관련한 사항에 대해서 조사할 수 있도록 하고 있기 때문이기도 하다(산재보험 의료기관 관리규정[시행 2018.6.1] [근로복지공단규정 제1074호, 2018.5.17, 일부개정] 제14조2항).

따라서 산재보험 지정 의료기관들은 통상의 환자의 경우와 마찬가지로 입원환자의 외출외박대장을 기록하여 관리하여야 한다. 다만 이때 입원환자의 외출외박대장의 기록 사항이나 양식에 대해서는 별도로 정하지 않고 있으나 자동차보험의 경우에서 보면 다음의 내용을 기록하도록 하고 있으므로 참조하면 될 것으로 본다.

이 경우 외출외박대장의 보관기한은 정해져 있지 않으나 자동차보험의 경우 3년으로 하고 있고 산재보험의 시효가 3년이므로 이에 따르거나 의료법상 간호기록은 5년 보관이지만 진단서는 3년, 처방전은 2년 보관(의료법시행규칙 제15조)이므로 3년이면 타당할 것으로 본다.

Tip 입원환자 외출외박대장 기록사항-(자동손해보험보장법시행령 제12조)양식-별지3호의2 서식

1. 외출 또는 외박을 하는 자의 이름, 생년월일 및 주소
2. 외출 또는 외박의 사유
3. 의료기관이 외출 또는 외박을 허락한 기간
4. 외출 · 외박 및 귀원(歸院) 일시

* 입원환자 외출, 외박대장 기록사항 서명, 날인자
  - 외출 또는 외박을 하는 자 또는 그 보호자
  - 외출 또는 외박을 허락한 의료인 및 귀원을 확인한 의료인
    다만, 의료인이 외출 또는 외박을 허락하거나 확인할 수 없는 경우에는 의료기관 종사자(간호, 원무 등)

* 서식 양식 자동차보험 외출외박대장 참조

(6) 환자관리차원에서의 진료비 관리

산재환자가 입원하고 있는 경우에는 기본적으로는 진료비 관리에 크게 신경 쓸 일은 없을 것이다. 그러나 산재 비급여 적용대상이라든가 개인질병 등에 대한 진료비는 개인이나 회사가 납부하여야 하므로 필요한 경우 진료비 청구담당자와 협의하여 병원의 규정에 맞게 관리되어야 한다. 만약 산재보험이 승인되지 않고 자동차보험이나 건강보험 등으로 보

험 종별이 변경되는 경우에는 그에 따른 대책도 강구하여야 하므로 산재담당자는 항상 환자의 변동 상황에 대해 관심을 갖고 있어야 한다.

다행히 산재보험 요양급여 산정기준에서 보면 기본적으로는 산재보험이 건강보험 수가 기준을 따르기는 하지만 보건복지부장관이 고시하는 「건강보험 행위 급여 · 비급여 목록표 및 급여 상대가치점수」(이하 "행위 및 상대가치점수"라 한다) 및 「요양급여의 적용기준 및 방법에 관한 세부사항」 중 세부인정사항의 기준을 초과하여 본인이 전액 부담하는 부분에 대해서는 산재근로자 진료를 위해 필요한 경우 인정할 수 있다고 함으로써 산재환자의 진료비 보증 범위를 크게 확장시켜 놓고 있다고 볼 것이다〈산정기준제2조, 개정 2007.3.6., 2008.7.1., 2010.4.27., 2014.3.31., 2017.12.29., 2018.12.27.〉.

이에 따라 필요한 경우 진료비를 중간계산하여 수납하거나 건강보험 적용 등 본인부담 진료비는 누적되기 전에 적정한 시기에 정기적으로 청구하여 관리하는 것이 좋다고 할 것이다.

(7) 병원 내 전실, 전과, 협진관리

산재환자의 병원 내 전실, 전과, 협진관리는 일반적인 환자관리와 유사하게 하면 된다. 이 경우 환자상태의 변화, 병실 사정에 따라 실시하면 되고 다만 상급병실 사용, 비급여, 자기 질병 등 산재보험에서 적용되지 않는 것에 대해서는 별도로 설명하고 개별 적용하도록 하여야 한다. 따라서 이 경우 병동과 산재담당자 및 입퇴원 담당자는 긴밀한 협력을 하는 것이 필요하다.

(8) 퇴원관리

입원 중인 산재보험 환자가 수술 · 처치 등의 진료를 받은 후 상태가 호전되어 더 이상 입원진료가 필요하지 아니한 경우에는 퇴원을 고려하여야 한다. 산재보험은 자동차보험 환자처럼 합의 등의 과정이 없고 진료기간을 근로복지공단에 승인을 받아 시행하기 때문에 입원기간이 도래하면 환자에게 통보하고 그에 따른 조치를 취하도록 하여야 한다.

이 경우 만약 환자의 상태가 퇴원을 할 수 없는 경우라면 진료계획서를 제출하여 입원진료기간을 연장하거나 할 수 있는데 이 경우에는 반드시 퇴원일 1주일 전에 제출하여 승인을 받도록 하여야 한다. 만약 그렇지 못하면 추후 그에 관한 불이익을 받을 수 있으므로 매우 유의하여야 하고 이에 대해서는 진료계획 부분을 참고하기 바란다.

특히 산재환자가 병실생활이 부적절한 경우에는 조기퇴원, 보험지급의 제한 등의 방법이 사용될 수 있는데 이것은 권리보장론에서 재론한다.

① 퇴원 결정

산재환자의 퇴원 결정은 환자의 사망, 치료중단, 전원, 완치, 입원진료기간 만기 도래 등으로 치료가 종결되면 퇴원정리를 하게 된다. 산재환자의 퇴원관리도 일반적인 환자 퇴원관리와 유사하게 하면 될 것이나 입퇴원 담당과 산재담당이 분리되어 있는 병원은 환자의 자기부담 등 여러 가지 상황에 대해 상호 확인하고 공동 조치를 취할 필요가 있다고 볼 것이다.

특히 진료 도중 보험 종별이 변경되는 경우 해당되는 사항을 반드시 확인하도록 하여야 하며 본인부담 진료비 등에 대해서는 환자 및 회사 등과 유기적으로 협력하도록 한다.

② 퇴원시 서류

산재환자가 개인보험 등의 필요성 등으로 진단서, 입원확인서 등이 필요하다고 요구하는 경우 별도로 교부하도록 한다. 이 경우 만약 진료비 영수증 등이 필요하다고 하는 경우 본인이 진료비를 납부하지 않은 부분에 대한 진료비를 표기하는 경우에는 병원에서 내부적으로 정하는 방법에 따라 시행하도록 한다.

전원이나 사망 등의 경우에는 그에 맞는 서류를 발급하도록 한다.

(9) 치료의 종결과 장기재원자 관리

산재보험 환자의 특성상 장기 재원하는 경우가 많다. 이 경우에는 환자상태는 물론이고 상급종합병원, 종합병원, 일반병원, 의원이냐에 따라, 또는 의사의 성향에 따라서도 모두 다르게 나타난다. 산재환자의 장기진료는 상병 상태의 회복이 지연되는 것이 주된 이유라고 볼 것이며 이 경우에는 가급적 의학적 판단에 따른 원칙에 따라서 판단되어야 한다는 것을 강조하고자 한다.

환자의 입원과 퇴원은 당연히 의사의 합리적 판단에 따라야 하고 적정 치료와 적정 관리로 환자의 치유를 위해 노력하여야 하고 보험사기, 부정 허위 청구 등 사회적인 문제에 오해를 받지 않도록 항상 유의하여야 한다.

(10) 산재요양과 개인요양의 경합

산재환자가 진료 중에 개인 질병을 진료해야 하는 경우가 발생할 수 있다. 이 경우에 당연히 산재요양 대상은 산재로 관리하고 개인요양 대상은 개인 부담으로 분리하는 것이 원칙이다. 다만 산재로 인하여 개인 질병이 악화되는 경우에는 공단과 협의를 해서 처리할 사항이고 산재 종료 후 개인요양을 추가로 원하는 경우에는 당연히 개인 부담으로 해야 할 것이다.

산재환자가 입원하고 있는 동안에 개인질병으로 통원을 해야 한다면 당연히 산재 입원과 개인 통원으로 각각 별도로 구분하여야 한다.

다만 산재환자가 진료 중 합병증 등이 발생한 경우에는 요양 중의 사고 등에서 전술한 바대로 병원에 현저한 잘못이 없고 산재와 관련이 있는 경우에는 산재로 처리하는 것이 타당하다고 볼 것이다.

Tip 산재보험과 건강보험과의 차이

* 국가가 시행하는 사회보험이라는 공통점이 있지만 급여 범위는 차이가 남
  - 산재보험 – 업무상 재해, 건강보험–개인질병을 대상으로 함
  - 건강보험 – 보험진료비 상당부분을 보험 적용하지만 개인부담 있음(입원 20% 등)
  - 산재보험 – 보험진료비, 휴업급여, 간병비, 이송비, 장해급여, 유족급여, 장의비 등까지 보상
  - 건강보험 – 비보험 범위가 산재보험보다 넓어 환자 부담이 증가
  - 산재진료비 기준 – 건강보험을 준용하지만 치과보철, MRI, CT, 초음파 등 산재보험 범위가 건강보험보다 넓어 보장성이 더 좋음

(11) 산재보험 대상을 건강보험 등 개인보험으로 적용을 요구하는 경우

근로자의 업무상 사고나 질병 등의 재해는 기본적으로 산재보험으로 처리하는 것이 타당하다. 그러나 산재보험에서는 4일 이상의 치료에 대하여서만 인정하므로 3일 이내의 치료를 필요로 하는 경우에는 어떻게 적용할 것이냐가 문제가 될 수 있다.

하지만 근로기준법 제78조에서는 근로자의 재해에 대하여 사업주가 필요한 요양이나 보상을 하도록 하고 있고 3일 이내 등의 날짜 제한이 없으므로 당연히 근로기준법상의 보호를 받아야 할 것이다.

그런데 3일 이내이든 4일 이상이든 업무상 재해 환자를 건강보험 등으로 적용해 달라고 요구하는 경우 실무상 산재보험과 건강보험 등의 적용 사항을 잘 모르는 경우이거나 경증이므로 무심코 환자의 개인보험으로 처리하려고 하는 경우가 있거나 혹은 산재를 회피하거나 진료비를 절감하고자 하는 등 여러 가지 이유에서 요청하는 경우가 있을 수 있다.

이러한 요구가 있는 경우 당연히 건강보험 등 개인사회보험으로 처리하면 안되며 만약 요청이 있으면 건강보험 등에 급여제한 또는 상해외인 여부 조회 등을 실시하여 그 결과에 따라 조처하여야 한다. 만약 근로자 또는 회사의 요청으로 의료기관의 담당자가 임의로 건강보험 등을 적용하여 추후 건강보험 등에서 상해외인 등의 조사로 확인되면 진료비를 환수하거나 중대한 경우 산재은폐로 확인되면 회사가 벌칙을 받게 될 수도 있으므로 환자 또는 회사의 담당자에게 잘 설명하여 인지하도록 하며 그런 일이 없도록 하는 것이 회사나 의료기관의 산재 의료담당자들의 역할이다.

(12) 산재보험과 약국관계

업무상 재해로 진료를 받는 근로자가 산재보험으로 승인을 받기 전에 의료기관에서 진료를 받고 의약분업제도에 의하여 병원 외 약국에서 약을 받아야 하는 경우에 실무상으로는 다음과 같다.

① 건강보험 등으로 선 적용 중인 경우

이 경우에는 약국에서도 건강보험으로 적용하고 추후 요양승인 결과에 따라 산재적용 혹은 건강보험 적용 부분에 대해 요양비 적용이 가능하도록 조처하면 될 것으로 본다.

② 건강보험 등으로 적용하지 않는 경우

이 경우에는 먼저 개인 혹은 회사가 부담한 후 영수증을 가지고 있다가 요양 승인 후 환불하는 방법이 있을 것이다.

③ 요양승인이 난 경우

산재환자로 요양승인이 난 경우에는 요양승인결정서를 제시하고 산재보험을 적용하면 되고 이 때 진료에 반드시 필요한 비보험 사항은 개인이나 회사가 부담하여야 할 것이다.

단원평가

제1절 산재환자 관리의 특성

1. 산재환자의 특성 및 진료관리의 특성을 이해한다.
2. 산재환자 진료관리 절차에 대해 숙지한다.

제2절 요양급여

1. 산재환자의 기본 급여인 요양급여(현물급여)에 대해 이해한다.
2. 요양비지급(현금급여)에 대하여 이해한다.
3. 산재환자 담당 의료기관의 종류와 상급종합병원의 이용제한에 대해 이해한다.
4. 산재환자의 요양급여의 범위와 산재보험에서만 인정되는 급여에 대해 구분한다.
5. 요양급여의 신청절차에 대해 이해한다.
6. 산재환자의 진료절차에 대해 이해한다.
7. 산재환자의 요양신청시 근로자가 직접신청하는 경우에 대해 이해한다.
8. 산재환자의 토탈서비스 업무 처리절차에 대해 이해한다.
9. 요양급여의 결정에 대해 이해한다.
10. 산재보험의 건강보험 우선급여에 대해 이해한다.

제3절 진료계획

1. 진료계획을 제출하는 사유에 대해 이해한다.
2. 진료계획의 제출시 기재사항을 숙지한다.
3. 진료계획의 제출시 근로복지공단의 심사 및 변경 조치에 대해 이해한다.
4. 진료계획의 미제출시 벌칙을 숙지한다.
5. 자문의사제도와 자문의사회의 구성 및 기능, 임무에 대해 이해한다.
6. 특별진찰제도와 대상, 의료기관에 대해 이해한다.
7. 계속 요양의 필요성을 판단하기 위한 진찰요구에 대해 이해한다.

제4절 전원요양

1. 전원요양의 의의에 대해 이해한다.
2. 전원요양의 사유를 숙지한다.
3. 전원요양의 신청 및 결정과정을 이해한다.

4. 직권 전원요양 및 전원요양의 유예에 대해 숙지한다.
5. 전원요양시 유의사항에 대해 이해한다.

제5절 추가상병 및 병행진료

1. 추가상병의 개념에 대해 이해한다.
2. 요양 중의 사고와 추가상병에 대해 이해한다.
3. 병행진료의 개념에 대해 이해한다.
4. 병행진료의 사유를 숙지한다.

제6절 재요양

1. 재요양의 개념에 대해 이해한다.
2. 재요양의 요건을 숙지한다.
3. 재요양시 실무사항에 대해 이해한다.

제7절 후유증상 및 합병증 등

1. 합병증 등의 예방관리에 대한 개념과 진료의 목적에 대해 이해한다.
2. 합병증 및 후유증상 등의 진료관리 각 부분을 이해한다.
3. 의료기관의 확인과 진료 및 진료비 청구에 대해 숙지한다.
4. 진료비용의 심사 및 부당이득, 환수 등에 대해서는 현지조사와 관련하여 통합하여 이해한다.
5. 후유증상과 합병증 등과의 개념을 구분한다.
6. 후유증상 대상자의 서비스카드 및 진료관리에 대해 이해한다.

제8절 현장요양서비스

1. 현장요양서비스와 의료기관 지도점검 등에 대해 통합하여 이해한다.

제9절 진료관리실무

1. 산재환자의 진료관리실무에 대하여 전체적인 과정 및 각 부분에 대하여 구체적인 사항을 이해한다.

제3장 산재보험 급여관리론 – 보험급여

학습목표

- 요양급여 외 산재보험 급여에 대해 이해한다.
  - 휴업급여, 상병보상연금에 대해 이해한다.
  - 장해급여, 장해연금, 장해특별급여의 개념을 이해한다.
  - 유족급여, 유족보상연금, 유족특별급여제도에 대해 이해한다.
  - 사망의 추정에 대한 개념과 사유에 대해 이해한다.
  - 장의비에 대해 이해한다.
  - 간병급여제도에 대해 이해한다.
  - 이송의 의의와 범위에 대해 이해한다.
  - 진폐에 따른 보험급여의 특례에 대해 이해한다.
  - 산재 재활인증 의료기관제도에 대해 이해한다.
  - 요양비에 대해 이해한다.

제1절 휴업급여

1 휴업급여

1) 의의

산재보험은 근로자의 업무상 재해에 대하여 요양급여 등 보험급여를 시행함으로써 근로자의 상병 치료와 이에 따른 근로자의 생활을 보장하기 위하여 다른 사회보장 및 보험 등과는 달리 근로자에 대하여 휴업급여를 지급하는 제도를 두고 있다.

즉 휴업급여란 업무상 사유로 부상을 당하거나 질병에 걸린 근로자에게 요양으로 취업하지 못한 기간에 대하여 급여를 지급하도록 하는 제도로 1일당 지급액은 평균임금의 100분의 70에 상당하는 금액으로 한다. 다만, 취업하지 못한 기간이 3일 이내이면 지급하지 아니한다(법 제52조).

산재근로자는 산재를 입기 전에 근로자로서 사업주를 위하여 노동을 제공하고 임금을 받아 근로자 본인과 그 가족의 생활을 영위하여 왔다. 따라서 근로자가 업무상 재해를 당하여 요양 등을 하고 있는 경우에는 근로자에 대한 급여를 제공하여 기본적인 생활을 보장하여 상병의 치료에 전념하여 조기 회복하도록 하며 근로자를 통하여 생활을 영위하는 가족 등에게도 경제적 안정감을 제공하여 사회보장의 목적을 달성하기 위한 제도라고 이해할 수 있을 것이다.

2) 휴업급여액과 기준일

산재보험에서 근로자에게 지급하는 휴업급여액은 기본적으로는 상병치료를 위하여 휴업한 기간이 4일 이상인 경우에 1일당 지급액은 평균임금의 100분의 70에 상당하는 금액으로 한다. 이 경우 4일 이상이라 함은 근로자가 업무상 재해로 인한 요양으로 인하여 취업하지 못한 기간에 대하여 급여를 지급하도록 하는 제도이기 때문에 근로자가 출근하여 업무상 재해를 당한 날은 출근하였기 때문에 회사에서 급여를 지급하여야 하고 요양을 위해서 실질적으로 출근을 하지 못하는 다음 날 즉, 업무상 재해의 익일이 휴업급여의 지급기준일이 되는 것임을 유의하여야 한다.

* 참고 – 근로기준법상의 휴업보상 기준액과 차이가 있다는 점을 이해하여야 한다.

* 평균임금의 계산에 관한 사항은 총론에서 전술하였으므로 참고하기 바람.
다만 평균임금과 휴업급여액을 혼동하지 말기 바람.

Tip 휴업급여액 계산식

▶ **휴업급여액 계산방법**

휴업급여 = 평균임금 * 70/100 * 요양으로 인하여 취업하지 못한 일수

• **계산 례**

1일 평균 임금 10만원
취업하지 못한 일수 15일
실제계산 (100,000원 * 70/100) * 15일
휴업급여액 = 1,050,000만원

3) 휴업급여의 청구

휴업급여의 청구는 최초청구의 경우에는 사업장에서 근로계약서, 급여대장 등을 첨부하여 사업장 소재 근로복지공단 지사로 매월 1회를 기준으로 청구하게 되며 2회부터는 사업장 또는 의료기관 소재지 근로복지공단 지사로 청구하면 되고 근로복지공단은 1주일 이내에 지급하게 된다.

이때 소속기관장은 산재근로자가 법 제52조, 법 제54조부터 법 제56조까지에 따른 휴업급여를 청구하려는 때에는 그 산재근로자에게 보상업무처리규정 별지 제7호 서식의 휴업급여청구서를 제출하게 하여야 한다. 다만, 요양업무처리규정 제7조제6항에 따른 통합청구의 경우에는 요양업무처리규정 별지 제2호 서식의 요양급여 및 휴업급여 신청서를 제출하게 하여야 한다.

소속기관장은 휴업급여를 청구한 산재근로자가 보상업무처리규정 제9조제2항에 따른 입원요양 기간 중이면 최초의 지급분 이후부터는 입원 요양 기간에 한하여 5일 이내에 전달치의 휴업급여 지급액을 산정하여 지급할 수 있다.〈개정 2018.12.12.〉

또한 이때 의료기관은 근로자가 산재 요양을 위하여 휴업하였다는 것을 확인해 주게 되므로 잘 관리하여야 한다.

이하 휴업급여에 관한 자세한 사항은 보상업무처리규정을 참조하도록 한다.

2 기타의 휴업급여

산재보험에서는 기본적인 휴업급여 외에 각 근로자의 특성에 따라 다음과 같은 몇 가지의 휴업급여에 관한 특례규정을 두고 있다.

1) 부분휴업급여(법 제53조)
2) 저소득 근로자의 휴업급여(법 제54조)
3) 고령자의 휴업급여(법 제55조)
4) 재요양 기간 중의 휴업급여(법 제56조)
5) 휴업급여의 조정

6) 상병보상연금(법 제66조)

상병보상연금은 근로자가 업무상 재해를 당하여 요양개시 후 2년이 경과하여도 치유되지 아니하고 요양이 장기화됨에 따라 해당 피재근로자와 그 가족의 생활안정을 도모하기 위하여 휴업급여 대신에 보상 수준을 향상시켜 지급하게 되는 보험 급여이다. 따라서 이 제도는 산업재해로 인해 2년 이상 장기 요양을 필요로 하는 중증요양상태 근로자에게 상병보상연금을 지급함으로써 의료보장과 생활안정을 도모하기 위한 것으로 이해할 수 있다.[1)]

(1) 상병보상연금

① 요양급여를 받는 근로자가 요양을 시작한 지 2년이 지난 날 이후에 다음 각 호의 요건 모두에 해당하는 상태가 계속되면 휴업급여 대신 상병보상연금을 그 근로자에게 지급한다.〈개정 2010.1.27.〉

1. 그 부상이나 질병이 치유되지 아니한 상태일 것
2. 그 부상이나 질병에 따른 중증요양상태의 정도가 대통령령으로 정하는 중증요양상태등급 기준에 해당할 것
3. 요양으로 인하여 취업하지 못하였을 것

② 상병보상연금은 별표 4에 따른 중증요양상태등급에 따라 지급한다.

[별표 4]

상병보상연금표(제66조제2항 관련)

중증요양상태등급	상병보상연금
제1급	평균임금의 329일분
제2급	평균임금의 291일분
제3급	평균임금의 257일분

(2) 상병보상연금과 근로기준법상 고용제한과의 관계

근로기준법상 근로자가 업무상 부상, 질병의 요양을 위한 휴업기간과 그 후 30일간은 해고가 금지된다(근기법 제23조2항). 다만, 사용자는 근로자가 요양을 시작한 지 2년이 지나도 부상 또는 질병이 완치되지 아니하는 경우에는 사용자는 그 근로자에게 평균임금 1,340일

1) 김수복 p.153, 윤광윤 p.281

분의 일시보상을 하여 그 후의 이 법에 따른 모든 보상책임을 면할 수 있다(근기법 제84조).

이 경우에는 요양급여를 받는 근로자가 요양 후 2년이 경과한 날 이후에도 상병보상연금을 지급받고 있는 경우에는 당해 사용자는 그 2년이 경과한 날 이후에 근로기준법 규정에 의한 일시급여를 지급한 것으로 보고 해고제한은 해제되어 해고가 가능한 것으로 이해할 수 있다.[2)]

이 제도는 근로자가 업무상 재해로 장기간 요양을 함에 따라 근로자의 공백이 발생하는 경우에 당해 근로자를 대체하여 근로자를 고용하고 사업을 계속하도록 하여 사업주의 경영안정을 기하는 동시에 근로자에게도 안정적인 요양과 급여를 보장해 주고자 하는 취지로 해석할 수 있다.

제2절 장해급여

1 장해급여(법 제57조)

장해급여는 근로자의 업무상 부상 또는 질병이 요양급여에 의하여 치료를 받고 완치가 되었거나 더 이상의 치료효과를 기대할 수 없어 치료를 종결한 경우에 신체기관의 일부를 상실하거나 신체에 장해가 아직 남아 있어 본래의 기능을 발휘하지 못하는 경우가 발생할 수 있다. 이러한 경우에는 근로자의 노동력의 전부 또는 일부가 영구히 상실되거나 또는 감소되어 근로를 전혀 할 수 없거나 불완전하게 하게 되어 근로를 통하여 소득을 이루어 생활을 하게 되는 근로자로서는 생활에 심각한 문제를 일으키게 된다.

이와 같은 경우에 상실 또는 감소된 노동력에 따른 소득을 보전하여 근로자의 인간다운 생활을 보장해 주고자 도입된 제도가 장해급여 제도이다.

1) 장해급여

① 장해급여는 근로자가 업무상의 사유로 부상을 당하거나 질병에 걸려 치유된 후 신체 등에 장해가 있는 경우에 그 근로자에게 지급한다.

---

2) 김수복 p.155, 윤광윤 p.285

② 장해급여는 장해등급에 따라 별표 2에 따른 장해보상연금 또는 장해보상일시금으로 하되, 그 장해등급의 기준은 대통령령으로 정한다.

Tip : 근로기준법상의 장해보상기준은 산재보험법과는 다소 다르게 정해져 있다.

③ 제2항에 따른 장해보상연금 또는 장해보상일시금은 수급권자의 선택에 따라 지급한다. 다만, 대통령령으로 정하는 노동력을 완전히 상실한 장해등급의 근로자에게는 장해보상연금을 지급하고, 장해급여 청구사유 발생 당시 대한민국 국민이 아닌 자로서 외국에서 거주하고 있는 근로자에게는 장해보상일시금을 지급한다.

④ 장해보상연금은 수급권자가 신청하면 그 연금의 최초 1년분 또는 2년분(제3항 단서에 따른 근로자에게는 그 연금의 최초 1년분부터 4년분까지)의 2분의 1에 상당하는 금액을 미리 지급할 수 있다. 이 경우 미리 지급하는 금액에 대하여는 100분의 5의 비율 범위에서 대통령령으로 정하는 바에 따라 이자를 공제할 수 있다.

[별표 2]

장해급여표(산업재해보상법 제57조제2항 관련) (평균임금기준)

장해등급	장해보상연금	장해보상일시금
제1급	329일분	1,474일분
제2급	291일분	1,309일분
제3급	257일분	1,155일분
제4급	224일분	1,012일분
제5급	193일분	869일분
제6급	164일분	737일분
제7급	138일분	616일분
제8급		495일분
제9급		385일분
제10급		297일분
제11급		220일분
제12급		154일분
제13급		99일분
제14급		55일분

⑤ 장해보상연금 수급권자의 수급권이 제58조에 따라 소멸한 경우에 이미 지급한 연금액을 지급 당시의 각각의 평균임금으로 나눈 일수(日數)의 합계가 별표 2에 따른 장해보상일시금의 일수에 못 미치면 그 못 미치는 일수에 수급권 소멸 당시의 평균임금을 곱하여 산정한 금액을 유족 또는 그 근로자에게 일시금으로 지급한다.

2) 장해등급의 기준 등(영 제53조)

① 법 제57조제2항에 따른 장해등급의 기준은 별표 6에 따른다. 이 경우 신체부위별 장해등급 판정에 관한 세부기준은 고용노동부령으로 정한다.〈개정 2010.7.12.〉

[별표 6] 〈개정 2010.11.15〉

장해등급의 기준(제53조제1항 관련)

제1급

1. 두 눈이 실명된 사람
2. 말하는 기능과 씹는 기능을 모두 완전히 잃은 사람
3. 신경계통의 기능 또는 정신기능에 뚜렷한 장해가 남아 항상 간병을 받아야 하는 사람
4. 흉복부 장기의 기능에 뚜렷한 장해가 남아 항상 간병을 받아야 하는 사람
5. 두 팔을 팔꿈치관절 이상의 부위에서 잃은 사람
6. 두 팔을 완전히 사용하지 못하게 된 사람
7. 두 다리를 무릎관절 이상의 부위에서 잃은 사람
8. 두 다리를 완전히 사용하지 못하게 된 사람
9. 진폐의 병형이 제1형 이상이면서 동시에 심폐기능에 고도 장해가 남은 사람

제2급

1. 한쪽 눈이 실명되고 다른 쪽 눈의 시력이 0.02 이하로 된 사람
2. 두 눈의 시력이 각각 0.02 이하로 된 사람
3. 두 팔을 손목관절 이상의 부위에서 잃은 사람
4. 두 다리를 발목관절 이상의 부위에서 잃은 사람
5. 신경계통의 기능 또는 정신기능에 뚜렷한 장해가 남아 수시로 간병을 받아야 하는 사람
6. 흉복부 장기의 기능에 뚜렷한 장해가 남아 수시로 간병을 받아야 하는 사람

제3급

1. 한쪽 눈이 실명되고 다른 쪽 눈의 시력이 0.06 이하로 된 사람
2. 말하는 기능 또는 씹는 기능을 완전히 잃은 사람
3. 신경계통의 기능 또는 정신기능에 뚜렷한 장해가 남아 평생 동안 노무에 종사할 수 없는 사람
4. 흉복부 장기의 기능에 뚜렷한 장해가 남아 평생 동안 노무에 종사할 수 없는 사람
5. 두 손의 손가락을 모두 잃은 사람
6. 진폐증의 병형이 제1형 이상이면서 동시에 심폐기능에 중등도 장해가 남은 사람

제4급
1. 두 눈의 시력이 각각 0.06 이하로 된 사람
2. 말하는 기능과 씹는 기능에 뚜렷한 장해가 남은 사람
3. 고막 전부가 상실되거나 그 외의 원인으로 두 귀의 청력을 완전히 잃은 사람
4. 한쪽 팔을 팔꿈치관절 이상의 부위에서 잃은 사람
5. 한쪽 다리를 무릎관절 이상의 부위에서 잃은 사람
6. 두 손의 손가락을 모두 제대로 못 쓰게 된 사람
7. 두 발을 발목발허리관절(족근중족관절) 이상의 부위에서 잃은 사람

제5급
1. 한쪽 눈이 실명되고 다른 쪽 눈의 시력이 0.1 이하로 된 사람
2. 한쪽 팔을 손목관절 이상의 부위에서 잃은 사람
3. 한쪽 다리를 발목관절 이상의 부위에서 잃은 사람
4. 한쪽 팔을 완전히 사용하지 못하게 된 사람
5. 한쪽 다리를 완전히 사용하지 못하게 된 사람
6. 두 발의 발가락을 모두 잃은 사람
7. 흉복부 장기의 기능에 뚜렷한 장해가 남아 특별히 쉬운 일 외에는 할 수 없는 사람
8. 신경계통의 기능 또는 정신기능에 뚜렷한 장해가 남아 특별히 쉬운 일 외에는 할 수 없는 사람
9. 진폐증의 병형이 제4형이면서 동시에 심폐기능에 경도장해가 남은 사람

제6급
1. 두 눈의 시력이 각각 0.1 이하로 된 사람
2. 말하는 기능 또는 씹는 기능에 뚜렷한 장해가 남은 사람
3. 고막 대부분이 상실되거나 그 외의 원인으로 두 귀의 청력이 모두 귀에 대고 말하지 아니하면 큰 말소리를 알아듣지 못하게 된 사람
4. 한쪽 귀가 전혀 들리지 않게 되고 다른 쪽 귀의 청력이 40센티미터 이상의 거리에서는 보통의 말소리를 알아듣지 못하게 된 사람
5. 척주에 극도의 기능장해나 고도의 기능장해가 남고 동시에 극도의 척추 신경근장해가 남은 사람
6. 한쪽 팔의 3대 관절 중 2개 관절을 제대로 못 쓰게 된 사람
7. 한쪽 다리의 3대 관절 중 2개 관절을 제대로 못 쓰게 된 사람
8. 한쪽 손의 5개의 손가락 또는 엄지손가락과 둘째 손가락을 포함하여 4개의 손가락을 잃은 사람

제7급
1. 한쪽 눈이 실명되고 다른 쪽 눈의 시력이 0.6 이하로 된 사람

2. 두 귀의 청력이 모두 40센티미터 이상의 거리에서는 보통의 말소리를 알아듣지 못하게 된 사람
3. 한쪽 귀가 전혀 들리지 않게 되고 다른 쪽 귀의 청력이 1미터 이상의 거리에서는 보통의 말소리를 알아듣지 못하게 된 사람
4. 신경계통의 기능 또는 정신기능에 장해가 남아 쉬운 일 외에는 하지 못하는 사람
5. 흉복부 장기의 기능에 장해가 남아 쉬운 일 외에는 하지 못하는 사람
6. 한쪽 손의 엄지손가락과 둘째 손가락을 잃은 사람 또는 엄지손가락이나 둘째 손가락을 포함하여 3개 이상의 손가락을 잃은 사람
7. 한쪽 손의 5개의 손가락 또는 엄지손가락과 둘째 손가락을 포함하여 4개의 손가락을 제대로 못 쓰게 된 사람
8. 한쪽 발을 발목발허리관절(족근중족관절) 이상의 부위에서 잃은 사람
9. 한쪽 팔에 가관절(假關節, 부러진 뼈가 완전히 아물지 못하여 그 부분이 마치 관절처럼 움직이는 상태)이 남아 뚜렷한 운동기능장해가 남은 사람
10. 한쪽 다리에 가관절이 남아 뚜렷한 운동기능장해가 남은 사람
11. 두 발의 발가락을 모두 제대로 못 쓰게 된 사람
12. 외모에 극도의 흉터가 남은 사람
13. 양쪽의 고환을 잃은 사람
14. 척주에 극도의 기능장해나 고도의 기능장해가 남고 동시에 고도의 척추 신경근장해가 남은 사람 또는 척주에 중등도의 기능장해나 극도의 변형장해가 남고 동시에 극도의 척추 신경근장해가 남은 사람
15. 진폐증의 병형이 제1형 · 제2형 또는 제3형이면서 동시에 심폐기능에 경도 장해가 남은 사람

제8급

1. 한쪽 눈이 실명되거나 한쪽 눈의 시력이 0.02 이하로 된 사람
2. 척주에 극도의 기능장해가 남은 사람, 척주에 고도의 기능장해가 남고 동시에 중등도의 척추신경근 장해가 남은 사람, 척주에 중등도의 기능장해나 극도의 변형장해가 남고 동시에 고도의 척추 신경근장해가 남은 사람 또는 척주에 경미한 기능장해나 중등도의 변형장해가 남고 동시에 극도의 척추 신경근장해가 남은 사람
3. 한쪽 손의 엄지손가락을 포함하여 2개의 손가락을 잃은 사람
4. 한쪽 손의 엄지손가락과 둘째 손가락을 제대로 못 쓰게 된 사람 또는 엄지손가락이나 둘째 손가락을 포함하여 3개 이상의 손가락을 제대로 못 쓰게 된 사람
5. 한쪽 다리가 5센티미터 이상 짧아진 사람
6. 한쪽 팔의 3대 관절 중 1개 관절을 제대로 못 쓰게 된 사람
7. 한쪽 다리의 3대 관절 중 1개 관절을 제대로 못 쓰게 된 사람
8. 한쪽 팔에 가관절이 남은 사람
9. 한쪽 다리에 가관절이 남은 사람

10. 한쪽 발의 5개의 발가락을 모두 잃은 사람
11. 비장 또는 한쪽의 신장을 잃은 사람

제9급
1. 두 눈의 시력이 0.6 이하로 된 사람
2. 한쪽 눈의 시력이 0.06 이하로 된 사람
3. 두 눈에 모두 반맹증 또는 시야협착이 남은 사람
4. 두 눈의 눈꺼풀이 뚜렷하게 상실된 사람
5. 코가 고도로 상실된 사람
6. 말하는 기능과 씹는 기능에 장해가 남은 사람
7. 두 귀의 청력이 모두 1미터 이상의 거리에서는 큰 말소리를 알아듣지 못하게 된 사람
8. 한쪽 귀의 청력이 귀에 대고 말하지 아니하면 큰 말소리를 알아듣지 못하고 다른 귀의 청력이 1미터 이상의 거리에서는 보통의 말소리를 알아듣지 못하게 된 사람
9. 한쪽 귀의 청력을 완전히 잃은 사람
10. 한쪽 손의 엄지손가락을 잃은 사람 또는 둘째 손가락을 포함하여 2개의 손가락을 잃은 사람 또는 엄지손가락과 둘째 손가락 외의 3개의 손가락을 잃은 사람
11. 한쪽 손의 엄지손가락을 포함하여 2개의 손가락을 제대로 못 쓰게 된 사람
12. 한쪽 발의 엄지발가락을 포함하여 2개 이상의 발가락을 잃은 사람
13. 한쪽 발의 발가락을 모두 제대로 못 쓰게 된 사람
14. 생식기에 뚜렷한 장해가 남은 사람
15. 신경계통의 기능 또는 정신기능에 장해가 남아 노무가 상당한 정도로 제한된 사람
16. 흉복부 장기의 기능에 장해가 남아 노무가 상당한 정도로 제한된 사람
17. 척주에 고도의 기능장해가 남은 사람, 척주에 중등도의 기능장해나 극도의 변형장해가 남고 동시에 중등도의 척추 신경근장해가 남은 사람, 척주에 경미한 기능장해나 중등도의 변형장해가 남고 동시에 고도의 척추 신경근장해가 남은 사람 또는 척주에 극도의 척추 신경근장해가 남은 사람
18. 외모에 고도의 흉터가 남은 사람
19. 진폐증의 병형이 제3형 또는 제4형이면서 동시에 심폐기능에 경미한 장해가 남은 사람

제10급
1. 한쪽 눈의 시력이 0.1 이하로 된 사람
2. 한쪽 눈의 눈꺼풀에 뚜렷한 결손이 남은 사람
3. 코가 중등도로 상실된 사람
4. 말하는 기능 또는 씹는 기능에 장해가 남은 사람
5. 14개 이상의 치아에 치과 보철을 한 사람

6. 한 귀의 청력이 귀에 대고 말하지 않으면 큰 말소리를 알아듣지 못 하게 된 사람
7. 두 귀의 청력이 모두 1미터 이상의 거리에서는 보통의 말소리를 알아듣지 못하게 된 사람
8. 척주에 중등도의 기능장해가 남은 사람, 척주에 극도의 변형장해가 남은 사람, 척주에 경미한 기능장해나 중등도의 변형장해가 남고 동시에 중등도의 척추 신경근장해가 남은 사람 또는 척주에 고도의 척추 신경근장해가 남은 사람
9. 한쪽 손의 둘째 손가락을 잃은 사람 또는 엄지손가락과 둘째 손가락 외의 2개의 손가락을 잃은 사람
10. 한쪽 손의 엄지손가락을 제대로 못 쓰게 된 사람 또는 둘째 손가락을 포함하여 2개의 손가락을 제대로 못 쓰게 된 사람 또는 엄지손가락과 둘째 손가락외의 3개의 손가락을 제대로 못 쓰게 된 사람
11. 한쪽 다리가 3센티미터 이상 짧아진 사람
12. 한쪽 발의 엄지발가락 또는 그 외의 4개의 발가락을 잃은 사람
13. 한쪽 팔의 3대 관절 중 1개 관절의 기능에 뚜렷한 장해가 남은 사람
14. 한쪽 다리의 3대 관절 중 1개 관절의 기능에 뚜렷한 장해가 남은 사람

제11급

1. 두 눈이 모두 안구의 조절기능에 뚜렷한 장해가 남거나 또는 뚜렷한 운동기능 장해가 남은 사람
2. 두 눈의 눈꺼풀에 뚜렷한 운동기능장해가 남은 사람
3. 두 눈의 눈꺼풀의 일부가 상실된 사람
4. 한쪽 귀의 청력이 40센티미터 이상의 거리에서는 보통의 말소리를 알아듣지 못하게 된 사람
5. 두 귀의 청력이 모두 1미터 이상의 거리에서는 작은 말소리를 알아듣지 못하게 된 사람
6. 두 귀의 귓바퀴가 고도로 상실된 사람
7. 척주에 경도의 기능장해가 남은 사람, 척주에 고도의 변형장해가 남은 사람, 척주에 경미한 기능장해나 중등도의 변형장해가 남고 동시에 경도의 척추 신경근장해가 남은 사람 또는 척주에 중등도의 척추 신경근장해가 남은 사람
8. 한쪽 손의 가운데손가락 또는 넷째 손가락을 잃은 사람
9. 한쪽 손의 둘째 손가락을 제대로 못 쓰게 된 사람 또는 엄지손가락과 둘째 손가락 외의 2개의 손가락을 제대로 못 쓰게 된 사람
10. 한쪽 발의 엄지발가락을 포함하여 2개 이상의 발가락을 제대로 못 쓰게 된 사람
11. 흉복부 장기의 기능에 장해가 남은 사람
12. 10개 이상의 치아에 치과 보철을 한 사람
13. 외모에 중등도의 흉터가 남은 사람
14. 두 팔의 노출된 면에 극도의 흉터가 남은 사람
15. 두 다리의 노출된 면에 극도의 흉터가 남은 사람
16. 진폐증의 병형이 제1형 또는 제2형이면서 동시에 심폐기능에 경미한 장해가 남는 사람, 진폐증

의 병형이 제2형 · 제3형 또는 제4형인 사람

제12급

1. 한쪽 눈의 안구의 조절기능에 뚜렷한 장해가 남거나 뚜렷한 운동기능장해가 남은 사람
2. 한쪽 눈의 눈꺼풀에 뚜렷한 운동기능장해가 남은 사람
3. 한쪽 눈의 눈꺼풀의 일부가 상실된 사람
4. 7개 이상의 치아에 치과 보철을 한 사람
5. 한쪽 귀의 귓바퀴가 고도로 상실된 사람 또는 두 귀의 귓바퀴가 중등도로 상실된 사람
6. 코가 경도로 상실된 사람
7. 코로 숨쉬기가 곤란하게 된 사람 또는 냄새를 맡지 못하게 된 사람
8. 쇄골(빗장뼈), 흉골(복장뼈), 늑골(갈비뼈), 견갑골(어깨뼈) 또는 골반골(골반뼈)에 뚜렷한 변형이 남은 사람
9. 한쪽 팔의 3대 관절 중 1개 관절의 기능에 장해가 남은 사람
10. 한쪽 다리의 3대 관절 중 1개 관절의 기능에 장해가 남은 사람
11. 장관골에 변형이 남은 사람
12. 한쪽 손의 가운데손가락 또는 넷째 손가락을 제대로 못 쓰게 된 사람
13. 한쪽 발의 둘째 발가락을 잃은 사람 또는 둘째 발가락을 포함하여 2개의 발가락을 잃은 사람 또는 가운데발가락 이하의 3개의 발가락을 잃은 사람
14. 한쪽 발의 엄지발가락 또는 그 외에 4개의 발가락을 제대로 못 쓰게 된 사람
15. 신체 일부에 심한 신경증상이 남은 사람
16. 척주에 경미한 기능장해가 남은 사람, 척주에 중등도의 변형장해가 남은 사람 또는 척주에 경도의 척추 신경근장해가 남은 사람
17. 두 팔의 노출된 면에 고도의 흉터가 남은 사람
18. 두 다리의 노출된 면에 고도의 흉터가 남은 사람

제13급

1. 한쪽 눈의 시력이 0.6 이하로 된 사람
2. 한쪽 눈에 반맹증 또는 시야협착이 남은 사람
3. 한쪽 귀의 귓바퀴가 중등도로 상실된 사람 또는 두 귀의 귓바퀴가 경도로 상실된 사람
4. 5개 이상의 치아에 치과 보철을 한 사람
5. 한쪽 손의 새끼손가락을 잃은 사람
6. 한쪽 손의 엄지손가락 뼈의 일부를 잃은 사람
7. 한쪽 손의 둘째 손가락 뼈의 일부를 잃은 사람
8. 한쪽 손의 둘째 손가락 끝관절을 굽혔다 폈다 할 수 없게 된 사람
9. 한쪽 다리가 다른 쪽 다리보다 1센티미터 이상 짧아진 사람

10. 한쪽 발의 가운데발가락 이하의 1개 또는 2개의 발가락을 잃은 사람
11. 한쪽 발의 둘째 발가락을 제대로 못 쓰게 된 사람 또는 둘째 발가락을 포함하여 2개의 발가락을 제대로 못 쓰게 된 사람 또는 가운데발가락 이하의 3개의 발가락을 제대로 못 쓰게 된 사람
12. 척주에 경도의 변형장해가 남은 사람 또는 척주의 수상 부위에 기질적 변화가 남은 사람
13. 외모에 경도의 흉터가 남은 사람
14. 두 팔의 노출된 면에 중등도의 흉터가 남은 사람
15. 두 다리의 노출된 면에 중등도의 흉터가 남은 사람
16. 진폐증의 병형이 제1형인 사람

제14급
1. 한쪽 귀의 청력이 1미터 이상의 거리에서는 작은 말소리를 알아듣지 못하게 된 사람
2. 한쪽 귀의 귓바퀴가 경도로 상실된 사람
3. 3개 이상의 치아에 치과 보철을 한 사람
4. 두 팔의 노출된 면에 경도의 흉터가 남은 사람
5. 두 다리의 노출된 면에 경도의 흉터가 남은 사람
6. 한쪽 손의 새끼손가락을 제대로 못 쓰게 된 사람
7. 한쪽 손의 엄지손가락과 둘째 손가락 외의 손가락 뼈의 일부를 잃은 사람
8. 한쪽 손의 엄지손가락과 둘째 손가락 외의 손가락 끝관절을 굽폈다 폈다 할 수 없게 된 사람
9. 한쪽 발의 가운데발가락 이하의 1개 또는 2개의 발가락을 제대로 못 쓰게 된 사람
10. 신체 일부에 신경증상이 남은 사람
11. 척주에 경미한 변형장해가 남은 사람 또는 척추의 수상 부위에 비기질적 변화가 남은 사람

3) 기본원칙(규칙 제46조)

① 장해등급은 신체를 해부학적으로 구분한 부위(이하 “장해부위”라 한다) 및 장해부위를 생리학적으로 장해군으로 구분한 부위(이하 “장해계열”이라 한다)별로 판정한다.

② 장해부위는 다음 각 호와 같이 구분하되, 좌우 양쪽의 기관이 있는 부위는 각각 다른 장해부위로 본다. 다만, 안구와 속귀는 좌우를 같은 장해부위로 본다. 〈개정 2019.10.15.〉

1. 눈은 안구와 눈꺼풀의 좌 또는 우
2. 귀는 속귀 등과 귓바퀴의 좌 또는 우
3. 코
4. 입

5. 신경계통의 기능 또는 정신기능
6. 머리 · 얼굴 · 목
7. 흉복부장기(외부 생식기를 포함한다)
8. 체간은 척주(脊柱)와 그 밖의 체간골(體幹骨)
9. 팔은 팔의 좌 또는 우, 손가락은 손의 좌 또는 우
10. 다리는 다리의 좌 또는 우, 발가락은 발의 좌 또는 우

③ 장해계열은 별표 3의 구분에 따른다.

장해등급의 판정은 요양이 끝난 때에 증상이 고정된 상태에서 한다. 다만, 요양이 끝난 때에 증상이 고정되지 않은 경우에는 다음 각 호의 구분에 따라 판정한다(규칙 제46조 ⑩항).

장해등급의 판정시기는 통상 업무상 부상이나 질병이 완치된 시점에서의 기질 상실이나 기능 장해의 정도에 따라 판단하는 것이다.

여기서 치료 또는 완치라고 함은 증상이 고정 또는 감퇴되어 그 이상의 치료효과를 기대할 수 없게 된 상태를 말하고 치유란 총론의 정의에서 언급한 바 있지만 부상 또는 질병이 완치되거나 치료의 효과를 더 이상 기대할 수 없고 그 증상이 고정된 상태에 이르게 된 것을 말한다.

1. 의학적으로 6개월 이내에 증상이 고정될 수 있다고 인정되는 경우에는 그 증상이 고정된 때에 판정한다. 다만, 6개월 이내에 증상이 고정되지 않은 경우에는 6개월이 되는 날에 고정될 것으로 인정하는 증상에 대하여 판정한다.
2. 의학적으로 6개월 이내에 증상이 고정될 수 없다고 인정되는 경우에는 요양이 끝난 때에 장차 고정될 것으로 인정하는 증상에 대하여 판정한다.

4) 운동기능장해의 측정(규칙 제47조)

① 정상인의 신체 각 관절에 대한 평균 운동가능영역은 별표 4와 같다.

② 운동기능장해의 정도는 미국의학협회(AMA, American Medical Association)식 측정 방법 중 공단이 정하는 방법으로 측정한 해당 근로자의 신체 각 관절의 운동가능영역과 별표 4의 평균 운동가능영역을 비교하여 판정한다. 다만, 척주의 운동가능영역은 그러하지 아니하다. 〈개정 2019.10.15.〉

③ 제2항에 따라 해당 근로자의 신체 각 관절의 운동가능영역을 측정할 때에는 다음 각

호의 구분에 따른 방법으로 한다. <신설 2016.3.28., 개정 2019.10.15.>

1. 강직, 오그라듦, 신경손상 등 운동기능장해의 원인이 명확한 경우: 근로자의 능동적 운동에 의한 측정방법
2. 운동기능장해의 원인이 명확하지 아니한 경우: 근로자의 수동적 운동에 의한 측정방법

5) 신체부위별 장해등급 판정 기준(규칙 제48조)

영 제53조제1항 후단에 따른 신체부위별 장해등급 판정에 관한 세부기준은 법 시행규칙 별표 5에서 정하고 있다.

- 장해등급 판정에 관한 구체적인 사항은 근로복지공단 인터넷 홈페이지 장해등급 업무매뉴얼을 참고하기 바람

6) 장해등급의 조정(영 제53조 2-3항)

(1) 산재보험법 시행령제53조1항 별표 6에 따른 장해등급의 기준에 해당하는 장해가 둘 이상 있는 경우에는 그 중 심한 장해에 해당하는 장해등급을 그 근로자의 장해등급으로 하되, 제13급 이상의 장해가 둘 이상 있는 경우에는 다음 각 호의 구분에 따라 조정된 장해등급을 그 근로자의 장해등급으로 한다. 다만, 조정의 결과 산술적으로 제1급을 초과하게 되는 경우에는 제1급을 그 근로자의 장해등급으로 하고, 그 장해의 정도가 조정된 등급에 규정된 다른 장해의 정도에 비하여 명백히 낮다고 인정되는 경우에는 조정된 등급보다 1개 등급 낮은 등급을 그 근로자의 장해등급으로 한다.

1. 제5급 이상에 해당하는 장해가 둘 이상 있는 경우에는 3개 등급 상향 조정
2. 제8급 이상에 해당하는 장해가 둘 이상 있는 경우에는 2개 등급 상향 조정
3. 제13급 이상에 해당하는 장해가 둘 이상 있는 경우에는 1개 등급 상향 조정

(2) 별표 6에 규정되지 아니한 장해가 있을 때에는 같은 표 중 그 장해와 비슷한 장해에 해당하는 장해등급으로 결정한다.

7) 장해등급의 가중 등(영 제53조 4항-6항)

(1) 이미 장해가 있던 사람이 업무상 부상 또는 질병으로 같은 부위에 장해의 정도가 심해진 경우에 그 사람의 심해진 장해에 대한 장해급여의 금액은 법 별표 2에 따른 장해등급별 장해보상일시금 또는 장해보상연금의 지급일수를 기준으로 하여 다음 각 호의 구분에 따라 산정한 금액으로 한다.

1. 장해보상일시금으로 지급하는 경우 : 심해진 장해에 해당하는 장해보상일시금의 지급일수에서 기존의 장해에 해당하는 장해보상일시금의 지급일수를 뺀 일수에 급여 청구사유 발생 당시의 평균임금을 곱하여 산정한 금액
2. 장해보상연금으로 지급하는 경우 : 심해진 장해에 해당하는 장해보상연금의 지급일수에서 기존의 장해에 해당하는 장해보상연금의 지급일수(기존의 장해가 제8급부터 제14급까지의 장해 중 어느 하나에 해당하면 그 장해에 해당하는 장해보상일시금의 지급일수에 100분의 22.2를 곱한 일수)를 뺀 일수에 연금 지급 당시의 평균임금을 곱하여 산정한 금액

(2) 법 제57조제3항 단서에서 "대통령령으로 정하는 노동력을 완전히 상실한 장해등급"이란 별표 6의 제1급부터 제3급까지의 장해등급을 말한다.

8) 장해보상연금 선급금의 이자율(영 제54조)

법 제57조제4항에 따라 장해보상연금을 미리 지급하는 경우에는 그 선지급 연금액에 100분의 2를 곱한 금액을 뺀 금액을 지급한다.

9) 장해보상연금 등의 수급권의 소멸(법 제58조)

장해보상연금 또는 진폐보상연금의 수급권자가 다음 각 호의 어느 하나에 해당하면 그 수급권이 소멸한다.〈개정 2010.5.20.〉

1. 사망한 경우
2. 대한민국 국민이었던 수급권자가 국적을 상실하고 외국에서 거주하고 있거나 외국에서 거주하기 위하여 출국하는 경우
3. 대한민국 국민이 아닌 수급권자가 외국에서 거주하기 위하여 출국하는 경우

4. 장해등급 또는 진폐장해등급이 변경되어 장해보상연금 또는 진폐보상연금의 지급 대상에서 제외되는 경우

10) 장해등급등의 재판정(법 제59조)

① 공단은 장해보상연금 또는 진폐보상연금 수급권자 중 그 장해상태가 호전되거나 악화되어 이미 결정된 장해등급 또는 진폐장해등급(이하 이 조에서 "장해등급등"이라 한다)이 변경될 가능성이 있는 자에 대하여는 그 수급권자의 신청 또는 직권으로 장해등급등을 재판정할 수 있다.〈개정 2010.5.20.〉

② 제1항에 따른 장해등급등의 재판정 결과 장해등급등이 변경되면 그 변경된 장해등급등에 따라 장해급여 또는 진폐보상연금을 지급한다.〈개정 2010.5.20.〉

③ 제1항과 제2항에 따른 장해등급등 재판정은 1회 실시하되 그 대상자 · 시기 및 재판정 결과에 따른 장해급여 또는 진폐보상연금의 지급 방법은 대통령령으로 정한다.〈개정 2010.5.20.〉

11) 재요양에 따른 장해급여(법 제60조)

① 장해보상연금의 수급권자가 재요양을 받는 경우에도 그 연금의 지급을 정지하지 아니한다.

② 재요양을 받고 치유된 후 장해상태가 종전에 비하여 호전되거나 악화된 경우에는 그 호전 또는 악화된 장해상태에 해당하는 장해등급에 따라 장해급여를 지급한다. 이 경우 재요양 후의 장해급여의 산정 및 지급 방법은 대통령령으로 정한다.

2 장해특별급여(법 제78조)

장해특별급여란 사업주의 고의 또는 과실로 업무상의 재해가 발생하여 근로자가 재해를 입은 경우 장해 또는 진폐 등급 1급-3급에 해당하는 장해가 남은 경우에 수급권자가 민법에 의한 손해배상청구에 갈음하여 장해특별급여를 청구한 때에는 산재보험법상의 보험급여의 일종인 장해급여를 지급하는 이외에 민사상의 배상방법으로 계산한 장해특별급여를 추

가로 지급하도록 함으로써 보험가입자인 사업주는 민법 기타 법령에 의한 모든 손해배상책임을 면제받고 근로자는 민사소송의 불경제로부터 벗어날 수 있도록 배려한 산재보험의 특수한 보상 형태이다.[3)]

장해특별급여는 재해를 당한 근로자가 장해급여만으로는 사업주의 고의 과실에 대한 손해배상을 충족시킬 수가 없고 장해급여가 평균임금을 기본으로 하고 있음으로 하여 근로자의 손해를 전부 보전할 수가 없어 민사소송으로 진행하는 경우가 발생할 수 있는데 이에 따른 근로자와 사업주 양자간의 소송의 어려움과 시간 및 비용 등의 불경제를 해소하고 사업주에게도 산재보험에서 장해특별급여를 대불 지급한 후 이를 4회에 걸쳐 분납하게 함으로써 근로자에게는 신속한 보상과 소송비용의 절감, 사업주에게도 일시적인 자금부담을 경감시키는 등 효과를 나타낼 수 있는 제도이다.

1) 장해특별급여의 요건

① 보험가입자의 고의 또는 과실로 발생한 업무상의 재해로 근로자가 대통령령으로 정하는 장해등급 또는 진폐장해등급에 해당하는 장해를 입은 경우에 수급권자가 「민법」에 따른 손해배상청구를 갈음하여 장해특별급여를 청구하면 제57조의 장해급여 또는 제91조의3의 진폐보상연금 외에 대통령령으로 정하는 장해특별급여를 지급할 수 있다. 다만, 근로자와 보험가입자 사이에 장해특별급여에 관하여 합의가 이루어진 경우에 한한다.〈개정 2010.5.20.〉

② 수급권자가 제1항에 따른 장해특별급여를 받으면 동일한 사유에 대하여 보험가입자에게 「민법」이나 그 밖의 법령에 따른 손해배상을 청구할 수 없다.

③ 공단은 제1항에 따라 장해특별급여를 지급하면 대통령령으로 정하는 바에 따라 그 급여액 모두를 보험가입자로부터 징수한다.

2) 장해특별급여의 지급기준 등(영 제73조)

① 법 제78조제1항 본문에서 "대통령령으로 정하는 장해등급 또는 진폐장해등급"이란 별표 6에 따른 제1급부터 제3급까지의 장해등급 또는 별표 11의2에 따른 제1급부터 제3급까지의 진폐장해등급을 말한다.〈개정 2010.11.15.〉

3) 김수복 p.158

② 법 제78조제1항 본문에서 "대통령령으로 정하는 장해특별급여"란 평균임금의 30일분에 별표 9에 따른 장해등급 및 진폐장해등급별 노동력 상실률과 별표 11에 따른 취업가능기간에 대응하는 라이프니츠 계수를 곱하여 산정한 금액에서 법 제57조에 따른 장해보상일시금(진폐보상연금을 지급받는 경우에는 진폐장해등급과 같은 장해등급에 해당하는 장해보상일시금을 말한다)을 뺀 금액을 말한다. 〈개정 2010.11.15.〉

[별표 9] 〈개정 2010.11.15〉

장해등급 및 진폐장해등급별 노동력 상실률(제73조제2항 관련)

등급	노동력 상실률
제1급	100%
제2급	100%
제3급	100%

호프만식과 라이프니츠식이란

호프만식과 라이프니츠식은 보험 등에서 사고로 말미암아 사망 또는 부상한 피해자의 상실이익 계산방법이다.
호프만식은 장래 일정한 기간까지 얻을 수 있는 예상소득을 현재의 가액으로 환산하는 이자율을 단리법에 의하여 계산하도록 하여 장래의 예상 총소득에서 중간이자액을 공제하고 손해액을 공제하여 계산하는 방식이다.[4)]
라이프니츠식은 이에 비해 복리법에 의하여 이 중간이자를 계산하는 방식이다.
호프만식과 라이프니츠식의 구별의 실익은 호프만식이 전체 배상액에서 단리이자율로 계산한 금액을 공제하므로 수령액이 커지며 법원의 소송에서 계산하는 방식이다.
그러나 라이프니츠식은 전체배상액에서 복리이자율로 계산한 금액을 공제하므로 수령액이 호프만식보다 작아지는 상황이 발생하게 된다.
라이프니츠식에 의한 복리법은 계산이 어려워 상대적으로 계산이 쉬운 호프만식 계산방법을 많이 이용하여 왔으나 돈은 끊임없이 이자를 낳는다는 원리에 맞지 않는다는 모순을 안고 있다.
그러나 산재보험 등에서는 미리 계산한 라이프니츠계수표를 적용하여 계산을 하도록 하고 있는 바 이에 대해 불만이 발생하는 경우 법원에 소송을 제기하는 등의 방법을 사용하는 수도 있다.
* 라이프니츠계수표는 취업가능 월수(1개월~661개월)를 수치로 계산하여 표(산재법시행령 별표11)를 만든 것인데 게재를 생략함

4) 윤광윤 p. 293

Tip 장해특별급여액의 계산방식

장해특별급여액 = (평균임금 30일분 * 노동력상실율 * 라이프니츠계수) − 장해보상일시금

③ 제2항에서 취업가능기간은 장해등급등이 판정된 날부터 단체협약 또는 취업규칙에서 정하는 취업정년까지로 한다. 이 경우 단체협약 또는 취업규칙에서 취업정년을 정하고 있지 아니하면 60세를 취업정년으로 본다.〈개정 2010.11.15.〉

3) 특별급여액의 징수(영 제75조)

① 보험가입자는 법 제78조제3항 및 법 제79조제2항에 따라 장해특별급여액 또는 유족특별급여액의 납부통지를 받으면 그 금액을 1년에 걸쳐 4회로 분할납부할 수 있다.

② 제1항에 따라 장해특별급여액 또는 유족특별급여액을 분할납부하려는 경우 최초의 납부액은 납부통지를 받은 날이 속하는 분기의 말일까지 납부하고, 그 이후의 납부액은 각각 그 분기의 말일까지 납부하여야 한다.

3 장해 진단서 작성에 따른 실무상 유의사항

장해급여는 근로자의 업무상 부상 또는 질병이 요양급여에 의하여 치료를 받고 완치가 되었거나 더 이상의 치료효과를 기대할 수 없어 치료를 종결한 경우에 신체기관의 일부를 상실하거나 신체에 장해가 아직 남아 있어 본래의 기능을 발휘하지 못하는 경우에 근로자의 노동력의 전부 또는 일부가 영구히 상실되거나 또는 감소되어 근로를 전혀 할 수 없거나 불완전하게 하게 된 상태를 진단하여 제출하게 되는 것이다.

장해진단서는 진료담당의사가 3부를 작성하여 1부를 토탈서비스 혹은 직접 공단에 제출하고 1부는 회사에, 1부는 의료기관에 보관하게 된다.

장해진단서는 전술한 바 있지만 치료가 끝난 후 또는 증상고정시 작성하게 되며 장해진단서의 제출시에는 방사선 사진 등 근거자료를 제출하게 된다.

따라서 치료를 종결하는 시기에 장해진단을 하여야 할 필요가 있으면 관련 자료를 준비하거나 촬영해 두어야 하며 승인된 요양기간이 경과한 후 장해진단을 위하여 새로이 검사를

하거나 촬영을 하는 경우 요양기간 경과로 인하여 산재보험에 청구를 하지 못하는 현상이 발생할 수도 있음을 유의하여야 한다.

특히 장해진단 등과 관련하여 가장 문제가 될 수 있는 것이 장해등급의 상향 등 보험사기적인 요소가 개입될 수가 있는데 이는 철저히 금지되어야 한다. 현재 담당 의료기관의 주치의사가 장해진단을 하면 이를 공단의 자문의사 또는 특별진찰 등을 통하여 검증을 하게 되므로 부당하게 장해등급을 상향 판정하는 등의 문제가 발생하면 산재의료기관으로서는 매우 곤란한 상황이 발생할 수 있음을 유의하여야 한다.

또한 장해진단을 하면서 공단에서 결정하는 장해등급을 미리 예측하여 OO 등급이 된다고 환자에게 미리 단정적으로 설명하면 절대 안된다. 장해등급의 결정은 주치의사의 판단을 토대로 장해진단 내용을 공단에서 검증을 하고 결정하는 것이기 때문에 반드시 동일하다고 볼 수 없고 이로 인해 환자와 공단간의 불필요한 마찰을 초래할 수 있기 때문이며 이 경우 의료기관의 주치의사도 불필요한 원망을 들을 수 있기 때문이다.

제3절 유족급여

1 유족급여

1) 의의 및 대상

유족급여의 지급 사유는 근로자의 업무상 사망의 경우와 사망 추정의 경우의 두 가지가 있다. 유족급여는 근로자가 업무상의 사유로 사망한 경우에 유족에게 지급한다(법 제62조1항).

여기서 사망이란 업무상 재해로 인한 즉사와 이송 중 사망, 병원에서 치료 중 사망, 치료 후에도 업무상 재해와 상당한 인과관계를 가진 사망 등을 포함한다. 이 경우 업무상 재해로 인한 치료 중 사망에서 병원측의 현저한 과실이 없는 한 산재로 적용할 수 있다고 보아야 한다.

유족급여는 산재근로자가 업무상 재해로 인하여 사망하는 경우에 그의 소득으로 생계를 유지하는 가족들에게 근로자가 근로를 통하여 획득할 수 있는 수익과 최소한의 생활을 유지할 수 있도록 보장하기 위한 것이다.

2) 사망의 추정(법 제39조)

① 사고가 발생한 선박 또는 항공기에 있던 근로자의 생사가 밝혀지지 아니하거나 항행(航行) 중인 선박 또는 항공기에 있던 근로자가 행방불명 또는 그 밖의 사유로 그 생사가 밝혀지지 아니하면 대통령령으로 정하는 바에 따라 사망한 것으로 추정하고, 유족급여와 장의비에 관한 규정을 적용한다.

② 공단은 제1항에 따른 사망의 추정으로 보험급여를 지급한 후에 그 근로자의 생존이 확인되면 그 급여를 받은 자가 선의(善意)인 경우에는 받은 금액을, 악의(惡意)인 경우에는 받은 금액의 2배에 해당하는 금액을 징수하여야 한다.

이 규정은 근로자의 사망이 확인되지 않으면 민법의 규정은 일반 실종선고를 하고 5년이 지나야 확정(선박침몰, 비행기 등은 1년)되는데 그동안 근로자를 보호하기 위한 제도로 근로자의 수입에 의존하여 생활을 하는 그 가족들에 대하여 최대한 빠르고 실질적인 생존권을 보장하기 위한 민법상의 규정에 대한 특별제도라고 이해할 수 있을 것이다.

참고법률

▶ **민법** [시행 2016.12.20.] [법률 제14409호, 2016.12.20., 일부개정]

제27조(실종의 선고) ① 부재자의 생사가 5년간 분명하지 아니한 때에는 법원은 이해관계인이나 검사의 청구에 의하여 실종선고를 하여야 한다.

② 전지에 임한 자, 침몰한 선박 중에 있던 자, 추락한 항공기 중에 있던 자 기타 사망의 원인이 될 위난을 당한 자의 생사가 전쟁종지후 또는 선박의 침몰, 항공기의 추락 기타 위난이 종료한 후 1년간 분명하지 아니한 때에도 제1항과 같다.〈개정 1984.4.10.〉

제28조(실종선고의 효과) 실종선고를 받은 자는 전조의 기간이 만료한 때에 사망한 것으로 본다.

3) 사망의 추정 사유(영 제37조)

① 법 제39조제1항에 따라 사망으로 추정하는 경우는 다음 각 호의 어느 하나에 해당하는 경우로 한다고 규정하고 있다.

1. 선박이 침몰 · 전복 · 멸실 또는 행방불명되거나 항공기가 추락 · 멸실 또는 행방불명되는 사고가 발생한 경우에 그 선박 또는 항공기에 타고 있던 근로자의 생사가

그 사고 발생일부터 3개월간 밝혀지지 아니한 경우

2. 항행 중인 선박 또는 항공기에 타고 있던 근로자가 행방불명되어 그 생사가 행방불명된 날부터 3개월간 밝혀지지 아니한 경우

3. 천재지변, 화재, 구조물 등의 붕괴, 그 밖의 각종 사고의 현장에 있던 근로자의 생사가 사고 발생일부터 3개월간 밝혀지지 아니한 경우

② 제1항에 따라 사망으로 추정되는 사람은 그 사고가 발생한 날 또는 행방불명된 날에 사망한 것으로 추정한다.

③ 제1항 각 호의 사유로 생사가 밝혀지지 아니하였던 사람이 사고가 발생한 날 또는 행방불명된 날부터 3개월 이내에 사망한 것이 확인되었으나 그 사망 시기가 밝혀지지 아니한 경우에도 제2항에 따른 날에 사망한 것으로 추정한다.

④ 보험가입자는 제1항 각 호의 사유가 발생한 때 또는 사망이 확인된 때(제3항에 따라 사망한 것으로 추정하는 때를 포함한다)에는 지체 없이 공단에 근로자 실종 또는 사망확인의 신고를 하여야 한다.

⑤ 법 제39조제1항에 따라 보험급여를 지급한 후에 그 근로자의 생존이 확인되면 보험급여를 받은 사람과 보험가입자는 그 근로자의 생존이 확인된 날부터 15일 이내에 공단에 근로자 생존확인신고를 하여야 한다.

⑥ 공단은 근로자의 생존이 확인된 경우에 보험급여를 받은 사람에게 법 제39조제2항에 따른 금액을 낼 것을 알려야 한다.

⑦ 제6항에 따른 통지를 받은 사람은 그 통지를 받은 날부터 30일 이내에 통지받은 금액을 공단에 내야 한다.

4) 종류(법 제62조)

유족급여는 별표 3에 따른 유족보상연금이나 유족보상일시금으로 하되, 유족보상일시금은 근로자가 사망할 당시 제63조제1항에 따른 유족보상연금을 받을 수 있는 자격이 있는 자가 없는 경우에 지급한다(동조2항).

① 제2항에 따른 유족보상연금을 받을 수 있는 자격이 있는 자가 원하면 별표 3의 유족보상일시금의 100분의 50에 상당하는 금액을 일시금으로 지급하고 유족보상연금은 100분의 50을 감액하여 지급한다.

② 유족보상연금을 받던 자가 그 수급자격을 잃은 경우 다른 수급자격자가 없고 이미 지

[별표 3]

유족급여(법 제62조제2항 관련)

유족급여의 종류	유족급여의 금액
유족보상연금	유족보상연금액은 다음의 기본금액과 가산금액을 합한 금액으로 한다. 1. 기본금액 급여기초연액(평균임금에 365를 곱하여 얻은 금액)의 100분의 47에 상당하는 금액 2. 가산금액 유족보상연금수급권자 및 근로자가 사망할 당시 그 근로자와 생계를 같이 하고 있던 유족보상연금수급자격자 1인당 급여기초연액의 100분의 5에 상당하는 금액의 합산액. 다만, 그 합산금액이 급여기초연액의 100분의 20을 넘을 때에는 급여기초연액의 100분의 20에 상당하는 금액으로 한다.
유족보상일시금	평균임금의 1,300일분

급한 연금액을 지급 당시의 각각의 평균임금으로 나누어 산정한 일수의 합계가 1,300일에 못 미치면 그 못 미치는 일수에 수급자격 상실 당시의 평균임금을 곱하여 산정한 금액을 수급자격 상실 당시의 유족에게 일시금으로 지급한다.

③ 제2항에 따른 유족보상연금의 지급 기준 및 방법, 그 밖에 필요한 사항은 대통령령에서 정하고 있다.

5) 유족보상연금 수급자격자의 범위(법 제63조)

① 유족보상연금을 받을 수 있는 자격이 있는 자(이하 "유족보상연금 수급자격자"라 한다)는 근로자가 사망할 당시 그 근로자와 생계를 같이 하고 있던 유족(그 근로자가 사망할 당시 대한민국 국민이 아닌 자로서 외국에서 거주하고 있던 유족은 제외한다) 중 배우자와 다음 각 호의 어느 하나에 해당하는 자로 한다. 이 경우 근로자와 생계를 같이 하고 있던 유족의 판단 기준은 대통령령으로 정한다. 〈개정 2010.6.4, 2012.12.18, 2017.12.19., 2018.6.12〉

1. 부모 또는 조부모로서 각각 60세 이상인 자

2. 자녀로서 25세 미만인 자

2의2. 손자녀로서 19세 미만인 자

3. 형제자매로서 19세 미만이거나 60세 이상인 자
4. 제1호부터 제3호까지의 규정 중 어느 하나에 해당하지 아니하는 자녀 · 부모 · 손자녀 · 조부모 또는 형제자매로서 「장애인복지법」 제2조에 따른 장애인 중 고용노동부령으로 정한 장애등급 이상에 해당하는 자

② 제1항을 적용할 때 근로자가 사망할 당시 태아(胎兒)였던 자녀가 출생한 경우에는 출생한 때부터 장래에 향하여 근로자가 사망할 당시 그 근로자와 생계를 같이 하고 있던 유족으로 본다.

③ 유족보상연금 수급자격자 중 유족보상연금을 받을 권리의 순위는 배우자 · 자녀 · 부모 · 손자녀 · 조부모 및 형제자매의 순서로 한다.

6) 유족보상연금 수급자격자의 자격 상실과 지급 정지 등(법 제64조)

① 유족보상연금 수급자격자인 유족이 다음 각 호의 어느 하나에 해당하면 그 자격을 잃는다.〈개정 2012.12.18., 2018.6.12.〉

1. 사망한 경우
2. 재혼한 때(사망한 근로자의 배우자만 해당하며, 재혼에는 사실상 혼인 관계에 있는 경우를 포함한다)
3. 사망한 근로자와의 친족 관계가 끝난 경우
4. 자녀가 25세가 된 때

4의2. 손자녀 또는 형제자매가 19세가 된 때

5. 제63조제1항제4호에 따른 장애인이었던 자로서 그 장애 상태가 해소된 경우
6. 근로자가 사망할 당시 대한민국 국민이었던 유족보상연금 수급자격자가 국적을 상실하고 외국에서 거주하고 있거나 외국에서 거주하기 위하여 출국하는 경우
7. 대한민국 국민이 아닌 유족보상연금 수급자격자가 외국에서 거주하기 위하여 출국하는 경우

② 유족보상연금을 받을 권리가 있는 유족보상연금 수급자격자(이하 "유족보상연금 수급권자"라 한다)가 그 자격을 잃은 경우에 유족보상연금을 받을 권리는 같은 순위자가 있으면 같은 순위자에게, 같은 순위자가 없으면 다음 순위자에게 이전된다.

③ 유족보상연금 수급권자가 3개월 이상 행방불명이면 대통령령으로 정하는 바에 따라 연금 지급을 정지하고, 같은 순위자가 있으면 같은 순위자에게, 같은 순위자가 없으

면 다음 순위자에게 유족보상연금을 지급한다.〈개정 2010.1.27.〉

7) 수급권자인 유족의 순위(법 제65조)

① 제57조제5항 · 제62조제2항(유족보상일시금에 한한다) 및 제4항에 따른 유족 간의 수급권의 순위는 다음 각 호의 순서로 하되, 각 호의 자 사이에서는 각각 그 적힌 순서에 따른다. 이 경우 같은 순위의 수급권자가 2명 이상이면 그 유족에게 똑같이 나누어 지급한다.

1. 근로자가 사망할 당시 그 근로자와 생계를 같이 하고 있던 배우자 · 자녀 · 부모 · 손자녀 및 조부모
2. 근로자가 사망할 당시 그 근로자와 생계를 같이 하고 있지 아니하던 배우자 · 자녀 · 부모 · 손자녀 및 조부모 또는 근로자가 사망할 당시 근로자와 생계를 같이 하고 있던 형제자매
3. 형제자매

② 제1항의 경우 부모는 양부모(養父母)를 선순위로, 실부모(實父母)를 후순위로 하고, 조부모는 양부모의 부모를 선순위로, 실부모의 부모를 후순위로, 부모의 양부모를 선순위로, 부모의 실부모를 후순위로 한다.

③ 수급권자인 유족이 사망한 경우 그 보험급여는 같은 순위자가 있으면 같은 순위자에게, 같은 순위자가 없으면 다음 순위자에게 지급한다.

④ 제1항부터 제3항까지의 규정에도 불구하고 근로자가 유언으로 보험급여를 받을 유족을 지정하면 그 지정에 따른다.

2 유족특별급여

유족특별급여란 사업주의 고의 또는 과실로 업무상의 재해가 발생하여 근로자가 사망한 경우에 수급권자가 민법에 의한 손해배상청구에 갈음하여 유족특별급여를 청구한 때에는 산재보험법상의 보험급여의 일종인 유족급여를 지급하는 이외에 민사상의 배상방법으로 계산한 유족특별급여를 추가로 지급하도록 함으로써 보험가입자인 사업주는 민법 기타 법령에 의한 모든 손해배상책임을 면제받고 근로자는 민사소송의 불경제로부터 벗어날 수 있도

록 배려한 산재보험의 특수한 보상 형태이다.[5)]

유족특별급여는 장해특별급여와 내용이 유사하므로 해당 조항을 참조하기 바란다.

1) 유족특별급여(법 제79조)

① 보험가입자의 고의 또는 과실로 발생한 업무상의 재해로 근로자가 사망한 경우에 수급권자가 「민법」에 따른 손해배상청구를 갈음하여 유족특별급여를 청구하면 제62조의 유족급여 또는 제91조의4의 진폐유족연금 외에 대통령령으로 정하는 유족특별급여를 지급할 수 있다.〈개정 2010.5.20.〉

② 유족특별급여에 관하여는 제78조제1항 단서 · 제2항 및 제3항을 준용한다. 이 경우 "장해특별급여"는 "유족특별급여"로 본다.

2) 유족특별급여의 지급기준 등(영 제74조)

① 법 제79조제1항에서 "대통령령으로 정하는 유족특별급여"란 평균임금의 30일분에서 사망자 본인의 생활비(평균임금의 30일분에 별표 10에 따른 사망자 본인의 생활비 비율을 곱하여 산정한 금액을 말한다)를 뺀 후 별표 11에 따른 취업가능개월수에 대응하는 라이프니츠 계수를 곱하여 산정한 금액에서 법 제62조에 따른 유족보상일시금을 뺀 금액을 말한다.

[별표 10]

사망자 본인의 생활비 비율(제74조제1항 관련)

구분	생활비 비율
부양가족이 없는 경우	40퍼센트
부양가족이 1명인 경우	35퍼센트
부양가족이 2명인 경우	30퍼센트
부양가족이 3명 이상인 경우	25퍼센트

비고 : 부양의무자 및 부양가족의 범위는 「민법」에 따르되, 사실상 혼인관계에 있는 사람을 포함한다.

5) 김수복 p158

② 제1항의 취업가능개월수의 산정에 관하여는 제73조제3항을 준용한다. 이 경우 "장해등급이 판정된 날"은 "사망한 날"으로 본다.

3) 특별급여액의 징수(영 제75조)

① 보험가입자는 법 제78조제3항 및 법 제79조제2항에 따라 장해특별급여액 또는 유족특별급여액의 납부통지를 받으면 그 금액을 1년에 걸쳐 4회로 분할납부할 수 있다.
② 제1항에 따라 장해특별급여액 또는 유족특별급여액을 분할납부하려는 경우 최초의 납부액은 납부통지를 받은 날이 속하는 분기의 말일까지 납부하고, 그 이후의 납부액은 각각 그 분기의 말일까지 납부하여야 한다.

3 장의비

장의비란 근로자가 업무상 사유로 사망한 경우에 장제를 실행한 자에게 지급하는 급여이다.

1) 장의비(법 제71조)

① 장의비는 근로자가 업무상의 사유로 사망한 경우에 지급하되, 평균임금의 120일분에 상당하는 금액을 그 장제(葬祭)를 지낸 유족에게 지급한다. 다만, 장제를 지낼 유족이 없거나 그 밖에 부득이한 사유로 유족이 아닌 자가 장제를 지낸 경우에는 평균임금의 120일분에 상당하는 금액의 범위에서 실제 드는 비용을 그 장제를 지낸 자에게 지급한다.
② 제1항에 따른 장의비가 대통령령으로 정하는 바에 따라 고용노동부장관이 고시하는 최고 금액을 초과하거나 최저 금액에 미달하면 그 최고 금액 또는 최저 금액을 각각 장의비로 한다. 〈개정 2010.6.4.〉

2) 장의비 최고 · 최저금액의 산정(영 제66조)

① 법 제71조제2항에 따른 장의비의 최고금액 및 최저금액은 다음 각 호의 구분에 따라 산정한다.
1. 장의비 최고금액 : 전년도 장의비 수급권자에게 지급된 1인당 평균 장의비 90일분

+ 법 제36조제7항에 따른 최고 보상기준 금액의 30일분

2. 장의비 최저금액 : 전년도 장의비 수급권자에게 지급된 1인당 평균 장의비 90일분
+ 법 제36조제7항에 따른 최저 보상기준 금액의 30일분

② 장의비 최고금액 및 최저금액을 산정할 때 10원 미만은 버린다.

③ 장의비 최고금액 및 최저금액의 적용기간은 다음 연도 1월 1일부터 12월 31일까지로 한다.

기타 보상업무에 관한 자세한 사항은 근로복지공단 보상업무처리규정을 참조하기 바람

제4절 간 병

1 간병급여(법 제61조)

① 간병급여는 제40조에 따른 요양급여를 받은 자 중 치유 후 의학적으로 상시 또는 수시로 간병이 필요하여 실제로 간병을 받는 자에게 지급한다.

② 제1항에 따른 간병급여의 지급 기준과 지급 방법 등에 관하여 필요한 사항은 대통령령에서 정하고 있다.

간병급여는 요양급여를 받은 자 중 치유 후 의학적으로 상시 또는 수시로 간병인이 필요하여 실제로 간병을 받는 경우에 지급하는 것으로 근로자의 치료를 위해 필요한 생활상의 편의 증진과 치료효과의 향상을 위해 시행되는 것으로 이해할 수 있다.

환자는 병원에서나 일상생활에서 치료를 위한 보조적 행동은 물론 일상생활을 영위해야 하지만 중증이거나 수술 등의 경우에 환자 스스로 일상생활을 할 수가 없는 것이다. 이러한 경우에 환자의 치료와 일상생활을 위하여 전문가 또는 일정한 규정에 따른 간병인을 투입하여 환자의 일상생활을 돕고 환자 치료에도 기여하게 하기 위하여 산재보험에서 도입하고 있는 제도이다.

여기서 간병급여에 대해 본문 규정에는 '법 제40조에 따른 요양급여를 받은 자'로 되어 있으나 실무상으로는 '요양급여를 받는 자'에 대해서도 간병급여를 지급하고 있는데, 이에 대해서는 시행규칙 제11조에 의거 요양 중인 근로자가 중환자실이나 회복실에서 요양 중인 경우 그 기간에는 별도의 간병을 제공하지 않고 이는 의료기관의 자체인력으로 대체되며, 그 외는 적용 대상에 따라 법 제40조제4항제6호에 따른 간병은 요양 중인 근로자의 부상 · 질

병 상태 및 간병이 필요한 정도에 따라 구분하여 제공한다고 규정하고 있기 때문이다.

따라서 엄격하게 구분하자면 법 제61조에서 정한 간병급여는 법 제40조제4항6호에 따른 간병과는 구별된다.[6] 그러므로 법 제40조제4항6호에 따른 간병은 요양 중의 간병으로 이름 할 수 있겠으며 법 제61조에 따른 간병은 요양 후의 간병으로 이름 할 수 있겠다. 이에 따라 요양 중의 간병에 대해서는 의료기관에서 제공하는 간병을 사용하는 경우에 의료기관에서 진료비와 함께 간병료를 청구하게 되고, 의료기관에서 간병을 제공하지 않으면 근로자 측에서 간병을 시행하고 간병료를 요양비로 청구하는 것으로 분리하여 이해할 수 있겠다.

그러나 실무상으로는 두 가지 간병에 대하여 법령에서 크게 구분되어 규정되어 있지 않고 혼재되어 처리되는 것으로 볼 수 있다.

다만 건강보험에서는 간병급여가 제공되지 않았으나 간호간병통합서비스에 대한 시범사업과 2015년 전국적인 중동호흡기 증후군의 확산으로 병동의 감염관리에 문제가 발생하여 그 원인 개선의 일환으로 2016년부터 시행되고 있다.

이에 산재보험에서도 2017.1.1.부터 도입 시행되고 있으며 이에 대해서는 별도로 설명한다.

2 간병급여의 지급 기준 및 방법(영 제59조)

① 법 제61조제1항에 따른 간병급여의 지급 대상은 별표 7과 같다.

② 간병급여는 제1항에 따른 간병급여의 지급 대상에 해당되는 사람이 실제로 간병을 받은 날에 대하여 지급한다.

③ 간병급여의 지급 기준은 「통계법」 제3조에 따른 지정통계 중 고용노동부장관이 작성하는 고용형태별근로실태조사의 직종별 월급여총액 등을 기초로 하여 고용노동부장관이 고시하는 금액으로 한다. 이 경우 수시 간병급여의 대상자에게 지급할 간병급여의 금액은 상시 간병급여의 지급 대상자에게 지급할 금액의 3분의 2에 해당하는 금액으로 한다. 〈개정 2010.7.12.〉

④ 제1항에도 불구하고 간병급여의 대상자가 무료요양소 등에 들어가 간병 비용을 지출하지 않았거나, 제3항에 따른 지급 기준보다 적은 금액을 지출한 경우에는 실제 지출한 금액을 지급한다.

⑤ 간병급여 수급권자가 법 제51조에 따라 재요양을 받는 경우 그 재요양 기간 중에는 간병급여를 지급하지 않는다.

---

6) 신태식 p.175

[별표 7]

간병급여의 지급 대상(제59조제1항 관련)

구분	지급 대상
상시 간병급여	1. 신경계통의 기능, 정신기능 또는 흉복부 장기의 기능에 장해등급 제1급에 해당하는 장해가 남아 일상생활에 필요한 동작을 하기 위하여 항상 다른 사람의 간병이 필요한 사람 2. 두 눈, 두 팔 또는 두 다리 중 어느 하나의 부위에 장해등급 제1급에 해당하는 장해가 남고, 다른 부위에 제7급 이상에 해당하는 장해가 남아 일상생활에 필요한 동작을 하기 위하여 항상 다른 사람의 간병이 필요한 사람
수시 간병급여	3. 신경계통의 기능, 정신기능 또는 흉복부 장기의 기능에 장해등급 제2급에 해당하는 장해가 남아 일상생활에 필요한 동작을 하기 위하여 수시로 다른 사람의 간병이 필요한 사람 4. 장해등급 제1급(제53조제2항에 따른 조정의 결과 제1급이 되는 경우를 포함한다)에 해당하는 장해가 남아 일상생활에 필요한 동작을 하기 위하여 수시로 다른 사람의 간병이 필요한 사람

3 간병의 범위(규칙 제11조)

① 법 제40조제4항제6호에 따른 간병은 요양 중인 근로자의 부상 · 질병 상태 및 간병이 필요한 정도에 따라 구분하여 제공한다. 다만, 요양 중인 근로자가 중환자실이나 회복실에서 요양 중인 경우 또는 폐쇄병동 입원기간 및 완화의료(호스피스)서비스 또는 간호간병통합서비스 병동 입원기간, 환자의 부상 · 질병 상태가 산재 승인 상병이 아닌 개인 질환으로 간병이 필요한 경우에는 간병료 지급대상에서 제외하게 된다(간병료지급기준 지침).

② 간병은 요양 중인 근로자의 부상 · 질병 상태가 의학적으로 다른 사람의 간병이 필요하다고 인정되는 경우로서 다음 각 호의 어느 하나에 해당하는 사람에게 제공한다.

1. 두 손의 손가락을 모두 잃거나 사용하지 못하게 되어 혼자 힘으로 식사를 할 수 없는 사람
2. 두 눈의 실명 등으로 일상생활에 필요한 동작을 혼자 힘으로 할 수 없는 사람
3. 뇌의 손상으로 정신이 혼미하거나 착란을 일으켜 일상생활에 필요한 동작을 혼자 힘으로 할 수 없는 사람
4. 신경계통 또는 정신의 장해로 의사소통을 할 수 없는 등 치료에 뚜렷한 지장이 있는 사람

5. 신체 표면 면적의 35퍼센트 이상에 걸친 화상을 입어 수시로 적절한 조치를 할 필요가 있는 사람
6. 골절로 인한 견인장치 또는 석고붕대 등을 하여 일상생활에 필요한 동작을 혼자 힘으로 할 수 없는 사람
7. 하반신 마비 등으로 배뇨 · 배변을 제대로 하지 못하거나 욕창 방지를 위하여 수시로 체위를 변경시킬 필요가 있는 사람
8. 업무상 질병으로 신체가 몹시 허약하여 일상생활에 필요한 동작을 혼자 힘으로 할 수 없는 사람
9. 수술 등으로 일정 기간 거동이 제한되어 일상생활에 필요한 동작을 혼자 힘으로 할 수 없는 사람
10. 그 밖에 부상 · 질병 상태가 제1호부터 제9호까지의 규정에 준하는 사람

위 내용을 표로 정리하면 다음과 같다.

[표 3-1] 간병의 범위

간병의 범위	1등급	2등급	3등급
1. 두 손의 손가락을 모두 잃거나 사용하지 못하게 되어 혼자 힘으로 식사를 할 수 없는 사람	없음	해당	해당
2. 두 눈의 실명 등으로 일상생활에 필요한 동작을 혼자 힘으로 할 수 없는 사람	해당	해당	해당
3. 뇌의 손상으로 정신이 혼미하거나 착란을 일으켜 일상생활에 필요한 동작을 혼자 힘으로 할 수 없는 사람	해당	해당	해당
4. 신경계통 또는 정신의 장해로 의사소통을 할 수 없는 등 치료에 뚜렷한 지장이 있는 사람	없음	없음	해당
5. 신체 표면 면적의 35퍼센트 이상에 걸친 화상을 입어 수시로 적절한 조치를 할 필요가 있는 사람	해당	해당	해당
6. 골절로 인한 견인장치 또는 석고붕대 등을 하여 일상생활에 필요한 동작을 혼자 힘으로 할 수 없는 사람	없음	해당	해당
7. 하반신 마비 등으로 배뇨 · 배변을 제대로 하지 못하거나 욕창방지를 위하여 수시로 체위를 변경시킬 필요가 있는 사람	해당	해당	해당
8. 업무상 질병으로 신체가 몹시 허약하여 일상생활에 필요한 동작을 혼자 힘으로 할 수 없는 사람	해당	해당	해당
9. 수술 등으로 일정 기간 거동이 제한되어 일상생활에 필요한 동작을 혼자 힘으로 할 수 없는 사람	없음	없음	해당
10. 그 밖에 부상 · 질병 상태가 제1호부터 제9호까지의 규정에 준하는 사람	해당	해당	해당

* 자료출처 – 근로복지공단 인터넷 홈페이지

4 간병을 할 수 있는 사람의 범위(규칙 제12조)

① 간병을 할 수 있는 사람은 다음 각 호의 어느 하나에 해당하는 사람으로 한다.

1. 「의료법」에 따른 간호사 또는 간호조무사
2. 「노인복지법」 제39조의2에 따른 요양보호사 등 공단이 인정하는 간병 교육을 받은 사람

> **▶ 요양규정 제23조(간병인 전문교육과정의 인정기준)**
>
> 규칙 제12조제1항제2호에 따른 "공단이 인정하는 간병교육을 받은 사람"이란 다음 각 호의 어느 하나에 해당하는 사람을 말한다.
>
> 1. 「노인복지법」에 따른 요양보호사의 자격을 얻은 사람
> 2. 2008. 7. 1.이전에 종전의 규정(2008. 7. 1. 규정 제444호로 개정되기 전의 것을 말한다) 제29조의2에 따라 공단이 인정한 간병인 전문교육과정을 이수한 사람

3. 해당 근로자의 배우자(사실상 혼인관계에 있는 사람을 포함한다), 부모, 13세 이상의 자녀 또는 형제자매
4. 그 밖에 간병에 필요한 지식이나 자격을 갖춘 사람 중에서 간병을 받을 근로자가 지정하는 사람

② 제1항에도 불구하고 간병의 대상이 되는 근로자의 부상 · 질병 상태 등이 전문적인 간병을 필요로 하는 경우에는 제1항제1호 또는 제2호에 따른 사람만 간병을 하도록 할 수 있다.

5 간병료(규칙 제13조)

① 간병료는 간병이 필요한 정도 등을 고려하여 고용노동부장관이 고시하는 금액으로 한다.〈개정 2010.7.12〉

② 고용노동부장관은 제1항에 따른 간병료를 고시할 때 법 제43조제1항에 따른 산재보험 의료기관(이하 "산재보험 의료기관"이라 한다)이 간병을 제공하는 경우에는 간호 인력의 수 등을 고려하여 제1항에 따른 간병료에 일정한 금액 또는 비율에 따른 금액을 가산하여 지급하도록 할 수 있다.〈개정 2010.7.12〉

③ 고용노동부장관은 제1항에 따른 간병료를 고시할 때 제12조제1항제3호 또는 같은 항

제4호에 따른 사람이 간병을 하는 경우에 대하여 간병료를 따로 정할 수 있다.〈개정 2010.7.12.〉

6 간병료의 청구 방법(규칙 제14조)

① 산재보험 의료기관이 제11조에 따른 간병을 제공하고 그에 따른 간병료를 받으려면 제27조에 따른 진료비 청구를 하여야 한다. 다만, 산재보험 의료기관에서 간병을 제공하지 않아 근로자가 제12조제1항제3호 또는 같은 항 제4호에 따른 사람을 지정하여 간병을 받은 경우에는 그 근로자가 영 제38조에 따라 요양비 청구를 할 수 있다.

② 공단은 제1항 단서에 따른 요양비 청구를 받으면 그 청구일부터 10일 이내에 지급 여부를 결정하여 근로자에게 그 결과를 알려야 한다.

7 간병급여의 청구 방법(규칙 제50조)

영 제59조에 따른 간병급여는 다음 각 호의 사항을 적은 서류를 첨부하여 공단에 청구하여야 한다.

1. 간병시설이나 간병을 받은 장소의 명칭 및 주소
2. 간병을 한 사람의 이름 · 주민등록번호 및 수급권자와의 관계(간병시설에서 간병을 받지 않은 경우만 해당한다)
3. 실제 간병을 받은 기간
4. 간병에 든 비용 및 그 명세

※ 기타 간병에 관한 구체적인 내용은 근로복지공단 인터넷 홈페이지 및 간병료 지급기준 업무지침을 참고하기 바람

8 간호간병통합서비스

1) 의의

보건복지부장관은 국민의 간병부담 경감 및 입원서비스 질 제고를 위해 간호 · 간병서비

스를 도입 운영하게 되어 산재보험에도 이를 적용하게 되었다.

2) 산재보험 적용방법

(1) 산정기준

① 입원대상

다음에 해당 되는 산재근로자 중 간호 · 간병통합서비스 병동 입원에 동의한 경우 요양급여로 적용하게 된다.

㉠ 간호 · 간병통합서비스가 필요한 급성기 환자
㉡ 산재보험법상 간병료 지급대상자
㉢ 기타 위에 준하는 상태로 간호 · 간병통합서비스가 의학적으로 필요한 환자

이때 "간호 · 간병통합 서비스 병동 이용 동의서"를 작성하여야 하며 이는 다른 의무기록 보존기간에 준해 보관하게 된다.

② 운영방식 및 입원료

건강보험과 동일하게 개인간병인이나 보호자의 병실 내 상주는 제한하고 입원료 산정시 병원관리료 가산 및 체감률은 산재보험 기준으로 적용하게 된다.

③ 적용방법

간호 · 간병이 필요한 급성기 이후 기간은 산재보험법상 간병료 지급기준 해당 여부에 따라 입원을 결정하게 된다. 이때 간호 · 간병통합서비스 병동 입원대상에 해당되지 않는 경우 즉시 일반병실로 전실하여야 한다.

또한 간병료 지급대상자는 간호 · 간병통합서비스 병동과 현물간병제공 병실 중 선택하여 이용이 가능하다.

이것은 간호 · 간병통합서비스 병동을 운영하지 않는 의료기관에서 요양 중인 간병료 지급대상자가 해당이 되고 간호 · 간병통합서비스 병동이 있는 의료기관에서 요양을 희망하는 경우 산재보험법 제48조(전원요양)에 따라 전원을 검토할 수 있다.

(2) 진료비 청구방법 등

① 자료제출

산재근로자의 간호 · 간병통합서비스 병동 입원 필요성에 대한 관련 자료를 진료비청구 시 해당 지역본부에 제출하여야 한다.

이때 제출하는 자료는 주치의소견, 진료기록, 간호 · 간병통합서비스 병동 중증도 · 간호 필요도 일일평가표 등이다.

다만 제출자료 검토 결과 입원대상에 해당되지 않는 경우 입원관리료(입원료)는 인정하되, 간호 · 간병료는 조정 대상이 된다.

② 인력배치 현황 제출

진료비청구서 접수 전까지 해당 지역본부에 건강보험공단의 “간호 · 간병통합서비스 제공인력 배치 평가 결과 통보서”를 제출하여야 한다. 이는 건강보험과 인력기준을 공유하기 때문이다.

이때 인력 배치 현황이 변경된 경우에는 변경 시점 진료비 청구서 접수 전까지 제출하여야 한다.

③ 진료항목

“의치과: 요양장기(정액)/ (L)” 및 “한의과: 기타/ 기타(9901)”

(3) 간병료와의 관계

의료기관에서 간병을 포함한 포괄적 입원간호서비스를 직접 제공하므로 간병료는 지급이 불가하다. 다만 간병료 지급 대상자가 일반병동에서 개인간병을 받은 경우 종전대로 간병료 지급이 가능하다.

(4) 비용산정

간호간병통합서비스의 비용산정 기준은 건강보험에서 시행하고 있는 『2016년 간호 · 간병통합서비스 사업지침』에서 정한 간호 · 간병통합서비스 병동입원료 분류번호(코드) 및 금액을 준용한다.

3) 시행일

2017.1.1. 진료분부터 시행한다.

제5절 이 송

1 이송의 의의

산재보험에서의 이송이란 산재의료의 중심이 되는 산재환자의 발생시 최초 병원으로의 이송 및 이송환자의 간호를 위한 간호인(이 경우 간호인이란 가족 등 동행인인지 반드시 간호사 등 의료인이어야 하는가에 대해서는 환자의 상병 상태로 보아 해석상 차이가 있을 수 있다)의 이송, 산재환자의 산재의료기관으로의 통원 및 각종 산재시설의 이용과 사회참가를 위한 수단 등 산재환자의 산재의료 및 관련 서비스이용 수단이 되는 수송 · 운반편의의 체계적 서비스를 말한다고 할 수 있다.

이러한 산재보험 이송에는 단순히 환자가 통원하기 위한 수송차량(구급차를 비롯한 환자수송차, 시내버스 및 택시, 지하철 등 대중교통과 선박, 항공기, 철도 등 원거리 교통수단)과 필요한 경우 일반차량에서 간호인(사)가 옆에서 간호하고 단지 운반하거나, 간호사 등 의료인이 구급차 등의 차내에서 어느 정도의 검사나 긴급치료, 호흡관리 등을 하고 수송하는 경우, 차내에서 거의 완전한 초기검사, 치료를 하는 등의 의료기계를 탑재한 특수구급차로 수송하는 경우 등으로 나눌 수가 있다.[7]

다만 건강보험에서는 이송을 급여로 제공하지 않고 있다.

2 이송의 범위(규칙 제15조)

법 제40조제4항제7호에 따른 이송의 범위는 다음 각 호와 같다.〈개정 2015.3.24., 2017.12.27.〉

7) http://terms.naver.com/entry.nhn?docId=499974&cid=2953&categoryId=2953
[네이버 지식백과]이송(구급) [transportation, 移送(救急), Transport] (간호학대사전, 1996.3.1, 한국사전연구사)

1. 재해가 발생한 장소에서 의료기관까지의 이송
2. 법 제48조에 따른 전원(轉院), 법 제119조에 따른 진찰 또는 제62조제2항에 따른 신체감정을 위한 이송
3. 요양 또는 재요양을 위한 통원이나 퇴원의 경우로서 산재보험 의료기관과 그 근로자의 거주지(근무처를 포함한다)까지 그 통원이나 퇴원을 위한 이송
4. 장해등급 판정 및 재판정을 위한 이송
5. 의학적 판단을 위하여 영 제43조에 따른 자문의사회의에 참석하거나 그 밖에 공단이 요청하는 이송

3 이송비(규칙 제16조)

① 이송비는 해당 근로자 및 그와 동행하는 간호인의 이송에 드는 비용으로 한다.
② 제1항에 따른 이송비의 지급 기준은 산재보험 요양급여기준에 따른다.

4 동행 간호인(규칙 제17조)

① 해당 근로자의 부상 · 질병 상태로 보아 이송 시 간호인의 동행이 필요하다고 인정되는 경우에는 간호인 1명이 동행할 수 있다. 다만, 의학적으로 특별히 필요하다고 인정되는 경우에는 2명까지 동행할 수 있다.
② 동행 간호인의 간병료에 관하여는 제13조를 준용한다.

5 이송비의 청구 방법(규칙 제18조)

① 산재보험 의료기관이 제16조에 따른 이송비를 받으려면 그 명세를 첨부하여 공단에 제27조에 따른 진료비 청구를 하여야 한다. 다만, 해당 근로자가 직접 이송에 드는 비용을 지급한 경우에는 영 제38조에 따라 요양비 청구를 할 수 있다.
② 제1항 단서에 따른 요양비의 결정 및 통지에 관하여는 제14조제2항을 준용한다.
③ 공단은 긴급하거나 그 밖의 부득이한 사유가 있을 때에는 해당 근로자의 청구를 받아 법 제40조제4항제7호에 따른 이송에 드는 비용을 미리 지급할 수 있다(영 제38조3항).

제6절 진폐에 따른 보험급여의 특례

1 진폐의 의의

진폐란 법 제5조7호에서 분진을 흡입하여 폐에 생기는 섬유증식성(纖維增殖性) 변화를 주된 증상으로 하는 질병을 말한다고 규정하고 있다.

진폐증이란 폐에 분진이 침착하여 이에 대해 조직 반응이 일어난 상태를 말한다. 분진이란 고체의 무생물 입자를 말하고, 폐의 조직 반응이란 폐 세포의 염증과 섬유화(흉터)를 말한다. 이 정의에서 중요한 점은 폐 내에 분진 축적, 그리고 이에 의한 폐 조직의 반응이다. 즉, 분진에 노출된 기간이 매우 길고 진폐증 환자가 경험하는 자각 증상을 호소한다거나, 부검 소견에서 폐 조직 내에 축적된 분진이 관찰된다고 하여 진폐증으로 진단할 수는 없고, 폐에 섬유화성 변화 또는 결절성 변화가 있을 때에만 진단이 가능하다.[8)]

진폐증은 주로 분진이 많은 작업장 등에서 장기간 근무하였을 때 걸리는 것으로 생각하고 있으나 분진에 노출되었다고 해서 항상 진폐증에 걸리는 것은 아니다. 동일한 분진 작업장에서 동일한 기간 동안 작업하였다 할지라도 어떤 경우는 전형적 진폐증으로 진단할 수 있는가 하면, 다른 경우는 전혀 진폐증의 소견이 관찰되지 않는 예도 있다.[9)]

진폐증의 발생에는 여러 가지 요인들이 복합적으로 작용한다. 그 요인들로 과거 직업, 분진의 농도, 분진의 크기, 작업 강도, 분진의 독성, 호흡 방법, 개인차, 환기시설 또는 개인 보호구, 신장, 분진의 신선도 등을 들 수 있다.

2 진폐에 대한 업무상의 재해의 인정기준(법 제91조의2)

근로자가 진폐에 걸릴 우려가 있는 작업으로서 암석, 금속이나 유리섬유 등을 취급하는 작업 등 고용노동부령으로 정하는 분진작업(이하 "분진작업"이라 한다)에 종사하여 진폐에 걸리면 제37조제1항제2호가목에 따른 업무상 질병으로 본다.〈개정 2010.6.4.〉[본조신설 2010.5.20.]

8) [네이버 지식백과] 진폐증 [pneumoconiosis] (서울대학교병원 의학정보, 서울대학교병원)
9) 상게자료

이하 진폐에 대한 사항은 법령을 참조하기 바람

제7절 기 타

1 전신해부에 따른 비용지원 등(규칙 제41조)

① 법 제91조의11제2항에 따라 전신해부를 실시한 의료기관 또는 유족에게 지급하는 비용은 다음 각 호와 같다.

1. 해부와 관련된 검사비용
2. 해부행위에 따른 비용
3. 해부관련 소견서 발급에 따른 비용
4. 해부를 위한 이송비용
5. 그 밖에 해부에 필요한 비용으로 공단이 인정하는 비용

② 법 제91조의11제2항에 따라 비용을 청구하려는 의료기관 또는 유족은 다음 각 호의 서류를 첨부하여 공단에 청구하여야 한다.

1. 해부관련 검사 내역
2. 전신해부 결과지
3. 이송비용 영수증
4. 공단이 인정하는 해부에 필요한 비용에 관한 영수증

③ 제1항 각 호에 해당하는 비용의 지급범위나 방법 등에 관하여는 제10조를 준용한다.

④ 이 규칙에서 규정한 사항 외에 전신해부와 관련한 비용지원 절차 등에 관하여 필요한 사항은 공단이 정한다.

[전문개정 2010.11.24.]

2 이황화탄소 중독증의 판정 절차(규칙 제43조)

① 공단은 이황화탄소 중독증으로 요양을 받으려는 사람이 요양급여의 신청을 하면 그

판정에 필요한 검사를 할 수 있는 산재보험 의료기관에 정밀진단을 의뢰할 수 있다.

② 제1항에 따른 정밀진단을 의뢰받은 산재보험 의료기관은 지체 없이 정밀진단을 한 후 그 결과를 공단에 보내야 한다.

③ 공단은 제2항에 따라 정밀진단 결과를 받으면 이황화탄소 중독증에 관한 전문지식을 갖춘 자문의사 3명 이상의 의견을 들어 이황화탄소 중독증에 해당하는지를 판정하고 그 결과를 신청인에게 알려야 한다.

제8절 산재 재활인증 의료기관

1 재활인증 의료기관[10)]

1) 재활인증 의료기관

산재근로자가 적정한 시기에 체계적인 집중 재활치료서비스를 받게 함으로써 장해 최소화 및 사회복귀를 촉진하기 위하여 인력 · 시설 · 장비 및 재활의료서비스 체계를 갖추는 등의 일정 수준 이상 되는 의료기관을 공단이 평가한 뒤 이를 인증하는 제도이다.

이를 위하여 공단 이사장은 산재보험 의료기관 중 산재근로자의 재활치료를 전문적으로 담당하는 재활치료전문 산재보험 의료기관(이하 "재활인증의료기관"이라 한다)을 따로 지정하여 운영할 수 있다고 하고 있다(요양급여산정기준 제2조의2).

또한 공단 이사장은 이들 재활인증의료기관 등에 대하여 별도의 규정을 정하여 재정적으로 우대 지원할 수 있다. 〈신설 2017.12.29.〉

산재는 근로능력이 있는 사람들이 업무상 재해로 진료를 받게 되므로 이들이 치료 후 재활을 통하여 회사나 사회로 복귀하는 것은 매우 중요한 일이다. 현대사회는 산재사고와 자동차사고 등으로 후천적인 장애인이 크게 증가하고 있는데 이들이 적절한 치료 후 재활을 통하여 본래의 임무로 돌아가게 하는 것은 근로자 본인은 물론 사업주나 국가적으로도 매우 의미 있는 일인 것이다.

10) https://www.kcomwel.or.kr/kcomwel/medi/parm/cert.jsp

장애인에 대한 사회적 활동성의 증가는 근로자에게 단순한 장해보상이나 금전적 보상에서 벗어나 스스로 경제생활을 할 수 있게 하여 새로운 삶의 의미를 부여하는 것으로 적극 강조되어야 한다.

2) 평가항목 및 적합기준

인증에 필요한 평가항목 및 구체적인 적합기준은 [표 3-2, 3-3]과 같다.

[표 3-2] 평가항목 및 적합기준

구분	인력	인력	시설 및 장비	재활의료서비스	기타(권고사항)
평가점수	필수	20점	30점	50점	2점
적합기준	필수	16점 이상	21점 이상	35점 이상	-

[표 3-3] 적합기준

<table>
<tr><th>구분</th><th colspan="2">평가기준</th><th>평가내용</th></tr>
<tr><td>필수항목</td><td colspan="2">재활전문인력의 충족성(20점)</td><td>인력구성 부문 평가</td></tr>
<tr><td rowspan="11">평가항목
(100점)</td><td colspan="2" rowspan="2">시설 및 장비의 적절성(30점)</td><td>시설구비</td></tr>
<tr><td>재활치료장비</td></tr>
<tr><td rowspan="9">재활의료서비스
제공체계
(50점)</td><td rowspan="5">인력 다직종간
팀 구성 및
활동내역(25점)</td><td>다직종간 팀 구성 여부</td></tr>
<tr><td>팀 단위 평가회의 여부</td></tr>
<tr><td>팀 단위 회의록 작성 및 보관 여부</td></tr>
<tr><td>재활간호서비스 제공 여부</td></tr>
<tr><td>보장구 처방 · 검수 제공 체계</td></tr>
<tr><td rowspan="4">질적 서비스의
제공(25점)</td><td>입원시 재활치료 계획 수립 여부</td></tr>
<tr><td>기능상태 평가 및 정기적 재평가 여부</td></tr>
<tr><td>퇴원전 퇴원계획 수립 여부</td></tr>
<tr><td>재활 치료계획에 환자 또는 보호자 교육 및 설명 여부</td></tr>
<tr><td>기타항목
(2점)</td><td>권고 사항</td><td colspan="2">산재근로자 상담공간 보유 여부(2점)</td></tr>
</table>

* 표 3-2, 3-3 자료출처 - 근로복지공단 인터넷 홈페이지

3) 인증요건

산재 재활인증 의료기관의 인증 요건은 병원급 이상 산재보험 의료기관 중 "인력 · 시설 · 장비부문", "재활의료서비스제공부문", "기타부문" 등 평가 결과 총 88점 이상 충족하는 기관을 지정 요건으로 한다.

4) 인증방법 및 절차

인증방법 및 절차는 1차 서류심사, 2차 현장심사, 3차 인증심의 순서로 시행한다.

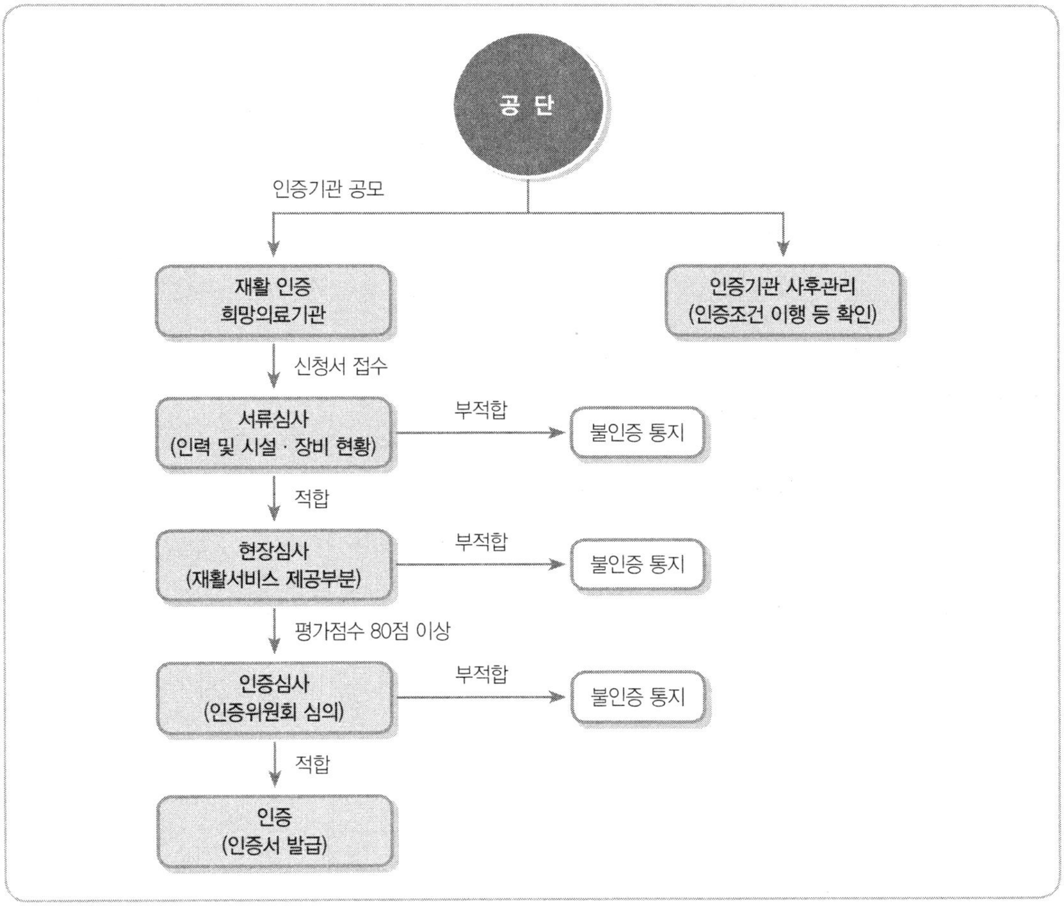

[그림 3-1] 인증심사 절차도

* 자료출처 – 근로복지공단 인터넷 홈페이지

1. **서류심사** : 평가부문 중 인력 및 시설 · 장비부문 심사
2. **현장심사** : 서류심사 결과, 적합 판정받은 의료기관에 대해 평가반이 현장 방문하여 평가조사표에 따라 현장조사
3. **인증심사** : 현장심사 결과, 평가점수가 85점 이상인 의료기관에 대해 「재활전문의료기관 인증위원회」에서 인증 심의
   - 인증의료기관은 지역별 분포, 평가점수 등을 고려하여 선정한다.

5) 인센티브

산재 재활인증 의료기관으로 인증을 받은 의료기관은 다음과 같은 인센티브를 받게 된다.

1. 급여항목 이학요법료 소정점수의 20% 별도 인정
2. 시범운영 재활수가 26개 항목(비급여 15개, 급여기준완화 11개) 추가 인정
3. 정기 현지조사 면제 및 재활치료 대상자의 전원 지원 등

6) 재활치료 대상자 요건

재활치료 대상자의 요건은 다음과 같다.

1. **뇌혈관계질환자** : 발병일 또는 수술일로부터 6개월 이내 요양자
2. **척추질환자** : 발병일 또는 수술일로부터 3개월 이내의 요양자
3. **슬관절질환자** : 발병일 또는 수술일로부터 3개월 이내의 요양자
4. **견관절질환자** : 발병일 또는 수술일로부터 3개월 이내의 요양자
5. **고관절질환자** : 발병일 또는 수술일로부터 3개월 이내의 요양자
6. 뇌혈관질환 및 척추질환, 슬관절, 견관절, 고관절 질환자로서 위 해당기간을 도과하였으나 적극적 재활치료의 효과가 기대된다는 의학적 소견이 있는 자

7) 집중재활치료 항목 및 산정기준

산재보험에서 집중재활치료 항목 및 산정기준은 별도로 정하고 있다.

단원평가

제1절 휴업급여

1. 휴업급여의 의의, 급여액, 계산식에 대해 이해한다.
2. 부분휴업급여, 고령자 휴업급여, 재요양 휴업급여 등 휴업급여의 특례사항들에 대해 이해한다.
3. 상병보상연금의 개념과 지급대상에 대해 이해한다.
4. 상병보상연금과 휴업급여를 구분할 수 있어야 한다.
5. 상병보상연금과 근로기준법상의 고용제한과의 관계를 설명할 수 있어야 한다.
6. 휴업급여와 특례근로자와의 관계에 대하여 이해한다.

제2절 장해급여

1. 장해급여의 개념과 지급대상, 근로기준법과의 차이에 대해 이해한다.
2. 장해등급의 기준과 장해계열에 대해 이해한다.
3. 운동기능장해의 측정기준에 대해 이해한다.
4. 신체부위별 장해등급 판정 기준을 이해한다.
5. 장해등급의 조정과 가중, 재판정 등에 대해 이해한다.
6. 장해보상연금 등의 수급권의 소멸 사유를 숙지한다.
7. 장해특별급여의 개념을 이해하고 요건과 지급기준에 대해 이해한다.
8. 장해특별급여와 장해급여를 구분할 수 있어야 한다.

제3절 유족급여

1. 유족급여의 의의와 대상에 대해 이해한다.
2. 사망의 추정에 대한 개념과 사유에 대해 이해한다.
3. 유족급여 및 유족보상연금의 금액에 대해 이해한다.
4. 유족보상연금의 수급자격자의 범위 및 생계를 같이하는 유족 등에 대해 이해한다.
5. 유족보상연금의 지급정지와 자격상실, 연금액의 조정에 대하여 이해한다.
6. 수급권자인 유족의 순위에 대해 이해한다.
7. 유족특별급여제도와 지급기준에 대해 이해한다.
8. 장의비에 대해 이해한다.

제4절 간병

1. 간병급여제도에 대해 이해한다.
2. 간병급여의 범위를 숙지한다.
3. 간병을 할 수 있는 사람의 범위와 간병료를 지급하지 않는 경우를 구분한다.
4. 간호간병통합서비스에 대해 이해한다.

제5절 이송

1. 이송의 의의와 범위에 대해 이해한다.

제6절 진폐에 따른 보험급여의 특례

1. 진폐의 의의에 대해 이해한다.
2. 진폐 요양기관과 일반 요양기관을 구분한다.

제8절 산재 재활인증 의료기관

1. 산재 재활인증 의료기관제도에 대해 이해한다.
2. 산재에서 인정하는 재활치료 대상자 요건에 대해 이해한다.
3. 집중재활치료 대상자만 별도 인정하는 항목 및 기준 완화 항목에 대해 이해한다.

제4장 산재보험 진료비관리론

학습목표

- 산재보험의 요양급여의 범위 및 비용산정기준 및 특징에 대해 이해한다.
- 산업재해보상보험에서 추가로 인정하는 요양급여의 범위 및 비용산정기준 등을 숙지한다.
- 진료비 청구의 절차에 대해서 기본 개념을 이해한다.
- 진료비청구서 및 명세서 작성요령에 대해 구체적으로 숙지한다.
- 산재보험의 진료비 심사의 의의, 절차, 이의신청에 대하여 이해한다.
- 진료비의 현지조사와 진료비청구와 관련하여 법 위반시 벌칙에 대해 이해한다.

제1절 요양급여 산정기준

1 요양급여 산정기준

산재보험은 기본적으로 건강보험 진료수가 기준의 분류체계를 준용한다. 그러나 건강보험과는 별도로 산재보험만의 요양급여 산정기준과 건강보험과는 달리 적용하는 산재보험만의 적용기준도 운용하고 있다. 이하에서 산업재해보상보험 요양급여 산정기준[시행 2020.1.1.] [고용노동부고시 제2019-80호, 2019.12.27., 일부개정]에 대해 설명하고자 한다.

1) 요양급여의 범위 및 비용산정(이하 산정기준 제2조)

① 업무상의 재해를 입은 근로자("이하 산재근로자"라 한다)에 대한 요양급여의 범위는 「국민건강보험법」 제41조제2항 및 제3항에 따라 보건복지부령으로 정한 「국민건강보

험 요양급여의 기준에 관한 규칙」 제5조(요양급여의 적용기준 및 방법) 및 제8조(요양급여대상의 고시), 「국민건강보험법」 제49조제1항에 따라 보건복지부령이 정한 「국민건강보험법 시행규칙」 제23조제1항에 따른다.

이 경우 보건복지부장관이 고시하는 「건강보험 행위 급여 · 비급여 목록표 및 급여 상대가치점수」(이하 "행위 및 상대가치점수"라 한다) 및 「요양급여의 적용기준 및 방법에 관한 세부사항」 중 세부인정사항의 기준을 초과하여 본인이 전액 부담하는 부분에 대해서는 산재근로자 진료를 위해 필요한 경우 인정할 수 있다고〈개정 2007.3.6., 2008.7.1., 2010.4.27., 2014.3.31., 2017.12.29., 2018.12.27.〉 하여 산재환자의 특성과 근로자의 부담을 경감하고 있다.

② 제1항에 따른 요양급여의 비용은 「국민건강보험법」 제45조 및 제46조, 제49조, 같은 법 시행령 제22조, 「국민건강보험법 시행규칙」 제23조제4항, 「국민건강보험 요양급여의 기준에 관한 규칙」에 따라 보건복지부장관(보건복지부장관이 그 권한을 위임하거나 위탁한 경우에는 그 위임 또는 위탁을 받은 자를 포함한다)이 고시하는 요양급여의 내역 및 기준에 따른다고〈개정 2006.2. 28., 2007.3. 6., 2008.7.1., 2010.4.27., 2014.3.31., 2017.12.29., 2018.12.27.〉 하여 건강보험 심사평가원이나 기타 건강보험과 관련한 진료기준을 따르도록 연계하고 있다.

③ 재활보조기구에 대한 요양급여의 범위 및 비용은 「국민건강보험법」 제51조 및 같은 법 시행규칙 제26조제1항 및 별표 7에 의한다.〈개정 2006. 2.28., 2007.3.6., 2014.3.31.〉

④ 「산업재해보상보험법」(이하 "법"이라 한다) 제11조제2항에 따라 근로복지공단(이하 "공단"이라 한다)에 두는 의료기관(이하 "공단에 두는 의료기관"이라 한다) 및 연구기관(이하 "공단에 두는 연구기관"이라 한다) 또는 공단이 지정한 의료기관(이하 "산재보험 의료기관"이라 한다)에서 일반환자에게 적용하는 진료비용기준이 이 고시에 의한 기준보다 낮은 경우에는 낮은 수가에 따라 산정한다.〈개정 2007.3.6., 2008.7.1., 2010.4.27.〉 이에 따라 공단병원에서는 별도로 정하는 일반진료수가기준을 적용받도록 하고 있다. 이에 대해서는 후술한다.

⑤ 산재보험 의료기관은 이 고시에서 정한 요양급여의 범위 및 비용산정기준에 대해서는 산재근로자에게 그 비용을 부담하도록 해서는 안된다.〈개정 2006.2.28., 2007.3.6., 2008.7.1.〉 따라서 산재환자에게 업무상 재해와 관련하여 진료하는 부분에 대해서는 본인에게 수납하면 안되고 개인질병 등으로 건강보험 적용대상 혹은 비보험으로 정한 사항 등에 대해서는 그에 따르도록 한다.

⑥ 요양급여의 범위 및 비용산정기준에 관하여 제1항부터 제3항까지의 보건복지부령 또는 보건복지부장관의 고시에서 정하지 않았거나, 이와 달리 정한 사항이 있으면 이 고시에서 정한 기준에 따른다.〈개정 2007.3.6., 2008.7.1., 2010.4.27.〉

2) 산재관리의사에 대한 지원(제2조의3)

① 공단 이사장은 산재보험 의료기관 중에서 산재보험에 대한 전문지식을 가지고 있는 의사, 치과의사, 한의사를 산재관리의사로 임명할 수 있다.

② 공단 이사장은 산재관리의사의 자격, 임명절차, 행정적 또는 재정적 지원에 관하여 별도로 규정할 수 있다.〈개정 2018.12.27.〉

3) 비급여대상(제3조)

법 제40조에 따른 요양급여의 범위에서 제외되는 사항은 다음 각 호의 어느 하나와 같다.〈2001.10.6., 2007.3.6., 2008.7.1., 2010.4.27. 2015.3.31., 2019.12.27.〉

1. 업무상 부상 또는 질병의 치료목적이 아닌 진료 또는 투약
2. 제2조제1항 및 제2항의 규정에서 정하지 않은 요양급여
3. 상급병실 사용료. 다만, 다음 각 목의 어느 하나에 해당하는 경우에는 그러하지 아니하다.
   가. 종합병원 이상에서 요양하는 경우로서 상병상태가 응급진료, 수술 등으로 입원요양이 필요하나 일반병실이 없어 부득이하게 특실을 제외한 상급병실을 사용하는 경우에 7일의 범위에서 인정. 다만, 상급병실 사용 중 그 차급 또는 일반병실이 있음에도 병실을 옮기지 않은 경우에는 불인정한다.
   나. 증상이 위중하여 절대 안정이 필요하고, 의사 또는 간호사가 상시 감시하면서 수시로 적절한 조치를 해야 할 필요가 있다고 인정되나, 중환자실 · 격리실 등 집중치료실이 없거나 여유 병상이 없어 불가피하게 상급병실을 사용한 경우

4) 요양기관 종별가산율(제4조)

① 행위 및 상대가치점수 제1부Ⅱ. 요양기관 종별가산율을 적용하는 경우 건강보험 요양기관 종별가산율에 다음 각 호의 비율을 가산하여 산정한다.〈개정 2001.10.6., 2007.

3.6., 2008.7.1., 2010.4.27.〉

1. 가목(상급종합병원)은 15%
2. 나목(종합병원)은 12%
3. 다목(병원)은 1%

여기서 유의할 사항은 산재보험 환자에 대한 가산율은 건강보험을 100으로 보는 것이 아니라 건강보험 가산율(30%)에 더하여 가산율을 적용한다는 것이다. 따라서 다음과 같이 적용하여야 한다.

1. 가목(상급종합병원)은 45%
2. 나목(종합병원)은 37%
3. 다목(병원)은 21%
4. 라목(의원)은 15% 그대로 적용해야 한다는 것이다.

② 제1항을 적용함에 있어 공단에 두는 의료기관(공단병원)에 대해서는 법 시행규칙 제10조제2항에 따라 고용노동부장관의 승인을 얻어 조정한 등급을 적용한다.〈개정 2008.7.1., 2010.4.27., 2014.3.31.〉

5) 입원료(제5조)

① 행위 및 상대가치점수 제2부제1장제2호다목 및 제2부제1장 분류번호 가-2에 따라 입원료를 산정함에 있어 다음 각 호의 어느 하나에 해당하는 경우에는 보건복지부장관이 정한 산정지침에도 불구하고 다음 각 호에 따른다.〈개정 2007.3.6., 2008.7.1., 2010.4.27., 2017.12.29.〉

1. 상급종합병원 및 공단에 두는 의료기관: 입원기간에 관계없이 행위 및 상대가치점수중 소정점수(이하 "소정점수"라 한다)의 100분의 100에 병원관리료의 100분의 100을 가산하여 산정
2. 종합병원: 입원기간에 관계없이 소정점수의 100분의 100을 산정
3. 병원(요양병원은 제외한다) 및 의원: 입원일부터 50일째까지는 소정점수의 100분의 100, 입원 51일째부터 150일째까지는 소정점수의 100분의 90, 입원 151일째부터는 소정점수의 100분의 85를 산정

② 삭제

③ 제1항에 따른 입원료 산정시 공단에 두는 의료기관에 대해서는 법 시행규칙 제10조제

2항에 따라 고용노동부장관의 승인을 얻어 조정한 등급을 적용한다.〈개정 2007.3.6., 2008.7.1., 2010.4.27., 2014.3.31.〉

6) 응급의료관리료

(1) 응급의료관리료(제6조)

응급환자의 진료에 소요된 응급의료관리료의 산정은 보건복지부장관이 고시한 「응급의료수가기준」에 따른다. 다만, 휴일 · 야간 근로 등으로 인하여 발생한 업무상재해의 진료를 위하여 부득이 휴일 또는 야간에 응급의료센터 및 응급의료기관을 이용한 경우에는 응급의료관리료 산정대상 응급증상에 해당하지 아니하더라도 "응급의료관리료"를 지급한다.〈개정 2007.3.6., 2008.7.1., 2010.4.27.〉

이에 따라 건강보험에서와는 달리 산재환자가 응급실에 내원한 초일에는 응급환자가 아니라도 응급의료관리료를 본인이 부담하지 않도록 함으로서 산재환자의 부담을 경감시키도록 하고 있다.

(2) 권역외상센터에 대한 지원(제6조의2)

공단 이사장은 산재근로자의 진료와 관련하여 「응급의료에 관한 법률」 제30조의2에 따라 지정된 권역외상센터를 대상으로 지원범위 및 비용산정을 별도로 정하여 운영할 수 있다.〈신설 2019.12.27.〉

이것은 새로운 의료체계의 분류에 따라 산재환자도 적용 가능성이 높은 것을 반영하기 위한 것이다.

7) 이송료(제7조)

법 시행규칙 제16조제2항의 이송비는 다음 각 호에 따라 산정하여 지급한다.〈개정 2008.7.1., 2010.4.27., 2015.3.31.〉

1. 의료기관 등의 구급차를 이용하여 환자를 이송한 경우 구급차 이용비용을 지급하되, 비용은 「응급의료에 관한 법률 시행규칙」 제11조 별표 3 "이송처치료의 기준"에 따라 산정한다.
2. 구급차 이외의 교통비, 숙박료 및 식대는 별표 제11절에 따라 산정한다.

8) 재활치료(제8조)

행위 및 상대가치점수 제7장 이학요법료(기본물리치료료, 단순재활치료료, 전문재활치료료)를 산정함에 있어 진료상 반드시 필요하다는 의사의 소견서가 있는 경우 보건복지부장관이 정한 산정횟수 제한에도 불구하고 이를 추가로 인정할 수 있다.〈개정 2001.10.6., 2007.3.6., 2008.7.1., 2010.4.27., 2017.12.29.〉

이것은 산재환자의 경우 치료 후 재활 및 물리치료에 횟수제한을 없앰으로써 산재환자의 조속한 회복을 위하여 규정하고 있다고 이해할 수 있다.

9) 의약품관리료(제8조의2)

행위 및 상대가치점수 제2부제1장 분류번호 가-11 나. 입원환자 의약품관리료에도 불구하고 산재보험 입원환자 의약품관리료는 다음과 같이 산정한다.〈신설 2002.4.25., 2007.3.6., 2008.7.1., 2010.4.27.〉

입원환자 의약품관리료 = 건강보험 입원환자의 초일분 의약품관리료 × 투약일수

10) 자기공명영상진단 Magnetic Resonance Imaging(제9조)

① 자기공명영상진단에 관한 요양급여의 범위 및 산정기준은 보건복지부장관이 고시한 「요양급여의 적용기준 및 방법에 관한 세부사항」 I. 제3장 영상진단 및 방사선치료료(이하 "자기공명영상진단 세부 산정기준"이라 한다)에 따른다.〈신설 2005.1.31., 2006.2.28., 2007.3.6., 2008.7.1., 2010.4.27.〉

② 제1항에도 불구하고 업무상 부상 또는 질병에 대하여 자기공명영상진단(MRI) 검사를 실시한 경우 진단 시 1회 인정한다. 다만, 다음 각 호의 하나에 해당하는 경우에는 추가로 인정할 수 있다.〈개정 2006.2.28., 2008.12.31., 2010.4.27., 2015.3.31.〉

1. 장해상태의 확인을 위한 경우
2. 상병상태가 호전되지 않거나 악화되어 진료방향을 결정하기 위한 촬영의 필요성이 의학적으로 인정되는 경우
3. 수술 후 상병상태 확인을 위한 촬영의 필요성이 의학적으로 인정되는 경우

③ 자기공명영상진단에 소요되는 비용은 보건복지부장관이 고시한 행위 및 상대가치점수 제1편제2부제3장제2절 분류번호 다-246 자기공명영상진단에 따라 산정한다.〈신설 2005.1.31., 2006.2.28., 2008.7.1., 2010.4.27.〉

11) 산소치료(제9조의2)

① 보건복지부장관이 고시하는「요양비의 보험급여 기준 및 방법」제3조 관련 별표 5 요양비 지급 대상자 기준에도 불구하고 진폐 합병증 등으로 통원요양하고 있는 경우에 시행한 동맥혈 가스검사 결과가 다음 각 호의 어느 하나에 해당하여 산소치료서비스를 제공받는 경우에도 그 비용을 지급한다. 이 경우 산소치료 처방전을 발행할 수 있는 의사에 그 진폐환자를 진료하고 있는 직업환경의학과 전문의를 포함한다.〈신설 2008.12.31., 2010.4.27., 2017.12.29.〉

1. 동맥혈 산소분압이 55mmHg 이하
2. 동맥혈 산소포화도가 88% 이하

② 산소치료서비스 제공대상 산재근로자에게는 전기요금 등의 비용으로 월 30,000원을 정액으로 지급한다.〈신설 2008.12.31., 2017.12.29.〉

12) 초음파 검사(제9조의3)

① 초음파 검사에 관한 요양급여의 범위 및 산정기준은 보건복지부장관이 고시한「요양급여의 적용기준 및 방법에 관한 세부사항」Ⅰ. 행위 제2장 검사료에 따른다.

② 제1항에도 불구하고 일반 또는 그 밖의 특수검사방법으로 진단이 곤란하다고 인정되는 손상 및 질환에 대하여 초음파 검사를 실시한 경우 해당 부위별로 1인 1회 인정한다. 다만, 장해상태 확인을 위한 특진 또는 촬영시점이 장기간 경과되어 상병상태의 확인을 위한 검사가 필요하다는 의학적 소견이 있는 경우에 한정하여 추가로 인정할 수 있다.

③ 초음파 검사에 소요되는 비용은 보건복지부장관이 고시한 행위 및 상대가치점수 제1편제2부제2장제5절 [초음파 검사]의 분류번호에 따라 산정한다.〈신설 2014.3.31., 2019.12.27.〉

13) 관절가동범위검사(제9조의4)

행위 및 상대가치점수 제2부제2장 검사료 산정지침 및 분류번호 너-773 관절가동범위검사에도 불구하고 업무상 재해로 병변이 있는 부위에 대해서는 같은 날 검사를 실시한 경우 상지, 하지 및 수부(신체의 양측은 별개 부위로 본다)로 각각 나누어 비용을 산정한다.[본조신설 2015.3.31.]

14) 치과임플란트(제9조의5)

① 치과임플란트에 관한 요양급여의 범위 및 산정기준은 행위 및 상대가치점수 제2부제18장 치과의 보철료 산정지침 분류번호 찬-11치과임플란트(1치당)에 따른다.
② 제1항에도 불구하고 업무상 재해로 승인된 치과 상병에 대한 치과임플란트는 연령 제한 없이 인정하나, 1치당 1개로 제한한다. 다만, 치과의사의 의학적 판단에 따라 불가피하게 시술을 중단하는 경우에는 적용 개수에 포함하지 아니한다.[본조신설 2016.12.30.]

15) 보청기(제9조의6)

보건복지부장관이 고시하는「장애인보장구 보험급여 기준 등 세부사항」제3조제1항 별표2 보험급여 지급대상자 기준에도 불구하고, 업무상 재해로 승인된 청각장애 산재근로자에게는 연령과 관계없이 보청기를 인정한다.〈신설 2017.12.29.〉

16) 신경인지기능검사(제9조의7)

① 신경인지기능검사에 대한 요양급여의 범위와 산정기준은 행위 및 상대가치점수 제2부제2장 산정지침 분류번호 나-628 신경인지기능검사에 따른다.
② 제1항에도 불구하고 업무상 재해로 인한 뇌의 기질적 장애 또는 정신질병을 평가하여 진단 또는 치료의 목적으로 신경인지기능검사를 실시한 경우에는 연령과 관계없이 인정한다. 이 경우, 해당 신경인지기능검사는 표준화된 평가도구를 사용하여 실시한 경우에 산정한다.
③ 제2항에 따른 신경인지기능검사는 1회 인정하며, 추적검사는 6개월 마다 인정할 수

있다. 다만, 급박한 환자의 상태 변화 등 진료상 필요하다는 의학적 소견이 있으면 추가로 인정할 수 있다.〈신설 2017.12.29.〉

17) 산업재해보상보험에서 추가로 인정하는 요양급여의 범위 및 비용산정기준 등(제10조)

① 국민건강보험에서 요양급여로 정하지 않은 사항 중 산업재해보상보험에서 추가로 인정하는 요양급여의 범위는 별표와 같다. 이 경우 요양급여의 비용은 별표에서 정한 금액의 범위에서 산재보험 의료기관이나 산재근로자가 구입한 가격 또는 실제 소요된 금액으로 한다.〈개정 2007.3.6., 2008.7.1., 2010.4.27.〉

② 별표에서 정한 요양급여의 범위 및 비용산정기준이 국민건강보험 관련규정의 개정으로 새로이 국민건강보험의 요양급여의 범위 및 비용산정기준에 포함되는 경우에는 개정된 규정이 시행되는 날부터 국민건강보험 관련규정에 따른다.〈개정 2007.3.6., 2010.4.27.〉

③ 공단 이사장은 산재근로자의 진료와 관련하여 국민건강보험 및 별표에서 요양급여로 정하지 아니한 진료항목과 비용 중 산재근로자의 진료에 필요하다고 판단되는 경우에 요양급여로 인정할 수 있다. 이 경우, 공단 이사장은 요양급여 승인 결과를 고용노동부장관에게 보고하여야 한다.〈개정 2001.10.6., 2006.2.28., 2008.7.1., 2010.4.27., 2014.3.31., 2015.12.30.〉

2 산재보험에서 추가로 인정하는 요양급여의 범위 및 비용산정기준

[별표]에서 별도로 정하고 있으므로 국가법령센터의 동 규정을 참조하기 바란다. 몇 가지만 설명한다.

1) 보험급여청구서 확인 및 진단서 발급수수료

[지급원칙] 〈개정 2006.2.28., 2008.7.1., 2012.12.31. 2016.12.30., 2017.12.29., 2018.12.27., 2019.12.27.〉

1. 보험급여청구서에 대한 산재보험 의료기관의 확인 또는 진단서 발급 수수료는 매수에 관계없이 확인 또는 발급회수를 기준으로 하여 산정한다.

2. 같은 건에 대한 재확인 또는 재발급 수수료는 인정하지 아니한다.
3. 복합상병에 대해 전문과목별로 장해보상청구용 진단서를 발급하는 경우에는 해당 수수료를 각각 산정할 수 있다.
4. 요양급여신청서용 진단서 발급수수료는 최초 및 재요양에 대한 진료담당 의사의 초진소견서를 제출하는 경우에 지급한다.
5. 진료계획서용 진단서 발급수수료는 같은 요양기간에 대하여는 1회만 지급하고, 같은 산재보험 의료기관에서 같은 산재근로자의 진료계획을 2회 이상 제출하는 경우 2회째는 해당 수수료의 100분의 70, 3회째부터는 해당 수수료의 100분의 50을 지급한다. 다만, 산재보험 의료기관에서 제출한 진료계획의 내용만으로 산재근로자의 상병상태 및 치료계획에 대한 판단이 곤란한 경우에는 수수료를 지급하지 아니할 수 있다.
6. 신체감정용 진단서 발급수수료는 법 제76조에 따른 보험급여의 일시지급 신청과 관련하여 공단이 신체감정을 의뢰하는 경우에 지급한다.
7. 다차원심리검사(L형) 수수료는 산재보험 의료기관에서 심리적 안정이 필요한 요양 중인 산재근로자에 대해 검사를 실시하고, 「산업재해보상보험법 시행규칙」 제2조에 따른 고용 · 산재정보통신망을 이용하여 제출한 경우에 지급하되, 동일한 의료기관에서 실시한 검사에 대해서는 1회만 인정한다.
8. 전원요양 신청 소견서 발급수수료는 법 제48조제1항제1호 또는 제3호의 사유로 전원요양하는 경우에 지급한다. 다만, 토탈서비스를 이용하여 전원요양 소견서를 제출한 경우에 한하여 지급한다.
9. 재활특진 의뢰 소견서 발급수수료는 법 제119조에 따른 진찰 사유가 전문적인 재활치료가 필요한지 여부에 대하여 진찰이 필요한 경우에 지급한다.
10. 간병요구도 평가 소견서 발급수수료는 법 제61조에 따른 간병급여를 지급받기 위하여 간병요구도 평가 결과에 대한 소견서를 제출한 경우에 지급한다.
11. 진료기록부 등 사본 복사수수료는 공단이 산재보험 의료기관에 진료기록부 등 사본 제출을 요청하여 받은 경우에 산정한다. 다만 복사수수료는 최대 30,000원까지 지급한다.
12. 토탈서비스 이용 수수료는 산재보험 의료기관이 보험급여청구서의 확인 또는 진단서를 발급하고 토탈서비스를 이용하여 제출한 경우에 산정한다.
13. 요양급여신청서(최초) 대행 신청 수수료는 산재보험 의료기관이 산재신청인의 위임(동의)을 받아 토탈서비스를 이용하여 대행 신청한 경우 산정하고, 산재근로자가 의료기관에 최초 내원한 날부터 10일 이내에 요양급여신청서(최초)가 제출된 경우 100

분의 100을 가산하여 수수료를 지급한다.

14. 주치의 면담료는 주치의가 공단직원과 대면하여 산재근로자에 대한 치료 · 재활 · 직업복귀 가능성 등 상담을 실시한 경우 지급하되, 동일한 산재근로자에 대하여 1일 2회 이상 상담을 실시한 경우 1회만 산정한다. 다만, 「산업재해보상보험법」 제11조제2항에 따라 설치 · 운영하는 의료기관의 소속직원이 주치의와 면담한 경우는 지급하지 아니한다.

[수수료] 〈개정 2006.2.28., 2007.3.6., 2008.7.1., 2010.4.27., 2012.12.31., 2014.3.31., 2017.12.29.〉

분류번호	분류	금액(원)			
		상급종합병원	종합병원	병원	의원
너-1	장해보상청구용 진단서 발급	40,000	30,000	25,000	20,000
너-2	삭제 〈2001.10.6.〉				
너-3	삭제 〈2006.2.28.〉				
너-4	폐질상태 신고용 진단서 확인	40,000	30,000	25,000	20,000
너-5	요양비 청구서 확인	6,000	5,000	4,000	3,000
너-6	요양급여신청서용 진단서	20,000	18,000	17,000	15,000
너-6-1	진료계획서용 진단서	20,000	20,000	20,000	20,000
너-7	특별진찰에 대한 소견서	50,000	40,000	–	–
너-7-1	신체감정용 진단서	100,000	–	–	–
너-8	소견조회 등 회신	10,000	10,000	10,000	10,000
너-9	방사선 등 영상진단 필름 복사수수료(매당)	5,000	5,000	4,000	4,000
너-9-1	방사선 등 영상진단 CD 복사수수료(개당)	10,000	10,000	10,000	10,000
너-9-2	방사선 등 영상진단 DVD 복사수수료(개당)	20,000	20,000	20,000	20,000
너-10	삭제 〈2006.2.28.〉				
너-11	다차원심리검사(L형)수수료	13,000	13,000	13,000	13,000
너-12	업무상질병 전문소견서	50,000	50,000	50,000	50,000
너-13	전원요양 신청 소견서 발급 수수료	50,000	50,000	50,000	50,000
너-14	재활특진 의뢰 소견서 발급 수수료	50,000	50,000	50,000	50,000
너-15	간병요구도 평가 소견서 발급 수수료	40,000	30,000	25,000	20,000
너-16	진료기록부 등 복사수수료(1~5매까지, 1매당)	1,000	1,000	1,000	1,000
너-16-1	진료기록부 등 복사수수료(6매부터, 1매당)	200	200	200	200
너-17	토탈서비스 이용 수수료	2,000	2,000	2,000	2,000
너-17-1	토탈서비스 이용 최초요양급여신청 (대행) 수수료	10,000	10,000	10,000	10,000
너-18	주치의 면담료	20,000	20,000	20,000	20,000

2) 재활보조기구 처방 및 검수료〈신설 2007.3.6.〉

[산정지침] 〈개정 2008.7.1., 2008.12.31., 2010.4.27.〉

1. 재활보조기구 처방 및 검수료는 산재보험 의료기관에서 해당 전문의가 재활보조기구를 품목별 지급원칙 및 지급대상(용도)에 맞게 처방·검수하여 산재근로자에게 직접 지급하고 별지 서식의 재활보조기구 처방전 및 검수확인서를 제출한 경우에 산정한다. 다만, 목발, 지팡이, 흰지팡이, 집뇨기 또는 재활보조기구 수리료에 대해서는 산정하지 않는다.
2. 재활보조기구 처방 및 검수료를 산정할 수 있는 분류(유형)별 전문의는 다음 각 목과 같다.
   가. 의지 : 재활의학과, 정형외과
   나. 저시력보조안경, 돋보기, 망원경, 콘택트렌즈, 의안 : 안과
   다. 보청기, 체외성 인공후두 : 이비인후과
   라. 그 밖의 품목 : 재활의학과, 정형외과, 신경외과, 신경과, 외과

[처방 및 검수료] 〈개정 2010.4.27.〉

분류번호	분 류	금 액(원)			
		상급종합병원	종합병원	병원	의원
러-1	의지(미관형 팔의지 제외)	24,680	21,700	18,720	16,580
러-2	미관형 팔의지 · 의지 이외의 품목	12,340	10,850	9,360	8,290

3) 이송료〈신설 2007.3.6.〉

[산정지침] 〈개정 2008.7.1., 2010.4.27.〉

1. 교통비는 순로(정상적 교통수단 및 경로)에 따라 산재근로자 및 그와 동행하는 간호인의 이송에 실제로 드는 금액으로 하되, 다음의 원칙을 고려하여 교통수단별 이용기준 및 등급기준에 따라 지급한다.
   가. 등급의 차이가 있는 교통수단을 이용하는 경우에는 제2등급에 해당하는 등급을 기준으로 산정하되, 산재근로자의 상병상태로 보아 상위등급의 교통수단을 이용하는 것이 필요하다는 의학적 소견이 있는 경우에는 제1등급을 기준으로 지급

나. 순로에 따른 이송이 아닌 경우에는 교통수단별 이용기준 및 등급기준에 따라 정상적인 교통수단 및 경로에 따른 비용을 지급

다. 자가용을 이용하는 경우에는 지역별 일반택시요금의 100분의 50을 지급

2. 숙박비 및 식대는 산재근로자 및 그와 동행하는 간호인 중 숙식이 필요한 경우에만 지급하되, 「공무원여비규정」 제16조제1항 별표 2 제2호에 따른 숙박비 및 식비에 준하여 지급한다.

[교통수단별 이용기준] 〈개정 2010.4.27.〉

구분	이용기준
근거리 대중교통수단	퇴원, 통원하는 경우로 시내 · 시외버스, 농어촌버스, 마을버스, 전철 및 그 밖에 이에 준하는 교통수단의 이용이 가능하다는 의학적 소견이 있는 경우
원거리 대중교통수단	고속버스, 시외버스, 철도 및 그 밖에 이에 준하는 교통수단을 통한 원거리 이송이 필요하다는 의학적 소견이 있는 경우
자가용 · 택시	1. 근거리 대중교통수단으로 이동이 가능한 구간임에도 불구하고 상병상태로 보아 다른 대중교통수단의 이용이 불가하다는 의학적 소견이 있는 경우 2. 원거리 이송 필요성이 인정되나 상병상태로 보아 간호인 동행에도 불구하고 다른 대중교통수단 이용이 불가능하여 그 이용이 유일한 수단이라는 의학적 소견이 있는 경우
선박 · 항공기	지리적 여건으로 다른 교통수단 이용이 불가능하거나, 응급치료 등 긴급한 경우로 그 이용이 필요하다는 의학적 소견이 있는 경우

[교통수단별 등급기준]

구분		등급기준		비고
		1등급	2등급	
근거리 대중교통수단		–	시내 · 외 버스, 전철, 마을버스, 농어촌버스 등	직행좌석형, 좌석형, 일반형 등 등급 구분 없이 실제 부담한 금액
원거리 대중교통수단	고속버스	우등고속	일반고속, 시외버스	운행계통, 시설, 요금 등이 고속버스에 준하는 시외버스는 고속버스로 분류
	철도	새마을호 특실, KTX 보통실	새마을호 보통실	새마을호, KTX 비통과구간은 그 노선의 이용열차 운임 적용
택 시		–	소형 · 중형택시	대형, 모범형, 고급형 배제
선 박		1등실	2등실	특등실 배제(2개 등급의 경우 아래등급 인정)
항공기		Business Class	Economy Class	First Class 배제(2개 등급의 경우 아래등급 인정)

4) 치료보조기구〈신설 2008.12.31.〉

[지급원칙] 〈개정 2010.4.27.〉

1. 치료보조기구는 해당 유형별 지급대상에 해당하는 경우에 상한금액의 범위에서 한 번만 지급하되, 자가도뇨기구는 월 1개를 지급한다.
2. 치료보조기구에 필요한 소모품 비용은 이 기준에서 정한 것 외에는 별도 지급하지 아니한다.

[치료보조기구 유형별 지급대상 및 금액] 〈개정 2010.4.27., 2016.12.30., 2017.12.29.〉

분류번호	분 류	지급대상	금액(원)
머-1	이동형 산소치료기	산소치료서비스 지급 대상자로서 이동시에도 이동형 산소치료기가 필요한 경우	
	가. 산소절약기 부착		739,000
	나. 산소절약기 미부착		371,000
머-2	의료용흡인기 (Aspirators for medical use)	통원 요양 중인 산재근로자로서 기관지확장제 등 흡입제의 투여가 필요한 경우	219,000
머-3	의료용흡인기 (Aspirators for medical use)	통원 요양 중인 산재근로자로서 의식장애 또는 호흡기장애 등으로 스스로 객담을 배출하기 어려운 경우	397,000
머-4	자가도뇨기구	척수손상 등으로 인하여 약물로 조절되지 않는 배뇨장애가 있고 잔뇨량이 100cc 이상인 경우, 그 밖에 자가도뇨기구 사용이 불가피하다는 주치의의 소견이 있는 경우	14,000
머-5	할로베스트(Halovest)	할로베스트 골견인술 대상자로서 경추골절의 척주 안정 또는 수술 후 경추부의 확고한 고정이 필요한 경우	1,800,000
머-6	팔걸이(Arm Sling)	상지 골절 또는 근육 손상 등으로 부목이나 캐스트 후 손상부위의 고정을 위해 필요한 경우	10,000
머-6-1	어깨 밴드 가. 쇄골밴드 나. 8자형 밴드	견 및 쇄관절탈구 도수정복술 후 손상부위의 고정을 위해 필요한 경우	 10,000 10,000
머-6-2	석고 신발(Cast shoe)	하지 골절 또는 손상 등으로 캐스트 또는 부목 시행 후 필요한 경우	10,000

5) 한방 첩약 및 탕전료〈신설 2008.12.31.〉

[지급원칙] 〈개정 2010.4.27., 2014.3.31.〉

1. 한방 첩약은 한방 의료기관에서 요양 중인 산재근로자의 진료상 반드시 필요한 경우에 지급한다.
2. 첩약은 1일 2첩, 입원 60일, 외래 30일을 원칙으로 하되, 상병상태가 추가 첩약치료가 필요하다는 의학적 소견이 있는 경우 추가로 인정할 수 있다.

[지급대상 및 금액] 〈개정 2014.3.31.〉

분류번호	분 류	금액(원)
버-1	한방 첩약(1첩당)	6,690
버-2	한방 탕전료(1첩당)	670
	가. 삭제〈2014.3.31.〉	
	나. 삭제〈2014.3.31.〉	

6) 재활치료료〈신설 2011.12.30.〉

(1) 전문재활치료료

[산정지침] 〈개정 2014.3.31., 2016.12.30., 2017.12.29.〉

1. 해당 항목의 재활치료를 실시할 수 있는 일정한 면적의 해당 치료실과 실제 사용할 수 있는 장비를 보유하고 있는 요양기관에서 재활의학과 전문의가 상근하고, 해당 전문의 또는 전공의의 처방에 따라 상근하는 물리치료사 또는 해당분야 전문치료사가 실시하고 그 결과를 진료기록부에 기록한 경우에 산정한다.
2. 전문재활치료료는 산정기준의 산정횟수 제한에도 불구하고 진료상 필요하다는 의사의 소견이 있는 경우 추가로 인정할 수 있다.
3. 행위진료료 가산특례는 증식치료 및 도수치료, 체외충격파치료-근골격계 질환에 대하여만 적용한다.
4. 언어재활사의 자격기준은「장애인복지법」에 따른다.

[치료 종류 및 금액] 〈개정 2014.3.31., 2016.12.30., 2017.12.29., 2019.12.27.〉

분류번호	분 류	산정기준	금액(원)
어-1	언어치료 (Speech and Language Therapy) [1일당]	1인의 언어재활사가 별도로 구분된 언어치료실에서 1인의 환자를 대상으로 30분 이상 실시한 경우에 산정	36,540
어-2	전산화인지재활치료(주의 · 기억) [Computer-Assisted Cognitive Rehabilitation Therapy(Attention Memory)] [1일당]	1인의 작업치료사가 1인의 환자를 대상으로 전산화인지치료도구를 이용하여 30분 이상 실시한 경우에 산정	17,630
어-3	증식치료(Prolotherapy) [1일당] 가. 사지관절부위 나. 척추부위	1. 전문재활치료료 산정지침 제1호에도 불구하고, 재활의학과 전문의 또는 동통재활분야 교육을 이수한 의사가 직접 실시한 경우에 산정 2. 사용된 약제 및 유도료는 소정금액에 포함되므로 별도 산정하지 않음 3. 관절 및 그 주위부를 1부위(요 · 천추부위는 1부위)로 하며, 동일에 2이상의 부위에 각각 실시한 경우에는 소정금액의 50%를 가산하여 산정하되, 실시부위를 불문하고 최대 2부위 이내만 산정 4. '가', '나' 각각 치료기간 중 6회 이내만 산정	 5,750 11,520
어-4	도수치료 (Manual Therapy) [1일당]	1. 카이로프랙틱(Chiropractics), 정골의학(Osteopathy), 정형도수치료(Orthopedic manual therapy) 등의 도수치료는 치료방법에 따라 다음 각 목에 해당하는 전문과목의 전문의 또는 물리치료사가 실시한 경우 산정하며, 도수치료는 주 3회 이내 산정하되, 치료기간 중 15회 이내만 산정 가. 전문재활치료료 산정지침 제1호에도 불구하고 도수치료는 재활의학과, 정형외과, 신경외과 전문의가 10분 이상 실시한 경우에 산정 나. 위 "가"의 규정에도 불구하고 정골의학(Osteopathy), 정형도수치료(Orthopaedic manual therapy)는 의사의 지시 감독하에 물리치료사가 30분 이상 실시한 경우에 산정 2. 시술부위를 불문하고 소정금액을 산정	25,000

		3. 행위 및 상대가치점수 제7장 이학요법료 맛사지치료(사-105)는 소정금액에 포함되며, 운동치료(사-106, 사-116) 또는 재활기능치료(사-130)와 동시에 실시한 경우에는 주된 항목의 소정금액만 산정	
어-5	체외충격파치료-근골격계질환 (Extracorporeal Shock Wave Therapy)	1. 근골격계 질환(가관절, 골절 지연 유합, 석회화성 건초염, 족저근막염, 종골 골극, 상완골 내상과염 및 외상과염, 동결건, 견관절 회전근개파열, 어깨 건초염 및 활액낭염)이 발병하고 3개월간 보존적인 치료에도 호전이 없는 통증 환자에 대하여 실시한 경우에 산정 2. 전문재활치료료 산정지침 제1호에도 불구하고, 재활의학과 또는 정형외과 전문의가 직접 10분 이상 실시한 경우에 주 1회 산정하되, 최초 시술시부터 4회 이내만 산정 3. 다만, 상병명, 환자의 상태 및 동 치료에 대한 환자의 반응 등에 따라 제통되지 않을 경우에는 치료의 방향 등을 고려하여 2회에 한하여 추가 산정	42,030
어-6	삭제		

(2) 검사료

[산정지침] 〈개정 2014.3.31., 2017.12.29.〉

1. 검사료에는 검사에 필요한 약제, 판독료 및 그 밖의 재료대가 포함된 것으로 간주하며, 행위진료료 가산특례는 적용하지 않는다.
2. 검사료는 산정기준의 산정횟수 제한에도 불구하고 진료상 필요하다는 의사의 소견이 있는 경우 추가로 인정할 수 있다.
3. 언어재활사의 자격기준은 「장애인복지법」에 따른다.

[검사의 종류 및 금액] 〈개정 2014.3.31., 2015.3.31., 2016.12.30., 2017.12.29., 2018.12.27.〉

분류번호	분 류	산정기준	금액(원)
여-1	언어전반진단검사 (LanguageAssessment)	중추신경계 손상 및 질환에 의한 언어장애가 있는 1인의 환자에 대하여 1인의 의사 또는 언어재활사가 표준화된 도구(K-WAB 등)를 이용하여 30분 이상 검사를 실시하고 그 결과를 작성한 경우에 산정	40,190

여-2	발음 및 발성검사 (Assessment of Speech and Voice disorder) 가. 발음검사 나. 발성검사	말장애(말더듬 포함), 음성장애, 조음장애가 있는 1인의 환자에 대하여 1인의 의사 또는 언어재활사가 언어치료실에서 30분 이상 구강구조기능검사, 한국어 발음의 위치별 정확도 측정, 최대모음연장발성시간, 조음교대운동속도 등을 측정한 후 검사결과를 작성한 경우에 산정	 28,130 56,260
여-3	〈삭제 2017.12.29.〉		
여-4	체온열검사 (Thermography)	1. 복합부위통증증후군, 신경병증성 통증, 말초혈관질환(레이노증후군포함) 환자에게 실시한 경우 산정하며, 요양기관에 상근하는 전문의 및 전공의의 처방에 따라 의사 또는 임상병리사가 실시하고 그 결과를 진료기록부에 기록한 경우에 산정 2. 실시부위는 체간(얼굴 포함)·좌·우·상·하지의 5부위로 구분하여 각 부위별 소정금액을 각각 산정하며, 2부위 검사부터는 소정금액의 50%씩 가산하되, 최대 5부위까지 산정할 수 있으며, 치료기간 중 1회만 산정	33,270
여-5	10미터 걷는 동안 속도 평가 (10-meter timed walking test)	1. 중추신경계 손상 또는 질환에 의해 보행에 이상이 있는 환자에 대하여 재활치료 평가를 목적으로 10분 이상 정형화된 평가도구를 사용하여 걷는 속도(Time) 및 보조기 사용여부 등의 평가를 실시하고, 평가결과지를 작성·비치한 경우에만 산정 2. 월 1회 이상 실시하더라도 1회만 산정	9,850
여-6	장비를 이용한 근력검사	1. 뇌질환, 뇌손상, 척수질환, 척수손상, 장기간 침상에 누워있는 환자, 근골격계 질환 또는 손상 및 수술후 근육의 약화와 마비 등 재활이 필요한 환자로 근력평가가 필요한 경우에 측정장비를 이용한 근력검사를 실시하고 시스템을 통한 평가를 시행한 경우에 부위별(상·하지, 척추 – 최대 3부위)로 산정 2. 같은 날 도수근력검사(나-661) 또는 등속성운동기능검사(너-775)를 실시한 경우에는 주된 항목의 소정금액만 산정 3. 월1회 이상 실시하더라도 1회만 산정	9,260

여-7	연하장애 임상평가 (Clinical evaluation of Swallowing Diffculty)	1. 연하장애가 있거나 의심되는 환자에 대하여 재활치료 평가를 목적으로 10분 이상 정형화된 평가도구를 사용하여 구강인두기능 신체사정 및 연하 시 증상 사정 등의 평가를 실시하고, 평가 결과지를 작성 · 비치한 경우에만 산정 2. 월 1회 이상 실시하더라도 1회만 산정	9,850

(3) 기본진료료

[산정지침] 〈신설 2015.3.31.〉

1. 중추신경계 손상 또는 질환, 사지절단, 신경근골격계 손상 또는 질환 등으로 재활치료를 실시한 경우에 산정한다.
2. 재활치료팀 회의료는 재활의학과 전문의 또는 전공의, 물리치료사, 작업치료사, 사회복지사 등 해당 분야 전문가 4명 이상이 참여하여 팀회의를 실시한 경우에 산정한다. 이 경우 팀회의에는 재활의학과 전문의 또는 전공의가 참여하여야 한다.
3. 팀 회의료는 재활의학과 전문의 또는 전공의 처방에 따라 의사의 주도로 팀회의를 실시하고, 물리치료 및 작업치료 등 평가내용을 근거로 진료기록부에 치료목표와 연결되는 재활치료계획서(별지 제9호 서식)를 작성 · 비치한 경우에 산정한다.
4. 팀 회의료는 입원 요양기간 중 최대 3회까지 인정하며, 최초 팀회의료는 재활치료 시작일로부터 2주 이내에 실시한 경우에만 산정한다. 한편, 최초 팀회의료를 산정할 수 없을 때에는 입원요양기간 중 최대 2회까지 인정한다.
5. 2회차 및 3회차 팀회의는 전회차 팀회의 실시일부터 4주 이상의 기간을 두어 실시한 경우에 산정한다. 다만, 퇴원 직전 2주 이내에 실시하는 팀회의료는 전회차 팀회의 실시일로부터 4주 이내에 실시한 경우에도 산정할 수 있다.
6. 행위진료료 가산 특례는 적용하지 않는다.

[치료 종류 및 금액] 〈신설 2015.3.31., 2019.12.27.〉

분류번호	분 류	금액(원)
오-1	재활치료 팀 회의료	
	가. 최초	30,150
	나. 2회차 부터	20,100

7) 처치료〈신설 2017.12.29.〉

[산정지침]

1. 의사 또는 한의사의 처방에 따라 처치를 시행하고 그 결과를 진료기록부에 기록한 경우에 산정한다.
2. 처치에 사용된 약제 및 치료재료대는 별도로 명시한 경우를 제외하고는 각 분류항목의 소정점수에 포함되므로 별도 산정하지 아니한다.
3. 행위진료료 가산 특례는 적용하지 않는다.

[처치 종류 및 금액]

분류번호	분 류	산정기준	금액(원)
우-1	사후처치료	의사 또는 한의사의 사망진단이 내려진 후 병실 등에서 사망한 환자에게 사후처치를 시행한 경우 산정	20,000

8) 예방접종비용〈신설 2018.12.27.〉

[산정지침]

1. 만65세 미만의 진폐증, 만성폐쇄성폐질환(COPD), 천식환자에게 폐렴구균이나 인플루엔자 백신을 접종한 경우에 산정한다.
2. 예방접종비용은 「예방접종업무의 위탁에 관한 규정」 제5조(예방접종비용)에 따라 해마다 정하는 백신비와 예방접종 시행비용을 산정하고, 행위진료료 가산특례는 적용하지 않는다.
3. 예방접종 실시방법은 「감염병의 예방 및 관리에 관한 법 시행규칙」 제26조(예방접종의 실시기준 및 방법)에 따라 의사의 처방에 의해 실시하고 그 결과를 진료기록부에 기록한 경우에 산정한다.

[예방접종 종류 및 산정기준]

분류번호	분류	산정기준
유-1	폐렴구균 가. PCV(단백결합) 13 나. PPSV(다당질) 23	요양기간 중 총 1회 산정

유-2	인플루엔자 Flu3 (0.5ml)	요양기간 중 1년에 1회 산정
유-3	예방접종 시행비용 가. 폐렴구균 백신 나. 인플루엔자 백신	

3 일반진료수가관리지침

1) 의의

일반진료수가는 모든 산재 지정의료기관이 기본적으로는 산재보험 요양급여기준을 준수하도록 하고 있고 이에 따르면 건강보험급여기준 등을 따르게 되는데 공단이 설치한 공단병원의 일반진료에 대해서는 의료법상 산재지정 의료기관의 일반의료수가와는 별도의 수가를 적용하도록 하고 있다(산업재해보상보험 요양급여 산정기준[시행 2020.1.1.] [고용노동부고시 제2019-80호, 2019.12.27., 일부개정] 제2조4항).

그 이유는 산재환자를 주로 진료하기 위하여 설치된 공단병원은 그 설치목적상 영리를 추구할 수 없는 것이며 이는 일반 의료기관과 같은 수가로 근로자인 환자에게 의료를 제공할 수 없다는 것을 바탕으로 한다고 이해할 수 있다.

따라서 이 규정은 일반 의료기관에서는 적용하지 않는다.

2) 일반진료수가관리지침

일반진료수가관리지침[시행 2011.5.26] [근로복지공단지침 제2011-24호, 2011.5.26, 일부개정]의 내용은 이하에서 자세히 설명한다.

3) 적용 대상

이 기준은 근로복지공단 직영 산재병원(이하 “병원”이라 한다)의 일반진료수가에 관한 기준을 정함을 목적으로 한다(이하 지침 제1조).

(1) 기본진료료

① 적용범위

병원의 진료수가와 약가는 관계법령 및 다른 규정에서 특별히 정한 경우를 제외하고는 이 기준에서 정하는 바에 의한다(제2조).

② 적용대상

이 규정에서 정한 진료수가 및 약가는 국민건강보험법 및 의료급여법, 산업재해보상보험법, 자동차손해배상보장법 등 "의료관계보험법" 미 적용대상자와 보험대상에서 제외되는 진료항목에 대하여 적용한다(제3조).

③ 진료수가

진료수가의 기준은 국민건강보험법 제42조의 규정에 의한 요양급여비용의 산정기준(이하 "건강보험요양급여비용기준"이라 한다)에 연동 · 적용함을 원칙으로 한다(제4조).

④ 상급병실료

병원장은 상급병실 입원료를 병원별 지역여건을 감안하여 별도의 금액을 정하여 산정한다(제5조).

(2) 기본진료료 이외의 진료료

① 행위별 진료비 산정(제6조)

㉠ 치과처치, 보철 등의 수가는 지역별 치과의사협회 협약가격 등을 참고하여 병원장이 별도로 정하여 시행할 수 있다.

㉡ 건강보험요양급여기준 각 분류항목별로 실제로 실시한 행위에 따라 산정한다.

(3) 약가 및 치료재료대

① 약가

약가 중 보험약가기준액표에 등재된 약품에 대하여는 실거래가를 기준으로 산정하고, 보험약가기준액표에 등재되지 아니한 약품에 대하여는 구입가에 관리비용 10%를 가산하여 산정한다(제7조).

② 치료재료대

일반환자 및 보험 급여 제한자에게 적용되는 치료재료대에 대하여는 관련 보험수가 기준으로 산정하되, 10원미만의 단수는 사사오입한다. 다만, 비급여재료대의 경우 실거래가에 적정구매 비용을 가산하여 본인부담으로 청구할 수 있다(제8조).

(4) 기타 진료료

① **비급여진료수가**(제9조)

㉠ 건강보험요양급여비용기준에 명시되지 아니한 비급여 진료수가에 대하여는 병원장이 지역여건을 감안하여 산정한다.

㉡ 병원장은 자체 특수크리닉 개발 또는 특수의료장비 도입 등으로 신규수가 등록이 필요한 경우 별도로 제정 시행할 수 있다.

㉢ 초음파는 지역별, 병원별, 산재보험수가 등을 감안하여 병원장이 자율적으로 조정 시행한다.

② **의지 및 보조기수가**(제10조)

㉠ 산재보험환자 이외의 일반환자(건강보험환자 및 국가 또는 지방자치단체가 요구하는 의료급여 대상자 포함)에 지급하는 의지 및 보조기수가 관행상 가장 적합하다고 판단되는 수가를 고려하여 조정할 수 있다.

㉡ 환자의 요구에 따라 특정재료를 사용 또는 추가 장착을 시행하거나 특별한 항목의 신설이 필요한 경우 병원장은 상한가 및 실거래가를 기준하여 별도 수가를 제정 시행할 수 있다.

③ **식대**(제11조)

㉠ 병원장은 일반치료식, 특별식(영양식, 치료식), 산모식, 신생아우유 단가에 대하여 지역별 유사병원별 수준을 감안하여 정한다.

㉡ 수가를 정함에 있어 산업재해보상보험 요양급여산정기준의 식대보다 저하시킬 수 없다.

④ **영안실료**(제12조)

㉠ 영안실료는 사망한 날의 익일부터 산정한다.

㉡ 연구대상환자, 행려환자(보호자 없는 환자 포함), 기타 병원장이 필요하다고 인정하는 환자가 사망한 때에는 영안실료를 면제할 수 있다.

㉢ 병원장은 지역별 유사병원 수준을 감안하여 수가를 정한다.

⑤ **제증명료**(제13조)

㉠ 병원에서 발급하는 제증명 발급 수수료는 대한병원협회의 동 수수료의 자율관리기준에 의거 병원장이 별도 산정한다.

㉡ 제증명수수료가 지역별 의료수가 관행상 불합리한 경우 또는 누락된 항목에 대하여는 병원장이 별도 정하여 시행할 수 있다.

⑥ 수가변경(제14조)

㉠ 병원장은 진료수가의 적용내용을 검토하고 수가의 조정이 필요한 경우 병원운영위원회의 심의를 거쳐 조정 · 시행한다.

㉡ 기타 특수진료 및 진료수가기준에 적용되지 않은 비급여 처치, 수술에 대한 신규수가는 진료의사가 수가를 산정하되, 병원운영위원회 심의를 거쳐 병원장이 조정 · 시행한다.

4 진료비의 청구

1) 진료비, 약제비 청구의 근거(법 제45조)

산재보험은 기본적으로 현물급여가 원칙이다. 즉, 근로자가 업무상 재해로 산재지정의료기관에서 진료를 받게 되면 산재환자는 무료로 요양급여를 제공받게 되고 의료기관은 근로복지공단에 진료비를 청구하게 된다.

제45조에서는 의료기관의 진료비 청구의 근거를 규정하고 있고 법 제46조에서는 약제비 청구의 근거를 규정하고 있다.

① 산재보험 의료기관이 제40조제2항 또는 제91조의9제1항에 따라 요양을 실시하고 그에 드는 비용(이하 "진료비"라 한다)을 받으려면 공단에 청구하여야 한다.〈개정 2010. 5.20.〉

② 제1항에 따라 청구된 진료비에 관한 심사 및 결정, 지급 방법 및 지급 절차는 고용노동부령으로 정한다.〈개정 2010.6.4.〉

(1) 기본 진료비 청구시 서류

산재보험 의료기관이 법 제45조제1항에 따른 진료비(이하 "진료비"라 한다)를 청구하는 경우에는 다음 각 호의 서류를 첨부하여야 한다(규칙 제27조).

1. 진료비청구서
2. 개인별 진료비 명세서
3. 「의료법 시행규칙」 제12조에 따른 처방전(고용 · 산재정보통신망 또는 정보통신망으로 청구하는 경우에는 처방전의 내용을 입력한 것으로 갈음할 수 있다)

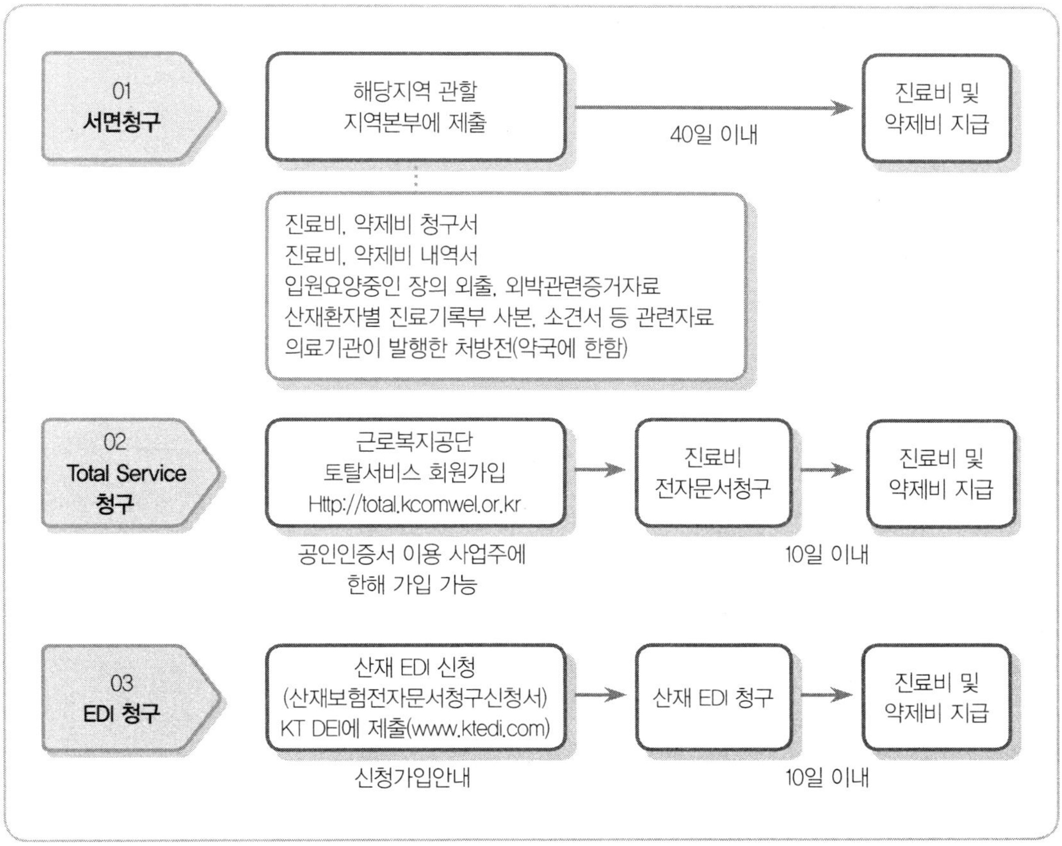

[그림 4-1] 진료비의 청구절차

* 자료출처 – 근로복지공단 인터넷 홈페이지

이때 ① 소속기관장은 산재보험 의료기관 또는 약국이 법 제45조제1항 또는 법 제46조제2항 및 법 제91조의11에 따라 진료비 또는 약제비, 전신해부비용을 청구하는 때에는 그 청구인에게 별지 제9호서식의 진료비 · 약제비청구서에 규칙 제27조 또는 규칙 제28조 각 호에서 정하는 서류를 첨부하여 청구하게 하여야 한다. 이 경우 규칙 제14조에 따른 간병료의 청구는 별지 제10호서식을 첨부하게 하여야 한다. 그 밖의 진료비 청구서 등의 작성요령은 별표 2와 같다(산재보험 의료기관 관리 규정, 개정 2018.5.17. 규정 제1074호 제13조).

(구체적인 청구명세서 작성 요령은 제2절 참조)

② 소속기관장은 산재보험 의료기관이 규칙 제27조제1호에 따른 개인별 진료비명세서를 제출하는 때에는 의과, 치과는 별지 제11호서식, 한의과는 별지 제12호 서식에 따라 작

성하여 제출하게 하여야 한다.

③ 소속기관장은 약국이 규칙 제28조제2호에 따른 개인별 약제비명세서를 제출하는 때에는 별지 제13호서식에 따라 작성하여 제출하게 하여야 한다.

④ 소속기관장은 산재보험 의료기관 또는 약국이 진료비 또는 약제비를 청구하는 때에는 토탈서비스나 또는 전자문서교환(Electronic Data Interchange, 이하 "EDI"라고 한다) 방식으로 청구하게 할 수 있다.

(2) 공단직영병원의 진료비 청구(관리규정 제18조1항)

① 제13조의 규정에도 불구하고 공단직영병원장은 진료비를 이사장에게 청구하여야 한다.〈개정 2017.3.10.〉

② 이사장은 제1항에 따라 소속병원장이 청구한 진료비에 대하여 제14조의 규정에 따라 심사하여 지급액을 결정하여야 한다. 이 경우 필요하면 제19조의 규정에 따른 진료비심사자문위원회의 심의를 거쳐 지급액을 결정할 수 있다.〈개정 2017.3.10.〉

③ 이사장은 제15조의 규정에도 불구하고 규칙 제29조제4항에 따라 소속병원장에게 진료비의 지급결정 내용을 통지하는 때에는 별지 제14호 서식에 따라 통지하여야 한다.〈개정 2017.3.10.〉

2) 약제비의 청구 등(법 제46조)

(1) 청구

① 공단은 제40조제4항제2호에 따른 약제의 지급을 「약사법」 제20조에 따라 등록한 약국을 통하여 할 수 있다.

② 제1항에 따른 약국이 약제비를 받으려면 공단에 청구하여야 한다.

(2) 첨부서류

약국이 법 제46조제2항에 따라 약제비를 청구하는 경우에는 다음 각 호의 서류를 첨부하여야 한다(규칙 제28조).

1. 진료비 · 약제비청구서
2. 약국개설등록증 사본 및 사업자등록증 사본(최초로 청구하는 경우만 해당된다)
3. 개인별 약제비 명세서

4. 산재보험 의료기관에서 발급한 제27조제2호에 따른 처방전(고용 · 산재정보통신망 또는 정보통신망으로 청구하는 경우에는 처방전의 내용을 입력한 것으로 갈음할 수 있다)

5 합병증 등 예방관리 및 후유증상진료비 청구방법

진료관리론에서 전술한 바 있지만 통상의 진료비 청구기준과 절차에 맞추어 시행한다.

6 요양비의 청구

1) 요양비의 청구 등(영 제38조)

① 법 제40조제2항 단서에 따라 수급권자가 받을 수 있는 요양비는 다음 각 호의 비용으로 한다.

1. 법 제43조제1항에 따른 산재보험 의료기관(이하 "산재보험 의료기관"이라 한다)이 아닌 의료기관에서 응급진료 등 긴급하게 요양을 한 경우의 요양비
2. 다음 각 목의 어느 하나에 해당하는 요양급여에 드는 비용(산재보험 의료기관에서 제공되지 아니하는 경우로 한정한다)
   가. 법 제40조제4항제2호 중 의지(義肢)나 그 밖의 보조기의 지급
   나. 법 제40조제4항제6호 중 간병
   다. 법 제40조제4항제7호의 이송
3. 그 밖에 공단이 정당한 사유가 있다고 인정하는 요양비

② 제1항에 따른 요양비를 받으려는 사람은 공단에 청구하여야 한다.

③ 공단은 긴급하거나 그 밖의 부득이한 사유가 있을 때에는 해당 근로자의 청구를 받아 법 제40조제4항제7호에 따른 이송에 드는 비용을 미리 지급할 수 있다.

2) 요양비의 청구 및 지급(요양규정 제21조)

① 소속기관장은 법 제40조제2항 단서에 따른 요양비나 법 제40조제4항제6호에 따른 간병, 법 제40조제4항제7호에 따른 이송에 드는 비용을 부득이하게 산재근로자가 부담하고 그 비용을 청구하는 때에는 그 산재근로자에게 별지 제10호의 요양비청구서

에 비용 명세서(제23조에 따른 전문간병인에 대한 간병료를 청구하는 때에는 전문간병인 자격을 확인할 수 있는 서류를 포함한다)를 첨부하여 신청하게 하여야 한다.

② 소속기관장은 산재근로자가 제1항에 따른 요양비의 청구를 산재보험 의료기관에 위임한 때에는 산재보험 의료기관이 서류 제출을 대행하게 할 수 있다.

③ 영 제38조제1항제1호에 따라 "산재보험 의료기관이 아닌 의료기관에서 응급진료 등 긴급하게 요양을 받은 경우의 요양비"란 다음 각 호의 어느 하나에 해당하는 경우를 말한다.

1. 해당 근로자의 재해가 발생한 장소 인근에 산재보험 의료기관이 없어 산재보험 의료기관이 아닌 의료기관에서 부득이하게 요양을 받고 부담한 요양비
2. 산재근로자의 상병상태가 특수의료시설 또는 기술을 요하는 경우로서 인근에 소재하는 산재보험 의료기관에 그 필요한 시설 또는 기술이 갖추어져 있지 아니하여 산재보험 의료기관이 아닌 의료기관에서 응급치료 등 긴급하게 요양을 하고 산재근로자가 부담한 요양비
3. 제1호 또는 제2호에 따라 산재근로자가 산재보험 의료기관이 아닌 의료기관에서 수술을 한 후 상병상태를 확인하기 위하여 그 의료기관에서 통원진료를 받고 부담한 요양비
4. 제1호 및 제2호에 준하는 경우로서 산재근로자가 산재보험 의료기관이 아닌 의료기관에서 응급진료를 받은 후 의료기관 또는 약국에 부담한 요양비

④ 영 제38조제1항제3호에 따라 "그 밖에 공단이 정당한 사유가 있다고 인정하는 요양비"란 다음 각 호의 어느 하나에 해당하는 경우를 말한다.

1. 최초 요양급여 결정 전에 산재근로자가 업무상의 재해로 요양을 받은 경우의 요양비
2. 보험관계성립신고를 하여야 할 법정기한의 다음 날부터 보험관계성립신고를 한 날까지의 기간 중에 발생한 재해로서 산재근로자가 업무상의 재해로 요양을 받고 부담한 요양비
3. 추가상병 또는 재요양 결정 전에 산재근로자가 추가상병 또는 재요양으로 부득이하게 요양을 받고 부담한 요양비
4. 요양급여 지급 결정 당시에 요양을 담당하고 있는 산재보험 의료기관 이외의 다른 의료기관에서 응급진료를 받고 부담한 요양비

⑤ 소속기관장은 지급할 요양비가 전문간병인에 대한 간병료인 경우에는 그 전문간병인의 인적사항이나 자격 등을 기록 · 관리하여야 한다. 〈개정 2018.12.12.〉

⑥ 삭제〈개정 2018.12.12.〉

⑦ 소속기관장은 산재근로자가 영 제38조제3항에 따라 이송에 드는 비용을 미리 청구하는 때에는 별지 제11호의 이송비사전지급청구서를 제출하게 하여야 한다.

⑧ 소속기관장은 제7항에 따라 이송비의 사전지급 청구를 받은 때에는 지급 여부를 결정하여 별지 제12호 서식에 따라 통지하여야 한다.

제2절 진료비 청구서 작성요령

1 개 요

산재보험 진료비 청구서 작성요령은 산재보험 의료기관 관리 규정[시행 2018.6.1] [근로복지 공단규정 제1074호, 2018.5.17, 일부개정] 별표 2에 근거하여 작성하도록 하고 있다. 이전에는 산재보험 의료기관 운영 및 진료비 · 약제비 심사 지급규정 별표 2(고용노동부 규정 제575호, 2010. 6. 29.) 등에서 정하고 있었던 사항을 통합하여 정비하였다(2010.12.08. 고용노동부 규정 제613호).

2 진료비 청구서 및 명세서 작성요령

산업재해보상보험 진료비 · 약제비청구서 등 서식 작성요령을 구체적으로 설명한다.

1) 진료비 · 약제비 청구서(별지 제9호 서식)

(1) 서식 번호

명세서 고유번호로서 타 서식과 구분할 수 있는 번호로 서면청구시에는 별도 기재를 생략하고 전자문서는 다음과 같다.

① 서면 : 별도 기재생략

서식 1. 산업재해보상보험 진료비 · 약제비 청구서 [별지 제9호서식]

서식 번호					산 업 재 해 보 상 보 험 진료비 · 약제비 청구서	처리 기간	전자문서 10일 서면 40일

접수번호		접수일		처리기한	

①사업구분	[ ] 산재보험 요양급여비용 [ ] 합병증 등 예방관리비용 [ ] 진폐건강진단비용

청구기관						
청구기관	②청구기관 코드		③명칭		④대표자	
	[ ] 산재보험 의료기관 지정코드				⑤작성자	
	[ ] 산재보험 약국 등록코드					
	⑥우편번호		⑦주소		⑧전화번호 휴대전화	
	⑨청구구분	[ ] 원청구 [ ] 보완청구 [ ] 추가청구	⑩진료 년월		⑪은행	
					⑫계좌번호	

구 분			⑬건수	⑭청구액
계				
의 과	입원	1		
	통원	2		
치 과	입원	3		
	통원	4		
한의과	입원	5		
	통원	6		
약 국		7		

⑮ 간병료 산정현황	㉮간호인력 확보수준 (간호등급)	㉯간병료청구기간 (월 단위)	㉰간병병상 수 (일별 병상수의 총합)	㉱간병인 수 (일별 간병인수의 총합)	㉲병상수 대 간병인수의 비 (소수점 이하 둘째자리에서 절사)
		. . . – . . .	병상	명	:
		. . . – . . .	병상	명	:

산업재해보상보험법 제45조 및 제46조에 따라 위와 같이 청구합니다.

[ ] 진료비
[ ] 약제비 를 위와 같이 청구합니다.

20 년 월 일

청구인 (서명 또는 인)

근로복지공단 이사장(지역본부(지사)장) 귀하

첨부서류:
1. 진료비 · 약제비 명세서 부
2. 진료비 · 약제비 청구관련 자료 부
3. 처방전 매

(210mm×297mm, 신문용지54g/㎡)

② 전자문서 :

• M110	산재보험 진료비 청구서
• M120	합병증 등 예방관리비용 진료비 청구서
• M130	진폐건강진단비용 청구서
• M210	산재보험 약제비 청구서
• M220	합병증 등 예방관리비용 약제비 청구서

(2) 사업구분

① 사업구분

• 서면 : 사업구분별 해당되는 청구서에 "✓" 로 기재

• 전자문서 : 사업구분별 해당되는 구분자를 기재

□ (1) : 요양급여비용 : 요양 중인 산재근로자 진료에 소요된 비용

□ (2) : 합병증 등 예방관리비용 : 산재보험 합병증 등 예방관리대상자 진료에 소요된 비용

□ (3) : 진폐건강진단비용 : 진폐법 적용사업의 분진작업 근로자에 대한 건강진단에 소요된 비용의 해당 칸에 ✓로 표시

(3) 청구기관

② **청구기관코드** : 산재보험 의료기관 지정을 신청하여 부여받은 산재지정코드를 아래 유형(7자리)으로 기재한다.

• 기재 유형 : □ 산재보험 의료기관 지정코드 (1000000)

산재보험 약국등록을 신청하여 부여받은 약국코드를 아래 유형(7자리)으로 기재한다.

• 기재 유형 : □ 산재보험 약국 등록코드 (2000000)

③ **명칭** : 청구기관(의료기관 · 약국) 명칭을 기재한다.

④ **대표자** : 청구기관(의료기관 · 약국) 대표자 성명을 한글로 기재한다.

⑤ **작성자** : 청구기관(의료기관 · 약국)에서 해당 청구건을 작성한 청구담당자 성명을 기재한다.

⑥ **우편번호** : 청구기관(의료기관 · 약국)의 관할구역 우편번호를 기재한다.

⑦ **소재지** : 청구기관(의료기관 · 약국)의 소재지를 기재한다.

⑧ **전화번호** : 청구기관(의료기관 · 약국)의 전화번호를 기재한다.

(4) 청구구분

⑨ **청구구분** : 청구기관은 보완청구, 추가청구를 할 수 있으며, 이 경우 청구구분란에 반드시 "보완청구" 또는 "추가청구" 구분자를 기재

- 서면은 해당란에 "✓" 로 기재
- 전자문서는 해당하는 구분자를 기재
  - ㅁ (0) 원 청구 : 진료비용 발생분에 대한 최초 청구
  - ㅁ (1) 보완청구 : 최초 청구분에 대한 심사불능 건에 대한 보완청구
  - ㅁ (2) 추가청구 : 기 청구된 명세서 내역 중 일부가 최초 청구에서 누락된 내역에 청구

⑩ **진료년월** : 입원의 경우 퇴원일이 속한 월을 진료 년 월로 기재하되 청구단위는 월별 청구를 원칙으로 함

- 기재 유형 : CCYYMM

⑪ **은행**, ⑫ **계좌번호** : 청구기관(의료기관 · 약국)은 심사 지급결정 금액을 수령 받고자 하는 은행명 및 계좌번호를 기재(단, 전자문서 청구기관은 계좌 변경 시에만 제출)한다.

⑬ **건수** : 해당 요양급여비용 명세서의 청구건수를 합하여 기재한다. 입원 · 통원 등을 구분하여 기재한다.

⑭ **청구액** : 해당 요양급여비용 명세서의 요양급여비용의 총액을 합하여 기재한다. 입원 · 통원 등을 구분하여 기재한다.

(5) 계

해당 요양급여비용 명세서의 요양급여비용의 총액을 합하여 기재한다. 입원 · 통원 구분없이 합하여 총액을 기재한다.

(6) 청구기관 진료형태 구분

- 진료형태별 청구코드번호는 아래와 같다.

1 : 의과입원, 보건기관입원
2 : 의과통원, 보건기관통원
3 : 치과입원
4 : 치과통원
5 : 한방입원
6 : 한방통원

7 : 약국

(7) 간병료 산정현황

⑮ 간병료 산정현황

의료기관에서 산재근로자에게 간병을 제공한 경우 기재한다.

㉮ 간호인력 확보수준(간호등급)

＊ 서면은 해당 구분란에 간호등급을 "숫자"로 기재

↘ 예시 :

⑮간병제공현황	㉮간호인력확보수준(간호등급)
	5 등급

＊ 전자문서는「건강보험 행위 급여 · 비급여 목록표 및 급여 상대가치점수 제2부 제1장 〔산정지침〕 2. 입원료 등 라. 간호인력확보수준에 따른 입원환자 간호관리료차등제에 분류된 1등급 내지 7등급에 해당하는 간호등급 구분자를 기재한다.

- (1) : 간호등급 1등급 내지 4등급 의료기관
- (2) : 간호등급 5등급 내지 7등급 의료기관 및 요양병원

㉯ 간병료청구기간

의료기관에서 실제 간병을 제공한 기간을 매월 단위로 구분하여 아래유형에 따라 기재한다. 단, 중환자실, 회복실 또는 폐쇄병동 입원기간은 간병대상에서 제외한다.

↘ 예시 :

▶ 2009. 7. 15 ~ 2009. 9. 15. 간병료를 청구할 경우 ⇨ 2009. 7. 15 ~ 7. 31. / 2009. 8. 1 ~ 8. 31. / 2009. 9. 1 ~ 9. 15. 구분 기재 ▶ 기재유형 : CCYYMMDD ~ CCYYMMDD

㉰ 간병 병상 수

의료기관에서 실제 간병을 제공하는 운영 병실의 병상수로 일별 병상 수의 총합을 기재

↘ 예시 :

▶ 간병이 제공된 병실의 총 병상수가 20병상이고 간병을 제공한 총일수가 31일인 경우 ⇨ 20병상 수 × 31일 = 620병상

㉣ 간병인 수

의료기관에서 실제 간병을 제공하는 병실에서 간병업무에 종사하는 간병인수로 일별 간병인 수의 총합을 기재. 단, 15일 이상 장기 휴가자는 제외

↘ 예시 :

▶ 간병을 제공한 총일수가 31일이고 서비스를 제공한 간병인수가 15일간 18명, 16일간 17명인 경우 ⇨ (18명×15일) + (17명×16일) = 542명

㉤ 병상수 대 간병인 수의 비

간병 병상수를 간병인 수로 나눈 비율을 소수점 둘째 자리에서 절사하여 기재하되

↘ 예시 :

▶ 20병상에 투입된 간병인수가 15일간은 18명, 16일간은 17명일 경우 ⇨ 20병상×31일/{(18명×15일)+(17명×16일)} = 620 / 542 = 1.143 : 1 = 1.1 : 1 〔※ 구분자 코드(4) 기재〕

• 전자문서는 해당비율에 해당하는 구분자를 기재

(1) : 1:1 이하인 경우

(2) : 1:1 초과 1.5:1 미만인 경우

(3) : 1.5:1 이상 2;1 미만인 경우

(4) : 2:1 이상인 경우

• 서면은 해당 구분란에 간병비율을 직접 "숫자"로 기재

↘ 예시 :

⑮간병제공현황	㉤병상수 대 간병인 수의 비
	1.1 : 1

* 간병인 현황을 첨부해야 하는 경우

* **간병인 현황** 간병인 이름, 주민번호, 간병인 면허(자격)번호, 간병인자격 취득일자, 입사일자, 퇴사일자를 기재 최초 제출시에는 간병인 인력을 모두 입력하지만 두 번째 제출시 부터는 기 등록된 간병인 현황과 변동된 사항만 기재 – 입사일(최초근무일) : 직접 고용한 경우에 입사일을 기재하고, 직접 고용하지 않은 경우에는 최초 근무일을 기재 – 퇴사일(근무종료일) : 직접 고용한 경우에 퇴사일을 기재하고, 직접 고용하지 않은 경우에는 근무 종료일을 기재, 계속 근무시는 99991231로 기재 • "전자문서"는 명일련단위 특정내역 구분코드 MB001로 기재 X(성명20)/9(주민등록번호13)/9(면허(자격)번호11)/9(취득일자8)/9(입사일8)/9(퇴사일8) • "서면"의 경우 간병인 현황을 서류로 직접 제출

(8) 급여구분

급여구분(진료비 · 약제비)을 반드시 구분하여 구분자를 기재한다.

• 서면은 해당란에 "✓"로 기재

□ (1) : 진료비　　□ (2) : 약제비

(9) 첨부

* 청구기관(의료기관 · 약국)에서 청구시 첨부 자료의 부수를 기재한다.
* 진료비 · 약제비 명세서 : 해당 청구건의 명세내역서 첨부 부수를 기재한다.
* 진료비 · 약제비 청구관련 자료 : 해당 청구건의 명세내역 관련 보완자료 첨부 부수를 기재한다.
  명세서 일련번호를 표기하여 명세서 일련번호 순서로 첨부한다.
  관련자료는 명세서 일련번호별로 하되 유형별로 묶는다.
* 처방전 : 해당 청구건의 총 처방전 매수를 기재한다.

(10) 청구일자

• 서면은 청구일자를 청구 년, 월, 일 숫자로 기재한다.

• 전자문서는 청구일자를 아래 유형(8자리)으로 기재한다.

– 청구일자 : CCYYMMDD

(11) 청구인

청구기관(의료기관 · 약국)의 대표자(개설자)가 청구내용 및 금액을 확인 한 후 성명을 기재하고 서명 또는 날인한다.

(12) 인감대체기호

청구기관(의료기관 · 약국) 대표자(개설자)의 인감대체기호를 기재한다.

(13) 인증결과

전자문서의 위조 및 변조여부를 점검할 수 있는 검증결과 값을 생성하여 기재

2) 진료비 명세서

□ 의 · 치과(별지 제11호 서식), 한의과(별지 제12호 서식)

(1) 서식번호

명세서 고유번호로서 타 서식과 구분할 수 있는 번호로 타 서식과 구분할 수 있도록 번호를 기재하여야 한다. 서면은 별도의 기재를 생략하며 전자문서의 경우 서식번호는 다음과 같다.

① 서면 : 별도 기재생략

② 전자문서 :

• M311	산재보험 진료비 명세서(의 · 치과)
• M312	산재보험 진료비 명세서(한의과)
• M321	합병증 등 예방관리비용 명세서(의 · 치과)
• M322	합병증 등 예방관리비용 명세서(한의과)
• M331	진폐건강진단비용 명세서

(2) 사업구분

• 서면 : 사업구분별 해당되는 청구서에 "✓" 로 기재한다.

• 전자문서 : 사업구분별 해당되는 구분자를 기재한다.

ㅁ (1) : 요양급여비용 : 요양 중인 산재근로자 진료에 소요된 비용

ㅁ (2) : 합병증 등 예방관리비용 : 산재보험 합병증 등 예방관리대상자 진료에 소요된 비용

ㅁ (3) : 진폐건강진단비용 : 진폐법 적용사업의 분진작업 근로자에 대한 건강진단에 소요된 비용

(3) 청구구분

* 보완청구, 추가청구(진료내역 일부 누락분 추가청구)시 구분코드를 기재

코 드 : ㅁ (1) : 보완청구 ㅁ (2) : 추가청구

* 접수번호 : 보완청구, 추가청구의 경우 최초 청구한 명세서의 접수번호를 기재

* 명세서일련번호 : 보완청구, 추가청구의 경우 최초 청구한 명세서의 일련번호를 기재

* 사유코드 : 보완청구의 경우 최초 청구한 명세서 내역 중에서 심사불능 사유를 기재

[별지 제11호서식]

진료비 명세서

(의 · 치과용)

서식번호				
사업구분	□ 산재보험 요양급여비용 □ 합병증 등 예방관리비용 □ 진폐건강진단비용			

산재근로자 인적사항 등						
	성명		주민등록번호		소속사업장명	
	재해일자	년 월 일	진료기간	년 월 일 ~ 년 월 일 ( )일간	실진료일수	( )일
	진료개시일	년 월 일	중환자실 입원 □	년 월 일 ~ 년 월 일 ( )일간	퇴원약투약일수	( )일
			간병료청구	유 □ · 무 □	간병범위	( )호
	진료구분	□입원( ) □통원( ) ①일반 ②요양장기(정액) ③치과 ④특별진찰 ⑤병행진료 ⑥진폐 ⑦정밀진단 ⑧신체감정 ⑨건강진단1차 ⑩건강진단2차 ⑪.⑫사용유보				
	치료구분	( ) ① 치유 ② 사망 ③ 요양 중 사망 ④ 전원 ⑤ 계속				

상 병 명	분류기호	상병명	분류기호	수술코드	진료과목	치식도

내원일	1	2	3	4	5	6	7	8	9	10	11	12	13	14	15	16	17	18	19	20	21	22	23	24	25	26	27	28	29	30	31

구 분			기본진료.약제.특정재료(I)	진료행위(II)
1. 진찰료 (외래관리료 포함)	①초진	회	원	야간.공휴 회
	②재진	회	원	야간.공휴 회
	③의약품관리료	일	원	
	④응급 및 회송료	회	원	
	⑤가정간호기본방문료	회	원	
	⑥만성질환관리료	회	원	
	⑦선택진료비	회	원	
2. 입원료	①일 반	일	원	
	②내과, 정신과	일	원	
	③중환자실	일	원	
	④격리병실	일	원	
	⑤상급병실	일	원	
	⑥기 타	일	원	
	⑦기본식대		원	
	⑧가산식대		원	
3. 투약료 및 처방전	①내 복	일분	원	원
	②외 용	일분	원	원
	③처방전	회		
4. 주사료	①피하또는근육내	일	원	원
	②정맥내	일	원	원
	③수액제	일	원	원
	④기 타	일	원	원
	⑤특정 재료	일	원	
	⑥수 혈	회	원	원
5. 마취료	①마취	회	원	원
	②선택진료비	회	원	원
6. 이학요법료	①이학요법료	종	원	원
7. 정신요법료	①정신요법료	종	원	원
8. 처치 및 수 술 료	①처치 및 수술	종	원	원
	②캐스트	회	원	원
	③선택진료비	회	원	원
9. 검사료	①자체검사	종	원	원
	②위탁검사관리		원	
	③위탁검사	종	원	
10.영상진단 및 방사선 치료료	①진 단	종	원	.원
	②치 료	종	원	원
	③선택진료비	회	원	원
L.요양장기(정액)		일	원	
S. 특수장비	①CT	회	원	원
	②MRI	회	원	원
	③PET	회	원	원
51.간병료	①간병료	일	원	
52.선택진료	①선택진료(특별진찰)	회	원	
53.치과보철	①치과보철	종	원	
54.재활보조기구	①재활보조기구	종	원	
	②처방및검수료	종	원	
55.통합재활훈련(삭제)	①통합재활훈련	종	원	
56.초음파(삭제)	①초음파	종	원	
57.수수료	①발급 · 확인수수료	종	원	
58.이송료	①이송료	회	원	
59.치료보조기구	①치료보조기구	종	원	
99.기타	①기타		원	원
특수장비총액				원
11. 소 계			원	원
12. 가 산 율			%	원
13. 청 구 액				원

처방전 교부번호				처방일수		
점검번호						
약품코드	약품명		1회투약량	1일투여횟수	총투약일수	
코드	코드명	진료기간	단가	수량	일수	금액
특정내역						

※ 심사내역	항	목	조정금액	I.II	항	목	조정금액	I.II
일련번호		※전체조정 계						

[별지 제12호서식]

서식번호					진료비 명세서 (한의과용)
사업구분	□ 산재보험 요양급여비용 □ 합병증 등 예방관리비용				

산재근로자 인적사항 등						
	성명		주민등록번호		소속사업장명	
	재해일자	년 월 일	진료기간	년 월 일 ~ 년 월 일 ( )일간	실진료일수	( )일
	진료개시일	. 년 월 일	중환자실 입원 □	년 월 일 ~ 년 월 일 ( )일간	퇴원약투약일수	( )일
			간병료청구	유 □ · 무 □	간병범위	( )호
	진료구분	□ 입원( ) □ 통원( ) ①일반 ②요양장기(정액) ③특별진찰 ④병행진료 ⑤신체감정 ⑥사용유보 ⑦ 사용유보				
	치료구분	( ) ① 치유 ② 사망 ③ 요양 중 사망 ④ 전원 ⑤ 계속				

한방상병명	한방상병분류기호	양방상병명	양방상병분류기호	진료과목

내원일	1	2	3	4	5	6	7	8	9	10	11	12	13	14	15	16	17	18	19	20	21	22	23	24	25	26	27	28	29	30	31

구	분		기본진료, 약제 (I)	진료행위 (II)	코드	코드명	진료기간	단가	수량	일수	금 액
1. 진찰료 (외래관리료 포함)	①초진	회	원	야간.공휴 회							
	②재진	회	원	야간.공휴 회							
	③기타		원								
	④가정간호기본방문료	회	원								
	⑤선택진료비	회	원								
2. 입원료	①일반	일	원								
	②내과,정신과	일	원								
	③중환자실	일	원								
	④상급병실	일	원								
	⑤기타	일	원								
	⑥기본식대		원								
	⑦가산식대		원								
3. 투약료	①내복약	일분	원								
	②처방·조제·복약지도료	일분		원							
4.시술 및 처치료	①침술	회		원							
	②구술	회		원							
	③부항술	회		원							
	④처치료	회		원							
	⑤기타	회		원							
5. 검사료	①양도락검사	회		원							
	②맥전도검사	회		원							
	③경락기능검사	회		원							
	④기타	회		원							
6. 한방물리요법	①	종	원	원							
51.간병료	①간병료	일	원								
52.선택진료	①선택진료 (특별진찰)	회	원								
57.수수료	①발급 · 확인수수료	종	원								
58.이송료	①이송료	회	원								
60.한방 첩약 및 탕전료	①첩 약	첩	원								
	②탕전료	일	원								
99.기타	①기타		원	원							
00.	사용유보										
00.	사용유보										
00.	사용유보										
00	사용유보										
11. 소 계			원	원							
12. 가 산 율			%	원							
13. 청 구 액				원							

특정내역

※	항	목	조정금액	I, II	항	목	조정금액	I, II
심사 내역								
일련번호		※전체조정 계						

서면청구는 보완청구, 추가청구의 경우 최초 청구한 명세서의 접수번호 및 명세서의 일련번호를 기재하여 청구하되, 청구서와 명세서의 우측 하단 여백에 적색으로 “보완청구” 또는 “추가청구”를 표기

(4) 산재근로자 인적사항 등

산재근로자 인적사항 등 기재

① **성명**

산재근로자의 성명을 한글로 기재하되 반드시 성과 이름을 붙여서 기재

외국인 산재근로자는 외국인등록증 상 영문대문자를 기재

외국인등록이 안되어 있는 경우 여권 상 영문대문자를 기재(「성(last name) + 이름(first name) + middle name」 순으로 입력하고 성과 이름, 이름과 이름사이는 한 칸 띄움

↘ 예시 :

성 : mohammad, 이름 : emon ali	
서면 기재	MOHAMAD✓EMON✓ALI(✓표시는 한 칸 띄우기)
전자문서 기재	MOHAMAD✓EMON✓ALI(✓표시는 한 칸 띄우기)

※ 영문(60자), 한글(30자)

② **주민등록번호**

산재근로자의 주민등록번호를 기재하되 생년월일 다음의 “−”는 기재 생략

외국인 산재근로자는 외국인등록번호 기재. 단, 외국인등록을 하지 않은 경우 근로복지공단에서 부여한 직권번호로 기재

③ **소속사업장명** : 산재근로자가 업무상 재해발생 당시 소속된 사업장명을 기재

④ **재해일자** : 해당 산재근로자가 최초의 업무상 재해로 인하여 부상하거나 발병한 연월일을 기재

- 유형 : CCYYMMDD

⑤ **진료개시일** : 해당 의료기관에 산재근로자가 진료 받은 초일을 기재

- 유형 : CCYYMMDD

⑥ **진료기간** : 청구 월 해당 청구명세서의 진료 시작일과 종료일을 기재

진료기간을 아래 유형(8자리)으로 기재

- 유형 : CCYYMMDD − CCYYMMDD

⑦ **실진료일수** : 해당 명세서 건에 실제 진료한 일수를 기재(입원은 입원일수, 통원은 내원일수)

↘ 예시 :

입원 : 2009. 1. 1 ~ 1. 28. (28일) ⇨ 실진료일수 (28)일
통원 : 2009. 1. 1 ~ 1. 28. (내원일 : 1, 2, 3, 4, 5, 6) ⇨ 실진료일수 (6)일

⑧ **간병료청구 · 간병범위**

의료기관에서 산재근로자에게 제공한 간병료를 청구할 경우 "간병료청구 유 · 무" 해당란에 기재하고 산재보험법 시행규칙 제11조제2항에 따른 간병의 범위 1호 내지 10호에 해당하는 구분자 기재

- 전자문서는 해당되는 구분자를 기재
- 서면은 "유□ · 무□"에 "✓"로 기재하고 간병범위 괄호에 "숫자"로 기재

↘ 예시 :

간병료청구	유 ☑ 1 · 무□2.	간병범위	(00) 호

〈간병의 범위〉

1 : 두 손의 손가락을 모두 잃거나 사용하지 못하게 되어 혼자 힘으로 식사를 할 수 없는 사람
2 : 두 눈의 실명 등으로 일상생활에 필요한 동작을 혼자 힘으로 할 수 없는 사람
3 : 뇌의 손상으로 정신이 혼미하거나 착란을 일으켜 일상생활에 필요한 동작을 혼자 힘으로 할 수 없는 사람
4 : 신경계통 또는 정신의 장해로 의사소통을 할 수 없는 등 치료에 뚜렷한 지장이 있는 사람
5 : 체표면적의 35퍼센트 이상에 걸친 화상을 입어 수시로 적절한 조치를 할 필요가 있는 사람
6 : 골절로 인한 견인장치 또는 석고붕대 등을 하여 일상생활에 필요한 동작을 혼자 힘으로 할 수 없는 사람
7 : 하반신 마비 등으로 배뇨 · 배변을 제대로 하지 못하거나 욕창 방지를 위하여 수시로 체위를 변경 시킬 필요가 있는 사람
8 : 업무상 질병으로 신체가 몹시 허약하여 일상생활에 필요한 동작을 혼자 힘으로 할 수 없는 사람
9 : 수술 등으로 일정 기간 거동이 제한되어 일상생활에 필요한 동작을 혼자 힘으로 할 수 없는 사람
10 : 그 밖에 부상 · 질병 상태가 제1호부터 제9호까지의 규정에 준하는 사람

⑨ **중환자실 입원** : 해당 명세서의 산재근로자 입원기간 중 중환자실에 입원한 기간을 "□"에 "✓"로 기재하고 진료연월일 기재

↘ 예시 :

▶ 진료기간 : 2009. 1. 1 ~ 2009. 1. 28. (28일) ⇨ 실진료일수 (28)일
▶ 중환자실 입원 ☑ : 2009. 1. 1 ~ 2009. 1. 15. (15)일
▶ 기재유형 : CCYYMMDD ~ CCYYMMDD ,DD

⑩ **퇴원약 투약일수** : 입원인 경우에 기재하며, 퇴원당일 처방된 퇴원약 투여일수를 기재

⑪ 진료구분

서 면	진료구분을 선택 "✓" 기재하고 진료형태(의 · 치과, 한의과)에 따른 아래 해당항목을 선택하여 괄호 안에 "숫자"로 기재 ▶ 진료구분 : □ 입원 ( ), □ 통원 ( )		
구 분	의과 · 치과	한의과	내 용
①	일반	일반	②~⑫를 제외한 의과 일반 요양
②	요양장기(정액)	요양장기(정액)	요양병원 장기환자
③	치과		치과
④	특별진찰	특별진찰	공단의 진찰요구에 의한 요양
⑤	병행진료	병행진료	병행진료 환자를 진료한 경우
⑥	진폐		'산재법'에 따른 진폐 환자로 진폐요양기관에서 요양
⑦	정밀진단		'산재법'에 따른 정밀진단대상자로 정밀진단기관에서 요양
⑧	신체감정	신체감정	보험급여 일시지급의 신청을 위해 신체감정을 한 경우
⑨	건강진단1차		'진폐법'에 따른 분진작업 대상자를 건강진단검사 한 경우
⑩	건강진단2차		'진폐법'에 따른 분진작업 대상자를 건강진단검사 한 경우
⑪	사용유보		
⑫	사용유보		

전자문서	아래에서 해당되는 구분자를 기재							
구 분	의과 · 치과				한의과			
①	입원 일반	②	통원 일반	①	입원 일반	②	통원 일반
③	요양장기(정액)			③	요양장기(정액)		
④	입원 치과	⑤	통원 치과	④	입원 특별진찰	⑤	통원 특별진찰
⑥	입원 특별진찰	⑦	통원 특별진찰	⑥	입원 병행진료	⑦	통원 병행진료
⑧	입원 병행진료	⑨	통원 병행진료	⑧	입원 신체감정	⑨	통원 신체감정
⑩	입원 진폐	⑪	통원 진폐	⑩	사용유보	⑪	사용유보
⑫	입원 정밀진단	⑬	통원 정밀진단				
⑭	입원 신체감정	⑮	통원 신체감정				
⑯	입원 건강진단1차	⑰	통원 건강진단1차				
⑱	입원 건강진단2차	⑲	통원 건강진단2차				
⑳	사용유보						

⑫ 치료구분

해당 명세서 작성 시 최종 진료일의 산재근로자 상태를 구분하여 기재

- 서면은 치료구분을 선택하여 괄호 안에 "숫자" 기재
- 전자문서는 아래 ① ~ ⑤ 중 해당되는 구분자를 기재

① 치유 : 부상 또는 질병이 완치되거나 치료의 효과를 더 이상 기대할 수 없고 그 증

상이 고정된 상태

② **사망** : 최초요양 접수되기 전에 사망한 경우

③ **요양 중 사망** : 요양기간 중 사망한 경우

④ **전원** : 해당 의료기관에서 치료를 위하여 다른 의료기관으로 옮겨가는 경우

⑤ **계속** : 해당 명세서 건 작성 시 최종 진료일 당시 입원 중이거나 계속 통원이 예정된 경우

(5) 상병명. 상병분류기호

해당 명세서의 산재근로자 산재승인 상병명에 해당하는 분류기호를 기재하되, 통계청 고시에 의거 "한국표준질병사인분류(K.C.D)"의 분류기호를 주상병, 부상병 순으로 기재

- **주상병** : 진료기간 중 최종적으로 진단 받은 병태 및 환자가 여러 질환을 동시에 가진 경우에는 진단이나 치료에 대한 환자의 요구가 가장 컸던 질환 즉, 의료자원을 가장 많이 사용하게 했던 질환을 기재(단, 주상병은 1개만 기재)
- **부상병** : 진료기간 중 주상병과 함께 있었거나 발생된 병태로서 환자 진료에 영향을 주었던 상병은 두 번째 자리부터 중요도 순으로 기재

(영문자는 반드시 대문자로 기재하고 '·' 또는 *, + 등 특수기호는 기재 생략)

(6) 진료과목

해당 명세서에 실제 진료를 받은 진료과목(병원) 또는 상병명에 해당하는 진료과목을(의원) 기재하되, 진료과목이 2개 이상에 해당하는 경우 진료 받은 진료과목 모두 기재

"진료과목"은 실제 진료를 받은 진료과목(병원 이상) 또는 상병명에 해당되는 진료과목(의원)을 아래 코드로 기재하되, 진료과목이 2개 이상에 해당되는 경우에는 이를 모두 기재하여야 한다.

＊ 진료과목 및 특정내역 구분코드표

진료과목	코드번호	진료과목	코드번호
내　　과	01	방사선종양학과	17
신 경 과	02	병 리 과	18
정신건강의학과	03	진단검사의학과	19

외　　과	04	결　핵　과	20
정 형 외 과	05	재 활 의 학 과	21
신 경 외 과	06	핵 의 학 과	22
흉 부 외 과	07	가 정 의 학 과	23
성 형 외 과	08	응 급 의 학 과	24
마취통증의학과	09	직업환경의학과	25
산 부 인 과	10	예 방 의 학 과	26
소아청소년과	11	치　　과	50
안　　과	12	한　　방	80
이 비 인 후 과	13	보 건 기 관	90
피　부　과	14		
비 뇨 의 학 과	15		
영 상 의 학 과	16		

(7) 치식도

치식번호를 우상, 좌상, 우하, 좌하 순으로 일렬로 위치한 뒤 상병명과 관련된 치식번호 위치에 영구치는 '*'를, 유치는 '#'를 기재

↘ 서면 예시

> ▶ 영구치인 경우(복합상병 시)
> 부위 및 상병명 :　| 4 5 6　　만성치수염(분류기호 K05.3)

(8) 내원일

진료구분이 통원인 경우 기재하며 실제 내원한 일자를 모두 기재

- 전자문서는 월별로 명세서를 통합하여 작성하는 경우 당월에 초진 또는 재진으로 당해 의료기관에 실제 내원한 날짜에 '1'을 기재
- 서면은 당해 요양기관에 실제 내원한 일자마다 각각 'ㅇ'으로 표기

(9) 처방내역

처방전을 교부한 경우에 기재

① **처방전교부번호** : 의료기관에서 부여하는 번호로서 처방전교부일과 처방전 교부순서에 따른 일련번호를 연이어 기재

• 유형 : CCYYMMDD+(일련번호)

CCYYMMDD : 처방전교부 년.월.일(8자리)

일련번호 : 해당 처방전 교부년.월.일에 발생한 처방전의 일련번호(5자리)

② **처방일수** : 해당 처방전에 의하여 조제투약 하도록 처방한 일수를 기재

③ **줄번호** : 처방전교부번호별로 처방약품의 일련번호를 4자리숫자로 연이어 부여 기재

• 유형(3번째 줄번호인 경우 다음과 같이 기재) : 0003

④ **약품코드**

처방약품의 코드를 구분하는 구분자를 기재

• 전자문서는 코드를 기재할 경우는 반드시 해당 구분자를 기재

• 서면은 코드구분에 해당되는 약품에 대한 코드를 직접 기재

〔코드구분〕

3 : 보험등재약(약제급여 · 비급여목록 및 급여상한금액표에 수록된 코드)

4 : 원료약, 요양기관 자체 조제(제제)약

5 : 보험등재약의 일반(성분)명

⑤ **약품명**

• 전자문서는 처방약품의 보험등재약 또는 일반명 코드, 원료약 코드를 기재

• 서면은 처방약품의 보험등재약 또는 일반명 코드, 원료약에 해당되는 약품에 대한 약품명 등을 직접 기재

– 산재근로자에게 교부한 처방전의 사본을 명세서에 첨부하는 경우에는 처방내역은 기재하지 않아도 무방

– 약사법의 관련 규정에 해당되어 원내 투약한 경우에는 "분류"란에 "의약분업 예외구분코드"의 해당 코드와 의약품명을 함께 기재

⑥ **1회 투약량** : 1회 투약량(소수 셋째자리에서 4사5입하여 소수 둘째자리까지 기재)을 기재

⑦ **1일 투여횟수** : 1일 투여횟수를 기재

⑧ **총 투약일수** : 총 투약일수를 기재

(10) 진료내역

① **줄번호** : 진료코드에 일련번호를 4자리 숫자로 부여하되, 항, 목 순으로 연이어 부여 기재

• 유형(103번째 줄번호인 경우 다음과 같이 기재) : 0103

② 항 번호

* 의과 · 치과는 "진찰료"항부터 "기타"항까지 22개 항에 부여된 번호를 기재

01: 진찰료　02: 입원료　03: 투약료 및 처방전
04: 주사료　05: 마취료　06: 이학요법료
07: 정신요법료　08: 처치 및 수술료　09: 검사료　10: 영상진단 및 방사선 치료료
L: 요양장기(정액) : 요양병원 장기환자에 해당
S: 특수장비
51: 간병료　52: 선택진료　53: 치과보철　54: 재활보조기구
55: 통합재활훈련　56: 초음파　57: 수수료　58: 이송료
59: 치료보조기구　99: 기타

* 한의과는 "진찰료"항부터 "기타"항까지 12개 항에 부여된 번호를 기재

01: 진찰료　02: 입원료　03: 투약료　04: 시술 및 처치료
05: 검사료　06: 한방물리요법
51: 간병료　52: 선택진료　57: 수수료　58: 이송료
60: 한방 첩약 및 탕전료　99: 기타

* 서면은 명세서 중단 좌측 란에 "요양급여의 내역과 처방 내역"을 구분한 내역에 따라 회(종), 기본진료, 약제, 특정재료(Ⅰ)에 해당하는 금액, 진료행위(Ⅱ)에 해당하는 금액을 각각 구분 기재
  - ▶ "기본진료, 약제, 특정재료(Ⅰ)"란은 기본진료료, 의약품관리료, 약제, 치료재료 및 혈액 등 요양기관 종별 가산율이 적용되지 아니하는 비용 기재
  - ▶ "진료행위(Ⅱ)"란은 요양기관 종별 가산율이 적용되는 비용 기재

③ 목번호

* 의과 · 치과는 22개 항의 소분류 단위로 부여된 번호 기재

■ 목번호 분류 예시

– 진찰료항
01: 초진　02: 재진　03: 의약품관리료　04: 응급 및 회송료
05: 가정간호기본방문료　06: 만성질환관리료　07: 선택진료비

– 입원료항
01: 일반　02: 내과 · 정신과　03: 중환자실　04: 격리병실　05: 상급병실

06: 기타 07: 기본식대 08: 가산식대

– 투약료 및 처방전항

01: 내복약 02: 외용약 03: 처방전

– 주사료항

01: 피하또는근육내 02: 정맥내 03: 수액제 04: 기타 05: 특정재료 06: 수혈

– 마취료항

01:마취료 02: 선택진료비

– 이학요법료항

01: 이학요법료

– 정신요법료항

01: 정신요법료

– 처치 및 수술료항

01: 처치 및 수술(치과포함) 02: 캐스트 03: 선택진료비

– 검사료항

01: 자체검사 03: 위탁검사

– 영상진단 및 방사선치료료항

01: 진단 02: 치료 03: 선택진료비

– 요양장기(정액)항

01:

– 특수장비항

01: CT진단 02: MRI진단 03: PET진단

– 간병료항

01: 간병료

– 선택진료료항

01: 선택진료료(특별진찰 시 발생한 전체 항목 진료비에 대한 합)

– 치과보철료항

01: 치과보철

– 재활보조기구항

01: 재활보조기구 02: 재활보조기구 처방 및 검수료

– 통합재활훈련항

01: 통합재활훈련

– 초음파항

01: 초음파

– 수수료항

01: 발급 · 확인수수료

– 이송료항

01: 이송료

– 치료보조기구항

01: 치료보조기구

– 기타항

01: 기타

* 한의과는 12개 항의 소분류 단위로 부여된 번호 기재

■ 목번호 분류 예시

– 진찰료항

01: 초진 02: 재진 03: 기타 04: 가정간호기본방문료 05: 선택진료비

– 입원료항

01: 일반 02: 내과 · 정신과 03: 중환자실 04: 상급병실

05: 기타 06: 기본식대 07: 가산식대

– 투약료항

01: 내복약 02: 처방 · 조제 · 복약지도료

– 시술 및 처치료항

01: 침술 02: 구술 03: 부항술 04: 처치료 05: 기타

– 검사료항

01: 양도락검사 02: 맥전도검사 03: 경락기능검사 04: 기타

– 한방물리요법료항

01: 이학요법료

– 간병료항

01: 간병료

- 선택진료료항
  01: 선택진료료(특별진찰 시 발생한 전체 항목 진료비에 대한 합)
- 수수료항
  01: 발급 · 확인수수료
- 이송료항
  01: 이송료
- 한방 첩약 및 탕전료항
  01: 첩약　　　02: 탕전료
- 기타항
  01: 기타

(서면)

* 서면 요양급여의 내역은 진찰료, 입원료(식대 포함), 투약료 및 처방전, 주사료, 마취료, 이학요법료, 처치 및 수술료, 검사료, 영상진단 및 방사선 치료료, 요양장기(정액), 특수장비, 간병료, 선택진료료, 양도락검사, 맥전도검사, 경락기능검사 등....... 순서로 코드, 진료기간, 단가, 수량(1일 투여량 또는 실시횟수), 일수(총투여일수 또는 실시횟수), 금액을 각각 기재

④ 간병료 청구방법

➡ "간병료 청구"는 반드시 의료기관에서 실제 간병을 제공한 기간을 기재

↘ 예시 : 진료비 청구기간이 2009. 1. 1 – 2009. 1. 31. 기간 중에 A환자에게 2회에 걸쳐 간병을 제공한 경우 간병료 진료기간을 아래와 같이 분리하여 기재

코드	코드명	진료기간	단가	수량	일수	금액
99324	간호4등급 미만 일반의료기관 및 요양병원 – 간병2등급 – 간병비율 2:1 이상	2009. 01. 01 – 2009. 01. 12.	30,470	1	12	365,640
99324	간호4등급 미만 일반의료기관 및 요양병원 – 간병2등급 – 간병비율 2:1 이상	2009. 01. 20 – 2009. 01. 31.	30,470	1	12	365,640

■ 간병료 산정에 따른 시설 · 인력현황 및 간병필요에 대한 의사의 소견서 제출 시 청구 방법

㉠ "전자문서"는 (4. 진료과목 및 특정내역 구분코드) 해당되는 항목의 줄번호단위 구분코드(JB001)로 기재

↘ 예시 :

발생단위구분	줄번호	특정내역구분	특정내역
2	00××	JB001	X(간병사유400)/ 9(면허번호6)/X(담당의사20) 간병사유 : 사유를 간단하고 구체적으로 기재

주 1) JB001 : "간병료 청구 관련 사항"인을 표시하는 특정내역 구분코드
2) '간병사유'는 평문(Free Text)으로 기재(한글 200자, 영문 400자)

㉡ "서면"의 경우 간병료 산정에 따른 시설 · 인력현황 및 간병필요에 대한 의사의 소견서는 서류로 직접 제출

- "서면" 청구시 검체검사 위탁의 경우 의뢰기관은 "검사료"란의 (Ⅰ)란에 ②위탁검사관리료, ③위탁검사료를 구분하여 각각 총 합산한 금액을 기재하되, ③위탁검사료에는 위탁검사 해당항목의 소정 검사료와 별도 산정 가능한 재료대를 합산하여 기재하여야 하며, 이 경우 해당 검사항목 뒷줄 여백에 검체검사 위탁 구분코드 "L"과 실시(수탁)한 요양기관의 "기호", "검사의뢰일"을 기재
- "서면" 청구시 의료법 제39조(시설 등의 공동이용)에 의거 의료자원(시설 · 장비 및 인력 등)을 공동이용하는 계약에 의한 경우에는 해당 진료항목 뒷줄 여백에 시설 등의 공동이용 진료구분자 "K"와 실시한 요양기관(수탁기관)의 "산재지정코드", "진료의뢰일"을 기재하며, 공동이용계약에 의한 경우가 아닌 시설 · 장비 및 인력 등을 보유한 다른 요양기관에 진료를 의뢰한 경우에는 해당 진료항목 뒷줄 여백에 위탁진료 구분자 "T"와 수탁한 의료기관의 "산재지정코드", "진료의뢰일"을 기재
- "서면" 청구시 상대가치점수표 제1부 1.일반기준 제3호에 의거 제2부 각 장에 분류되지 아니한 진찰 · 처치 · 수술 및 기타의 치료에 대한 요양급여를 실시한 경우에 우선적으로 행위의 내용 · 성격과 상대가치점수가 가장 유사한 분류항목으로 산정하는 경우에는 "준용" 항목임을 명시하고 해당코드 외에 실 진료행위 명칭을 기재

(서면 한의과)

- 서면 한의과 약제 단미엑스산제를 56개 고시처방에 의하지 아니하고 한의사 임의처방으로 투여하는 경우에는 분류란 상단에 처방명을 기재하고, 그 하단에 "한약제

제급여목록및상한금액표"에 등재된 단미엑스산제의 품명, 단가 등을 기재
- 서면 한의과 "처방 · 조제 · 복약지도료"란은 외래 또는 입(퇴)원환자에게 투약한 경우에 산정하며 "진료행위(Ⅱ)"란에 기재. 입원환자에 대하여 입원기간 중 투약한 경우에는 투약 1일당으로 산정하며, 퇴원환자에게 투약한 경우에는 퇴원익일부터 산정하되, 입원명세서의 "분류"란에 투약내역 기재 시 "퇴원약 ◯일분"이라고 기재
- 서면 한의과 "시술 및 처치료"란에 실시한 시술 및 처치명, 실시횟수, 금액을 "분류"란에 기재하고 실시횟수와 합계금액을 "구분"란과 "진료행위(Ⅱ)"란에 기재
- 서면 한의과 고정용 신축성 붕대 및 처치 시 사용된 재료대는 "4.시술 및 처치료 ⑤ 기타"란의 "기본진료약제(Ⅰ)"란에 기재
- 서면 한의과 변증기술료(40400)는 "4. 시술 및 처치료⑤기타"란의 "진료행위(Ⅱ)"란에 기재

⑤ **코드구분**

코드를 구분하는 구분자로서, 코드를 기재할 경우는 반드시 해당 구분자를 기재
- 서면은 코드구분에 해당되는 코드를 직접 기재

〔코드구분〕

1. 수가(상대가치점수표 등에 수록된 코드)
2. ~~준용수가~~
3. 보험등재약(약제급여 · 비급여목록 및 급여상한금액표에 수록된 코드)
4. 원료약, 의료기관 자체 조제(제제)약
8. 치료재료

⑥ **코드** : 진료수가, 보험등재약, 원료약, 조제 · 제제약, 치료재료를 기재

⑦ **진료기간** : 해당 명세서의 진료기간 내에서 해당 코드에 대해 실제로 투여 또는 실시한 기간을 아래 유형(8자리)으로 기재
- 유형 : CCYYMMDD~CCYYMMDD

⑧ **단가**

상대가치점수표상의 점수에 점수당 단가를 곱하여 10원미만은 4사5입한 금액을 기재

단, 약가, 치료재료, 원료약 등의 경우는 "약제 및 치료재료의 구입금액에 대한 산정기준"에 의한 단가를 기재

한의과 서면 "단가"란은 기준처방(임의처방)별 1일당 약가 또는 "한약제급여목록및상

한금액표"상의 단위가격을 기재하되, 기준처방(임의처방)별 1일당 약가는 원미만을 4사5입하여 금액을 정확히 기재. 단미엑스산제(분할 투여한 처방)인 경우 1일투여량 란에 1일 총투여량(소수 셋째자리에서 4사5입)을 기재하며, 총 투여일수 란에는 실투여일수를 기재. 금액은 기준처방(임의처방)별 1일당 약가 또는 "한약제제급여목록및상한금액표" 단위가격에 1일 투여량 및 총투여일수를 곱하여 금액란에 기재

⑨ **수량**

1일 투여량(소수 셋째자리에서 4사5입하여 소수 둘째자리까지 기재) 또는 투여(실시)횟수를 기재

단, 위탁검사의 경우 위탁검사관리료를 반영하여 1.1을 기재하며, 위탁진료, 개방병원진료 및 시설 등의 공동이용 진료시에는 실시(수탁)한 기관의 종별 가산율을 적용하여 기재

⑩ **일수** : 총 투여일수 또는 실시횟수를 기재

단, 수탁기관에 위탁한 진료(검사)료 산정시에는 총실시횟수(1일 진료(검사)실시 횟수 ×총실시일수)를 기재

⑪ **금액** : 단가×수량(1일투여량)×일수(총투여일수 or 실시횟수)를 계산한 후 원 미만은 4사5입하여 기재

(11) 소계

기본진료료, 약제 등 요양기관 종별가산율이 적용되지 않는 기본진료 · 약제 · 특정재료(Ⅰ), 요양기관 종별가산율이 적용되는 진료행위료(Ⅱ) 각각의 총합을 기재

(12) 가산율

건강보험 행위 급여 · 비급여 목록표 및 급여 상대가치점수 제2부 제2장 내지 제10장 및 제14장에 분류된 분류항목에 대하여 건강보험 요양기관 종별가산율에 '산업재해보상보험요양급여 산정기준 제4조'를 적용하여 종별가산율 기재

(13) 청구액

소계와 가산율 가산금액의 합을 기재하되 10원 미만은 절사한 금액을 기재

(14) 특정내역기재란

- 전자문서는 원내투약일수, 특정기호 등을 기재

■ 서면은 특정의 진료(조제)내역 및 청구내역에 대한 추가적 기술사항 등을 기재

① 발생단위구분 : 특정내역 발생 단위별로 해당 구분자를 기재
1 : 명세서단위, 2 : 줄번호단위

② 줄번호 : 진료내역의 줄번호단위로 특정내역을 기재할 경우에 해당 줄번호를 4자리 숫자로 기재(단, 명세서단위의 특정내역인 경우에는 기재하지 않음)

③ 특정내역구분 특정내역 : 당해 내역의 구분코드(4. 진료과목 및 특정내역 구분코드)를 특정내역 구분란에 기재하고 그에 해당되는 기술사항을 특정내역란에 기재

④ 인증결과 : 전자문서의 위조 및 변조여부를 점검할 수 있는 검증결과 값을 생성하여 기재

* **특정내역 구분코드**

➡ 특정의 진료(조제)내역 및 청구내역에 대한 추가적 기술사항 등을 기재

○ 항목의 특정내역 기재형식 중 숫자형은 9로, 문자형은 X로, 소숫점은 V로, 연월일은 CCYYMMDD로, 시간의 시 · 분은 HHMM으로 표기하며 괄호( )는 크기를 나타냄

➡ 특정내역 구분코드 MB001~MB004, JB001~JB004를 제외한 특정내역 코드의 작성요령은 보건복지부장관이 고시하는 내용을 따른다.

[명일련 단위]

구분코드	특정내역	기재형식	설 명
MS001	원내투약일수(경구 · 외용)	9(3)	의약분업예외사항이 발생하여 경구 또는 외용약제를 원내에서 조제 · 투약시 해당 명세서의 실 투약일수를 기재(입원인 경우 퇴원약 조제 · 투약일수까지 포함. 의 · 치과, 한방명세서 해당)
MS002	원내투약일수(주사제)	9(3)	주사제를 원내 투여한 경우 해당 명세서의 주사제 실 투여일수(인슐린 등 분할투여 주사제 포함)를 기재(입원인 경우 퇴원약 조제일수까지 포함. 의 · 치과명세서 해당)
MS003	의약분업 예외구분코드	9(2)	보건기관, 정신과 정액 의료급여명세서에서 의약분업예외사항에 해당되어 원내 직접조제한 경우 해당 예외구분 코드기재
MS005	낮병동 재원시간	ccyymmddhhmm/ ccyymmddhhmm	낮병동 입원시 해당 날짜와 재원기간 From/To를 기재

MS007	암질환 Stage 분류	X(4)/X(3)	등록 암환자가 C00~C97 상병으로 진료를 받은 경우 원발암 상병코드(3단 또는 4단)와 확인된 병기 Stage 분류를 기재 ※ MS008과 선택기재 가능 (예시) 위 유문부 악성 신생물로 Stage ⅢA 인 경우 "C164/3A"로 기재
MS008	암질환 TNM 분류	X(4)/X(4)/X(3)/X(3)	등록 암환자가 C00~C97 상병으로 진료를 받은 경우 원발암 상병코드(3단 또는 4단)와 확인된 병기 TNM 분류를 기재 ※ MS007과 선택기재 가능 (예시) 위 유문부 악성 신생물로 T2aN2M0 인 경우 "C164/T2a/N2/M0"로 기재
MS009	항암화학요법 투여단계 및 주기	9(1)/9(2)/9(2)	등록 암환자가 C00~C97 상병으로 항암화학요법제를 투여받은 경우 투여단계(line) 및 투여주기(Cycle)를 기재 ※투여주기는 2 cycle 이상인 경우 From/To를 모두 기재 (예시) 항암요법 1차(1st line)에 3주기(cycle) 투여시 "1/03/"로 기재 항암요법 1차(1st line)에 3주기부터 5주기(cycle)까지 투여시 "1/03/05"로 기재
MT001	상해외인	X(1)	■ 한국표준 질병 · 사인분류의 제20장에 의거 상병의 원인에 해당하는 분류기호중 영문 첫자리(V,W,X,Y)만 기재 ■ 양 · 한방과가 동시에 개설된 요양병원 및 보건의료원에서 양(한)방 입원 진료중 한(양)방 협의진료로 별도의 명세서 작성시 'C'를 기재
MT003	개방병원 진료시 의뢰기관기호	9(8)/9(1)	의료법 제33조의3(시설 등의 공동이용)의 규정에 의거 개원의가 참여하여 개방병원에서 입원 및 외래수술 등 요양급여를 행하고 동 소요비용을 개방병원에서 청구할 경우 진료를 의뢰한 요양기관(개원의원)기호 및 의뢰 당시 환자의 개원의원에서의 진료형태(입원: 1, 외래: 2)를 기재
MT004	소명자료 구분	X(1)	전산청구시 우편 또는 전송망 등으로 명세서와 관련된 소명자료를 첨부하는 경우 'Y'로 기재
MT010	폐렴정보	X(1)/X(1)/X(1)/X(1)/X(1)/X(1)/ccyymmdd	폐렴이 발생되어 행위별수가를 적용하는 경우 '폐렴 환자에 대한 점검표' 6항목의 해당유무(각 사항에 해당하면 "Y", 그렇지 않으면 "N")와 진단일을 순서대로 기재
MT011	패혈증정보	X(1)/X(1)/X(1)/X(1)/X(1)/ccyymmdd	패혈증이 발생되어 행위별수가를 적용하는 경우 '패혈증 환자에 대한 점검표' 5항목의 해당유무(각 사항에 해당하면 "Y", 그렇지 않으면 "N")와 진단일을 순서대로 기재
MT015	제출자료 목록표	X(2)	요양급여비용청구시 심사참고자료 등을 제출하는 경우 기재하되, 아래의 제출자료별 코드를 참조하여 '제출자료코드/제출자료코드/........' 형태로 기재

〈제출자료별 세부코드〉

구분	제출자료명	코드	제출자료명	코드
진료 기록부	입퇴원기록지	01	의사지시기록지	02
	수술기록지	03	마취기록지	04
	경과기록지	05	간호기록지	06
	집중치료실기록지	07	투약기록지	08
	신경차단술시술기록지	09	혈액투여기록지	10
	재활 · 물리치료기록지	11	방사선치료기록지	12
검사 결과지	검체검사결과지	21	조직병리검사결과지	22
	기능검사결과지	23	내시경, 천자 및 생검료 결과지	24
	골밀도검사결과지	25	핵의학영상진단결과지	26
	판독결과지	27	–	–

구분	제출자료명	코드	제출자료명	코드
영상 자료	X-RAY 필름	41	CD	42
	디스켓	43	Full PACS	44
	비디오테이프	45	Roll film	46
	Cine 필름	47	file (mail)	48
기타 자료	의사소견서	61	장기입원사유서	62
	집중치료실 장기입원사유서	63	교과서적자료 등 근거자료	64

MT016	제출자료 목록표 (기타)	X(200)	요양급여비용청구시 심사참고자료 등을 제출하는 경우 기재하되, 'MT015'에서 정한 제출자료 이외의 자료를 제출하는 경우 기재 – 평문(FreeText) ※영문(200자), 한글(100자)
MX999	기타내역	X(700)	기타 명세서 추기내역 기재 – 평문(FreeText) ※ 영문(700자), 한글(350자)
MB001	간병인 현황	X(20)/9(13)/9(11)/9(8)/9(8)/9(8)	최초 청구시에는 간병인 인력현황을 모두 기재하지만 2회차 제출시부터는 변경인력 현황만 기재(예 : 퇴사자,입사자 등) 이름/ 주민번호/ 면허(자격)번호/ 자격취득일자/ 입사일(최초근무일)/ 퇴사일(근무종료일) – 계속근무시 퇴사일은 99991231로 기재 – 간병인 현황에 대한 동 구분코드는 반드시 명일련 1번에 기재
MB002	병행진료	9(2)	진료구분을 '⑤병행진료'로 선택한 경우에 병행사유에 해당하는 코드 기재

<table>
<tr><td></td><td></td><td></td><td>
<table>
<tr><th>코드</th><th>병행진료사유</th></tr>
<tr><td>01</td><td>요양 중인 의료기관에 치과, 안과, 이비인후과, 비뇨의학과, 정신건강의학과, 피부과, 신경과, 흉부외과가 없어 병행진료한 경우</td></tr>
<tr><td>02</td><td>수술 후 상병상태를 확인하기 위해 수술한 의료기관에 병행진료한 경우</td></tr>
<tr><td>03</td><td>진폐환자가 폐암진단을 위해 상급종합병원에서 병행진료한 경우</td></tr>
<tr><td>04</td><td>진폐환자가 합병증 및 속발증이 발생하여 수술이 필요하여 병행진료한 경우</td></tr>
<tr><td>05</td><td>진폐환자가 상급의료기관에서 진료할 특별한 사유 발생으로 병행진료한 경우</td></tr>
<tr><td>06</td><td>요양 중인 의료기관에 MRI, CT 검사장비가 없어 병행진료한 경우</td></tr>
<tr><td>07</td><td>요양 중인 의료기관이 응급의료기관으로 지정되어 있지 않아 다른 산재보험 의료기관에서 응급처치를 한 경우</td></tr>
<tr><td>08</td><td>의과 산재보험 의료기관과 한의과 산재보험 의료기관에서 동시 진료가 필요하여 병행진료한 경우</td></tr>
<tr><td>09</td><td>전원요양 전 수술 등을 위한 검사가 필요하여 미리 전원요양을 하고자 하는 의료기관에 통원진료를 받는 경우</td></tr>
</table>
</td></tr>
<tr><td>MB003</td><td>특별진찰
선택진료료</td><td>X(20)/9(6)</td><td>진료구분을 의과 '④특별진찰'로 선택한 경우에 기재
담당의사명/담당의사 면허번호</td></tr>
<tr><td>MB004</td><td>최초입원일자</td><td>ccyymmdd</td><td>입원 청구 시 동일 의료기관에 최초 입원한 일자를 기재
– 입원기간 별 최초입원일자, 재입원 시에는 재입원 최초일자를 기재</td></tr>
</table>

[줄번호(확장번호)단위]

구분 코드	특정내역	기재형식	설 명
JB001	진료담당의사 간병필요 소견	X(400)/9(6)/X(20)	진료담당의사의 간병필요 소견을 기재 간병사유/담당의면허번호/담당의사명 ※"간병사유"는 간단하고 구체적으로 기재 평문(Free Text)으로 기재(한글 200자, 영문 400자)
JS001	마취과전문의	9(13)/9(6)/ X(20)	마취의사를 초빙하여 마취(바2) 실시한 경우 당해 마취의사의 내역 기재 (주민번호 기재시 "–"는 기재생략) 주민번호/자격번호/성명
JS002	의약분업 예외구분코드	9(2)	의약분업 예외사항 발생으로 의료기관에서 원내 조제 · 투약이 이루어진 경우 해당 예외구분코드(별표7. 의약분업예외구분코드 참조)를 기재하고, 원외처방발행기관에서 퇴장방지의약품 원외처방시 해당의약품의 사용장려비를 청구할 경우 구분코드 '99'를 기재

JS003	입원시각	ccyymmdd hhmm	0-6시 사이에 입원한 경우 해당 입원시간을 기재
JS004	퇴원시각	ccyymmdd hhmm	18-24시 사이에 퇴원한 경우 해당 퇴원시간을 기재
JS005	검체검사 위탁	9(8)/ccyymmdd	수탁기관에 검체검사를 의뢰한 경우 수탁기관기호와 검사의뢰일을 기재
JS006	시설 등의 공동이용 진료	9(8)/ccyymmdd	의료자원을 공동 이용하는 계약에 의하여 요양기관의 시설, 인력 및 장비 등을 공동이용하는 경우 실시기관의 요양기관기호와 진료의뢰일을 기재
JS007	개방병원 의뢰진료	9(8)/ccyymmdd	개원기관이 개방병원으로 검체검사 외 검사 등을 의뢰한 경우 개방병원의 요양기관기호와 의뢰일을 기재
JS008	위탁진료	9(8)/ccyymmdd	의료자원을 공동 이용하는 계약에 의한 경우가 아닌 시설 · 장비 및 인력 등을 보유한 다른 요양기관에 진료를 의뢰한 경우 실시한 요양기관기호와 의뢰일을 기재
JS009	준용명	X(700)	"상대가치점수표"에 분류되지 않은 항목을 "상대가치점수표"상의 비슷한 진료행위로 준용하여 'JJJJJJ'코드로 청구시 진료행위명과 산출식을 기재하고, 한의사의 임의처방 청구시에는 임의처방명을 기재 – 산재특정 진료수가분류코드인 'AAAAAA' 청구시에도 진료 행위명 기재 – 평문(FreeText) ※영문(700자), 한글(350자)
JS010	야간가산	ccyymmdd hhmm	진찰료 또는 수술 · 처치, 마취료 등 야간가산시 실시시간 기재
JS011	혈명코드	X(5)	한방 침술시 혈명코드 기재하되, 혈명코드가 두개 이상일 경우 "/"로 구분
JT001	확인코드	X(5)	진료행위에 대한 추가기술 사항을 구분하는 코드로서 확인코드가 여러개 발생할 경우"/"로 구분하여 기재
JT002	진찰료	9(2)/ccyymmdd	진찰료를 1일 2회 이상 산정시 기재 진료과목/진찰일/진료과목/진찰일...형태로 기재 (진료과목은 별표5.진료과목별 코드 참조)
JT003	중환자실	ccyymmdd/ ccyymmdd	중환자실에 입원한 경우 집중치료실 입원기간 From/To를 기재

<table>
<tr><td>JT006</td><td>DUR관련
확인 코드</td><td>연령금기인 경우:
X(1)/HHMM/X(9)/
X(30)/X(500)
상호금기인 경우:
X(1)/HHMM/
X(9),X(9)/
X(30)/X(500)</td><td>약국에서 처방조제시 상호금기 및 연령금기 약제에 대하여 처방의사에게 확인 후 조제시 기재
H/확인시간/관련조제약품코드(관련조제약품코드)/양측 확인자 성명/확인내용</td></tr>
<tr><td>JT007</td><td>치매검사결과</td><td>9(2)/ccyymmdd/9(1)
V9(1)/ccyymmdd/
9(1)/ccyymmdd</td><td>「MMSE 검사결과/검사실시일/CDR 검사결과/검사실시일/GDS 검사결과/검사실시일」 순서대로 기재</td></tr>
<tr><td>JT009</td><td>저함량 배수
조제 의약품
조제사유
(약국)</td><td>X(1)/X(200)</td><td>제조업자(수입자) · 성분 · 제형이 동일한 의약품 중 여러 함량으로 등재되어 있는 경우 고함량 의약품으로 조제하지 않고 저함량 의약품으로 배수 조제시 해당 조제사유를 기재 (처방 및 직접조제 모두 해당)
(조제사유코드가 'E'인 경우는 구체적인 사유를 함께 기재)
조제사유코드/구체적 사유
※ 구체적 사유는 평문(Free Text)으로 기재 (영문 200자, 한글 100자)

〈배수 조제사유별 코드〉
<table>
<tr><th>사 유</th><th>코드</th></tr>
<tr><td>용량 조절(titration) 중인 의약품</td><td>A</td></tr>
<tr><td>환자의 자가 조절이 필요한 의약품</td><td>B</td></tr>
<tr><td>투여시기 마다 1회 투약량을 달리하는 경우</td><td>C</td></tr>
<tr><td>처방전 발행의사에게 고함량 의약품으로의 처방변경이 불가능함을 확인 후 조제한 경우</td><td>D</td></tr>
<tr><td>기타 환자상태 등 고려 배수 조제가 불가피한 경우</td><td>E</td></tr>
</table></td></tr>
<tr><td>JT010</td><td>저함량
의약품
배수 처방
(조제)사유
(의료기관)</td><td>X(1)/X(200)</td><td>제조업자(수입자) · 성분 · 제형이 동일한 의약품 중 여러 함량으로 등재되어 있는 경우 고함량 의약품으로 조제하지 않고 저함량 의약품으로 배수 조제시 해당 조제사유를 기재 (처방 및 직접조제 모두 해당)
(조제사유코드가 'E'인 경우는 구체적인 사유를 함께 기재)
조제사유코드/구체적 사유
※ 구체적 사유는 평문(Free Text)으로 기재 (영문 200자, 한글 100자)

〈배수 처방(조제) 사유별 코드〉
<table>
<tr><th>사 유</th><th>코드</th></tr>
<tr><td>용량 조절(titration) 중인 의약품</td><td>A</td></tr>
<tr><td>환자의 자가 조절이 필요한 의약품</td><td>B</td></tr>
<tr><td>투여시기 마다 1회 투약량을 달리하는 경우</td><td>C</td></tr>
<tr><td>기타 환자상태 등 고려 배수 처방이 불가피한 경우</td><td>D</td></tr>
<tr><td>기타 환자상태 등 고려 배수 조제가 불가피한 경우</td><td>E</td></tr>
</table></td></tr>
</table>

<table>
<tr><td>JT011</td><td>병용 · 연령금기 등 약제처방(조제)사유(의료기관 및 약국)</td><td>X(400)</td><td>의료기관(의 · 치과, 보건기관)이 병용 · 연령금기 등 약제를 원외처방하거나 원내조제하는 경우 또는 약국이 병용 · 연령금기 등 약제를 직접 조제하는 경우에는 구체적 사유를 기재
※ 구체적 사유는 평문(Free Text)으로 기재 (영문 400자, 한글 200자)</td></tr>
<tr><td>JT012</td><td>동일성분 의약품 중복처방(조제) 사유(의료기관 및 약국)</td><td>X(1)/X(200)</td><td>의료기관(의 · 치과 및 보건기관) 외래 진료분 원외처방전의 일부 의약품을 동일성분 의약품으로 중복처방 시 해당 처방사유 코드를 기재
중복처방(조제) 사유코드/구체적 사유
※ 구체적 사유는 평문(Free Text)으로 기재 (영문 200자, 한글 100자)
〈중복처방 사유별 코드〉
<table>
<tr><th>사 유</th><th>코드</th></tr>
<tr><td>환자가 장기 출장이나 여행으로 인하여 의약품이 소진되기 전 처방을 받아야 하는 경우</td><td>A</td></tr>
<tr><td>의약품 부작용, 용량 조절 등으로 약제 변경이 불가피하나, powder 형태의 조제 등으로 인하여 기존 처방의약품 중 특정 성분만을 구분하여 별도 처방할 수 없는 경우</td><td>B</td></tr>
<tr><td>항암제 투여 중인 환자나 소아환자로서 구토로 인해 약 복용 중 약제가 소실된 경우 등 환자의 귀책사유 없이 약제가 소실 · 변질된 경우</td><td>C</td></tr>
<tr><td>A부터 C까지에 해당하지 않는 사유로 환자가 6개월에 215일 이상의 처방을 원하여 약값의 전액을 본인부담하는 경우</td><td>E</td></tr>
</table></td></tr>
<tr><td>JT013</td><td>수술일자</td><td>ccyymmdd</td><td>수술일자를 기재하는 수술을 시행한 경우 해당 수술일자를 기재
※ 동 수술 중 양측으로 구분되는 수술인 경우에는 확인코드(JT001)에 좌 · 우측 여부를 동시에 기재함</td></tr>
<tr><td>JT014</td><td>향정신성약물 장기처방(조제) 사유(의료기관)</td><td>X(1)/X(200)</td><td>의료기관(의 · 치과 및 보건기관) 외래 진료 시 향정신성약물을 1회에 30일을 초과하여 원외처방하거나 원내 조제하는 경우 'Y/구체적인 사유'를 기재
※ 구체적인 사유는 평문(Free Text)으로 기재(영문 200자, 한글 100자)</td></tr>
<tr><td>JX999</td><td>기타내역</td><td>X(700)</td><td>특정내역의 구분코드가 없는 경우에는 기타 줄번호(확장 번호)단위의 기타내역에 기재
– 평문(FreeText) ※ 영문(700자), 한글(350자)</td></tr>
<tr><td>JB001</td><td>진료담당의사 간병필요 소견</td><td>X(400)/9(6)/X(20)</td><td>진료담당의사의 간병필요 소견을 기재
간병사유/담당의면허번호/담당의사명
※ "간병사유"는 간단하고 구체적으로 기재
평문(Free Text)으로 기재(영문 200자, 한글 100자)</td></tr>
</table>

<table>
<tr><td>JB002</td><td>이송료</td><td>9(2)/X(5)/9(2)/
ccyymmdd</td><td>의료기관 등의 구급차를 이용하여 환자를 이송한 경우 기재
이송수단/이송거리/동행인/이송일자
<table><tr><th>이송수단</th><th>동행인</th></tr><tr><td>일반(01)</td><td>의사(01)</td></tr><tr><td>특수(02)</td><td>간호사(02)</td></tr><tr><td>–</td><td>응급구조사(03)</td></tr><tr><td>–</td><td>없음(04)</td></tr></table>※ 이송거리 단위는 KM로 기재</td></tr>
<tr><td>JB003</td><td>재활보조기구</td><td>ccyymmdd</td><td>청구되는 재활보조기구(코드별)가 있는 경우 적용일자 기재(수리료 제외)</td></tr>
<tr><td>JB004</td><td>확인수수료</td><td>ccyymmdd

단, 요양비 청구서에 대한 확인수수료 기재 시에는 (2)/ccyymmdd</td><td>확인수수료가 발생된 경우에 기재
– 발급일자
단, 요양비청구서는 요양비청구서 구분코드 기재
– 요양비청구서 구분코드 / 발급일자
<table><tr><th colspan="2">요양비 청구서 구분코드</th></tr><tr><td>요양비(01)</td><td>보조기대(04)</td></tr><tr><td>간병료(02)</td><td rowspan="2">기타(05)</td></tr><tr><td>이송비(03)</td></tr></table></td></tr>
<tr><td>JB005</td><td>향정신성약물 처방(조제) 사유(의료기관)</td><td>X(200)</td><td>의료기관(의 · 치과)이 향정신성약물을 원외처방하거나 원내 조제하는 경우에는 구체적인 사유를 기재
※ 구체적인 사유는 평문(Free Text)으로 기재(영문 200자, 한글 100자)</td></tr>
<tr><td>JB006</td><td>상급병실 사용 사유(의료기관)</td><td>X(200)</td><td>의료기관(의 · 치과 · 한의원)에서 상급병실을 사용한 경우 구체적인 사유를 기재</td></tr>
<tr><td>JB007</td><td>선택진료의사</td><td>9(1)/9(6)/X(20)</td><td>선택진료를 실시한 경우 당해 선택진료의사의 내역을 '면허종류/면허번호/성명' 순서대로 기재
〈면허종류〉
1: 의사 2: 치과의사 3: 한의사
※ 6자리 미만의 면허번호 작성 시 실제 면허번호대로 기재하고, 빈칸 없이 '/'로 구분 후 성명기재
(예시) 1/123456/홍길동</td></tr>
</table>

※ 명세서 단위 및 줄번호 단위별로 특정내역이 발생시 해당 단위별로 작성하고, 동일 명세서 및 줄번호에 여러 특정내역이 발생시에도 각각으로 생성하며, 약제, 검사, 처치 등 별도의 인정기준에 의한 경우에는 검사일자, 검사결과 등을 세부작성요령〈별첨. 특정내역 구분코드(별도인정)〉에 의거 기재

3) 약제비 명세서(별지 제13호 서식)

[별지 제13호서식]

서식번호					약제비 명세서	(약국용)

사업구분	□ 산재보험 요양급여비용 □ 합병증 등 예방관리비용

산재근로자	성 명		처방전 발행 의료기관	산재보험의료 기관지정코드	
	주민등록번호			의료기관명칭	
	재해일자			대표자	

상병명	상병분류기호	처방전교부일자	처방전교부번호	사용기간	조제투약일	투약일수	비고
						일	

구 분		약가(I)	조제료등(II)
1. 약제비	①내복 일분	원	원
	②외용 일분	원	원
	③주사료 일분	원	
	④약국관리료, 기본조제기술료, 복약지도료		원
	⑤소 계(①~④)		원
	⑥의약품관리료		원
2. 소 계		원	원
3. 청 구 액			원

조 제 투 약 내 역

약품코드	약품명	조제구분	단가	1일투약량	총투약일수	금액(원)

처 방 내 역

약품코드	약 품 명	1회투약량	1일투여횟수	총투약일수	비 고

특정내역	

※ 심사내역	항	목	조정 금액	I , II	항	목	조정 금액	I , II
일련번호		※전체조정 계						

(210mm×297mm, 신문용지 54g/㎡)

(1) 서식번호

명세서 고유번호로서 타 서식과 구분할 수 있는 번호

- 서면 : 별도 기재생략
- 전자문서 :

• M413	산재보험 약제비 명세서
• M423	합병증 등 예방관리비용 약제비 명세서

(2) 사업구분

- 서면 : 사업구분별 해당되는 청구서에 "✓" 로 기재
- 전자문서 : 사업구분별 해당되는 구분자를 기재

 ㅁ (1) : 요양급여비용 : 요양 중인 산재근로자 진료에 소요된 비용

 ㅁ (2) : 합병증 등 예방관리비용 : 산재보험 합병증 등 예방관리대상자 진료에 소요된 비용

(3) 청구구분 : 보완청구, 추가청구(진료내역 일부 누락분 추가청구)시 구분코드를 기재

구 분	항 목 설 명
코 드	ㅁ (0) : 보완청구 ㅁ (1) : 추가청구
접수번호	보완청구, 추가청구의 경우 최초 청구한 명세서의 접수번호를 기재
명세서일련번호	보완청구, 추가청구의 경우 최초 청구한 명세서의 일련번호를 기재
사유코드	보완청구의 경우 최초 청구한 명세서 내역 중에서 심사불능 사유를 기재
	• 서면청구는 보완청구, 추가청구의 경우 최초 청구한 명세서의 접수번호 및 명세서의 일련번호를 기재하여 청구하되, 청구서와 명세서의 우측 하단 여백에 적색으로 "보완청구" 또는 "추가청구"를 표기

(4) 산재근로자

산재근로자 인적사항 등 기재

구 분	항 목 설 명
성 명	산재근로자의 성명을 한글로 기재하되 반드시 성과 이름을 붙여서 기재 외국인 산재근로자는 외국인등록증 상 영문대문자를 기재 외국인등록이 안되어 있는 경우 여권 상 영문대문자를 기재(「성(last name) + 이름(first name) + middle name」 순으로 입력하고 성과 이름, 이름과 이름사이는 한 칸 띄움

<table>
<tr><td></td><td>↘ 예시 :
<table><tr><td colspan="2">성 : mohammad, 이름 : emon ali</td></tr><tr><td>서면 기재</td><td>MOHAMAD✓EMON✓ALI(✓표시는 한 칸 띄우기)</td></tr><tr><td>전자문서 기재</td><td>MOHAMAD✓EMON✓ALI(✓표시는 한 칸 띄우기)</td></tr></table>
※ 영문(60자), 한글(30자)</td></tr>
<tr><td>주민등록번호</td><td>산재근로자의 주민등록번호를 기재하되 생년월일 다음의 "−"는 기재 생략
외국인 산재근로자는 외국인등록번호 기재. 단, 외국인등록을 하지 않은 경우 근로복지공단에서 부여한 직권번호로 기재</td></tr>
<tr><td>재해일자</td><td>해당 산재근로자가 최초의 업무상 재해로 인하여 부상하거나 발병한 연월일을 기재
• 기재 유형 : CCYYMMDD</td></tr>
</table>

(5) 처방전 발행 의료기관 : 처방전을 발행한 산재보험 의료기관

구 분	항 목 설 명
산재보험 의료기관지정코드	처방전을 발행한 산재보험 의료기관의 산재지정코드 숫자 7자리 형식 기재 • 기재 유형 : 1000000
의료기관명칭	처방전을 발행한 산재보험 의료기관 명칭을 기재
대표자	처방전을 발행한 산재보험 의료기관의 대표자 성명을 한글로 기재

(6) 상병분류기호

처방전의 상병분류기호를 기재하되 통계청 고시에 의거 "한국표준질병사인분류"의 분류기호를 기재하며, 영문자는 반드시 대문자로 기재하고 '·' 또는 *, + 등 특수기호는 기재생략

의사 또는 치과의사가 발행한 처방전에 기재된 상병분류기호를 기재

(7) 처방전

처방전과 관련한 사항을 기재한다.

구 분	항 목 설 명
처방전교부일자	산재보험 의료기관에서 처방전을 발행한 일자를 기재
처방전교부번호	• 서면은 처방전에 기재된 교부연월일(CCYYMMDD)과 일자별 일련번호(5자리수이내)를 기재 • 전자문서는 처방전의 교부번호를 기재

사용기간	처방전의 사용기간 기재 • 서면은 의사 또는 치과의사가 처방전을 교부하여 약국에서 조제하기까지의 기간을 의미하며, 처방전의 "사용기간"에 기재된 대로 기재
조제투약일	처방조제 시 해당 처방전으로 조제투약한 년,월,일을 기재 • 기재 유형 : CCYYMMDD
투약일수	해당 요양급여비용 명세서에서 조제투약을 받은 실일수 기재

(8) 처방내역

처방조제 시 대체, 수정, 변경, 저가대체, 성분처방으로 처방전의 약제와 조제 내역이 상이한 경우 해당 처방전의 약제 내역을 모두 기재

구 분	항 목 설 명
줄번호	처방약품의 일련번호를 4자리숫자로 연이어 부여 기재 • 유형(3번째 줄번호인 경우 다음과 같이 기재) : 0003
코드번호	코드를 구분하는 구분자로서, 코드를 기재할 경우는 반드시 해당 구분자를 기재 • 코드구분 : 3: 보험등재약 4: 원료약 5: 보험등재약의 일반명
약품코드	처방약품의 보험등재약 또는 일반명 코드, 원료약 코드를 기재 서면은 처방약품의 보험등재약 또는 일반명 코드, 원료약 코드 및 코드명을 직접 기재
1회 투약량	"처방전"의 1회 투약량(소수 셋째자리에서 4사5입하여 소수 둘째자리까지 기재)을 기재
1일 투여횟수	"처방전"의 1일 투여횟수를 기재
총 투약일수	"처방전"의 총투약일수를 기재

구 분	항 목 설 명
항	조제투약시 "약가"항부터 "조제료 등"항까지 1개 항에 부여된 번호 기재 01: 약가 02: 조제료 등
목	조제투약 시 각 약가항의 소분류 단위로 부여된 번호 기재 • 약가 01:내복약 02: 외용 03:주사 • 조제료 등 01: 조제료 등
줄번호	조제투약내역에 일련번호를 4자리숫자로 순차적으로 부여하며 줄번호는 동일 약제비 명세서에서 중복되지 않아야 함 • 유형 (10번째 줄번호인 경우 다음과 같이 기재) : 0010

조제내역투약	서면 "조제투약내역"은 약제 조제내역을 약제별로 기재하며, 조제투약내역 기재가 끝난 후에는 조제기술료 등 각 조제료의 해당코드와 산정내역을 모두 조제내역란에 기재 "조제투약내역" 기재가 끝난 후 처방전의 대체 · 수정 · 변경 · 성분처방 등 실 처방내역과 조제내역이 상이한 경우에는 "처방내역"란에 해당 처방전의 약제내역 부분을 코드(일반명코드 또는 제품명코드), 약품명(일반명 또는 제품명), 1회투약량(소수 셋째자리에서 4사5입), 1일 투여횟수, 총투약일수 순서대로 기재하며, 실 처방내역과 조제내역이 동일한 경우에는 처방내역을 생략할 수 있음
코드구분	코드를 구분하는 구분자로서, 코드를 기재할 경우는 반드시 해당 구분자를 기재 [코드구분] 1: 수가 3: 보험등재약 4: 원료약
약품코드	약국조제료, 보험등재약, 원료약의 코드를 기재 서면은 약국조제료, 보험등재약, 원료약의 코드 및 코드명을 직접 기재
조제구분	처방전에 의한 조제투약시 처방전의 대체, 변경, 수정 또는 성분처방인 경우 해당 구분자를 기재 서면은 처방전의 대체 · 수정 · 변경 등이 있는 경우에는 그 내용을 처방전(약국보관용 및 환자보관용)에 기록하되, "대체"의 경우 원 처방내역으로 기재하고, 수정 · 변경의 경우 수정 · 변경된 내역으로 기재하며, 조제투약내역의 "조제구분"란에 해당기호를 기재 1: 대체 2: 수정 3: 변경 4: 저가대체 5: 성분처방 9: 저가대체 가산금
단가	상대가치점수표상의 점수에 점수당 단가를 곱하여 10원미만은 4사5입한 금액을 기재 단, 약가의 경우는 "약제 및 치료재료의 구입금액에 대한 산정기준"에 의한 단가를 기재
1일투약량	1일 총 투약량(소수 셋째자리에서 4사5입하여 소수 둘째자리까지)을 기재
총투약일수	총 투약일수 기재
금액	단가×1일투약량×총투약일수를 계산한 후 원 미만은 4사5입하여 기재
소계	약가(I)와 조제료(II) 를 각각 합산한 금액에서 10원미만 절사하여 기재 • 서면 : 각 "약제비"란의 "내복약"은 처방전에 의한 조제투약 시 내복약을 투약한 경우에, "외용약"은 외용약을 투약한 경우에, "주사제"는 주사제를 투약한 경우에 각각 총투약일수 및 약가의 총액을 "약가(I)"란에 기재 • 처방전에 의하여 조제 · 투약한 경우에는 "약국관리료(Z1000), 기본조제기술료(Z2000), 복약지도료(Z3000), 조제료(Z4101–Z4121)"는 1.약제비 "①내지④목 조제료 등(II)"란에 각각 기재하고, "①내지④목"의 합계액을 "⑤목 조제료 등(II)"란에 기재하며, 의약품관리료(Z5000)는 내복약 조제일수에 따라 산정하여 1.약제비 "⑥목 조제료 등(II)"란에 별도 기재
청구액	약가와 조제료 등을 합산한 금액에서 10원미만 절사하여 기재

(9) 특정내역 : 특정기호 등을 기재한다.

구 분	항목 설명
발생단위구분	특정내역 발생 단위별로 해당 구분자를 기재 1: 명세서단위 2: 줄번호단위
줄번호	조제내역의 줄번호단위로 특정내역을 기재할 경우에 해당 줄번호를 4자리 숫자로 기재 (단, 명세서단위의 특정내역인 경우에는 기재하지 않음)
특정내역구분 특정내역	당해 내역의 구분코드(4. 진료과목 및 특정내역 구분코드)를 특정내역구분란에 기재하고 그에 해당되는 기술사항을 특정내역란에 기재
인증결과	전자문서의 위조 및 변조여부를 점검할 수 있는 검증결과 값을 생성하여 기재

(10) 산재보험 심사불능(반송)코드 및 내역

조정(삭감) 사유코드	조정(삭감)사유
01	관련 코드 미존재
02	미승인사항
03	비급여 대상
04	요양급여비용 산정기준 적용착오
05	요양급여기준 인정범위 초과 또는 과잉진료
06	증빙자료 미제출, 수탁검사 청구
07	허위청구(고의로 실제 진료내역과 다르게 명세서 작성 등)
08	중복청구
09	단가오류(행위, 약제, 치료재료 등 금액 산정착오)
10	계산착오
11	처방전과 조제내역 상이
12	관련 자료에서 확인되지 아니한 요양급여비용 착오 청구
13	재료대 내역기재누락 및 특정진료재료대 SET청구
14	실 진료일수보다 청구일수가 많은 경우
15	대체, 변경, 수정조제 절차 위반
16	요양급여기준 범위 초과 의약품 처방
17	기타사유(심사결과통보서참조)
18	의약분업관련 의사, 치과의사 허용범위 외 직접조제
19	10원미만 단수처리(삭감시)
20	지급착오로 인한 환수(여입)
21	의약품 투여기준 적용착오(병용투여금기 의약품 등)
99	기타

3 진료비 청구시 유의사항

실무상 산재보험의 진료비 청구시 유의사항은 다음과 같은 것이 있다.

1) 요양승인 여부 및 승인 상병명, 승인기간 등 반드시 확인

산재보험은 근로자가 근로복지공단에 요양신청을 하여 승인 받은 부분에 대해서만 진료가 가능하도록 되어 있다. 즉 요양신청 상병명과 진료기간, 입원, 통원에 대해 공단의 승인을 득한 후에 진료가 가능하다는 것이다. 따라서 신청된 상병이라 하더라도 요양 승인이 되지 않았거나 또는 승인 상병명 이외의 진료비는 청구할 수 없도록 되어 있다.

이러한 경우에는 반드시 사전에 추가상병이나 진료계획에 의한 요양연기 등의 절차를 취한 후 승인을 받은 후에만 청구하도록 하고 그러하지 않은 경우에는 청구되지 않는다는 것을 유의하여야 한다.

2) 진료비 내역서 세부내역 기재 철저

산재보험 진료비 청구명세서에는 산재지정 의료기관코드, 의료기관명, 재해발생일, 진료개시일(자기 병원 초진일) 등을 정확히 기재하도록 하고 있으며 진료구분(입원, 통원, 특진 등), 상병명 기재란에 승인 상병명 등을 정확히 기재하여야 한다.

또한 진료항목별 행위수가 대분류 코드를 준수하여야 하고 진료비 청구시 전산프로그램에 의하여 자동점검되므로 재료대와 진료행위의 구분 착오, 해당항목과 진료수가코드 불일치시에는 심사불능으로 처리되어 반송되거나 심사시 보충자료의 제출 등으로 심사기간이 지연될 수가 있으므로 유의하여야 한다.

그리고 건강보험과 다르게 적용하는 상급병실료 차액, 특별진찰, 비급여수가 등에 대하여는 산재 특정수가코드 AAAAAA나 건강보험 준용항목은 JJJJJJ 코드 등을 사용하는 것도 유의하여야 한다.

3) 관련자료 첨부 철저

산재보험도 건강보험에 준하여 심사가 되고 있으므로 의료행위, 약제, 치료재료, 검사결과 및 방사선 필름 등 확인이 필요한 자료는 반드시 심사자의 입장에서 첨부하도록 하여야 하며 척수신경자극기설치술, 사지접합술, 체외고정장치를 이용한 수술, 인공관절치환술 등 고가의 치료재료 등을 이용한 수술시에는 수술 전, 후 방사선필름(MRI, CT 포함), 사진(관절경, 폴라로이드), 수술, 마취기록지 등을 첨부하여 심사에 편의를 주도록 한다.

또한 필요에 따라서는 반드시 MRI, 병리조직검사 등 결과지를 첨부하여야 하며 척추고정술 등 특수한 수술시에는 반드시 공단에 사전승인 또는 협의를 할 것 등은 매우 중요한 사항이다.

4) 진료기준 및 산정기준의 준수

산재의료기관의 진료비 청구는 반드시 진료기록부에 근거하여 산재보험 요양급여기준에 맞게 청구되어야 한다. 산재의료기관은 의료진이 의학적 기준에 맞게 진료하였다 하더라도 건강보험의 분류체계에 근거한 산재보험의 진료기준과 요양급여기준, 각종 진료재료 등에 타당하지 않으면 결국 부당청구, 허위 거짓 청구 등의 문제가 발생하고 이는 실수라 하더라도 의료기관에게는 매우 큰 불이익을 당할 수 있다.

그러므로 산재의료기관은 모든 것을 사실에 의한 청구 등을 바탕으로 하여 진료비청구의 정확성을 기하고 부당청구 등의 오해를 불식시키도록 해야 할 것이다.

제3절 진료비의 심사지급

1 의료기관 등의 청구, 심사

의료기관/보건소/약국 등이 산재환자를 진료하여 진료비를 청구하게 되면 근로복지공단은 청구된 진료비를 규정에 맞게 청구되었는지 심사하게 된다. 의료기관 등에 대한 진료비의 심사는 실무에서 다음과 같이 구분된다.

Tip 각종 보험의 관장 및 진료비 청구, 심사 지급기관

보험 구분	관장기관	관리기관	청구/심사기관	지급처
건강보험	보건복지부	건강보험공단	건강보험심사평가원	건강보험공단
의료급여	보건복지부	시 · 도 등 자치단체	건강보험심사평가원	지자체의 자금위탁에 의해 건강보험공단에서 지급
산재보험	고용노동부	근로복지공단	근로복지공단	근로복지공단
자동차보험	국토교통부	개별 보험회사	건강보험심사평가원	개별 보험회사

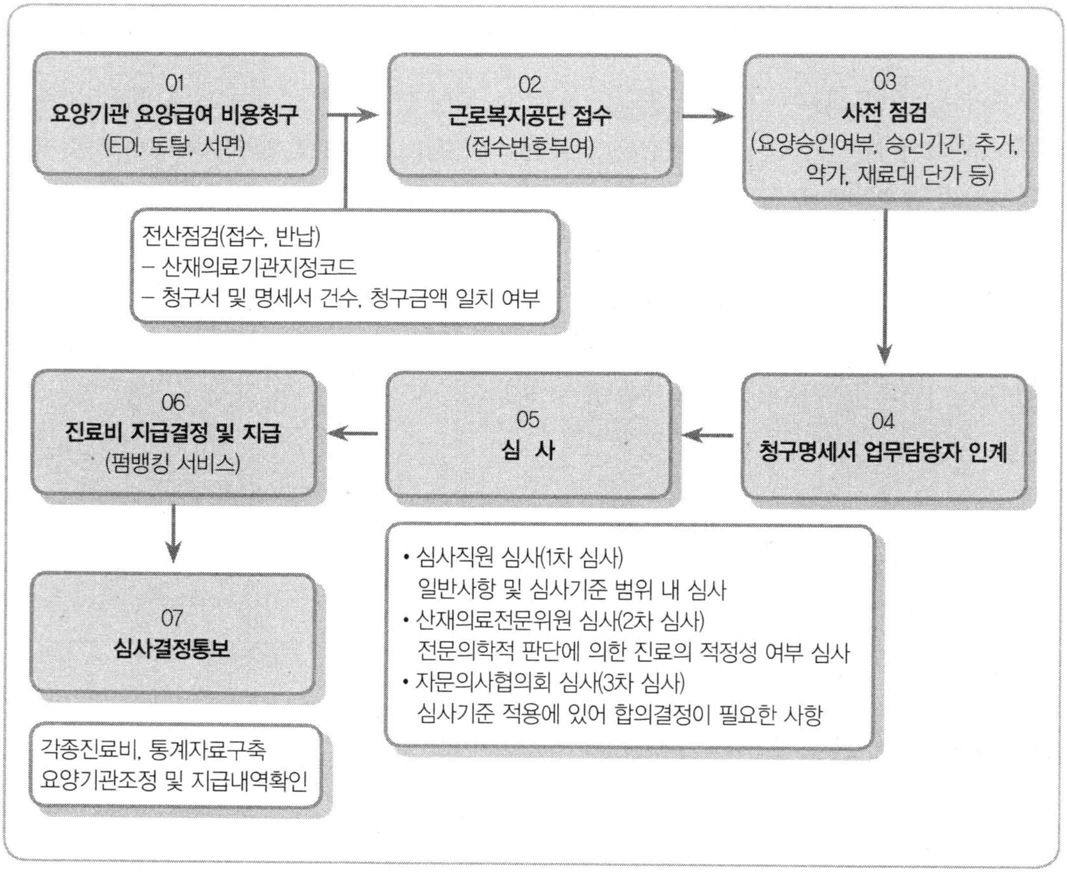

[그림 4-2] 진료비 · 약제비 청구–심사–지급절차

* 자료출처 – 근로복지공단 인터넷 홈페이지

2 소속병원의 진료비 청구·심사 및 지급결정(관리규정 제18조)

① 제13조의 규정에도 불구하고 소속병원장은 진료비를 이사장에게 청구하여야 한다.〈개정 2017.3.10.〉

② 이사장은 제1항에 따라 소속병원장이 청구한 진료비에 대하여 제14조의 규정에 따라 심사하여 지급액을 결정하여야 한다. 이 경우 필요하면 제19조의 규정에 따른 진료비 심사자문위원회의 심의를 거쳐 지급액을 결정할 수 있다.〈개정 2017.3.10.〉

③ 이사장은 제15조의 규정에도 불구하고 규칙 제29조제4항에 따라 소속병원장에게 진료비의 지급결정 내용을 통지하는 때에는 별지 제14호의 서식에 따라 통지하여야 한다.〈개정 2017.3.10.〉

3 진료비·약제비의 심사 및 지급결정 절차

산재보험 환자의 진료비의 구체적인 청구와 심사, 지급에 관한 내용은 산재보험 의료기관 관리규정[시행 2018.6.1., 규정 제1074호, 2018.5.17, 일부개정] 및 산업재해보상보험 심사업무 처리규정[시행 2018.12.13., 2018.12.12. 전부개정 규정 제1101호]에서 자세하게 규정하고 있다.

1) 심사

공단은 진료비나 약제비의 청구를 받은 경우에는 다음 각 호의 사항을 심사하여 지급 여부 및 지급 금액을 결정하여야 한다(규칙 제29조1항).

1. 청구 명세 중 산재보험 요양급여기준을 위반한 사항이 있는지 여부
2. 진찰 · 약제 · 처치 · 수술이나 그 밖의 치료가 업무상의 재해를 입은 근로자의 요양에 필요하고 적정한 것이었는지 여부

2) 지급결정

1. 전 1항에 따른 지급결정은 진료비나 약제비의 청구를 받은 날부터 40일 이내에 하여야 한다. 다만, 고용 · 산재정보통신망이나 정보통신망으로 청구한 경우에는 10일 이내에 지급결정을 하여야 한다(동조2항).

2. 공단은 전항 단서에 따라 10일 이내에 지급결정을 할 수 없는 경우에는 산재보험 의료기관 또는 약국이 청구한 진료비나 약제비의 100분의 85에 해당하는 금액을 미리 지급한 후 제1항에 따른 심사가 끝나면 그 결과에 따라 정산할 수 있다(동조3항).
3. 공단은 진료비나 약제비의 지급결정을 한 경우에는 그 내용을 해당 산재보험 의료기관 또는 약국에 알려야 한다(동조4항).

3) 진료비 · 약제비 심사 처리 절차(이하 관리규정 제14조)

① 소속기관장은 산재보험 의료기관이나 약국이 제13조에 따라 진료비 · 약제비 · 전신해부비용을 청구하는 때에는 규칙 제29조제1항 및 규칙 제41조에 따라 심사하여 지급액을 결정하여야 한다. 이 경우 필요하면 자문의사 또는 관계 전문가에게 자문을 할 수 있다.

② 소속기관장은 제1항에 따라 진료비 · 약제비를 심사하는 때에 필요하다고 인정하면 다음 각 호의 사항을 조사할 수 있다.

1. 입원요양 기간 동안의 외출 · 외박에 관한 자료
2. 산재근로자의 재해발생 경위 및 상병상태를 확인하기 위한 진료기록부 등 관련 자료
3. 산재보험 의료기관이 발행한 처방전
4. 의약품 실거래가 확인 명세서
5. 치료재료 거래 명세서
6. 간병 제공 여부를 확인하기 위한 시설 · 인력현황 및 간호기록지 등 관련 자료

4) 진료비심사자문위원회(규정 제19조, 20조)

(1) 구성

공단은 법 제11조제3항의 규정에 따라 진료비 · 약제비심사의 객관성과 전문성을 확보하기 위하여 공단본부에 진료비심사자문위원회(이하 "심사자문위원회"라 한다)를 둔다.

이 심사자문위원회는 건강보험의 전문심사위원과 유사한 것으로 이해할 수 있다.

① 심사자문위원회는 위원장 1명을 포함한 당연직 위원과 70명 이내의 외부전문가로 구성한다.

② 심사자문위원회의 위원장은 진료비심사 · 지급업무를 관장하는 본부(실 · 국)의 장으로

한다. 다만, 의학적 전문지식이 필요한 회의의 경우에는 해당분야 전문가를 위원장으로 할 수 있다.

③ 심사자문위원회의 당연직 위원은 다음 각 호의 어느 하나에 해당하는 사람으로 한다.

1. 「요양업무처리규정」 제25조제2항에 따른 산재의료전문위원
2. 진료비 관련 업무를 담당하는 고용노동부 소속 공무원

④ 심사자문위원회의 위원(당연직 위원은 제외한다)은 다음 각 호의 어느 하나에 해당하는 사람 중에서 이사장이 위촉한다.

1. 「요양업무처리규정」 제25조제2항에 따른 상시자문의사 및 수시자문의사
2. 의사 · 치과의사 · 한의사로서 진료비 심사에 관한 학식과 경험이 풍부한 사람
3. 그 밖에 이사장이 진료비 심사에 관한 학식과 경험이 풍부하다고 인정하는 사람

(2) 위원의 제척 · 회피(규정 제20조의2)

① 제19조에 따른 심사자문위원회 위원이 다음 각 호의 어느 하나에 해당하면 심의 안건에서 제척된다.

1. 위원이 심의 안건과 관련된 의료기관의 이해관계자와 「민법」 제777조에 따른 친족이거나 친족이었던 경우
2. 위원이 심의 안건과 관련된 의료기관에서 최근 3년 이내 재직하였거나 재직하고 있는 경우
3. 위원이 심의 안건과 관련된 의료기관과 직접적인 이해관계에 있거나 불공정한 심사를 할 우려가 있다고 위원장이 인정한 경우

② 심사위원회의 위원장은 위원이 제1항의 사유에 해당하는 때에는 스스로 심사자문위원회의 회의에서 회피할 수 있게 하여야 한다. [본조신설 2018.5.17.]

(3) 임무(규정 제22조)

심사자문위원회는 다음 각 호에 관련된 사항을 심의한다.

1. 산업재해보상보험 요양급여 산정기준에 관한 사항
2. 산업재해보상보험 진료비 관련 심사기준 및 지침 등에 관한 사항
3. 산업재해보상보험에서 추가로 인정하는 요양급여의 범위 및 비용산정기준에 관한 사항
4. 공단직영병원에서 청구하는 산재보험 요양급여비용 · 후유증상관리비용 및 진폐건강진단비용의 적정 여부에 관한 사항

5. 그 밖에 요양급여와 관련된 의학적 심의가 필요한 사항

(4) 위원의 임기 등(규정 제23조)

① 당연직 위원의 임기는 그 재직기간으로 한다. 다만, 당연직 위원을 제외한 위원의 임기는 3년으로 하되, 연임할 수 있다.

② 위원이 다음 각 호의 어느 하나에 해당하게 된 때에는 이사장은 그 위원을 해촉할 수 있다.

1. 신체상 또는 정신상의 장애로 직무를 수행할 수 없다고 인정된 경우
2. 직무상의 의무를 위반하거나 직무에 태만한 경우
3. 고의 또는 중대한 과실로 공단에 손실을 발생하게 한 경우
4. 직무의 내외를 불문하고 품위를 손상하는 행위를 한 경우
5. 그 밖에 이사장이 위원으로서 적합하지 아니하다고 인정하는 경우

5) 진료비 · 약제비 지급결정 통지(규정 제15조)

① 소속기관장은 규칙 제29조제4항에 따라 산재보험 의료기관 또는 약국에 진료비 · 약제비의 지급결정 내용을 통지하는 때에는 별지 제14호 서식의 진료비 · 약제비 지급결정 통지서에 따라 통지하여야 한다.

② 소속기관장은 규칙 제29조제3항에 따라 산재보험 의료기관 또는 약국에 진료비 · 약제비를 미리 지급하는 때에는 별지 제15호서식의 진료비 · 약제비 개산지급 결정통지서에 따라 통지하여야 한다.

6) 위탁검사 비용 지급(규정 제16조)

소속기관장은 산재보험 의료기관에서 다른 의료기관 또는 외부 검사기관에 의뢰하여 실시한 위탁검사 비용은 검사를 의뢰한 산재보험 의료기관에 지급하여야 한다.

7) 진료비 · 약제비의 심사 및 지급에 관한 업무 담당(규정 제40조)

규정 제3장에 따른 진료비 · 약제비의 심사 및 지급에 관한 업무는 산재보험 의료기관 및

약국의 소재지를 관할하는 근로복지공단의 지역본부장인 소속기관장이 처리한다. 다만, 규정 제17조에 따른 부당이득의 징수는 소재지를 관할하는 소속기관장이, 제18조에 따른 소속병원의 진료비 청구 · 심사 및 지급결정은 이사장이 처리한다.〈개정 2017.3.10.〉

4 산재 진료비의 심사, 삭감에 대한 이의신청

1) 의의

산재지정 의료기관 등은 산재환자의 진료비의 청구, 지급의 과정에서 진료비가 삭감, 조정되어 심사 지급되는 경우에 이에 대해 이의신청을 할 수 있다. 산재보험에서는 의료기관 등의 이의신청을 심사청구라는 용어로 규정하고 있는데 여기에는 의료기관의 진료비는 물론 모든 산재관련 심사청구가 통합되어 있는데 여기서는 의료기관 등의 진료비 등과 관련한 사항만 설명하기로 하고 기타 사항은 권리보장론에서 설명하기로 한다.

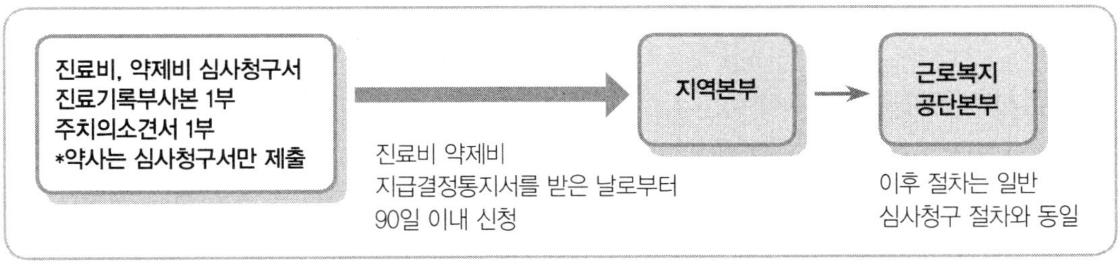

[그림 4-3] 진료비 및 약제비 심사청구, 이의신청 절차

* 자료출처-근로복지공단 인터넷 홈페이지[1]

2) 진료비의 심사청구

"심사청구"란 「산업재해보상보험법」(이하 "법"이라 한다) 제103조제1항 각 호의 어느 하나에 해당하는 근로복지공단(이하 "공단"이라 한다) 소속기관(이하 "원처분기관"이라 한다)의 처분(이하 "원처분"이라 한다)을 받은 자가 그 원처분에 불복하여 공단에 이의를 제기하는 것을 말한다.〈전부개정 2018.12.12. 규정 제1101호〉(심사규정 제2조)

산재보험에서의 심사, 재심사에 관한 청구 규정에는 보험급여 전반에 관한 것을 규정하고

1) https://www.kcomwel.or.kr/kcomwel/comp/eval/proc.jsp

있으며 법 제105조(심사청구에 대한 심리 · 결정) 1항에서 공단은 제103조제4항에 따라 심사 청구서를 받은 날부터 60일 이내에 심사위원회의 심의를 거쳐 심사청구에 대한 결정을 하여야 하나 다만, 부득이한 사유로 그 기간 이내에 결정을 할 수 없으면 1차에 한하여 20일을 넘지 아니하는 범위에서 그 기간을 연장할 수 있다고 규정하였다.

또한 동조 2항에서 제1항 본문에도 불구하고 심사청구 기간이 지난 후에 제기된 심사청구 등 대통령령으로 정하는 사유에 해당하는 경우에는 심사위원회의 심의를 거치지 아니할 수 있다고 규정하였는데 동법시행령 제102조(심사위원회의 심의 제외 대상) ①항 5호에서 '진료비 또는 약제비(법 제40조제2항 단서에 따른 요양비 중 진료비 또는 약제비에 해당하는 비용을 포함한다)에 관한 결정에 불복하여 심사청구가 제기된 경우'를 규정하여 진료비 또는 약제비는 심사위원회의 심의를 거치지 아니할 수 있다고 하였다.

따라서 실무적으로는 진료비 등의 심사결정에 이의가 있는 경우에는 근로복지공단 심사부로 이의신청을 하는 것으로 심사청구를 하게 된다. 이것은 실제로 진료비에 대한 사항은 근로복지공단의 심사의 전문성을 고려하고 법령에서 심사청구에 관한 사항을 또다시 규정했을 때 나타나는 이중신청금지에 관한 사항으로 이해할 수 있다.

(1) 심사청구의 제기

① 심사청구의 제기

산재지정 의료기관 등이 다음 각 호의 어느 하나에 해당하는 공단의 결정 등(이하 "보험급여 결정등"이라 한다)에 불복하는 자는 공단에 심사 청구를 할 수 있다.〈개정 2010.5.20., 2018.6.12.〉(법 제103조)

1. 제3장 및 제3장의2에 따른 보험급여에 관한 결정
2. 제45조 및 제91조의6 제4항에 따른 진료비에 관한 결정
3. 제46조에 따른 약제비에 관한 결정
4. 제47조 제2항에 따른 진료계획 변경 조치등
5. 제76조에 따른 보험급여의 일시지급에 관한 결정

5의2. 제77조에 따른 합병증 등 예방관리에 관한 조치

6. 제84조에 따른 부당이득의 징수에 관한 결정

② 청구처

산재지정 의료기관 등의 심사청구는 그 보험급여 결정 등을 한 공단의 소속 기관을 거쳐

공단에 제기하여야 한다(동조 제2항).

③ 청구기간

전항에 따른 심사청구는 보험급여 결정등이 있음을 안 날부터 90일 이내에 하여야 한다(동조 제3항).

④ 의견서 송부

제2항에 따라 심사청구서를 받은 공단의 소속 기관은 5일 이내에 의견서를 첨부하여 공단에 보내야 한다(동조 제4항).

⑤ 소원전치주의

보험급여 결정 등에 대하여는 「행정심판법」에 따른 행정심판을 제기할 수 없다(동조 제5항). 이것은 보험급여를 받은 자가 행정심판법에 다른 행정심판을 제기하기 전에 1차로 처분을 한 공단에 이의신청을 하고 그 절차의 결과에 따르도록 하는 것을 의미한다고 볼 수 있다.

⑥ 심사청구의 방식

㉠ 법 제103조에 따른 심사청구는 다음 각 호의 사항을 적은 문서(이하 "심사청구서"라 한다)로 하여야 한다(영 제96조1항).

1. 심사청구인의 이름 및 주소(심사청구인이 법인인 경우에는 그 명칭 · 소재지 및 대표자의 이름)
2. 심사청구의 대상이 되는 법 제103조제1항 각 호의 결정(이하 "보험급여 결정등"이라 한다) 내용
3. 보험급여 결정등이 있음을 안 날
4. 심사청구의 취지 및 이유
5. 심사청구에 관한 고지의 유무 및 고지의 내용

㉡ 심사청구서

공단의 보험급여 등 결정 등에 불복하여 법 제103조에 따라 공단에 심사청구를 하는 산재보험 의료기관 또는 약국이 심사청구를 제기하려는 때에는 별지 제2호의 진료비 · 약제비 심사청구서를 제출하여야 한다. 이때 제1호는 보험급여 청구서 서식임을 유의한다. 〈전부개정 2018.12.12 규정 제1101호〉(심사규정 제6조1항)

㉢ **대표자 또는 대리인**

1. 심사청구를 선정대표자 또는 대리인이 제기하는 것이면 제1항 및 제2항에 따른 사항 외에 선정대표자 또는 대리인의 이름과 주소를 심사청구서에 적어야 한다(영 제96조3항).
2. 대리인 또는 선정대표자가 심사청구를 제기하는 것이면 심사청구서에 대리인 또는 선정대표자의 이름과 주소를 적게 하고, 대리인 또는 선정대표자를 확인할 수 있는 서류를 제출하여야 한다(심사규정 제6조2항).

㉣ **서명 · 날인**

심사청구서에는 심사청구인 또는 대리인이 서명하거나 날인하여야 한다(영 제96조4항).

㉤ **심사청구서의 이관**

심사청구서가 원처분기관이 아닌 공단의 기관에 접수된 때에는 그 접수받은 기관은 심사청구서를 지체 없이 원처분기관장에게 송부하여야 한다. 이 경우 청구기간을 계산할 때에 공단에 최초로 접수된 일자에 심사청구가 제기된 것으로 본다(심사규정 제6조3항).

㉥ 공단 정보통신망(고용 · 산재보험 토탈서비스)을 통해 온라인으로 심사청구를 제기한 경우에도 법 제103조에 따라 심사청구를 제기한 것으로 본다.〈신설 2011.11.3.〉(심사규정 제6조4항)

** 이하 산재보험의 심사 · 재심사에 관한 자세한 사항은 법령 및 근로복지공단 심사업무처리규정을 참조하기 바람

(2) 재심사

재심사청구란 산재보험 급여 등 공단의 처분에 이의가 있는 경우에 1차로 공단본부에 심사청구를 제기한 후 동 심사청구에 대한 공단본부의 심사결정에 불복하여 이의가 있는 사람은 고용노동부 산재보험재심사위원회에 재심사청구가 가능한 제도로 2심의 기능을 하게 된다(다만, 공단 소속기관인 업무상질병판정위원회의 심의를 거쳐 결정된 경우는 심사청구를 거치지 않고 고용노동부 산재보험재심사위원회에 재심사청구 가능).

재심사청구는 공단을 거쳐 고용노동부에 신청하게 되는데 이에 대해서는 보다 더 전문성을 가진 상급기관에서 재심사를 하여 공정성과 권리구제의 기능을 강화하기 위한 것으로 이

해할 수 있다.

① 재심사청구의 제기

㉠ 법 제105조제1항에 따른 심사청구에 대한 결정에 불복하는 자는 법 제107조에 따른 산업재해보상보험재심사위원회에 재심사청구를 할 수 있다. 다만, 판정위원회의 심의를 거친 보험급여에 관한 결정에 불복하는 자는 제103조에 따른 심사청구를 하지 아니하고 재심사청구를 할 수 있다(법 제106조1항).

㉡ 제1항에 따른 재심사청구는 그 보험급여 결정 등을 한 공단의 소속 기관을 거쳐 제107조에 따른 산업재해보상보험재심사위원회에 제기하여야 한다(동조2항).

㉢ 제1항에 따른 재심사청구는 심사청구에 대한 결정이 있음을 안 날부터 90일 이내에 제기하여야 한다. 다만, 제1항 단서에 따라 심사청구를 거치지 아니하고 재심사청구를 하는 경우에는 보험급여에 관한 결정이 있음을 안 날부터 90일 이내에 제기하여야 한다(동조3항).

㉣ 재심사청구에 관하여는 제103조제4항을 준용한다. 이 경우 "심사청구서"는 "재심사 청구서"로, "공단"은 "산업재해보상보험재심사위원회"로 본다(동조4항).

** 재심사청구에 관한 자세한 사항은 권리보장론에서 설명하고 심사규정을 참조하기 바란다.

5 진료비의 현지조사(규칙 제30조)

① 공단은 법 제118조에 따라 산재보험 의료기관이 실시한 진료의 적정성, 해당 기관의 진료비 부정 또는 부당 청구 여부 등을 확인하기 위하여 해당 산재보험 의료기관을 방문하여 보고의 요구, 서류나 물건의 제출 요구, 질문 또는 서류나 물건의 조사(이하 "현지조사"라 한다)를 할 수 있다. 이 경우 「행정조사기본법」 제17조에 따라 해당 산재보험 의료기관에 현지조사의 일시, 조사 내용 및 조사 방법 등을 알려야 한다. 〈개정 2018.12.13.〉

② 현지조사 대상 산재보험 의료기관의 선정 기준, 현지조사의 절차 및 방법은 공단이 정한다.

이 부분에 대해서는 진료관계론에서 자세하게 재론한다.

6 진료비청구와 관련한 법 위반시 벌칙 및 과태료

1) 기본 벌칙(법 제127조)

① 산재보험 의료기관이나 제46조제1항에 따른 약국의 종사자로서 거짓이나 그 밖의 부정한 방법으로 진료비나 약제비를 지급받은 자는 3년 이하의 징역 또는 3천만원 이하의 벌금에 처한다.

② 다음 각 호의 어느 하나에 해당하는 자는 2년 이하의 징역 또는 2천만원 이하의 벌금에 처한다.〈개정 2016.12.27., 2018.6.12.〉

1. 거짓이나 그 밖의 부정한 방법으로 보험급여를 받은 자
2. 거짓이나 그 밖의 부정한 방법으로 보험급여를 받도록 시키거나 도와준 자 : 의료기관 종사자로서 보험급여 부정에 개입하는 경우에 주의하여야 하는 벌칙이다.

2) 양벌규정

법인의 대표자나 법인 또는 개인의 대리인, 사용인, 그 밖의 종업원이 그 법인 또는 개인의 업무에 관하여 제127조제1항의 위반행위를 하면 그 행위자를 벌하는 외에 그 법인 또는 개인에게도 해당 조문의 벌금형을 과(科)한다. 다만, 법인 또는 개인이 그 위반행위를 방지하기 위하여 해당 업무에 관하여 상당한 주의와 감독을 게을리하지 아니한 경우에는 그러하지 아니하다.[전문개정 2009.1.7.](법 제128조)

3) 과태료

① 다음 각 호의 어느 하나에 해당하는 자에게는 200만원 이하의 과태료를 부과한다.〈개정 2010.1.27.〉(법 제129조1항)

1. 제34조를 위반하여 근로복지공단 또는 이와 비슷한 명칭을 사용한 자
2. 제45조제1항을 위반하여 공단이 아닌 자에게 진료비를 청구한 자

② 다음 각 호의 어느 하나에 해당하는 자에게는 100만원 이하의 과태료를 부과한다.

1. 제47조제1항에 따른 진료계획을 정당한 사유 없이 제출하지 아니하는 자
2. 제105조제4항(제109조제1항에서 준용하는 경우를 포함한다)에 따른 질문에 답변

하지 아니하거나 거짓된 답변을 하거나 검사를 거부 · 방해 또는 기피한 자

3. 제114조제1항 또는 제118조에 따른 보고를 하지 아니하거나 거짓된 보고를 한 자 또는 서류나 물건의 제출 명령에 따르지 아니한 자
4. 제117조 또는 제118조에 따른 공단의 소속 직원의 질문에 답변을 거부하거나 조사를 거부 · 방해 또는 기피한 자

이 부분에 대해서는 진료관계론에서 재론한다.

단원평가

제1절 요양급여 산정기준

1. 산재보험의 요양급여의 범위 및 비용산정기준에 대해 이해한다.
2. 산재보험의 비급여대상에 대해 숙지한다.
3. 산재보험 의료기관에 적용하는 요양기관 종별가산율 및 입원료 기준에 대해 이해한다.
4. 산재보험 의료기관에 적용하는 응급의료관리료, 이송료, 물리치료, 의약품관리료, 자기공명영상진단, 가정산소치료, 초음파 검사 등에 대해 숙지한다.
5. 산업재해보상보험에서 추가로 인정하는 요양급여의 범위 및 비용산정기준 등을 숙지한다.
6. 근로복지공단 산재병원에서 적용하는 일반진료수가관리지침에 대해 이해한다.
7. 진료비 청구의 절차에 대해서 기본 개념을 이해한다.
8. 요양비의 청구절차에 대해 이해한다.

제2절 진료비 청구서 작성요령

1. 진료비 청구서 및 명세서 작성요령에 대해 구체적으로 숙지한다.
2. 제출자료목록표, 병행진료사유 등 별도의 코드번호를 숙지한다.
3. 진료비 청구시 유의사항에 대하여 숙지한다.

제3절 진료비의 심사지급

1. 산재보험의 진료비 심사의 의의에 대하여 이해한다.
2. 진료비의 지급기한과 지급절차에 대해 이해한다.
3. 진료비의 지급과 관련하여 공단이 조사가능한 자료에 대해서 숙지한다.
4. 산재 진료비의 심사, 삭감에 대한 이의신청에 대해 숙지한다.
5. 진료비의 현지조사와 진료비청구와 관련하여 법 위반시 벌칙에 대해 숙지한다.

제 5 장 산재보험 권리보장관계론

학습목표
- 산재보험에서의 재활 복지 및 근로복지, 고용촉진의 종류와 개념에 대해 이해한다.
- 보험급여의 일시지급과 다른 법과의 관계, 미지급의 보험급여 등에 대해 이해한다.
- 보험급여의 지급과 일시중지, 지급제한, 부당이득 징수 등 보험급여의 제한에 대해 이해한다.
- 제3자에 대한 구상권 및 수급권 보호와 대위에 대하여 이해한다.
- 산재보험의 심사 및 재심사청구의 의의에 대하여 이해한다.
- 시효의 의의와 대상, 각종 보고 및 신고, 사업주의 조력 등의 의의에 대해서 이해한다.

제1절 재활 복지

1 직업재활급여

1) 의의

산업재해보상보험법에서는 업무상 재해 또는 진폐 등으로 급여를 받은 후 장해급여 또는 진폐보상연금을 받은 자나 장해급여를 받을 것이 명백한 자로서 대통령령으로 정하는 자(이하 "장해급여자"라 한다) 중 취업을 위하여 직업훈련이 필요한 자(이하 "훈련대상자"라 한다)에 대하여 실시하는 직업훈련에 드는 비용 및 직업훈련수당 또는 업무상의 재해가 발생할 당시의 사업에 복귀한 장해급여자에 대하여 사업주가 고용을 유지하거나 직장적응훈련 또는 재활운동을 실시하는 경우(직장적응훈련의 경우에는 직장 복귀 전에 실시한 경우도 포함한다)에 각각 지급하는 직장복귀지원금, 직장적응훈련비 및 재활운동비 등을 지원할 수 있도록 하고 있다(법 제72조1항).

이는 업무상 재해를 당한 근로자가 치료를 마친 후 장해가 남을 경우에 통상적인 직장으로 복귀하기가 어려울 수 있다는 전제하에 이들에게 재해 전의 업무 또는 직장으로 복귀할 수 있도록 지원하여 재해 근로자의 직장 및 사회 복귀를 지원하고 장해로 인하여 저하되는 근로 능력을 보완하며 근로자의 생계 안정 및 그 가족을 보호하고 사회적 합의를 증진하기 위한 것으로 이해할 수 있다.

2) 직업재활급여의 대상자

① 법 제72조제1항제1호에 따른 훈련대상자(이하 "훈련대상자"라 한다)는 다음 각 호의 요건을 모두 갖춘 사람으로 한다(영 제68조1항).〈개정 2010.3.26, 2010.7.12, 2010.11.15〉

1. 다음 각 목의 어느 하나에 해당할 것
   가. 장해등급등 제1급부터 제12급까지의 어느 하나에 해당할 것
   나. 업무상의 사유로 발생한 부상 또는 질병으로 인하여 요양 중으로서 그 부상 또는 질병의 상태가 치유 후에도 장해등급 제1급부터 제12급까지의 어느 하나에 해당할 것이라는 내용의 의학적 소견이 있을 것
2. 삭제〈2012.11.12〉
3. 취업하고 있지 아니한 사람일 것. 이 경우 취업의 범위는 고용노동부령으로 정한다.
4. 다른 직업훈련을 받고 있지 아니할 것
5. 제67조제1항에 따른 직업복귀계획을 수립하였을 것

② 제1항제3호에도 불구하고 직업훈련을 받고 있는 훈련대상자가 직업훈련 기간 중에 취업을 한 경우에는 그 직업훈련 과정이 끝날 때까지 직업훈련을 받게 할 수 있되, 취업한 기간에 대하여는 직업훈련수당을 지급하지 않는다(동조2항).

③ 제1항에 따른 훈련대상자가 직업훈련 기간에 대하여 「고용보험법」에 따른 구직급여를 받은 경우에는 직업훈련을 받게 할 수 있되, 직업훈련수당은 지급하지 않는다.〈개정 2010.3.26.〉(동조3항)

④ 법 제72조제1항제2호에 따른 장해급여자(이하 "장해급여자"라 한다)는 해당 사업에 복귀할 때 제1항제1호에 해당하는 사람으로 한다.〈개정 2010.3.26.〉(동조4항)

** 직업재활급여에 대한 자세한 내용은 직업재활급여 업무처리 규정(개정 2016. 11.07. 규정 제974호)에서 정하고 있으므로 참조하기 바람

제2절 보험급여의 일시지급 등

1 보험급여의 일시지급

1) 보험급여의 일시지급 의의

대한민국 국민이 아닌 근로자가 업무상의 재해에 따른 부상 또는 질병으로 요양 중 치유되기 전에 출국하기 위하여 보험급여의 일시지급을 신청하는 경우에는 출국하기 위하여 요양을 중단하는 날 이후에 청구 사유가 발생할 것으로 예상되는 보험급여를 한꺼번에 지급할 수 있다(법 제76조1항). 〈개정 2010.1.27.〉

이 규정은 우리나라에서 근로하고 있는 외국인근로자가 업무상 재해로 인하여 산재보험으로 치료하는 도중 자기 나라로 출국하는 경우에 이후 계속 필요하게 되는 치료비와 휴업급여 등 실질적으로 근로자를 보장하기 위한 것으로 이해될 수 있다.

2) 지급액

이 경우 한꺼번에 지급할 수 있는 금액은 다음 각 호의 보험급여를 미리 지급하는 기간에 따른 이자 등을 고려하여 대통령령으로 정하는 방법에 따라 각각 환산한 금액을 합한 금액으로 한다. 이 경우 해당 근로자가 제3호 및 제4호에 따른 보험급여의 지급사유 모두에 해당될 것으로 의학적으로 판단되는 경우에는 제4호에 해당하는 보험급여의 금액은 합산하지 아니한다(동조 제2항). 〈개정 2010.1.27., 2010.5.20.〉

(1) 출국하기 위하여 요양을 중단하는 날부터 업무상의 재해에 따른 부상 또는 질병이 치유될 것으로 예상되는 날까지의 요양급여

(2) 출국하기 위하여 요양을 중단하는 날부터 업무상 부상 또는 질병이 치유되거나 그 상병상태가 취업할 수 있게 될 것으로 예상되는 날(그 예상되는 날이 요양 개시일부터 2년이 넘는 경우에는 요양 개시일부터 2년이 되는 날)까지의 기간에 대한 휴업급여

(3) 출국하기 위하여 요양을 중단할 당시 업무상의 재해에 따른 부상 또는 질병이 치유된 후에 남을 것으로 예상되는 장해의 장해등급에 해당하는 장해보상일시금

(4) 출국하기 위하여 요양을 중단할 당시 요양 개시일부터 2년이 지난 후에 상병보상연금의 지급대상이 되는 중증요양상태가 지속될 것으로 예상되는 경우에는 그 예상되는 중증요양상태등급(요양 개시일부터 2년이 경과한 후 출국하기 위하여 요양을 중단하는 경우에는 그 당시의 상병상태에 따른 중증요양상태등급)과 같은 장해등급에 해당하는 장해보상일시금에 해당하는 금액

(5) 요양 당시 받고 있는 진폐장해등급에 따른 진폐보상연금

> ▶ **산재법시행령**
>
> **제72조(보험급여의 일시지급 기준)** 법 제76조제2항 각 호 외의 부분 전단에서 "대통령령으로 정하는 방법에 따라 각각 환산한 금액"이란 같은 항 각 호에 따른 보험급여의 금액에서 각각 그 금액의 100분의 2에 해당하는 금액을 뺀 금액을 말한다. 이 경우 상병보상연금은 그 산정 기준이 되는 중증요양상태등급과 같은 장해등급의 장해보상일시금에 해당하는 금액으로 하고, 장해급여 중 장해보상연금은 그 장해등급의 장해보상일시금으로 한다.〈개정 2010.3.26.〉

3) 지급절차 등

이 경우 일시지급의 신청 및 지급 절차는 고용노동부령으로 정한다(동조 제3항).〈개정 2010.6.4.〉

외국인 근로자와 관련한 사항은 외국인근로자의 고용 등에 관한 법률 등에서도 규정하고 있다.

2 다른 보상이나 배상과의 관계

1) 이중보상 금지의 의의

산재보험 가입 사업장에 소속한 근로자가 업무상 재해를 당한 경우 수급권자가 이 법에 따라 보험급여를 받았거나 받을 수 있으면 보험가입자는 동일한 사유에 대하여 「근로기준법」에 따른 재해보상 책임이 면제된다(법 제80조1항).

또한 수급권자가 동일한 사유에 대하여 이 법에 따른 보험급여를 받으면 보험가입자는 그 금액의 한도 안에서 「민법」이나 그 밖의 법령에 따른 손해배상의 책임이 면제된다. 이 경우 장해보상연금 또는 유족보상연금을 받고 있는 자는 장해보상일시금 또는 유족보상일시금을 받은 것으로 본다(동조2항).

이 규정은 근로자가 업무상 재해를 당한 경우 민법, 자동차손해배상보장법, 근로기준법, 국민연금법 등 다른 보상 또는 배상제도와 중복될 수 있는 문제가 발생한다. 이에 따라 1개 사건에 대해서 1개만 보상을 하도록 함으로써 법의 이중적 적용을 방지하여 여러 제도가 가지는 보상의 중복을 방지하고 이에 대해 합리적으로 조정하도록 하고 있는 것으로 이해할 수 있다. 그러나 보험급여를 받는 수급권자편에서 본다면 수급액에 크게 영향을 미칠 수도 있다고 볼 것이다.

2) 제한의 범위

수급권자가 동일한 사유로 「민법」이나 그 밖의 법령에 따라 이 법의 보험급여에 상당한 금품을 받으면 공단은 그 받은 금품을 대통령령으로 정하는 방법에 따라 환산한 금액의 한도 안에서 이 법에 따른 보험급여를 지급하지 아니한다. 다만, 제2항 후단에 따라 수급권자가 지급받은 것으로 보게 되는 장해보상일시금 또는 유족보상일시금에 해당하는 연금액에 대하여는 그러하지 아니하다(동조3항).

3) 상병보상연금과의 관계

요양급여를 받는 근로자가 요양을 시작한 후 2년이 지난 날 이후에 상병보상연금을 지급받고 있으면 「근로기준법」 제23조제2항 단서를 적용할 때 그 사용자는 그 2년이 지난 날 이후에는 같은 법 제84조에 따른 일시보상을 지급한 것으로 본다.

이 부분에 대해서는 상병보상연금에서 언급한 바가 있으므로 생략한다.

3 미지급의 보험급여

1) 의의

산재보험에서는 보험급여의 수급권자가 사망한 경우에 그 수급권자에게 지급하여야 할 보험급여로서 아직 지급되지 아니한 보험급여가 있으면 그 수급권자의 유족(유족급여의 경우에는 그 유족급여를 받을 수 있는 다른 유족)의 청구에 따라 그 보험급여를 지급한다(법 제81조1항).

이 경우에 그 수급권자가 사망 전에 보험급여를 청구하지 아니하면 같은 항에 따른 유족의 청구에 따라 그 보험급여를 지급한다(동조2항).

이 규정은 산재근로자가 보험급여를 받는 동안 사망하는 등 수급권이 소멸되기 전에 수급이 중단되는 경우 잔여 급여를 유족에게 지급하도록 함으로써 재해근로자의 보험급여에 의해 실질적으로 생계를 이어가는 근로자의 유족 등에 대해 보호를 할 수 있도록 하고자 하는 것으로 이해할 수 있다.

2) 미지급 보험급여 수급권자의 결정 등

법 제81조에 따른 미지급 보험급여 수급권자의 결정에 관하여는 법 제65조(수급권자인 유족의 순위) 제1항 · 제2항 및 제4항을 준용한다(영 제77조).

4 보험급여의 지급과 일시 중지, 지급제한

1) 보험급여의 지급

보험급여는 지급 결정일부터 14일 이내에 지급하여야 한다(법 제82조).

이 규정은 보험급여를 신청한 후 신속하게 처리하여 급여를 지급하도록 함으로써 산재보험법의 기본적 목적을 달성하고자 함과 동시에 근로자의 수입에 의하여 생계를 지속하는 가족들의 생활을 안정하기 위하여 취하는 조치라고 이해할 수 있다.

2) 보험급여의 일시 중지(법 제120조)

이 규정은 근로자의 업무상 재해에 대하여 산재보험이 사업주가 보험료를 납부하고 정부가 관장하는 사회보험이다. 그러므로 근로자는 업무상 재해에 따른 보험급여를 받는 동안 성실히 관련규정을 준수하여 조속한 회복을 기할 필요가 있고 사업주는 보험제도의 원활한 운영을 위하여 적극 협조할 의무가 있다. 또한 정부는 사회보험으로서의 보험질서를 확립하고 산재보험 보장사업을 원활히 하여야 할 책임이 있다.

따라서 이 규정은 산재근로자 및 사업주가 산재법상의 성실의무를 다하지 않은데 대하여 불이익을 줌으로써 산재보험 보장체계와 보험 질서를 확립하기 위한 일종의 경고적 의미의 규정이라고 할 수 있다.

① 공단은 보험급여를 받고자 하는 자가 다음 각 호의 어느 하나에 해당되면 보험급여의 지급을 일시 중지할 수 있다.〈개정 2010.5.20.〉

1. 요양 중인 근로자가 제48조제1항에 따른 공단의 전원 요양 지시를 정당한 사유 없이 따르지 아니하는 경우
2. 제59조에 따라 공단이 직권으로 실시하는 장해등급 또는 진폐장해등급 재판정 요구에 응하지 아니하는 경우
3. 제114조나 제115조에 따른 보고 · 서류제출 또는 신고를 하지 아니하는 경우
4. 제117조에 따른 질문이나 조사에 응하지 아니하는 경우
5. 제119조에 따른 진찰 요구에 따르지 아니하는 경우

② 제1항에 따른 일시 중지의 대상이 되는 보험급여의 종류, 일시 중지의 기간 및 일시 중지 절차는 대통령령으로 정한다.

3) 보험급여의 일시 중지(영 제119조)

① 공단은 법 제120조제1항에 따라 보험급여의 지급을 일시 중지하기 전에 그 보험급여를 받으려는 사람에게 상당한 기간을 정하여 문서로 의무이행을 촉구하여야 한다.

② 법 제120조에 따라 일시 중지할 수 있는 보험급여는 보험급여를 받으려는 사람이 제1항에 따른 의무를 이행하지 아니하여 그 보험급여를 받으려는 사람에게 지급될 보험급여의 지급결정이 곤란하거나 이에 지장을 주게 되는 모든 보험급여로 하되, 법 제120조제1항제1호의 경우에는 휴업급여 또는 상병보상연금 또는 진폐보상연금으로 한다.〈개정 2010.11.15.〉

③ 보험급여를 일시 중지할 수 있는 기간은 공단이 제1항에 따라 의무를 이행하도록 지정한 날의 다음 날부터 그 의무를 이행한 날의 전날까지로 한다.

4) 보험급여 지급의 제한

(1) 의의

산재보험을 관리하는 공단은 요양 중인 근로자가 정당한 사유 없이 요양에 관한 지시를 위반하여 부상 · 질병 또는 장해 상태를 악화시키거나 치유를 방해한 경우, 또는 장해보상연

금 또는 진폐보상연금 수급권자가 제59조에 따른 장해등급 또는 진폐장해등급 재판정 전에 자해(自害) 등 고의로 장해 상태를 악화시킨 경우 등 어느 하나에 해당되면 보험급여의 전부 또는 일부를 지급하지 아니할 수 있다(법 제83조1항).〈개정 2010.5.20.〉

이 규정은 업무상 재해를 당한 근로자가 요양 중 또는 장해등급 재판정 등의 과정에서 고의로 상태를 악화시키거나 요양에 관한 지시를 위반하여 치유를 방해하거나 장해등급을 상향시키려는 등 부당한 행위를 하는 경우에 일정한 급여 제한을 함으로써 조속한 치료나 보험재정의 보호 등 산재보험의 목적을 달성하고자 하는 것으로 이해할 수 있다. 이에 따라 요양 중인 근로자 등은 성실하게 요양에 임할 것 등의 의무가 수반된다고 볼 것이다.

(2) 제한 범위

이 때 보험급여 지급 제한의 대상이 되는 보험급여의 종류 및 제한 범위는 다음과 같다.

> **▶ 산재법시행령**
>
> **제78조(보험급여 지급 제한의 범위 등)** ① 공단은 보험급여 수급권자가 법 제83조제1항제1호에 해당하면 보험급여의 지급을 제한하기로 결정한 날 이후에 지급사유가 발생하는 휴업급여 또는 상병보상연금의 20일분(지급사유가 발생한 기간이 20일 미만이면 그 기간 해당분)에 상당하는 금액을 지급하지 않는다.
>
> ② 공단은 장해보상연금 또는 진폐보상연금 수급권자가 법 제83조제1항제2호에 해당하면 다음 각 호에 따라 장해급여를 지급한다.〈개정 2010.11.15.〉
>
> 1. 장해상태가 종전의 장해등급등보다 심해진 경우에도 종전의 장해등급등에 해당하는 장해보상연금 또는 진폐보상연금 지급
> 2. 장해상태가 종전의 장해등급등보다 호전되었음이 의학적 소견 등으로 확인되는 경우로서 재판정 전에 장해상태를 악화시킨 경우에는 그 호전된 장해등급등에 해당하는 장해급여 또는 진폐보상연금 지급

(3) 절차

① 통지

공단은 이 경우 보험급여를 지급하지 아니하기로 결정하면 지체 없이 이를 관계 보험가입자와 근로자에게 알려야 한다(동조2항).

② 보험급여 지급 제한의 절차

㉠ 공단 또는 산재보험 의료기관은 요양 중인 근로자가 다음 각 호의 어느 하나에 해당하는 행위로 부상 · 질병 또는 장해 상태를 악화시키거나 치유를 방해할 우려가 있다고 인정하여 법 제83조제1항제1호에 따른 보험급여의 지급제한을 하기 전에 서면으로 해당 근로자에게 그 행위의 시정을 요구하여야 한다(규칙 제63조1항).

1. 입원 요양 중의 정당한 사유 없는 외출 · 외박
2. 공단 또는 산재보험 의료기관에서 정한 주의사항의 불이행
3. 그 밖에 공단이나 산재보험 의료기관의 요양에 관한 지시 위반

㉡ 공단은 요양 중인 근로자가 정당한 이유 없이 제1항에 따른 시정 요구를 따르지 않는 경우에 영 제78조제1항에 따른 범위에서 보험급여의 지급을 제한할 수 있다(동조2항).

㉢ 산재보험 의료기관은 요양 중인 근로자가 제1항에 따른 시정 요구를 정당한 이유 없이 따르지 않는 경우에는 지체 없이 그 사실을 공단에 알려야 한다(동조3항).

제3절 부당이득 징수 등

1 부당이득의 징수

1) 의의

① 공단은 보험급여를 받은 자가 다음 각 호의 어느 하나에 해당하면 그 급여액에 해당하는 금액(제1호의 경우에는 그 급여액의 2배에 해당하는 금액)을 징수하여야 한다. 이 경우 공단이 제90조제2항에 따라 국민건강보험공단등에 청구하여 받은 금액은 징수할 금액에서 제외한다(법 제84조1항).

1. 거짓이나 그 밖의 부정한 방법으로 보험급여를 받은 경우
2. 수급권자 또는 수급권이 있었던 자가 제114조제2항부터 제4항까지의 규정에 따른 신고의무를 이행하지 아니하여 부당하게 보험급여를 지급받은 경우
3. 그 밖에 잘못 지급된 보험급여가 있는 경우

이 규정은 업무상 재해를 입원 근로자는 물론 이들의 요양을 담당하는 의료기관 등에 대해서도 이 법을 위반하여 거짓이나 부정한 방법으로 보험급여를 받거나 진료비를 청구하는 등 산재보험 질서를 저해하는 것을 방지하기 위하여 산재보험의 기본 목적을 달성하기 위한 것으로 이해할 수 있다.

산재보험 의료기관에 대해서는 진료관계론에서 재론한다.

2) 징수대상

이 경우 보험급여의 지급이 보험가입자 · 산재보험 의료기관 또는 직업훈련기관의 거짓된 신고, 진단 또는 증명으로 인한 것이면 그 보험가입자 · 산재보험 의료기관 또는 직업훈련기관도 연대하여 책임을 진다(동조2항).

공단은 산재보험 의료기관이나 제46조제1항에 따른 약국이 다음 각 호의 어느 하나에 해당하면 그 진료비나 약제비에 해당하는 금액을 징수하여야 한다. 다만, 제1호의 경우에는 그 진료비나 약제비의 2배에 해당하는 금액(제44조제1항에 따라 과징금을 부과하는 경우에는 그 진료비에 해당하는 금액)을 징수한다(동조3항). 〈개정 2010.5.20.〉

1. 거짓이나 그 밖의 부정한 방법으로 진료비나 약제비를 지급받은 경우
2. 제40조제5항 및 제91조의9제3항에 따른 요양급여의 산정 기준을 위반하여 부당하게 진료비나 약제비를 지급받은 경우
3. 그 밖에 진료비나 약제비를 잘못 지급받은 경우

3) 부당이득의 징수 통보와 납부 등

① 공단은 법 제84조에 따른 부당이득을 징수하기로 결정하면 지체 없이 납부 책임이 있는 사람에게 그 금액을 낼 것을 알려야 한다.(영 제79조1항)

② 제1항에 따른 통지를 받은 자는 그 통지를 받은 날부터 30일 이내에 그 금액을 내야 한다(동조2항).

2 징수금의 징수

제39조제2항에 따른 보험급여액의 징수, 제78조에 따른 장해특별급여액의 징수, 제79조

에 따른 유족특별급여액의 징수 및 제84조에 따른 부당이득의 징수에 관하여는 보험료징수법 제27조, 제28조, 제29조, 제30조, 제32조, 제39조, 제41조 및 제42조를 준용한다. 이 경우 "건강보험공단"은 "공단"으로 본다(법 제85조). 〈개정 2010.1.27.〉

3 보험급여 등의 충당

1) 의의

공단은 제84조제1항 및 제3항에 따라 부당이득을 받은 자, 제84조제2항에 따라 연대책임이 있는 보험가입자 또는 산재보험 의료기관에 지급할 보험급여 · 진료비 또는 약제비가 있으면 이를 제84조에 따라 징수할 금액에 충당할 수 있다(법 제86조1항). 이에 따라 의료기관 등은 부당이득에 대한 징수금을 직접 납부하지 않으면 산재보험을 담당하는 근로복지공단으로부터 지급받을 진료비 등에서 부당이득 금액을 차감하고 지급받게 될 수 있다.

2) 보험급여 등의 충당 한도 및 절차

보험급여 · 진료비 및 약제비의 충당 한도 및 충당 절차는 다음과 같다.

① 공단이 법 제86조에 따라 보험급여 · 진료비 및 약제비를 충당하는 경우의 충당 한도는 다음 각 호와 같다(영 제80조1항). 〈개정 2010.7.12.〉

1. 법 제84조제1항에 따른 부당이득을 받은 사람에게 지급할 보험급여(법 제75조에 따른 직장복귀지원금 · 직장적응훈련비 또는 재활운동비는 제외한다)가 있으면 그 지급할 보험급여에 10분의 1을 곱한 금액. 다만, 보험급여 수급권자가 고용노동부령으로 정하는 바에 따라 서면으로 10분의 1을 넘는 금액의 충당에 동의하면 그 동의한 금액을 말한다.
2. 법 제84조제1항에 따른 부당이득을 받은 사람 또는 같은 조 제2항에 따른 연대책임이 있는 자가 보험가입자인 경우에는 그 보험가입자에게 지급할 보험급여의 금액(그 보험가입자가 법 제89조에 따라 보험급여를 받을 권리를 대위하는 경우에는 그 대위하는 금액을 포함한다)
3. 법 제84조제2항에 따른 연대책임이 있는 산재보험 의료기관에 지급할 진료비가

있으면 그 지급할 진료비에 해당하는 금액

4. 법 제84조제3항에 따른 부당이득을 받은 산재보험 의료기관이나 약국에 지급할 진료비나 약제비가 있으면 그 지급할 진료비나 약제비에 해당하는 금액

② 공단은 제1항에 따라 충당을 하려면 보험급여 수급권자, 보험가입자, 산재보험 의료기관 또는 약국의 의견을 들어야 하며, 충당을 결정하면 지체 없이 보험급여 수급권자, 보험가입자, 산재보험 의료기관 또는 약국에 그 사실을 알려야 한다(동조 2항).

3) 충당 동의서의 기재사항

영 제80조제1항제1호 단서에 따라 보험급여 수급권자가 충당에 동의하는 경우에는 다음 각 호의 사항을 서면으로 적어야 한다(규칙 제64조).

1. 지급받을 보험급여의 종류, 지급 기간 및 금액
2. 부당이득의 전제가 되는 보험급여의 종류 및 금액
3. 충당에 동의하는 금액 또는 비율

4 제3자에 대한 구상권

1) 공단의 손해배상청구권 대위의 의의

① 공단은 제3자의 행위에 따른 재해로 보험급여를 지급한 경우에는 그 급여액의 한도 안에서 급여를 받은 자의 제3자에 대한 손해배상청구권을 대위(代位)한다(법 제87조 1항).

이 규정은 근로자가 업무상 재해를 당하는 경우에 사업주의 직접적인 원인이 아닌 제3자의 행위로 인하여 재해를 당한 경우에 그 근로자에 대하여 우선 산재보험법에 의거하여 급여를 시행하고 이에 대해서는 재해를 가한 손해배상 책임자에 대해 근로자에 지급한 금액 등에 대하여 손해배상 청구권을 대위함으로써 실질적으로 근로자를 보호하고 산재보험 재정도 보호하고자 하는 취지라고 이해할 수 있을 것이다.

다만, 보험가입자인 2 이상의 사업주가 같은 장소에서 하나의 사업을 분할하여 각각 행하다가 그 중 사업주를 달리하는 근로자의 행위로 재해가 발생하면 그러하지 아니하다(법 제87조1항 단서). 이 규정은 동일 사업장에서 발생한 재해의 경우 이는 제3자의 재해로 보지 않음으로써 사업주를 보호하고자 하는 산재보험법의 기본 목적을 달성하고자 하는 것으로 이해할 수 있다.

2) 이중보상의 금지

이 경우에 수급권자가 제3자로부터 동일한 사유로 이 법의 보험급여에 상당하는 손해배상을 받으면 공단은 그 배상액을 대통령령으로 정하는 방법에 따라 환산한 금액의 한도 안에서 이 법에 따른 보험급여를 지급하지 아니한다(동조2항).

이것은 앞에서 전술한 바 있는 이중보상의 금지 원칙과 같은 사항으로 이해할 수 있을 것이다.

이 때 제3자로부터 배상받은 사람에 대한 보험급여의 조정 범위는 보험급여 수급권자가 제3자로부터 손해배상을 받은 경우에 그 손해배상금을 법 제87조제2항에 따라 보험급여를 지급하지 않는 금액으로 환산할 때 그 환산방법에 관하여는 영 제76조(다른 보상이나 배상과의 조정기준)를 준용한다(영 제81조).

3) 신고의무

수급권자 및 보험가입자는 제3자의 행위로 재해가 발생하면 지체 없이 공단에 신고하여야 한다(법 제87조3항). 이것은 제3자의 행위로 재해가 발생할 때이고 제3자로부터 재해와 관련한 배상이나 보상을 받을 때가 아닌 것을 유의하여야 한다. 이것은 제3자의 행위로 인한 산재보험의 적용과정에서 재해사실에 대한 조사와 사후관리 등의 효율성을 등을 확보하기 위한 것으로 이해할 수 있을 것이며 다만 제3자로부터 보상을 받고 산재를 적용하지 않는 경우에는 신고여부가 불분명하다고 볼 것이다.

제4절 수급권 보호

1 수급권의 보호

1) 의의

(1) 근로자의 보험급여를 받을 권리는 퇴직하여도 소멸되지 아니한다(법 제88조1항).

이 규정은 업무상 재해를 당한 근로자가 보험급여를 받을 권리는 퇴직 등 근로자의 신분의 변화에 불구하고 소멸되지 않음을 규정한 것으로 보험급여는 근로자의 생활안정과 건강회복 또는 그 유족의 생존을 위하여 절대적으로 필요한 것이기 때문이다.

근로자가 산재를 당하게 되면 회사로서는 당해 근로자의 공백이 발생하고 이에 대체하는 인력이 충원되어야 할 필요성도 발생하게 된다. 또한 근로자의 입장에서도 산재의 발생이 당해 근로자의 과실 유무를 떠나 회사에 부담감을 가질 수밖에 없게 되며 이 경우 당해 근로자가 퇴직을 하게 되면 이로 인하여 보험급여에 불안감을 느끼게 되고 이 경우 회사와의 긴장관계의 형성은 물론 근로자의 치료효율도 저하될 수밖에 없게 되는 것이다.

따라서 이에 대한 규정을 명확히 함으로써 근로자의 보호와 사업주의 보장을 확실히 하고 있다고 이해할 수 있을 것이다.

(2) 보험급여를 받을 권리는 양도 또는 압류하거나 담보로 제공할 수 없다(동조2항).

이 규정은 1997년 우리나라에 IMF 구제금융 등과 함께 이후 국제금융시장의 불안 등으로 국가경제의 위기가 초래되고 이로 인하여 회사의 경영이 매우 불안정하였던 시기가 있었고 그 여파로 이후에도 근로자들의 개인파산과 신용불량 등 경제적 불안감은 끝나지 않고 있는 것이 현실이다.

이와 함께 근로자가 개인적 사정 등으로 인하여 보험급여를 받을 권리 등을 제3자 등에 양도하거나 이를 압류할 수 없도록 명문화함으로써 재해근로자의 보험급여 수급권을 가장 직접적이고 최대한 보장하려는 특별한 근로자 보호규정으로 이해할 수 있다.

2) 수급권 및 수급권자의 범위

이 규정에 의하여 보호되는 수급권의 범위는 법 제36조에서 규정하고 있는 보험급여의 종류의 내용과 재요양, 재활, 진폐 등 이 법에서 정한 모든 사항을 포함한다고 볼 것이다.

이때 수급권자는 피재근로자 본인 및 유족, 실제 장제를 실행한 자 등으로 볼 수 있다.

2 수급권의 대위

1) 보험가입자의 수급권 대위의 의의

보험가입자(보험료징수법 제2조제5호에 따른 하수급인을 포함한다)가 소속 근로자의 업무상의 재해에 관하여 이 법에 따른 보험급여의 지급 사유와 동일한 사유로 「민법」이나 그 밖의 법령에 따라 보험급여에 상당하는 금품을 수급권자에게 미리 지급한 경우로서 그 금품이 보험급여에 대체하여 지급한 것으로 인정되는 경우에 보험가입자는 대통령령으로 정하는 바에 따라 그 수급권자의 보험급여를 받을 권리를 대위한다(법 제89조).

이 규정은 근로자가 업무상 재해를 당하여 산재보험법에서 정하는 보험급여와 동일한 보상을 보험가입자가 미리 지급한 경우에 근로자를 대위하여 산재보험에 그에 해당하는 보험급여를 청구할 수 있는 권리를 의미한다.

이 경우에 예를 들면 산재 승인이 난 후 현물급여로서의 요양급여를 지급하여야 하지만 산재 승인을 받기 전의 긴급한 경우에 요양비와 휴업급여 등 산재 승인이 난 경우에 근로자 보호를 위하여 선지급한 경우에 이를 후에 대신 청구할 수 있도록 함으로써 근로자 보호와 사업주의 손실 보전이라는 산재보험의 목적을 달성하고자 하는 규정이라고 이해할 수 있다.

2) 수급권 대위의 범위

산재보험에서 사업주가 수급권을 대위할 수 있는 범위는 다음과 같다고 볼 것이다.

(1) 요양비

(2) 휴업급여

(3) 장해급여일시금

(4) 유족급여일시금

(5) 장의비
(6) 간병비

3) 수급권 대위의 청구

① 법 제89조에 따라 보험가입자(보험료징수법 제2조제5호에 따른 하수급인을 포함한다)가 보험급여 수급권자의 보험급여 수급권을 대위하여 보험급여를 지급받으려는 경우에는 법에 따른 보험급여의 지급 사유와 같은 사유로 보험급여에 상당하는 금품을 수급권자에게 지급한 사실을 증명하는 서류를 첨부하여 공단에 청구하여야 한다(영 제82조1항).

② 공단은 제1항에 따라 보험가입자가 보험급여 수급권을 대위하여 청구하면 그 보험급여 수급권자가 해당 보험급여에 상당하는 금품을 받았는지를 확인하여야 한다(동조 2항).

③ 보험가입자가 법 제89조에 따라 보험급여 수급권자에게 장해급여 또는 유족급여에 상당하는 금품을 지급한 경우에는 각각 장해보상일시금 또는 유족보상일시금에 상당하는 금품을 지급한 것으로 본다(동조3항).

3 공과금의 면제

보험급여로서 지급된 금품에 대하여는 국가나 지방자치단체의 공과금을 부과하지 아니한다(법 제91조).

산재 보험급여는 피재근로자나 유족의 생활보장을 하려는 것이 목적이므로 이에 조세 등을 부과하지 않도록 하여 실질적으로 근로자를 보호하도록 하고 있는 것으로 이해할 수 있다.

다만 여기서 의료기관에 지급되는 진료비 등에 대해서는 별론으로 한다.

제5절 근로복지사업 등

1 근로복지사업

1) 근로복지 사업(법 제92조)의 의의

산재보험은 근로자의 업무상 재해에 대하여 신속하고 공정한 보상을 행하고 재해근로자의 요양 및 재활에 필요한 보험 시설을 설치 운영함으로써 근로자 보호에 기여하도록 하고 있다. 이를 위하여 산재보험은 최선의 요양급여와 의료재활 및 요양, 직업재활 등을 시행하고 신체적 또는 적성에 맞는 직업훈련을 실시하여 신체장해정도를 최대한으로 감소시키고 사회에 복귀할 수 있는 직업 능력을 키우도록 도와 줄 필요가 있는 것이다. 또한 산업재해를 입은 근로자나 가족 및 유가족들을 위한 복지증진을 위한 사업 등을 실시하여 사회보장적 측면에서 실질적인 근로자의 복지를 위한 사업을 실시하도록 규정하고 있다.

2) 내용

① 고용노동부장관은 근로자의 복지 증진을 위한 다음 각 호의 사업을 한다.〈개정 2010.6.4.〉

1. 업무상의 재해를 입은 근로자의 원활한 사회 복귀를 촉진하기 위한 다음 각 목의 보험시설의 설치 · 운영
   가. 요양이나 외과 후 처치에 관한 시설－각 지역 산재병원
   나. 의료재활이나 직업재활에 관한 시설－중앙재활병원
2. 장학사업 등 재해근로자와 그 유족의 복지 증진을 위한 사업
3. 그 밖에 근로자의 복지 증진을 위한 시설의 설치 · 운영 사업

② 고용노동부장관은 공단 또는 재해근로자의 복지 증진을 위하여 설립된 법인 중 고용노동부장관의 지정을 받은 법인(이하 "지정법인"이라 한다)에 제1항에 따른 사업을 하게 하거나 같은 항 제1호에 따른 보험시설의 운영을 위탁할 수 있다.〈개정 2010.6.4.〉

③ 지정법인의 지정 기준에 필요한 사항은 고용노동부령으로 정한다.〈개정 2010.6.4.〉

④ 고용노동부장관은 예산의 범위에서 지정법인의 사업에 필요한 비용의 일부를 보조할

수 있다.〈개정 2010.6.4.〉

2 장해급여자의 고용촉진(법 제94조)

고용노동부장관은 보험가입자에 대하여 장해급여 또는 진폐보상연금을 받은 자를 그 적성에 맞는 업무에 고용하도록 권고할 수 있다.〈개정 2010.1.27., 2010.5.20., 2010.6.4.〉

이 규정은 재해를 당한 근로자에게 요양급여, 휴업급여, 장해급여 등을 행하여 상병을 치료하고 급여와 노동력 상실 등에 대해 일실 이익의 적정한 보상으로 생활의 안정을 위하여 나름대로의 노력을 하고 있다고 볼 것이다.

그러나 재해를 당한 근로자에게는 금전적인 보상의 중요성도 있지만 그에 못지않은 가능한 한 근로의 기회를 부여하여 근로자로 하여금 스스로 자립할 수 있도록 하는 것은 더욱 중요하다. 특히 현대사회에 들면서 산업재해와 자동차 사고 등으로 후천적 장애인이 많이 발생하고 있고 이들에 대한 사회복지적 차원은 물론이고 이들에 대한 근로의 기회를 부여하도록 하는 것은 국가 전체적 측면에서도 매우 바람직한 방향이라고 할 것이다.

따라서 산재보험법에서는 업무상 재해를 당하고 장해급여 또는 진폐보상연금을 받은 자를 그 적성에 맞는 업무에 고용하도록 권고할 수 있도록 하고 있다. 여기서 대상자는 비록 장해급여자와 진폐보상연금 수급자로 국한하고 있지만 그 외에도 업무상 재해로 요양을 받은 후에도 원래 직장이나 신체적 여건에 맞는 근무현장으로 복귀시키는 것도 매우 필요하다고 할 것이다.

제6절 심사 및 재심사청구의 제기

1 심사청구

1) 심사청구

산재보험에서 근로복지공단 각 지역본부(지사)에서 행한 산업재해보상보험법상의 보험급

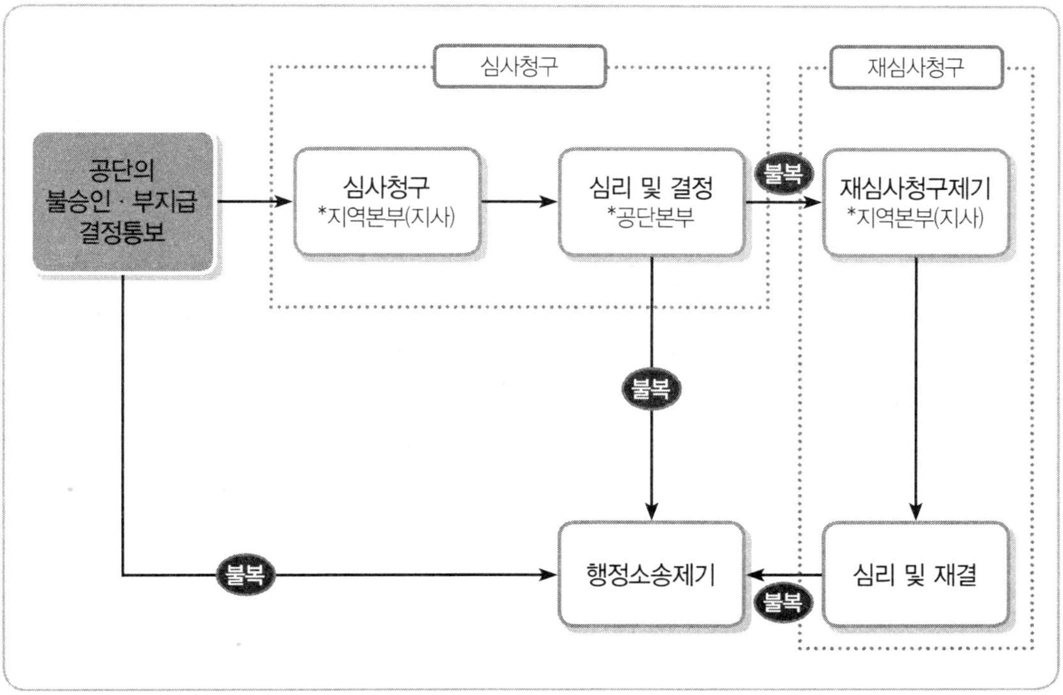

[그림 5-1] 심사 및 재심사청구 절차

* 자료출처 – 근로복지공단 인터넷 홈페이지

여에 관한 결정에 불복이 있는 자는 권리구제를 위해 심사청구를 제기할 수 있다.

심사청구란 공단 소속기관(지역본부, 지사)의 보험급여 등에 관한 결정에 이의가 있는 사람이 공단본부에 심사청구가 가능하도록 한 것인데(업무상질병판정위원회의 심의를 거쳐 결정된 경우는 심사청구를 거치지 않고 고용노동부 산재보험 재심사위원회에 재심사청구 가능) 이것은 공단에서 처분한 사항에 대하여 이의가 있는 경우에는 이를 행한 행정 처분청에 이의신청을 함으로써 원 처분에 대하여 재고를 요청하고 권리를 구제하고자 하는 제도로 심사청구 및 재심사청구, 행정소송 등의 절차가 있는데 우리나라 산재보험에서는 행정심판과 행정소송의 이원화된 제도를 두고 있다.[1]

이 제도는 행점심판의 한 방법으로 행정청의 행정처분에 대하여 소송으로 가기 전에 원 처분을 한 행정청에 재고의 기회와 함께 신청인에 대해서도 소송 등에 소요되는 경제적, 시간적 비용 등의 손실을 방지하고 행정기관의 업무의 전문성을 존중하며 업무의 효율성을 제

1) 신태식 p.186

고하고 자율적인 행정통제를 하기 위한 방안의 하나로 시행되고 있다.

특히 산재보험에서의 심사청구는 주로 업무상 재해를 입은 근로자가 근로복지공단의 산재 등의 승인 및 불승인 등의 과정에서 이를 재심해 달라는 경우가 많게 되는데 이를 모두 소송 등으로 구제를 받기 위해서는 많은 비용과 시간과 노력들이 소모되게 되고 환자인 근로자의 심신의 미약도 초래하여 치료 및 회복에도 문제를 제기할 수 있는데 이를 신속하고 비용 부담 없이 구제할 수 있는 제도를 활용하는 것이 매우 바람직한 제도라고 할 것이다.

(1) 심사 청구의 제기(법 제103조)

① 다음 각 호의 어느 하나에 해당하는 공단의 결정 등(이하 "보험급여 결정등"이라 한다)에 불복하는 자는 공단에 심사 청구를 할 수 있다. 〈개정 2010.5.20.〉

1. 제3장 및 제3장의2에 따른 보험급여에 관한 결정
2. 제45조 및 제91조의6제4항에 따른 진료비에 관한 결정
3. 제46조에 따른 약제비에 관한 결정
4. 제47조제2항에 따른 진료계획 변경 조치등
5. 제76조에 따른 보험급여의 일시지급에 관한 결정
6. 제84조에 따른 부당이득의 징수에 관한 결정
7. 제89조에 따른 수급권의 대위에 관한 결정

② 제1항에 따른 심사 청구는 그 보험급여 결정 등을 한 공단의 소속 기관을 거쳐 공단에 제기하여야 한다.

③ 제1항에 따른 심사 청구는 보험급여 결정 등이 있음을 안 날부터 90일 이내에 하여야 한다.

④ 제2항에 따라 심사 청구서를 받은 공단의 소속 기관은 5일 이내에 의견서를 첨부하여 공단에 보내야 한다.

⑤ 보험급여 결정 등에 대하여는 「행정심판법」에 따른 행정심판을 제기할 수 없다.

(2) 심사 청구의 방식(영 제96조)

① 법 제103조에 따른 심사 청구는 다음 각 호의 사항을 적은 문서(이하 "심사 청구서"라 한다)로 하여야 한다.

1. 심사 청구인의 이름 및 주소(심사 청구인이 법인인 경우에는 그 명칭 · 소재지 및 대표자의 이름)

2. 심사 청구의 대상이 되는 법 제103조제1항 각 호의 결정(이하 “보험급여 결정등”이라 한다) 내용
3. 보험급여 결정등이 있음을 안 날
4. 심사 청구의 취지 및 이유
5. 심사 청구에 관한 고지의 유무 및 고지의 내용

② 심사 청구인이 재해를 입은 근로자가 아닌 경우(법 제103조제1항 제2호 및 제3호에 따른 심사 청구의 경우는 제외한다)에는 심사 청구서에 제1항 각 호의 사항 외에 다음 각 호의 사항을 적어야 한다.
1. 재해를 입은 근로자의 이름
2. 재해를 입은 근로자의 재해 당시 소속 사업의 명칭 및 소재지

③ 심사 청구를 선정대표자 또는 대리인이 제기하는 것이면 제1항 및 제2항에 따른 사항 외에 선정대표자 또는 대리인의 이름과 주소를 심사 청구서에 적어야 한다.

④ 심사 청구서에는 심사 청구인 또는 대리인이 서명하거나 날인하여야 한다.

(3) 심사청구의 방식(심사규정 제6조)

① 공단의 보험급여 결정 등에 불복하여 법 제103조에 따라 공단에 심사청구를 하는 자(산재보험 의료기관 및 약국을 제외한다)는 별지 제1호의 심사청구서를 제출하여야 한다.

② 산재보험 의료기관 또는 약국이 심사청구를 제기하려는 때에는 별지 제2호의 진료비·약제비 심사청구서를 제출하여야 한다.

③ 대리인이 심사청구를 제기하는 경우에는 심사청구서에 대리인의 이름과 주소를 적고, 대리인임을 확인할 수 있는 서류를 제출하여야 한다.

④ 심사청구서가 원처분기관이 아닌 공단의 기관에 접수된 때에는 그 접수받은 기관장은 심사청구서를 지체 없이 원처분기관장에게 송부하여야 한다. 이 경우 청구기간을 계산할 때에 공단에 최초로 접수된 일자에 심사청구가 제기된 것으로 본다.

⑤ 공단 정보통신망(고용·산재보험 토탈서비스)을 통해 온라인으로 심사청구를 제기한 경우에도 법 제103조에 따라 심사청구를 제기한 것으로 본다.

2) 산업재해보상보험심사위원회

(1) 산업재해보상보험심사위원회(법 제104조)

① 제103조에 따른 심사 청구를 심의하기 위하여 공단에 관계 전문가 등으로 구성되는 산업재해보상보험심사위원회(이하 "심사위원회"라 한다)를 둔다.

② 심사위원회 위원의 제척 · 기피 · 회피에 관하여는 제108조를 준용한다.

③ 심사위원회의 구성과 운영에 필요한 사항은 대통령령으로 정한다.

(2) 산업재해보상보험심사위원회의 구성(영 제99조)

① 법 제104조제1항에 따른 산업재해보상보험심사위원회(이하 "심사위원회"라 한다)는 위원장 1명을 포함하여 150명 이내의 위원으로 구성하되, 위원 중 2명은 상임으로 한다.〈개정 2010.3.26., 2015.4.14〉

② 심사위원회의 위원은 다음 각 호의 어느 하나에 해당하는 사람 중에서 공단 이사장이 위촉하거나 임명한다.

1. 판사 · 검사 · 변호사 또는 경력 5년 이상의 공인노무사
2. 「고등교육법」 제2조에 따른 학교에서 조교수 이상으로 재직하고 있거나 재직하였던 사람
3. 노동 관계 업무 또는 산업재해보상보험 관련 업무에 10년 이상 종사한 사람
4. 사회보험이나 산업의학에 관한 학식과 경험이 풍부한 사람

③ 심사위원회의 위원장은 상임위원 중에서 공단 이사장이 임명한다.

④ 심사위원회의 위원 중 5분의 2에 해당하는 위원은 제2항 각 호의 어느 하나에 해당하는 사람으로서 근로자 단체 및 사용자 단체가 각각 추천하는 사람 중에서 위촉한다. 이 경우 근로자 단체 및 사용자 단체가 추천한 위원은 같은 수로 한다.

⑤ 심사위원회 위원의 임기는 3년으로 하되, 연임할 수 있다. 다만, 임기가 끝난 위원은 그 후임자가 위촉되거나 임명될 때까지 그 직무를 수행할 수 있다.

⑥ 이 영에서 규정한 것 외에 심사위원회의 구성에 필요한 사항은 공단이 정한다.

(3) 심사위원회의 운영(영 제100조)

① 심사위원회의 위원장은 심사위원회의 회의를 소집하고, 그 의장이 된다. 다만, 위원장은 심사위원회의 원활한 운영을 위하여 필요하면 상임위원 또는 그 밖에 위원장이

지명하는 위원이 심사위원회의 회의를 주재하도록 할 수 있다.〈개정 2016.3.22.〉

② 심사위원회의 회의는 위원장(제1항 단서에 따라 상임위원 또는 위원장이 지명하는 위원이 회의를 주재하는 경우에는 그 위원)과 회의를 개최할 때 마다 위원장이 지정하는 위원 6명으로 구성한다.〈개정 2016.3.22.〉

③ 심사위원회의 회의는 제2항에 따른 구성원 과반수의 출석으로 개의하고, 출석위원 과반수의 찬성으로 의결한다.

④ 공단은 심사 청구에 대하여 심사위원회의 심의를 거쳐 결정하는 경우에는 그 심리 경과에 관하여 심리조서를 작성하여야 한다.

⑤ 제4항에 따른 심리조서의 작성 · 열람 등에 관하여는 제110조를 준용한다. 이 경우 “재심사위원회”는 “심사위원회”로, “재심사 청구”는 “심사 청구”로 본다.

⑥ 심사위원회의 회의에 출석한 상임위원 및 공단의 임직원인 위원 외의 위원에게는 예산의 범위에서 수당과 여비를 지급할 수 있다.

⑦ 이 영에서 규정한 것 외에 심사위원회의 운영에 필요한 사항은 공단이 정한다.

3) 심사 청구에 대한 심리 · 결정(법 제105조)

(1) 심리

① 공단은 제103조제4항에 따라 심사 청구서를 받은 날부터 60일 이내에 심사위원회의 심의를 거쳐 심사 청구에 대한 결정을 하여야 한다. 다만, 부득이한 사유로 그 기간 이내에 결정을 할 수 없으면 1차에 한하여 20일을 넘지 아니하는 범위에서 그 기간을 연장할 수 있다.

② 제1항 본문에도 불구하고 심사 청구 기간이 지난 후에 제기된 심사 청구 등 대통령령으로 정하는 사유에 해당하는 경우에는 심사위원회의 심의를 거치지 아니할 수 있다.

③ 제1항 단서에 따라 결정기간을 연장할 때에는 최초의 결정기간이 끝나기 7일 전까지 심사 청구인 및 보험급여 결정등을 한 공단의 소속 기관에 알려야 한다.

④ 공단은 심사 청구의 심리를 위하여 필요하면 청구인의 신청 또는 직권으로 다음 각 호의 행위를 할 수 있다.

1. 청구인 또는 관계인을 지정 장소에 출석하게 하여 질문하거나 의견을 진술하게 하는 것
2. 청구인 또는 관계인에게 증거가 될 수 있는 문서나 그 밖의 물건을 제출하게 하는 것

3. 전문적인 지식이나 경험을 가진 제3자에게 감정하게 하는 것
4. 소속 직원에게 사건에 관계가 있는 사업장이나 그 밖의 장소에 출입하여 사업주 · 근로자, 그 밖의 관계인에게 질문하게 하거나, 문서나 그 밖의 물건을 검사하게 하는 것
5. 심사 청구와 관계가 있는 근로자에게 공단이 지정하는 의사 · 치과의사 또는 한의사(이하 "의사등"이라 한다)의 진단을 받게 하는 것

⑤ 제4항제4호에 따른 질문이나 검사를 하는 공단의 소속 직원은 그 권한을 표시하는 증표를 지니고 이를 관계인에게 내보여야 한다.

(2) 처리기간의 연장 사유 통보 등(심사규정 제10조)

① 이사장은 법 제105조제1항에 따라 심사청구에 대한 결정 기간을 연장할 때에는 심사청구인에게 처리기간의 연장 사유와 처리예정 기간을 지체 없이 문서로 통지하여야 한다.

② 이사장은 청구인이 제8조제5항에 따른 보충서면 또는 추가 증거자료 제출 기한의 연장을 요청하면 10일 이내의 기간을 주어 보완하도록 할 수 있다. 다만, 지정한 기한까지 자료를 보완하지 아니하는 때에는 이미 제출된 자료만으로 심리 · 결정할 수 있다.

위반시 벌칙

이 경우 위 제105조제4항(제109조제1항에서 준용하는 경우를 포함한다)에 따른 질문에 답변하지 아니하거나 거짓된 답변을 하거나 검사를 거부 · 방해 또는 기피한 자에게는 100만원 이하의 과태료를 부과한다(법 제129조2항2호).

(3) 심사위원회의 심의 제외 대상(영 제102조)

① 법 제105조제2항에서 "대통령령으로 정하는 사유"란 해당 심사 청구가 다음 각 호의 어느 하나에 해당하는 경우를 말한다.〈개정 2010.7.12., 2010.11.15.〉

1. 법 제38조에 따른 업무상질병판정위원회의 심의를 거쳐 업무상 질병의 인정 여부가 결정된 경우
2. 진폐인 경우
3. 이황화탄소 중독인 경우

4. 제97조제1항에 따른 각하 결정 사유에 해당하는 경우
5. 진료비 또는 약제비(법 제40조제2항 단서에 따른 요양비 중 진료비 또는 약제비에 해당하는 비용을 포함한다)에 관한 결정에 불복하여 심사 청구가 제기된 경우
6. 그 밖에 심사 청구의 대상이 되는 보험급여 결정등이 적법한지를 명백히 알 수 있는 경우

② 제1항에도 불구하고 제1항 각 호의 어느 하나에 해당하는 심사 청구 중 공단이 심사위원회의 심의를 거쳐 결정할 필요가 있다고 인정하는 경우에는 심사위원회의 심의를 거쳐 결정할 수 있다.

2 재심사청구

1) 재심사 청구의 제기(법 제106조)

① 제105조제1항에 따른 심사 청구에 대한 결정에 불복하는 자는 제107조에 따른 산업재해보상보험재심사위원회에 재심사 청구를 할 수 있다. 다만, 판정위원회의 심의를 거친 보험급여에 관한 결정에 불복하는 자는 제103조에 따른 심사 청구를 하지 아니하고 재심사 청구를 할 수 있다.

② 제1항에 따른 재심사 청구는 그 보험급여 결정등을 한 공단의 소속 기관을 거쳐 제107조에 따른 산업재해보상보험재심사위원회에 제기하여야 한다.

③ 제1항에 따른 재심사 청구는 심사 청구에 대한 결정이 있음을 안 날부터 90일 이내에 제기하여야 한다. 다만, 제1항 단서에 따라 심사 청구를 거치지 아니하고 재심사 청구를 하는 경우에는 보험급여에 관한 결정이 있음을 안 날부터 90일 이내에 제기하여야 한다.

④ 재심사 청구에 관하여는 제103조제4항을 준용한다. 이 경우 "심사 청구서"는 "재심사 청구서"로, "공단"은 "산업재해보상보험재심사위원회"로 본다.

2) 재심사 청구의 방식(영 제105조)

① 법 제106조에 따른 재심사 청구는 다음 각 호의 사항을 적은 문서로 하여야 한다.

1. 재심사 청구인의 이름 및 주소(재심사 청구인이 법인인 경우에는 그 명칭 · 소재지 및 대표자의 이름)

2. 재심사 청구의 대상이 되는 보험급여 결정등의 내용
3. 심사 청구에 대한 결정(법 제106조제3항 단서에 따라 재심사 청구를 하는 경우에는 보험급여에 관한 결정등)이 있음을 안 날
4. 재심사 청구의 취지 및 이유
5. 재심사 청구에 관한 고지 유무 및 그 내용

② 재심사 청구의 방식에 관하여는 제96조제2항부터 제4항까지의 규정을 준용한다. 이 경우 "심사 청구인"은 "재심사 청구인"으로, "심사 청구서"는 "재심사 청구서"로, "심사 청구"는 "재심사 청구"로 본다.

3) 산업재해보상보험재심사위원회(법 제107조)

① 제106조에 따른 재심사 청구를 심리 · 재결하기 위하여 고용노동부에 산업재해보상보험재심사위원회(이하 "재심사위원회"라 한다)를 둔다.〈개정 2010.6.4.〉

② 재심사위원회는 위원장 1명을 포함한 90명 이내의 위원으로 구성하되, 위원 중 2명은 상임위원으로, 1명은 당연직위원으로 한다.〈개정 2018.6.12.〉

③ 재심사위원회의 위원 중 5분의 2에 해당하는 위원은 제5항제2호부터 제5호까지에 해당하는 자 중에서 근로자 단체 및 사용자 단체가 각각 추천하는 자로 구성한다. 이 경우 근로자 단체 및 사용자 단체가 추천한 자는 같은 수로 하여야 한다.〈개정 2010.1.27.〉

④ 제3항에도 불구하고 근로자단체나 사용자단체가 각각 추천하는 사람이 위촉하려는 전체 위원 수의 5분의 1보다 적은 경우에는 제3항 후단을 적용하지 아니하고 근로자단체와 사용자단체가 추천하는 위원 수를 전체 위원 수의 5분의 2 미만으로 할 수 있다.〈신설 2010.1.27.〉

⑤ 재심사위원회의 위원장 및 위원은 다음 각 호의 어느 하나에 해당하는 자 중에서 고용노동부장관의 제청으로 대통령이 임명한다. 다만, 당연직위원은 고용노동부장관이 소속 3급의 일반직 공무원 또는 고위공무원단에 속하는 일반직 공무원 중에서 지명하는 자로 한다.〈개정 2010.1.27., 2010.6.4.〉

1. 3급 이상의 공무원 또는 고위공무원단에 속하는 일반직 공무원으로 재직하고 있거나 재직하였던 자
2. 판사 · 검사 · 변호사 또는 경력 10년 이상의 공인노무사

3. 「고등교육법」 제2조에 따른 학교에서 부교수 이상으로 재직하고 있거나 재직하였던 자
4. 노동 관계 업무 또는 산업재해보상보험 관련 업무에 15년 이상 종사한 자
5. 사회보험이나 산업의학에 관한 학식과 경험이 풍부한 자

⑥ 다음 각 호의 어느 하나에 해당하는 자는 위원에 임명될 수 없다.〈개정 2010.1.27., 2015.1.20〉

1. 피성년후견인 · 피한정후견인 또는 파산선고를 받고 복권되지 아니한 자
2. 금고 이상의 형을 선고받고 그 형의 집행이 종료되거나 집행을 받지 아니하기로 확정된 후 3년이 지나지 아니한 자
3. 심신 상실자 · 심신 박약자

⑦ 재심사위원회 위원(당연직위원은 제외한다)의 임기는 3년으로 하되 연임할 수 있고, 위원장이나 위원의 임기가 끝난 경우 그 후임자가 임명될 때까지 그 직무를 수행한다.〈개정 2010.1.27, 2018.6.12〉

⑧ 재심사위원회의 위원은 다음 각 호의 어느 하나에 해당하는 경우 외에는 그 의사에 반하여 면직되지 아니한다.〈개정 2010.1.27., 2018.6.12.〉

1. 금고 이상의 형을 선고받은 경우
2. 오랜 심신 쇠약으로 직무를 수행할 수 없게 된 경우
3. 직무와 관련된 비위사실이 있거나 재심사위원회 위원직을 유지하기에 적합하지 아니하다고 인정되는 비위사실이 있는 경우

⑨ 재심사위원회에 사무국을 둔다.〈개정 2010.1.27.〉

⑩ 재심사위원회의 조직 · 운영 등에 필요한 사항은 대통령령으로 정한다.〈개정 2010.1.27.〉

4) 산업재해보상보험재심사위원회의 구성(영 제106조)

① 법 제107조에 따른 산업재해보상보험재심사위원회(이하 "재심사위원회"라 한다)에 위원장과 3명 이내의 부위원장을 둔다.〈개정 2018.12.11.〉

② 부위원장은 재심사위원회가 위원 중에서 선출한다.

③ 위원장은 재심사위원회를 대표하며, 위원회의 사무를 총괄한다.

④ 부위원장은 위원장을 보좌하며, 위원장이 부득이한 사유로 직무를 수행할 수 없을 때에는 그 직무를 대행한다.

*** 산재보험의 심사 · 재심사에 관한 자세한 사항은 법령 및 근로복지공단 심사업무처리규정을 참조하기 바람

3 행정소송

산업재해보상보험법상 보험급여 등에 관한 결정 또는 심사결정에 불복이 있는 경우 결정(심사결정)이 있음을 안 날부터 90일 이내에 심사 또는 재심사 청구를 거치지 아니하고 행정소송을 제기할 수 있다.

이는 앞에서 설명한 심사 · 재심사 청구의 절차를 거치거나 그렇지 않거나 간에 선택할 수 있는 제도로 행정청에 심사를 요청하는 것이 아닌 사법기관에 행정청의 처분의 타당성을 판단해 줄 것을 제기하는 것이다.

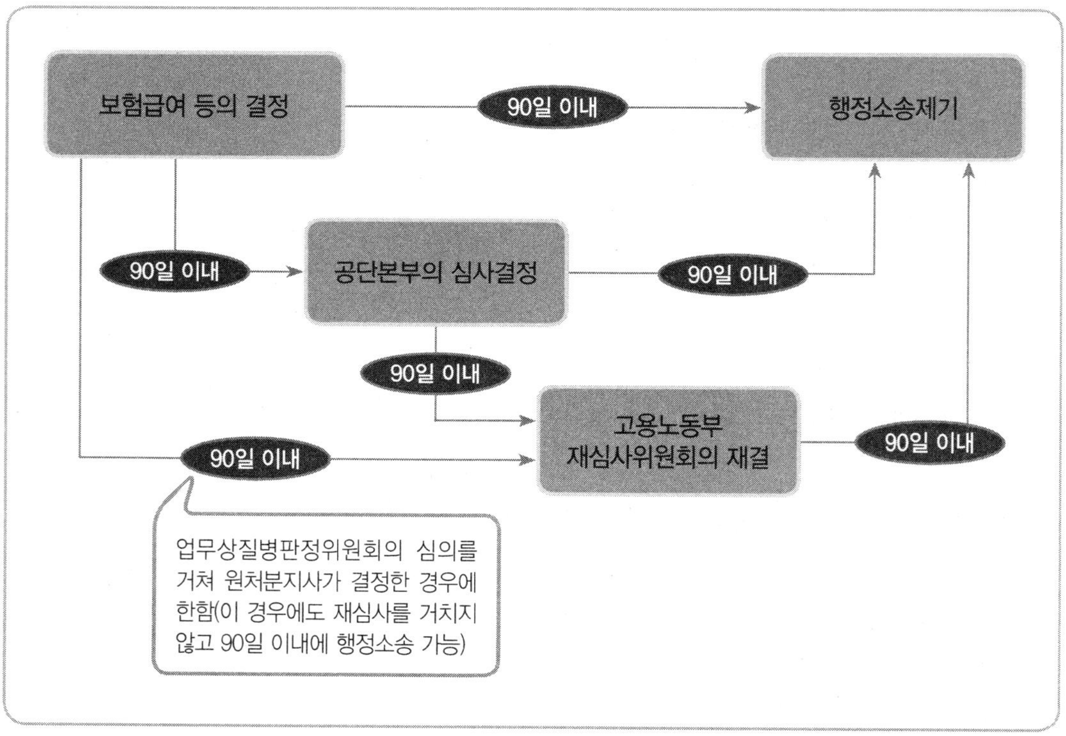

[그림 5-2] 산재 심사·재심사 및 행정소송과의 관계

* 자료출처 – 근로복지공단 인터넷 홈페이지

제7절 보 칙

1 시 효

1) 시효의 의의

시효란 법률관계의 법적 안정성을 확보하기 위하여 도입된 제도로 일정기간 권리를 행사하지 않으면 그 권리를 상실시키는 제도로 산재보험법에서 부여하고 있는 각종 권리에 대하여 그 기간을 정하여 그 기간 내에 권리를 행사하지 않으면 이를 소멸시키는 것을 의미한다.

즉 소멸시효란 근로자 등이 가질 수 있는 보험급여의 권리에 대해서 이를 무한정 허용하는 것이 아니라 법에 정한 일정기간 동안만 이를 허용함으로써 법적 안정성을 확보하기 위한 것으로 해석할 수 있다.[2)]

2) 시효 대상(법 제112조)

① 다음 각 호의 권리는 3년간 행사하지 아니하면 시효로 말미암아 소멸한다. 다만, 제1호의 보험급여 중 장해급여, 유족급여, 장의비, 진폐보상연금 및 진폐유족연금을 받을 권리는 5년간 행사하지 아니하면 시효의 완성으로 소멸한다.〈개정 2010.1.27., 2018.6.12.〉

1. 제36조제1항에 따른 보험급여를 받을 권리
2. 제45조에 따른 산재보험 의료기관의 권리
3. 제46조에 따른 약국의 권리
4. 제89조에 따른 보험가입자의 권리
5. 제90조제1항에 따른 국민건강보험공단등의 권리

② 제1항에 따른 소멸시효에 관하여는 이 법에 규정된 것 외에는 「민법」에 따른다.

2) 윤광윤 p.425

3) 시효의 기산점

소멸시효가 시작하는 날은 다음과 같다.[3)]

(1) **요양급여** – 요양을 받은 날의 다음 날

(2) **휴업급여** – 업무상 재해로 휴업한 날의 다음날

(3) **장해급여** – 상병이 치유된 날의 다음 날

(4) **유족급여** – 사망한 날의 다음 날

(5) **장의비** – 장제를 실행한 날의 다음 날

4) 소멸시효의 완성 효과[4)]

산재보험에서 보험 급여를 받을 권리는 3년간 행사하지 아니하면 소멸시효가 완성된다. 소멸시효가 완성된 보험급여에 대하여는 지급할 의무가 없어진다. 이때 추가지급 등의 원인이 공단에 있고 근로자의 귀책사유가 없다 하더라도 소멸시효 완성에 있어 예외일수는 없다.

5) 시효의 중단(법 제113조)

제112조에 따른 소멸시효는 제36조제2항에 따른 청구로 중단된다. 이 경우 청구가 제5조제1호에 따른 업무상의 재해 여부의 판단을 필요로 하는 최초의 청구인 경우에는 그 청구로 인한 시효중단의 효력은 제36조제1항에서 정한 다른 보험급여에도 미친다.

2 보고 및 신고 등

1) 보고 등(법 제114조)

① 공단은 필요하다고 인정하면 대통령령으로 정하는 바에 따라 이 법의 적용을 받는 사업의 사업주 또는 그 사업에 종사하는 근로자 및 보험료징수법 제33조에 따른 보험사

3) 이재홍 p.46

4) 상게서 p.47

무대행기관(이하 "보험사무대행기관"이라 한다)에게 보험사업에 관하여 필요한 보고 또는 관계 서류의 제출을 요구할 수 있다.

② 장해보상연금, 유족보상연금, 진폐보상연금 또는 진폐유족연금을 받을 권리가 있는 자는 보험급여 지급에 필요한 사항으로서 대통령령으로 정하는 사항을 공단에 신고하여야 한다.〈개정 2010.5.20.〉

③ 수급권자 및 수급권이 있었던 자는 수급권의 변동과 관련된 사항으로서 대통령령으로 정하는 사항을 공단에 신고하여야 한다.

④ 수급권자가 사망하면 「가족관계의 등록 등에 관한 법률」 제85조에 따른 신고 의무자는 1개월 이내에 그 사망 사실을 공단에 신고하여야 한다.

위반시 벌칙

위 법 제114조제1항 또는 제118조에 따른 보고를 하지 아니하거나 거짓된 보고를 한 자 또는 서류나 물건의 제출 명령에 따르지 아니한 자에게는 100만원 이하의 과태료를 부과한다(법 제129조2항3호).

3 사업주의 조력

1) 사업주의 조력 의의

보험급여를 받을 자가 사고로 보험급여의 청구 등의 절차를 행하기 곤란하면 사업주는 이를 도와야 한다. 이것은 근로자가 업무상 재해로 요양급여, 휴업급여 등 보험급여를 받고자 하면 사업주의 증명이나 요양급여의 신청, 휴업급여 관련 자료의 제출 등 보험급여를 받을 자가 보험급여를 받는 데에 사업주의 조력이 반드시 필요하기 때문이다.

가끔씩 근무 현장과 업무상 질병 등의 문제에서 산업재해로 확인되지 않는 경우에 사업주가 요양신청 등을 해 주지 않아 근로자에 대한 보험급여 업무 절차에 차질이 있는 경우가 있다. 기본적으로 요양승인 여부는 근로복지공단에서 결정할 문제이고 사업장에서는 요양승인의 여부에 관계없이 요양신청 자체를 해 주지 않게 되면 근로자 본인이 직접 신청할 수 있는 제도가 있기 때문에 사업주가 협조하지 않더라도 업무는 진행될 수 있다.

이 경우 요양신청서 등 사업주의 미조력시 의료기관에서 대행해 줄 수도 있다.

2) 사업주의 조력(법 제116조)

① 보험급여를 받을 자가 사고로 보험급여의 청구 등의 절차를 행하기 곤란하면 사업주는 이를 도와야 한다.
② 사업주는 보험급여를 받을 자가 보험급여를 받는 데에 필요한 증명을 요구하면 그 증명을 하여야 한다.
③ 사업주의 행방불명, 그 밖의 부득이한 사유로 제2항에 따른 증명이 불가능하면 그 증명을 생략할 수 있다.

3) 사업장 등에 대한 조사(법 제117조)

① 공단은 보험급여에 관한 결정, 심사 청구의 심리 · 결정 등을 위하여 확인이 필요하다고 인정하면 소속 직원에게 이 법의 적용을 받는 사업의 사무소 또는 사업장과 보험사무대행기관의 사무소에 출입하여 관계인에게 질문을 하게 하거나 관계 서류를 조사하게 할 수 있다.
② 제1항의 경우에 공단 직원은 그 권한을 표시하는 증표를 지니고 이를 관계인에게 내보여야 한다.

산재보험 의료기관에 대한 조사 등은 진료관계론에서 설명한다.

위반시 벌칙

법 제117조 또는 제118조에 따른 공단의 소속 직원의 질문에 답변을 거부하거나 조사를 거부 · 방해 또는 기피한 자에게는 100만원 이하의 과태료를 부과한다(법 제129조2항4호).

단원평가

제1절 재활 복지

1. 산재보험에서의 직업재활급여의 개념과 대상자에 대해 이해한다.
2. 산재보험에서의 직업훈련비용의 개념과 대상자에 대해 이해한다.
3. 산재보험에서의 직업훈련수당의 개념과 금액에 대해 이해한다.
4. 산재보험에서의 직장복귀지원금의 개념과 요건에 대해 이해한다.

제2절 보험급여의 일시지급 등

1. 보험급여의 일시지급의 의의와 범위에 대해 이해한다.
2. 다른 보상이나 배상과의 관계에서 이중보상 금지의 의의에 대해 이해한다.
3. 산재보험에서 미지급의 보험급여의 의의에 대해 이해한다.
4. 보험급여의 일시 중지의 의의와 대상, 범위에 대해 이해한다.
5. 보험급여 지급의 제한의 의의와 범위에 대해 이해한다.

제3절 부당이득 징수 등

1. 산재보험에서의 부당이득 징수의 의의와 대상에 대해 이해한다.
2. 부당이득을 받은 자에 대한 보험급여 등의 충당에 대해 이해한다.
3. 공단의 손해배상청구권 대위의 의의에 대하여 이해한다.

제4절 수급권 보호

1. 산재보험에서 수급권 보호의 의의에 대하여 이해한다.
2. 보험가입자의 수급권 대위의 의의에 대하여 이해한다.

제5절 근로복지사업 등

1. 산재보험에서의 근로복지 사업의 의의와 내용에 대해 이해한다.
2. 산재보험에서의 장해급여자의 고용촉진의 의의에 대하여 이해한다.

제6절 심사 및 재심사청구의 제기

1. 산재보험에서의 심사 및 재심사 청구의 제기의 의의에 대하여 이해한다.

2. 심사 청구의 대상과 시기에 대하여 이해한다.
3. 산재보상심사위원회의 구성에 대해 이해한다.
4. 심사 청구에 대한 심리 · 결정의 과정을 이해한다.
5. 심사위원회의 심의 제외 대상에 대해 이해한다.
6. 재심사 청구의 의의에 대하여 이해한다.
7. 재심사위원회의 위원의 제척 · 기피 · 회피에 대해 이해한다.
8. 재심사 청구에 대한 재결의 효력에 대해 이해한다.
9. 산재보험에 대한 행정소송에 대해 이해한다.

제7절 보칙

1. 시효의 의의와 대상, 시효의 중단에 대해 이해한다.
2. 각종 보고 및 신고 등에 대해 이해하고 위반시 벌칙에 대해 숙지한다.
3. 사업주의 조력의 의의에 대해서 이해한다.
4. 사업장 등에 대한 조사시 위반자에 대한 벌칙을 숙지한다.

제6장 산재보험 진료관계론

학습목표

- 산재보험 의료기관 등의 지정 및 지정취소와 의료기관 관리에 대해 이해한다.
- 산재보험 의료기관에 대한 현지조사와 과징금, 부당이득, 벌칙, 포상금 등에 대해 이해한다.
- 산재의료기관 평가에 대해서 이해한다.
- 청문제도와 청문대상에 대해 이해한다.
- 산재환자의 의료전달체계와 네트워크 경영에 대해 이해한다.

제1절 산재보험 의료기관 등의 지정 및 지정취소

1 산재보험 의료기관의 지정(법 제43조)

산재보험 환자를 진료하는 의료기관은 공단 직영의료기관인 산재병원과 일반 의료기관, 보건의료원 등이 해당된다. 산재보험 지정 의료기관은 건강보험 등처럼 환자가 임의로 아무 병원이나 방문하면 되는 것이 아니고 산재지정 의료기관으로 지정을 받아야 진료가 가능하다.

산재보험 환자를 진료하기 위한 의료기관으로 지정 받기 위해서는 다음에서 정하는 기준을 충족하여야 한다. 산재보험 지정 의료기관은 산재보험 환자의 원활한 진료를 위해 다양한 기준을 가지고 지정하도록 하고 있다.

또한 산재환자를 제대로 진료하기 위한 여러 가지 기준에 충족시키지 못하는 경우에는 진료제한 조치나 지정취소 등을 하도록 하여 산재 지정의료기관을 평가하고 산재환자들의 적절한 요양을 위하여 관리하고 있다.

1) 산재보험 의료기관의 종류 및 지정

① 업무상의 재해를 입은 근로자의 요양을 담당할 의료기관(이하 "산재보험 의료기관"이라 한다)은 다음 각 호와 같다. 〈개정 2010.1.27., 2010.5.20., 2010.6.4., 2015.5.18〉

1. 제11조제2항에 따라 공단에 두는 의료기관-공단병원, 산재병원의 이름으로 운영되고 있다.
2. 「의료법」 제3조의4에 따른 상급종합병원
3. 「의료법」 제3조에 따른 의료기관과 「지역보건법」 제10조에 따른 보건소(「지역보건법」 제12조에 따른 보건의료원을 포함한다)로서 고용노동부령으로 정하는 인력·시설 등의 기준에 해당하는 의료기관 또는 보건소 중 공단이 지정한 의료기관 또는 보건소

② 공단은 제1항제3호에 따라 의료기관이나 보건소를 산재보험 의료기관으로 지정할 때에는 다음 각 호의 요소를 고려하여야 한다.

1. 의료기관이나 보건소의 인력·시설·장비 및 진료과목
2. 산재보험 의료기관의 지역별 분포

2) 산재보험 의료기관의 지정 기준(규칙 제23조)

법 제43조제1항제3호에서 "고용노동부령으로 정하는 인력·시설 등의 기준"은 규칙 별표 1과 같다. 〈개정 2010.7.12.〉

[별표 1] 〈개정 2012.12.13〉

산재보험 의료기관의 지정 기준(제23조 관련)

1. 산재보험 의료기관(진폐요양 의료기관은 제외한다)의 지정 기준
   가. 공통기준
      지정 신청을 한 날 이전 1년 동안 「의료법」에 따른 업무정지 이상의 행정처분을 받지 않았을 것
   나. 의료기관 종류별 기준
      1) 종합병원: 가목의 공통기준을 충족하는 의료기관
      2) 병원·치과병원·한방병원·요양병원·의원·치과의원·한의원 및 보건소(보건의료원): 다음 지정기준 배점합계의 80퍼센트 이상을 받은 의료기관

가) 병원 및 보건의료원

구분		항목별 배점 기준	배점
인력 기준	의사	1. 전문의(산부인과 및 소아과 전문의는 제외한다)가 2명 이상 있는 경우 : 20점	20
		2. 전문의가 1명 있는 경우 : 8점	
		3. 전문의가 없는 경우 : 3점	
		– 임상경력이 가장 오래된 의사를 기준으로 임상경력 1년당 2점 (임상경력이 5년 이상이면 10점)	10
		1. 해당 의료기관에 소속된 모든 의사가 지정신청일 이전 2년 동안 「의료법」에 따른 행정처분 받지 않은 경우 : 5점	5
		2. 해당 의료기관에 소속된 의사 1명 이상이 지정 신청일 이전 2년 동안 「의료법」에 따른 행정처분을 받은 경우 : 3점	
	간호사	1. 지정신청일이 속하는 분기의 직전 분기(지정신청일이 속하는 분기에 의료기관을 개설한 경우에는 그 개설일)의 일반병동의 평균 병상 수에 대한 평균 간호사(간호조무사를 포함한다) 수의 비율이 25퍼센트 이상인 경우 : 5점	5
		2. 지정신청일이 속하는 분기의 직전 분기의 일반병동의 평균 병상 수에 대한 평균 간호사 수의 비율이 25퍼센트 미만인 경우 : 3점	
시설 및 장비 기준		– 응급시설이 있는 경우	5
		– 수술실이 있는 경우	5
		– MRI, CT, 근전도검사 중 어느 하나의 검사가 가능한 경우	10
		– 물리치료실과 물리치료사(작업치료사를 포함한다)가 있는 경우	10
		– 의료기관이 있는 건물 안에 식당이 있고, 식당을 의료기관에서 직영하거나 위탁 운영하는 경우	10
		– 정보통신망으로 진료비 청구를 할 수 있는 경우	10
산재보험 의료기관의 지역별 분포 기준		1. 지리적 여건 및 교통편 등을 고려할 때 가까운 곳에 병원급 이상의 산재보험 의료기관이 없는 경우 : 10점	10
		2. 지리적 여건 및 교통편 등을 고려할 때 병원급 이상의 산재보험 의료기관이 부족하여 추가로 지정할 필요가 있는 경우 : 5점	
		3. 가까운 곳에 병원급 이상의 산재보험 의료기관이 많아 추가로 지정할 필요가 적은 경우 : 0점	
합계			100

비고 : "일반병동의 병상"이란 다음의 병상을 제외한 병상을 말한다.
응급실, 신생아실, 분만실, 회복실, 집중치료실, 인공신장실, 낮병동, 「정신보건법」에 따른 정신보건의료시설 중 폐쇄병동과 별도의 병동으로 구분 · 운영하는 격리실 및 무균치료실의 병상

나) 한방병원

구분		항목별 배점 기준	배점
인력 기준	의사	1. 전문의가 2명 이상 있는 경우 : 10점	10
		2. 전문의가 1명 있는 경우 : 8점	
		3. 전문의가 없는 경우 : 3점	
		– 임상경력이 가장 오래된 의사를 기준으로 임상경력 1년당 4점 (임상경력이 5년 이상이면 20점)	20
		1. 해당 의료기관에 소속된 모든 의사가 지정신청일 이전 2년 동안 「의료법」에 따른 행정처분 받지 않은 경우 : 5점	5
		2. 해당 의료기관에 소속된 의사 1명 이상이 지정 신청일 이전 2년 동안 「의료법」에 따른 행정처분을 받은 경우 : 3점	
	간호사	1. 지정신청일이 속하는 분기의 직전분기의 일반병동의 평균 병상 수에 대한 평균 간호사 수의 비율이 25퍼센트 이상인 경우 : 5점	5
		2. 지정신청일이 속하는 분기의 직전분기의 일반병동의 평균 병상 수에 대한 평균 간호사 수의 비율이 25퍼센트 미만인 경우 : 3점	
시설 기준		– 경락자극요법 시설 등 한방요법 시설과 특수생약을 증기, 탕 요법으로 치료하는 시설이 있는 경우	15
		– 의료기관이 있는 건물 안에 식당이 있고, 식당을 의료기관에서 직영하거나 위탁 운영하는 경우	15
		– 정보통신망으로 진료비 청구를 할 수 있는 경우	10
산재보험 의료기관의 지역별 분포 기준		– 한방병원과 함께 의과 의료기관이 있어 협의진료가 가능한 경우	10
		1. 지리적 여건 및 교통편 등을 고려할 때 가까운 곳에 있는 산재보험 의료기관 중 한방병원이 없는 경우 : 10점	10
		2. 지리적 여건 및 교통편 등을 고려할 때 산재보험 의료기관 중 한방병원이 부족하여 추가로 지정할 필요가 있는 경우 : 5점	
		3. 가까운 곳에 있는 산재보험 의료기관 중 한방병원이 있어 추가로 지정할 필요가 적은 경우 : 0점	
합계			100

다) 의원 및 보건소

구분		항목별 배점 기준	배점
인력 기준	의사	1. 전문의가 2명 이상 있는 경우 : 20점	20
		2. 전문의가 1명 있는 경우 : 15점	
		3. 전문의가 없는 경우 : 5점	
		– 임상경력이 가장 오래된 의사를 기준으로 임상경력 1년당 2점(임상경력이 5년 이상이면 10점)	10
		1. 해당 의료기관에 소속된 모든 의사가 지정신청일 이전 2년 동안 「의료법」에 따른 행정처분 받지 않은 경우 : 5점	5
		2. 해당 의료기관에 소속된 의사 1명 이상이 지정 신청일 이전 2년 동안 「의료법」에 따른 행정처분을 받은 경우 : 3점	
	간호사	1. 간호사가 2명 이상 있는 경우 : 5점	5
		2. 간호사가 1명 있는 경우 : 3점	
시설 기준		1. 입원시설이 있는 경우 : 10점	15
		2. 입원시설이 없는 경우 : 15점	
		– 승강기 또는 경사로가 있는 경우	2
		– 의료기관이 있는 건물 안에 식당이 있고, 식당을 의료기관에서 직영하거나 위탁 운영하는 경우	3
		– 물리치료실과 물리치료사(작업치료사를 포함한다)가 있는 경우	10
		– 방사선실 및 방사선사가 있는 경우	10
		– 정보통신망으로 진료비 청구를 할 수 있는 경우	10
산재보험 의료기관의 지역별 분포 기준		1. 지리적 여건 및 교통편 등을 고려할 때 가까운 곳에 해당 의료기관과 같은 진료과목의 산재보험 의료기관이 없는 경우 : 10점	10
		2. 지리적 여건 및 교통편 등을 고려할 때 해당 의료기관의 진료과목과 같은 진료과목의 산재보험 의료기관이 부족하여 추가로 지정할 필요가 있는 경우 : 5점	
		3. 가까운 곳에 해당 의료기관과 같은 진료과목의 산재보험 의료기관이 많아 추가로 지정할 필요가 적은 경우 : 0점	
합계			100

비고 : 의원 중 진료과목이 재활의학과 · 안과 · 이비인후과 · 피부과 · 비뇨기과 · 정신과 · 신경과 · 흉부외과 및 진단방사선과인 의료기관에 대하여는 시설 기준(정보통신망에 관한 기준은 제외한다)을 적용하지 않는다.

라) 치과병원 및 치과의원

구분		항목별 배점 기준	배점
인력 기준	의사	1. 전문의가 2명 이상 있는 경우: 10점	10
		2. 전문의가 1명 있는 경우: 8점	
		3. 전문의가 없는 경우: 5점	
		– 임상경력이 가장 오래된 의사를 기준으로 임상경력 1년당 10점 (임상경력이 5년 이상이면 50점)	50
		1. 해당 의료기관에 소속된 모든 의사가 지정신청일 이전 2년 동안 「의료법」에 따른 행정처분을 받지 않은 경우: 10점	10
		2. 해당 의료기관에 소속된 의사 1명 이상이 지정 신청일 이전 2년 동안 「의료법」에 따른 행정처분을 받은 경우: 8점	
	간호사	1. 간호사가 2명 이상 있는 경우: 10점	10
		2. 간호사가 1명 있는 경우: 8점	
시설 기준		정보통신망으로 진료비 청구를 할 수 있는 경우	10
산재보험 의료기관의 지역별 분포 기준		1. 지리적 여건 및 교통편 등을 고려할 때 가까운 곳에 해당 의료기관과 같은 진료과목의 산재보험 의료기관이 없는 경우: 10점	10
		2. 지리적 여건 및 교통편 등을 고려할 때 해당 의료기관의 진료과목과 같은 진료과목의 산재보험 의료기관이 부족하여 추가로 지정할 필요가 있는 경우: 5점	
		3. 가까운 곳에 해당 의료기관과 같은 진료과목의 산재보험 의료기관이 많아 추가로 지정할 필요가 적은 경우: 0점	
합계			100

마) 한의원

구분		항목별 배점 기준	배점
인력 기준	의사	1. 전문의가 2명 이상 있는 경우: 10점	10
		2. 전문의가 1명 있는 경우: 9점	
		3. 전문의가 없는 경우: 8점	
		– 임상경력이 가장 오래된 의사를 기준으로 임상경력 1년당 4점 (임상경력이 5년 이상이면 20점)	20
		1. 해당 의료기관에 소속된 모든 의사가 지정신청일 이전 2년 동안 「의료법」에 따른 행정처분 받지 않은 경우: 5점	5
		2. 해당 의료기관에 소속된 의사 1명 이상이 지정 신청일 이전 2년 동안 「의료법」에 따른 행정처분을 받은 경우: 3점	

구분		항목별 배점 기준	배점
	간호사	1. 간호사가 2명 이상 있는 경우: 5점	5
		2. 간호사가 1명 있는 경우: 3점	
시설 기준		1. 입원시설이 있는 경우: 10점	20
		2. 입원시설이 없는 경우: 20점	
		– 침구치료실 및 물리치료장비를 갖춘 한방요법시설과 탕전실의 시설이 있는 경우	10
		– 승강기 또는 경사로가 있는 경우	10
		– 정보통신망으로 진료비 청구를 할 수 있는 경우	10
산재보험 의료기관의 지역별 분포 기준		– 지리적 여건 및 교통편 등을 고려할 때 가까운 곳에 있는 한방병원 또는 한의원 중 산재보험 의료기관이 없는 경우: 10점	10
		– 지리적 여건 및 교통편 등을 고려할 때 산재보험 의료기관 중 한방병원 또는 한의원이 부족하여 추가로 지정할 필요가 있는 경우: 5점	
		– 가까운 곳에 있는 산재보험 의료기관 중 한방병원 또는 한의원이 있어 추가로 지정할 필요가 적은 경우: 0점	
합계			100

바) 요양병원

구분		항목별 배점 기준	배점
인력 기준	의사	1. 전문의가 2명 이상 있는 경우: 20점	20
		2. 전문의가 1명 있는 경우: 15점	
		3. 전문의가 없는 경우: 5점	
		1. 해당 의료기관에 소속된 모든 의사가 지정신청일 이전 2년 동안 「의료법」에 따른 행정처분을 받지 않은 경우: 5점	5
		2. 해당 의료기관에 소속된 의사 1명 이상이 지정 신청일 이전 2년 동안 「의료법」에 따른 행정처분을 받은 경우: 3점	
	간호사	1. 지정신청일이 속하는 분기의 직전분기의 일반병동의 평균 병상 수에 대한 평균 간호사 수의 비율이 25퍼센트 이상인 경우: 5점	5
		2. 지정신청일이 속하는 분기의 직전분기의 일반병동의 평균 병상 수에 대한 평균 간호사 수의 비율이 25퍼센트 미만인 경우: 3점	
	의료인력	– 물리치료사가 있는 경우	2
		– 작업치료사가 있는 경우	2
		– 언어치료사가 있는 경우	2
		– 임상심리사가 있는 경우	2
		– 사회복지사가 있는 경우	2

시설 기준	– 물리치료실이 있는 경우	5
	– 작업치료실이 있는 경우	3
	– 언어치료실이 있는 경우	2
	– 운동치료기를 3개 이상 보유한 경우	5
	– 작업치료기를 3개 이상 보유한 경우	3
	– 통증치료기를 3개 이상 보유한 경우	2
	– 응급장비를 보유한 경우	5
	– 승강기 또는 경사로가 있는 경우	2
	– 의료기관이 있는 건물 안에 식당이 있고, 식당을 의료기관에서 직영하거나 위탁 운영하는 경우	10
	– 병실 당 1개 이상의 휠체어 및 보행기를 비치한 경우	3
	– 정보통신망으로 진료비 청구를 할 수 있는 경우	10
산재보험 의료기관의 지역별 분포 기준	– 지리적 여건 및 교통편 등을 고려할 때 가까운 곳에 있는 요양병원 중 산재보험 의료기관이 없는 경우: 10점	10
	– 지리적 여건 및 교통편 등을 고려할 때 산재보험 의료기관 중 요양병원이 부족하여 추가로 지정할 필요가 있는 경우: 5점	
	– 가까운 곳에 있는 산재보험 의료기관 중 요양병원이 있어 추가로 지정할 필요가 적은 경우: 0점	
합계		100

비고 : 1. "통증치료기"는 초음파치료기, 간섭파치료기, 저주파치료기, 표층열처리기, 전기자극치료기, 파라핀욕, 적외선치료기 등을 말한다.

2. "운동치료기"는 보행기, 경사대, 기립기, 평행봉, 어깨회전기, 어깨사다리, 치료용테이블, 기능적 전기치료기, 팔, 다리 치료용고정자전거, 각종측정기 등을 말한다.

3. "작업치료기"는 손가락운동판, 일상생활동작연습기, 인지기능훈련기, 관절각도측정기, 수부근력평가기, 각종평가도구세트 등을 말한다.

2. 삭제〈2010.11.24〉

3) 산재보험 의료기관의 지정 절차(규칙 제24조)

① 법 제43조제1항제3호에 따른 산재보험 의료기관으로 지정받으려는 의료기관 또는 보건소는 다음 각 호의 서류를 첨부하여 공단에 신청하여야 한다.〈개정 2019.10.15.〉

1. 의료기관지정신청서

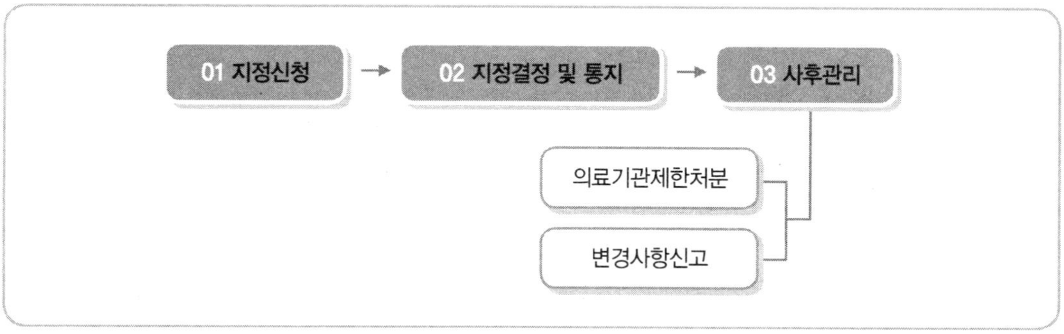

[그림 6-1] 산재보험 의료기관의 지정 절차

* 출처 – 근로복지공단 인터넷 홈페이지

2. 의료기관 개요서
3. 의료기관 개설허가증 또는 신고증명서 사본
4. 진료과목의 전문의 자격증 사본
5. 사업자등록증 사본
6. 의료기관 개설자의 거래은행 통장 사본 1부

② 공단은 제1항에 따른 지정 신청을 받은 경우에는 그 지정 신청을 받은 날부터 15일 이내에 지정 여부를 결정하여 지정 신청을 한 의료기관 또는 보건소에 알려야 한다. 이 경우 산재보험 의료기관으로 지정하기로 결정한 경우에는 공단이 정하는 지정 조건을 명시한 지정서를 내주어야 한다.

▶ **산재보험 의료기관 관리규정** [시행 2018.6.1] [근로복지공단규정 제1074호, 2018.5.17, 일부개정]

제3조(지정 조건) 「산업재해보상보험법 시행규칙」(이하 "규칙"이라 한다) 제24조제2항 후단에 따른 "지정 조건"은 별표 1과 같다.

[별표 1]

산재보험 의료기관 지정 조건

산업재해보상보험법 제43조제5항제5호 및 같은 법 시행규칙 제24조제2항에 따른 산재보험 의료기관의 지정 조건은 다음과 같다.

1. 산재보험 의료기관은 산업재해보상보험법(이하 "법"이라 한다), 같은 법 시행령, 같은 법 시행규칙, 공단의 산재근로자 요양·보상 및 재활과 관련된 규정 및 지시를 준수하여야 한다.
2. 산재보험 의료기관은 고용노동부장관이 고시하는 산재보험 요양급여 산정기준을 준수하여야 하며, 산재보험 요양급여 기준에서 급여대상으로 정한 항목의 비용을 산재근로자에게 부

담하게 한 경우 법 제140조제2항의 단서에 해당하지 않으면 그 비용을 산재근로자에게 돌려 주어야 한다.〈개정 2015.4.29〉

3. 산재보험 의료기관은 다음 각 목의 어느 하나에 해당하면 5일 이내에 공단에 신고하여야 한다. 단, 나 항목의 경우에는 환자가 동의한 경우에 한한다.
   가. 산재보험 의료기관 지정기준에 관한 사항이 변경된 때
   나. 법 제37조에 따른 업무상 재해로 환자가 내원한 경우
4. 산재보험 의료기관은 산재근로자가 다음 각 목의 어느 하나에 해당하면 지체 없이 공단에 알려야 한다.
   가. 정당한 사유 없이 공단의 요양 및 보험급여에 관한 지시를 위반한 경우
   나. 거짓이나 그 밖의 부정한 방법으로 보험급여를 받았거나 받으려는 경우
   다. 산재보험 의료기관의 승인을 받지 아니하고 외출ㆍ외박을 하거나 음주 등 상병의 치료를 방해하거나 거부하는 경우
   라. 산재근로자가 요양을 받던 중 싸움 등으로 말미암아 사고가 발생한 경우
   마. 요양중인 산재근로자가 사망ㆍ자해하거나 자해(자살)를 시도한 경우
5. 산재보험 의료기관은 근로자가 요양급여의 신청 대행 또는 보험급여에 관한 서류의 제출 대행을 요청하는 경우에는 정당한 사유 없이 거부하여서는 아니 된다. 이 경우 요청 받은 날부터 3일 이내에 관련 서류를 공단에 제출하여야 한다.
6. 산재보험 의료기관은 제5호와 제10호에 따른 서류를 토탈서비스로 제출하는 경우 및 진료비의 청구에 관한 서류는 그 서류의 원본을 진료기록부와 함께 5년간 보관하여야 한다.〈개정 2013.10.14.〉
7. 산재보험 의료기관은 법 제47조제1항에 따른 진료계획을 성실하게 작성하여야 하며, 시행령 제21조제1항에 따른 장해급여를 지급받으려는 산재근로자에 대하여 허위 또는 과장없이 장해진단서를 작성하여야 한다.
8. 산재보험 의료기관은 법 제48조에 의한 전원조치 및 법 제119조에 의한 진찰요구에 적극 협조하여야 한다.
9. 산재보험 의료기관은 법 제77조에 따른 합병증 등 예방관리 조치와 관련하여 처방전을 발행할 경우 합병증 등 예방관리에 필요한 약제와 그렇지 않은 약제를 구분하여야 한다.
10. 산재보험 의료기관은 법 시행령 제67조에 따라 산재근로자의 직업재활을 위한 각종 지원에 필요한 검사나 평가, 주치의 면담을 공단에서 요청받은 경우 정당한 사유가 없는 한 이에 적극 협조하여야 한다.〈신설 2013.10.14.〉
11. 산재보험 의료기관은 법 제37조에 따른 업무상 재해로 환자가 내원한 경우 산재보험 처리에 대하여 설명하여야 한다.
12. 그 밖에 산재보험 의료기관에 대한 공단의 지시사항을 준수하여야 한다.〈개정 2013.10.14.〉

그 외에도 근로복지공단은 산재의료기관의 지정 및 지정취소와 관련하여 산재보험 의료기관 관리규정[시행 2018.6.1] [근로복지공단규정 제1074호, 2018.5.17, 일부개정]에서 구체적인 사항을 규정하고 있다.

4) 전문 의료기관의 운영(관리규정 제6조)

① 소속기관장은 다음 각 호의 어느 하나에 해당하는 산재보험 의료기관 중에서 법 제91조의11에 따라 분진작업에 종사하고 있거나 종사하였던 근로자의 사망원인을 확인하기 위하여 전신해부를 할 수 있는 의료기관의 운영 및 「산업재해보상보험법 시행령」(이하 "영"이라 한다) 제118조제3항에 따라 장해 또는 폐질 진단을 전문으로 하는 산재보험 의료기관을 정하여 운영할 수 있다. 이 경우 지정기준은 이사장이 따로 정한다.〈개정 2017.3.10.〉

1. 법 제11조제2항에 따라 공단이 설치 · 운영하는 의료기관(이하 "소속병원"이라 한다)
2. 「의료법」에 따른 상급종합병원
3. 「의료법」에 따른 종합병원 중에서 입원환자 300명 이상을 수용할 수 있는 시설을 갖춘 종합병원

② 이사장은 고용노동부장관이 고시하는 '산업재해보상보험 요양급여 산정기준'(이하 "산재보험 요양급여 산정기준"이라 한다) 제2조의2제1항에 따라 산재보험 의료기관 중에서 산재근로자의 전문적인 재활치료를 담당하는 의료기관(이하 "재활인증의료기관"이라 한다)을 따로 정하여 운영할 수 있다. 이 경우 지정기준은 이사장이 따로 정한다.〈개정 2018.5.17.〉

2 지정취소 및 진료제한(법 제43조3항)

1) 지정취소 및 진료제한 사유

① 공단은 법 제43조제1항 제2호 및 제3호에 따른 산재보험 의료기관이 다음 각 호의 어느 하나의 사유에 해당하면 그 지정을 취소(제1항제3호의 경우만 해당된다 – 3. 「의료법」 제3조에 따른 의료기관과 「지역보건법」 제7조에 따른 보건소(「지역보건법」 제12조에 따른 보건의료원을 포함한다)로서 고용노동부령으로 정하는 인력 · 시설 등의 기준에 해당하는 의료기관 또는 보건소 중 공단이 지정한 의료기관 또는 보건소. 따라서 산재의료원과 국민건강보험법에 의한 상급종합병원은 제외된다.)하거나 12개월의 범위에서 업무상의 재해를 입은 근로자를 진료할 수 없도록 하는 진료제한 조치 또는 개선명령(이하 "진료제한등의 조치"라 한다)을 할 수 있다.

1. 업무상의 재해와 관련된 사항을 거짓이나 그 밖에 부정한 방법으로 진단하거나 증명한 경우
2. 제45조에 따른 진료비를 거짓이나 그 밖에 부정한 방법으로 청구한 경우
3. 제50조에 따른 평가 결과 지정취소나 진료제한등의 조치가 필요한 경우
4. 「의료법」 위반이나 그 밖의 사유로 의료업을 일시적 또는 영구적으로 할 수 없게 되거나, 소속 의사가 의료행위를 일시적 또는 영구적으로 할 수 없게 된 경우
5. 제1항제3호에 따른 인력 · 시설 등의 기준에 미치지 못하게 되는 경우
6. 진료제한등의 조치를 위반하는 경우

② 제3항에 따라 지정이 취소된 산재보험 의료기관은 지정이 취소된 날부터 1년의 범위에서 고용노동부령으로 정하는 기간 동안은 산재보험 의료기관으로 다시 지정받을 수 없다(동조 제4항). 〈신설 2010.1.27., 2010.6.4.〉

③ 공단은 제1항제2호 및 제3호에 따른 산재보험 의료기관이 다음 각 호의 어느 하나의 사유에 해당하면 12개월의 범위에서 진료제한 등의 조치를 할 수 있다(동조 제5항). 〈개정 2010.1.27., 2010.5.20.〉

1. 제40조제5항 및 제91조의9제3항에 따른 요양급여의 산정 기준을 위반하여 제45조에 따른 진료비를 부당하게 청구한 경우
2. 제45조제1항을 위반하여 공단이 아닌 자에게 진료비를 청구한 경우
3. 제47조제1항에 따른 진료계획을 제출하지 아니하는 경우
4. 제118조에 따른 보고, 제출 요구 또는 조사에 응하지 아니하는 경우
5. 산재보험 의료기관의 지정 조건을 위반한 경우

④ 공단은 제3항 또는 제5항에 따라 지정을 취소하거나 진료제한 조치를 하려는 경우에는 청문을 실시하여야 한다(동조 제6항). 〈개정 2010.1.27.〉

⑤ 제1항제3호에 따른 지정절차, 제3항 및 제5항에 따른 지정취소, 진료제한등의 조치의 기준 및 절차는 고용노동부령으로 정한다(동조 제7항). 〈개정 2010.1.27., 2010.6.4.〉

2) 지정취소 및 진료제한 등의 조치의 기준(규칙 제25조)

법 제43조제3항 및 같은 조 제5항에 따른 산재보험 의료기관에 대한 지정취소, 진료제한 조치 또는 개선명령(이하 "진료제한등의 조치"라 한다)의 기준은 별표 2와 같다. 〈개정 2010.3.29.〉

[별표 2] 〈개정 2016.3.28〉

산재보험 의료기관에 대한 지정취소 및 진료제한등의 조치의 기준(제25조 관련)

산재보험 의료기관에 대한 지정취소 또는 진료제한등의 조치의 기준은 다음과 같다.

1. 공통기준

가. 하나의 위반행위가 둘 이상의 조치 기준에 해당하면 그 중 중한 조치 기준을 적용한다.

나. 위반행위의 횟수에 따른 조치 기준은 위반행위가 확인된 날 이전 1년 동안 위반행위로 조치를 받은 횟수로 한다.

다. 진료제한 조치의 사유에 해당하는 위반행위가 동시에 2개 이상 있는 경우에는 각각의 위반행위에 해당하는 진료제한의 기간을 합산한다. 다만, 이 경우 진료제한의 기간을 합산한 기간이 12개월을 초과하면 12개월로 본다.

라. 진료제한 조치를 받은 산재보험 의료기관이 진료제한 조치를 받은 날부터 1년 이내에 다시 진료제한 조치의 사유에 해당하는 위반행위를 하면 그 지정을 취소한다.

마. 산재보험 의료기관이 개선명령을 받은 날부터 1년 이내에 2회 이상 개선명령 사유에 해당하는 위반행위를 하면 3개월간 진료를 제한한다.

바. 법 제43조제1항제2호에 따른 상급종합병원이 제2호에 따른 위반행위별 조치 기준 중 지정취소 조치 기준에 해당하면 진료제한 12개월에 해당하는 조치를 한다.

2. 위반행위별 조치 기준

가. 산재보험 의료기관이 법 제43조제3항에 해당하는 위반행위를 한 경우의 조치 기준은 다음과 같다.

1) 법 제43조제3항제1호 및 제3호부터 제6호까지의 규정에 해당하는 위반행위를 한 경우

근거법령	위반행위의 종류	위반행위의 정도	조치기준
법 제43조 제3항제1호	업무상의 재해와 관련된 사항을 거짓이나 그 밖의 부정한 방법으로 진단하거나 증명한 경우	• 재해발생경위, 재해발생일 및 시간, 상병명, 업무와 상병 간의 인과관계에 관한 사항을 거짓으로 작성한 경우	지정취소
		• 취업가능 여부에 관한 사항, 장해상태, 진료행위 또는 진료계획을 거짓으로 작성한 경우	진료제한 5개월
법 제43조 제3항제3호	법 제50조에 따른 평가결과 지정취소나 진료제한 등의 조치가 필요한 경우	• 업무상의 재해를 입은 자의 요양을 담당할 능력이 없는 경우	지정취소
		• 평가결과에 따른 인력·시설 등에 관한 공단의 보정 요구를 이행하지 않은 경우 • 인력·시설 등의 보정 등을 위하여 일정기간 진료제한이 필요한 경우	진료제한 3개월부터 12개월까지
		• 인력·시설 등의 보정이 즉시 가능한 경우로서 시정이 필요한 경우	개선명령

		• 의료기관 평가 결과 그 평가 순위가 의료기관 종류별(의원급, 병원 및 종합병원) 하위 100분의 5에 해당하는 경우		개선명령
		• 의료기관 평가 결과 연속 2회 그 평가 순위가 의료기관 종류별(의원급, 병원 및 종합병원) 하위 100분의 5에 해당하는 경우		진료제한 3개월
		• 의료기관 평가 결과 연속 3회 그 평가 순위가 의료기관 종류별(의원급, 병원 및 종합병원) 하위 100분의 5에 해당하는 경우 • 의료기관 평가 결과 그 평가 순위가 의료기관 종류별(의원급, 병원 및 종합병원) 하위 100분의 5에 해당하는 경우로서 그 평가점수가 40점 미만인 경우 • 의료기관 평가 결과 산재요양의 기여도가 현저히 낮은 경우로서 2년 이상 산재보험 대상 환자의 진료 실적이 없는 경우		지정취소
		• 의료기관 평가에 필요한 자료제공 요청을 불응하는 등 평가를 거부하는 경우	1회	개선명령
			2회	지정취소
법 제43조 제3항제4호	「의료법」 위반이나 그 밖의 사유로 의료업을 일시적 또는 영구적으로 할 수 없게 되거나, 소속 의사가 의료행위를 일시적 또는 영구적으로 할 수 없게 된 경우	• 의료업 허가 · 등록 취소 또는 폐쇄 • 소속 의사의 면허 취소(업무상의 재해를 입은 자를 진료할 의사가 없게 되는 경우에만 해당된다)		지정취소
		• 일정기간의 의료업 정지 처분 • 소속 의사의 자격 정지 처분		진료제한 (해당 행정처분 기간)
		• 의료업 정지 사유에 해당되었으나 의료법에 따른 과징금을 납부하여 의료업을 계속 영위할 수 있는 경우 • 면허가 취소되거나 자격이 정지된 의사를 대신하여 진료할 다른 의사가 있는 경우		개선명령
법 제43조 제3항제5호	법 제43조제1항제3호에 따른 지정 기준에 미치지 못하게 되는 경우	• 인력 · 시설 등이 별표 1에 따른 지정 기준에 미치지 못하게 된 경우	개선 가능	개선명령
			개선 불가능	지정취소
		• 개선명령에도 불구하고 3개월이 지날 때까지 개선되지 않은 경우		지정취소
법 제43조 제3항제6호	진료제한 등의 조치를 위반하는 경우	• 진료제한 기간 중 정당한 사유 없이 업무상 의 재해를 입은 자(응급환자는 제외한다) 진료한 경우	1회	진료제한 3개월
			2회	지정취소
		• 개선명령을 이행하지 않은 경우	1회	개선명령
			2회	진료제한 3개월

2) 현지조사 결과 법 제43조제3항제2호에 해당하는 위반행위가 확인된 경우

부정비율 / 월평균 부정금액	2퍼센트 이상 ~ 4퍼센트 미만	4퍼센트 이상 ~ 6퍼센트 미만	6퍼센트 이상 ~ 8퍼센트 미만	8퍼센트 이상 ~ 10퍼센트 미만	10퍼센트 이상
10만원 이상 ~ 50만원 미만	개선명령	진료제한 3개월	진료제한 6개월	진료제한 9개월	진료제한 12개월
50만원 이상 ~ 150만원 미만	진료제한 3개월	진료제한 6개월	진료제한 9개월	진료제한 12개월	지정취소
150만원 이상	진료제한 6개월	진료제한 9개월	진료제한 12개월	지정취소	지정취소

비고 : 1. "월평균 부정금액"은 조사대상 기간(현지조사 개시일 전 3년을 말한다. 이하 이 표에서 같다) 동안 해당 산재보험 의료기관이 거짓이나 그 밖의 부정한 방법으로 청구하여 지급받은 진료비를 그 기간의 월수로 나눈 금액으로 한다.

2. "부정비율"은 조사대상 기간 동안 해당 산재보험 의료기관이 청구하여 지급받은 진료비 총액에 대한 거짓이나 그 밖의 부정한 방법으로 지급받은 진료비의 금액의 비율로 한다.

나. 산재보험 의료기관이 법 제43조제5항에 해당하는 위반행위를 한 경우의 조치 기준은 다음과 같다.

1) 현지조사 결과 법 제43조제5항제1호에 해당하는 위반행위가 확인된 경우

부당비율 / 월평균 부당금액	2퍼센트 이상 ~ 4퍼센트 미만	4퍼센트 이상 ~ 6퍼센트 미만	6퍼센트 이상 ~ 8퍼센트 미만	8퍼센트 이상 ~ 10퍼센트 미만	10퍼센트 이상
10만원 이상 ~ 50만원 미만	개선명령	개선명령	진료제한 3개월	진료제한 4개월	진료제한 5개월
50만원 이상 ~ 150만원 미만	개선명령	진료제한 3개월	진료제한 4개월	진료제한 5개월	진료제한 6개월
150만원 이상	진료제한 3개월	진료제한 4개월	진료제한 5개월	진료제한 6개월	진료제한 7개월

비고 : 1. "월평균 부당금액"은 조사대상 기간 동안 해당 산재보험 의료기관이 청구하여 지급받은 진료비 중 법 제40조제5항에 따른 요양급여의 산정 기준을 위반하여 지급받은 진료비의 금액을 그 기간의 월수로 나눈 금액으로 한다.

2. "부당비율"은 조사대상 기간 동안 해당 산재보험 의료기관이 청구하여 지급받은 진료비 총액에 대한 법 제40조제5항에 따른 요양급여의 산정 기준을 위반하여 지급받은 진료비의 금액으로 한다.

2) 제29조에 따라 청구된 진료비를 심사한 결과, 청구금액(1회의 청구금액이 500만원 이상인 경우만 해당된다)에 대한 법 제43조제5항제1호에 해당하는 금액의 비율이 100분의 20 이상으로 확인된 경우에는 개선명령 조치를 한다.

3) 법 제43조제5항제2호부터 제5호에 해당하는 위반행위를 한 경우

근거법령	위반행위의 종류	위반행위의 정도	조치 기준
법 제43조 제5항제2호	법 제45조제1항을 위반하여 공단이 아닌 자에게 진료비를 청구한 경우	• 2회 이하 위반	개선명령
		• 3회 이상 위반	진료제한 3개월
법 제43조 제5항제3호	법 제47조제1항에 따른 진료계획을 제출하지 않는 경우	• 정당한 사유 없이 지연 제출하는 경우	개선명령
		• 공단의 제출요구에도 불응하는 경우	진료제한 3개월
법 제43조 제5항제4호	법 제118조에 따른 보고, 제출 요구 또는 조사에 응하지 않는 경우	• 1회 위반	개선명령
		• 2회 위반	진료제한 3개월
		• 3회 위반	진료제한 6개월
법 제43조 제5항제5호	산재보험 의료기관의 지정 조건을 위반한 경우	개선명령	

3) 지정취소 및 진료제한 등의 조치의 절차 등(규칙 제26조)

① 공단은 산재보험 의료기관에 대한 지정취소 또는 진료제한등의 조치를 하기로 결정하면 그 사유와 조치 내용을 해당 산재보험 의료기관에 알리고, 그 산재보험 의료기관에서 요양 중인 근로자를 다른 산재보험 의료기관으로 옮겨 요양하게 하는 등 필요한 조치를 하여야 한다.

② 제24조에 따라 지정된 산재보험 의료기관(이하 “지정 산재보험 의료기관”이라 한다)은 공단에 지정취소를 신청할 수 있다. 이 경우 공단은 그 산재보험 의료기관에 대한 지정을 취소하여야 한다.

③ 공단은 제2항에 따른 지정취소 신청을 한 지정 산재보험 의료기관이 별표 2에 따른 지정취소, 진료제한등의 조치의 기준에 해당하는 사유가 있으면 그 지정취소 신청에도 불구하고 법 제43조제3항 및 같은 조 제5항에 따른 지정취소 또는 진료제한등의 조치를 할 수 있다. 〈개정 2010.3.29〉

④ 공단은 지정 산재보험 의료기관에 대하여 지정취소를 한 후에도 그 지정기간 중의 진료비나 그 밖에 업무상의 재해를 입은 근로자의 진료에 관하여 법 제118조에 따른 조사 등을 할 수 있다.

4) 지정취소의 통지 및 청문 등(관리규정 제7조)

① 소속기관장은 산재보험 의료기관에 대하여 규칙 제25조에 따른 지정취소나 진료제한 조치 또는 개선명령을 하는 때에는 그 사유와 내용을 해당 산재보험 의료기관에 통지하고, 「행정심판법」에 따른 행정심판, 「행정소송법」에 따른 행정소송을 제기할 수 있다는 사실을 알려야 한다.

② 소속기관장은 법 제43조제3항 또는 제5항에 따라 산재보험 의료기관에 대하여 지정취소나 진료제한 조치를 하거나 산재보험 의료기관이 규칙 별표 2의 제1호마목에 따라 개선명령을 받은 날부터 1년 이내에 개선명령의 사유에 해당하는 위반행위를 2회 이상 하는 때에는 「행정절차법」 제28조부터 제37조까지에 따라 청문을 실시하여야 한다. 〈개정 2017.3.10.〉

③ 소속기관장은 제2항에 해당하지 않는 개선명령을 하려는 때에는 해당 산재보험 의료기관에 5일 이상의 기간을 정하여 의견진술의 기회를 주어야 한다. 이 경우 의견진술은 서면이나 구술로 할 수 있으며 지정된 기일까지 의견진술이 없는 때에는 의견이 없는 것으로 본다.

④ 소속기관장은 산재보험 의료기관이 법 제43조제3항(제4호를 제외한다) 및 제5항에 해당하는 사유로 지정취소나 진료제한 조치 또는 개선명령을 한 때에는 그 사유가 「의료법」 제68조 및 「의료관계 행정처분 규칙」 제4조에 따른 의료인의 면허취소나 자격정지, 의료기관의 업무정지나 허가취소 또는 폐쇄에 해당하는 경우에는 그 의료법 위반내용을 명시하여 보건복지부장관 등 관계 행정기관에 통보하여야 한다. 〈개정 2017.3.10., 개정 2018.1.23.〉

⑤ 제4항에 따라 소속기관장이 통보한 의료법 위반사항에 대하여 보건복지부장관 등 관계 행정기관이 해당 산재보험 의료기관에 소속된 의사 · 치과의사 또는 한의사에게 「의료법」에 따른 자격정지 처분을 한 경우에 그 산재보험 의료기관이 대신 진료할 다른 의사 · 치과의사 또는 한의사를 시장 · 군수 또는 구청장 등에게 신고한 것으로 확인되면 소속기관장은 그 자격정지 처분을 이유로 규칙 제25조 별표 2에 따른 진료제

한 조치 또는 개선명령을 하지 아니한다.〈개정 2017.3.10.〉

5) 공고(관리규정 제9조)

① 소속기관장은 산재보험 의료기관을 지정하거나 지정취소 또는 진료제한 조치를 한 때에는 그 사실을 공고하여야 한다.

② 제1항에 따른 공고는 소속기관의 게시판 또는 토탈서비스나 공단의 인터넷 홈페이지 등에 게시하는 방법으로 할 수 있다.

6) 지정취소 재지정 금지기간(규칙 제26조의2)

법 제43조제3항에 따라 지정이 취소된 산재보험 의료기관은 다음 각 호의 구분에 따른 기간 동안 산재보험 의료기관으로 다시 지정받을 수 없다.

1. 법 제43조제3항제1호에 해당하는 사유로 지정이 취소된 경우: 지정취소일부터 1년
2. 법 제43조제3항제2호부터 제6호까지의 규정에 해당하는 사유로 지정이 취소된 경우: 지정취소일부터 6개월

[본조신설 2010.3.29.]

7) 산재보험 의료기관 지정 및 지정취소 등에 관한 업무(관리규정 제38조)

① 제4조제1항부터 제4항에 따른 산재보험 의료기관 지정 신청, 실태조사 등에 관한 업무는 의료기관의 소재지를 관할하는 소속기관장이 처리한다.〈개정 2018.1.23.〉

② 제4조제5항 및 제5조에 따른 지정 기준의 심사 및 지정결정, 통지 등에 관한 업무는 의료기관의 소재지를 관할하는 지역본부장인 소속기관장이 처리한다.〈개정 2018.1.23.〉

③ 제7조부터 제10조에 따른 산재보험 의료기관에 대한 지정취소, 변경사항 신고, 지도 · 점검 등에 관한 업무는 산재보험 의료기관의 소재지를 관할하는 소속기관장이 처리한다.〈개정 2018.1.23.〉

④ 법 제44조에 따른 과징금의 부과 등에 관한 업무는 진료제한 조치를 한 소속기관장이 처리한다.〈개정 2018.1.23.〉

3 의료기관 관리

1) 변경사항 신고 등(관리규정 제8조)

① 소속기관장은 산재보험 의료기관의 진료과목 · 의료인 · 의료시설 또는 산재보험 담당자 등에 관한 사항이 변경된 때에는 별지 제1호서식의 산재보험 의료기관 지정(변경) 신청서(신고서)에 별지 제2호서식의 의료기관 개요서 및 규칙 제24조제1항제2호부터 제4호까지에 해당하는 서류 중에서 그 내용의 변경이 있는 서류의 사본을 첨부하여 신고하게 하여야 한다.〈개정 2017.3.10.〉

② 소속기관장은 제1항에 따라 변경 신고를 받은 때에 그 변경사항이 「의료법」 제3조제2항에 따른 의료기관 종류의 변경 또는 인력 · 시설 등의 지정기준에 관한 사항의 변경에 관한 것이면 규칙 제23조에 따른 지정 기준의 충족 여부를 심사하여 의료기관을 지정하거나 취소신청을 하도록 한다. 이 경우 법 제43조제1항제2호에 의한 상급종합병원이 의료기관 종류의 변경에 의거 변경사항 신고를 한 때에는 지정 신청한 것으로 본다.

③ 소속기관장은 법 제37조에 따른 업무상 재해로 환자가 산재보험 의료기관에서 진료한 경우 5일 이내에 해당 의료기관이 별지 제16호서식에 의한 산재환자 내원신고서를 제출하도록 하여야 한다. 이 때, 법 제41조제1항 및 제2항에 의거 요양급여를 신청한 경우에는 이를 생략할 수 있다.〈개정 2017.3.10.〉

2) 변경신고시 서류(관리규정 별지1호)

1. 산재보험 의료기관 변경신고서(별지 제1호 서식)
2. 「의료법」 등에 의한 의료기관개설허가증 또는 신고필증 사본
3. 의료기관 개요서
4. 표방진료과목에 따른 전문의 자격증사본 1부
5. 변경전 산재보험 의료기관 지정서 1부
6. 그 밖에 변경사항을 확인할 수 있는 서류

3) 변경신고사항

의료기관 명칭, 의료기관 소재지, 법인대표자(성명, 생년월일), 진료과목 · 의료기관 종류, 시설 · 장비 · 인력 · 운영 현황, 기타(산재보험담당자 등) 등이 있다.

제2절 산재보험 의료기관에 대한 조사 등

1 산재보험 의료기관에 대한 조사 등(법 제118조)

산재보험은 의료기관의 적정진료를 유도하고, 진료비 부정 · 부당청구에 따른 보험재정의 누수를 방지하기 위하여 산재보험 의료기관에 대하여 조사를 실시할 수 있다. 산재보험의 조사는 일반적인 사항에 대한 조사(법 제118조)와 진료비에 관한 조사(시행규칙 제30조)로 구분할 수 있다.

① 공단은 보험급여에 관하여 필요하다고 인정하면 대통령령으로 정하는 바에 따라 보험급여를 받는 근로자를 진료한 산재보험 의료기관(의사를 포함한다)에 대하여 그 근로자의 진료에 관한 보고 또는 그 진료에 관한 서류나 물건의 제출을 요구하거나 소속 직원으로 하여금 그 관계인에게 질문을 하게 하거나 관계 서류나 물건을 조사하게 할 수 있다.

② 제1항의 조사에 관하여는 제117조제2항을 준용한다.

산재보험의 의료기관에 대한 조사는 공단병원을 제외하고는 법 제43조(산재보험 의료기관의 진료제한 및 지정취소) 및 진료비 현지조사, 지도점검 등과 연계하여 이해하여야 한다.

산재보험 의료기관은 크게 의료기관(시설, 인력, 장비, 평가, 서류)관리, 환자(외출외박-입원료)관리, 진료비(진료, 약제, 재료, 식대, 물리치료)관리, 의료관계법관리 등으로 나눌 수 있는 바 이들과 관련하여 근로복지공단으로부터의 조사와 지도점검은 모든 항목에 걸쳐 대상이 되기 때문이다.

따라서 공단에 의한 일반조사, 현지조사 및 지도점검은 단순히 어느 한 분야만을 대상으로 생각하면 안되고 산재보험과 관련만 모든 사항을 연계하여 생각하고 관리되어져야 함을 명심하여야 한다.

2 산재보험 의료기관 지도점검 및 현지조사

1) 산재보험 의료기관 지도 · 점검(관리규정 제10조)

① 이사장 또는 소속기관장은 산재보험 의료기관이 규칙 제23조에 따른 지정 기준의 유지 여부 및 제3조에 따른 지정 조건의 준수 여부, 산재환자의 보험급여 지급에 관하여 필요한 사항 등에 대하여 수시 또는 정기적으로 지도 · 점검을 할 수 있다.〈개정 2017.3.10.〉

② 이사장 또는 소속기관장은 산재보험 의료기관에 대한 지도 · 점검을 실시한 결과 개선이 필요한 사항에 대하여는 산재보험 의료기관에 필요한 조치를 하도록 요구하여야 한다.

③ 이사장 또는 소속기관장은 제1항 및 제2항에 따라 산재보험 의료기관 지도 · 점검을 실시하는 때에는 별지 제6호서식의 산재보험 의료기관 지도 · 점검부에 점검한 사항을 기재하여야 한다.

④ 소속기관장은 산재보험 의료기관에 요양 중인 산재근로자에 대한 성명, 내원일, 상병명, 요양승인기간, 외출 · 외박 여부 등에 대한 현황을 서면 또는 전자문서로 비치하게 하여야 한다.〈개정 2017.3.10.〉

⑤ 소속기관장은 「의료법」 제33조제2항을 위반하여 의료기관을 개설할 수 없는 자가 의료인의 면허나 의료법인 등의 명의를 대여받아 산재보험 의료기관 개설 · 운영한 것을 적발한 경우 조치결과를 이사장에게 보고하여야 한다.〈개정 2017.3.10.〉

⑥ 소속기관장은 산재보험 의료기관을 지도 · 점검한 결과를 지체없이 전산에 등록하여야 한다.〈개정 2017.3.10.〉

2) 진료비의 현지조사(규칙 제30조)

① 공단은 법 제118조에 따라 산재보험 의료기관이 실시한 진료의 적정성, 해당 기관의 진료비 부정 또는 부당 청구 여부 등을 확인하기 위하여 해당 산재보험 의료기관을

방문하여 보고의 요구, 서류나 물건의 제출 요구, 질문 또는 서류나 물건의 조사(이하 "현지조사"라 한다)를 할 수 있다. 이 경우 「행정조사기본법」 제17조에 따라 해당 산재보험 의료기관에 현지조사의 일시, 조사 내용 및 조사 방법 등을 알려야 한다. 〈개정 2018.12.13〉

현지조사계획수립

↓

현재조사대상 선정위원회

구분	내용
정기현지조사	• 현지조사 계획을 매년 수립하여 연간 조사계획 및 여건에 따라 현지조사의 효율성 및 시급성 등을 감안하여 적정수의 기관 선정하여 실시하는 조사 • 1인 1일 평균진료비가 의료기관 종류별 평균보다 높은 기관 • 진료비 평균지급일수가 의료기관 종류별 평균보다 높은 기관 • 의료기관 조정률이 의료기관 종류별 평균보다 높은 기관
수시현지조사	• 산재근로자에 대한 적절한 서비스를 제공하고 있지 않은 경우 • 진료비를 거짓이나 부정한 방법 등으로 청구할 우려가 있는 경우 • 의료법 등 관계법령에 따라 진료비와 관련하여 행정처분 받는 경우
기획현지조사	• 진료비 부정, 부당청구 개연성이 높은 진료 분야 및 행위 등 특정사안에 대한 현지조사 • 기타, 이사장이 필요하다고 판단되는 분야에 대한 조사
특별현지조사	• 금융감독원, 손해보험협회, 검 · 검찰 등 유관기관 합동조사 • 언론보도, 비위사실 제도 등 허위 · 부정청구 혐의 의료기관에 대한 조사 → 보험조사팀과 연계하여 조사

※ 수시현지조사, 특별현지조사는 사안에 따라 수시 발생

[그림 6-2] 현지조사 선정 기준 및 과정

* 자료출처 – 근로복지공단 인터넷 홈페이지

3) 현지조사 계획의 수립(이하 관리규정 제27조)

① 이사장은 산재보험 의료기관의 적정진료를 유도하고, 진료비 부정 · 부당청구에 따른 보험재정의 누수를 방지하기 위하여 진료비 현지조사 계획을 매년 수립하여야 한다.

② 제1항에 따른 진료비 현지조사 계획에는 현지조사 대상 산재보험 의료기관의 선정기준, 현지조사 내용 및 방법 등을 포함하여야 한다.

4) 현지조사의 구분(관리규정 제28조)

① 규칙 제30조제1항에 따른 현지조사는 정기 현지조사와 수시 현지조사로 구분한다.

② 정기 현지조사는 제27조제1항에 따라 매년 현지조사 계획을 수립하여 정기적으로 실시한다.

③ 수시 현지조사는 산재보험 의료기관이 다음 각 호의 어느 하나에 해당하는 경우로서 현지조사가 필요하다고 인정되는 경우에 실시한다.

1. 산재근로자에 대한 적절한 의료서비스를 제공하고 있지 않거나 진료비를 거짓이나 부정한 방법 등으로 청구할 우려가 있다고 인정하여 소속기관장이 현지조사 실시를 요청한 경우
2. 「의료법」 등 관계 법령에 따라 진료비와 관련하여 행정처분을 받은 경우
3. 언론보도나 진료비 부정 · 부당청구 신고 등으로 현지조사가 필요하다고 인정되는 경우
4. 그 밖에 진료비의 현지조사가 필요하다고 인정되는 경우

5) 현지조사 대상 선정 기준(관리규정 제29조)

① 소속기관장은 규칙 제30조제2항에 따라 진료비 현지조사 대상 산재보험 의료기관을 선정하는 때에는 다음 각 호의 어느 하나에 해당하는 산재보험 의료기관 중에서 선정하여야 한다.

1. 산재근로자 1명당 1일 평균진료비가 「의료법」 제3조제2항에 따른 의료기관 종류별 평균보다 높은 산재보험 의료기관
2. 산재근로자에 대한 진료비의 평균 지급일수가 「의료법」 제3조제2항에 따른 의료기

관 종류별 평균보다 높은 산재보험 의료기관

3. 진료비 조정률이 「의료법」 제3조제2항에 따른 의료기관 종류별 평균보다 높은 산재보험 의료기관
4. 그 밖에 현지조사가 필요하다고 이사장 또는 소속기관장이 인정하는 산재보험 의료기관

② 소속기관장은 산재보험 의료기관이 제1항의 선정기준에 해당하는 경우에도 법 제50조에 따른 산재보험 평가결과 등을 고려하여 현지조사 대상에서 제외할 수 있다.

6) 현지조사의 절차(관리규정 제30조)

① 규칙 제30조제2항에 따른 현지조사의 절차는 다음 각 호의 순서에 따른다.

1. 현지조사 대상 선정
2. 현지조사를 위한 조사반 편성
3. 대상 의료기관에 대한 현지조사 실시 통보
4. 대상 의료기관의 진료비 청구명세 등에 대한 자료수집 및 예비조사
5. 대상 의료기관에 대한 현지조사 실시
6. 대상 의료기관에 대한 현지조사 결과 통보

② 제1항제3호에 따른 현지조사 실시 통보는 「행정조사기본법」 제17조에 따라 조사개시 7일 전까지 대상 의료기관에 서면으로 통지하여야 한다. 다만, 현지조사를 실시하기 전에 관련 사항을 미리 통지하는 때에는 증거인멸 등으로 현지조사의 목적을 달성할 수 없다고 판단되는 경우 현지조사의 개시와 동시에 해당 산재보험 의료기관에 서면이나 구두로 통지할 수 있다. 〈신설 2018.5.17.〉

이 규정은 일반적으로 현지조사를 사전 예고하게 되면 의료기관 등에서 조사를 회피하기 위한 방법을 사용할 우려가 있을까봐 이를 사전에 차단하여 현지조사의 효과를 제고하고자 하는 것이라고 할 수 있다.

사실 의료기관은 환자에게 증상에 맞게 진료하고 사실대로 진료비를 청구하는 것이 정상일 것이나 진료과정에서 잘못 입력되거나 진료비의 청구과정에 잘못된 내용이 있을 수 있고, 이를 의료기관의 심사팀에서 병명과 진료, 투약, 처치, 검사 등에서 산재보험 의료수가 기준에 적절하게 진료가 이루어졌는지를 심사하겠지만, 이를 자체에서 걸러내지 못하여 앞

에서 설명한 현지조사 대상으로 선정되게 되면 조사를 받게 되는 것이다.

따라서 의료기관들은 적정하게 진료하고 적정하게 청구하도록 해야 하며 이 과정에서 의료기관의 심사팀은 그 역할이 매우 크다고 할 것이다.

7) 현지조사 사항(관리규정 제31조)

소속기관장은 산재보험 의료기관에 대하여 현지조사를 실시하는 때에는 소속 직원으로 하여금 다음 각 호의 사항을 조사하게 하여야 한다.

1. 진료기록부, 물리치료에 관한 기록 등과 진료비 청구명세를 대조하여 실제 진료를 실시하였는지 여부
2. 외출 · 외박에 관한 기록과 진료비 청구명세를 대조하여 사실에 기초하여 진료비를 청구하였는지 여부
3. 의약품 및 치료재료의 실거래가 현황 및 적정 청구 여부
4. 「의료법」에 따른 행정처분을 받은 사실이 있는지 여부
5. 그 밖에 진료기록이나 요양 서비스 제공 실태 등 진료비 현지조사에 필요한 사항

8) 진료비 현지조사 대상기간(관리규정 제32조)

① 산재보험 의료기관에 대한 진료비 현지조사의 조사대상 기간은 현지조사 개시 전 3년으로 한다.

② 소속기관장은 제1항에도 불구하고 현지조사 대상기간의 범위에서 6개월간 특정 시기를 정하여 해당 산재보험 의료기관이 진료비를 청구하여 지급받은 명세를 조사한 결과 거짓이나 그 밖의 부정 또는 부당한 방법으로 진료비를 지급받은 사실이 없는 때에는 나머지 기간에 대하여는 현지조사를 하지 아니할 수 있다.

9) 현지조사 결과 조치(관리규정 제33조)

① 진료비의 현지조사를 실시한 소속기관장은 현지조사 결과를 전산 입력한 후 해당 산재보험 의료기관을 관할하는 소속기관장에게 통보하여야 한다.

② 산재보험 의료기관을 관할하는 소속기관장은 제1항에 따른 통보를 받은 결과에 따라

규칙 제25조 별표 2의 기준에 해당하는 사유가 있으면 해당 산재보험 의료기관에 대하여 행정처분을 하여야 한다. 이 경우 산재보험 의료기관을 관할하는 소속기관장은 통보사항의 처리결과를 지체 없이 진료비 현지조사를 실시한 소속기관장에게 알려주어야 한다.〈개정 2017.3.10.〉

③ 제1항 및 제2항에 따른 산재보험 의료기관의 이의신청은 산재보험 의료기관을 관할하는 소속기관장이 관련 규정에 따라 필요한 조치를 하여야 한다.

** 기타 현지조사와 관련한 구체적인 사항은 근로복지공단 인터넷 홈페이지를 참고하기 바람

제3절 산재보험 의료기관에 대한 과징금 등

1 과징금

1) 산재보험 의료기관에 대한 과징금 등(법 제44조)

① 공단은 제43조제3항제1호 · 제2호 및 같은 조 제5항제1호 중 어느 하나에 해당하는 사유로 진료제한 조치를 하여야 하는 경우로서 그 진료제한 조치가 그 산재보험 의료기관을 이용하는 근로자에게 심한 불편을 주거나 그 밖에 특별한 사유가 있다고 인정되면, 그 진료제한 조치를 갈음하여 거짓이나 부정한 방법으로 지급하게 한 보험급여의 금액 또는 거짓이나 부정 · 부당하게 지급받은 진료비의 5배 이하의 범위에서 과징금을 부과할 수 있다.〈개정 2010.1.27.〉

이 규정은 산재보험 의료기관 등이 위법한 사항에 대하여 진료제한을 당하게 되면 환자 진료 및 기존의 환자 등에 대해서도 심각한 문제가 되므로 이를 대체하여 과징금을 납부하게 하는 것으로 의료기관 입장에서는 대외적으로 별다른 표식 없이 진료를 계속할 수 있는 장점과 이미지 저하의 우려를 방지할 수 있는 효과가 있으나 금전적으로 상당한 부담이 될 수 있다. 또한 공단에 대해서도 좋은 이미지를 유지할 수 없기 때문에 의료기관 관리의 모든 부분에 있어서 사전에 위법행위를 하지 않도록 철저히 관리되어야 한다.

② 제1항에 따라 과징금을 부과하는 위반행위의 종류와 위반정도 등에 따른 과징금의 금액 등에 관한 사항은 대통령령으로 정한다.

③ 제1항에 따라 과징금 부과 처분을 받은 자가 과징금을 기한 내에 내지 아니하면 고용노동부장관의 승인을 받아 국세 체납처분의 예에 따라 징수한다.〈개정 2010.1.27., 2010.6.4.〉

2) 과징금의 부과 · 납부 및 기준(영 제39조)

① 공단이 법 제44조제1항에 따라 과징금을 부과하려는 경우에는 해당 위반행위를 조사 · 확인한 후 위반사실 · 부과금액 · 이의방법 및 이의기간 등을 명시하여 이를 낼 것을 부과대상자에게 알려야 한다.

② 제1항에 따른 통지를 받은 자는 통지를 받은 날부터 20일 이내에 과징금을 공단이 지정하는 수납기관에 내야 한다. 다만, 천재지변이나 그 밖의 부득이한 사유로 그 기간에 과징금을 낼 수 없는 경우에는 그 사유가 없어진 날부터 7일 이내에 내야 한다.

③ 제2항에 따라 과징금을 받은 수납기관은 과징금을 낸 자에게 영수증을 내주어야 한다.

④ 과징금의 수납기관은 제2항에 따라 과징금을 수납하면 지체 없이 그 사실을 공단에 알려야 한다.

⑤ 법 제44조제2항에 따른 위반행위의 종류와 위반정도 등에 따른 과징금의 부과기준은 별표 5와 같다.

[별표 5] 〈개정 2010.11.15〉

과징금의 부과기준(제39조제5항 관련)

법 제44조제1항에 따른 과징금을 부과할 때 위반행위의 종류와 위반정도 등에 따른 과징금의 부과기준은 다음과 같다.

1. 법 제43조제3항제1호에 해당하는 사유로 하는 진료제한 조치를 갈음하여 과징금을 부과하는 경우에는 법 제84조제1항제1호에 따른 부당이득 금 중 그 산재보험 의료기관이 거짓이나 그 밖의 부정한 방법으로 진단하거나 증명하여 지급된 보험급여 금액의 1.5배에 해당하는 금액으로 한다.
2. 법 제43조제3항제2호에 해당하는 사유로 하는 진료제한 조치를 갈음하여 과징금을 부과하는 경우에는 그 산재보험 의료기관이 거짓이나 그 밖의 부정한 방법으로 청구하여 지급받은 진료비의 금액에 다음 각 목의 구분에 따른 배수를 곱한 금액으로 한다.

가. 1개월부터 5개월까지의 진료제한 조치를 갈음하는 경우: 1.5배
나. 6개월부터 8개월까지의 진료제한 조치를 갈음하는 경우: 2.0배
다. 9개월 또는 10개월의 진료제한 조치를 갈음하는 경우: 2.5배
라. 11개월 또는 12개월의 진료제한 조치를 갈음하는 경우: 3.0배

3. 법 제43조제5항제1호에 해당하는 사유로 하는 진료제한 조치를 갈음하여 과징금을 부과하는 경우에는 그 산재보험 의료기관의 월평균 부당금액에 진료제한 조치 기간에 해당하는 개월 수를 곱한 금액의 2배에 해당하는 금액으로 한다. 이 경우 "월평균 부당금액"은 조사대상 기간(법 제118조에 따른 조사 개시일 전 3년을 말한다) 동안 그 산재보험 의료기관이 법 제40조제5항에 따른 요양급여의 산정 기준을 위반하여 부당하게 청구하여 지급받은 진료비를 그 기간의 개월 수로 나눈 금액을 말한다.

2 부당이득

1) 부당이득의 징수(관리규정 제17조)

이 규정은 산재보험법 제84조에 근거하여 산재보험 의료기관이 진료비 · 약제비 등을 거짓 또는 부정한 방법으로 청구하거나 실수로 진료비 산정기준을 위반하는 경우에는 청구한 진료비 전액 내지 2배를 환수하는 것을 규정한 사항이다.

앞서 이 책의 제5장 권리보장관계론에서 설명한 사항 중 여기서는 진료비 및 약제비에 대해서만 별도로 설명한다.

의료기관 등은 매우 많은 진료체계 분류와 의약품, 진료재료, 식대 등을 관리하고 있으며 이것이 모두 산재보험을 비롯한 건강보험이나 자동차보험 등 보험진료수가기준의 분류체계에 적합하지 않으면 과잉진료나 거짓, 허위 청구의 문제로 나타나는 경우가 있다.

또한 병원의 관리 및 운영 담당자는 물론 진료비 청구 및 심사 담당자 등의 역량에 따라 진료비 기준을 제대로 적용하지 못하는 경우에도 이러한 문제가 나타날 수가 있다.

그러므로 산재보험 의료기관의 의료진은 물론 각 분야 담당자는 환자를 잘 진료하는 것도 매우 중요하지만 산재보험 요양급여 기준을 정확히 이해하고 능력을 향상시켜 업무수행시 실수하지 않는 것이 더욱 중요하다.

이 책에서 산재보험 담당자의 업무능력에 대해 계속하여 강조하는 것은 결국 산재보험 의료기관의 경영발전에 기여하고 경제적, 사회적 손실을 최소화하기 위한 것임은 두말할 나위

가 없다.

① 소속기관장은 산재보험 의료기관(소속 의사 및 소속 직원을 포함한다) 또는 약국(소속 약사 및 소속 직원을 포함한다)이 다음 각 호의 어느 하나에 해당하는 행위로 진료비 · 약제비를 지급받은 경우에는 법 제84조제3항제1호에 해당하는 것으로 보아 지급받은 진료비 · 약제비의 금액의 2배에 해당하는 금액(법 제44조제1항에 따라 과징금을 부과하는 경우에는 그 진료비에 해당하는 금액)을 징수하여야 한다.

1. 산재보험 의료기관 또는 약국이 진료비 · 약제비 청구서, 진료기록부 등 진료비 · 약제비의 청구에 관한 서류를 거짓이나 부정한 방법으로 작성한 경우
2. 산재보험 의료기관 또는 약국이 진료비 · 약제비를 청구하는 때에 다른 의료기관 또는 약국이나 제3자가 작성한 서류를 위조 · 변조한 경우
3. 산재보험 의료기관 또는 약국이 법에 따른 보험급여를 받을 자격이 없는 자와 공모한 경우
4. 입원이나 통원 일수를 사실과 다르게 산정하거나 실제 하지 아니한 진료행위에 따른 비용을 청구하는 등 그 밖에 거짓이나 부정한 방법으로 청구한 경우
5. 「의료법」 제33조제2항을 위반하여 의료기관을 개설할 수 없는 자가 의료인의 면허나 의료법인 등의 명의를 대여받아 개설 · 운영하는 의료기관에 지급된 진료비 · 약제비
6. 「약사법」 제20조제1항을 위반하여 약국을 개설할 수 없는 자가 약사 등의 면허를 대여받아 개설 · 운영하는 약국에 지급된 약제비

② 소속기관장은 산재보험 의료기관 또는 약국이 다음 각 호의 어느 하나에 해당하는 행위로 진료비 · 약제비를 지급받은 경우에는 법 제84조제3항제2호에 해당하는 것으로 보아 지급받은 진료비 · 약제비에 해당하는 금액을 징수하여야 한다.

1. 실제로 한 진료행위에 대하여 진료비를 청구하였으나 그 청구명세가 산재보험 요양급여기준을 따르지 않았거나 진료수가를 잘못 적용하여 산정한 경우
2. 의약품이나 치료재료에 든 비용이 보건복지부장관이 고시한 금액 보다 적은 경우에 실구입가로 청구하여야 함에도 고시금액으로 청구한 경우
3. 그 밖에 진료비 · 약제비의 청구가 산재보험 요양급여기준을 위반하였다고 인정되는 경우

③ 소속기관장은 제1항 및 제2항에 따라 부당이득 징수결정을 하려는 때에는 해당 산재보험 의료기관 또는 약국에 미리 다음 각 호의 사항을 통지하여야 한다. 이 경우 제4

호에 따른 의견제출 기한은 5일 이상 주어야 한다.

1. 부당하게 지급받은 진료비 또는 약제비의 내용
2. 부당이득 징수결정의 원인이 되는 사실과 부당이득 징수금액 및 법적 근거
3. 제2호에 대하여 의견을 제출할 수 있다는 내용과 의견을 제출하지 아니하는 경우의 처리방법
4. 의견제출 기한
5. 그 밖에 부당이득 징수에 관한 사항

④ 소속기관장은 부당이득 징수결정을 하려는 때에 제7조제2항에 따른 청문을 실시한 경우 제3항에 따른 절차를 생략할 수 있다.

2) 과징금의 부과방법 및 납부(관리규정 제42조)

① 진료제한 조치의 사유에 해당하는 위반행위가 동시에 2개 이상이 있는 경우 위반행위의 사유별 진료제한 조치기간에 따라 영 제39조제5항 별표5에 의거 과징금의 금액을 산정하여 그 금액을 합산한 금액을 과징금으로 부과한다.

② 소속기관장은 과징금을 징수하는 때에 해당 산재보험 의료기관에 지급하여야 할 진료비가 있으면 「국고금관리법 시행규칙」 제77조에 따라 과징금에 상당하는 금액을 상계할 수 있다. 이 경우 그 내용을 해당 산재보험 의료기관에 알려야 한다.

③ 과징금의 징수 절 차는 「국고금관리법 시행규칙」에 따른다.

제4절 산재의료기관 평가

1 산재보험 의료기관의 평가(법 제50조)

산재보험 의료기관에 대한 평가는 산재환자에 대한 의료의 질을 향상하기 위하여 시행된다. 산재보험 의료기관은 지정될 때 그에 관한 기본적인 평가를 받아서 지정되지만 계속하여 발전하는 의료환경에 대하여 능동적으로 발전하여 좋은 의료환경과 의료능력으로 산재

환자들에게도 최상의 의료와 서비스 및 의료환경을 제공하여 줄 것을 기대한다.

이에 따라 공단은 주기적으로 산재보험 의료기관에 대하여 평가를 시행하여 산재보험이 추구하는 목적을 달성하기 위하여 관리하게 하는 것이며 이에 대해 각 산재보험 의료기관들은 최선을 다해 병원의 발전을 위하여 노력하게 되는 것이다.

한편 의료기관에 대한 평가가 매우 다양한데 산재보험에서는 중복하지 않고 산재보험 환자 진료관리에 필요한 최소한의 평가를 하고자 하고 있는 것으로 이해할 수 있다. 다만 평가결과에 대해서는 행정적, 재정적으로 우대할 수 있지만 지정취소나 진료제한 조치 등도 수반될 수 있으므로 매우 유의하여야 할 것이다.

① 공단은 업무상의 재해에 대한 의료의 질 향상을 촉진하기 위하여 제43조제1항제3호의 산재보험 의료기관 중 대통령령으로 정하는 의료기관에 대하여 인력 · 시설 · 의료서비스나 그 밖에 요양의 질과 관련된 사항을 평가할 수 있다. 이 경우 평가의 방법 및 기준은 대통령령으로 정한다.

② 공단은 제1항에 따라 평가한 결과를 고려하여 평가한 산재보험 의료기관을 행정적 · 재정적으로 우대하거나 제43조제3항제3호에 따라 지정취소 또는 진료제한 등의 조치를 할 수 있다.

2 평가 대상 산재보험 의료기관(영 제46조)

① 법 제50조제1항 전단에서 "대통령령으로 정하는 의료기관"이란 법 제43조제1항제3호에 따른 산재보험 의료기관으로 한다. 다만, 「의료법」 제58조에 따라 의료기관 인증을 받은 의료기관에 대한 평가는 같은 법에 따른 평가에서 제외되는 평가항목으로서 업무상의 재해에 대한 요양의 질과 관련된 사항만을 대상으로 한다. 〈개정 2012.11.12.〉

② 공단은 제1항에 따른 평가 대상 산재보험 의료기관 중에서 인력, 시설, 규모, 업무상의 재해를 입은 근로자에 대한 진료 실적, 진료비 청구 금액 또는 요양급여 등에 관한 종전의 평가결과 등을 고려하여 평가할 의료기관을 선정할 수 있다.

3 산재보험 의료기관의 평가 방법 등(영 제47조)

① 법 제50조에 따른 산재보험 의료기관의 평가 방법은 현지평가 또는 서면평가로 한다. 이 경우 현지평가의 대상으로 선정된 산재보험 의료기관에는 그 사실을 미리 알려야

한다.

② 산재보험 의료기관의 평가 기준은 다음 각 호와 같다.

1. 인력, 시설 및 장비
2. 의료서비스의 내용 및 수준
3. 요양한 근로자의 만족도
4. 업무상의 재해를 입은 근로자에 대한 진료 실적
5. 그 밖에 업무상의 재해를 입은 근로자에 대한 요양의 질에 관한 사항

4 평가의 방법 및 절차(관리규정 제36조)

① 이사장은 평가대상 산재보험 의료기관에 대하여 현지평가를 하는 때에는 공단 직원 및 다음 각 호의 관계 전문가로 평가반을 구성하여 평가를 실시하여야 한다. 이 경우 평가반은 제1호 및 제2호에 해당하는 사람을 포함하여 5명 이내로 구성한다.

1. 영 제42조에 따른 자문의사 또는 「의료법」 제2조에 따른 의사
2. 「의료법」 제2조에 따른 간호사
3. 「약사법」 제2조에 따른 약사
4. 「의료기사 등에 관한 법률」 제3조에 따른 의무기록사
5. 「식품위생법」 제52조에 따른 영양사
6. 그 밖에 이사장이 산재보험 의료기관의 평가에 필요하다고 인정하는 사람

② 이사장은 영 제47조제2항 각 호의 평가기준 중 평가대상 기간 동안 산재근로자에 대한 진료실적이 없는 등의 사유으로 일부 기준에 대한 평가를 할 수 없는 의료기관에 대하여는 그 기준에 대한 평가를 생략할 수 있다. 이 경우 산재근로자에 대한 진료 실적이 없는 의료기관에 대한 평가는 서면으로 할 수 있다.〈개정 2015. 4. 29.〉

③ 평가반은 산재보험 의료기관에 대한 현지평가를 하는 때에는 제34조제3항에 따른 평가에 필요한 세부 사항을 조사 · 확인하여야 한다. 이 경우 필요하면 관련 증거자료를 수집하여야 한다.

④ 평가반은 해당 산재보험 의료기관에서 요양을 하고 있는 산재근로자나 그 산재보험 의료기관에 종사하는 사람에 대한 면담을 실시하여 그 산재보험 의료기관의 요양 서비스 제공 실태를 확인하여야 한다.

⑤ 이사장은 산재보험 의료기관 평가를 실시하는 때에는 평가대상 산재보험 의료기관에

평가실시일 1개월 이전에 제출서류와 평가일정 등을 통보하여야 한다.

⑥ 이사장은 평가반이 실시한 평가결과에 대하여 5%를 임의 선정하여 산재의료전문위원이 검증하도록 하여야 한다.

5 평가결과에 따른 조치(관리규정 제37조)

이사장은 산재보험 요양급여 산정기준 제2조의2제2항에 따라 법 제50조제1항에 따른 평가점수가 높은 산재보험 의료기관에 대하여 다음 각 호에 따라 우대한다.〈개정 2018.5.17.〉

1. 우수 의료기관에 대하여 1년간 요양기관 종별가산율을 10% 범위에서 가산하여 산정한다.〈개정 2018.5.17.〉
2. 요양기관 종별(의원/병원/종합병원) 상위 5%에 해당하는 의료기관에 대하여 평가 다음 연도 진료비 정기 현지조사를 면제하고, 공단 홈페이지 명단 게시 등 적극적으로 홍보한다.〈개정 2018.5.17.〉

이를 위해 산재보험 요양급여산정기준에서는 공단 이사장은 재활인증의료기관, 산재근로자를 재활인증의료기관으로 전원 요양하게 한 산재보험 의료기관과 함께 법 제50조제1항에 따른 평가점수가 높은 산재보험 의료기관에 대하여 별도의 규정을 정하여 재정적으로 우대지원할 수 있도록 하였다(요양급여산정기준 제2조의2 ②).〈신설 2017.12.29.〉

** 산재의료기관 평가에 관한 사항은 관리규정에서 정하고 있다.

제5절 포상금

1 포상금의 지급(법 제119조의2)

산재보험에서의 포상금은 산재보험 사기 또는 진료비 또는 약제비 등을 부당하게 지급받은 자에 대하여 포상금을 지급하여 부정행위를 근절하기 위하여 시행하는 제도라고 볼 것이다.

이는 공단에서 산재보험의 질서를 확립하기 위하여 아무리 노력해도 결국은 범법자들이 범죄행위를 하지 않아야 하는데 이것이 경제적 유인 등의 문제 때문에 근절되지 않고 있고 특히 진료비 청구 등은 전문직 종사자들의 내부자고발 등에 의하지 않고서는 소기의 성과를 달성할 수가 없기 때문에 이를 원천적으로 방지하기 위하여 이러한 제도를 운용하게 되는 것이다.

공단은 제84조제1항 및 같은 조 제3항에 따라 보험급여, 진료비 또는 약제비를 부당하게 지급받은 자를 신고한 사람에게 예산의 범위에서 고용노동부령으로 정하는 바에 따라 포상금을 지급할 수 있다.〈개정 2010.6.4.〉[본조신설 2010.5.20.]

제6절 벌칙 등

1 벌칙(법 제127조)

산재보험에서의 벌칙은 산재보험의 질서를 확립하여 산재보험의 입법 목적을 달성하기 위하여 규정된 것이라고 이해할 수 있을 것이다.

① 산재보험 의료기관이나 제46조제1항에 따른 약국의 종사자로서 거짓이나 그 밖의 부정한 방법으로 진료비나 약제비를 지급받은 자는 3년 이하의 징역 또는 3천만원 이하의 벌금에 처한다.

② 다음 각 호의 어느 하나에 해당하는 자는 2년 이하의 징역 또는 2천만원 이하의 벌금에 처한다.〈개정 2016.12.27., 2018.6.12.〉

1. 거짓이나 그 밖의 부정한 방법으로 보험급여를 받은 자
2. 거짓이나 그 밖의 부정한 방법으로 보험급여를 받도록 시키거나 도와준 자
3. 제111조의2를 위반하여 근로자를 해고하거나 그 밖에 근로자에게 불이익한 처우를 한 사업주

③ 제21조제3항을 위반하여 비밀을 누설한 자는 2년 이하의 징역 또는 1천만원 이하의 벌금에 처한다.〈개정 2010.1.27.〉

2 양벌규정(법 제128조)

법인의 대표자나 법인 또는 개인의 대리인, 사용인, 그 밖의 종업원이 그 법인 또는 개인의 업무에 관하여 제127조제1항의 위반행위를 하면 그 행위자를 벌하는 외에 그 법인 또는 개인에게도 해당 조문의 벌금형을 과(科)한다. 다만, 법인 또는 개인이 그 위반행위를 방지하기 위하여 해당 업무에 관하여 상당한 주의와 감독을 게을리 하지 아니한 경우에는 그러하지 아니하다.

양벌규정이란 법령에 규정된 위반행위를 하면 그 행위자를 벌하는 외에 그 법인 또는 개인에게도 해당 조문의 벌금형을 과(科)하여 공동책임을 지게 함으로써 담당자 개인뿐만 아니라 관리책임자에게도 벌칙을 과하여 행정법규의 실효성을 확보하고 법령의 시행목적을 달성하고자 하는 것으로 이해할 수 있다.

3 과태료(법 제129조)

과태료는 법령에 규정한 일정한 의무를 이행하지 않거나 가벼운 벌칙을 위반한 사람에게 국가에 납부하게 하는 것으로 벌금이나 과료와 달리 형벌의 성질을 가지지 않는 법령위반에 대하여 부과하는 금전벌을 의미한다.

그러나 이것 또한 산재보험 의료기관으로서는 불이익한 일이며 금전적인 손실과 함께 이미지에도 손실을 초래하므로 엄격히 관리되어야 한다.

① 다음 각 호의 어느 하나에 해당하는 자에게는 200만원 이하의 과태료를 부과한다.〈개정 2010.1.27.〉

1. 제34조를 위반하여 근로복지공단 또는 이와 비슷한 명칭을 사용한 자
2. 제45조제1항을 위반하여 공단이 아닌 자에게 진료비를 청구한 자

② 다음 각 호의 어느 하나에 해당하는 자에게는 100만원 이하의 과태료를 부과한다.

1. 제47조제1항에 따른 진료계획을 정당한 사유 없이 제출하지 아니하는 자
2. 제105조제4항(제109조제1항에서 준용하는 경우를 포함한다)에 따른 질문에 답변하지 아니하거나 거짓된 답변을 하거나 검사를 거부 · 방해 또는 기피한 자
3. 제114조제1항 또는 제118조에 따른 보고를 하지 아니하거나 거짓된 보고를 한 자 또는 서류나 물건의 제출 명령에 따르지 아니한 자
4. 제117조 또는 제118조에 따른 공단의 소속 직원의 질문에 답변을 거부하거나 조사를 거부 · 방해 또는 기피한 자

5. 제125조제3항에 따른 신고를 하지 아니한 자

③ 제1항 또는 제2항에 따른 과태료는 대통령령으로 정하는 바에 따라 고용노동부장관이 부과 · 징수한다.

4 과태료의 부과(영 제128조)

위반행위의 종류별 과태료 부과기준은 별표 12와 같다. 다만, 고용노동부장관은 위반행위의 정도, 위반 횟수, 위반행위의 동기와 그 결과 등을 고려하여 해당 금액의 2분의 1의 범위에서 가중하거나 감경할 수 있되, 가중하는 경우에는 법 제129조제1항 및 제2항에 따른 과

[별표 12] 〈개정 2010.3.26〉

위반행위의 종류별 과태료 부과기준(제128조 관련)

1. 공통기준
   위반행위의 횟수는 과태료 부과 대상이 되는 위반행위가 적발된 경우 그 위반행위를 포함하여 그 이전 1년 동안 같은 위반행위로 과태료가 부과된 횟수로 한다.
2. 위반행위의 종류와 위반 횟수별 부과기준

위반행위의 종류	근거 법령	과태료		
		1회	2회	3회 이상
1. 법 제34조를 위반하여 근로복지공단 또는 이와 비슷한 명칭을 사용한 경우	법 제129조 제1항제1호	100만원	150만원	200만원
2. 산재보험 의료기관이 법 제45조제1항을 위반하여 공단이 아닌 자에게 진료비를 청구한 경우	법 제129조 제1항제2호	50만원	100만원	200만원
3. 산재보험 의료기관이 법 제47조제1항에 따른 진료계획을 정당한 사유 없이 제출하지 않은 경우	법 제129조 제2항제1호	진료계획 미제출 1건당 5만원		
4. 법 제105조제4항(법 제109조제1항에서 준용하는 경우를 포함한다)에 따른 질문에 답변하지 않거나, 거짓된 답변을 하거나 검사를 거부 · 방해 또는 기피한 경우	법 제129조 제2항제2호	50만원	70만원	100만원
5. 법 제114조제1항 또는 법 제118조에 따른 보고를 하지 않거나 거짓된 보고를 하거나 서류나 물건의 제출명령에 따르지 않는 경우	법 제129조 제2항제3호	50만원	70만원	100만원
6. 법 제117조 또는 법 제118조에 따른 공단의 소속직원의 질문에 답변을 거부하거나 검사를 거부 · 방해 또는 기피한 경우	법 제129조 제2항제4호	50만원	70만원	100만원
7. 법 제125조제3항에 따른 신고를 하지 않은 경우	법 제129조 제2항제5호	미신고 1건당 5만원		

태료의 상한을 초과할 수 없다.〈개정 2010.7.12.〉

5 의료기관의 지정, 지정취소 등의 조치, 진료비·약제비 심사 및 지급에 관한 기록의 관리 방법(관리규정 제44조)

소속기관장은 법 · 영 · 규칙 및 이 규정에 따라 산재보험 의료기관의 지정, 약국의 등록, 진료비 또는 약제비의 심사 및 지급에 관한 사항 등 기록 · 관리하여야 할 사항에 대하여는 서면 또는 공단의 보험급여의 지급업무를 처리하는 정보시스템으로 기록 · 관리하여야 한다.

제7절 청 문

1 청문제도의 의의

청문이란 행정절차법[시행 2017.7.26.] [법률 제14839호, 2017.7.26., 타법개정] 제2조제5호에 의하면 "청문"이란 행정청이 어떠한 처분을 하기 전에 당사자등의 의견을 직접 듣고 증거를 조사하는 절차를 말한다고 규정하고 있다. 따라서 산재법 제43조의 각호에 따른 중요한 행정처분의 사유에 대하여 당사자에게 변명과 유리한 자료를 제출할 기회를 부여함으로써 위법사유의 시정가능성을 고려하고 처분으로 인하여 발생할지도 모르는 과다한 손해로부터의 예방과 처분의 신중과 적정을 기하려는 데 그 취지가 있다고 볼 것이다.

참고판례

행정절차법 제22조 제1항 제1호에 정한 청문제도는 행정처분의 사유에 대하여 당사자에게 변명과 유리한 자료를 제출할 기회를 부여함으로써 위법사유의 시정가능성을 고려하고 처분의 신중과 적정을 기하려는 데 그 취지가 있으므로, 행정청이 특히 침해적 행정처분을 할 때 그 처분의 근거 법령 등에서 청문을 실시하도록 규정하고 있다면, 행정절차법 등 관련 법령상 청문을 실시하지 않아도 되는 예외적인 경우에 해당하지 않는 한 반드시 청문을 실시하여야 하며, 그러한 절차를 결여한 처분은 위법한 처분으로서 취소사유에 해당한다.

(출처 : 대법원 2007.11.16. 선고 2005두15700 판결 [주택조합설립인가취소처분의취소] 종합법률정보 판례)

2 청문의 대상(법 제43조)

산재보험법상 청문의 대상은 법 제43조에서 규정한 산재보험 의료기관의 지정 및 지정취소 등의 사항 중에서 그 지정을 취소(제1항제3호의 경우만 해당된다)하거나 12개월의 범위에서 업무상의 재해를 입은 근로자를 진료할 수 없도록 하는 진료제한 조치 또는 개선명령(이하 "진료제한 등의 조치"라 한다)을 하게 되는 경우에 시행하도록 하고 있다(법 제43조 6항).

따라서 행정청이 위 각호에 해당하는 특히 침해적 행정처분을 할 때 그 처분의 근거 법령 등에서 청문을 실시하도록 규정하고 있다면, 행정절차법 등 관련 법령상 청문을 실시하지 않아도 되는 예외적인 경우에 해당하지 않는 한 반드시 청문을 실시하여야 하며, 그러한 절차를 결여한 처분은 위법한 처분으로서 취소사유에 해당한다.

다만 청문에 해당하지 않는 사항에 대하여도 청문이나 의견제출의 절차가 필요한가에 대해서는 의견이 다소 다를 수가 있으나 '당해 처분의 성질상 의견청취가 현저히 곤란하거나 명백히 불필요하다고 인정될 만한 상당한 이유가 있는 경우' 등에는 처분의 사전통지나 의견청취를 아니 할 수도 있지만 그 외 기본적으로 행정절차법상의 규정도 중요하므로 반드시 청문을 하는 것은 아닐지라도 그에 준하는 정도의 의견제출 절차는 필요하다고 볼 것이다.

참고판례

구 행정절차법(2012. 10. 22. 법률 제11498호로 개정되기 전의 것) 제21조 제1항, 제4항, 제22조에 의하면, 행정청이 당사자에게 의무를 과하거나 권익을 제한하는 처분을 하는 경우에는 미리 처분하고자 하는 원인이 되는 사실과 처분의 내용 및 법적 근거, 이에 대하여 의견을 제출할 수 있다는 뜻과 의견을 제출하지 아니하는 경우의 처리방법 등의 사항을 당사자 등에게 통지해야 하고, 다른 법령 등에서 필수적으로 청문을 실시하거나 공청회를 개최하도록 규정하고 있지 아니한 경우에도 당사자 등에게 의견제출의 기회를 주어야 하되, '당해 처분의 성질상 의견청취가 현저히 곤란하거나 명백히 불필요하다고 인정될 만한 상당한 이유가 있는 경우' 등에는 처분의 사전통지나 의견청취를 아니 할 수 있도록 규정하고 있다. 따라서 행정청이 침해적 행정처분을 하면서 당사자에게 위와 같은 사전통지를 하거나 의견제출의 기회를 주지 않았다면, 사전통지를 하지 않거나 의견제출의 기회를 주지 않아도 되는 예외적인 경우에 해당하지 않는 한, 그 처분은 위법하여 취소를 면할 수 없다.

(출처 : 대법원 2013.01.16. 선고 2011두30687 판결[직권면직처분취소] 종합법률정보 판례)

산재지정 의료기관이 산재법령을 위반하여 행정처분의 대상이 되는 경우에는 이와 같은 청문 요구가 있게 되며 이에 대하여 청문대상자는 직접 출석하여 위법 사실을 항변 또는 변명하거나 우송된 청문서에 소명 요지를 기재하여 문서로써 당해 처분 관청에 제출할 수 있다. 청문결과 위법사실이 확인되면 처분 관청은 위법내용, 청문에서 조사된 정상 등을 참작하여 행정처분을 하게 된다.

* 이에 따른 자세한 사항은 산재보험 의료기관 관리규정(개정 2015. 4. 29. 규정 제871호) 제7조와 제17조 및 행정절차법을 참고하기 바람

제8절 산재환자의 의료전달체계와 네트워크 경영

1 의료전달체계의 의의

의료전달체계란 1989년 7월부터 우리나라에 전국민 의료보험이 시행되면서 같은 의료수가로 대규모 종합병원으로 환자가 집중하는 현상을 막기 위해 1단계로 인근의 병 · 의원을 거친 다음 종합병원으로 가서 진료 받도록 하는 제도이다.

이 제도는 비교적 경미한 환자들이 거주지 인근의 병의원에서도 진료가 가능한 데에도 대규모 종합병원으로 집중하면서 양질의 의료를 제공받는 것은 필요하다고 할 수 있겠지만 종합병원이 수행해야 할 응급환자나 중증, 고난이도 환자에 대한 진료가 소홀해질 수가 있어 규모별 의료기관의 진료영역을 구분하여 이용하도록 하여 충분한 진료 능력을 가진 지역의 중소병의원의 공동화(空洞化)에 따른 의료자원의 낭비를 막고 균등발전을 위하여 시행된 것이다.

산재환자의 의료전달체계는 앞서 진료관리론에서 환자의 전원요양에서 설명한 바가 있지만 중증의 환자라 하더라도 상급종합병원에서 필요한 치료를 받은 후에는 거주지 인근은 물론 상병의 치료에 적절한 병의원으로 전원하여 진료받도록 하는 것이 필요한 것이다.

따라서 여기에서는 산재환자의 진료관리와 관련하여 의료전달체계 및 업무협력 등에 관한 사항을 중점적으로 설명하고자 한다.

2 산재환자의 의료 네트워크

산재환자는 업무상 재해로 병의원에서 진료를 받게 되면 1차로 재해장소 인근의 의료기관에서 진료를 받게 된다. 이때 의료기관은 기본적으로는 산재지정 의료기관이 가장 바람직 하지만 지정 의료기관이 없거나 원거리인 지역에서는 비지정 의료기관에서라도 1차 진료를 받도록 한다.

이후 환자의 상태를 파악하여 당해 의료기관에서 치료를 계속하여 받거나 전문치료가 가능한 지정 의료기관으로 전원하여 진료를 받게 되고 비지정 의료기관인 경우에는 지정 의료기관으로 전원하여 계속진료를 받도록 하게 된다. 이때 비지정 의료기관에서의 진료비는 추후 요양비로 청구할 수 있다.

이렇게 하는 이유는 산재환자가 발생하면 가장 우선적으로 환자의 생명보호와 응급치료가 선행되어야 하기 때문이며 적절한 치료를 하면서 후속 조치를 취하도록 하여야 하기 때문이다.

산재환자의 진료는 일반 병의원은 물론 환자의 상태 및 상병의 상태에 따라 상급종합병원, 전문병원 등에서 진료를 하게 된다. 이때 상급종합병원으로 전원하게 되는 경우에는 관련치료가 필요하다는 의사의 소견이 있어야 가능하며 환자 임의로 상급종합병원으로 가는 것은 불가능하다(법 제40조6항).

산재환자의 진료와 관련하여 전문병원은 화상전문, 수지접합전문, 재활치료전문 등 전문화된 병원들이 있어 환자의 상병 상태에 따라 전원하여 진료하게 되며 지역간, 병원규모간, 진료과목간 네트워크 진료가 필요하게 되는 것이다.

산재환자의 병원간 이동은 먼저 병원 규모별로 하향 전원 및 상향 전원으로 구분할 수 있는데 하향 전원은 상급종합병원–종합병원 및 일반병의원–요양병원 등으로 전원하게 되고 상향 전원은 그 반대 방향으로 진행하게 된다.

또한 상병 상태별로 일반병의원에서 전문 병의원으로 상호 전원하게 되며 지역적으로는 타지역에서 거주지 인근 지역으로의 전원 등도 발생할 수 있고 그 반대의 경우도 발생할 수 있다.

산재환자의 병원간 전원에는 반드시 근로복지공단의 사전 승인이 이루어진 이후 시행하여야 하며 긴급한 경우에는 담당자들과 협의하여 처리하도록 한다.

이후 1차 치료 후 적정한 병원에서 적정한 치료, 재활, 요양을 시행하고 치료 종료 후에는 직장 및 사회로 복귀하는 것이 산재환자의 기본적인 의료전달체계의 과정이라고 볼 수 있다.

이 과정에서 근로자들은 전국의 각 지역에서 근무를 하고 재해를 입을 수가 있기 때문에 발생 빈도수는 비교적 소수이겠지만 같은 지역 내 뿐만 아니라 전국적인 의료의 협력관계를 유지하는 경우도 발생할 수가 있다.

3 내부 네트워크 분야

산재환자의 진료는 의사 혼자서 진료하는 것이 아니다. 특히 산재환자는 다른 보험 종별 환자와는 달리 환자의 진료와 관련한 행정 서류가 많이 발생하게 되며 관리 또한 엄격하다. 따라서 병원 내부에서도 종사자 간의 협력 네트워크가 매우 중요하다.

(1) **의사/간호사와의 관계** – 산재 환자의 직접 진료와 관련된 사항으로 환자의 상태, 각종 서류의 발급, 병동 생활의 관리 등 모든 부분에서 관련이 있다.

(2) **심사실과의 관계** – 산재환자의 진료시 각종 진료기준의 해석, 진료비의 청구 및 이와 관련한 사전–사후심사, 이의신청, 분쟁자문 등의 관계에서 많은 업무 협력이 필요하다.

(3) **원무과 내에서 관계** – 원무과 내에서도 각 파트의 담당자들과의 관계에서 환자의 진료기간, 서류발급, 전산정보, 입원 및 퇴원, 건강보험 등의 적용 여부 검토, 진료기록 유지 등 모든 분야에서 당연히 협조되어야 한다.

(4) **진료지원 부서와의 관계** – 영양실, 영상의학팀, 임상병리팀, 물리치료실, 약제팀 등 기본적인 병의원의 각 부서와의 의료협력 및 지원협력 등 진료관리측면에서 매우 필요하다.

4 외부 네트워크 분야

산재환자를 진료하기 위해서는 다양한 외부 기관들과 관계를 가지게 된다. 가장 기본적인 것이 산재환자가 소속한 회사의 담당자는 물론 근로복지공단의 담당자 등과의 관계이다.

(1) **환자와의 관계** – 환자와의 관계는 의료적인 관계에는 최선을 다하여 진료를 해 줄 것이 요청된다. 환자는 업무상 재해를 당하기 전에는 건강하였기 때문에 재해에 관하여 상심이 클 수밖에 없고 최선의 회복을 위하여 노력하게 되므로 이에 도움을 줄 수 있어야 한다.

환자와의 관계는 당연히 반드시 의학적 소견에 근거하여야 하고 객관적이고 합리적인 타당성을 가질 수 있어야 한다. 이 과정에서 개인적인 이해관계나 부당한 요구나 거래는 엄격히 금지되어야 한다. 이는 보험사기 등으로 오해될 수 있기 때문이다.

(2) **근로복지공단과 병원과의 관계** – 근로복지공단과 병원은 상호 협력적 관계라고 보아야 한다. 당초에는 산재지정 의료기관으로 상호 계약하여 산재환자를 진료하였으나 지금은 산재법령에 의해 지정신청과 지정의 관계로 관계가 형성되어 있다. 또한 근로복지공단은 환자 진료의 신청과 승인, 진료비의 청구와 심사, 지급이라는 관계 및 진료제한 및 지정취소, 현지조사 등의 상호관계가 형성되어 있어 병원과 공단은 상호 합리적이며 엄격하면서도 원만한 관계를 유지하여야 한다.

(3) **근로자 소속회사와 병원** – 산재환자가 소속한 회사와 병원은 산재환자의 진료신청과 관리라는 관계를 형성하게 된다. 따라서 상호관계는 객관적이고 합목적적 관계를 유지하여야 하며 상호 신뢰하에 업무를 진행할 수 있어야 한다. 특히 건설회사 등의 경우처럼 사소한 환자가 빈발하고 진료비를 일정기간씩 기간 단위로 끊어서 정리하는 경우에는 상호 신뢰가 형성되지 않으면 문제가 발생할 수 있기 때문이다.

(4) **기타 사회관계 네트워크** – 산재환자를 진료하는 경우에 회사 및 근로복지공단 말고도 타 병원 담당자 등과의 관계 및 이송단체 등과도 공식/비공식 인적네트워크가 필요한 경우가 있다. 이들과의 관계로 상호 신뢰와 협력으로 우호적인 관계를 유지하여 실무상 편의증진과 환자보호에 기여하도록 하여야 한다.

이들과의 관계에서는 환자이송, 관리협력, 교육연수, 경영자문, 정보교환, 마케팅 등 네트워크의 평가 및 유지관리, 상호간의 노력에 필요한 사항들이 있게 된다.

단원평가

제1절 산재보험 의료기관 등의 지정 및 지정취소

1. 산재보험 의료기관의 지정과 건강보험 등 타 보험과의 차이점을 구분할 수 있어야 한다.
2. 산재보험 의료기관의 지정 기준을 이해한다.
3. 산재보험 의료기관의 지정 신청시 제출 서류에 대해 숙지한다.
4. 산재보험 의료기관의 지정취소 및 제한의 사유 및 기준에 대해 숙지한다.
5. 산재보험 의료기관의 지정취소 및 진료제한 등의 조치시 요양 중인 근로자에 대한 조치 등에 대해 이해하여야 한다.
6. 지정취소 후 재지정 금지기간에 대해서 숙지한다.
7. 산재지정 의료기관의 변동사항 신고에 대해 이해하고 신고사항 등을 숙지한다.

제2절 산재보험 의료기관에 대한 조사 등

1. 산재보험 의료기관에 대한 조사에 대해 이해한다.
2. 산재보험의 정기 현지조사와 수시 현지조사 및 기획현지조사, 특별현지조사 등을 구분하고 이해한다.
3. 현지조사 대상 선정 기준과 조사사항을 숙지한다.
4. 약국 등에 대한 관리사항에 대해서 이해한다.

제3절 산재보험 의료기관에 대한 과징금 등

1. 산재보험 의료기관에 대한 과징금 등의 내용과 부과, 납부 기준을 숙지한다.
2. 산재보험 의료기관의 부당이득 징수의 내용과 부과, 납부에 대해 숙지한다.

제4절 산재의료기관 평가

1. 산재보험 의료기관의 평가의 의의와 평가기준에 대해서 이해한다.

제5절 포상금

1. 산재보험의 포상금 지급 의의와 기준, 제한사항에 대해 이해한다.

제6절 벌칙 등

1. 산재보험에서의 벌칙 내용에 대해 숙지한다.
2. 양벌규정에 대해 이해한다.
3. 과태료의 내용과 부과기준에 대해 숙지한다.

제7절 청문

1. 청문제도와 청문대상에 대해 이해한다.

제8절 산재환자의 의료전달체계와 네트워크 경영

1. 의료전달체계의 의의에 대해서 이해한다.
2. 산재환자의 의료 네트워크에 대해서 이해한다.
3. 산재환자 진료와 관련한 의료기관 내부, 외부 네트워크 분야에 대해서 이해한다.

제 7 장 산재보험 문화발전론

학습목표

- 산재보험의 문화발전의 필요성에 대해 이해한다.
- 산재보험 문화발전의 대상 분야에 대해 이해한다.
- 산재보험과 도덕적 해이에 대해 이해한다.
- 산재보험의 도덕적 해이의 발생원인 및 문제점에 대해 이해한다.
- 산재보험의 도덕적 해이 개선방안에 대해 각 분야별 역할에 대해 이해한다.

1 산재보험의 도입과 발전과정

우리나라에 산재보험이 도입되어 운용되기 시작한 것은 1963년도 법제정에 이어 1964년도부터이다. 산재보험은 우리나라 최초의 사회보험체계로 이후 경제사회 및 국가의 발달과 함께 많은 발전을 추구해 왔으며 현재는 극히 일부의 사업장과 업종을 제외하고는 거의 모든 국민이 산재보험의 당연적용대상으로 보아도 무리가 없을 것이다.

이렇게 국가와 경제사회가 발전해 오는 과정에서 산재보험도 가입대상을 비롯 보장 분야에서도 지속적인 발전을 하여 현재에 이르고 있음은 그간의 산재보험법의 역사를 통하여 이해할 수 있다. 현재의 산재보험은 가입대상은 일부 사업을 제외하고는 1인 이상의 모든 사업장이 가입하도록 하고 있어 가입대상 범위에 있어서는 어느 정도 수준에 이르렀다고 볼 수 있다.

또한 보장 분야에서도 산재환자의 상병의 치료를 담당하는 요양급여, 급여를 지급하는 휴업급여 및 상병보상연금, 치료 후 장해가 남았을 때 지급하는 장해급여 및 간병급여, 사망의 경우에는 유족급여, 장의비, 직업재활급여 등의 기본적인 급여를 비롯하여 계속하여 그 범위를 확장하고 있다.

그러나 이러한 보장 범위의 확장에도 불구하고 아직도 산재보험에 가입하지 못하거나 적용을 받지 못하는 대상자가 있는가 하면 보험급여 적용범위도 새롭게 발전하는 산업의 특성에 따른 변화를 적시에 수용하지는 못하고 있는 것도 현실이다.

특히 국가 및 국민들의 수준에 맞는 산재보험의 부정 수급 등 보험 사기와 도덕적 해이 등은 산재보험이 지향해야 할 산재보험 문화발전의 중요한 과제이다.

여기서는 국가 및 국민 수준의 발전에 따른 산재보험 문화발전에 대하여 논하고자 한다.

2 산재보험 문화발전의 대상 분야

1) 산재보험의 발전을 위한 문제제기

산재보험은 사업을 영위하는 사업주가 근로자의 업무상 재해를 대비하여 보험료를 납부하고 정부가 사업을 관장하며 근로자의 업무상 재해가 발생하면 산재직영병원이나 산재지정 의료기관 등에서 치료를 하고 휴업급여 등 보험급여를 보장하는 구조로 되어 있다.

산재보험은 사회보장적 기능을 담당하고 있으며 사업주는 산재보험의 가입과 적용과 관련한 의무를 성실히 수행하여야 하며, 근로자는 업무상 재해가 발생되지 않아야 하겠지만 발생시에는 최선의 치료와 협조로 조속한 치유와 회복, 요양 등으로 사업장 및 사회로의 복귀를 위하여 노력해야 할 것이다.

또한 병원은 근로자에 대한 치료에 최선을 다함으로써 병원의 산재보험에 대한 기본적 역할을 다해야 하고 산재업무를 담당하는 근로복지공단 역시 합리적이고 객관적인 관리를 통하여 산재보험의 발전을 위해 노력하여야 하는 것은 당연하다 할 것이다.

그 외에도 산재보험과 관련되는 기관들도 산재보험의 발전을 위해 그들이 해야 할 역할을 충실히 수행하여야 하고 국민들에 대한 산재보험의 발전을 위한 교육과 홍보, 보험사기 방지대책 등 국가의 수준에 맞는 산재보험 문화 향상을 위해 노력하여야 한다.

2) 산재보험 분야별 검토사항

(1) 산재보험 적용 대상사업의 문제

산재보험은 현재 일부 제외대상을 제외하고는 1인 이상의 모든 사업 및 사업장은 당연히 가입하여야 한다. 그런데 현실적으로는 소규모 자영업자를 비롯 가입이 제대로 되지 않고 있는가 하면 비교적 규모가 있는 기업들도 정규직과 비정규직과 관계, 도급관계에서의 원수급인과 하수급인과의 관계 등에서는 산재보험의 가입과 산재사고의 발생 등에서 완전한 보장이 이루어진다고 생각하는 사람은 없다는 인식이 많다.

물론 정부에서도 소규모사업장의 안전관리를 위하여 각종 지원을 하고 있는 것으로 이해되지만 정규직보다는 비정규직이, 건설이나 조선, 대규모 제조사업장 등에서의 수차례의 도급관계에서의 산재 발생은 원수급인보다는 하수급인에게서 산재의 발생도 높고 보장도 부실하다는 우려가 있고 소규모사업장은 산재보험을 가입하지 못하고 있는 현실을 개선하기 위하여 현재 산업별로 적용되고 있는 보험요율을 소규모사업장에는 인하하여 사회복지적 차원에서 접근하는 방식 등으로 접근할 필요가 있다.

(2) 보험급여의 보장 범위의 지속적 확장

현재의 산재보험의 보험급여 적용범위는 요양급여, 휴업급여, 장해급여, 유족급여를 포함하여 장의비, 상병보상연금, 간병, 재활, 진폐 등 거의 모든 분야에서 산재보험을 적용하고 있으나 새로운 산업의 등장에 따른 산업재해의 발생에 따른 업무상 재해에 대하여 그 범위를 확장할 필요성이 있다고 본다.

산재보험은 전통적으로 건설, 제조, 서비스 등 주로 인원 수에 따른 적용범위를 확장하여 왔었고 보험급여의 범위도 경제사회의 발전과 함께 확장하여 온 것은 사실이다. 그러나 현대사회는 전자, 반도체 등 각종 새로운 산업이 등장하고 더욱 세분화되고 서비스분야에서도 특수형태의 근로자가 생성되는 등 매우 다양한 직업과 직종에서 새로운 근무형태와 통근, 근무방법이 등장하고 있다.

이러한 추세에 맞춰 출퇴근 재해가 보다 확장되고, 택배원이나 학습지교사, 캐디, 배달원, 설치기사, 유료도로 수납원 등 새로운 분야가 근로자로 인정되면서 산재보험의 적용을 받을 수 있도록 적용범위를 확장하고 있고 컴퓨터 등을 주로 활용하는 사업장의 근로자를 위하여 근골격계질환을 추가하고 백혈병이나 암의 발병도 산재여부를 검토하는 시대가 도래할 것이다. 또한 새로운 의학 및 의료기술의 발전으로 그간 상병과 질병 상태가 업무와의 연관성을 찾지 못하여 산재보험으로 적용받지 못했던 부분에 대해서도 적용을 검토할 수밖에 없는 상황이 될 것이다.

따라서 산업환경 및 사회환경의 변화에 따라 유연하게 계속적인 적용범위의 확장을 추진하는 것이 필요하며 이것들이 산업이나 직종에 따라 또는 대기업이나 소규모 등을 떠나 보편적인 기준에 따라 적용되어야 할 것으로 생각한다.

(3) 보험제도의 운용과 발전

우리나라 산재보험은 사업주가 보험료를 납부하지만 정부에 의하여 관장되고 있고 근로복지공단이라는 특수공법인이 업무를 담당하고 있다. 산재보험의 초기에는 정부기관이 직접 업무를 담당했으나 산재보험의 전문성과 효율적 수행과 업무의 민간이양 등의 차원에서 1995년부터 시행하고 있는 것이다.

이에 따라 우리나라의 산재보험에 관한 업무도 많은 발전을 해 왔으며 이에 대해서는 국가경제사회의 발전과 근로자인 국민들의 인간존중과 생활의 질 향상과 보장에도 크게 기여하여 왔다고 생각할 수 있다.

우리나라의 산재보험제도는 산업화가 가속화되던 시절 도입된 최초의 사회보험으로써, 산재근로자의 안정적인 치료와 생계보장을 통한 실질적인 보호와, 사업주의 위험 분산을 통한 고도의 경제성장을 뒷받침하였으며 지난 기간 동안 수많은 산재근로자와 그 가족에게 치료 · 보상 · 재활 및 복지 등 다양한 서비스를 제공함으로써 생활안정과 조속한 사회복귀를 통한 지속가능한 삶을 살아갈 수 있는 기틀을 제공하여 왔다.[1)]

이와 같이 그간 우리나라의 산재보험제도가 외국으로부터 도입되어 한국적 실정에 맞는 제도로 정착 발전해 온데에는 정부와 공단, 회사와 근로자, 병원들의 노고가 지대하는 것은 사실이다. 그간 산재보험에 대한 노사의 끊임없는 열정과 지원을 격려하면서, 산업구조의 변화에 따른 고용형태의 다양화, 새로운 직업병의 출현 및 저출산 · 고령화 등의 여건 변화에 맞게 취약계층에 대한 보호를 더욱 내실화하는 등 산재보험 제도전반에 대한 보다 근본적인 접근이 필요하고 아울러 근로자가 안전하게 일할 수 있도록 노사의 안전문화 정착과 안전한 일터 만들기에 적극적인 참여와 협력이 절실하게 대두되고 있다.

사회는 점차 다원화, 다양화, 세계로의 개방화 되어가고 있으며 근로자의 권리와 요구 및 수준은 더욱 높아지고 있다. 우리나라 사업주와 근로자가 해외에 나가서 사업과 근로를 하는 것은 물론이고 외국인도 우리나라에 와서 사업과 근로를 하는 경우가 엄청나게 많아지고 관련한 산재문제들도 동반되고 있다고 볼 것이다.

또한 산재보험 제도의 운용 측면에서도 우리나라의 국가 수준이 향상되면서 국제사회에서 위상도 높아지게 되고 좋은 제도에 대한 국제적인 확산 등도 가능하게 되는 시기에 이르고 있다. 이에 따라 우리나라가 외국의 발전된 제도를 수용하여 더욱 더 나은 제도로 발전시키는 것은 물론 우리나라의 제도를 외국으로 전파하는 것도 필요한 시기가 되고 있다고 볼 것이고 이에 따라 산재보험을 운용하는 공단도 그에 걸맞는 역할과 수준의 향상에도 노력하

1) http://www.korea.kr/policy/pressReleaseView.do?newsId=155976463&call_from=extlink

여야 할 것이다.

(4) 산재보험 담당자로서의 의료

산재보험의 발달과 관련하여 의료계를 제외하고는 아무것도 말할 수 없을 것이다. 산재보험의 담당자, 업무상 재해의 직접적인 치료 담당자는 의료계이기 때문이다. 이에 따라 우리나라 산재보험의 발전과정에서 의료계의 역할은 실로 지대하다 할 것이다.

업무에 종사하는 근로자가 업무상 사고이든 업무상 질병이든 재해가 발생하면 1차적으로 병원을 찾게 되며 병원에서 의사가 의학적 소견으로 산재여부를 판단할 수밖에 없는 것이다. 우리나라의 산재의료는 사업장에서 노무를 제공하고 재해가 발생하면서부터 시작되었다고 보아야 할 것이며 초기에는 근로기준법에서 보장되었다고 볼 것이나 이후 사회의 발전과 산업발달로 산재의 범위가 확대되면서 산재보험법으로 독립되었고 이에 따라 산재의료도 그 방향으로 전개되었다고 볼 수 있을 것이다.

산재의료는 크게 산업재해 치료와 산업의학 등으로 나누어 본다면, 산업재해 치료는 업무상 사고와 질병에 대한 판단과 치료, 장해, 사망, 재활, 간병 등에 대한 분야와, 산업의학은 산업환경 및 건강증진, 업무상 질병의 판단 등에 대한 근거를 제공한다고 볼 수 있을 것이다.

산재의료는 발전하는 사업과 의료의 발전이 동반 성장하는 과정으로 이해할 수 있으며 초기 대형 사업장에서 사업장 부속병의원들의 역할에서 사회적 의료의 역할로 발전하기도 하였다(현대중공업부속병원, 대우병원 등).

최근에 들어서는 산재의료는 첨단 의료로 발전하고 있는 의학지식과 의료기술 등으로 산재환자에 대한 전문적인 검사와 치료, 재활, 요양 등이 이루어지고 있으며 직업성 질병 등에 대해서도 접근을 하고 최선의 회복을 위해 노력하고 있는 것이다.

산재의료는 앞으로도 더욱 발전하는 의학과 함께 계속하여 다양화, 첨단화되어 가는 산업과의 관계에서 상호 동반 발전을 위하여 학문적, 기술적 등 모든 방면에서 상호 발전을 추구할 것으로 생각할 수 있다.

(5) 산재근로자와 국민, 사업주

산재보험의 중요한 대상자는 근로자와 국민, 사업주이다. 근로자는 국민의 한 사람으로써 사업장에 종사하면서 노동을 제공하고 급여를 받아 인간다운 생활을 할 권리를 가지고 있다. 근로자는 건강한 몸과 마음으로 자기의 맡은 바 직무를 성실히 수행하고자 하며 이를 위하여 사업주는 건강하고 안전한 작업환경을 만들어야 한다.

산재보험은 가장 든든한 근로자에 대한 투자이지만 사업주를 위한 투자이기도 하다. 근로자가 근무 중 업무상 재해가 발생하면 근로자 본인에게도 심각한 손실을 입히지만 사업주에게도 숙련된 근로자의 생산성 저하와 치료 및 보상 등에 따른 경제적 지출을 감수하지 않으면 안된다. 산재보험은 이를 제도적으로 보장하는 것이며 그것은 가장 최후의 안전망이라고 보아야 한다.

사업주의 안전과 좋은 작업환경의 조성은 사업주의 의식이 매우 중요하다. 안전에 관한 투자는 비용이 아니라 근로자를 위한 투자여야 하며 높은 안전 의식은 곧 높은 생산성으로 연결된다고 생각하여야 한다. 근로자는 좋은 작업환경에서 최대의 생산성을 올릴 것이라고 믿고 근로자를 위하여 안전과 환경, 근로자에게 투자하여야 한다. 근로자를 위한 안전한 시설과 장비, 교육과 환경 등의 투자는 곧 사업주를 위한 생산성의 증대로 돌아온다는 사실을 반드시 명심하고 행동으로 실행하여야 한다.

근로자에 대하여도 생각하여야 할 것이 많다. 근로자는 처하여진 작업환경에서 업무상 재해를 당하지 않기 위해서 노력할 것이다. 그러나 안전에 관한 철저한 의식이 없으면 모든 것이 의미가 없다고 보아야 한다. 좋은 작업환경, 안전시설과 장비 등이 갖추어져 있고 철저한 안전교육 등이 시행된다고 하더라도 근로자간의 협력, 안전에 관한 주의, 안전시설의 운용, 교육과 지침의 준수 등 신경써야 할 일은 모두 근로자의 몫이다.

로봇 수술을 하는 것도 의사가 조종하듯이 산업설비가 자동화되고 근로자의 역할이 다소 감소하기는 했지만 여전히 사람의 개입이 필요하며 근로자는 업무수행에 있어서 항상 주인이다. 근로자는 자기를 보호하는 것은 자기밖에 없다는 사실을 철저히 인식하여야 하며 재해의 우려가 있는 경우에는 철저히 안전 위주로 시행되어야 한다.

산재의 발생을 담당하는 것은 곧 근로자 본인이고 사업주, 작업환경이라는 것은 잠시도 잊어서는 안된다.

3 산재보험과 도덕적 해이

1) 산재보험의 도덕적 해이

도덕적 해이[道德的 解弛, moral hazard]란 사전적인 의미에서는 자신의 이익만을 추구하여 사회에 피해를 주는 것[2] 또는 이해당사자들이 상대를 배려하지 않고 책임을 다하지 않

2) http://terms.naver.com/entry.nhn?docId=930375&cid=515&categoryId=1164/

는 행태[3]를 말하는 용어로 원래 미국에서 보험가입자들의 비도덕적 행위를 지칭하는 용어로 사용되었다. 또한 도덕적 위험(道德的 解弛)은 물적 위험(物的危險:physical hazard)에 대응하는 말로, 계약이 이루어진 이후 계약 당사자 간에 발생하는 정보의 비대칭성을 이유로 서로에게 의무를 소홀히 하는 경우를 일컫는 말이기도 하다.[4]

도덕적 해이란 윤리적으로나 법적으로 자신이 해야 할 최선의 의무를 다하지 않고 법 또는 제도의 허점을 이용하거나 상황 변화에 따라 자기 책임을 소홀히 하고 자기 이익만 추구함으로써 다른 사람이나 사회에 피해를 주는 것으로 이해되고 있다.[5]

경제학적으로 '도덕적 해이'란 정보의 비대칭이 존재하는 상황에서 주인(principal)이 대리인(agent)의 행동을 완전히 관찰할 수 없을 때 대리인이 자신의 효용을 극대화하는 과정에서 나타난다.[6]

예를 들어 노동자가 감시가 소홀할 때 일을 열심히 하지 않는 것, 보험을 든 자가 보험을 들고 나서 사고에 대비한 주의를 덜 하는 것, 의사가 의료 보험금을 많이 타내기 위해 과잉 진료를 하는 것 등 이 모든 것이 도덕적 해이에 해당한다. 여기서 기업가, 보험회사, 의료보험기관이 주인이고 노동자, 보험에 가입한 자, 의사가 대리인이지만 어떤 수직적인 신분 관계를 의미하는 것이 아니라 단지 서로의 목적하는 바가 다르다는 것을 나타낼 뿐이다.

이를 산재보험에서 그대로 인용하자면 산재보험의 도덕적 해이란 산재보험과 관련한 사업주나 근로자, 의료기관, 관리공단, 그 외의 산재보험 관련자들이 윤리적으로나 법적으로 자신이 해야 할 최선의 의무와 역할을 다하지 않고 법 또는 제도의 허점을 이용하거나 상황에 따라 자기 책임을 소홀히 하고 자기 개인의 이익을 추구함으로써 다른 사람이나 산재보험과 사회에 피해를 주는 것으로 정의할 수 있다. 즉 유령의 회사를 내세워 산재보험을 가입하려는 사업주나 근로자가 허위로 산재보험을 적용하고자 하는 것, 의료기관이 산재환자에게 허위진료나 환자관리로 진료비를 청구하는 행위, 관리공단의 관계자가 부정한 산재보험의 적용에 개입하는 행위, 그 외에 산재환자에게 접근하여 더 많은 보상금 등을 받게 해 준다고 현혹하여 이를 실현시키기 위하여 선량한 사람들을 개입시키는 사람들의 행위 등을 두고 우리는 통상 산재보험사기 등의 이름으로 통칭하고 있는데 보험범죄, 보험사기 등을 포

[네이버 지식백과](시사상식사전, 박문각)

3) http://terms.naver.com/entry.nhn?docId=780813&cid=520&categoryId=520
[네이버 지식백과](NEW 경제용어사전, 2006.4.7, 미래와경영)

4) http://terms.naver.com/entry.nhn?docId=300326&cid=515&categoryId=1161
[네이버 지식백과](시사경제용어사전, 2010.11, 대한민국정부)

5) 상게자료

6) http://terms.naver.com/entry.nhn?docId=67311&cid=520&categoryId=520

괄하는 용어로 생각할 수 있다.

이와 같이 보험에서의 도덕적 해이는 비단 산재보험 뿐만 아니라 생명보험, 자동차보험, 건강보험 등 보험과 관련하여 항상 위험성을 내포하고 있고 가끔씩 사회문제로 등장하고 있다.

2) 산재부정수급 현황

(1) 부정수급 현황

근로복지공단이 발표한 자료에 의하면 최근 5년간 산재보험 부정수급 적발 현황은 금액상으로는 매년 상당한 금액으로 증가하고 있고 분야별로도 매우 다양하게 나타나고 있다.[7)]

[표 7-1] 산재보험 연도별 부정수급 적발 금액(단위: 건, 억원)

구분(년도)	적발건수	적발금액		
		계	환수금액*	예방금액
계	711	1,528	467	1,061
'19 7월	105	201	58	143
'18	196	452	117	335
'17	203	446	140	306
'16	207	429	152	277

* 환수금액 : 산업재해보상보험법 제84조제1항 등에 따라 부당이득으로 징수결정한 금액으로 허위·부정한 방법으로 받으면 그 금액의 2배, 이외의 경우는 그 받은 금액을 징수
* 자료출처 – 고용노동부 보도자료

(2) 부정수급 유형

산재보험 부정수급이란 거짓이나 그 밖의 부정한 방법으로 산업재해보상보험법에 따른 보험급여 등을 받았거나 받고자 하는 것이다. 구체적으로 분류하면 다음과 같다.[8)]

① 재해경위 조작

업무와 무관한 개인적인 사고를 업무상 사고로 조작

---

7) http://www.kcomwel.or.kr/noti/pres/pres_viw.jsp?boardId=10552&type=all&key=%BA%CE%C1%A4%BC%F6%B1%DE

8) www.kcomwel.or.kr/fraud/

② 근로자성 조작

사업주 등 근로자가 아닌 자를 근로자로 조작

③ 장해상태 허위 조작

장해상태를 과장하거나 허위로 조작하여 장해등급을 높임

④ 휴업급여 부정수급

산재요양 중 취업하여 근로를 제공하거나 사업(자영업)을 운영하면서 취업사실을 숨기고 휴업급여 부정수령

⑤ 유족연금 부정수급

수급자격 상실(재혼 등)을 신고하지 않고 유족연금 부정수령

⑥ 기타 보험급여 부정수급

간병, 이송료 등 발생하지 않은 비용을 허위 청구 또는 조작하여 부정수령

⑦ 산재보험 의료기관 진료비 부정수급

실제로 행하지 않은 의료행위를 진료비로 청구하거나 부풀려서 진료비 부정청구

⑧ 소속 사업장 변경 및 조작

산재보험 적용제외사업장(소규모건설현장 등)에서 발생한 재해를 다른 적용사업장에 발생한 재해로 조작

3) 도덕적 해이의 발생 원인

(1) 경제적 유인

산재보험에서의 도덕적 해이의 가장 큰 발생 원인은 경제적 유인이라고 볼 것이다. 즉 근로자가 업무상 재해가 아닌데도 이를 업무상 재해로 유인하고자 하는 것은 사업주의 경제적 비용의 경감과 근로자의 경제적 비용의 획득에서 시작된다고 볼 것이다. 또한 의료기관도 허위의 진료나 재료를 사용하고 진료한 것처럼 거짓으로 청구하여 경제적 이익을 얻기 위함이며 이를

묵인하거나 동조하는 관계자나 내부종사자, 전문가들도 결국 자기에게 혜택이 돌아오거나 자기 돈이 아니라는 무의식으로 방관하면서 산재보험의 재정적 손실을 초래하게 되는 것이다.

(2) 사회의 배금주의 풍토[9)]와 사회적 인식 결여

자본주의 사회는 모든 가치를 돈으로 측정하게 되고 돈 자체가 인간 사람의 목표가 되기도 한다. 이러한 배금주의는 돈을 버는 수단이 어떠하든 무조건 돈을 벌어야겠다는 사회적 인식이 원인이 되었으며 보험 범죄도 이러한 사회적 인식에 기인하는 바가 크다. 특히 사회보험의 경우에는 보험금을 주인 없는 돈으로 인식하고 산재보험 관계자들끼리 어떠한 수단과 방법을 동원해서라도 많은 보험금을 받는 것을 개인의 능력으로 인정될 뿐 범죄로 인식하지 않는 잘못된 사회적 분위기가 만연되고 있는 것이다.

(3) 방지시스템 및 소극적 대응

산재보험에 관한 도덕적 해이가 그간 생계형이거나 소액인 점 등 소극적으로 대응을 한 부분도 있다고 본다. 산재보험이 근로자의 치료와 생계보장에 중점을 두고 있는 제도이기 때문에 산재보험 법령에 부당이득과 관련한 부분이 규정되어 있고 현지조사와 포상금 등도 규정하고 있으며 주기적으로 산재보험 사기 등과 관련한 언론의 보도 등으로 국민들에게 보험사기에 관한 주의와 환기를 촉구하고 있지만 보다 직접적이고 강력한 대응대책은 보이지 않았다는 점이다.

최근 들어 민간보험회사 등에서 보험범죄 조사 전담 조직을 가동하면서 생명보험과 자동차보험 등에서 상당한 활동을 하고 있지만 정보의 공유나 사전 예방 등은 제대로 이루어지지 못하고 있고 사후에 고발, 병원 폐쇄, 대 국민 공개 등의 조치로 경제적, 사회적 불이익을 주고 있는 것으로 보인다.

그러나 산재부정수급이 결국은 점차 조직화되고 사회문제화 될 수 있으므로 2011년부터 근로복지공단에서는 부정수급조사부를 설치하여 체계적이고 조직적인 부정수급 방지시스템을 구축하여 왔으며 국민들을 대상으로 부정수급 강조기간을 운영하고 기획조사를 실시하며 2013년 4월부터는 산재보험 부정수급을 예방하기 위해 보험사기방지시스템(FDS, Fraud Detection System)을 구축하고 본격적으로 운영하고 있다.[10)] FDS는 여러 가지 시나리오의

9) 신태식. p274

10) http://www.kcomwel.or.kr/noti/pres/pres_viw.jsp?boardId=9749&type=all&key=%BA%CE%C1%A4%BC%F6%B1%DE

다양한 조합을 통해 산재보험 부정수급 의심자를 추출하고 이상 징후를 분석하여, 다양한 유형의 보험사기를 예방하고 조직적인 사기를 근본적으로 차단할 수 있는 시스템이다.

그럼에도 불구하고 이 센터의 홈페이지는 부정수급에 관한 현황자료가 업데이트 되지 않고 있고 홈페이지 운영도 별다른 차이가 없는 것으로 보아 활성화가 잘 되고 있는지는 의문이다(2019년 12월 31일 현재).

* 산재부정수급에 관한 자세한 사항은 산재부정수급방지센터(www.kcomwel.or.kr/fraud/)를 참조하기 바람

4) 도덕적 해이의 발생시 문제점

도덕적 해이의 사회화에 따른 문제점은 노동력 손실, 기업부담 가중, 경쟁력 저하, 국가발전 저해, 사회문화 수준의 발전 저해 등 부정적인 문제들이 발생하는 것으로 생각할 수 있다.

산재보험은 업무상 재해로 치료를 받고 회복하면 다시 회사로 복귀하는 것이 가장 이상적이다. 그런데 산재보험으로 진료받는 근로자가 적절한 치료를 받은 후에도 장기적으로 치료를 받고자 하면 그에 따른 노동력의 손실을 초래하게 될 것이다.

산재보험은 사업주가 보험료를 납부하여 운영된다. 당연히 산재보험료가 과다지출되면 재정불균형을 초래하게 될 것이고 이것은 기업의 산재보험료가 증가할 것이다. 또한 기업은 숙련된 근로자의 미복귀로 생산성이 저하되고 불필요한 지출이 증가함으로써 기업의 경쟁력을 저하하게 될 것이다.

산재보험에 가입한 많은 사업장이 산재보험에 대한 도덕적 해이가 팽배해지면 이는 국가 전체적으로도 상당한 손실을 초래하게 될 것이며 결국 전체적인 국가발전을 저해하고 국민들의 사회문화 수준의 향상도 저해하게 될 것이다.

5) 도덕적 해이 발생의 대상 범위 및 유형

산재보험의 도덕적 해이의 발생 대상 범위 및 유형을 살펴보면 다음과 같이 분류할 수 있다.

(1) 보험가입자

산재보험의 가입자는 사업주이다. 사업주는 허위의 회사를 만들어 보험을 적용시키려고

하거나 사고를 허위로 발생하였다고 하거나 건강보험으로 전환 등 다양한 보험사기 형태를 사용할 수 있다. 이를 통하여 부정 수급을 하도록 하거나 보험료를 축소하는 등 제도를 악용하거나 보험재정의 손실을 초래하게 할 수 있을 것이다.

(2) 보험 근로자

산재환자는 곧 근로자이다. 매스컴의 보도를 보면 근로자가 허위 사고(음주나 범죄 등)에 연루되어 산재보험을 적용받을 수 없는 경우에 이를 오인하거나 악용하여 산재로 처리하거나 장기진료를 통하여 개인적인 보험급여나 휴업급여를 받는 행위, 보다 많은 장해보상을 받기 위하여 등급을 부풀리는 행위 등은 전형적인 보험 근로자의 도덕적 해이현상이라고 볼 수 있을 것이다.

(3) 산재의료기관

산재의료기관은 산재환자에게 적정한 진료를 통하여 조속하게 치유하여 회사로 복귀하게 하는 것이다. 그럼에도 산재환자가 비록 그 특성이 있다고 하더라도 장기진료, 부당 청구, 장해등급 상향 등에 개입하여 진료비 수익을 늘리거나 종사자들이 개인적인 이익을 취하려는 경우들이 있었음을 부인할 수 없다.

(4) 관리공단

산재보험을 관리하는 근로복지공단은 정부를 대신하여 설립된 특수공법인이다. 공단은 그간 제도적으로 크게 강화되어 왔지만 환자관리와 병원관리 등에 다소 소홀했던 점이 있었다. 최근에는 많이 엄격해지고 있지만 부정수급과 장기진료, 병의원관리, 공단의 관계에서 그 역할이 더욱 강조되어야 하는 것은 부인할 수 없을 것이다.

(5) 사회적 문제

산재보험은 기본적으로 회사, 근로자, 공단, 의료기관 외에도 산재환자를 위하여 노력하는 공인된 기관들이 있다. 그동안 보험사고의 사례들을 보면 이들 공인된 기관의 종사자도 거론되는 것으로 보이는데 이에 대해서도 문제가 있다고 본다.

공인된 기관이 자체적으로 보험사고에 개입하려고 하지는 않을 것이다. 이는 의료기관이나 공단도 마찬가지일 수 있는데 거기에 소속된 내부종사자나 전문가들이 이러한 사고에 가담하는 경우이다. 자칭 전문가라고 행세하는 사람들이 부정한 방법으로 환자들을 유혹하여 이를 도모하다가 이것이 잘못되어 사고로 나타나는 경우가 발생할 수가 있다.

따라서 산재보험과 관련된 모든 분야에서 산재보험의 도덕적 해이에 대해 유의하지 않으면 안되는 것이 현실인 것이다.

6) 도덕적 해이 대책 및 개선방향

산재보험에 대한 도덕적 해이가 전 사회적으로 광범위하게 확대되어 상당한 사회문제로 등장하고 있다고 보아야 할 수 있다. 산재보험과 관련한 모든 사람들이 각자의 분야에서 최선을 다하여 산재보험 문화의 발전을 위하여 노력하고 있다고 본다. 그럼에도 불구하고 사회적으로 이러한 문제들이 노출되면서 더욱 큰 사회문제로 확대되어서는 안되고 국가의 수준을 향상시키기 위해서는 반드시 근절되어야 할 사항이다.

다음에서 산재보험의 도덕적 해이와 관련한 대책 및 개선 방향에 대해서 설명하고자 한다.

(1) 보험가입자－회사

산재보험 가입자인 회사는 허위사고 등의 근절을 위해 사실에 입각한 정확한 사고보고와 현장조사, 산재적용을 할 필요가 있다. 전술한 바와 같이 대부분의 회사가 산재적용을 엄격히 하기 위하여 노력하고 있지만 일부 극소수의 잘못된 인식을 가진 사업주들의 행동으로 인하여 산재보험 질서를 흩트리는 행동을 하도록 해서는 안된다.

회사에 대하여 취할 수 있는 벌칙은 형사 고발은 물론 보험료를 가중하거나 경제적인 불이익을 주는 것이 1차적일 것이다. 또한 산재보험 적용의 경제성을 연동하여 도덕적 해이와 같은 보험사고가 발생한 기업에 대해서는 자기부담제를 일부 도입하여 일정기간 동안 일정 금액 이상의 최고한도를 지출하는 경우에는 사업주 부담이나 손해배상을 하도록 하는 등 회사에 직접적인 경제적 불이익을 부과하는 것이다. 당연히 산재예방 우수사업장에 대해서는 보험료를 할인하여 형평성을 유지하도록 한다.

(2) 보험 근로자

보험 근로자에 대해서는 허위사고를 근절하고 조기복귀를 지원하며 적정 급여를 유도하여 산재로 인하여 치료받는 동안에는 충분한 보장을 하지만 치료를 종결해도 된다고 판단되는 시점 이후에는 조속한 복귀를 위하여 지원과 급여관리를 하도록 하여야 한다. 만약 휴업급여가 근무시 급여보다 높은 현상이 발생하는 등 불합리한 요소가 있다면 이는 개선되어야 한다. 당연히 보험사고에 개입한 근로자는 그에 관한 형사적 처벌이나 손해배상 등은 이루어져야 한다.

(3) 산재의료기관

산재의료기관은 순수한 의학적 판단으로 환자를 진료하여야 하며 사사로운 감정이 개입되어서는 안된다. 물론 의학적 판단과 환자의 주관적 판단이 일치할 수는 없지만 최선의 진료로 조기에 치유하여 회사나 사회로 복귀하는 것이 산재보험의 사회보장성의 취지이므로 이해할 수 없는 장기진료는 근절되어야 하고 환자관리도 철저히 이루어져야 한다.

(4) 관리공단

산재보험을 담당하는 근로복지공단은 산재보험 적용 신청시 관련된 조사와 확인을 강화하여 적용에 허점을 보이지 말아야 할 것이며 윤리의식을 제고하고 자문의사의 활동과 특진을 활용하여 적정한 환자진료관리가 되도록 하여야 한다.

또한 환자진료를 담당하는 지정 의료기관에 대해서 진료비 심사나 지도점검, 평가강화 등 합법적인 방법을 통하여 원칙대로 진료하고 관리되며 운영되는 시스템을 확립하여야 한다.

사회적으로는 포상금제도 등을 운영하고 있지만 잘하는 대상자에 대해서는 인센티브를 부여하고 치료의 질을 향상하며 부정한 부분에 대해서는 제도개선과 벌칙을 강화하여 산재보험에 대한 사회적 인식을 제고하도록 하여야 한다.

이에 따라 산재보험에서는 산재관리의사제도를 도입하여 행정적 또는 재정적 지원을 할 수 있도록 하는 것은(요양급여 산정기준 제2조의3) 매우 고무적인 현상이고 이러한 제도가 잘 정착되기를 기대한다.

또한 관리공단 인력의 전문성을 더욱 강화하기 위한 노력을 지속적으로 시행하고 문제가 있는 경우에는 자체 징벌을 강화하며 인센티브도 부여하여 그들이 산재보험의 전문가로서의 자긍심과 신뢰를 보일 수 있도록 하여야 한다.

최근부터 시행된 부정수급조사부와 FDS시스템을 더욱 강화, 활성화하여 적발을 철저히 하고 적발된 사안에 대해서는 엄격히 관리하도록 하여 부정수급에 대한 인식을 갖지 못하도록 하여야 한다.

(5) 사회적인 문제

발전된 산재보험 문화를 유지하기 위해서는 제도적 장치로 산재보험 뿐만 아니라 전 사회적인 보험사고 방지시스템을 구축하고 발생시 강력한 처벌을 하도록 하여 보험사고에 대한 인식을 전환하도록 하며, 철저히 관리하도록 한다. 또한 사회보험의 정보를 공유하여 통합 관리할 수 있도록 하며 안전관리 수준을 향상하여 재해와 사고, 질병발생을 방지하려는 원칙적인 노력을 기울여야 한다.

한 나라의 국가 수준은 산재보험의 문화 발전에도 기여할 것으로 판단된다. 국가와 국민의 사회문화적 수준을 향상시키기 위하여 건전한 산재보험의 운용에 대한 사회교육 캠페인도 산재보험 대상자는 물론 일반사회인을 대상으로 전문적이고 규칙적으로 시행할 필요도 있다.

2007년 한국산재보험학회가 창립되어 산재보험과 관련한 전문적인 연구를 시작하고 있는 점은 매우 바람직한 일이라고 보며 학문적으로나 사회적으로 산재보험의 발전에 크게 기여하기를 기대하는 바이다.

(6) 산재의료기관에 당부하는 말

산재보험 문화의 발전을 위하여 산재의료기관들이 그간 많은 노력을 해 온 점을 다시 한 번 강조한다. 산재보험 문화의 발전을 위해서는 전 국민은 물론 산재보험 관련자들의 헌신적인 노력이 수반되어야 함은 전술한 바 있다. 다만 부언하고 싶은 것은 산재보험을 담당하는 중요한 한 축인 산재의료기관은 더욱 더 윤리와 도덕이 요청된다고 보아 다음 사항을 당부하고자 한다.

가장 중요한 것은 병원에 대한 사회적 신뢰의 회복이 필요하다. 그간 산재보험 사기사건 등을 비롯 허위진료 거짓청구 등 부조리한 사건만 발생하면 의료기관이 개입되어 있는 것으로 나타난다. 이러한 사건에서 이제는 의료기관이 연루되지 않기를 바라는 마음에서 산재의료기관은 진료비 청구에 진실성을 담보하도록 하여야 하며 환자의 부당한 요구시 의학적 차원에서 합리적으로 대응하기를 기대한다. 또한 허위진단, 과잉진료, 허위청구, 등급상향(특히 장해판단시 유의) 등의 단어를 영원히 추방하는 의식전환이 반드시 필요하다고 본다.

산재보험 문화의 발전에 병원 담당자들의 역할은 매우 중요하다. 산재의료기관 근무자들은 유관업무를 숙지하여 업무효율성을 제고하고 병원의 중요한 경영담당자임을 인식하고 근무하도록 하는 것이 필요하다.

그리고 각 산재의료기관의 의료인과 담당자들도 상호간에 네트워크를 형성하여 의료협력과 정보협력, 연구강화 등으로 산재보험 의료문화의 합리적 발전에 참여하고 기여하는 것을 기대한다. 산재환자도 의료기관에서는 결국 장차 병원을 발전하게 할 중요한 고객이자 의료소비자이기 때문이다.

마지막으로 산재보험의 허위 적용−회사, 환자의 공모 방지와 개입 금지, 우리가 납부한 산재보험료로 산재보상을 한다는 것으로 인식하고 모두가 바람직한 보험의료 질서의 확립에 기여하여야 할 것이다.

단원평가

1. 산재보험의 문화발전의 필요성에 대해 이해한다.
2. 산재보험 문화발전의 대상 분야에 대해 이해한다.
3. 산재보험 담당자로서의 의료에 대해 이해한다.
4. 산재보험과 도덕적 해이에 대해 이해한다.
5. 산재보험의 도덕적 해이의 발생원인 및 문제점에 대해 이해한다.
6. 산재보험의 도덕적 해이 개선방안에 대해 각 분야별 역할에 대해 이해한다.

산재보험 법령편 및 양식편 목록

【법령편】

참조법령 및 규정

1. 산업재해보상보험법
2. 산업재해보상보험법 시행령
3. 산업재해보상보험법 시행규칙
4. 산업재해보상보험 요양급여산정기준
5. 요양업무처리규정
6. 보상업무처리규정
7. 산재보험의료기관관리규정
8. 합병증 등 예방관리업무규정
9. 후유증상관리업무처리규정
10. 심사업무처리규정
11. 직업재활급여업무처리규정
12. 이송비처리지침
13. 산재보험 의료기관에 대한 행정처분 절차 업무처리 지침

14 업무상 질병 인정기준－산재령제34조3항 관련－별표 3

15. 통상임금 및 평균임금 등의 판단기준 예시－통상임금 산정지침(노동부예규)
16. 신체부위별 장해등급 판정기준－시행규칙－별표 5
17. 산재보험 요양급여 산정기준 관련 청구코드
18. 현지조사 허위 부당 청구 유형 및 사례－공단
19. 진료비 주요 착오 청구유형 및 심사내역－공단
20. 진료비청구오류 다빈도 발생사례－공단

21. 산재보험 건강보험과 달리 적용하는 별표 기준

* 그 외에 많은 규정과 양식이 있고 업무에 필요한 관계법령과 각종 규정은 수시로 개정되므로 국가법령정보센터, 고용노동부, 근로복지공단 인터넷 홈페이지에서 검색하여 참조하기 바람

【양식편】

(1) 요양업무편

1. [별지 제2호 서식] 요양급여신청서
2. [별지 제3호 서식] 요양급여신청 소견서

2-1. [별지 제3호의2 서식] 업무상질병 전문소견서(뇌심혈관계 질병)

2-2. [별지 제3호의3 서식] 업무상질병 전문소견서(근골격계 질병)

3. [별지 제5호 서식] □ 전원요양신청서 □ 병행진료신청서 □ 추가상병 신청서
4. [별지 제6호 서식] □ 전원요양소견서 □ 병행진료소견서 □ 추가상병소견서
5. [별지 제7호 서식] 진료계획서(□ 1회차 □ 2회차 □ 3회차 이상 □ 집중재활전문치료)
6. [별지 제10호 서식] 요양비청구서

(2) 보상업무편

1. [별지 제6호 서식] 요양 · 보험급여 결정 통지서(산재보험카드)
2. [별지 제6-2호 서식] 장해(폐질) 등급(재판정) 결정통지서
3. [별지 제7호 서식] [ ] 휴업급여 [ ] 상병보상연금 청구서
4. [별지 제11호 서식] [ ] 장해급여 청구서 / [ ] 합병증 등 예방관리 신청서
5. [별지 제12호갑 서식] 장해진단서
6. [별지 제12호을 서식] 지체장해용(척추 및 사지마비장해) 소견서
7. [별지 제12호병 서식] 지체장해용(관절운동장해) 소견서
8. [별지 제12호정 서식] 장해급여 일시금 · 연금 선택 확인서
9. [별지 제12의1 서식] 간병급여 청구서
10. [별지 제14호 서식] [ ] 장해등급/[ ] 진폐장해등급 재판정신청서

(3) 의료기관관리편

1. [별지 제1호서식] 의료기관 ☑ 지정(□ 변경) 신청서(신고서) ☑ 일반지정 □ 진폐일반 □ 진폐전문
2. [별지 제2호서식] 의료기관 개요서 (의과 · 한의과용)
3. [별지 제3호서식] 의료기관지정서
4. [별지 제6호서식] 산재보험 의료기관 지도 · 점검부
5. [별지 제7호서식] 약국 ☑ 등록 (□ 변경)신청서(신고서)
6. [별지 제8호서식] 약국등록증
7. [별지 제9호서식] 진료비 · 약제비 청구서
8. [별지 제10호서식] 간병 제공 현황 통보서
9. [별지 제11호서식] 진료비 명세서
10. [별지 제12호서식] 진료비 명세서
11. [별지 제13호서식] 진료비 명세서
12. [별지 제14호서식] 진료비 · 약제비 지급결정 통지서
13. [별지 제15호서식] 진료비 · 약제비 개산지급 결정 통지서
14. [별지 제16호서식] 산재환자내원신고서
15. 외출외박관리대장

(4) 합병증 등 예방관리편

1. [별지 제1호 서식] 합병증 등 예방관리 신청서
2. [별지 제2호 서식] 합병증 등 예방관리 의료기관 변경신청서
3. [별지 제3호 서식] 합병증 등 예방관리 중지신청서
4. [별지 제4호 서식] 근로자 합병증 등 예방관리비용 청구서
5. [별지 제5호 서식] 합병증 등 예방관리비용 이의신청서
6. [별지 제7호 서식] 합병증 등 예방관리 결정통지서
7. [별지 제8호 서식] 근로자 합병증 등의 예방관리비용 지급결정통지서

(5) 후유증상편

1. [별지 제1호 서식] 후유증상 서비스카드 발급신청서
2. [별지 제2호 서식] 후유증상서비스카드

3. [별지 제3호 서식] 후유증상 의료기관 변경신청서

(6) 심사업무편

1. [별지 제1호 서식] 심사청구서
2. [별지 제2호 서식] 진료비 · 약제비 심사청구서
3. [별지 제3호 서식] 의견서(의료기관－청구인)
4. [별지 제11호 서식] 심사청구취하서
5. [별지 제16호 서식] 심사결정서
6. [별지 제17호 서식] 진료비 · 약제비 심사결정서
7. [별지 제24호 서식] 재심사청구서
8. [별지 제25호 서식] 진료비 · 약제비 재심사청구서

(7) 직업훈련 및 기타편

1. [별지 제1호 서식] 직업훈련신청서
2. [별지 제1-1호 서식] 직업재활급여(직업훈련) 관련 장해소견서
3. [별지 제1-1호(을) 서식] 지체장해용(척주 및 사지마비장해)소견서(지체장해용(관절운동장해) 소견서)

* 업무에 필요한 양식은 근로복지공단 인터넷 홈페이지에서 관련 업무의 규정을 검색하여 양식을 참조하거나 인터넷 근로복지공단 토탈서비스에 접속하여 관련사항을 참조하기 바람

참고문헌

1. 이재홍 외, 산업재해보상보험 및 자동차보험 청구실무, 수학사, 2014.
2. 윤광윤, 산업재해보상보험법정해, 1985, 중앙노무관리연수원
3. 김수복, 산업재해보상보험법, 1985, 중앙노무관리연수원
4. 신태식, 산업재해보상론, 2009. 형설출판사
5. 2010. 산재고용보험 실무편람
6. 네이버 지식백과
7. 고용노동부, 근로복지공단, 산재고용보험 토탈서비스
8. 국가법령정보센터 각종 법령 및 규정
9. 종합법률정보센터
10. 그 외 각종 인터넷 자료

제 2 편

자동차보험

제1장 자동차보험의 개요

학습목표
- 자동차보험의 개요와 보험 종류에 대해 이해한다.
- 자동차손해배상보장법의 개정 경과에 대해 이해한다.
- 자동차손해배상보장법상의 진료수가 기준에 대한 개정 경과에 대해 이해한다.
- 자동차보험 원무관리는 왜 필요한가에 대해 이해한다.

제1절 자동차보험의 개요

1 자동차보험의 의의와 목적

1) 자동차보험의 의의

자동차보험이란 자동차보험에 가입한 피보험자가 자동차를 소유, 사용 또는 관리하는 동안에 발생하는 사고로 인하여 피보험자에게 생긴 인적, 물적 손해를 보험자가 보상하는 보험계약이다.[1)]

무릇 보험이란 동일한 우발적 사고발생의 위험에 직면해 있는 다수인이 사고로 인해 생기는 경제적 수요를 충족시키기 위해, 일정한 과학적 기초에 의해 산출된 금액을 미리 갹출하여 공동재산을 비축하고, 사고가 발생한 경우에 공동재산으로부터 일정한 금액의 급여를 하는 제도를 말한다.[2)]

1) 다음-위키백과사전
2) 네이버 브리태니커사전

이에 따라 우리 상법[시행 2019.9.16.] [법률 제14096호, 2016.3.22., 타법개정] 제638조(보험계약의 의의)에서 보험계약은 당사자 일방이 약정한 보험료를 지급하고 재산 또는 생명이나 신체에 불확정한 사고가 발생할 경우에 상대방이 일정한 보험금이나 그 밖의 급여를 지급할 것을 약정함으로써 효력이 생긴다고 하고 있다.[전문개정 2014.3.11.]

또한 상법 제726조의2(자동차보험자의 책임)에서 자동차보험계약의 보험자는 피보험자가 자동차를 소유, 사용 또는 관리하는 동안에 발생한 사고로 인하여 생긴 손해를 보상할 책임이 있다고 하여 그 의의를 나타내고 있다.

따라서 자동차보험이란 자동차 소유주나 운전자, 관리자가 자동차를 소유, 사용, 운행, 관리하는 동안 발생 하는 각종 사고로 인하여 자신과 타인의 재산이나 사람에게 발생하는 손상이나 손실의 위험을 보험자가 보상할 것을 목적으로 계약하는 것을 의미한다.[3]

2) 보험계약의 성립(약관 제38조)

(1) 보험계약은 보험계약자가 청약을 하고 보험회사가 승낙을 하면 성립한다.

(2) 보험계약자가 청약을 할 때 '제1회 보험료(보험료를 분납하기로 약정한 경우)' 또는 '보험료 전액(보험료를 일시에 지급하기로 약정한 경우)'(이하 '제1회 보험료 등'이라 함)을 지급하였을 때, 보험회사가 이를 받은 날부터 15일 이내에 승낙 또는 거절의 통지를 발송하지 않으면 승낙한 것으로 본다.

(3) 보험회사가 청약을 승낙했을 때에는 지체 없이 보험증권을 보험계약자에게 준다. 그러나 보험계약자가 제1회 보험료 등을 지급하지 않은 경우에는 그러하지 않다.

(4) 보험계약이 성립되면 보험회사는 제42조(보험기간)의 규정에 따라 보험기간의 첫 날부터 보상책임을 진다. 다만, 보험계약자로부터 제1회 보험료 등을 받은 경우에는, 그 이후 승낙 전에 발생한 사고에 대해서도 청약을 거절할 사유가 없는 한 보상한다.

3) 자동차와 자동차보험의 시초

자동차보험의 시초는 세계적으로는 1852년 프랑스에서 시작되었다는 의견과[4] 1887년 미

---

3) 상게자료

4) http://blog.naver.com/ayt00/90048251465

국의 코네티컷주 길버트 루미스에 의해 시작되었다는 견해[5]가 있는데 이때는 우마차에 적용되던 배상책임보험을 자동차로 확대 적용하는 형태였다고 하며[6], 재산보험으로서의 자동차보험의 등장은 1892년 미국 매사추세츠주의 랠프 에머리가 자동차화재위험담보를 계약하면서부터라고 하고 있다.[7]

우리나라에 자동차보험이 들어오게 된 것은 1924년 일본 미쓰이물산 경성지점이 자동차보험 영업을 시작한 것이 효시인데 당시만 해도 보험가입 차량이 적은데다 사고율이 높아서 곧 중단되었고 1937년 조선화재(동양화재－메리츠화재의 전신)가 영업을 시작하였으나 미미하였으며, 1962년 한국자동차보험공영사(동부화재의 전신)가 설립되었고 1963년 자동차손해배상보장법을 제정, 현대적 의미의 책임보험을 시작하게 되었다.[8][9][10]

4) 자동차보험의 목적

자동차보험의 목적은 자동차의 운행으로 사람이 사망 또는 부상하거나 재물이 멸실 또는 훼손된 경우에 손해배상을 보장하는 제도를 확립하여 피해자를 보호하고, 자동차사고로 인한 사회적 손실을 방지함으로써 자동차운송의 건전한 발전을 촉진함을 목적으로 한다(법 제1조).

보험이란 동일한 우발적 사고발생의 위험에 직면해 있는 다수인이 사고로 인해 생기는 경제적 수요를 충족시키기 위해, 일정한 과학적 기초에 의해 산출된 금액을 미리 갹출하여 공동재산을 비축하고, 사고가 발생한 경우에 공동재산으로부터 일정한 금액의 급여를 하는 제도라고 할 수 있다.[11]

따라서 자동차보험은 자동차를 소유한 사람들이 소유, 사용 또는 관리하는 동안에 언제 발생할지 모르는 사고를 대비하여 보험제도를 통하여 미리 일정한 보험료를 보험회사에 납부하고 보험 가입기간 내에 발생하는 사고 등에 의하여 피보험자에게 생긴 인적, 물적 손해를 보험자가 보상하기 위한 사회보장적 차원의 보험계약이다.

또한 자동차소유자는 자동차를 소유, 사용, 관리하는 동안에 발생하는 사고 등에 대하여

---

5) http://blog.naver.com/PostView.nhn?blogId=elevenman22&logNo=220015736000
6) http://blog.naver.com/PostView.nhn?blogId=pacho21&logNo=40145803658
7) http://blog.naver.com/PostView.nhn?blogId=economyplay&logNo=140171370895
8) 두산백과－http://terms.naver.com/entry.nhn?docId=1137399&cid=40942&categoryId=31831
9) http://blog.naver.com/jooni730/150187360667
10) http://blog.naver.com/PostView.nhn?blogId=pacho21&logNo=40145803658
11) 브리태니커사전

소유자 또는 개인이 사고에 대한 인적, 물적 손해를 모두 부담하는 경우에는 그 부담의 범위가 너무 크게 되므로 이를 보험의 형식으로 분산함으로써 위험과 부담을 경감하고자 하는 목적도 있다고 할 것이다.

5) 자동차보험의 기능

자동차보험의 주요 기능은 개인생활과 기업의 경영 안전 등 사회보장성과 피해자에 대한 구제와 가해자의 경제적 손실에 따른 위험 경감, 보험료의 할증 및 할인제도 등을 통한 안전의식을 등을 고취시켜 사고예방적 기능을 한다.[12)]

(1) 자동차사고로부터 피해자 구제

자동차보험은 기본적으로 자동차사고로부터 피해자를 구제한다. 자동차사고가 발생하면 인적, 물적 피해를 발생시키게 되며 이 경우 민법에 의한 불법행위 책임에 따라 피해자에게 손해배상을 하여야 하는데 이때 보상이라는 방식을 통하여 손해배상을 하게 된다.

(2) 자동차소유자의 경제적 구제

자동차사고시에는 일시적으로 많은 경제적 비용을 부담하여야 한다. 피해자에 대한 인적, 물적 피해를 보상하려면 상당한 금액을 부담하여야 한다. 이 경우에 가해자가 경제적 능력의 유무를 떠나 한꺼번에 많은 금액을 부담하기가 쉽지 않고 이를 보험에서 부담하게 되므로 경제적 구제를 할 수 있다.

(3) 가해자 및 피해자 개인과 기업의 안정과 자동차운송 사업의 발전

자동차사고가 발생하면 인적, 물적 측면에서 피해자와 가해자에게는 많은 손해가 발생한다. 특히 차량 자체의 파손이나 멸실은 사용을 못하게 되어 사업상의 불편이나 생활상의 불편을 초래할 수밖에 없다. 또한 인명 피해는 사망 또는 부상의 경우에 큰 불행과 함께 경제생활을 영위하지 못하게 할 수도 있고 그로 인하여 엄청난 정신적, 물질적 피해를 초래하기도 하게 된다.

이러한 경우에 보험에서 법령에서 규정한 대로 적절한 보상을 통하여 보전을 하게 되며 이것은 피해자와 가해자에게 최소한의 인간다운 생활을 할 수 있도록 하게 될 것이다. 또한

12) 이재홍외 p.223

개인은 물론 기업 입장에서도 사업상의 위험을 보험으로써 보상하게 되므로 안정적으로 사업을 영위할 수 있도록 하게 되어 자동차운송의 건전한 발전과 사회경제발전에 기여하게 될 것이다.

(4) 사고 예방적 역할

자동차보험이 상당한 범위의 자동차사고를 보장하게 되지만 모든 경우에 무한정 보상을 할 수 없는 것이 사실이다. 또한 모든 사고를 보험에서 담당한다고 하면 보험 가입자의 도덕적 해이 등으로 보험료가 상승하지 않는 한 보험의 기능이 파산하고 말게 될 것이다. 이에 따라 자동차보험은 사고율에 따라 보험료를 할인, 할증하면서 보험의 경제적 요소를 활용하여 사고예방 등 사회적 기능도 하게 되는 것이다.

즉 사고가 많은 가입자에게는 보험료를 올리고 사고를 유발하지 않는 가입자에게는 보험료를 할인하여 보험의 기능성을 살리고 수익자의 부담을 형평에 맞게 유지하고자 하면서 사고 예방적 효과도 기대하게 되는 것이다.

(5) 자동차사고로 인한 사회적 손실 방지

자동차사고가 발생하면 피해자는 물론 가해자에게도 많은 인적, 물적 피해가 발생한다. 이 경우 피해자와 가해자의 사망이나 부상에 대한 보상이나 치료는 물론 자동차의 파손이나 멸실로 인하여 많은 사회적 손실이 발생하게 되는 것이다. 또한 이들이 수행하는 각종 역할 즉, 개인적, 가정적, 사회적, 경제적, 국가적 등의 역할을 하지 못하게 되거나 일시적으로 중지할 수밖에 없다. 이 경우 그들이 맡고 있는 역할의 범위에 따라 상당한 경제적, 사회적 손실을 초래하게 될 것이며 이들을 조속히 회복시켜 본래의 자리로 돌아가게 할 수 있는 것이 보험의 역할이라고 볼 것이다.

따라서 자동차사고가 발생했을 때 이에 대한 보상을 통하여 그들의 역할 손실을 최소화하는 것도 중요한 기능이라고 볼 수 있다.

(6) 사회보장기능 담당

현재 우리나라의 자동차손해배상보장법은 모든 차량이 반드시 자동차보험에 가입하도록 하고 있다. 이것은 자동차사고의 피해자, 가해자가 대다수의 불특정 국민이 대상이 되기 때문에 보험에서 보장하는 범위가 곧 전국민이 대상이 되는 것이다.

우리나라에는 민간에 의한 건강보험과 자동차보험, 사업주에 의한 산재보험, 정부에 의한 의료급여가 사회보장기능을 담당하고 있는데 자동차보험은 개인에 의한 손해배상책임보험이기는 하지만 법적으로 책임보험 가입을 강제함으로써 사회보장적 기능을 포함하고 있는 것이다. 이에 대해서는 보험계와 의료계가 진료수가의 적용 측면에서 많은 논란이 있어왔던 부분이다.

그러나 이를 통하여 자동차사고로 인한 피해자에게 보험 원리에 의한 순수보장은 물론 정부는 보험가입자의 의무보험금 징수를 통하여(법 제37조) 보유불명 자동차에 대한 보장이나 무보험차 등으로부터 피해자를 보호하는 사업 등을 시행할 수 있는 것이다.

(7) 산업기금으로서의 기능[13)]

보험가입자로부터 납부된 보험료는 보험금으로 지급되기 전까지는 보험회사에 의해 각종 산업투자 재원으로 활용될 수 있다.

우리나라는 전통적으로 산업자본이 빈약하여 저축을 장려하여 왔다. 저축은 예금이나 적금, 보험 등을 통하여 재원을 조달하고 이것을 산업자본으로 사용하였다. 이 중에서 보험은 위험에 대비한 분산이지만 교육보험이나 생명보험, 연금보험, 종신보험 등을 통하여 장래에 대한 투자와 저축으로서의 기능도 해 온 것이 사실이다.

자동차보험은 기본적으로 1년간의 기간 동안 수지를 정산하는 소멸성 보험이다. 따라서 자동차보험을 가입하여 사고가 발생하지 않으면 본인에게 반환되는 것도 아니고 해를 넘겨 다년계약이 되는 저축성의 성질도 아니다. 또한 자동차가 급격히 증가하고 이에 따라 자동차사고도 빈발하여 자동차보험을 취급하는 보험사들은 보험수지가 적자라고 주장하고 있다. 따라서 여기서 남은 잉여재원을 산업자본으로 활용하는 것이라고는 보기 어렵지만 보험가입자로부터 납입된 보험료를 일시적이나마 산업경제발전에 활용할 수는 있을 것으로 이해된다.

6) 자동차사고의 손해배상책임

자기를 위하여 자동차를 운행하는 자가 자동차의 운행으로 사람이 사망 또는 부상하게 하거나 재물이 멸실 또는 훼손된 경우에는 기본적으로 「민법」에 의하여 불법행위에 의한 손해배상 책임을 져야 한다(민법 제750조).

이에 우리나라에서는 자동차손해배상보장법에서는 자기를 위하여 자동차를 운행하는 자

13) 이재홍, p.224

는 그 운행으로 다른 사람을 사망하게 하거나 부상하게 한 경우에는 그 손해를 배상할 책임을 부과하고 그렇지 아니한 부분에 대해서는 민법의 규정을 따르도록 하고 있다(법 제3조, 4조).

이 경우 다만, 다음 각 호의 어느 하나에 해당하면 그러하지 아니하다.

(1) 승객이 아닌 자가 사망하거나 부상한 경우에 자기와 운전자가 자동차의 운행에 주의를 게을리 하지 아니하였고, 피해자 또는 자기 및 운전자 외의 제3자에게 고의 또는 과실이 있으며, 자동차의 구조상의 결함이나 기능상의 장해가 없었다는 것을 증명한 경우

(2) 승객이 고의나 자살행위로 사망하거나 부상한 경우

여기서의 배상책임은 사고와 상당인과관계에 있는 법률상 손해 일체를 말한다.

참고판례

[1] 자동차손해배상 보장법 제3조에 기한 보험자의 배상책임은 사고와 상당인과관계 있는 법률상 손해 일체를 내용으로 하는 것으로서, 사망사고의 경우 배상의 대상이 되는 손해에는 치료비 등 적극적 손해, 일실 수입 등 소극적 손해 및 정신적 손해 모두를 포함하는 것이다.

(출처 : 대법원 2013.10.11. 선고 2013다42755 판결[손해배상(자)] 종합법률정보 판례)

Tip 배상과 보상

- 배상 – 어떤 사실로 남에게 끼친 손해를 전보(塡補 : 부족한 것을 메워서 채움)하여 손해가 발생하지 않았을 때와 같은 상태로 되돌리는 일
  배상범위 – 재산적 손해, 정신적 손해, 적극적 손해, 소극적 손해–상당인과관계 있는 것
  배상방법 – 금전배상, 원상회복
- 보상 – 손해를 입은 자에 대하여 손해를 끼친 자가 그 책임에 따라서 금전적으로 변상하는 것

위의 1)항 중 자동차의 구조상의 결함이나 기능상의 장해가 없었다는 것을 증명한 경우라 함은 흔히 말하는 자동차급발진 사고 등에 관하여 자동차의 결함으로 인한 운전자의 불가항력적인 경우를 말하는 것으로 지금까지의 우리나라의 법원에서는 자동차의 결함에 대해 제

조사의 책임이 없다는 것으로 나타나고 있지만 이 부분에 대해서 미국법원의 견해는 다소 다른 것으로 나타나고 있다.

자동차에 대한 급발진 사고는 현재까지는 의심건수가 증가하고 있지만 책임은 인정되지 않고 있는 상황인데 이 부분은 제조물책임법상의 문제와 연관되어 생각되어질 문제이다. 제조물책임법은 사용자를 위하여 전문지식을 가지고 있는 제조자가 입증책임을 강화한다는 것이며 정교한 컴퓨터도 이유 없이 에러가 발생하는 경우가 있는데 자동차도 컴퓨터를 통한 전자제어시스템의 사용이 확대되고 있는 것을 볼 때 향후 급발진 등에 관한 문제는 제조사의 입증 책임이 강화될 것으로 본다.

제2절 자동차보험의 종류

1 자동차보험의 종류

자동차보험의 종류는 여러 가지로 분류할 수 있다.

자동차를 소유 · 운행 · 관리하는 동안 발생하는 각종 사고로 인하여 생긴 피해를 담보별로 보상할 것을 목적으로 하는 보상 혜택을 받을 수 있는 보험으로[14] 자동차보험은 차체에 대한 화재, 충돌, 도난, 운송 상의 위험뿐만 아니라 자동차의 운행에 의한 타인의 신체 또는 재산상의 훼손에 의한 손해배상책임도 담보하는 종합적 성격의 보험제도이다. 이러한 자동차보험은 자동차 손해배상보장법에 의해 가입이 의무화된 자동차손해배상 책임보험과 임의가입의 자동차보험으로 구분된다.[15]

여기에는 보험가입자의 자동차사고로 사람이나 자동차, 물건에 손해를 끼치거나, 자동차를 도난당하거나 자동차의 침수, 파손, 무보험차에 의한 손해, 상대방 차에 의한 피해 등을 보상하는 여러 가지 종류의 담보가 있다.

자동차보험 표준약관에 규정한 보험의 종류를 보면 제2조(자동차보험의 구성) ①항에서 보험회사가 판매하는 자동차보험은 「대인배상Ⅰ」, 「대인배상Ⅱ」, 「대물배상」, 「자기신체사

14) [네이버 지식백과]자동차 보험(자동차 용어사전, 2012.5.25, 일진사)
15) [네이버 지식백과]자동차보험(매일경제, 매경닷컴)

고」,「무보험자동차에 의한 상해」,「자기차량손해」의 6가지 보장종목과 특별약관으로 구성되어 있다고 하고 있다.

또 ②항에서 보험계약자는 다음과 같은 방법에 의해 자동차보험에 가입한다고 정하고 있다.

1) 의무보험(책임보험, 대인배상 I)

「자동차손해배상보장법」 제5조에 의해 보험에 가입할 의무가 있는 자동차보유자는「대인배상 I」과「대물배상」(「자동차손해배상보장법」에서 정한 보상한도에 한함)을 반드시 가입하여야 한다.

이를 책임보험이라 하는데 "책임보험"이란 자동차보유자와「보험업법」에 따라 허가를 받아 보험업을 영위하는 자(이하 "보험회사"라 한다)가 자동차의 운행으로 다른 사람이 사망하거나 부상한 경우 이 법에 따른 손해배상책임을 보장하는 내용을 약정하는 보험을 말한다(법 제2조5호).

책임보험은 대인 책임보험으로 자동차보유자가 자동차의 운행으로 다른 사람이 사망하거나 부상한 경우에 피해자(피해자가 사망한 경우에는 손해배상을 받을 권리를 가진 자를 말한다)에게 대통령령으로 정하는 금액을 지급할 책임을 지는 책임보험이나 책임공제(이하 "책임보험등"이라 한다)에 가입하여야 한다고 규정하고 있기 때문이다(법 제5조1항).

또한 자동차보유자는 대인 책임보험 등에 가입하는 것 외에 자동차의 운행으로 다른 사람의 재물이 멸실되거나 훼손된 경우에 피해자에게 대통령령으로 정하는 금액을 지급할 책임을 지는「보험업법」에 따른 보험이나「여객자동차 운수사업법」,「화물자동차 운수사업법」 및 「건설기계관리법」에 따른 공제에 가입하여야 한다고 하여 대물책임보험의 가입을 명시하고 있다(법 제5조2항).

한편 책임보험과 같은 의미로 책임공제라는 용어가 있는데 "책임공제(責任共濟)"란 사업용 자동차의 보유자와「여객자동차 운수사업법」,「화물자동차 운수사업법」,「건설기계관리법」에 따라 공제사업을 하는 자(이하 "공제사업자"라 한다)가 자동차의 운행으로 다른 사람이 사망하거나 부상한 경우 이 법에 따른 손해배상책임을 보장하는 내용을 약정하는 공제를 말한다(법 제2조6호).

여기서는 책임보험과 책임공제를 같은 의미로 사용하기로 한다. 책임보험의 보장한도는 법시행령 제3조와 별표 1 및 별표 2에서 정하고 있다.

2) 임의보험(종합보험, 대인배상 II)

의무보험에 가입하는 보험계약자는 의무보험에 해당하지 않는 보장종목을 선택하여 가입할 수 있다. 종합보험이라고도 하며 대인배상 II 라고도 하고 대인배상 II 를 포함하여 자기신체사고, 자기차량손해, 무보험차에 의한 상해 등이 이에 속한다.

자동차손해배상보장법에서는 사업용자동차를 제외한 자동차에 대해서는 책임보험을 초과하는 임의보험에 대해서는 가입을 강제하고 있지는 않다. 따라서 사업용차량이 아닌 자동차를 소유, 관리, 운행하는 자는 자유로운 판단에 의해 임의보험(대인배상 II)을 가입하도록 하고 있다고 볼 것이며 그에 따라 책임보험의 보상한도를 초과하는 부분에 대해 사람들이 보험을 가입하고 있다.

다만 다음 각 호의 어느 하나에 해당하는 자는 책임보험등에 가입하는 것 외에 자동차 운행으로 인하여 다른 사람이 사망하거나 부상한 경우에 피해자에게 책임보험등의 배상책임 한도를 초과하여 대통령령으로 정하는 금액을 지급할 책임을 지는 「보험업법」에 따른 보험이나 「여객자동차 운수사업법」, 「화물자동차 운수사업법」 및 「건설기계관리법」에 따른 공제에 가입하여야 한다고 하여 예외적으로 가입을 강제하고 있다(법 제5조3항).

1. 「여객자동차 운수사업법」 제4조제1항에 따라 면허를 받거나 등록한 여객자동차 운송사업자
2. 「여객자동차 운수사업법」 제28조제1항에 따라 등록한 자동차 대여사업자
3. 「화물자동차 운수사업법」 제3조 및 제29조에 따라 허가를 받은 화물자동차 운송사업자 및 화물자동차 운송가맹사업자
4. 「건설기계관리법」 제21조제1항에 따라 등록한 건설기계 대여업자

자동차보험표준약관 ③항에서는 각 보장종목별 보상 내용에 대해 상세하게 정하고 있다.

1. 배상책임: 자동차사고로 인하여 피보험자가 손해배상책임을 짐으로써 입은 손해를 보상

보장종목	보상하는 내용
가. 「대인배상 I」	자동차사고로 다른 사람을 죽게 하거나 다치게 한 경우에 「자동차손해배상보장법」에서 정한 한도에서 보상
나. 「대인배상 II」	자동차사고로 다른 사람을 죽게 하거나 다치게 한 경우, 그 손해가 「대인배상 I」에서 지급하는 금액을 초과하는 경우에 그 초과손해를 보상
다. 「대물배상」	자동차사고로 다른 사람의 재물을 없애거나 훼손한 경우에 보상

2. 배상책임 이외의 보장종목: 자동차사고로 인하여 피보험자가 입은 손해를 보상

보장종목	보상하는 내용
가. 「자기신체사고」	피보험자가 죽거나 다친 경우에 보상
나. 「무보험자동차에 의한 상해」	무보험자동차에 의해 피보험자가 죽거나 다친 경우에 보상
다. 「자기차량손해」	피보험자동차에 생긴 손해를 보상

2 자동차보험의 가입종목 및 가입대상

자동차보험 약관에서 정하고 있는 자동차보험의 가입종목 및 가입대상은 다음 표와 같다.

보험종목	가입대상
개인용자동차보험	법정 정원 10인승 이하의 개인 소유 자가용 승용차. 다만, 인가된 자동차학원 또는 자동차학원 대표자가 소유하는 자동차로서 운전교습, 도로주행교육 및 시험에 사용되는 승용자동차는 제외
업무용자동차보험	개인용 자동차를 제외한 모든 비사업용 자동차
영업용자동차보험	사업용 자동차
이륜자동차보험	이륜자동차 및 원동기장치자전거
농기계보험	동력경운기, 농용트랙터 및 콤바인 등 농기계

3 자동차보험에서 보상하는 내용[16)]

자동차보험에서 보상하는 내용에 대해서는 자동차보험 표준 약관에서 자세하게 정하고 있다.

4 보험자의 면책사유

대표적인 보험자의 면책사유는 다음과 같다.[17)]

1) 고의사고
2) 이상위험
3) 유상운송
4) 시험용 등으로 사용

16) 자동차보험 표준약관 제2편
17) 이재홍 외 pp.240~242

5) 제3자와의 다른 계약
6) 무면허운전-자기부담금이 별도로 있다.
7) 기왕증
8) 음주운전-자기부담금이 별도로 있다.

5 자동차상해보험의 법적 성격

1) 인(人)보험

자동차상해보험은 자동차를 소유, 사용, 관리하는 동안에 생긴 사고로 인하여 상해를 입었을 때에 보험자가 보험 약관에 정한 사망보험금이나 부상보험금 또는 후유장해보험금 등을 지급할 책임을 지는 것으로서 인(人)보험의 일종이면서, 피보험자가 급격하고도 우연한 외부로부터 생긴 사고로 인하여 신체에 상해를 입힌 경우에 그 결과에 따라 보험약관에 정한 보상금을 지급하는 보험으로 그 성질상 상해보험에 속한다고 할 것이다.[18)]

2) 물(物)보험-대물보험

자동차를 소유, 사용, 관리하는 동안에 생긴 사고로 인하여 타인의 재물에 대하여 멸실, 훼손을 하게 되었을 때에 보험자가 보험 약관에 정한 보험금 등을 지급할 책임을 지는 것으로서 물(物)보험이라 할 수 있을 것이다.

3) 자동차보험의 구분

(1) 생명보험

생명보험은 가입자 본인 또는 타인의 사망 또는 일정 연령까지의 생존을 조건으로 하여 일정 금액을 지불할 것을 약정하는 보험이다. 자동차보험은 생명보험과는 다르다.

(2) 손해보험

손해보험은 사고로 인하여 발생한 피보험자(자신 혹은 타인)의 재산상의 손해를 보험자가

18) 대법원 2004.07.09. 선고 2003다29463 판결[대여금] 종합법률정보 판례

보상하는 것을 목적으로 하는 보험으로 자동차보험도 여기에 속한다고 볼 수 있다.

4) 자동차보험의 기간〔약관 제42조(보험기간)〕

보험회사가 피보험자에 대해 보상책임을 지는 보험기간은 다음과 같다.

구 분	보험기간
1. 원칙	보험증권에 기재된 보험기간의 첫날 24시부터 마지막 날 24시까지. 다만, 의무보험(책임공제를 포함)의 경우 전(前) 계약의 보험기간과 중복되는 경우에는 전 계약의 보험기간이 끝나는 시점부터 시작한다.
2. 예외 : 자동차보험에 처음 가입하는 자동차(*1) 및 의무보험	보험료를 받은 때부터 마지막 날 24시까지. 다만, 보험증권에 기재된 보험기간 이전에 보험료를 받았을 경우에는 그 보험기간의 첫날 0시부터 시작한다.

(*1) '자동차보험에 처음 가입하는 자동차'라 함은 자동차 판매업자 또는 그 밖의 양도인 등으로부터 매수인 또는 양수인에게 인도된 날부터 10일 이내에 처음으로 그 매수인 또는 양수인을 기명피보험자로 하는 자동차보험에 가입하는 신차 또는 중고차를 말한다. 다만, 피보험자동차의 양도인이 맺은 보험계약을 양수인이 승계한 후 그 보험기간이 종료되어 이 보험계약을 맺은 경우를 제외한다.

5) 우리나라 자동차손해배상보장법의 특성

자동차보험은 기본적으로 자동차를 소유한 사람들이 소유, 사용, 관리하는 동안에 장차 발생할지 모르는 자동차사고에 대비하여 보험회사에 보험료를 미리 납부하고 보험 가입기간 내에 발생한 사고로 인명과 재산에 대한 손해를 보상해 주는 상업보험이다.

전술한 바와 같이 현재 우리나라의 자동차손해배상보장법은 모든 차량이 반드시 자동차보험에 가입하도록 하고 있다. 이것은 자동차사고의 피해자, 가해자가 대다수의 불특정 국민이 대상이 되기 때문에 보험에서 보장하는 범위가 곧 전국민이 대상이 되는 것이며 정부가 납부된 보험료에 의하여 보유불명 자동차 및 무보험 자동차에 대한 사회적 보장을 시행함으로써 자동차손해배상보장법에 의한 책임보험이 반드시 사회보험은 아니지만 사회에 미치는 영향이 큰 것은 사실이다.

따라서 일반적으로 상업적 자동차보험은 개인보험으로 私경제적 측면에서 행해지는 것으로 가입이 강제될 수 없지만 우리나라는 예외적으로 모든 자동차소유자들의 책임보험 가입이 강제되고 있고 이로 인하여 우리나라의 자동차손해배상보장법에 의한 책임보험은 公보

험적 私보험으로 분류하여야 할 것으로 생각한다.[19)]

그러나 이 경우에도 국가가 운영하는 건강보험, 산재보험과는 구별되는 것이라고 보며 건강보험과 산재보험은 비록 국민들과 사업주가 보험료를 납부하지만 국가가 관장하고 있는 것으로 이해되지만 자동차보험은 아직까지 상업적 자동차보험회사에서 관리되어지고 있기 때문에 전적으로 사회보험이라고 정의하기는 무리라고 볼 것이다.

Tip 1. 각종 사회보장제도의 비교

구분	건강보험	자동차보험	산재보험	의료급여
근거법령	국민건강 보험법	자동차손해 배상보장법	산업재해 보상보험법	의료급여법
소관부처	보건복지부	국토교통부	고용노동부	보건복지부
보험성격	공보험 사회보장	민영보험 사회보장성	공보험 사회보장	의료복지 사회보장
운영주체	국민건강 보험공단	상업보험회사 공제조합 (손해보험회사)	근로복지공단	국가
보험료부담	본인/회사	본인	회사	국가
진료원칙	개인질병 개인부상	타인차량부상 부상근거 질병	업무상부상 업무상질병	개인질병 개인부상
진료범위	엄격제한적	상당광범위	매우광범위	제한적
진료비기준	건강보험 급여기준	건강보험 자보기준 산재기준 병원기준	건강보험 자동차보험	건강보험 의료급여

Tip 2. 병원 종별 수가 가산율 비교(건강보험 수가체계를 100으로 봄) 2015.12.31. 현재

구분	건강보험	자동차보험	산재보험	의료급여
상급종합	30%	45%	45%	22%
일반종합	25%	37%	37%	18%
병원	20%	21%	21%	15%
의원	15%	15%	15%	11%

19) 박기수, 자동차보험의 문제점과 개선방안, 1993, 병원신문

6) 자동차보험 진료수가와 사회보장성제도

일반적인 자동차보험은 개인 간의 사고에 병원이 진료를 담당하는 구조가 기본으로 되어 있고 민법상의 불법행위 책임에 근거하여 가해자가 피해자에게 피해를 보장하는 것이 원칙일 것이다. 그러나 우리나라의 경우 자동차손해배상보장법은 민법과 상법의 특별법 개념을 따르고 있는 것으로 보이며 책임보험 가입을 강제하고 있고 정부보장 사업 등의 위와 같은 사유로 인하여 책임보험부분에 대하여 사회보험 또는 사회보장제도로 인식되고 있는 것이다.

그간 이 문제로 인하여 우리나라의 의료분야에 있어서 의료의 공급자와 보험사간에 진료수가의 적용에 대하여 마찰이 지속되어온 것도 또한 사실이다. 의료의 공급자들은 자동차보험이 자동차보험환자는 중증이거나 복잡다발성임은 물론 개인 사보험이므로 민법에 의한 불법행위 책임에 근거하여 일반수가를 적용해야 한다고 주장하였고, 자동차보험사들은 건강보험 등과 같은 의료를 공급하게 되므로 건강보험 수가 체계를 적용하여야 한다고 주장하여왔다.

이러한 논란은 결국 의료가 보험진료시대로 통합되는 시대적 상황과 어울려 1995년 의료보수 고시를 통해 자동차보험 환자 진료 수가체계를 건강보험 진료수가 분류체계를 도입하여 가산율을 달리 적용하는 방향으로 정리되었고, 1999년에는 현재의 자동차보험 진료수가 기준이 완성되었으며, 드디어 2013년 7월부터는 자동차보험 진료비에 대한 심사를 건강보험심사평가원에서 담당하는 상황까지 이르게 되었는데 현재까지도 보험의 성격이나 환자의 특성 차이 등에서 논쟁 중에 있다.

6 자동차보험사 종류

현재 우리나라에서 자동차보험을 담당하는 보험사의 종류를 구분하면 표와 같다.

1) 商社 보험사(회사형태)

보험회사가 주식회사 등의 상업보험회사의 형태를 가지고 있는 것을 말한다(15개사).

청구코드번호	보험회사명	비고
01	메리츠화재해상보험	회사형태
02	한화손해보험	
03	롯데손해보험	
04	MG손해보험	
05	흥국화재해상보험	
08	삼성화재해상보험	
09	현대화재해상보험	
10	KB손해보험	
13	DB화재해상보험	
17	AIG손해보험	
41	AXA손해보험	
42	The-K손해보험	
43	BNP파리바카디프손해보험	온라인형태
45	현대하이카다이렉트자동차보험	
69	캐롯손해보험	

2) 共濟 보험사(공제조합형태)

상업보험회사의 형태를 가지고 있는 것이 아니고 사업용자동차회사의 출자금에 의한 공제조합 형태를 가지고 있는 것을 말한다(6개사).

청구코드번호	공제조합명	가입대상
21	전국택시공제조합	사업용 회사소속 택시를 대상
22	전국버스공제조합	사업용 회사소속 버스를 대상
23	전국화물차공제조합	화물운송 차량을 대상
24	전국 개인택시공제조합	개인택시를 대상
25	전국 전세버스공제조합	관광버스 등 전세버스를 대상
30	전국 렌터카공제조합	대여차량 사업자를 대상

3) 자동차보험의 통합 필요성

현재 우리나라의 자동차보험은 상업적 보험회사에서 상업보험(임의보험)과 책임보험(의무보험)을 동시에 가입하고 관리, 운영하고 있다. 초기 자동차보험의 역사로 볼 때 상업적 보험회사에서 관장하여 왔으며 한때 한국자동차보험회사가 설립되어 통합 관리되어 오다가 자동차의 증가와 사업 영역 자율화 등으로 모든 화재보험사로 개방되었다.

자동차보험이 모든 손해보험회사로 개방된 것은 경쟁을 통한 보험료 인하와 서비스 향상 등을 기대하는 것이겠지만 취급하는 손해보험회사마다 별도의 가입자 모집 경비 등 영업관리 비용이나 조직 운영 등 기본 관리경비의 증가로 사업비가 낭비되는 요인도 있게 된다.

최근 사회문화의 발달과 함께 서비스 수준은 상당히 증가되었을 것으로 생각되지만 자동차손해율의 증가로 인한 보험가입자의 부담 증가, 회사마다 통합관리시스템의 부재로 인한 모두 다른 관리방식의 사용, 상업성 추구로 인한 의료기관과 갈등 야기, 책임보험 의무가입과 피해자지원 사업을 위한 기금의 납입 등에 따른 사회보장제도로서의 역할 강화 필요성 및 보험 미가입자 등에 대한 철저한 관리 등의 이유로 가칭 〈자동차보험관리공단〉의 설립, 통합이 반드시 필요하다고 본다.[20]

최근 온라인 보험회사의 도입으로 보험료가 다소 감소한 경우도 있었으나 그것으로 모두를 해결할 수는 없으며, 임의보험과 의무보험과의 보험 가입과 적용, 보험료의 산출, 보험 적용의 기준 등의 차원에서 일부 기술적인 문제가 있기는 할 것이나, 현재도 의무보험 선 적용 후 임의보험 적용 등의 절차를 따르는 것을 보면 전혀 불가능한 일은 아니라고 본다.

제3절 자동차손해배상보장법령의 이해

이 절에서는 우리나라 자동차손해배상보장법의 변천에 대해서 법 제개정문을 중심으로 간략히 고찰해보고자 한다. 다만 의료관계 법령에 대해서는 제4절에서 별도로 설명한다.

1 자동차손해배상보장법의 시초

우리나라에서 자동차사고에 대하여 조치사항을 규정한 최초의 법률은 1921년 제정 시행된 자동차취체규칙이다. 그러나 이 규칙에서 보면 1915년에 제정된 자동차취체규칙을 폐지한다고 하여 더 이전에 관련규정이 있었을 것으로 보인다.

20) 박기수. 자동차보험의 문제점과 개선방안. 1993. 병원신문

참고법률

▶ **자동차취체규칙** [시행 1921.7.15] [조선총독부령 제112호, 1921.7.4, 제정]

제25조 ① 운전 중 사람을 상해하거나 물건을 파손하였을 경우에는 운전수는 즉시 운전을 정지하여야 한다.

② 전항의 경우 운전수 · 기타 종업원은 피해자의 구호 및 기타의 응급조치를 하여야 한다. 다만, 경찰관이 있는 때에는 경찰관의 지시에 따라야 한다.

③ 운전수 · 종업원은 전항의 조치를 취한 다음 본인 · 자동차 사용자의 주소 · 성명 및 차량번호를 경찰관이나 피해자 또는 동반자에게 신고한 후가 아니면 운전을 계속할 수 없다.

④ 전항의 경우에 경찰관이 없는 때에는 지체 없이 사고발생지를 관할하는 경찰서장에게 신고하여야 한다.

⑤ 승객은 운전수 또는 기타 종업원이 전4항의 조치를 취하는데 있어 방해할 수 없다.

▶ **자동차취체규칙** [시행 1921.7.15] [조선총독부법령 제112호, 1921.7.4, 타법폐지]

1915년 경무총감부령 제6호 자동차취체규칙을 폐지한다.

자동차사고에 대하여 현대적 의미에서 손해배상을 규정한 법률은 1963.4.4. 제정되고 1963.6.1.부터 시행된 자동차손해배상보장법[법률 제1314호]가 최초라고 보면 될 것이다.

자동차손해배상보장법은 1963년 4월 4일 제정되고 1963년 6월 1일 시행되었다. 당시 법은 6장 36조 부칙으로 구성되어 있었다.

최초 이 법의 목적은 자동차의 운행으로 사람의 생명 또는 신체가 사상된 경우에 있어서의 손해배상을 보장하는 제도를 확립함으로써 피해자의 보호를 도모하고 자동차운송의 건전한 발달을 촉진함을 목적으로 한다고 규정하고 있다(법 제1조).

이 법의 제정이유를 보면 자동차의 운행으로 사람의 생명 또는 신체가 사상된 경우에 손해배상을 보장하는 제도를 확립하려는 것으로 ① 자동차의 운행으로 타인의 생명 또는 신체를 사상한 때에는 배상책임을 지도록 하고, ② 자동차의 등록을 받은 자는 자동차손해배상책임보험에 가입하도록 하였으며 ③ 자동차는 자동차손해배상책임증명서를 비치하고 운행하도록 하는 것 등이었다.[21)]

이에 따라 자기를 위하여 자동차를 운행하는 자는 그 운행으로 타인의 생명 또는 신체를 사상한 때 그 손해를 배상할 책임을 진다고 하고(동법 제3조), 이 경우 다만, 승객이외의 자가 사상한 경우에 있어서 자기 및 운전자가 자동차의 운행에 관하여 주의를 태만히 하지 아

21) 국가법령정보센터 법 제정이유

니하고 피해자 또는 운전자이외의 제3자에게 고의 또는 과실이 있으며 또 자동차의 구조상의 결함 또는 기능의 장해가 없었다는 것을 증명한 때와 승객의 경우에 있어서 고의 및 자살행위로 인하여 사상한 승객에 대하여는 예외로 한다고 규정하였다.

또한 자동차손해배상보장법의 규정에 따라 자동차보험에 가입하지 않는 경우에는 민법의 규정에 의한다고 규정하고 있다(동법 제4조).

이에 따라 법 제12조(손해배상액의 청구)에서는 제3조의 규정에 의한 보유자의 손해배상책임이 발생한 때에는 피해자는 각령이 정하는 바에 의하여 보험회사 또는 교통부장관에 대하여 제5조제1항 각호의 금액의 한도에서 손해배상액의 지급을 청구할 수 있다고 규정하여 피해자의 청구권을 규정하고 있다.

이때 ① 도로운송차량법 제4조의 규정에 의하여 자동차의 등록을 받은 자는 자동차의 운행으로 타인의 생명 또는 신체를 사상한 경우에 피해자에게 다음 각 호의 지급을 책임지는 자동차손해배상책임보험("보험"이라 한다)에 가입하여야 한다고 규정하고 있는데(동법 제5조)

1. 치사의 경우에는 피해자 1인당 10만원
2. 치상의 경우에는 피해자 1인당 7만원의 범위안에서 각령으로 정하는 금액으로 하였다.

그러나 보험에 가입하지 아니한 자는 전조 제1항 각호의 금액의 지급을 책임지기 위하여 교통부장관을 지급지시자로 지정하여 그에 상당한 현금 또는 유가증권("공탁금"이라 한다)을 공탁법의 정하는 바에 의하여 이를 공탁하여야 한다(동법 제6조).

또한 이때에는 법 제17조(자동차손해배상자가보장의 허가)와 법 제28조(국가 및 지방자치단체의 자동차손해배상자가보장)을 규정하여 일반자동차와 정부관리기업체 및 정부기관의 자동차를 구분하고 있는데 이후 이것은 모든 자동차로 통합된다.

2 현행 자동차손해배상보장법의 기본 내용

1) 현행법령의 체계

현재 시행되고 있는 자동차손해배상 보장법[시행 2020.2.27.] [법률 제16635호, 2019.11.26., 일부개정]은 본문 제9장 53조와 부칙으로 구성되어 있고 법 시행령 39조 부칙 및 시행규칙 15조 부칙으로 구성되어 있다.

2) 자동차손해배상보장법의 목적(제1조)

이 법은 자동차의 운행으로 사람이 사망 또는 부상하거나 재물이 멸실 또는 훼손된 경우에 손해배상을 보장하는 제도를 확립하여 피해자를 보호하고, 자동차사고로 인한 사회적 손실을 방지함으로써 자동차운송의 건전한 발전을 촉진함을 목적으로 한다.〈개정 2013.8.6.〉

3) 자동차손해배상책임

(1) 자배법상의 책임(제3조)

자기를 위하여 자동차를 운행하는 자는 그 운행으로 다른 사람을 사망하게 하거나 부상하게 한 경우에는 그 손해를 배상할 책임을 진다. 다만, 다음 각 호의 어느 하나에 해당하면 그러하지 아니하다.

1. 승객이 아닌 자가 사망하거나 부상한 경우에 자기와 운전자가 자동차의 운행에 주의를 게을리 하지 아니하였고, 피해자 또는 자기 및 운전자 외의 제3자에게 고의 또는 과실이 있으며, 자동차의 구조상의 결함이나 기능상의 장해가 없었다는 것을 증명한 경우
2. 승객이 고의나 자살행위로 사망하거나 부상한 경우

(2) 민법상의 책임(제4조)

자기를 위하여 자동차를 운행하는 자의 손해배상책임에 대하여는 제3조에 따른 경우 외에는 「민법」에 따른다.

3 각종 용어의 정의

자동차손해배상보장에 관한 내용을 이해하기 위하여 용어의 정의를 설명한다.

1) 자동차손해배상보장법상의 용어의 정의(법 제2조)〈개정 2009.2.6, 2013.8.6, 2016.3.22〉

1. "자동차"란 「자동차관리법」의 적용을 받는 자동차와 「건설기계관리법」의 적용을 받는 건설기계 중 대통령령으로 정하는 것을 말한다.

2. "운행"이란 사람 또는 물건의 운송 여부와 관계없이 자동차를 그 용법에 따라 사용하거나 관리하는 것을 말한다.
3. "자동차보유자"란 자동차의 소유자나 자동차를 사용할 권리가 있는 자로서 자기를 위하여 자동차를 운행하는 자를 말한다.
4. "운전자"란 다른 사람을 위하여 자동차를 운전하거나 운전을 보조하는 일에 종사하는 자를 말한다.
5. "책임보험"이란 자동차보유자와 「보험업법」에 따라 허가를 받아 보험업을 영위하는 자(이하 "보험회사"라 한다)가 자동차의 운행으로 다른 사람이 사망하거나 부상한 경우 이 법에 따른 손해배상책임을 보장하는 내용을 약정하는 보험을 말한다.
6. "책임공제(責任共濟)"란 사업용 자동차의 보유자와 「여객자동차 운수사업법」, 「화물자동차 운수사업법」, 「건설기계관리법」에 따라 공제사업을 하는 자(이하 "공제사업자"라 한다)가 자동차의 운행으로 다른 사람이 사망하거나 부상한 경우 이 법에 따른 손해배상책임을 보장하는 내용을 약정하는 공제를 말한다.
7. "자동차보험진료수가(診療酬價)"란 자동차의 운행으로 사고를 당한 자(이하 "교통사고환자"라 한다)가 「의료법」에 따른 의료기관(이하 "의료기관"이라 한다)에서 진료를 받음으로써 발생하는 비용으로서 다음 각 목의 어느 하나의 경우에 적용되는 금액을 말한다.
   가. 보험회사(공제사업자를 포함한다. 이하 "보험회사등"이라 한다)의 보험금(공제금을 포함한다. 이하 "보험금등"이라 한다)으로 해당 비용을 지급하는 경우
   나. 제30조에 따른 자동차손해배상 보장사업의 보상금으로 해당 비용을 지급하는 경우
   다. 교통사고환자에 대한 배상(제30조에 따른 보상을 포함한다)이 종결된 후 해당 교통사고로 발생한 치료비를 교통사고환자가 의료기관에 지급하는 경우
8. "자동차사고 피해지원사업"이란 자동차사고로 인한 피해를 구제하거나 예방하기 위한 사업을 말하며, 다음 각 목과 같이 구분한다.
   가. 자동차손해배상 보장사업: 제30조에 따라 국토교통부장관이 자동차사고 피해를 보상하는 사업
   나. 자동차사고 피해예방사업: 제30조의2에 따라 국토교통부장관이 자동차사고 피해예방을 지원하는 사업
   다. 자동차사고 피해자 가족 등 지원사업: 제30조제2항에 따라 국토교통부장관이 자동차사고 피해자 및 가족을 지원하는 사업
   라. 자동차사고 후유장애인 재활지원사업: 제31조에 따라 국토교통부장관이 자동차

사고 후유장애인 등의 재활을 지원하는 사업

2) 자보진료수가기준에서의 용어의 정의(제2조) – 중복되는 사항은 생략한다.

1. "자동차보험"이란 「상법」 제726조의2에 따른 계약을 내용으로 하는 「보험업법」에 따른 보험과 「여객자동차운수사업법」·「화물자동차운수사업법」 및 「건설기계관리법」에 따른 공제를 말한다.
2. "교통사고환자"란 자동차의 운행으로 인한 사고(이하 "자동차사고"라 한다)로 말미암아 의료기관에서 진료를 받았거나 받는 사람을 말한다.
3. "교통사고환자 진료비"란 교통사고환자가 자동차사고로 인한 상병(상병 : 부상으로 인한 제 증상을 말한다)을 진료하기 위하여 소요된 비용을 말한다.
4. "의료기관"이란 「의료법」 제3조에 따른 "의료기관" 및 「지역보건법」 제8조에 따른 "보건의료원"을 말한다.
5. "보험회사등"이란 다음 각목의 어느 하나에 해당하는 자를 말한다.
   가. 「보험업법」에 따른 보험회사(이하 "보험회사"라 한다)
   나. 「여객자동차운수사업법」·「화물자동차운수사업법」 및 「건설기계관리법」에 따른 공제사업을 하는 자(이하 "공제사업자"라 한다)
   다. 법 제45조제1항에 따라 같은 항 제2호의 업무를 위탁받은 자 (이하 "자동차손해배상보장사업자"라 한다)

3) 심사기준에서 용어정의(제2조) – 중복되는 내용은 생략한다.

1. "비용산정 목록표"란 다음 각 목의 어느 하나에 소요되는 실제 비용에 대한 목록표를 말한다.
   가. 「자동차보험진료수가에 관한 기준」 제5조제1항에 따른 인정범위(이하 "건강보험기준"이라 한다)에서 정한 비급여행위, 건강보험기준에서 정한 급여 · 비급여 대상이 아닌 행위 및 치료재료("신의료기술등"이라 한다)의 급여 결정신청건
   나. 「자동차보험진료수가에 관한 기준」 별표 2의 항목 중 비용이 정해지지 않은 진료항목
2. "비급여약제"란 건강보험기준에서 상한금액이 정해지지 않은 약제를 말한다.

3. "심사청구"란 보험회사등 또는 의료기관이 규칙 제6조의4제2항에 따른 심사평가원의 이의제기 결과에 불복하여 법 제19조제1항에 따라 자동차보험진료수가분쟁심의회(이하 "심의회"라 한다)에 청구하는 것을 말한다.
4. "심사(피)청구인"은 심사청구의 주(객)체로서 이들을 당사자라 한다.
5. "심사청구액"이라 함은 심사청구인이 제28조제3항에 따른 이의제기결과통보에 불복하여 심의회에 심사청구하는 금액을 말한다.
6. "시범재활치료"라 함은 「자동차손해배상 보장법」 제31조제1항제1호에 따른 의료재활시설에서 「자동차보험 진료수가에 관한 기준」 제5조제5항에 따라 시행한 재활치료를 말한다.

4) 자동차보험 표준약관에서 정하는 용어의 정의 중 해당사항만 발췌한다.

1. 무면허운전(조종): 「도로교통법」 또는 「건설기계관리법」의 운전(조종)면허에 관한 규정에 위반되는 무면허 또는 무자격운전(조종)을 말하며, 운전(조종)면허의 효력이 정지된 상황이거나 운전(조종)이 금지된 상황에서 운전(조종)하는 것을 포함한다.
2. 무보험자동차: 피보험자동차가 아니면서 피보험자를 죽게 하거나 다치게 한 자동차로서 다음 중 어느 하나에 해당하는 것을 말한다. 이 경우 자동차라 함은 「자동차관리법」에 의한 자동차, 「건설기계관리법」에 의한 건설기계, 「군수품관리법」에 의한 차량, 「도로교통법」에 의한 원동기장치자전거 및 「농업기계화촉진법」에 의한 농업기계를 말하며, 피보험자가 소유한 자동차를 제외한다.
   가. 자동차보험 「대인배상Ⅱ」나 공제계약이 없는 자동차
   나. 자동차보험 「대인배상Ⅱ」나 공제계약에서 보상하지 않는 경우에 해당하는 자동차
   다. 이 약관에서 보상될 수 있는 금액보다 보상한도가 낮은 자동차보험의 「대인배상Ⅱ」나 공제계약이 적용되는 자동차. 다만, 피보험자를 죽게 하거나 다치게 한 자동차가 2대 이상이고 각각의 자동차에 적용되는 자동차보험의 「대인배상Ⅱ」 또는 공제계약에서 보상되는 금액의 합계액이 이 약관에서 보상될 수 있는 금액보다 낮은 경우에 한하는 그 각각의 자동차
   라. 피보험자를 죽게 하거나 다치게 한 자동차가 명확히 밝혀지지 않은 경우 그 자동차
3. 운전(조종): 「도로교통법」상 도로{도로교통법 제44조(술에 취한 상태에서의 운전 금지) · 제45조(과로한 때의 운전 금지) · 제54조(사고발생 시 조치) 제1항 · 제148조(벌

칙) 및 제148조의2(벌칙)의 경우에는 도로 외의 곳을 포함}에서 자동차 또는 건설기계를 그 본래의 사용방법에 따라 사용하는 것을 말한다.

4. 운행: 사람 또는 물건의 운송 여부와 관계없이 자동차를 그 용법에 따라 사용하거나 관리하는 것을 말한다(「자동차손해배상보장법」 제2조 제2호)
5. 음주운전(조종): 「도로교통법」에 정한 술에 취한 상태에서 운전(조종)하거나 음주측정에 불응하는 행위를 말한다.
6. 의무보험: 「자동차손해배상보장법」 제5조에 따라 자동차보유자가 의무적으로 가입하는 보험을 말한다.
7. 자동차보유자: 자동차의 소유자나 자동차를 사용할 권리가 있는 자로서 자기를 위하여 자동차를 운행하는 자를 말한다(「자동차손해배상보장법」 제2조 제3호)
8. 자동차 취급업자: 자동차정비업, 대리운전업, 주차장업, 급유업, 세차업, 자동차판매업, 자동차탁송업 등 자동차를 취급하는 것을 업으로 하는 자(이들의 피용자 및 이들이 법인인 경우에는 그 이사와 감사를 포함)를 말한다.
9. 피보험자: 보험회사에 보상을 청구할 수 있는 자로서 다음 중 어느 하나에 해당하는 자를 말하며, 구체적인 피보험자의 범위는 각각의 보장종목에서 정하는 바에 따른다.
   가. 기명피보험자: 피보험자동차를 소유 · 사용 · 관리하는 자 중에서 보험계약자가 지정하여 보험증권의 기명피보험자란에 기재되어 있는 피보험자를 말한다.
   나. 친족피보험자: 기명피보험자와 같이 살거나 살림을 같이 하는 친족으로서 피보험자동차를 사용하거나 관리하고 있는 자를 말한다.
   다. 승낙피보험자: 기명피보험자의 승낙을 얻어 피보험자동차를 사용하거나 관리하고 있는 자를 말한다.
   라. 사용피보험자: 기명피보험자의 사용자 또는 계약에 따라 기명피보험자의 사용자에 준하는 지위를 얻은 자. 다만, 기명피보험자가 피보험자동차를 사용자의 업무에 사용하고 있는 때에 한한다.
   마. 운전피보험자: 다른 피보험자(기명피보험자, 친족피보험자, 승낙피보험자, 사용피보험자를 말함)를 위하여 피보험자동차를 운전 중인 자(운전보조자를 포함)를 말한다.
10. 피보험자동차: 보험증권에 기재된 자동차를 말한다.
11. 피보험자의 부모, 배우자, 자녀
   가. 피보험자의 부모: 피보험자의 부모, 양부모를 말한다.
   나. 피보험자의 배우자: 법률상의 배우자 또는 사실혼관계에 있는 배우자를 말한다.

다. 피보험자의 자녀: 법률상의 혼인관계에서 출생한 자녀, 사실혼관계에서 출생한 자녀, 양자 또는 양녀를 말한다.

12. 휴대품 및 소지품

가. 휴대품: 통상적으로 몸에 지니고 있는 물품으로 현금, 유가증권, 만년필, 소모품, 손목시계, 귀금속, 장신구, 그 밖에 이와 유사한 물품을 말한다.

나. 소지품: 휴대품을 제외한 물품으로 정착(*1)되어 있지 않고 휴대할 수 있는 물품을 말한다.(*2)

(*1) 정착: 볼트, 너트 등으로 고정되어 있어서 공구 등을 사용하지 않으면 쉽게 분리할 수 없는 상태

(*2) 예: 휴대전화기, 노트북, 캠코더, 카메라, 음성재생기(CD 플레이어, MP3 플레이어, 카세트테이프 플레이어 등), 녹음기, 전자수첩, 전자사전, 휴대용라디오, 핸드백, 서류가방, 골프채 등

5) 교통사고

(1) 교통사고란

교통사고란 도로교통법[시행 2019.11.26.] [법률 제16652호, 2019.11.26., 타법개정] 제54조1항에서 "차의 운전 등 교통으로 인하여 사람을 사상하거나 물건을 손괴한 경우"를 말한다고 규정하고 있고 교통사고처리특례법[시행 2017.12.3.] [법률 제14277호, 2016.12.2., 일부개정] 제2조 2호에서는 "교통사고"란 차의 교통으로 인하여 사람을 사상(死傷)하거나 물건을 손괴(損壞)하는 것을 말한다고 규정하고 있다.

또한 교통안전법[시행 2020.1.1.] [법률 제15311호, 2017.12.26., 일부개정] 제2조 7호에서는 "교통사고"라 함은 교통수단의 운행 · 항행 · 운항과 관련된 사람의 사상 또는 물건의 손괴를 말한다고 규정하고 있다.

(2) 인적 교통사고의 분류

인적 교통사고는 다음과 같이 분류한다.[22)23)]

22) 네이버 지식백과](경찰학사전, 2012.11.20, 법문사)
http://terms.naver.com/entry.nhn?docId=1961407&cid=42149&categoryId=42149

23) 김수배, 원무관리, 군자출판사, 2011, p.153에서는 사망을 사고 후 30일 이내라고 설명하고 있기도 하다.

① 사망 : 교통사고가 주 원인이 되어 72시간 내에 사망한 경우
② 중상 : 의사의 진단결과 3주 이상의 치료를 요하는 부상
③ 경상 : 5일 이상 3주 미만의 치료를 요하는 부상
④ 부상신고 : 5일 미만의 치료를 요하는 부상

4 보험 등의 가입 의무(제5조)

1) 대인배상 책임보험 등의 가입(대인배상 I)

(1) 기본 책임보험금

자동차보유자는 자동차의 운행으로 다른 사람이 사망하거나 부상한 경우에 피해자(피해자가 사망한 경우에는 손해배상을 받을 권리를 가진 자를 말한다. 이하 같다)에게 대통령령으로 정하는 금액을 지급할 책임을 지는 책임보험이나 책임공제(이하 "책임보험등"이라 한다)에 가입하여야 한다.

이에 따라 자동차보유자는 의무적으로 아래와 같은 대인배상 책임보험을 가입하여야 한다(동조 1항)(영 3조1항1,2호).

1. 사망한 경우에는 1억5천만원의 범위에서 피해자에게 발생한 손해액. 다만, 그 손해액이 2천만원 미만인 경우에는 2천만원으로 한다.
2. 부상한 경우에는 별표 1에서 정하는 금액의 범위에서 피해자에게 발생한 손해액. 다만, 그 손해액이 법 제15조제1항에 따른 자동차보험진료수가(診療酬價)에 관한 기준(이하 "자동차보험진료수가기준"이라 한다)에 따라 산출한 진료비 해당액에 미달하는 경우에는 별표 1(1급 3천만원–14급 50만원)에서 정하는 금액의 범위에서 그 진료비 해당액으로 한다.
3. 부상에 대한 치료를 마친 후 더 이상의 치료효과를 기대할 수 없고 그 증상이 고정된 상태에서 그 부상이 원인이 되어 신체의 장애(이하 "후유장애"라 한다)가 생긴 경우에는 별표 2(1급 1억5천만원–14급 1천만원)에서 정하는 금액의 범위에서 피해자에게 발생한 손해액

(2) 보상의 조정

자동차보험은 법시행령 제3조2항에서 동일한 사고로 제1항 각호의 금액을 지급할 둘 이

상의 사유가 생긴 경우에는 다음과 같이 보험금을 조정하여 지급한다고 규정하고 있다.

1. 부상한 자가 치료 중 그 부상이 원인이 되어 사망한 경우에는 제1항제1호와 같은 항 제2호에 따른 한도금액의 합산액 범위에서 피해자에게 발생한 손해액
2. 부상한 자에게 후유장애가 생긴 경우에는 제1항제2호와 같은 항 제3호에 따른 금액의 합산액
3. 제1항제3호에 따른 금액을 지급한 후 그 부상이 원인이 되어 사망한 경우에는 제1항 제1호에 따른 금액에서 같은 항 제3호에 따른 금액 중 사망한 날 이후에 해당하는 손해액을 뺀 금액

이것은 보상의 중복을 피하고 합리적으로 보상하고자 하는 취지라고 이해할 수 있을 것이다.

2) 대물책임보험의 가입

자동차보유자는 책임보험 등에 가입하는 것 외에 자동차의 운행으로 다른 사람의 재물이 멸실되거나 훼손된 경우에 피해자에게 대통령령으로 정하는 금액을 지급할 책임을 지는 「보험업법」에 따른 보험이나 「여객자동차 운수사업법」, 「화물자동차 운수사업법」 및 「건설기계관리법」에 따른 공제에 가입하여야 한다(법 제5조2항).

이에 따라 자동차보유자는 대인배상 책임보험 외에 1건당 2천만원의 범위 내에서 대물배상 책임보험을 별도 가입하여야 한다(영 3조3항).

3) 사업용 자동차의 대인배상 책임 임의보험의 가입(대인배상 II)

다음 각 호의 어느 하나에 해당하는 자는 책임보험 등에 가입하는 것 외에 자동차 운행으로 인하여 다른 사람이 사망하거나 부상한 경우에 피해자에게 책임보험 등의 배상책임한도를 초과하여 대통령령으로 정하는 금액을 지급할 책임을 지는 「보험업법」에 따른 보험이나 「여객자동차 운수사업법」, 「화물자동차 운수사업법」 및 「건설기계관리법」에 따른 공제에 가입하여야 한다(법 제5조3항).

1. 「여객자동차 운수사업법」 제4조제1항에 따라 면허를 받거나 등록한 여객자동차 운송사업자
2. 「여객자동차 운수사업법」 제28조제1항에 따라 등록한 자동차 대여사업자

3.「화물자동차 운수사업법」 제3조 및 제29조에 따라 허가를 받은 화물자동차 운송사업자 및 화물자동차 운송가맹사업자
4.「건설기계관리법」 제21조제1항에 따라 등록한 건설기계 대여업자

이에 따라 사업용자동차를 보유하여 사업을 하는 자는 1명당 1억원 이상의 금액 또는 피해자에게 발생한 모든 손해액을 보상하는 임의보험(종합보험)을 가입하여야 한다(영 제4조).

이것은 사업용 자동차를 소유관리하는 사업자에게는 사업의 목적을 달성하는 과정에서 고객들이 처하게 될 위험에 대비하도록 하기 위한 것으로 이해할 수 있다.

임의보험의 보장 한도에 대해서는 별도로 정하지 않고 있다. 다만 1차적으로 책임보험의 범위 내에서 운용하고 초과하는 부분을 종합보험으로 보장하게 되므로 책임보험의 기준이 어느 정도 작용할 수도 있다고 본다.

다만 자기신체사고, 자기차량손해, 무보험차에 의한 상해 등은 보험가입자 자기를 위한 보험이므로 이는 보험회사에서 별도로 정한 기준에 의한다.

4) 책임보험 미가입시 벌칙

제5조 1항부터 제3항까지의 의무보험에 가입하지 아니한 자에 대해서는 300만원 이하의 과태료가 부과된다(법 제48조3항1호).

5) 적용의 제외(법 제5조4항)

법 제5조 제1항 및 제2항은 대통령령으로 정하는 자동차와 도로(「도로교통법」 제2조제1호에 따른 도로를 말한다)가 아닌 장소에서만 운행하는 자동차에 대하여는 적용하지 아니한다.

6) 보험가입의 개별성(법 제5조5항)

법 제5조 제1항의 책임보험등과 제2항 및 제3항의 보험 또는 공제에는 각 자동차별로 가입하여야 한다.

5 보험 등의 가입 의무 면제(제5조의2) 등

1) 보험 등의 가입 의무 면제

① 자동차보유자는 보유한 자동차(제5조제3항 각 호의 자가 면허 등을 받은 사업에 사용하는 자동차는 제외한다)를 해외체류 등으로 6개월 이상 2년 이하의 범위에서 장기간 운행할 수 없는 경우로서 대통령령으로 정하는 경우에는 그 자동차의 등록업무를 관할하는 특별시장 · 광역시장 · 도지사 · 특별자치도지사(자동차의 등록업무가 시장 · 군수 · 구청장에게 위임된 경우에는 시장 · 군수 · 구청장을 말한다. 이하 "시 · 도지사"라 한다)의 승인을 받아 그 운행중지기간에 한하여 제5조제1항 및 제2항에 따른 보험 또는 공제에의 가입 의무를 면제받을 수 있다.

이 경우 자동차보유자는 해당 자동차등록증 및 자동차등록번호판을 시 · 도지사에게 보관하여야 한다.

이에 따라 해외체류, 유학, 질병치료, 군입대 등으로 장기간 자동차를 운행할 수 없는 경우에는 자동차보험 가입의무를 면제하여 자동차보유자의 경제적 부담을 경감시키고자 하는 것이다. 그러나 이 경우 자동차를 운행하여서는 아니 되므로 매우 유의하여야 하고 필요하면 반드시 해당 기간 동안만이라도 보험에 가입하고 운행하여야 한다.

② 제1항에 따라 보험 또는 공제에의 가입 의무를 면제받은 자는 면제기간 중에는 해당 자동차를 도로에서 운행하여서는 아니 된다.

제5조의2제2항을 위반하여 가입 의무 면제기간 중에 자동차를 운행한 자동차보유자는 1년 이하의 징역이나 1천만원 이하의 벌금에 처한다(법 제46조2항1호).

③ 제1항에 따른 보험 또는 공제에의 가입 의무를 면제받을 수 있는 승인 기준 및 신청 절차 등 필요한 사항은 국토교통부령으로 정한다.〈개정 2013.3.23.〉[본조신설 2012.2.22.]

2) 운행의 금지(제8조)

의무보험에 가입되어 있지 아니한 자동차는 도로에서 운행하여서는 아니 된다. 다만, 제5조제4항에 따라 대통령령으로 정하는 자동차는 운행할 수 있다.

이를 위반하면 1년 이하의 징역 또는 1천만원 이하의 벌금에 처한다(법 제46조2항2호).

3) 의무보험의 가입증명서 발급 청구(제9조)

의무보험에 가입한 자와 그 의무보험 계약의 피보험자(이하 "보험가입자등"이라 한다) 및 이해관계인은 권리의무 또는 사실관계를 증명하기 위하여 필요하면 보험회사 등에게 의무보험에 가입한 사실을 증명하는 서류의 발급을 청구할 수 있다.

제4절 자동차보험 의료수가의 변천

1 자동차보험 의료관계 기준의 변천

자동차보험 환자의 진료에 적용되는 자동차보험 진료수가에 관한 법령의 변천과정과 내용을 설명한다. 여기서 자동차보험의 의료수가에 관한 법령의 변천과정을 이해하는 것은 자동차보험 의료수가의 제도의 정착을 이해하는데 매우 중요할 것이며 자동차보험이 영리성 보험이라는 의료계와 사회보험성이라는 보험계의 상호 주장을 이해하는 데에도 도움을 줄 것이기 때문이다.

자동차보험의 의료수가에 관한 법령은 기본적으로 자동차손해배상보장법의 적용을 받는다. 그러나 최초의 자동차손해배상보장법은 1963년 4월 4일 제정되고 1963년 6월 1일 시행되었지만 의료보수에 관한 규정은 없었다.

따라서 이때까지는 동부화재의 전신인 한국자동차보험 등에 의한 자동차보험사들과 의료기관간에 당시의 관행수가와 유사한 임의로 협의된 간이 의료수가표를 적용하고 있었다.

이후 의료보수에 관한 규정은 1991년 개정되고 1992년 4월 1일부터 시행된 자동차손해배상보장법[법률 제4488호, 1991.12.31., 일부개정] 제12조의2 이하에서 처음으로 도입되어 책임보험 의료수가를 규정하도록 제도화하여 당시 주무부처인 건설교통부의 주관으로 보험계와 의료계가 여러차례 논의를 거쳐 1995년 건강보험수가기준체계를 적용하되 가산율을 조정하고 건강보험과 달리 적용하는 규정을 추가하여 사용하도록 하는 의료보수 고시를 제정하여 시행하다가[24] 이후 1999.7.1. 시행된 자동차손해배상보장법[법률 제5793호, 1999.2.5., 전부

24) 한석홍, 자동차보험 의료보수 고시. 대한병원협회지. 1995년. pp. 4-8

개정]에 따라 자동차보험 진료수가에 관한 기준을 제정하여 1999년 9월 8일 시행되고 1개월 후인 10월 8일부터 적용되면서 현재와 같은 건강보험체계를 사용한 자동차보험 진료수가기준이 확립되게 되었다.

이렇게 건강보험 의료수가 체계가 자동차보험 진료수가의 기준으로 사용되게 된 것은 1989년 전국민 건강보험제도의 확대시행과 자동차보험에 관한 사회적 성격의 확대로 건강보험 수가 분류 체계를 준용하는 방향으로 정립되었다.[25)]

2 자동차보험 의료수가의 발전단계(저자 구분)

우리나라의 자동차보험 의료수가의 발전단계를 다음과 같이 나누려고 한다.

1) 도입 및 초기단계(1963년-1970년대)

이 시기는 자동차손해배상보장법이 제정되고 시행된 시기로 당시에는 한국자동차보험(현 동부화재)에서 전담하던 시기로 의료수가는 저자의 경험으로 볼 때 당시의 관행수가와 유사한 간이보수표를 사용하여 왔다.

2) 확장 및 정착단계/구형수가시대(1980년-1990년대)

이 시기는 자동차의 증가와 자동차보험을 취급하는 보험사의 확대의 시기로 생각할 수 있고 당시에는 전국민 의료보험의 실시로 진료수가에 대한 정비 요구가 본격적으로 등장하던 시기라고 볼 수 있다.

3) 발전 및 전환기(1995년-2000년대)

이 시기는 환자진료 및 수가의 안정화시기로 건강보험 수가체계를 기본으로 하는 자동차보험 진료보수 기준이 제정 고시되고 이를 통하여 바야흐로 자동차보험 환자에 대한 건강보험 진료수가의 적용이 현실화되는 시기로 분류할 수 있다.

그러나 IMF 등 국제금융위기 등으로 보험사기 등 보험범죄가 지속적으로 발생하여 점차

25) 건설교통부 보도자료, 1999.9.8

사회문제가 되기도 하는 현상을 나타내는 보험의료수가의 전환기라고 볼 수 있다.

4) 성숙단계로 진행단계(2010년 이후)

자동차보험 환자 진료에 대해 건강보험 수가 분류체계를 도입하여 체계화 하였고 2013년 7월부터는 건강보험심사평가원에서 자동차보험 환자의 진료비를 심사하기 시작함으로써 자동차보험 문화의 성숙단계로 나아가는 노력을 하고 있는 중이라고 생각한다.

그러나 아직도 보험사기 등의 보험범죄에 대한 문화는 완전히 성숙하지 못하고 있다고 보며 이에 대해서는 지속적인 노력이 더욱 필요할 것으로 생각되며 국가의 발전과 함께 국민들의 사회문화 수준의 향상으로 자동차보험 환자의 의료수가도 미래지향적 단계로 발전되기를 기대한다.

제5절 자동차보험 원무관리의 필요성

1 자동차보험의 사회보험화

우선 자동차보험이 제도적 측면에서 민간 상업보험이지만 사회보험적 기능을 가지고 우리 사회에 상당한 영향력을 가지고 있는 것이 사실이다. 그런데 자동차환자의 진료를 담당하는 의료기관에서도 관리운영적 측면에서 건강보험과 더불어 병원의 환자관리와도 많은 연관성을 가지고 있는데 비해 일부 자동차보험 의료기관에만 해당되는 문제로 국한하여 좁게만 생각하여 왔는데 이것에 대해 관리적 필요성이 확대되었다고 볼 수 있다.

즉 추후 설명하는 자동차보험 환자 진료관리가 점차 강화되고 진료비관리 등이 건강보험 등 사회보험 환자 진료비 관리체계와 동일시되며 이에 따른 진료비 청구도 건강보험심사평가원으로 일원화하면서 청구방법의 전문성 등도 계속하여 강화되어지는 현실에 직면하고 있기 때문이다.

2 자동차환자 관리체계 강화 및 진료관리의 전문화 필요성 및 자동차보험 문화의 발달

산업사회의 발달로 1963년 처음으로 자동차보험이 도입 운영된지 2015년 현재 50년이 지나고 있다. 그동안 많은 자동차보험 환자가 발생하여 왔고 이것이 자동차보험의 기본적 기능을 충실히 해 온 것은 사실이다. 그럼에도 불구하고 그간 자동차보험에 대한 원무관리적 측면에서의 제도나 이론의 도입은 거의 전무하다시피 하고 학교 등에서의 전문적인 교육도 일부 학교를 제외하고는 이루어지지 못했고 통상의 병원관리의 측면에서 접근하여 왔다.

그러나 자동차환자의 보험사기 사건 등 사회적 문제도 계속하여 발생하고 있고 자동차환자의 관리도 계속하여 엄격하게 강화되어 자동차환자의 관리의 고도화와 자동차보험 문화의 발전에도 기여할 필요성이 있다.

3 자동차보험 진료비의 청구심사 전문화 및 건강보험 동일화

그동안 자동차보험 환자에 대한 진료비의 청구 및 심사지급 등은 자동차보험만의 별도의 체계로 시행되어 왔으나 이것이 건강보험체계와 통합되고 난 이후 점차 이에 대한 관리와 접근이 건강보험과 단일화하는 방향으로 가고 있는 것으로 보여 지고 또한 그렇게 될 수밖에 없는 것으로 생각되며 현재도 자동차환자 진료비관리의 경우에서 보면 거의 건강보험의 진료비 청구심사체계를 준용하고 있는 것으로 보여진다.

자동차보험이 2013년 7월부터 건강보험심사평가원으로 심사를 담당하게 되면서 건강보험, 의료급여는 물론 자동차보험도 보험진료시대에 포함되게 되었다고 볼 것이다.

따라서 자동차보험환자를 진료하고 있는 각종 자동차보험 의료기관에서는 이에 대한 대비를 강화하고 그에 따른 관리의 전문성을 제고하지 않으면 안될 것이다.

이렇게 함으로서 자동차보험을 관장하는 정부 당국은 자동차환자의 관리 철저와 보험재정의 안정 등 자동차보험 문화의 발전에도 기여하려고 하게 할 것이다.

4 자동차보험 환자관리의 업무 특성

자동차보험 환자를 관리하는 데는 건강보험과는 달리 보험회사를 대상으로 하는 진료비 지불보증이라는 절차가 있고 계속하여 보험회사 직원과 관계를 가져야 하는 특성과 함께 환자 진료와 관련하여 여러 가지 서류들이 관련된다는 점이다.

우선 교통사고 환자가 자동차보험으로 진료를 받기 위해서는 보험가입자로부터의 보험신고여부의 확인을 시작으로 보험회사로부터의 지불보증서를 제출받아야 하고 이에 더하여 의료기관은 환자에 대하여 진단서를 발행하여 보험회사에 제출하여 자동차보험 환자의 진료비 지급 유무와 지급한도에 대해 확인을 하여야 한다.

그리고 이후에는 추가상병의 발생시 추가진단서 및 진료의 연장의 경우에는 입원진료소견조회서의 응답, 후유장해의 경우에는 장해진단서 등 관련 서류가 발생되게 되고 이것이 보험회사와 환자상태 등과 조화되어 이루어져야 하고 환자의 입원생활 관리도 관심을 가져야 한다.

그 외에도 환자관리에 있어서 교통사고가 발생하기 전에는 건강한 사람이었고, 교통사고로 부상하면 중증인 경우가 많으며, 타인에 의한 상해라는 점에서 충분한 치료와 회복을 위한 보상심리가 작용하는 등의 특성도 가지고 있다.

이러한 서류들과 절차 및 특성들은 자동차보험 환자의 진료, 진료비관리, 심사결과에 따른 이의신청 등의 과정과 교통사고 환자, 보험가입자, 의사 및 병원, 보험가입자, 심사평가원 및 자보수가분쟁심의회 등의 업무관계와 조정력 등에서 의료기관 담당자의 역할이 매우 중요하게 된다.

단원평가

제1절 자동차보험의 개요

1. 자동차보험의 의의는 무엇인가.
2. 보험계약은 어떻게 하면 성립되는가.
3. 자동차보험의 목적은 무엇인가.
4. 자동차보험의 기능은 어떤 것이 있는가.
5. 자동차사고의 손해배상책임은 누구에게 얼마나 있는가.
6. 자동차사고의 손해배상책임이 없는 경우는 어떤 일인가.

제2절 자동차보험의 종류

1. 자동차보험의 종류에는 어떤 것이 있는가.
2. 책임보험에 대해서 설명하시오.
3. 대인배상 Ⅱ 에 대해 설명하시오.
4. 사업용자동차가 가입하는 보험금액은 얼마인가.
5. 자기신체사고에 대해서 설명하시오.
6. 무보험자동차에 의한 상해에 대해서 설명하시오.
7. 자동차보험에서 공통으로 보상하지 않는 손해는 어떤 것이 있는가.
8. 대표적인 보험자의 면책사유는 어떤 것이 있는가.
9. 보험회사가 피보험자에 대해 보상책임을 지는 보험기간은 어떠한가.
10. 우리나라 자동차손해배상보장법의 특성에 대해서 쓰시오.
11. 우리나라 자동차보험 진료수가와 사회보장성제도에 대해서 쓰시오.
12. 우리나라 자동차보험의 기본 사항을 규정한 법률은 무엇인가.
13. 우리나라 자동차보험 회사의 종류에는 어떤 것이 있는가.
14. 자동차보험의 통합은 왜 필요한가.

제3절 자동차손해배상보장법령의 이해

1. 보유불명자동차에 의한 손해배상제도를 신설한 법률은 몇 년도 시행법률인가.
2. 종합보험의 의미를 도입한 법률은 몇 년도 시행법률인가.
3. 도난자동차나 무보험자동차에 대한 정부보장사업이 도입된 법률은 몇 년도 시행법률인가.
4. 현행 자동차손해배상보장법은 어떻게 구성되어 있는가

5. 책임보험의 정의를 쓰시오.
6. 자동차보험진료수가의 정의를 쓰시오.
7. 자동차사고 피해지원사업에는 어떤 것이 있는가.
8. 자동차사고 환자를 진료할 수 있는 의료기관에 속하지 않는 것은.
9. 인적 교통사고는 어떻게 분류하는가.
10. 교통사고의 발생원인은 어떤 것이 있는가.
11. 모든 차량이 대인배상 책임보험에 가입해야 하는 기본 금액은 얼마인가.
12. 책임보험 미가입시 벌칙은 얼마인가.
13. 책임보험 가입 적용이 제외되는 자동차는 어떤 것이 있는가.
14. 보험 등의 가입 의무가 면제되는 경우는 어떤 것이 있는가.
15. 의무보험에 가입되어 있지 아니한 자동차가 도로에서 운행하는데 대한 벌칙은 무엇인가.
16. 가입 의무 면제기간 중에 자동차를 운행한 자동차보유자에 대한 벌칙은 무엇인가.

제4절 자동차보험 의료수가의 변천

1. 자동차보험 의료수가에 관한 사항이 처음으로 규정된 법률은 몇 년도 시행법률인가.
2. 자동차보험 의료보수 고시는 몇 년도에 시행되었는가.
3. 자동차보험 진료수가에 관한 기준이 처음으로 제정된 해는 언제인가.
4. 자동차보험 진료수가분쟁심의회가 도입된 법률은 몇 년도 시행법률인가.
5. 자동차보험 진료수가라는 용어가 처음 등장한 시행법률 연도는?
6. 자동차보험 피해자의 직접청구권을 처음 규정한 법률은?
7. 보험사업자등이 의료기관에 지불보증을 반드시 통보하도록 한 연도는?
8. 교통사고로 입원한 환자에 대한 외출외박 등에 대한 관리가 처음 규정된 법률은 언제인가.
9. 자동차보험 진료비의 거짓청구 등에 대하여 처음 규정한 연도는 언제인가.
10. 자동차보험 환자에 대한 의료기관의 퇴원지시권 및 전원지시권을 신설한 연도는 언제인가.
11. 책임보험등의 보상한도를 초과하는 경우(종합보험)에도 자동차보험진료수가를 적용하도록 한 법률의 시행연도는 언제부터인가.
12. 자동차보험진료수가 심사업무를 전문심사기관에 위탁할 수 있도록 한 법률은 언제인가.
13. 자동차보험 진료수가를 심사하는 기관은?

제2장 자동차보험 보상관리론

학습목표
- 각종 보상제도의 구조와 과정에 대해 이해한다.
- 의료보상제도에 대해 이해한다.
- 추가상병, 재의료보상, 후유증, 향후치료 등에 대해 이해한다.
- 장해보상제도에 대해 이해한다.
- 사망보상에 대해 이해한다.

제1절 의료보상

1 의 의

자동차보험 사고환자에 대하여 자동차손해배상보장법 제3조에 의하여 부상 및 사망에 대하여 배상할 책임이 있다고 통합하여 규정하고 있고 동법 시행령 제3조와 이와 관련한 별표 제1호 및 2호에서 부상의 경우와 장해의 경우를 구분하고 있다.

이에 저자는 실무상 또는 학문적 편의상 자동차보험 환자에 대하여 배상하는 유형을 피해자의 부상과 질병에 대한 상병진료에 대한 보상을 '의료보상'이라고 하고 후유장해에 대한 보상을 '장해보상'으로 하며 사망에 대한 보상의 경우에는 '사망보상'으로 분류하기로 한다.

여기서 '의료보상'이라 함은 법적으로 명명된 것은 아니며 건강보험 및 산재보험 등에서 요양급여라고 부르는 것을 자동차보험에서는 손해배상이 기본원칙이므로 건강보험 및 산재보험 등과의 구분과 자동차보험에서의 장해보상 등과의 구분과 일관성을 위하여 '의료보상'으로 명명하고 서술하기로 한다. 따라서 '의료보상'은 자동차보험의 가장 기본적이고 대표적인 실물보상이라고 할 수 있다.

자동차보험법상의 의료보상은 자동차를 소유, 사용하는 자가 자동차의 운행으로 사람이 사망 또는 부상하는 경우에 손해배상을 보장하는 것으로 피해자를 보호하고자 하는 가장 구체적인 실행 장치이다.

자동차를 소유, 사용, 관리하는 보험가입자가 교통사고가 발생하여 사망이나 부상자가 발생한 경우 피해자에게 병원 등에서 치유될 때까지 본인의 부담 없이 치료해 주는 보상의 일종이라고 할 수 있다. 이에 대해 자배법(제3조)에서는 자기를 위하여 자동차를 운행하는 자는 그 운행으로 인하여 자동차사고가 발생하여 다른 사람을 사망하게 하거나 부상하게 한 경우에는 그 손해를 배상할 책임을 부담하여야 한다고 규정하고 있다.

2 의료보상의 지급방법

의료보상의 지급방법은 의료보상(현물보상), 의료보상비 지급(현금보상)으로 구분한다.

1) 의료보상

의료보상은 원칙적으로 피해자가 교통사고로 인한 부상 또는 사고와 관련된 질병에 걸린 경우 또는 사고로 인하여 개인적 질병이 악화되어 그 악화된 원인이 교통사고와 상당한 인과관계가 있다고 인정되는 경우 그 치료가 완치될 때까지 그 소요시간과 비용에 구애 없이 피해자는 전혀 비용을 부담하지 않고 의료기관에서 무료로 치료받는 것으로 현물보상이라고 설명할 수 있다.

의료보상은 현물보상을 원칙으로 한다. 따라서 여기에 따른 의료보상은 법 제2조7호에 따른 자동차보험 의료기관에서 진료를 받게 한다.

2) 의료보상비 지급

자동차보험 사고환자는 산재보험처럼 별도의 지정 의료기관이 있는 것은 아니다. 또한 자동차사고가 나면 보험가입자가 보험회사에 자동차사고의 발생과 지불보증을 즉시 하도록 하여 자동차보험 의료기관에서 진료를 받는 것이 원칙이다. 그럼에도 불구하고 자동차사고의 긴급성이나 지역성 등으로 당해 환자가 반드시 모든 의료기관에서 원활하게 진료 받을 수 있는 것은 아니다. 또한 적합한 전문의사나 진료과목, 시설, 장비 등이 불비하여 부득이

자동차보험 환자를 진료하지 못하여 다른 곳에서도 치료받는 경우 또는 진료와 관련하여 이송비 등 직접비용이 발생하는 경우도 있을 수 있다.

이 경우 보험가입자 또는 가해자가 먼저 치료비를 납부하고 추후 보험회사의 접수가 확인되면 치료비를 청구하여 수령하는 제도로 이것은 피해자의 실질적 보호와 업무의 편의를 위해 운영하는 제도라고 볼 수 있다(법 제10조).

진료비의 청구와 지급 등에 관한 자세한 사항은 권리보장론에서 재론한다.

3 의료보상의 요건 및 범위

1) 의료보상의 요건

자동차보험 사고환자가 자동차보험으로 의료보상을 받기 위해서는 당연히 교통사고의 가해자가 자기가 가입한 보험회사에 교통사고를 신고하여 피해자로 보험회사의 지불보증을 받거나 보유불명 자동차나 무보험자동차에 의한 사고인 경우에는 정부보장사업으로 지불보증이 되어야 한다.

또한 자기를 위하여 보험을 가입한 경우에는 임의보험에서 자기신체보험이나 무보험차보장 등에 가입한 경우로 이 경우에도 자기가 가입한 보험회사에서 지불보증을 받아야 한다.

그 외에도 개인용 자동차의 경우 운전자를 제외한 승객이나 호의동승자 등에도 관련한 보험회사로부터 지불보증을 받아야 한다.

보험회사로부터의 지불보증은 보험회사와 보험가입자와의 계약 및 사고내용, 보험약관 등에 의거하여 확인된다. 만약 보험회사로부터 지불보증을 받지 못하면 자동차보험을 적용할 수 없으며 본인의 사회보험으로 진료를 받던지 아니면 개인이 모두 부담하고 추후 보험회사가 확인되면 배상을 청구하는 방법을 택할 수밖에 없다.

2) 진료의 기본 원칙

(1) 진찰 및 검사

자동차보험 환자의 진료는 초진, 재진 및 진료상 필요한 각종 검사, 방사선이 사진 판독 등 교통사고 환자의 특수성 등을 고려하여 의사가 여러 가지 방법으로 환자의 병이나 증상을 살피는 것으로 의사가 행할 수 있는 일반적인 것을 인정한다. 다만 연구 목적의 진료는 불인정하는 것으로 보아야 한다.

(2) 약제 또는 진료재료와 의지(義肢) 그 밖의 보조기의 지급

약제 또는 진료재료 등은 진료급여를 시행하는 과정에서 필수적으로 요구되는 사항이다. 이는 건강보험 등의 기준에 정한 것은 물론이고 자동차보험에서 환자의 치료를 위하여 필요하다고 판단되어 국토교통부에서 별도로 정한 것도 포함될 수 있다. 또한 상병이 치유된 후 신체적 장애를 보조하기 위한 일체의 보조장구 등도 자동차 사고환자의 특성상 필요한 범위 내에서 인정하도록 규정하고 있다.

(3) 처치, 수술, 그 밖의 치료

자동차보험 환자의 요양에 필요한 처치 및 수술 등은 당연히 인정되는 사항이라고 볼 것이며 처치에는 거즈, 붕대의 교환, 약의 도포, 환부세척, 드레싱, 점안, 산소호흡, 이물제거, 체위변경, 좌욕, 목욕 등은 물론 절개술, 창상봉합술, 뇌수술, 흉복부수술, 골절수술, 절단-접합수술 등등을 모두 포함한다고 볼 것이다.

(4) 재활치료-물리치료 등

자동차보험 환자의 조속한 회복을 위하여 재활 및 물리치료 등을 시행하는 것은 당연한 것이다. 이를 위해 자동차보험은 건강보험보다 다소 확장된 범위의 물리치료를 인정하고 있기도 하다.

(5) 입원

자동차보험 환자의 진료를 위하여 의사의 의학적 판단에 의한 입원은 당연히 필요한 과정이다. 그러나 단순피로, 통원불편, 개인적 요구, 보상적 차원 등으로의 입원 등은 금지되며 퇴원은 의학적 타당성에 근거하여 원칙대로 결정되어야 한다.

자세한 사항은 다음에 후술한다.

(6) 간호 및 간병

간호 또한 자동차보험 환자에게도 적용됨은 당연하다. 간병에 대해서는 자동차보험 표준약관에 의하여 상해등급 1~5등급에 해당하는 자는 최대 60일을 한도로 하여 실제 입원기간으로 간병인원은 1일 1인 이내에 한하며, 1일 일용근로자 임금을 기준으로 지급한다.

또한 후유장애의 경우에는 자동차보험 표준약관에 의하여 가정간호비의 이름으로 노동력 상실률 100% 정도의 대상자에게 일용노동자를 기준으로 1일 1명에 대하여 일시금 또는 퇴원일로부터 향후 생존기간에 대하여 월 정기금 형식으로 지급한다. 간병은 진료과정에서 환자 스스로 일상생활이 안될 때 이를 보조하는 사람(요양보호사)에게 지급하게 된다.

우리나라 의료제도에서는 산재보험에서 요양 중 간병이 별도로 인정되고 있고 2017년부터 건강보험에서 간병이 간호와 통합하여 일부 병원에서 포괄간호사업을 시행중에 있다. 그러나 대부분의 의료기관들은 자체적인 무보호자 간병시스템을 제공하지 못하고 있어 가족이나 개인 간병인 등이 환자를 간병하는 문제를 안고 있다. 반면 요양병원 등에서는 무보호자 간병시스템을 제공하는 경우가 있는데 이때 간병비는 전액 환자본인 부담으로 하고 있다.

장기요양보험에서 인정되는 간병은 의료시설이 아니라 요양시설에서만 적용된다. 따라서 어떤 방법으로 하던 간에 의료기관에 입원한 환자에 대한 간병에 대한 문제는 해결되어야 할 숙제이다.

(7) 이송

이송은 사고환자의 요양을 위하여 의료기관으로 후송 및 전원시 이동, 외래 진료시 통원에 소요되는 비용 등과 함께 동행인(간호)이 필요한 경우에 인정할 수 있는 데 이것은 자동차보험에서는 별도로 적용되지 않고 있다.

3) 한방요양[1)]

(1) 요양대상

자동차보험에서의 한방요양 대상은 당연히 자동차보험 환자로써 한방요양이 필요한 경우에 해당한다고 할 것이다.

(2) 한방요양을 받을 수 있는 상병

한방요양을 받을 수 있는 상병은 양방요법으로 외과적 치료를 받거나 받은 후 한방요법에 의한 요양이 필요한 외상, 요통, 염좌, 근골격계 질환, 뇌혈관 및 심장질환 등 업무상 질병, 기타 한방요양의 필요성이 인정되는 내과질환 등이 해당된다고 볼 것이다.

---

1) 이 부분은 산재보험 실무편람을 참조하였음

(3) 한방요양 방법

한방요양의 방법은 상병상태에 따라 한방 의료기관에서 입원, 통원치료가 가능할 것인데, 다만 유의할 사항은 입원환자는 타 의료기관에 통원치료는 불가하다고 볼 것이고 구체적인 사항에 대해서는 의료진의 판단에 따라야 할 것이다.

또한 동일상병에 대하여 2개 이상의 의료기관에 통원치료는 불가하며 동일상병에 대하여 양 · 한방의 중복투약도 불가하다고 볼 것이다. 따라서 동시에 양 · 한방 진료가 가능한 의료기관 위주로 실시하는 것이 유용하다고 볼 것이다.

(4) 한방요양 급여의 범위

한방요양 급여의 범위는 한방 건강보험 진료급여기준 및 자동차보험 진료수가 기준을 적용한다고 보아야 할 것이다.

4) 건강보험의 준용 등

자동차보험은 기본적으로 건강보험의 수가체제를 따르고 있다. 자동차보험의 진료수가의 근거는 법 제15조(자동차보험진료수가 등)에서 정하고 있는데 그 내용을 구체적으로 살펴보면 건강보험 수가기준을 기본체계로 함을 알 수 있고 자동차보험 환자의 특성에 따른 별도의 기준을 정하고 있는 것으로 볼 수 있다.

5) 의료보상의 한도

의료보상은 보험가입자의 보험 가입 종류에 따라 진료기간이나 진료금액의 한도에 제한이 있다고 할 수 있다. 자동차보험은 대인배상 의무보험(책임보험)에 가입한 경우에 부상의 정도에 따라 진료비의 등급이 정해지며 그 등급의 한도 내에서 진료를 해야 하기 때문이다.

다만 임의보험(종합보험)에 가입한 경우에는 부상이나 질병의 발생에 따른 치료시부터 완치될 때까지의 전 기간 및 소요되는 모든 비용에 아무 제한이 없다. 이러한 특징 때문에 자동차보험환자의 진료기간이 장기화 되고 보험재정에 문제가 발생한다고도 볼 수 있는데 지금은 상당히 엄격하게 운영하고자 하고 있는 것으로 생각한다. 다만 자동차보험 등에서 정하지 않은 사항 즉 상급병실, 선택진료, 기타 비보험급여 등 자동차보험의 취지에 맞지 않는 사항에 대해서는 일부사항을 제외하고는 자동차보험을 적용하지 않을 수 있다.

의료보상은 기본적으로 다음에서 설명하는 범위로 하는데 건강보험의 범위보다 다소 넓게 적용되고 있다.

6) 진료상의 보험종류 및 보상범위

진료관리상의 보험 종류 및 보상범위를 정리, 설명하여 이해를 돕고자 한다. 보험의 종류는 책임보험(책임공제), 임의보험(종합보험)으로 구분하고 임의보험은 자기신체보상보험과 무보험차보상 등으로 구분할 수 있고 또한 책임보험 범위 내에서 정부보장사업으로 보유불명자동차에 의한 보상과 무보험차에 의한 보상으로 구분할 수 있다.

(1) 책임보험(책임공제)(대인배상 I)

- 자동차손해배상보장법에 의한 책임보험은 가입이 강제되는 의무보험이다.
- 책임보험은 부상자의 상병명 진단범위에 따라 보상 등급이 결정된다.
- 등급별 보상한도 내에서 진료 및 보상이 이루어진다.
- 진단서 발급, 자동차보험사 담당자의 한도확인이 필수적이다.
- 책임보험, 보상한도에 대해 환자측에 알려주어 진료 및 보상에 참고하도록 한다.
- 차트 및 자보환자 관리대장 등에 반드시 기록하여 의료진, 환자, 담당자가 공유하여 적절한 치료가 되도록 한다.
- 유의할 사항은 진료비 및 보상과 휴업손해가 포함되어 있는 것으로 해석되고 있다.

① 자배법상 책임보험의 보상한도

㉠ 1 사고당 한도는 없고 피해자 1인당 한도는 조금씩 확대되어 왔다.

㉡ **사망** – 1억5천만원의 범위에서 피해자에게 발생한 손해액. 다만, 그 손해액이 2천만원 미만인 경우에는 2천만원으로 한다(영 제3조1항1호).

㉢ **부상** – 자배법시행령 별표 1의 규정에 따라 1급 3천만원에서 14급 50만원까지 정하고 있다(영 제3조1항2호).

㉣ **장해** – 영 별표 2의 규정에 의해 최고 1급 1억5천만원에서 최저 14급 1천만원까지로 하고 있다(영 제3조1항3호).

㉤ 책임보험금에는 손해액과 휴업손실 등을 포함하는 것으로 이해하고 있다.

㉥ 구체적 계산 기준은 자동차보험 표준약관에서 정하고 있다.

㉦ 책임보험 보장 범위를 초과하면 의료비는 건강보험으로 진료할 수 있는 방법을 모색하여야 한다. 이때 다만 책임보험 종결 전에는 건강보험 적용이 안된다. 건강보험 등을 적용하려면 당연히 건강보험의 상해외인, 의료급여의 급여제한 확인이 필수적으로 요구된다.

실무적으로는 종합보험 등으로 보험회사와 합의 종결 후에는 건강보험 적용이 불가한 것으로 이해되고 있다. 이 경우 의료기관은 자보수가를 적용하여 본인에게 직접 청구한다.

** 부상, 장해 등 등급별 자세한 사항은 법령 자료를 참조하기 바람

② 자동차보험표준약관에서 정하고 있는 대인배상 등 상해지급기준

약관 〈별표 1〉 대인배상, 무보험자동차에 의한 상해 지급 기준을 참조하기 바람

③ 책임보상한도에 따른 담당자의 역할

㉠ 반드시 보험회사로부터 진료비의 보증한도를 확인, 파악하여야 한다.

㉡ 환자에게 보증한도를 통지하여 한도금액을 공유하여 진료계획을 세우도록 하고 진료계획에 협조하도록 하여야 한다.

㉢ 책임보험 진료비 지급 한도 범위내에서 적절한 진료를 실시하도록 관리한다.

㉣ 중간계산으로 책임보험 보증한도 접근시 환자에게 통지하여 차후대책을 협의하도록 한다.

㉤ 책임보험 한도초과시 치료 종료 혹은 건강보험 등 적용을 검토하도록 한다.

㉥ 환자에게 최대한 협조, 지원해 주도록 한다.

(2) 임의보험(임의공제)(종합보험-대인배상 II)

① 임의보험은 보험업법에 의해 임의가입하게 되는 민영보험의 특성을 가지고 있다.

② 보상한도는 없어 통상 종합보험이라고 일컫는다. 이때는 책임보험 배상한도를 초과하는 금액을 보상한다.

③ 일반적인 내용은 책임보험을 먼저 적용하고 임의부분은 책임범위를 초과하면 적용한다.

④ 보험회사와 합의 종결시 건강보험 진료는 원칙적으로 불가능하고 건강보험에서 환수할 수도 있다.

⑤ 허위 또는 편법으로 건강보험 등으로 진료하고자 하는 것을 방지하여야 하며 건강보험 급여제한 등을 확인한 후 진료하는 것을 원칙으로 하여야 한다.

(3) 기타

① 자기신체(자기차량)사고(자손, 자차)는 자기차량, 자기신체에 대한 특약을 가입한 경우로서 보험회사의 지불보증 여부에 따라 책임보험 또는 비보험에 준하여 처리하도록 한다.

- 자기신체사고-보험회사에서 지불보증시 보험회사로 청구할 수 있다.
  자기신체사고의 보상한도 초과분은 건강보험 급여제한여부 조회 후 적용하도록 한다.

② 무보험차 손해는 가해자인 상대방 차량이 무보험차량인 경우 자기를 보호하고자 가입하는 특약이다. 이 경우에도 피해자 보험가입 회사의 지불보증에 따라 진료하도록 한다.

- 운전자보험은 교통사고시 형사책임이나 변호사비용 등 자기를 보호하기 위한 보험으로 보험회사의 지불보증에 따라 처리하고 그렇지 않으면 건강보험 적용 등을 검토하도록 한다.

(4) 이륜자동차보험

이륜차인 오토바이 등도 일반 자동차와 같은 방식으로 처리하면 된다. 다만 이륜자동차의 가입률이 저조한데 그 원인은 ① 사고율이 높은 것, ② 사고율이 높은데 대하여 보험료가 높은 것, ③ 이용자가 영세함 등의 문제가 있기 때문으로 파악되고 있다.

7) 자동차보험 적용 외 다른 법률과의 관계

(1) 의료보장(건강보험/의료급여) 진료

건강보험공단-급여제한여부통보서, 의료급여-시 · 군 · 구청에 제3자 가해행위통보서(급여제한여부통보서)를 통보하고 그 결과에 따르도록 한다.

(2) 산업재해보상보험

회사의 사업용 차량 혹은 업무용 차량을 운행하면서 자동차사고가 나는 경우 및 업무를 수행 중에 교통사고가 나는 경우 등 다양한 사례가 발생할 수 있다. 이 경우에는 사안에 따라 적용하도록 한다.

① 업무용, 영업용 자동차의 가해운전자 또는 그 자동차에 타고 있는 직원-자보/산재 판단 유리한 곳 적용

② 업무용, 영업용 자동차의 피보험자인 운전자

＊ 구체적인 사항은 사안에 따라 근로복지공단에 문의

(3) 일반(급여제한)

일반이 원칙이나 추후 다툼을 고려하여 건강보험에 통보하고 그 결과에 따르도록 한다.

① 고의나 범죄행위

② 무면허 운전자 본인

③ 유상운송사고

④ 음주운전시 사고의 일부(대인사고 책임 초과분 300만원-예치)

＊ 보험회사의 면책대상이라도 추후 발생할 수 있는 문제를 대비 확정은 하지 말고 항상 약간의 여유를 두고 적용하도록 한다.

＊ 일반 적용시 건강보험 자격 조회도 반드시 해 두도록 한다.

4 의료보상의 담당

자동차보험 환자의 의료보상을 담당하는 곳을 통상 자동차보험 의료기관이라고 한다. 이에 대해서는 법 제2조7호에서 '"자동차보험진료수가(診療酬價)"란 자동차의 운행으로 사고를 당한 자(이하 "교통사고환자"라 한다)가 「의료법」에 따른 의료기관(이하 "의료기관"이라 한다)에서 진료를 받음으로써 발생하는 비용으로서 다음 각 목의 어느 하나의 경우에 적용되는 금액을 말한다'고 규정하고 있다.

이에 따라 의료법에 따른 의료기관이라 함은 다음 규정과 같이 의원, 병원, 조산원, 종합병원, 전문병원, 상급종합병원 등이 되고 보건소 등은 해당하지 않는다. 이럴 경우 보건소만 있고 의료기관이 부재하는 농산어촌 지역에서의 교통사고환자에 대해서는 진료를 받기가 불편해 질수도 있다.

다만 자동차보험진료수가기준[시행 2019.11.4.] [국토교통부고시 제2019-612호, 2019.11.4., 일부개정] 제2조의5에서는 "의료기관"이란 「의료법」 제3조에 따른 "의료기관" 및 「지역보건법」 제12조에 따른 "보건의료원"을 말한다고 규정함으로써 보건의료원도 해당하는 것으로 볼 수 있다.

5 의료보상의 범위

1) 의료보상의 범위는 다음과 같다.

자동차보험의 의료보상의 범위는 법 제15조(자동차보험진료수가 등)에서 정하고 있는데 동조 ①항에서 국토교통부장관은 교통사고환자에 대한 적절한 진료를 보장하고 보험회사 등, 의료기관 및 교통사고환자 간의 진료비에 관한 분쟁을 방지하기 위하여 자동차보험진료수가에 관한 기준(이하 "자동차보험진료수가기준"이라 한다)을 정하여 고시한 것을 기본으로 한다고 정하고 있다.

또한 동조②항에서 자동차보험진료수가기준에는 자동차보험진료수가의 인정범위 · 청구절차 및 지급절차, 그 밖에 국토교통부령으로 정하는 사항이 포함되어야 한다고 하여 구체적인 범위를 제시하고 있다.

여기서 국토교통부령에서 정하는 사항이란 다음 각 호의 사항을 말한다(규칙 제7조).

1. 자동차보험진료수가로 산정 · 지급하는 진료의 기준
2. 자동차보험진료수가의 산정방법
3. 삭제〈2014.2.7.〉 – 이의신청에 관한 사항으로 심사규정 제28조를 따른다
4. 자동차보험진료수가의 청구 및 지급방법
5. 자동차보험진료수가로 산정 · 지급하는「의료법」제46조제5항에 따른 추가비용에 관한 사항

한편 동조 ③항에서 국토교통부장관은 자동차보험진료수가기준을 정하거나 변경하는 경우 법 제17조에 따른 자동차보험진료수가분쟁심의회의 의견을 들을 수 있다고 하여 보험계와 의료계 상호간의 형평성을 보장하는 형태를 취하고 있다.

자동차보험의 의료보상의 범위는 기본적으로 위 진료수가 기준을 준수하지만 가해자인 피보험자가 자동차보험에 가입한 종류에 따라 다르며 책임보험에 가입한 경우에는 반드시 책임보험의 각 등급에 따른 진료비 한도 범위 내에서 가능하며 종합보험에 가입한 경우에는 제한이 없다고 할 수 있다.

2) 자동차보험 교통사고 환자의 의료보상 진료의 기본 원칙

자동차보험 진료수가에 관한 기준[시행 2019.11.4.] [국토교통부고시 제2019-612호, 2019.11.4.,

일부개정]에서 정하는 자동차보험 환자의 의료보상 진료의 기준은 동 고시 제4조(진료의 기준)에서 "의료기관은 교통사고환자의 조속한 원상회복을 위하여 필요한 진료에 최선을 다하되, 그 진료는 의학적으로 인정되는 범위 안에서 보편 · 타당한 방법 · 범위 및 기술 등에 따라 행하여야 한다"고 규정하고 있다.

그런데 이 규정은 매우 중요한 의미를 가진다. 왜냐하면 이것은 건강보험 요양급여기준에서 정하고 있는 사항과 같은 내용인데 모든 보험 종별의 진료 및 진료비 심사의 기본 지침이 되는 것이기 때문이다. 따라서 모든 보험 진료와 진료비는 이 기준을 벗어나면 과잉진료, 불법, 부당청구 등의 이유로 조정될 수 있으므로 항상 이 기준을 준수하도록 염두에 두어야 한다.

6 의료보상의 신청

1) 의료보상의 신청

(1) 보험자 등에 의한 의료보상의 신청

의료보상은 자동차사고가 발생하면 보험가입자는 즉시 자신이 가입한 자동차보험회사에 교통사고의 발생을 알리고 피해자에 대하여 진료비 지불보증과 관련된 업무를 해 주도록 권한을 위임하여야 한다.

이에 따라 자동차보험회사는 사고환자가 치료를 위하여 방문한 의료기관에 지불보증을 해 줌으로써 진료가 개시되게 된다.

자동차보험에서는 산재보험에서와 같이 최소 치료일자의 제한 같은 기준은 없으며 경미한 사고라고 하더라도 자동차보험으로 진료 받을 수 있고 경상이라 하더라도 의외로 회복이 늦어지는 경우가 있는 등 예상할 수 없는 상황이 발생할 수도 있다. 따라서 치료일자나 치료비 액수 등을 불문하고 보험회사는 책임보험과 임의보험 등의 가입 종류와 부상의 정도에 따라 지불보증을 하게 되고 이에 따라 의료기관은 의료보상을 시행하게 되는 것이다.

(2) 보험회사의 지불보증

자동차보험은 사고가 발생하면 기본적으로 보험계약자 등이 자기가 가입한 보험회사에 사고발생 사실을 알리고(자동차보험 표준약관 제46조) 이에 대해 보험회사는 보험가입자 등 또는 피해자로부터 교통사고 환자가 발생한 것을 안 경우에는 지체없이 그 교통사고 환자를 진료하는 의료기관에 해당 진료에 따른 자동차보험진료수가의 지급 의사 유무와 지급 한도를 알려야 한다(법 제12조).

그러나 보험자 등이 사고 사실을 직접 보험회사 등에게 알리지 않는 경우 피해자가 직접 보험금을 청구할 수도 있고 이 과정에서 보험회사가 알 수도 있다(법 제10조).

(3) 피해자가 직접 신청하는 경우

자동차보험은 보험가입자 등이 자동차사고의 발생에 관하여 보험회사 등에 신고를 하여 피해자로 하여금 자동차보험이 적용되도록 하여야 함에도 불구하고 이를 해태하는 경우가 있을 수 있다. 이 경우 자동차사고의 피해자는 직접 보험회사에 피해사실을 신고하고 보험금 지급을 청구할 수 있다(법 제10조).

이에 대해서는 권리보장론에서 자세히 설명한다.

2) 통보내용(약관 제46조)

(1) 자동차보험의 계약자 등이 보험회사에 알려야 할 사항은 다음과 같다.

① 사고가 발생한 때, 곳, 상황 및 손해의 정도

② 피해자 및 가해자의 성명, 주소, 전화번호

③ 사고에 대한 증인이 있을 때에는 그의 성명, 주소, 전화번호

④ 손해배상의 청구를 받은 때에는 그 내용

(2) 통보시 고려사항

자동차보험의 계약자 등은 보험회사에 교통사고의 발생 사실 등을 통보하는 경우 다음 사항을 이행하여야 한다.

① 지체 없이 손해의 방지와 경감에 힘쓰고, 다른 사람으로부터 손해배상을 받을 수 있는 권리가 있는 경우에는 그 권리(공동불법행위에서 연대채무자 상호간의 구상권을 포함하며 이하 같음)의 보전과 행사에 필요한 절차를 밟아야 한다.

② 손해배상의 청구를 받은 경우에는 미리 보험회사의 동의 없이 그 전부 또는 일부를 합의하여서는 안되고 피해자의 응급치료, 호송 그 밖의 긴급조치는 보험회사의 동의가 필요하지 않다.

③ 손해배상청구의 소송을 제기하려고 할 때 또는 제기 당한 때에는 지체 없이 보험회사

에 알려야 한다.

④ 피보험자동차를 도난당하였을 때에는 지체 없이 그 사실을 경찰관서에 신고하여야 한다.

⑤ 보험회사가 사고를 증명하는 서류 등 꼭 필요하다고 인정하는 자료를 요구한 경우에는 지체 없이 이를 제출하여야 하며, 또한 보험회사가 사고에 관해 조사하는 데 협력하여야 한다.

보험회사는 보험계약자 또는 피보험자가 정당한 이유 없이 약관 제46조1항에서 정한 사항을 이행하지 않은 경우 그로 인하여 늘어난 손해액이나 회복할 수 있었을 금액을 보험금에서 공제하거나 지급하지 않는다.

3) 보험회사의 확인 및 통보

자동차보험회사는 보험계약자 등으로부터 사고 발생 사실을 알게 된 때에는 자체적으로 보험관계 사실을 확인하고 지체 없이 그 교통사고환자를 진료하는 의료기관에 해당 진료에 따른 자동차보험진료수가의 지급 의사 유무와 지급 한도를 알려야 한다. 이를 진료비지불보증이라고 하고 문서 형태로 한다. 이에 따라 교통사고 환자가 내원한 의료기관에서는 이를 신뢰하고 환자를 진료하게 되는 것이다.

진료비지불보증서란 교통사고환자가 자동차사고로 인한 상병을 진료하기 위하여 소요되는 비용을 해당 보험회사가 지불하겠다는 문서를 말한다.[2)]

4) 자동차보험 진료수가의 지급 의사 등의 통지(영 제11조)

① 법 제12조제1항에 따라 보험회사등이 의료기관에 하는 통지는 서류, 팩스, 전산파일, 그 밖의 문서로 한다.

② 법 제12조제5항제1호(보험회사등이 지급 의사가 없다는 사실을 알리거나 지급 의사를 철회한 경우)에 따른 통지 및 철회에 관하여는 제1항을 준용한다.

이때 진료비지불보증서 서식은 심사규정에서 정하고 있다.

2) 이재홍 외 p.275

제2절 추가상병, 재의료보상, 후유증, 향후치료추정

1 추가상병

1) 추가상병 의료보상의 신청

추가상병이란 자동차보험 환자가 최초 요양시 상황에 따라 상병이 확정되지 않은 경우가 있거나 지연되어 나타나는 경우 또는 합병증 등이 병발하는 경우 등 진료과정에서 최초 승인 상병 외의 상병이 나타나 치료를 받아야 할 필요성이 있는 경우에 이를 추가로 신청하여 치료를 받도록 하는 것으로 이해할 수 있다.

예를 들어 뇌진탕의 경우 뇌내에서 출혈이 서서히 진행되거나 이에 관한 추가적인 상병이 발생하는 경우 등은 물론 최초 상병시 긴급한 부분을 먼저 진료하고 추후 나타나는 사항에 대하여 관련 상병 혹은 자동차보험 환자 진료를 위한 검사시 검사 방법이나 장비 등의 사유로 지연되어 나타나는 골절 등 여러 가지 사항이 발생할 수 있는 것이다.

자동차보험에서는 명시적으로 추가상병에 대해 규정하고 있지는 않으나 실무상으로는 이런 경우가 발생하면 당해 환자를 관리하는 보험회사 등에 알려 주어 이에 대해서도 추가로 지불보증을 받아 향후 진료와 보상 등에서 타당성을 확보할 필요가 있기 때문이다.

특히 책임보험 등의 경우에 진단명이나 진단기간이 변동되어 진료비 보장 한도가 달라지는 경우가 있으므로 반드시 관련 조치를 하도록 하여야 한다.

2) 추가상병의 대상

자동차보험 사고로 요양 중인 환자는 다음 각 호의 어느 하나에 해당하는 경우에는 그 부상 또는 질병(이하 "추가상병"이라 한다)에 대한 진료급여를 보험회사에 신청하여야 한다.

(1) 그 교통사고로 이미 발생한 부상이나 질병이 추가로 발견되어 의료보상이 필요한 경우

(2) 그 교통사고로 발생한 부상이나 질병이 원인이 되어 새로운 질병(합병증 등을 포함한다)이 발생하여 의료보상이 필요한 경우

3) 요양 중의 사고와 추가상병

요양 중의 사고는 자동차 사고와 상당인과관계가 있으면 추가상병으로 보아야 한다.

요양 중의 사고라 함은 자동차보험 환자가 최초 상병으로 의료기관 등에서 요양 중 발생할 수 있는 의료사고 혹은 안전사고, 합병증 등 교통사고와 관련된 사항으로 발생한 2차적인 사고를 말하는데 이에 대해서도 당해 환자나 의료기관이 추가상병의 발생에 명백한 원인 제공이 없는 경우 자동차보험으로 인정함으로써 자동차보험 환자의 의료보상 범위를 인정하여야 할 것이다. 다만 이때 명백한 의료사고의 경우에는 공동불법행위가 성립될 수 있음을 유의하여야 한다.

참고판례

▶ 민사소송에 있어서의 인과관계의 입증은 경험칙에 비추어 어떠한 사실이 어떠한 결과발생을 초래하였다고 시인할 수 있는 고도의 개연성을 증명하는 것이며 그 판정은 통상인이라면 의심을 품지 아니할 정도로 진실성의 확신을 가질 수 있는 것임이 필요하고 또 그것으로 족하다 할 것인바, 피해자가 교통사고로 7주 이상의 치료를 요하는 상하악골골절 등의 상해를 입고 대학병원 치과에 입원하여 할로탄 등으로 전신마취를 한 가운데 안면골절부위 관혈적정복술을 받고, 그로부터 16일 후 전격성간기능부전증으로 인한 뇌부종 및 호흡중추마비로 사망하였다면, 적어도 할로탄 투여로 인하여 전격성간기능부전증이 발생하였고 전신마취 등 시술과정에서 의사 등의 중대한 과실이 있었다고 인정되지는 아니하는 경우라면, 의학이 고도로 발달된 오늘날에 있어서도 전신마취는 위험한 것으로서 전신마취로 인한 사망은 일반경험상 그 가능성이 있다고 할 것이므로 교통사고와 피해자의 사망 간에는 상당인과관계가 있다고 할 것이다.

(출처 : 대법원 1990.06.26. 선고 89다카7730 판결[손해배상(자)] 종합법률정보 판례)

▶ 교통사고로 인하여 상해를 입은 피해자가 치료를 받던 중 치료를 하던 의사의 과실 등으로 인한 의료사고로 증상이 악화되거나 새로운 증상이 생겨 손해가 확대된 경우에는, 특별한 다른 사정이 없는 한 그와 같은 손해와 교통사고 사이에도 상당인과관계가 있다고 보아야 할 것이므로, 교통사고와 의료사고가 각기 독립하여 불법행위의 요건을 갖추고 있으면서 객관적으로 관련되고 공동하여 위법하게 피해자에게 손해를 가한 것으로 인정된다면, 공동불법행위가 성립되어 공동불법행위자들이 연대하여 그와 같은 손해를 배상할 책임이 있는 것이다.

(출처 : 대법원 1993.01.26. 선고 92다4871 판결[손해배상(기)] 종합법률정보 판례)

4) 추가상병의 신청

추가상병이 발생하면 환자 또는 의료기관의 담당자는 보험회사 등에게 추가상병의 발생 사실을 알리는 것이 실무상 필요하다.

이때 보험회사 등이 해당 추가상병의 사실을 확인하기 위하여 진단서 등 관련자료를 요구하는 경우에는 환자는 보험회사 등에게 진단서 등 관련자료를 제공하거나 이에 협조하여야 할 것이다.

보험회사 등은 관련자료의 확인 후 사실로 확인되는 경우에는 지체없이 진료비 지급의사 유무와 진료한도 등에 대해 알려야 할 것이며 그 절차는 최초 의료보상 절차와 같다고 볼 것이다.

2 재의료보상

1) 재의료보상

자동차보험 환자에 있어서 재의료보상에 관한 명문의 규정은 없다. 다만 법 제3조 및 제12조에 따라 의료보상을 받은 자가 치유 후 요양의 대상이 되었던 교통사고의 부상 또는 질병이 합의 당시에 그 합의가 손해의 범위를 정확히 확인하기 어려운 상황에서 이루어진 것이고 후발 손해가 합의 당시의 사정으로 보아 예상이 불가능한 것으로서 당사자가 후발손해를 예상하였더라면 사회통념상 그 합의금액으로는 화해하지 않았을 것이라고 보는 것이 상당할 만큼 그 손해가 중대한 것이어서 이를 치유하기 위한 적극적인 치료가 필요하다는 의학적 소견이 있으면 다시 제3조 및 제12조에 따른 의료보상(이하 "재의료보상"이라 한다)을 받을 수 있다고 보아야 할 것이다.

참고판례

불법행위로 인한 손해배상에 관하여 가해자와 피해자 사이에 피해자가 일정한 금액을 지급받고 그 나머지 청구를 포기하기로 합의가 이루어진 때에는 그 후 그 이상의 손해가 발생하였다 하여 다시 그 배상을 청구할 수 없는 것이지만, 그 합의가 손해의 범위를 정확히 확인하기 어려운 상황에서 이루어진 것이고, 후발손해가 합의 당시의 사정으로 보아 예상이 불가능한 것으로서, 당사자가 후발손해를 예상하였더라면 사회통념상 그 합의금액으로는 화해하지 않았을 것이라고 보는 것이 상당할 만큼 그 손해가 중대한 것일 때에는 당사자의 의사가 이러한 손해에 대해서까지 그 배상청구권을 포기한 것이라고 볼 수 없으므로 다시 그 배상을 청구할 수 있다고 보아야 한다.

(출처 : 대법원 2001.09.14. 선고 99다42797 판결 [손해배상(자)] 종합법률정보 판례)

이 제도는 자동차보험 환자가 1차 치료를 받은 후 부상 또는 질병이 재발하거나, 1차 치료시 시행한 체내의 고정물을 제거할 필요성이 있거나, 치유 당시보다 상태가 악화되어 단순한 후유증상의 관리 수준으로 수습이 되지 않을 정도로 적극적인 치료가 필요하다는 의학적 소견이 있는 경우에 다시 의료보상을 시행하는 것이라고 볼 수 있을 것이다.

이 제도는 자동차보험 환자의 의료보상을 1차로 모두 종료하는 것이 아니라 2차적인 치료까지도 보장함으로써 교통사고로 인하여 환자가 치료를 충분히 받게 하고 이를 회복하여 인간다운 생활을 할 수 있는 권리를 존중하는 것과 함께 보험으로써의 사회보장 기능과 사회적 책임을 충실히 한다는 것을 의미한다고 볼 수 있다.

실무적으로 보험회사 등에서 1차 치료를 종결하고 합의를 하는 과정에서 재의료보상이나 후유증의 발현시 치료가능기간을 통상 3년이라고 제안하는데 이것은 자동차보험의 시효가 3년이므로 이를 유의하여야 할 필요가 있다.

참고판례

불법행위로 인한 손해배상청구권은 민법 제766조 제1항에 의하여 피해자나 그 법정대리인이 그 손해 및 가해자를 안 날로부터 3년간 행사하지 아니하면 시효로 인하여 소멸하는 것인바, 여기에서 그 손해를 안다는 것은 손해의 발생사실을 알면 되는 것이고 그 손해의 정도나 액수를 구체적으로 알아야 하는 것은 아니므로, 통상의 경우 상해의 피해자는 상해를 입었을 때 그 손해를 알았다고 보아야 할 것이지만, 그 후 후유증 등으로 인하여 불법행위 당시에는 전혀 예견할 수 없었던 새로운 손해가 발생하였다거나 예상외로 손해가 확대된 경우에 있어서는 그러한 사유가 판명된 때에 새로이 발생 또는 확대된 손해를 알았다고 보아야 할 것이고, 이와 같이 새로이 발생 또는 확대된 손해 부분에 대하여는 그러한 사유가 판명된 때로부터 민법 제766조 제1항에 의한 소멸시효기간이 진행된다.

(출처 : 대법원 2001.09.04. 선고 2001다9496 판결 [손해배상(자)] 종합법률정보 판례)

2) 재의료보상의 요건

재의료보상의 요건은 자동차사고로 인하여 발생한 부상 또는 질병에 대하여 의료보상을 받은 경우로서 다음 각 호의 요건 모두에 해당하는 경우에 인정하는 것이라고 볼 것이다.

(1) 치유된 자동차사고로 인한 부상 또는 질병과 재의료보상의 대상이 되는 부상 또는 질병 사이에 상당인과관계가 있을 것

(2) 재의료보상의 대상이 되는 부상 또는 질병의 상태가 치유 당시보다 악화된 경우로서 나이나 그 밖에 환자에 의한 사유로 악화된 경우가 아닐 것

(3) 재의료보상의 대상이 되는 부상 또는 질병 상태의 호전을 위하여 수술(신체 내 고정물의 제거 수술 또는 의지 장착을 위한 절단 부위의 재수술을 포함한다) 등 적극적인 치료가 필요하다고 인정될 것
(4) 재의료보상의 대상이 되는 부상 또는 질병의 상태가 재의료보상으로 치료효과를 기대할 수 있다고 인정될 것

3) 재의료보상의 신청 절차 등

자동차보험 환자가 재의료보상을 신청하는 경우에는 다음 각 호의 서류를 첨부하여야 할 것이다.
(1) 재의료보상의 대상이 되는 부상 · 질병 상태와 재의료보상의 필요성에 관한 의사 · 치과의사 또는 한의사의 진단서 또는 소견서
(2) 재의료보상을 신청하기 전에 보험가입자 또는 제3자 등으로부터 보험급여에 상당하는 금품을 받은 경우에는 그 금품의 명세 및 금액을 확인할 수 있는 판결문 · 합의서 등의 서류
(3) 재의료보상을 신청하기 전에 보험가입자 또는 제3자 등으로부터 보험급여에 상당하는 금품을 받지 않은 경우에는 그 사실을 확인하는 본인의 확인서

4) 재의료보상의 신청 및 결정

자동차 보험회사 등은 환자가 재의료보상을 신청하려는 때에는 당해 환자에 대한 보험사실을 확인하고 당해 환자가 치료하고자 하는 의료기관에 지불보증을 해 주어야 한다. 이에 관한 사항은 1차 의료보상시와 같은 내용으로 하여야 할 것이다.

5) 재의료보상시 실무사항

자동차보험 환자가 재의료보상을 실시하고자 하는 경우에 자동차보험 의료기관은 다음과 같은 절차로 시행한다.

(1) 진료가 먼저 필요한 경우

자동차보험 환자가 1차 의료보상을 끝낸 후 재의료보상을 하게 되는 경우에 환자의 상태

가 시급히 진료를 필요로 하는 경우에는 자동차보험회사 등에 지불보증을 요청하고 그 결과를 따르거나 시일이 소요되는 경우 먼저 건강보험 등으로 진료를 시행하면서 재의료보상 신청을 하도록 하여 보험회사의 지불보증을 득하면 보험 종별을 자동차보험으로 전환하거나 건강보험 요양비 정산의 절차를 취하면 될 것이다. 만약 보험회사 등의 재의료보상의 지불보증을 득하지 못하면 건강보험으로 계속하여 진료를 하면 될 것이나 이때 급여제한 여부 조회는 필요하다고 볼 것이다.

(2) 재의료보상 신청을 먼저 하는 경우

자동차보험 환자가 진료를 필요로는 하지만 재의료보상 지불보증을 받은 후 진료를 할 필요성이 있는 경우－예를 들면 수술 등으로 내고정물을 제거하는 경우 등－에는 진료가 필요한 시기를 맞추어 재의료보상 신청을 하고 지불보증을 득하는 것과 동시에 바로 자동차보험으로 재의료보상을 시행하면 될 것이다. 만약 이 과정에서 지불보증이 나지 않게 되면 진료를 하지 않거나 건강보험 등으로 진료를 할 수밖에 없을 것이다.

3 후유증 등

많은 경우 자동차보험은 보험회사 등과의 합의라는 절차를 거치면서 진료가 종결된다. 이 과정에서 환자들은 후유증 등에 대하여 많은 우려를 갖고 있는 것이 사실이다. 이에 대해서는 실무적으로 보험회사 등의 업무 과정을 보면 3년 이내에 후유증 등이 발생하면 추가진료를 해 준다고 합의서 등에 명시하는 경우를 보게 된다.

후유증의 범위에 대해서는 명백한 규정은 없지만 앞에서 설명한 재의료보상이 매우 엄격하고 제한된 사항을 설명하였는데 후유증의 경우에는 합의 당시에 명시한 사항에 따라 후유증상이 발생하여 적극적으로 재의료보상이 필요하다고 인정되면 앞서 설명한 재의료보상에 준하여 관리하면 될 것이다.

참고판례

상해의 후유증이 어느 정도 지속될 것인가 하는 점은 의학적 판단에다 그 후유증의 구체적 정도와 내용, 피해자의 연령, 교육 정도, 직업의 성질과 직업경력 등의 여러 사정을 모두 참작하여 경험법칙에 따라 결정되어야 한다.

(출처 : 대법원 1994.09.27. 선고 94다25339 판결 [손해배상(자)] 종합법률정보 판례)

만약 그렇지 못하고 단순한 정도라면 진료종결과 동시 합의한 사항에 향후 치료비 등을 산정하여 합의하였다면 본인 부담으로 진료하는 수밖에 없을 것이다.

4 향후치료추정

1) 의의

자동차보험은 타인에 대한 손해배상적 의미가 있으므로 1차 치료를 종결하면서 2차 치료가 필요한 경우 향후치료추정이라는 절차를 거치는 경우가 있다.

이 경우는 재의료보상과 성격이 비슷한데 재의료보상이 향후 치료가 예정되거나 그렇지 않은 경우에 발생한 2차적 치료요건에도 추후 보험회사의 지불보증으로 의료보상을 재개하는 것이라면 향후치료추정은 향후에 치료가 예정된 사항에 대하여 1차 치료 종결시 미리 향후 치료에 소요될 치료비를 선지급하는 것으로 구분할 수 있다.

2) 치료비 추정의 범위

향후 치료비 추정의 범위는 당해 상병에 대하여 향후치료 추정 판단 당시의 통상의 의학적 수준에 따른 진료과정에서 향후 당해 치료를 수행하는 과정에서 발생하는 의료행위에 대한 보편적인 수준의 의료수준과 진료비를 추정하는 것이라고 볼 수 있다.

참고판례

의학상의 치료는 병세의 호전이나 완치만을 목적으로 하는 것이 아니라 병세의 악화방지나 생명의 연장 등도 치료의 목적이라 할 것이므로 병세의 악화방지를 위하여도 향후치료의 필요성은 인정되며 이 경우에 치료비는 불법행위와의 간에 상당인과관계가 있는 범위내에서만 배상청구가 가능한 것이므로 상당성여부를 판단함에 있어서는 당해 치료행위의 필요성, 기간과 함께 그 진료행위에 대한 보수액의 상당성이 검토되어야 할 것이며 그러기 위하여는 부상의 정도, 치료, 내용, 회수, 의료사회일반의 보편적인 치료비수준(특히 의료보험수가) 등 제반사정을 고려하여 비상식적인 고액진료비나 저액진료비의 가능성을 배제하여 합리적으로 그 범위를 정해야 한다.

(출처 : 대법원 1988.04.27. 선고 87다카74 판결 [손해배상] 종합법률정보 판례)

3) 향후치료비 추정의 방법과 기준

향후치료비 추정은 자동차보험 등에서 명문으로 구체적으로 규정하지는 않고 있다. 따라서 이에 대한 추정 비용은 모든 의료기관이 모두 다르다고 해도 과언이 아닐 것이다.

향후 치료비 추정은 당해 환자에게 향후 필요한 치료의 내용을 구체적으로 추정하여 이에 필요한 수준의 진료비를 추정하면 될 것이다.

진료비 추정의 기준은 실무적으로 당해 의료기관에서 정한 수가기준을 따르면 되는데 이것은 사회보험이 아니라 손해배상에 근거하기 때문이다.

다만 이것이 자동차보험 환자의 경우라면 의료기관마다 정한 기준이 다를 수 있으나 예를 들면 비보험 부분은 별도로 하고 자동차보험 수가 분류체계를 따른다든지 하는 것이 합리적일 것으로 본다. 다만 수가 금액 자체는 모두 비보험 수가로 하든지 보험 수가에 가산율을 적용하든지 등의 방법을 따르면 될 것이며 과다한 진료비나 저액 진료비 등은 지양되어야 할 것이다.

제3절 장해보상

1 자동차손해배상법상 장해보상

장해보상은 자동차사고로 인한 부상 또는 질병이 의료보상에 의하여 치료를 받고 완치가 되었거나 더 이상의 치료효과를 기대할 수 없어 치료를 종결한 경우에 신체기관의 일부를 상실하거나 신체에 장해가 아직 남아 있어 본래의 기능을 발휘하지 못하는 경우가 발생할 수 있다. 이러한 경우에는 환자의 노동력의 전부 또는 일부가 영구히 상실되거나 또는 감소되어 근로를 전혀 할 수 없거나 불완전하게 하게 되어 근로를 통하여 소득을 이루어 생활을 하게 되는 생활인으로서는 생활에 심각한 문제를 일으키게 된다.

이와 같은 경우에 상실 또는 감소된 노동력에 따른 소득을 보전하여 사람으로서의 인간다운 생활을 보장해 주고자 도입된 제도가 장해보상 제도라고 볼 것이다

1) 장해보상〔영 제3조(책임보험금 등)〕

자동차보험은 자동차손해배상보장법 시행령 제3조 1항 3호에서 부상에 대한 치료를 마친 후 더 이상의 치료효과를 기대할 수 없고 그 증상이 고정된 상태에서 그 부상이 원인이 되어 신체의 장애(이하 "후유장애"라 한다)가 생긴 경우에는 별표 2에서 정하는 금액의 범위에서 피해자에게 발생한 손해액이라고 규정하고 있다.

* 등급별 장해보상 금액과 내용은 법 시행령 별표 자료를 참고하기 바람

2) 장애와 장해

(1) 장애

장애란 사전적인 의미로는 신체나 정신이 제 기능을 하지 못하는 상태[3] 또는 신체 기관이 본래의 제 기능을 하지 못하거나 정신 능력에 결함이 있는 상태라고 말하고 있으며[4] 질병이나 사고 등에 의해 지적, 정신적, 청각, 시각, 내장, 골격, 기형적인 면에 결함(impairment)이 생겨, 이로 인해 정상적인 생활이 곤란하거나 불가능한 상태[5]라고 하고 있다.

이에 따르면 장애란 선천적 또는 후천적으로 자연적 또는 질병이나 사고 등에 의해 신체적, 정신적인 면에 결함이 있어 인간으로서 정상적인 사회생활이 불리한 입장에 처한 상태라고 할 수 있다.

한편 장애인복지법 제2조(장애인의 정의 등) ①항에서 "장애인"이란 신체적 · 정신적 장애로 오랫동안 일상생활이나 사회생활에서 상당한 제약을 받는 자를 말한다고 하고 있다.

(2) 장해

장해란 사전적인 의미로는 부상 또는 질병이 치유되었을 때에 신체에 잔존하는 영구적인 정신 또는 육체의 훼손상태로 말미암아 발생하는 노동력의 상실이나 감소를 말하는 것[6]으로 설명하는가 하면 생명보험약관에서는 장해의 정의를 '장해'라 함은 상해 또는 질병에 대하여 치유된 후 신체에 남아 있는 영구적인 정신 또는 육체의 훼손상태를 말한다. 다만, 질

3) http://mirror.enha.kr/wiki/장애
4) http://krdic.naver.com/detail.nhn?docid=32317900
5) [네이버 지식백과](특수교육학 용어사전, 2009, 국립특수교육원)
6) [네이버 지식백과]장해등급 (사회복지학사전, 2009.8.15, Blue Fish)

병과 부상의 주증상과 합병증상 및 이에 대한 치료를 받는 과정에서 일시적으로 나타나는 증상은 장해에 포함되지 않는다고 설명하고 있다.[7]

이에 따르면 장해라 함은 정상적인 사람이 부상 또는 질병에 대하여 의학적으로 충분한 치료를 하였으나 완전히 회복되지 않고 증상이 고정되어 더 이상의 치료 효과를 기대할 수 없이 신체에 남아있는 영구적인 정신 또는 육체의 훼손상태로 설명할 수 있다.

다만 산업재해보상보험법에서는 제5조(용어의 정의) 5. "장해"란 부상 또는 질병이 치유되었으나 정신적 또는 육체적 훼손으로 인하여 노동능력이 상실되거나 감소된 상태를 말한다고 하고 있다.

(3) 장애와 장해의 구분

장애와 장해에 대해서는 구분할 실익이 없다고 본다. 다만 굳이 구분하자면 장애는 장애상태의 자연 그대로를 나타내고 장해는 장애상태를 치료 한 후에도 나타나는 결과에 대하여 노동력 상실이나 감소의 정도를 나타내어 사회적 판단의 기준(보상을 위한 등급판정 등)으로 하고자 하는 것으로 이해할 수 있다. 다만 자동차보험 표준약관에서는 '후유장애'라고 표시하고 있다.

3) 자동차보험 장해등급 판단의 기준

자동차보험에서 사용하는 장해등급의 판정 기준은 자동차보험 표준약관에서 맥브라이드식을 사용할 것을 규정하고 있다. 자동차보험 표준약관 〈별표 1〉 대인배상, 무보험자동차에 의한 상해 지급 기준의 다. 후유장애편 2. 상실수익액 다. 노동능력상실률에서 보면 맥브라이드식 후유장애 평가방법에 따라 일반의 옥내 또는 옥외 근로자를 기준으로 실질적으로 부상 치료 진단을 실시한 의사 또는 해당과목 전문의가 진단 · 판정한 타당한 노동능력상실률을 적용하며, 그 판정과 관련하여 다툼이 있을 경우 보험금 청구권자와 보험회사가 협의하여 정한 제3의 전문의료기관의 전문의에게 판정을 의뢰할 수 있다고 규정하고 있다.

또한 가. 산정방법에서는 피해자가 노동능력을 상실한 경우 피해자의 월평균 현실소득액에 노동능력상실률과 노동능력상실기간에 해당하는 라이프니츠 계수를 곱하여 산정하되 다만, 소득의 상실이 없는 경우에는 치아보철로 인한 후유장애에 대해서는 지급하지 아니한다고 규정하고 있다.

---

7) 생명보험 표준약관 2017.1.20. 부표. 3 장해분류표

다만 생명보험 표준약관에서는 부표 3. 장해분류표 나. 장해판정기준 6)에서 팔과 다리의 관절기능장해 평가는 각 관절의 운동범위 측정은 미국의사협회(A.M.A.) '영구적 신체장해 평가지침'의 정상각도 및 측정방법 등을 따르며, 관절기능장해를 표시할 경우에는 장해부위의 장해각도와 정상부위의 측정치를 동시에 판단하여 장해상태를 명확히 한다고 하고 있다.

Tip 맥브라이드식 평가방법

맥브라이드 장해 평가법은 미국 오클라호마 의과대학의 정형외과 교수 맥브라이드(Earl D. Mc Bride 1891-1975)가 장해의 부위, 종류, 정도에 따라 연령, 손잡이 방향 등의 요소까지 고려하여 280여 종의 직업별 계수를 만들어 각 요소들을 조합하여 정밀하고 세심한 평가가 이루어지게 끔 한 후 전신에 대한 노동력상실률을 백분율로 나누어 놓은 평가방법이다.[8) 9)]

또한 동 약관에서 후유장애에 대한 2. 상실수익액 가. 산정방법: 피해자가 노동능력을 상실한 경우 피해자의 월평균 현실소득액에 노동능력상실률과 노동능력상실기간에 해당하는 라이프니츠 계수를 곱하여 산정함. 다만, 소득의 상실이 없는 경우에는 치아보철로 인한 후유장애에 대해서는 지급하지 아니한다고 규정하여 라이프니츠식 방식을 도입하고 있다.

Tip 라이프니츠식

*** 라이프니츠식 계산법**

현재의 채권액을 기준으로 한 다음, 여기에 이자에 이자를 붙이는 복리법으로 계산한 법정이자를 더해 장래의 채권액을 정하는 것이 라이프니츠식 계산법이다. 라이프니츠식 계산법은 손해배상 등에서 배상할 금액을 정하는데 사용되는데 배상의 원인이 없었다면 피해자가 얻게 될 이득을 기준으로 여기에 해당 년수 동안의 법정이자를 복리로 적용하여 배상액을 정한다.[10)]

*** 호프만식과의 차이**

호프만식은 이자율 계산을 단리로 하여 총지급액에서 공제금이 작아져 결과적으로 수령액이 증가하는 결과를 나타낸다.

8) http://blog.naver.com/PostView.nhn?blogId=wooribk&logNo=220027310081
9) http://blog.daum.net/ganyoung5806/7863560
10) http://blog.naver.com/kmp7772002/140023840026

4) 장해등급의 판정

자동차보험 환자를 진료한 의료기관에서는 진료가 종결되고 장해가 남으면 장해진단서를 발급하게 된다. 장해등급의 기준은 자배법 시행령 별표에서 1급에서 14급까지로 하고 있는 것은 앞에서 본 표와 같다.

장해진단의 판정은 맥브라이드 식으로 하고 있고 관절의 장해에 대해서는 AMA(미국의사협회) 기준에 따르도록 하고 있다. 보상금의 산정은 앞에서 설명 한 바와 같이 산재보험에서처럼 라이프니츠 계수를 적용하고 있고 법원에서의 소송 등에서는 호프만식 등으로 하고 있어서 적용 방식에서 차이가 나고 있다.

장해진단서의 발행은 당해 환자를 진료한 의사가 발행하지만 제3의 전문기관인 대학병원 등에서 발급하는 경우가 있다.

의료기관들에 있어서 장해판단은 보상금과 관련이 있으므로 무리한 요구를 하는 경우가 발생할 수 있다. 따라서 이런 경우 의료기관의 자동차보험 담당자들은 특정 급수를 언급하면서 중간에서 조정을 하는 경우가 있어서는 안된다. 이러한 이유 등이 문제가 되어 보험사기 등의 문제와도 연계될 수 있으므로 매우 유의하여야 한다.

장해판정과 관련한 보상금 등은 전문담당자인 손해사정인 또는 법률사무소 등으로 알아보도록 하여야 한다. 장해보상금 산정방식은 각 급수에 장해율, 연령, 소득금액, 과실률 등 여러 요소가 작용하므로 급여표에 나타나 있는 금액이 모두가 아니므로 개입하지 않도록 한다.

2 자동차보험약관에서 정하고 있는 대인배상 등 상해지급기준

〈별표 1〉 대인배상, 무보험자동차에 의한 상해지급기준 참조

3 자동차보험 환자의 보상관리시 유의사항

자동차보험 환자의 보상 부분은 매우 예민한 문제임은 이미 설명한 바 있다. 자동차보험 환자의 보상문제는 자동차보험회사와 환자와의 소관임을 적절한 선에서 안내하여야 하고 구체적으로는 어떻게 한다는 것은 말하지 않도록 하여야 한다.

특히 장해보상, 휴업손해, 소송 등에 대해서는 전문변호사나 손해사정인 등의 자문을 받도록 안내하고 의사의 소견에 반하여 원무담당자가 자의적으로 장해등급이 어느 정도에 속하는지 등에 대해 환자에게 절대 말하지 않아야 한다.

자동차보험회사의 업무방식에 따라 전 보험사가 공통으로 동일한 것이 아니고 모두 다르다. 그러므로 일률적인 방식으로 환자를 대하거나 아는 지식의 범위 내에서 조언을 하였다가 문제가 발생할 수 있음은 매우 유의하여야 한다.

제4절 사망보상

1 사망보상

자동차보험에서의 사망보상은 자동차사고로 사망한 경우에 유족에게 지급한다. 여기서 사망이란 교통사고로 인한 즉사와 이송 중 사망, 병원에서 치료 중 사망, 치료 후에도 교통사고와 상당한 인과관계를 가진 사망 등을 포함할 수 있을 것이다. 이 경우 교통사고로 인한 치료 중 사망에서 병원측의 현저한 과실이 없는 한 자동차보험으로 적용할 수 있다고 보아야 한다.

사망보상은 교통사고로 인하여 사망하는 경우에 그에 해당하는 민사배상금의 형식으로 지급되는 것이라고 볼 것이다.

2 사망의 추정

자동차보험에서는 사망의 추정에 대해서는 명문의 규정이 없다. 이에 대해서는 사고가 발생한 차량 등이 바다나 강에 빠져 차량에 타고 있던 탑승자 등의 생사가 밝혀지지 아니하거나 항행(航行) 중인 선박 또는 항공기에 있던 자동차의 탑승자(카페리호 등)가 행방불명 또는 그 밖의 사유로 그 생사가 밝혀지지 아니하면 민법에 따라 실종의 선고와 사망한 것으로 추정하고, 사망보상을 하는 것에 대해 생각해 볼 필요가 있을 것으로 생각된다.

3 사망보상금액〔영 제3조(책임보험금 등)〕

자동차보험 환자의 사망보상금은 자동차손해배상보장법 시행령 제3조1항1호에 의거 사망한 경우에는 1억5천만원의 범위에서 피해자에게 발생한 손해액. 다만, 그 손해액이 2천만원 미만인 경우에는 2천만원으로 한다고 규정하고 있다.

이때 사망보험금을 계산하는 방식은 본인의 월평균 현실소득액(제세액공제)에서 본인의 생활비(월평균현실소득액에 생활비율을 곱한 금액)를 공제한 금액에 취업가능월수에 해당하는 라이프니츠 계수를 곱하여 산정하는 방식을 택하고 있다.

* 자세한 사항은 약관의 별표 기준을 참조하기 바람

단원평가

제1절 의료보상

1. 의료보상의 의의에 대해서 설명하시오.
2. 의료보상의 종류에는 어떤 것이 있는가.
3. 의료보상의 요건에 대해서 설명하시오.
4. 책임보험의 보장한도의 종류와 내용에 대해 구체적으로 쓰시오.
5. 책임보상한도에 따른 담당자의 역할에 대해서 쓰시오.
6. 자기신체사고와 무보험차 손해에 대하여 구분하여 쓰시오.
7. 오토바이 보험의 가입율이 저조한 원인을 쓰시오.
8. 자동차사고 환자의 산재보험 적용에 대해 설명하시오.
9. 자동차보험진료수가 기준에서 국토교통부령에서 정하는 사항이란 어떤 것이 있는가.
10. 교통사고시 자동차보험의 계약자 등이 보험회사에 알려야 할 사항은 무엇인가.
11. 보험회사가 자동차보험 진료수가의 지급 의사 등을 통지하는 방법은 어떤 것이 있는가.

제2절 추가상병, 재의료보상, 후유증, 향후치료추정

1. 자동차보험의 추가상병에 대하여 설명하시오.
2. 자동차보험의 재의료보상에 대하여 설명하시오.
3. 자동차보험의 재의료보상의 요건은 어떤 것이 있는가.
4. 자동차보험의 후유증에 대하여 설명하시오.
5. 자동차보험의 향후치료추정에 대하여 설명하시오.

제3절 장해보상

1. 자동차손해배상법상 장해보상의 내용에 대하여 설명하시오.
2. 자동차손해배상법상 장해보상과 간병(가정간호비)에 대하여 설명하시오.
3. 자동차손해배상법상 장해보상의 등급 판정기준에 대해서 설명하시오.
4. 라이프니츠식과 호프만식의 차이를 구분하여 설명하시오.
5. 자동차보험 환자의 보상관리시 유의사항을 설명하시오.

제4절 사망보상

1. 자동차보험에서의 사망보상에 대하여 설명하시오.
2. 자동차보험에서의 사망추정에 대하여 설명하시오.
3. 자동차보험에서의 사망보상금 액수는 얼마인가.
4. 자동차보험의 보상과 관련하여 손해사정인의 역할에 대해서 설명하시오.

제3장 자동차보험 진료관리론

학습목표

- 자동차보험 환자의 진료관리 실무 및 특성에 대해 이해한다.
- 자동차보험 환자의 지불보증의 중요성을 이해한다.
- 자동차보험 환자의 입원관리에 대해 이해한다.
- 경미한 자동차사고 상해환자의 입원기준에 대해 이해한다.
- 자동차보험 환자의 퇴원 및 전원에 대해 이해한다.
- 자동차보험 환자의 입원료 및 식대 심사지침에 대해 이해한다.

제1절 자동차보험 환자 관리의 특성

1 자동차보험 환자 진료관리의 특성

자동차보험 환자의 일반적 특성을 구분하면 다음과 같이 설명할 수 있다.

1) 자동차보험 환자란

자동차보험 환자란 교통사고환자와 동의어로 자동차의 운행으로 인한 사고(이하 "자동차사고"라 한다)로 말미암아 의료기관에서 자동차보험으로 진료를 받았거나 받는 사람으로 정의할 수 있다.

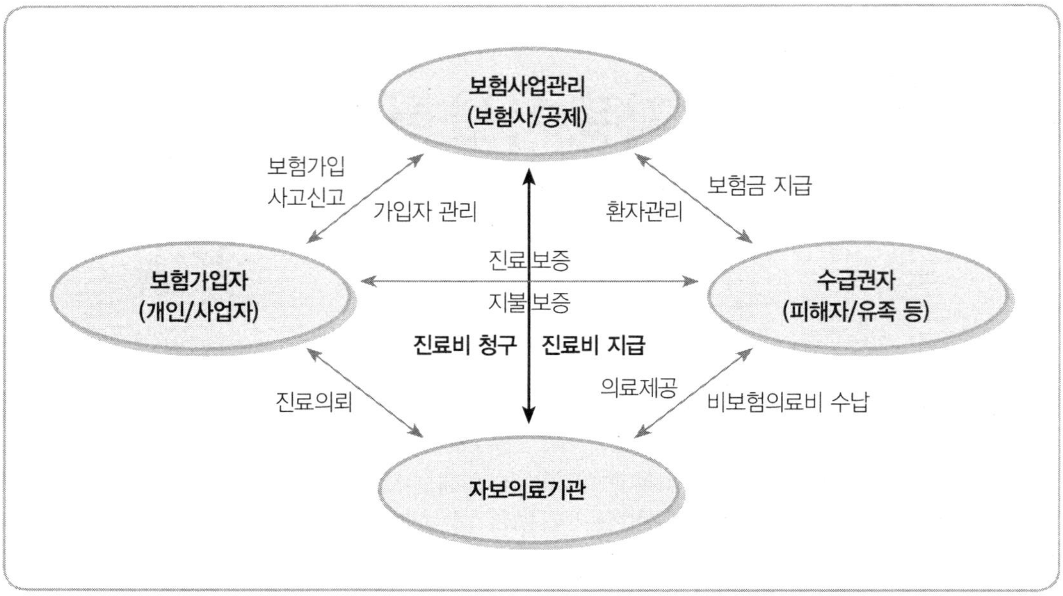

[그림 3-1] 자동차보험의 수행체계

2) 자동차보험 환자의 진료관리의 특성

자동차보험 환자의 진료관리란 자동차사고로 인하여 의료기관에서 진료를 받았거나 받는 과정에서 의료기관에서 행하는 의료행위 및 환자관리의 모든 것이라고 설명할 수 있다.

자동차보험 환자는 자동차보험에 가입한 자의 차량에 자동차사고를 당했을 때 진료하는 것으로 진료의 신청에서부터 치료의 종결 및 장해진단, 진료비의 청구 및 수령 등에 관하여 많은 행위가 있고 절차가 까다로운 것은 산재보험보다 덜 하지만 보험회사의 관리를 지속적으로 유의하여야 한다.

자동차보험 환자의 관리에는 자동차사고의 발생시 보험회사의 지불보증이 반드시 필요하다는 점에서 다른 보험 종별과는 현저하게 다른 점이다. 즉 환자를 처음 진료할 때부터 자동차소유자가 가입한 보험회사에 사고신고를 하고 보험회사의 지불보증이 있어야 자동차보험으로 진료가 가능하고, 진료비의 청구는 건강보험심사평가원으로 하며 진료비는 보험회사로부터 받게 되는 분리형 구조를 갖는다는 점이다.

다만 자동차보험은 사고의 특수성으로 인하여 건강보험보다는 보장 범위가 넓고 산재보험보다는 범위가 좁다고 할 수 있다.

또한 자동차보험 환자를 진료하는 과정에서 의료기관의 자동차보험 업무 담당자는 자동차보험 환자에 대한 관리는 물론 환자 진료와 관련하여 보험회사와 가입자, 피해자, 의사와 병원 등의 관계에서 많은 역할을 해야 할 수도 있다.

3) 자동차보험 환자의 특성

(1) 중증 또는 복잡다발성

자동차사고의 경우에는 중증인 경우가 많다. 무릇 사고라 함은 경상인 경우도 있지만 중대한 재해가 많은 것이 자동차사고의 특징이라 할 것이다. 자동차보험 환자는 보통 사람이 가정에서 작업을 하다가 다치는 경우보다 사고현장에서 더 크게 다치는 경우가 많다고 보아야 할 것이다. 또한 자동차의 충격으로 인하여 인체의 여러 곳을 복합적으로 다치는 다발성 사고가 많다고 할 수 있다.

(2) 회복지연

사고의 특성상 중증 및 다발성인 경우 회복이 지연되거나 이로 인한 장해의 발생 가능성 및 질병에 대한 합병증 등의 발병 가능성이 높다. 이것은 두부 손상이나 뇌출혈, 척추 등의 부상으로 장기간 요양하는 경우 우려되는 것이다.

(3) 긴급성 또는 응급성

차량 운행이 많고 속도가 빠른 도로 등에서의 사고는 골절, 출혈, 뇌출혈, 복강 파열 등 복합적이고 다발성과 함께 긴급성 또는 응급성을 요하는 경우가 많다.

(4) 외상성

자동차사고 환자는 건강보험 등의 질병의 경우보다 외상으로 인한 부상이 대부분이다. 자동차사고 환자는 운행 중인 차량으로부터의 외부의 충격으로 부상을 당하기 때문에 서행으로 운행하는 차량에서 조금만 충격을 가해도 인체에는 상당한 영향을 미친다.

(5) 재활성

자동차보험 환자는 상대적으로 젊은 계층에서의 사고도 많을 수밖에 없다. 이들은 사고 후 재활을 하여 사회에 복귀하여야 할 필요성도 있기 때문에 이에 대한 수요나 대처가 필요하다. 이것은 자동차보험 환자가 장기적으로 치료를 요하는 원인이 되는 수도 있다.

(6) 관리필요성

자동차보험 환자는 부상하기 전에는 건강한 신체의 소유자였기 때문에 입원생활에 적응하지 못하고 어려움을 호소할 수도 있으므로 1차 치료에서 회복하면 재활 등 적절한 의료기관으로 전원과 병동생활을 하도록 지도할 필요가 있다.

(7) 각종 서류관리의 유의

자동차보험 환자는 건강보험 등의 경우에 비하여 서류로 움직이는 것이 많다. 최초 지불보증서를 비롯하여 진단서의 발행과 진료비 금액의 한도여부 확인, 진료 및 입원지속여부에 대한 소견의뢰 및 답변 등의 과정에서 서류를 작성하여야 하고 적절히 답변하지 않으면 진료비의 청구와 수령에 불이익을 당할 수가 있다. 이에 따라 환자 및 회사에 대하여 관련서류의 적절한 문서의 수발이 매우 중요하다.

(8) 적정한 치료종결의 역할

자동차보험 환자는 부상과 질병의 특성상 장기적인 치료와 재활, 후유증 등이 복합적으로 작용한다. 이에 따라 자동차보험 환자는 최대한의 회복을 위하여 노력하게 되고 그러므로 치료기간이 장기화되는 경우가 발생한다. 이 경우 의사가 의학적 측면에서 치료를 하게 되지만 환자는 이에 만족하지 못하게 되고 치료를 연장하는 경우에 보험회사의 관리라는 제3자의 역할이 있기 때문에 이를 합리적으로 조정, 결정하는 모두가 만족하는 치료종결 결정을 내리기가 쉽지 않는 것이 진료현실에서 애로가 있는 것이다.

2 자동차보험 환자 진료관리 절차

자동차보험 환자의 진료관리에 관한 기본적인 절차와 과정은 다음과 같다.

① 최초 진료접수–응급실 및 외래 진료 접수
② 진료 병행과 함께 지불보증서 접수 확인
③ 입원 및 통원 결정에 따른 진료
④ 진단서 발행 병명, 진단기간 결정–진료비 한도 결정
⑤ 필요시 추가 진단 실시–추가병명, 진료연장시

⑥ 필요시 전원 조치 시행
⑦ 퇴원 또는 진료종결
⑧ 필요시 장해진단서 발행
⑨ 진료비 청구(진료비 종결 시 또는 매월 규칙적으로)
⑩ 진료비 심사, 지급과 이의신청
⑪ 종결

이상의 절차를 거치는데 이하에서 각 분야별로 구체적으로 설명하도록 한다.

제2절 진료관리실무

자동차보험 환자의 진료관리는 외래와 입원으로 구분하고 각 분야별로 자동차보험 환자의 특성에 맞게 간단히 설명하고자 한다. 여기서는 대인배상 I을 중심으로 설명한다.

1 최초 진료관리

1) 진료접수-응급실 및 외래 진료 접수 및 진료

자동차보험 환자가 교통사고로 인하여 내원하는 경우에 통상의 외래나 응급실에서 진료하는 절차와 같이 진료접수와 함께 진료에 돌입한다.

응급실이나 외래에서 자동차보험 환자가 내원하면 우선적으로 진료에 중점을 두면서 담당자들은 환자 및 환자가 소속한 보험회사와 인적사항 확인에 적극 나서야 한다. 이 경우 지불보증여부가 명확하면 바로 자동차보험 환자로 접수하고 그렇지 않으면 우선 건강보험 등으로 접수하여 인적사항을 확보하고 진료에 들어간다. 환자의 가해자가 동행하게 되면 보험회사 인적사항을 확인하여 자동차보험 사고 신고를 안내하도록 한다.

이 과정에서 특히 유의할 사항은 교통사고의 경우 경황이 없는 경우에 보험회사의 보상센터에 사고 신고를 하여야 하는데 보험 가입시 설계사에게 신고를 하는 경우가 있고 환자가

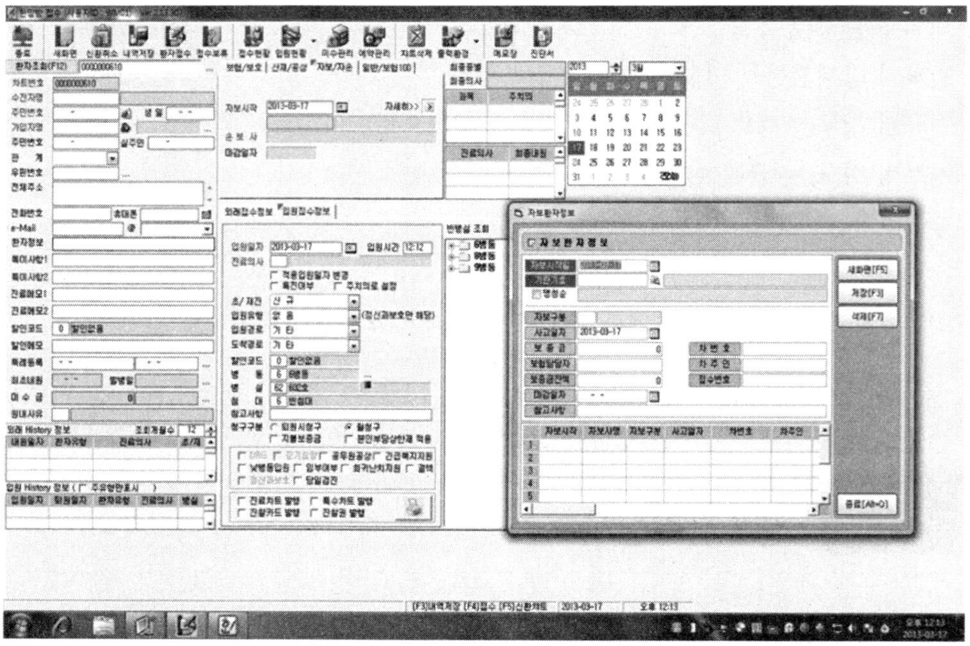

[그림 3-2] 자동차보험환자 진료접수 전산화면

* 자료출처-브레인컨설팅 전산화면 캡쳐

발생하면 대인배상에 대하여 신고를 해야 하는데 자동차 대물배상만 신고하여 지불보증이 안되고 접수가 지연되어 환자진료에 차질을 발생시키는 경우가 많다. 이 경우에는 의료기관의 직원이 자세히 안내하도록 하고 보험회사에서도 이 부분에 대해 신경을 써야 할 것이다.

2) 인적사항 파악

자동차사고 환자가 내원하면 본인이 의식이 명료하여 자기의 인적사항을 표시하는 경우에는 그에 따르면 될 것이나 그렇지 못한 경우 동반자나 환자의 신분증으로 인적사항을 확인하도록 한다. 자동차사고의 경우 심한 경우에는 의식이 없고 구급대를 통하여 이송되어 오는 경우가 많으므로 이때 필요한 경우 동반한 보호자 등의 인적사항도 추가로 기재하여 만약의 사태에 대비하여야 한다. 또한 환자가 의식이 없는 경우 등에는 관리에 도움이 될 만한 것은 모두 확보하도록 하며 환자가 확인 능력이 없으면 인상착의라도 파악해 두어야 하는데 이것은 차후에 특히 대량 인명사고에서 매우 중요하게 작용한다.

3) 담당자의 환자 확인

환자가 내원하면 접수를 하고 원무과의 자동차보험 담당자에게 연락이 되도록 한다. 이것은 병원 내의 자동차보험 환자와 관련한 커뮤니케이션이 원활한 경우에는 물론 모든 경우에 즉시 연락을 하도록 하여 환자 진료초기부터 병원 내의 전문담당자가 직접 관리에 나서도록 하는 것이 업무의 효율성 측면에서 매우 바람직하다. 이를 위하여 병원내의 업무네트워크를 잘 유지할 필요가 있다.

4) 의료기관의 지불보증 접수 확인

자동차보험에서 가장 기본이 되는 것이 지불보증의 확인이다. 교통사고 환자가 내원하면 환자 상태에 따라 진료를 진행하면서 반드시 보험회사의 명칭과, 보험회사의 신고 여부, 대인보험접수 여부(대물만 되는 경우가 많음), 접수번호, 보장보험종류 명칭, 진료비 한도 금액에 대하여 확인하여야 한다.

의료기관에 접수된 환자에 대하여 자동차보험회사에서 진료비의 지불과 관련한 보험 사항을 알려주는 경우에 의료기관은 다음 사항을 반드시 확인하고 통보서는 별도로 관리하거나 환자의 진료기록에 첨부하여 진료 및 관리과정에서 참조하도록 하여야 한다. 이는 통상 실무적으로 '접보확인'이라는 용어를 사용한다.

(1) 보험회사의 구분

(2) 지급의사 유무와 지급한도

(3) 사고 접수번호 – 이 번호는 추후 진료비 청구에 매우 중요하므로 반드시 정확하게 확인하여야 한다.

(4) 책임보험과 종합보험 여부 – 보험 종류에 따른 진료비 지급한도–책임, 종합, 자손, 무보험차 등

(5) 사고차량 번호 및 운전자 등 보험자 인적사항

(6) 사고일시 및 통보일시

(7) 통보자 – 통보해준 담당자

(8) **통보방법** – 전화, 팩스, 문서 등

지불보증 확인시 유의사항

1. 병원은 지불보증서가 오지 않으면 유선으로 확인하여 처리할 수도 있으나 확인자, 시간 등을 명확히 해 둘 필요가 있음
2. 자동차와 환자의 인적사항, 보험회사의 담당자의 이름과 접수번호, 지불범위, 책임과 종합, 면책 등 보험의 종류 등을 보험사 담당자와 확인하는 것이 원칙
* 면책(免責)통보–책임을 면함–보험사가 조사 후 가해자동차의 잘못이 없거나 보험 가입을 하지 않은 상태 등으로 보험회사의 지급 책임이 없다는 말
* 특히 보험회사에서 최초에는 지불보증을 해 주었다가 추후 면책통보를 하는 경우도 발생하게 되므로 이런 경우에는 반드시 환자에게 진료비에 관한 서약서를 받아 두어야 한다.
3. 자동차 책임보험도 가입하지 않은 경우 있음
4. 조사 후 피해자/가해자 바뀌는 경우
5. 경미한 경우 비보험 처리 종결 등 여러 사유가 발생하므로 반드시 지불보증서를 받을 것
6. 보험모집인(설계사)에게 신고하는 경우가 많은데 보상센터로 정확하게 신고하도록 확인할 필요
7. 각 회사별로 지불보증서가 조금씩 양식을 달리하고 있음. 처음에 보증서를 받을 때 내용을 잘 확인하도록 하여야 함
8. 각 회사별로 지불보증서 접수번호 표기법이 차이가 있으므로 심평원 기준에 맞추도록 함
9. 소규모병원처럼 1명이 접수와 담당을 같이하면 별 문제가 없으나 종합병원 등 여러 사람이 번갈아 근무를 하거나 당직자가 별도로 있는 등 다양한 사람이 보증서를 접하면 확인에 유의해야 함
10. 접수번호는 특히 동일인이 동일 보험사에 수차례의 사고가 나는 경우 번호확인이 혼란되지 않도록 유의하여야 함–중복, 다른 번호 적용 등

5) 자동차회사에 대한 통보 및 협조

환자의 진료와 함께 사고 차량이 사업용 자동차이거나 회사소속 차량인 경우에는 회사의 담당자와 연락하여 의사의 판단에 따른 환자의 상태와 앞으로의 진료방향에 대해 협조를 요청한다. 또한 회사의 산재 업무처리방침에 따라 요양신청서 제출을 요청하고 이에 따라 의료기관의 절차를 안내하고 본격적인 환자 진료관리에 돌입한다.

이때 자동차 회사가 의료기관의 인근에 있거나 평소 면식이 있는 경우 등에는 그에 따라 진료비관리를 염두에 두도록 하며 기본적으로는 매 진료시기에 진료비를 수납 받는 것을 원칙으로 하지만 산재처리가 명백한 상황에서는 담당자는 산재나 자동차보험 환자 진료관리

지침에 따라 융통성을 가질 수 있다.

6) 요양급여 환자 분류

환자 접수 후 교통사고가 업무상 사고 등 산재적용의 가능성이 확실한 경우에는 요양신청서를 지참하지 않았다고 하더라도 산재보험 환자에 준하여 관리하도록 하고 개인적인 사유로 부상을 한 경우에는 자기신체사고보험이나 무보험차상해보험, 또는 보유불명자동차 등의 경우에는 그에 맞게 분류하여 진료를 하도록 한다. 자기신체사고보험과 무보험차상해보험에 가입한 경우는 해당 보험회사의 지불보증으로 책임보험에 준하여 처리하면 되고 보유불명 자동차보험 등의 보장사업에 대해서는 정부보장사업으로 책임보험 범위내에서 진료하면 되며 진료비관리론과 권리보장론에서 재론한다.

Tip 자동차사고 후 자동차보험과 산재보험과의 관계

자동차를 이용하여 업무를 수행하다가 사고가 발생한 경우 이를 자동차보험으로 적용할 것인지 산재보험으로 적용할 것인지 선택해야 할 경우가 있다.

이 경우에는 당연히 업무수행자가 자동차보험에 가입한 근로자라는 것을 필요로 할 것이며 원칙적으로 자동차보험 적용이 우선이라고 볼 것이다. 그러나 자동차보험이 적용되지 않는 사항이거나 자동차보험으로의 보장이 미흡하게 되면 산재 적용을 검토할 수 있을 것이다.

이 경우에 회사는 사고의 경위를 정확히 파악하여 관할 근로복지공단 등과 협의하여 근로자를 보호하기 위한 최선의 방법으로 적용하는 것이 바람직하다고 할 것이다.

2 진단서 등의 발급

자동차보험 환자의 진료는 보험회사의 지불보증에 대하여 의료기관에서는 환자에 대한 진단서를 발행하여 환자의 상태와 진료기간 등을 예상하게 되고 보험회사에서는 이 진단서를 근거로 하여 책임보험인 경우 진료비 지급한도를 결정하게 된다.

따라서 진단서의 발급은 가장 기초적이고 중요한 업무라고 할 수 있다. 진단서는 최초 진단서와 추가진단서로 구분할 수 있다.

1) 최초 진단서 발급

최초 진단서는 자동차보험 환자가 내원하여 처음 진료하고 발행하는 진단서로 보험 진료비 등급 결정에 반드시 필요한 서류이다. 최초 진단서는 담당의사의 진료 및 검사결과에 따른 소신있는 판단으로 환자의 상병상태와 상병명, 진료예상기간 등을 기재하도록 하고 있다. 최초 진단서는 원칙적으로 초진 진료 후 하루 이상 경과 후 발행할 수 있겠는데 이는 환자를 하루만 진료하고 그에 따른 진단서를 발행한다는 것이 어렵고 추후 상병상태의 변동요소가 있기 때문이다.

최초 진단서는 진료비의 등급 결정은 물론 교통사고 가해자의 위법행위에 대한 형사적 업무처리시에도 작용될 수 있고 진단서는 법적 구속력을 가지고 있으므로 발행에 매우 신중하여야 한다. 즉 진단기간의 경중에 따라 가해자의 신병 처리에도 영향을 미칠 수 있다는 것을 의미한다.

최초 진단서는 반드시 환자가 요구하여 발행하도록 하여야 한다. 이것은 환자에 대한 진료기록의 일부이고 개인정보의 문제이므로 보험회사에서 업무상 요구한다고 하여 직접 보험회사로 제공할 수는 없다는 것이 실무적인 판단 기준이다.

따라서 보험회사에서 진단서를 필요로 하게 되면 환자를 통하여 의료기관으로부터 진단서를 교부 받고 이를 환자에게서 제출 받거나 환자의 위임을 받아 의료기관의 담당자로부터 제출받는 방법을 사용할 수 있다.

진단서의 발급은 의료기관의 통상적인 진단서 발급과정에 맞게 시행하면 되고 진단서 발행 비용은 환자에게 수납을 받는 것이 원칙이고 환자는 추후 보상금 산정시 보험회사에 청구하도록 하여야 한다.

진단서 발행 절차

1. 진료비 한도 결정시 필수 서류
2. 환자의 진료차트를 확인 – 종이/전자차트
3. 환자의 주치료 담당의사를 방문
4. 환자 인적사항 및 용도설명 후 진단서 발급을 요청
5. 진단서 받음 – 서식/전산
6. 담당의사 확인 – EMR 등록 서명 날인 확인
7. 1부는 병원 보관, 1부는 병원 대표자 직인 날인하여 환자에게 교부

– 진단서는 필요시 경찰서의 업무처리용으로도 제출될 수 있음

(1) 의의

진단이란 의사(醫師)가 환자(患者)를 진찰(診察)하여 환자가 가지고 있는 몸의 이상상태를 정확하게 파악하고 이에 따라 적절한 처치를 결정하기 위하여 근거를 얻고 병상을 판단(判斷)하는 것이라고 볼 수 있고[네이버 지식백과](간호학대사전, 1996.3.1, 한국사전연구사)

진단서란 의사가 환자의 상태를 진찰하거나 검사한 결과를 종합하여 생명이나 건강의 상태를 증명하기 위하여 작성한 문서로 의사 · 치과의사 또는 한의사가 사람의 건강상태나 상병(傷病) 등의 실정을 진단한 결과를 증명하기 위하여 작성하는 문서라고 할 수 있다. [네이버 지식백과]

(2) 진단서의 법적 기능

진단서는 의사 개인이 발행하는 사적인 문서이나 사회적으로나 법적으로는 공문서에 준하여 사용되고 있다. 그 예로 출생증명서, 사망진단서 등을 들 수 있고 상해진단서를 비롯 각종 진단서 등이 국공립기관 및 민형사 소송 등 법적 과정과 행정기관에서 중요한 문서로 사용되고 있다. 또한 최근에는 개인 사보험의 발달로 진단서 등의 사용이 확대되고 있으며 진단서 등과 관련한 문제가 많아질 것으로 예상되고 있다(출처-http://blog.daum.net/drstone/6014539).

이러한 진단서의 법적 기능은 의료의 특수성과 함께 의사에 대한 신뢰를 기본으로 하며 의료법에서도 자기가 진료하지 않은 경우에는 진단서 등을 발급하지 못하도록 엄격하게 규정하고 있는 것이므로 의사가 발행한 진단서에 대한 신뢰가 무너지면 사회의 신뢰성도 하락하게 된다는 사실을 유의하여야 할 것이다.

2) 진단서 작성의무

(1) 무진찰 진단서 등 작성교부 금지의무

① 원칙

진단서의 발급주체 및 진찰한 자의 발행 취지에 대하여 의료법[1994. 1. 7. 법률 제4732호로 개정(1994. 7. 7. 시행)되기 전의 것] 제18조 제1항은 "의료업에 종사하고 자신이 진찰 또는 검안한 의사 · 치과의사 또는 한의사가 아니면 진단서 · 검안서 또는 증명서를 교부하지 못한다. 다만, 진료 중이던 환자가 최종진료시부터 48시간 이내에 사망한 경우에는 다시 진찰하지 아니하더라도 진단서 또는 증명서를 교부할 수 있다"라고 규정하고 같은 법 제67조는 위 제18조 제1항의 규정에 위반한 자에 대한 형벌을 규정하고 있는바, 이는 진단서 등은 의사 등이 진단한 결과에 관한 판단을 표시하는 것으로서 사람의 건강상태를 증명하고 민 · 형사책임을 판단하는 증거가 되는 등 중요한 기능을 담당하고 있으므로 그 정확성과 객관성을 담보하기 위하여 직접 진찰한 의사 등만이 이를 교부할 수 있도록 하는 데 그 취지가 있다 할 것이다.[1]

따라서 의사가 아닌 자의 진단서 발행은 엄격히 금지되어 있음을 명심하여야 한다.

② 예외

진단서 등은 의료업에 종사하고 직접 진찰하거나 검안한 의사 등이 발행하는 것을 원칙으로 하고 있으며 다만 부득이한 사유가 있으면 같은 의료기관에 종사하는 다른 의사 등이 환자의 진료기록부 등에 따라 진단서 등을 내어 줄 수 있다. 여기서 말하는 부득이한 사유라 함은 의사가 진료 후 외국으로 연수 또는 여행 중이거나 이와 유사한 정도의 장기간 진료 부재상태, 또는 의료인의 질병, 퇴직 등으로 진료를 하지 못할 때 등이라고 보아야 할 것이다.

이와 관련하여 자신이 진찰하지 아니한 자에게 병원의 대표 명의로 건강진단서를 발급한 행위에 대하여 한 2개월 의사면허정지처분이 재량권을 일탈하여 위법하다고 본 사례가 있다.[2]

③ 발행시기

진단서 등을 발행하는 시점은 기본적으로 진료가 지속되고 있거나 검사결과가 임상적 또는 최종적으로 확정된 시점이라는 것을 전제로 하며 환자의 진료가 종료된 시점이 상당기간–예를 들면 환자의 상태가 고착된 것이 3개월 이상 경과한 경우에는 진료를 종결할 당시의 상태로 진단서 또는 소견서를 작성하게 하거나 환자의 상태가 변동이 큰 경우 등 그렇지 않은 경우에는 진단서를 요구하는 시점의 상태를 재 진단하여 진단서 등을 발행하는 것이 타당하다 할 것이다.

---

1) 대법원 1996.06.28. 선고 96도1013 판결[의료법위반] 종합법률정보 판례

2) 대법원 1993.07.13. 선고 92누16010 판결[의사면허자격정지처분취소] 종합법률정보 판례

(2) 진단서 등 교부의무

① 원칙

의사 · 치과의사 또는 한의사는 자신이 진찰하거나 검안한 자에 대한 진단서 · 검안서 또는 증명서 교부를 요구받은 때에는 정당한 사유 없이 거부하지 못한다. 또 의사 · 한의사 또는 조산사는 자신이 조산(助産)한 것에 대한 출생 · 사망 또는 사산 증명서 교부를 요구받은 때에는 정당한 사유 없이 거부하지 못한다(의료법 제17조제3항, 4항).

여기서 의사 등이 진단서 등을 발행하는 과정에서 정당한 사유없이 거부하지 못한다는 것은 의료인이 자신이 진료한 환자의 상태를 증명하는 것은 의료인으로서 정당한 의무를 다한다는 차원에서 강제되는 것이라고 보며, 진단서 등이 각종 증거자료로 사용되므로 이를 회피하게 되는 경우 관련되는 사무를 수행할 수 없는 문제도 발생하게 되는 것을 방지하고자 하는 것이라고 본다.

② 예외

여러 가지 이유에서 환자측은 진단서 등을 교부받을 필요가 있어 위와 같은 내용이 규정되었다고 본다. 그러나 반드시 환자의 진단서 등의 교부 요구에 모두 응해야만 하는 것은 아니라고 볼 것이다. 즉, 정당한 사유가 있으면 이를 거절할 수도 있는데 본인이 직접 또는 적법한 대리인이 요구하는 경우가 아닌 경우(예를 들어 환자의 동의서가 없는 보험회사 직원의 발급요구) 또는 범죄에 이용될 것이 명백한 경우, 환자에게 알리는 것이 환자에게 해로운 경우 등에는 거부할 수 있을 것이다.[3)]

3) 허위진단서 등 작성 금지

의료법 제17조에서 의료법에 종사하고 직접 진찰하거나 검안한 의사, 치과의사, 한의사가 아니면 진단서 등을 환자 등에게 교부하지 못한다고 규정하고 있다. 이와 관련하여 형법에서는 별도로 제233조(허위진단서등의 작성)에서 의사, 한의사, 치과의사 또는 조산사가 진단서, 검안서 또는 생사에 관한 증명서를 허위로 작성한 때에는 3년 이하의 징역이나 금고, 7년 이하의 자격정지 또는 3천만원 이하의 벌금에 처한다고 규정하고 있어 진단서의 허위발급 등에 대해 엄격하게 규정하고 있다.

---

3) 대한의사협회. 의료법원론. 2008. 법문사. p.80

참고법률

▶ **형법** [시행 2018.12.18.] [법률 제15982호, 2018.12.18., 일부개정]

§제233조(허위진단서등의 작성) 의사, 한의사, 치과의사 또는 조산사가 진단서, 검안서 또는 생사에 관한 증명서를 허위로 작성한 때에는 3년 이하의 징역이나 금고, 7년 이하의 자격정지 또는 3천만원 이하의 벌금에 처한다.[전문개정 1995.12.29]

4) 진단서 등의 작성지침

여기에 관해서는 대한의사협회에서 발간한 진단서 작성지침을 참고하기 바람 (http://www.kma061.or.kr/news.htm?id=458&code=_5&start=40&field=&s_que=&category=&clubno=)

의료법에서 의사 등이 발급하는 진단서 등은 의료법 제17조 1항에서 진단서, 검안서, 증명서, 처방전을 규정하고 있고 동조 제2항에서는 출생, 사망 또는 사산증명서 등을 예시하고 있으나 사실상으로는 병원에서 의사 등의 명의로 발행하는 모든 진단서와 증명서 등이라고 보아야 할 것이다.

5) 추가진단서의 발행

추가진단서는 최초 진단서의 발행 후 추가상병의 발현이나 진료기간의 연장 등 변동사유가 발생하는 경우에 발행한다. 이것은 최초 진단서의 발행과 유사한 절차를 거치면 되고 다만 경찰서 등에는 별도로 요구하지 않는 한 제출되지 않을 수 있다.

3 진료관리

1) 외래 진료관리

(1) 진료기간 관리

자동차보험 환자는 산재보험의 경우처럼 진료에 관한 모든 사항을 자동차보험회사의 승인을 얻을 필요는 없다. 다만 최근 들어 최초 진단서상의 진단기간을 준수하고자 하는 의지를 많이 보이고 있어 이에 대해서는 유의할 필요가 있다.

즉 자동차보험 환자가 내원하면 1차로 환자를 진료하면서 최초 진단서를 제출하여 보험회사로부터 진료비 한도와 진단기간을 적용받게 되는데 예전에는 이에 대해 크게 관여하지 않았으나 최근에는 진단기간과 관련하여 진단기간이 도래하거나 경과할 즈음이면 보험회사에서는 적극적으로 진료의 종결에 대해 소견을 조회하는 경우가 발생하고 있다.

(2) 외래 통원과 입원 결정시 유의사항

자동차보험 환자가 외래에서 통원을 하는 경우는 의사의 진료 후 의학적 소견상 부상이나 질병이 경미하여 굳이 입원하여 진료할 필요가 없다고 판단되는 경우에 실시하여야 한다. 즉 환자의 입원은 통원불편, 보호자 부재 등으로 의학적 소견과는 상관없이 입원하고자 하는 경우는 배제되어야 한다.

특히 자동차보험 환자는 최초 진단서의 소견을 중요시하여 의료기관에서 임의로 입원을 시킨 후 진료를 할 수 있으나 경미한 상해환자의 경우 입원에 대해서는 입원 진료를 지양해 줄 것을 기대하게 되는 것이다. 다만 경미한 환자라 하더라도 이른바 사회적 요인이라 하여 환자의 상태가 귀가 후 관찰을 책임질 수 있는 보호자의 존재, 증상 악화시 병원으로 복귀할 수 있는 능력 등을 고려 반드시 경과관찰이 필요한 경우에는 입원이 가능하다고 볼 수도 있음을 유의하여야 한다.[4)]

이에 대해서는 경미한 환자 입원기준편에서 재론한다.

2) 입원 진료관리

자동차보험 환자의 재원관리는 통상의 경우와 같은 내용으로 하면 된다. 다만 다음의 몇 가지 사항에 대해 설명하고자 한다.

(1) 입원 결정

자동차보험 환자의 진료 후 환자의 상태가 입원하여 진료가 필요한 경우 의사는 입원 결정을 내리게 된다. 앞에서 전술한 바와 같이 의사는 반드시 의학적 판단에 따라 입원 결정을 하여야 하며 건강보험 진료급여기준에서 정한 바와 같이 환자의 불편 등을 이유로 결정하여

---

4) 경미한 자동차사고 상해환자 입원기준참조

서는 안된다.

만약 의사의 판단으로 입원이 불필요하다고 하는데 환자가 입원을 요구하는 경우에는 환자의 개인적 환경이나 환자의 사보험 등의 경제적 목적이 있을 수 있으나 이는 사회적 요인이 아니면 전혀 고려요소가 아니다.

의사가 입원이 필요하다고 판단하는 것은 사실 의학적 판단에 따르기는 하지만 주관적일 수도 있다. 따라서 의사의 판단에 따라 입원이 결정되면 담당자는 의사의 소견을 존중하여 이유 없이 입원시킨 것이 아니라는 것을 보험회사 관계자들에게 인식시켜 주도록 하여야 한다.

만약 이것이 증명되지 못하면 결국 자동차보험 사기 등의 사회적 문제에 전혀 의도한 바와 다르게 협조하는 상황처럼 인식될 수도 있기 때문에 매우 유의하여야 한다.

(2) 입원수속

자동차보험 환자도 통상 환자의 입원 수속과 비슷하다고 할 것이다. 다만 중증환자, 상급병실 사용과 선택진료 등 건강보험과 자동차보험 비급여 적용 여부 등에 따라 진료비 수납 여부에 영향을 미칠 수 있으므로 별도의 지불보증에 유의하여야 한다. 따라서 자동차보험 환자의 입퇴원 결정시 입퇴원 담당자와 자동차보험 담당자의 역할과 협력이 꼭 필요하며 종합병원처럼 업무가 분리되어 있는 경우에는 더욱 그렇다고 볼 것이다.

따라서 자동차보험 환자의 입원시에는 추후 자동차보험 환자의 관리를 위해서도 반드시 자동차보험 담당자가 확인하도록 하는 것이 좋다.

① 보험회사가 보증할 때

자동차보험 환자에 대하여 보험회사가 전적으로 지불보증을 하는 경우에는 보호자의 보증만으로 입원이 가능하다고 보면 될 것이다. 이때 자동차보험으로 진료하는 기본적인 진료비는 보험회사가 부담하게 될 것이며 건강보험 적용사항(개인질병)이나 비보험에 대해서는 보호자에게 별도의 보증을 받도록 하면 될 것이다.

다만 특히 주의하여야 할 것은 보험회사에서 최초에는 지불보증을 해 주었다가 추후 면책통보를 하는 경우도 발생하게 되므로 이런 경우를 대비하여 반드시 환자에게 진료비에 관한 서약서를 받아 두어야 한다.

② 보험회사의 보증이 불확실할 때

자동차사고의 조사 결과가 불명확하여 사고 확인이 불가능하거나 보험회사로부터 명확하게 지불보증을 받지 못하는 경우에는 먼저 보험 접수를 안내하고 그에 따르도록 하며 전혀 불가능한 경우에는 정부보장사업이나 운전자가 가입한 보험 내지 건강보험 등으로 입원하도록 한 후 보험이 확정되면 보험 종별 전환을 한다.

이 때 비보험으로 인한 보증인은 일반적인 입원 수속과 비슷하며 자동차보험이 적용된 후에도 비보험진료, 자기질병에 대해서는 피해자가 내야 하는 진료비가 있으므로 환자 보호자의 보증은 필요하다.

③ 환자에 대한 보증인의 확보

자동차사고로 인하여 환자가 내원했을 때 진료비측면의 지불보증과 보호자의 문제와 함께 중증 진료나 수술 등의 긴급한 사유로 인하여 보호자가 필요한 경우 보호자를 확보하는 것이 원칙이다. 만약 보호자가 확보되지 않거나 보증인이 없는 경우에는 자체적으로 가해자나 경찰, 구급대 등 병원이 객관적으로 동의를 할 수 있는 증인을 확보할 필요가 있으며 이들이 법적 책임을 질 수 없다고 하더라도 임석한 보호자, 동행인에게 상황을 설명하고 설명 동의서를 확보해 두는 것이 추후 입원 및 진료상의 문제점 발생 방지를 위한 최소한의 조치라고 볼 수 있을 것이다.

(3) 통원하다가 입원하는 경우

자동차보험 환자가 처음에는 통원을 하면서 치료하다가 며칠 후 상병 상태의 변화로 입원을 하게 되는 경우도 발생할 수도 있다. 이 경우는 처음 응급실이나 외래로 왔다가 정확한 병명이 나오지 않아 며칠간 통원하다가 진단이 확정되어 입원을 하는 경우 등 다양한 사례가 발생할 수 있다.

이 경우에도 반드시 입퇴원 담당자는 자동차보험 담당자와 협의를 거쳐야 하며 자동차보험 담당자는 보험회사의 담당자에게도 통보하여 관련되는 조치를 취하도록 하는 것이 좋다.

특히 외래환자가 통원진료를 하다가 입원하게 되면 원무과 자동차보험 담당자가 추적관리를 하기가 어려우므로 입원시에는 반드시 알 수 있도록 내부 협력체계가 구축되어 있어야 한다. 만약 그렇지 않으면 내부 전산망으로 확인을 할 수 있는 시스템을 구축하도록 하여야 한다.

4 경미한 자동차사고 상해환자의 입원기준

1) 의의

자동차보험 환자를 진료하는 과정에서 발생하는 끊임없는 논란은 자동차사고 환자의 입원에 관한 사항이다. 이것은 보험회사측 입장에서는 경미한 자동차사고 환자를 입원하게 하여 의료계에서 수익의 일환으로 생각하고 있고 자동차보험 사기의 원인이 된다는 견해와 의료계는 자동차사고의 특성상 경미하다고 판단할 수 있는 근거가 모호하며 환자의 요구나 의사의 판단에 따라 결정하고 있다고 주장하는 견해가 항상 대립되어 왔다.

그러나 이것이 문제가 되는 것은 비록 의사의 진료권에 관한 문제이기는 하나 이로 인하여 자동차보험 사고 환자의 허위, 부재환자 및 보험사기의 문제가 심각해진다고 생각하고 있기 때문이다.

이에 당시 국토해양부에서는 2012년에 자동차사고 환자 입원 기준을 마련하여 의료계에 협조하여 줄 것을 요청하였다.[5)]

2) 경미한 자동차사고 상해환자 입원기준

(1) 적용 대상

① 뇌경추 · 요추의 좌상(타박상) 및 염좌(삠) 등으로 인한 경미한 또는 경도의(이하 "경미한"이라 한다) 자동차사고 상해환자에 대해서는 통원치료가 원칙

㉠ 경미한 상해환자 여부는 상해 부위 · 정도 또는 등급, 자동차사고 상황 · 충격량 등을 고려하여 의사가 전문적으로 판단

* 자동차사고 표준간이상해도(AIS)에 의한 경미한 상해(예시)

- 두안부 좌상 및 뇌진탕(101, 102), 경부 좌상 및 염좌(201, 202), 배요부 좌상 및 염좌(301, 302)
- 생명의 위험도가 1~10%(경미) : 상해가 가볍고 그 상해를 위한 특별한 대책이 필요없는 상해
- 생명의 위험도가 11~30%(경도)인 상해 : 생명에 지장은 없으나 어느 정도 충분

5) 국토해양부 공문자료. 자동차운영과-2050 (2012.6.28)

한 치료를 필요로 하는 상해

㉡ 다음 사항에 대한 체계적인 조사 · 연구를 거쳐 경미한 환자에 대한 명확한 판단기준을 단계적으로 마련

- 자동차사고 환자의 발생 · 피해 특성과 피해보상체계, 표준간이상해도(AIS), 입원율과 치료일수
- 개별 환자의 연령 · 사고전 신체상태 및 업무활동 · 기왕증 유무 기타

(2) 경미한 환자의 입원 기준

① 자동차사고 환자에 대한 적절한 진료를 보장하고 보험회사, 의료기관 및 환자 간에 진료비 분쟁을 방지하는 것이 목적

㉠ 의료기관은 환자의 조속한 원상회복을 위하여 필요한 진료에 최선을 다하되 보편 · 타당한 방법, 범위 및 기술에 따라 진료

* 자동차손해배상 보장법 제15조, 자동차보험 진료수가기준 제4조

② 의료인은 진료 요청을 받으면 정당한 사유없이 거부하지 못하며 응급환자에게 응급의료에 관한 법률에 따라 최선의 처치 시행

* 의료법 제15조, 진료거부 금지등

③ 자동차사고 환자의 의료기관 입원치료 여부는 국토해양부가 권고하는 "자동차사고 환자 입원기준"을 참고하되, 의사가 전문적인 의학적 판단에 따라 결정

* 경미한 자동차사고 환자 입원기준 : 붙임

㉠ 의사가 자동차 사고의 심각도, 환자의 증상이나 기왕력, 진찰 · 검사 소견 등을 종합적으로 고려하여 판단

㉡ 외상성 뇌손상 환자

- 글라스고우 혼수척도가 15점 미만으로써 눈뜨기나 언어 · 운동 반응에 일부 이상이 있는 경우에는 입원
- 혼수척도가 정상(15점)이라도 뇌전산화단층촬영결과 두통 · 구토 등 이상이 있는 경우에는 입원

  * 글라스고우 혼수척도(Glasgow coma scale) : 눈뜨기, 언어와 운동반응 등 3개 반응을 합산하여 15점인 경우는 정상(낮을 수록 중상)

  – 최악의 상태(3점) : 전혀 눈을 뜨지 않거나 소리를 내지 못하거나 운동반응

이 없음

㉢ 경추부, 요추부 손상 환자

• 경부 통증을 호소하면서 식사 · 이동 등 일상생활이 상당히 제한될 것이라고 의학적으로 판단되는 경우에는 입원

* 통증강도 즉, 시각통증등급(Visual Analogue Scale, VAS) 10점 중 7점 이상(높을 수록 중상)

– 10cm 눈금자에 1cm간격으로 통증정도를 검사자의 질문과 피검사자 답변으로 표시

㉣ 다만, 사회적으로 퇴원이 적합하지 않거나 기타 의학적 사유로 통원치료가 불가능하다고 판단되는 경우에는 입원

* 사회적 요인 : 귀가후 관찰을 책임질 수 있는 보호자 존재, 증상 악화시 병원으로 복귀할 수 있는 능력 등

④ 경미한 환자 입원기간이 3일을 초과하는 경우 필요시 보험회사는 입원상태 점검서를 작성, 병원에 입원필요성 재판단 요청

* 세부 입원상태 점검서 : 양식

㉠ 확인서 작성을 위해 보험회사 요청이 있을 경우 의료기관은 정당한 사유가 없으면 진료기록, 임상소견서 및 치료경위서 등 열람, 지원

* 입법례(자동차손해배상보장법 제14조, 진료기록의 열람등) : 보험회사등은 의료기관으로부터 자동차보험진료수가를 청구받으면 관계 진료기록 열람 청구

* 개인정보 보호 법익과의 충돌을 최소화하기 위해 자배법 개정 필요

㉡ 보험사업등 종사자는 진료기록등의 열람으로 알게 된 다른 사람의 비밀 누설 금지

(3) 적용 방법

① 입원기준은 보험업계와 의료업계의 자율적 기준으로 적용

② 자동차보험진료수가 분쟁심의회의 심의기준으로 적용

* 분쟁심의회의 "입원료 및 식대 심사지침('09.9.24 개정)"과 조화롭게 적용

③ 자동차보험진료비 심사업무가 개별 보험회사에서 전문심사기관으로 전환 위탁될 경우 동 기관의 심사기준으로도 적용

* 입원기준을 자동차보험 진료수가기준(국토해양부 고시)에 반영하는 방안은 소관법

률 개정, 체계적인 정책적 타당성 검토를 거쳐 중장기적으로 추진

(4) 제도개선 및 협조사항

① 보험회사는 입원일수에 따라 보험금을 지급하는 상해보험을 보험소비자가 과다하게 가입하지 않도록 가입단계에서 심사 강화

② 자동차사고 환자에 대한 초기 검사를 강화하고 사고 발생후 최초 검사 결과에 따라 입원 또는 통원진료 판단

③ 입원진료와 통원진료에 대한 보상금 차이를 최소화하거나 통원진료에 대한 인센티브 부여방안 검토

* 현행 자동차보상체계의 문제점이나 한계

- 진료비에 대한 본인 부담금이 없고 사고 피해자 입장에서 피해 또는 보상의식이 강하고 입원이 위자료를 받거나 보상금 협상하는 데 유리

④ 입원기준에 따른 입원 거절로 초기에 적절한 치료를 받지 못하여 발생하는 환자 후유증이나 의료사고에 대한 책임분담 방안 강구

⑤ 정부, 업계, 관련기관 및 단체는 자동차사고 환자에게 필요한 최선의 진료 보장 및 도덕적 해이를 방지하기 위하여 상호협력 · 지원

㉠ 사실관계 확인, 성과목표 및 성과지표 측정 · 관리, 규제의 정책적 타당성 검토 등을 위한 조사 · 연구 실시

(5) 제도화 추진방안 및 효력

① (임의적 효력) 우선, 입원기준을 업계의 자율적 기준으로 적용

㉠ 의료기관 : 사고환자의 입원 · 통원 진료방법을 결정하거나 퇴원 · 전원 지시, 진료비 청구기준 등으로 활용

* 연구보고서 : '의사와 환자의 판단에 도움을 주고자 참고자료로 제시하는 것이며, 실제 진료는 의사가 환자 상황을 고려하여 최종 결정'

㉡ 보험회사 또는 전문위탁기관 : 진료비 심사 · 지급기준으로 활용

㉢ 자동차보험진료수가 분쟁심의회 : 의료계와 보험회사간 진료수가 분쟁의 심사 · 조정기준으로 활용

㉣ 자동차사고 가 · 피해자 및 보험가입자 : 교통 · 보험윤리를 확립하고 건전한 자동차문명 발전하는 데 동참

* 자동차손해배상보장법 제1조(입법목적)

㉤ 국토해양부와 지자체 : 입원기준 적용실태 모니터링, 타당성 검토과제를 중심으로 공동 조사연구사업 실시

② (강제적 효력) 중장기적으로 체계적인 정책적 타당성 검토와 시행기반 조성한 후 필요시 정부 고시등 규제 추진

* '문제가 발생할 때마다 규범화하는 건 바람직하지 않으며 무엇보다도 사실조사 · 확인을 거쳐 건전한 상식과 국민 지지에 기초한 정책 개발 필요'

③ (기대효과) 사고 당사자는 물론 의료기관과 보험회사간에 진료비에 관한 분쟁을 예방하거나 신속하게 해결하는 데 기여

㉠ 허위 · 과잉진료와 부재환자, 보험금 누수로 인한 사회적 비용을 줄이고 정직한 보험질서 확립 및 공정사회 구현

* 입원율과 입원일수를 적정화하고 환자의 재활 및 일상생활 복귀 촉진

[붙임]

경미한 상해환자 입원기준

대분류	중분류	입원기준
외상성 뇌손상 환자	성인	1. 글라스고우혼수척도가 15점 미만인 경우 • 글라스고우혼수척도는 사고후 외상성 뇌손상 환자가 내원하는 첫 의료기관에서 초기에 의료진이 측정한 것을 기준으로 함 2. 글라스고우혼수척도가 15점(만점)이나 뇌 전산화단층촬영술 적응증에 해당되어 시행한 영상에서 이상이 있는 경우 • 전산화단층촬영술 적응증(다음 중 한 가지 이상 포함되는 경우) – 글라스고우혼수척도가 15점 미만 – 의미있는 내과적 문제가 있는 경우 – 국소 신경학적 이상 소견 – 두개저골절 혹은 함몰성 두개 골절의 임상적 징후가 포함된 쇄골 상방의 손상 – 의식 소실 – 기억 상실 – 발작 – 오심 혹은 구토 – 두통 – 자동차 사고에서 튕겨져 나오거나 구르는 것을 포함한 사고 발생, 자동차에 의한 보행자 교통사고 등 위험한 사고발생 기전

		– 나이 60세 이상 – 약물 복용 및 알코올 섭취(의료진 판단하에 추가 임상관찰을 요하는 경우 24~48시간 이내로 경과 관찰함) 3. 글라스고우혼수척도가 15점이며 뇌 전산화단층촬영술 적응증에 해당되어 시행한 영상에서 이상이 없는 경우 • 의료진 판단하에 시간 간격을 두며 반복적으로 글라스고우혼수척도와 신경학적 검사를 시행하여 악화되는 소견이 보일 경우 – 악화되는 소견 : 비정상 각성수준 · 행동 · 인지 등이 관찰될 때 • 급성기에 일정 기간 경과 관찰이 필요하며 빠른 회복과 치유를 위해 필요한 경우 4. 출혈 가능성이 높은 내과적 문제가 있는 경우 5. 사회적으로 퇴원이 적합하지 않은 경우 • 귀가 후 관찰을 책임질 수 있는 보호자가 없으며 증상 악화 시 병원에 다시 돌아올 수 있는 능력이 없거나 퇴원 주의사항을 숙지할 수 없음 6. 기타 의학적 이유로 통원 치료가 곤란하다고 판단되는 경우 • 글라스고우혼수척도가 15점이며 뇌 전산화단층촬영 영상에서 이상이 없는 경우라도 환자 상태에 따라 최소한 1~2일 경과관찰이 필요한 경우 등
	소아 (만12세 이하)	1. 글라스고우혼수척도가 15점 미만인 경우 2. 글라스고우혼수척도가 15점이나 뇌 전산화단층촬영술 적응증에 해당되어 시행한 영상에서 이상이 있는 경우 • 전산화단층촬영술 적응증 – 비정상 의식 상태 : 글라스고우혼수척도가 15점 미만이나 혼돈 · 기면 · 의사 소통시 반복적으로 혹은 느리게 대답하는 상태 – 두개 골절의 임상적 징후 : 촉진시 느껴지는 두개 골절, 귀 뒤쪽이나 눈 주변에 멍, 혈고실, 뇌척수액이 귀나 코로 새어나오는 것 – 구토 – 두통 – 두피 혈종(2세 미만 소아) – 국소 신경학적 징후 – 함몰 혹은 두개저골절 – 발작 – 부푼 숨구멍 – 의식 소실 – 기면 혹은 흥분성을 보이는 경우 – 보호자 진술에 의한 것으로 행동이 평소와 다를 때 3. 글라스고우혼수척도가 15점이며 뇌 전산화단층촬영술 적응증에 해당되어 시행한 영상에서 이상이 없는 경우 • 의료진 판단 하에 시간 간격을 두며 반복적으로 글라스고우혼수척도와 신경학적 검사를 시행하여 악화되는 소견이 보일 경우 – 악화되는 소견 : 비정상 각성수준 · 행동 · 인지가 관찰될 때 4. 신경학적 평가가 어려운 소아 • 신경학적 평가의 어려움 : 2세 미만의 소아 5. 사회적으로 퇴원이 적합하지 않은 경우

	• 귀가 후 관찰을 책임질 수 있는 보호자가 없으며 증상 악화 시 병원에 다시 돌아올 수 있는 능력이 없거나 퇴원 주의사항을 숙지할 수 없음 6. 기타 의학적 이유로 통원 치료가 불가능하다고 판단되는 경우 • 글라스고우혼수척도가 15점이며 뇌 전산화단층촬영 영상에서 이상이 없는 경우라도 환자 상태에 따라 최소한 1~2일 경과관찰이 필요한 경우 등
경추부 손상환자	1. 자동차사고 후 환자가 경추부 통증으로 내원하면 • 문진 및 이학적 검사 실시 • 필요하면 단순방사선 검사 또는 정밀 검사 실시 2. 손상 정도는 다음과 같은 중증도 분류를 적용 • 1단계 : 이학적 검사에서 이상 소견은 없으나 경부에 통증이나 강직 또는 압통만 호소하는 경우 • 2단계 : 경부에 통증을 호소하면서 신경학적 징후(경부 운동범위가 감소하면서 압통을 동반)가 있는 경우 • 3단계 : 경부에 통증을 호소하면서 신경학적 징후(심부건 반사의 감소나 결여, 근력 저하, 감각 이상)가 있는 경우 • 4단계 : 경부에 통증을 호소하면서 골절 또는 탈구가 있는 경우 3. 자동차사고 환자가 경추부 통증으로 내원하여 다음 사항에 해당할 경우 입원 권유 • 2단계에 해당하는 환자가 심한 통증으로 일상생활이 상당한 정도로 제한될 것이라고 의학적으로 판단되는 경우 – 심한 통증 : 통증강도(시각통증등급 : Visual Analogue Scale)가 10점 중 7점 이상인 경우 – 일상생활이 상당한 정도로 제한 : 식사하기, 개인위생, 용변처리, 이동 등 집에서의 기본적인 일상생활 동작 수행을 할 수 없는 경우 • 3, 4단계에 해당하는 환자 • 기타 의학적 이유로 통원치료가 불가능하다고 판단되는 경우
요추부 손상환자	1. 자동차사고 후 환자가 요추부 통증으로 내원 시 이학적 검사, 필요시 단순 방사선 검사 또는 정밀검사를 통해 환자의 상태 확인 2. 자동차사고 환자가 요추부 통증으로 내원하여 다음 사항에 해당할 경우 입원 권유 • 자동차사고 후 발생한 급성 요통 환자에서 진행이 의심되는 다음의 신경학적 징후 중 하나 이상이 있는 경우 – 하지의 근력 저하나 감각 이상 – 대변이나 소변 조절의 소실 – 회음부의 감각 이상 • 근골격계 조직의 이상 징후(허리 운동범위가 감소되고 압통을 동반)가 있으며, 심한 통증으로 인해 일상생활이 상당한 정도로 제한된 경우 – 심한 통증 : 통증강도(시각통증등급 : Visual Analogue Scale)가 10점 중 7점 이상인 경우 – 일상생활이 상당한 정도로 제한 : 식사하기, 개인위생, 용변처리, 이동 등 집에서 기본적인 일상생활 동작 수행을 할 수 없는 경우 • 외상성 골절이나 탈구가 있는 경우 • 기타 의학적 이유로 통원치료가 불가능하다고 판단되는 경우

[양식] (앞면)

자동차사고 환자 입원상태 점검서

① 환자성명	② 주민등록번호	③ 사고일자
	□□□□□□-□□□□□□□	□□□□년□□월□□일

④ 의료기관 최초 도착일시	년 월 일 (:)	⑤ 내원방법	□걸어서 □부축해서 □들것 □휠체어

⑥ 사고 당시 의식소실 □ 없었음 □ 약 시간(분) □ 계속

⑦ 사고 후 최초 진료개시일 년 월 일 (:) □ 본원 □ 타 의료기관

⑧ 상병명과 상병코드

진단명	상병코드(KCD)	진단명	상병코드(KCD)

⑨ 의료진이 알고 있는 사고 내용

⑩ 환자가 호소하는 증상(환자의 표현대로)

⑪ 객관적 검사 소견 : □ X-ray □ MRI □ CT □ 초음파 □ 근전도 □ 관절경 □ 적외선체열검사 □ 정신상태검사 □ 심리학적검사 □ 기타 ( )

※ 주요소견 기재 또는 결과지 첨부

※ 통증부위를 "X"로 표시하고 통증정도(시각통증척도 1~10, VAS), 외상명, 상처 크기 등을 기재

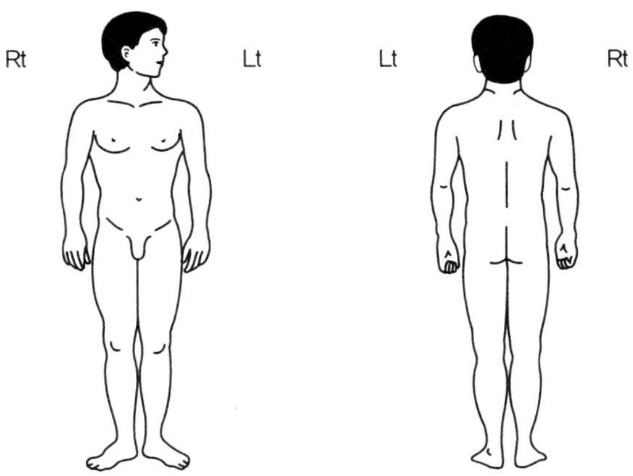

※ VAS(Visual Analogue Scale) **통증점수** : 10cm 길이의 눈금자에 1cm간격으로 통증의 정도를 표시하여 검사자의 질문과 피검사자의 답변을 표시하는 방법

0 1 2 3 4 5 6 7 8 9 10

통증없음 … 상상할 수 있는 가장 심한 통증

(210mm×297mm, 신문용지 54g/㎡)

(뒷면)

⑫ 상병상태에 대한 의사의 종합소견(주요 이학적 검사 및 도수 검사 등)   ※ 상병상태 소견에 대하여 별지 사용 가능
⑬ 과거 병원에서 상기 환자를 교통사고로 인한 질병으로 진료한 기록 □ 유 □ 무
⑭ 기존질환 □없음 □있음 – 세부내용은 아래에 표기

1호흡기계	□결핵 □천식 □만성폐색성폐질환	5근골격계	□퇴행성관절염 □류마티스관절염 □골다공증 □통증
2순환기계	□고혈압 □협심증 □판막질환 □고지혈증	6신경정신계	□뇌경색 □뇌출혈 □신경증 □정신병
3내분기계	□당뇨 □(부)갑상선질환 □부신질환 □뇌하수체질환	7비뇨생식기계	□전립성비대 □요로결석 □요실금 □신기능저하
4소화기계	□궤양 □간경화증 □췌장질환	8기타	
9장기복용약물	□부신피질홀몬 □당뇨약 □고혈압약 □항혈전제□기타 약물명( )		
10 과거시술내역(일시, 시술명, 부위, 의료기관)			

⑮ 입원	예상기간	년 월 일 ~ 년 월 일(주)
	사유	※ 통증을 이유로 입원하는 경우는 환자상태에 대하여 구체적으로 기록

의료기관 주소　　　　담당의사 면허번호　　　호
의료기관명　　　　전문 과목 (　　　) 전문의　　　호
성명

〈작성자〉
보험회사등 주소
보험회사명
작성자 : 부서　　　직위　　　성명　　　인
작성일자　　년　　월　　일

〈첨부서류〉	1. 신청 상병을 확인할 수 있는 각종 검사자료 및 결과지 각1부. 2. 절단, 화상, 좌멸창, 욕창은 환부 칼라사진 3. 정신질환의 경우 진단의 근거를 의학적으로 입증할 수 있는 응급진료 또는 초진기록지 등 의무기록 및 각종 검사 결과지 각1부(뇌영상 검사, 뇌파 검사, 심전도 검사, 정신상태 검사, 심리학적 검사, 갑상선 기능검사 등)

(210mm×297mm, 신문용지 54g/㎡)

참고사항

이 부분에 대하여 자동차보험 의료기관들은 상당히 유의할 필요가 있다. 적용방법을 보험계와 의료계가 자율적 기준으로 적용하도록 하고 있지만 현실적으로 적용을 강제하고 있는 것으로 이해될 수 있는데 그 이유는 이 기준이 자보수가분쟁심의회의 입원료 및 식대 심사지침과 심사평가원의 심사와도 연관되게 되어있기 때문이다.

*** 환자 입원상태 점검서는 보험회사의 직원이 작성하는 것임을 유의하여야 하며 이때 의료기관은 관련 자료를 제공하여야 한다. 다만 이에 대해서는 논란이 있을 수 있다.

경미한 상해환자 입원기준에 대한 의사협회의 입장

자동차보험 환자에 대한 경미한 상해환자 입원기준에 대하여 의사협회측은 자동차사고에서도 경상환자가 대부분이며 의사의 과잉진료가 아니며 전체 수입비중도 7%에 지나지 않아 그리 크지 않다고 주장한다.[6] 또한 자동차사고환자의 특성이 다발성, 정신적 충격, 신체적 변화 등을 동반하며 환자들의 보상심리 역시 입원해야 보상이 극대화되고, 개인보험에서 추가 보상을 받게 될 것이라고 생각하고 있다는 것이다.[7]

이러한 상황에서 의료기관들은 낮은 비보험 적용과, 조기검사 억제, 지나친 삭감 등으로 자동차사고 환자를 기피하고 있는데 경미한 상해환자에 대한 규정이 모든 환자에 대해 가이드라인으로 확대 적용되는 것을 우려한다는 것이다.

따라서 의사협회는 강제보험이 아닌 사보험에 가이드라인을 적용하는 것을 반대한다고 주장하고 있는 것이다.

이 부분에 대하여 저자의 생각은 주로 두부, 경추부, 요추부에 적용하도록 하고 있지만 자의적 판단에는 여지가 있게 마련이며 의사들의 합리적 진료를 보장해야 하는 것은 당연하다. 다만 의사들의 의학적 소견상 경미하다고 판단되는 사항은 입원이 불가능 하다고 소신진료를 하여야 하며, 특히 같은 사안을 두고 의사마다 다른 견해를 나타내는데 대해서는 의사들의 의견이 충분히 반영된 자율적인 가이드라인이 필요할 수도 있다.

또한 보험회사와 의료기관간에 오랫동안 쌓여 온 진료 및 진료비 지급에 상호 비신뢰적인 행동을 금지하여야 하며 자동차사고 환자의 특성은 감안되어야 하지만 그것이 의학적 판단을 초과하는 것은 개선되어야 한다.

---

6) 의사협회 보도자료 2011.7.25

7) http://www.khanews.com/news/articleView.html?idxno=84419

특히 자동차보험 환자들이 입원시 보상이 올라간다고 생각하는 인식을 개선시켜야 하며 통원시에도 노동력 상실 상태에 따라 상응하는 보상이 되도록 보험제도를 정비하여야 할 필요도 있다.

또한 보험가입자, 피해자에 대한 사회적 교육이 필요하며 이는 국민들의 자동차보험문화 수준이 향상될 때 근절이 기대된다고 할 것이다.

제3절 자동차보험 환자의 입원환자 관리

1 입원환자 관리의 의의

자동차보험 환자의 입원환자 관리의 목적은 법령에 특별히 규정된 바는 없으나 자동차보험 환자는 병실생활규정을 준수하고 엄격한 진료관리를 통하여 상병의 조속한 치유를 꾀하고 자동차보험의 의료질서를 확립하고자 하는 것이라고 볼 수 있다.

자동차보험은 법 제13조에서(입원환자의 관리 등) ①항에서 제12조제2항에 따라 보험회사등에 자동차보험진료수가를 청구할 수 있는 의료기관은 교통사고로 입원한 환자(이하 "입원환자"라 한다)의 외출이나 외박에 관한 사항을 기록 · 관리하여야 한다고 규정하고, ②항에서는 입원환자는 외출하거나 외박하려면 의료기관의 허락을 받아야 한다고 규정하였다.

또한 ③항에서 제12조제1항에 따라 자동차보험진료수가의 지급 의사 유무 및 지급 한도를 통지한 보험회사등은 입원환자의 외출이나 외박에 관한 기록의 열람을 청구할 수 있다. 이 경우 의료기관은 정당한 사유가 없으면 청구에 따라야 한다고 규정하여 자동차보험환자의 입원생활과 외출외박에 대하여 관련 규정을 가지고 있고 또 이에 대한 구체적인 기준도 시행령과 시행규칙에서 정하고 있다.

이 규정은 교통사고로 입원한 환자 중에 상당수 있는 것으로 추정되는 가짜환자로 인하여 보험금이 과다 지급됨으로써 보험료 인상요인이 되어 선의의 보험가입자들이 피해를 입고 있는 폐해를 없애기 위하여 교통사고로 입원한 환자의 외출이나 외박은 의료기관의 허락을 얻도록 하고, 의료기관이 이를 기록 · 관리하도록 하는 등 교통사고로 입원한 환자의 관리를

강화하려는 것이라고 하고 있다.[8)]

이것은 건강보험 등과는 달리 입원진료를 하면 자기가 진료비를 납부하는 것이 아니라 자동차보험이라는 보험시스템에서 진료비를 납부하므로 환자의 조속한 치유의 목적과 자동차보험의 재정 보호 및 자동차보험 사기 등 사회문제의 발생 억제 등에도 기여하기 위한 것으로 이해해야 한다.

여기서 제13조제1항을 위반하여 입원환자의 외출이나 외박에 관한 사항을 기록 · 관리하지 아니하거나 거짓으로 기록 · 관리한 의료기관의 개설자에게는 300만원 이하의 과태료를 부과한다. 또한 13조제3항을 위반하여 기록의 열람 청구에 따르지 아니한 자에게도 또한 같다.

2 입원환자의 외출 또는 외박에 관한 기록 관리(영 제12조)

① 의료기관이 법 제13조제1항에 따라 교통사고로 입원한 환자(이하 "입원환자"라 한다)의 외출 또는 외박에 관한 사항을 기록 · 관리할 때에는 국토교통부령으로 정하는 바에 따라 다음 각 호의 사항을 적어야 한다.〈개정 2012.8.22., 2014.2.5.〉

1. 외출 또는 외박을 하는 자의 이름, 생년월일 및 주소
2. 외출 또는 외박의 사유
3. 의료기관이 외출 또는 외박을 허락한 기간, 외출 · 외박 및 귀원(歸院) 일시

② 외출 또는 외박에 관한 기록에는 외출 또는 외박을 하는 자나 그 보호자, 외출 또는 외박을 허락한 의료인(「의료법」 제2조제1항에 따른 의료인을 말한다) 및 귀원을 확인한 의료인이 서명 또는 날인하여야 한다. 다만, 의료인이 외출 또는 외박을 허락하거나 확인할 수 없는 경우에는 의료기관 종사자가 서명 또는 날인할 수 있다.

③ 외출 또는 외박에 관한 기록의 보존기간은 3년으로 하고, 마이크로필름 또는 광디스크 등(이하 이 조에서 "필름"이라 한다)에 원본대로 수록 · 보존할 수 있다.

④ 제3항에 따른 방법으로 외출 또는 외박에 관한 기록을 보존하는 경우에는 필름의 표지에 필름촬영 책임자가 촬영 일시 및 그 이름을 적고, 서명 또는 날인하여야 한다.

8) 자동차손해배상 보장법[시행 2007.11.18.] [법률 제8481호, 2007.5.17., 일부개정] 제개정이유

3 입원환자의 외출 또는 외박에 관한 기록·관리(규칙 제6조의6)

영 제12조제1항에 따라 의료기관이 입원환자의 외출 또는 외박에 관한 사항을 기록 · 관리할 때에는 별지 제3호의2서식의 외출 · 외박 기록표에 적어야 한다.[본조신설 2014.2.7.]

이 규정은 부칙 제2조(입원환자 외출 또는 외박의 기록 · 관리에 관한 적용례)에 의거 이 규칙 시행 후 입원한 환자부터 적용한다.(2014.2.7.)

[별지 제3호의2서식] 〈신설 2014.2.7〉

외출 · 외박 기록표

(20 년 월)

순번	환자 이름	생년월일 주소	환자 또는 그 보호자의 서명	외출 · 외박 사유	허락 기간	허락한 의료인 등의 서명	외출 · 외박 일시	귀원 일시	귀원을 확인한 의료인 등의 서명	비고
					월 일 시 분 ~ 월 일 시 분					
					월 일 시 분 ~ 월 일 시 분					
					월 일 시 분 ~ 월 일 시 분					
					월 일 시 분 ~ 월 일 시 분					
					월 일 시 분 ~ 월 일 시 분					
					월 일 시 분 ~ 월 일 시 분					
					월 일 시 분 ~ 월 일 시 분					
					월 일 시 분 ~ 월 일 시 분					
					월 일 시 분 ~ 월 일 시 분					
					월 일 시 분 ~ 월 일 시 분					

297mm×210mm [백상지 80g/㎡(재활용품)]

4 담당자의 역할

자동차보험 환자를 진료하는 의료기관의 자동차보험 담당자의 재원환자관리 필요성은 당연히 환자의 진료상황의 관리는 물론 진단기간의 관리, 보험종별 전환 및 비급여 등 진료비 보증 등에 따른 진료비 관리, 외출 · 외박 등 재원 규칙의 준수여부 등 다양한 업무가 존재한다고 볼 수 있다.

자동차보험 환자의 특성은 전술한 바와 같이 통상의 사고인 경우 중증이거나 다발성으로 회복지연, 최상의 원상회복 등의 특성을 가지고 있으며 자기가 진료비를 부담하는 건강보험 환자에 비해 재원일수가 대체로 長期인 경우가 많다.

따라서 자동차보험 담당자는 환자상태에 따라 적시퇴원, 다른 병원 전원 등이 필요하고 치료 말기, 회복기에 있는 환자에 대한 관리에 유의하여야 한다.

재원하고 있는 환자가 외출 · 외박이 잦은 이유는 진료상의 이유가 아니라면 개인적인 사유가 관련되는 경우가 많을 것으로 생각되는 데 이것이 적절히 관리되지 않으면 외출 · 외박 시 다른 사고를 유발하여 병원에 대해 책임을 제기하는 경우도 발생하고 나아가서는 자동차보험 사기 등의 문제로 병원의 입장이 어려워질 수도 있으므로 유의해야 한다.

이에 따라 자동차보험 담당자는 자동차보험 환자가 입원하면 가급적 매일 매일 신규환자, 기존환자들을 확인하고 방문하여 관리하도록 하며 대형병원은 모든 환자에게 매일 방문하는 것이 어렵겠지만 가능한 범위 내까지 실시하고 중소병원이나 의원은 담당자가 입원환자를 모두 파악하고 있는 것이 좋다고 할 수 있다.

또 보험회사 담당자가 환자를 방문하여 업무와 관련하여 환자의 상병상태 변동에 대해서 관계담당자끼리 문의하고 협의하는 경우가 있을 수 있기 때문에 환자의 관리에 지속적인 관심이 필요하다고 볼 것이다.

5 입원환자의 외출·외박 관리의 중요성

자동차보험 환자가 재원 중 외출 · 외박을 하게 되는 경우에는 환자의 상태가 어느 정도 외출 · 외박이 가능한 상태이기 때문에 발생할 수 있는 일이라고 볼 것이며 개인적으로 부득이한 사유로 외출 · 외박을 해야 하는 경우 등이 발생할 수 있다. 만약 환자의 상태가 외출 · 외박을 해도 가능한 상태에 이르면 당연히 퇴원을 하여 통원을 하도록 하는 것이 원칙이나 그렇지 못한 경우라면 철저히 관리되어져야 한다.

입원환자의 외출 · 외박은 자동차보험 뿐만 아니라 산재보험 등에서도 항상 사회문제를 유발시키는 원인으로 작용하고 있으므로 의료기관에서 불필요한 오해를 받지 않기 위해서는 엄격히 관리되어져야 한다.

자동차보험 입원환자는 외출, 외박시 반드시 외출외박대장을 기록하도록 하여야 한다. 이는 일반적인 경우에도 필요한 것으로 환자의 외출, 외박시 의료기관의 허락을 득하여 환자의 상황에 대하여 파악하기 위하여 반드시 필요한 사항이다.

특히 자동차보험의 경우 추후 진료비를 청구하면 자동차보험 진료비 지급 심사시 입원환자의 외출 · 외박과 관련한 사항에 대해서 조사할 수 있도록 하고 있기 때문이기도 하다(법 제14조2항, 3항, 규칙 제6조의3 1항, 2항, 심사규정 제23조, 24조 등).

따라서 자동차보험 의료기관들은 통상의 환자의 경우보다 더 엄격하게 입원환자의 외출 외박대장을 기록하여 관리하여야 하고 만약 자동차보험회사의 외출, 외박 기록 열람 청구가 있으면 정당한 사유가 없으면 열람해 주어야 하고 불응하는 경우에는 300만원 이하의 과태료를 부과 받을 수도 있다(법 제48조3항3호).

6 환자관리 차원에서의 진료비 관리

자동차보험은 책임보험과 종합보험 여부에 따라 진료비의 한도가 정해져 있고 진료기간도 최초 진단기간을 준수하려는 추세이므로 환자관리 차원에서 진료비 관리는 상당히 필요한 부분이다. 또한 자동차보험 비급여 적용대상이라든가 기왕증 등 개인질병 등에 대한 진료비는 개인이나 가해자가 납부하여야 하므로 필요한 경우 진료비 청구담당자와 수시로 협의하여 병원의 규정에 맞게 관리되어야 한다.

만약 자동차보험 지불보증이 변경되거나 산재보험이나 건강보험 등으로 보험 종별이 변경되는 경우에는 그에 따른 대책도 강구하여야 하므로 자동차보험 담당자는 항상 환자의 변동 상황에 대해 관심을 갖고 있어야 한다.

따라서 필요한 경우 진료비를 중간 계산하여 수납하거나 건강보험 적용 등 본인부담 진료비는 누적되기 전에 적정한 시기에 정기적으로 청구하여 관리하는 것이 좋다고 할 것이다. 특히 진료기간이 장기가 되어 가거나 책임보험에서 진료비 한도가 소진되어 가면 그에 맞게 적절하게 관리하도록 하여야 한다.

7 병원 내 전실, 전과, 협진관리

자동차보험 환자의 병원 내 전실, 전과, 협진 관리는 일반적인 환자관리와 유사하게 하면 된다. 이 경우 환자상태의 변화, 병실 사정에 따라 실시하면 되고, 다만 상급병실 사용, 비급여, 자기질병 등 자동차보험에서 적용되지 않는 것에 대해서는 별도로 설명하고 개별 적용하도록 하여야 한다. 따라서 이 경우 병동과 자동차보험 담당자 및 입퇴원 담당자는 긴밀한 협력을 하는 것이 필요하다.

제4절 퇴원 및 전원

1 전 원

1) 의의

입원 중인 자동차보험 환자가 수술 · 처치 등의 진료를 받은 후 상태가 호전되어 더 이상 입원진료가 필요하지 아니한 경우에는 퇴원이나 전원을 고려하여야 한다. 자동차보험에서는 법제 13조의2(교통사고환자의 퇴원 · 전원 지시)는 물론 시행령, 규칙, 진료수가기준, 자보수가 분쟁심의회 등에서 다양하게 입원진료와 퇴원, 전원, 진료비에 대해서 규정을 하고 있다.

이것은 자동차보험 환자에 대한 진료비의 심사가 2013년 7월 건강보험심사평가원으로 위탁되기 이전에 입원진료의 현실과 진료비의 심사 등에서 문제가 많았다는 것을 나타내는 것이라고 볼 수 있다.

특히 입원진료비와 식대의 심사지침은 반드시 진료상 입원하였는가와 임의로 장기로 입원하는가에 대하여 보험계와 의료계가 첨예하게 대립되어 이를 조정하기 위하여 자동차보험분쟁심의회에서 제정하여 운영하는 지침이다.

그 이후로 현재는 입원진료에 대한 심사가 건강보험심사평가원에서 이루어지고 있지만 이것은 현재에도 심사지침으로 활용될 수 있기 때문에 의료기관들은 퇴원 및 전원관리 과정에 반드시 유의하여야 한다. 이에 대해서는 진료비관리론에서 재론한다.

전원은 자동차보험 환자가 진료를 받는 과정에서 최초 요양을 실시한 의료기관에서 다음과 같은 사유 등에 의하여 의료기관을 옮기고자 하는 경우를 말한다. 자동차보험 환자가 최초 사고 후 진료하는 과정에서 항상 모든 여건이 모두 갖추어진 상태에서 진료를 하는 것은 아니다. 즉, 가장 중요한 전원사유는 의학적 측면에서 자동차사고의 경우에는 사고 현장 근처에서 적절한 진료가능병원이 없거나 있는 경우에도 의료시설이나 인력, 장비가 갖추어진 경우도 있지만 진료과목의 미개설이나 중증, 전문 치료나 검사가 필요한 데 그렇지 못한 경우도 있게 된다. 이 경우에는 진료의사의 소견을 받아 객관적으로 관련분야의 전문병원으로 전원되어야 한다.

또한 사고현장이 환자가 거주하는 지역일 수도 있고 그렇지 못한 경우도 있으며 진료과정에서 치료경과가 좋아져 일반 의료기관으로 옮길 필요가 있기도 하지만 상태가 악화되거나 전문적인 치료나 검사가 필요한 경우 등 다양한 사유가 발생하게 된다. 또한 다른 사유로 인하여 더 이상 자동차보험 환자를 진료할 수 없는 경우 등도 발생할 수 있는 데 이러한 경우에 자동차보험은 환자의 적절한 보호를 위하여 전원을 결정하게 되는 것이다.

(1) 교통사고환자의 퇴원 · 전원 지시(법 제13조의2 1항)

의료기관은 입원 중인 교통사고환자가 수술 · 처치 등의 진료를 받은 후 상태가 호전되어 더 이상 입원진료가 필요하지 아니한 경우에는 그 환자에게 퇴원하도록 지시할 수 있고, 생활근거지에서 진료할 필요가 있는 경우 등 대통령령으로 정하는 경우에는 대통령령으로 정하는 다른 의료기관으로 전원(轉院)하도록 지시할 수 있다. 이 경우 의료기관은 해당 환자와 제12조제1항에 따라 자동차보험진료수가의 지급 의사를 통지한 해당 보험회사등에게 그 사유와 일자를 지체없이 통보하여야 한다고 규정하고 있다.

(2) 교통사고환자 전원지시(영 제12조의2 1항) 및 사유

법 제13조의2제1항에서 "생활근거지에서 진료할 필요가 있는 경우 등 대통령령으로 정하는 경우"란 입원 중인 교통사고환자가 수술 · 처치 등의 진료를 받은 후 해당 의료기관 또는 담당의사의 의학적 판단 결과 상태가 호전되어 더 이상 진료 중인 의료기관에서의 입원진료가 필요하지 않아 생활근거지에 소재한 의료기관 또는 제2항에 따른 다른 의료기관으로 옮길 필요가 있는 경우를 말한다.

그 외에도

1. 응급, 중증, 특수상병으로 전문적인 치료나 검사가 필요한 상급 또는 전문병원으로의 전원,
2. 요양 중인 자동차보험 의료기관의 인력 · 시설 등이 그 환자의 전문적인 치료 또는 재활치료에 맞지 아니하여 다른 자동차보험 의료기관으로 옮길 필요가 있는 경우
3. 그 밖에 자동차보험 의료기관이 의료법 위반 등으로 처분을 받거나 의료기관 폐업이나 휴업 등 더 이상 자동차보험 환자를 진료할 수 없는 경우가 발생할 수가 있다.

(3) 전원대상기관(영 제12조의2 2항)

법 제13조의2제1항에서 "대통령령으로 정하는 다른 의료기관"이란 다음 각 호의 구분에 따른 의료기관을 말한다. 자동차보험에서의 전원은 하향전원을 원칙으로 한다.

1. 「의료법」 제3조제2항제3호가목부터 라목까지의 규정에 따른 병원 · 치과병원 · 한방병원 및 요양병원(이하 "병원등"이라 한다)에 입원 중인 교통사고환자: 상급종합병원, 종합병원 및 병원등을 제외한 의료기관
2. 「의료법」 제3조제2항제3호마목에 따른 종합병원(이하 "종합병원"이라 한다)에 입원 중인 교통사고환자: 「의료법」 제3조의4제1항에 따라 지정된 상급종합병원(이하 "상급종합병원"이라 한다) 및 종합병원을 제외한 의료기관
3. 상급종합병원에 입원 중인 교통사고 환자: 상급종합병원을 제외한 의료기관

[본조신설 2009.12.31.]

다만 이때 유의할 것은 환자의 상태가 악화되거나 전(前) 치료병원에서의 2차적 치료 등이 필요한 경우에는 그에 따라야 한다.

2) 교통사고환자의 퇴원 · 전원 지시 등(수가기준 제12조 1항)

의료기관은 입원중인 교통사고환자가 수술 · 처치 등의 진료를 받은 후 상태가 호전되어 의학적으로 더 이상 그 의료기관에서의 입원진료가 불필요한 경우에는 해당 교통사고환자에게 퇴원 또는 「자동차손해배상 보장법 시행령」 제12조의2제2항에 따른 다른 의료기관으로의 전원(轉院)을 지시할 수 있다. 이 경우 의료기관은 해당 환자(보호자를 포함한다) 및 법 제12조제1항에 따라 진료수가의 지급의사를 통지한 해당 보험회사 등에게 그 사유를 서면으로 설명 · 고지하여야 한다.

＊ 별지 3호 서식–교통사고 입원환자 퇴원 가능 소견서 사용

(1) 전원요양의 신청과 결정시 유의사항

자동차보험 환자가 다른 의료기관으로 전원하고자 하는 경우에는 산재보험에서처럼 까다로운 절차를 요구하는 것은 아니지만 전원 대상 의료기관의 의료능력이 적절한지를 검토한 후 시행되어야 한다. 즉 환자의 상태, 환자의 생활 근거지, 의료진과 시설, 장비 등 당해 환자가 전원의 목적을 달성할 수 있는가의 여부를 먼저 결정하고 시행하여야 한다.

환자나 의료기관으로부터 전원이 결정되면 보험회사는 전원하고자 하는 의료기관에 전원 대상환자의 진료비 지급과 관련한 지불보증을 해 주어야 한다. 이 과정에서 특히 유의할 사항은 당해 환자가 책임보험인 경우 반드시 당해 환자의 잔여 진료비 한도 및 전(前) 의료기관에서의 퇴원 소견 등에 대해서 알려 주어야 하며 전원을 받는 의료기관에서도 이 사항을 반드시 확인하여야 한다. 응급환자인 경우에도 마찬가지라고 보아야 할 것이다.

이에 대해 입원식대심사지침에서는 이전 진료 의료기관에서 퇴원 또는 통원 소견의 통지가 있었음에도 불구하고 교통사고환자가 전원(轉院)하여 입원한 경우 해당 의료기관은 반드시 환자가 입원한 시각부터 24시간(공휴일 제외)내에 입원진료비에 대한 보험사업자등의 지급보증여부를 서면으로 확인 받아야 한다고 규정하고 이 경우 보험사업자등이 입원진료비 지급보증 통보를 했던 경우에 한하여 입원료 및 식대를 인정한다고 하고 있음을 유의하여야 한다.

(2) 진료기록 등의 송부 및 진료정보의 제공(법 제13조의2 2항)

① 제1항에 따라 교통사고환자에게 다른 의료기관으로 전원하도록 지시한 의료기관이 다른 의료기관이나 담당의사로부터 진료기록, 임상소견서 및 치료경위서의 열람이나 송부 등 진료에 관한 정보의 제공을 요청받으면 지체 없이 이에 따라야 한다.[본조신설 2009.2.6.]

② **진료기록 송부**(수가기준 제12조2항)

의료기관은 제1항에 따라 교통사고환자가 다른 의료기관으로 전원한 경우 새로운 의료기관이나 담당의사가 진료기록, 임상소견서 및 치료경위서의 열람이나 송부 등 진료에 관한 정보의 제공을 요구한 때에는 지체 없이 이에 응하여야 한다.

(3) 자문의사와 특별진찰(영 제7조4항)

보험회사등은 보험금등 또는 가불금을 적절하게 지급하기 위하여 필요하다고 인정하면 영 제7조제2항제1호에 따른 진단서를 제출하는 자에게 보험회사등이 지정하는 자가 작성한 진단서를 제출하게 할 수 있다. 이 경우 진단서 작성에 필요한 비용은 보험회사등이 부담한다.

자동차보험 환자의 진료과정에서는 산재보험처럼 자문의사제도가 명문으로 규정된 바는 없다. 그러나 보험회사 등에서 위 규정에서처럼 보험회사 자체적으로 자문의사 등을 위촉하여 특별진찰을 행하여 환자들의 진료관리를 하고 있다.

자문의사는 대체로 상급종합병원의 전문의사나 그 분야의 전문의사 등을 위촉하는 것으로 보이는데 이들을 통하여 진료기간의 연장, 기왕증 등의 여부 판정, 장해판단시 특별진찰 등의 자문 등을 행하는 것으로 알려지고 있다.

이에 따라 기본적으로는 자동차보험 환자의 진료에 해당 주치의의 의견이 적용되겠지만 보험회사 등은 특별진찰 등을 활용하여 적정한 진료와 보상 등을 하고 있음을 유의하여야 한다.

2 퇴원관리

입원 중인 자동차보험 환자가 수술 · 처치 등의 진료를 받은 후 상태가 호전되어 더 이상 입원진료가 필요하지 아니한 경우에는 퇴원을 고려하여야 한다.

1) 퇴원 결정

자동차보험 환자의 퇴원 결정은 환자의 사망, 치료중단, 전원, 완치, 입원진료기간 만기도래 등의 사유가 있으면 퇴원정리를 하게 된다. 자동차보험 환자의 퇴원관리도 일반적인 환자 퇴원관리와 유사하게 하면 될 것이나 원무과에 입퇴원 담당과 자동차보험 담당이 분리되어 있는 병원은 환자의 자기부담 등 여러 가지 상황에 대해 상호 확인하고 공동 조치를 취할 필요가 있다고 볼 것이다.

특히 진료 도중 보험 종별이 변경되는 경우 해당되는 사항을 반드시 확인하도록 하여야 하며 본인부담 진료비 등에 대해서는 환자 및 보험회사 등과 유기적으로 협력하도록 한다.

2) 지급보증의 중지(수가기준 제12조3항)

보험회사등은 수가기준 제12조제1항에 따른 고지를 받은 후 또는 교통사고환자와 합의가 성립되어 더 이상 그 의료기관에게 진료비 지급 의사가 없는 경우 별지 제2호 서식으로 지급보증중지를 통보하여야 한다.

* 별지 2호 서식-교통사고환자에 대한 진료비 지급보증 중지 통보서 사용

3) 퇴원요청서

자동차보험회사가 환자의 초진 진단기간이 경과하면 의료기관에 소견의뢰서나 통원/퇴원요청서를 발부하는 경우가 있다. 이것은 보험회사가 병원의 진단기간을 준수하여 경과 관리를 하다가 초진기간, 재진기간을 초과하여 장기 진료가 계속되면 소견의뢰서, 추가 진단을 요구하고 진단기간이 만료되고도 통원이 이루어지지 않거나 의학적인 소견상 통원하여도 문제가 없는 경우 통원요청을 하게 된다.

퇴원요청서가 오게 되면 병원은 퇴원을 계속할만한 사유가 있으면 소견서를 발행하고 입원을 계속하겠지만 그렇지 않은 경우에는 통원을 실시하여야 한다. 퇴원요청서의 중요한 기능은 의료기관이 추후 진료를 종결하고 진료비를 청구하여 조정할 때 통원요청서가 경과한 이후의 입원진료비에 대해서는 보험사가 보증하지 않는 경우가 있으므로 유의하여야 한다. 이 부분은 건강보험심사평가원으로 위탁되어도 유효하게 적용될 것이라고 보아야 한다.

4) 퇴원시 서류

자동차보험 환자가 개인보험 등의 필요성 등으로 진단서, 입원확인서 등이 필요하다고 요구하는 경우 별도로 교부하도록 한다. 이 경우 만약 진료비 영수증 등이 필요하다고 하는 경우 본인이 진료비를 납부하지 않은 부분에 대한 진료비를 표기하는 경우에는 병원에서 내부적으로 정하는 방법에 따라 시행하도록 한다.

전원이나 사망 등의 경우에는 그에 맞는 서류를 발급하도록 한다.

3 입원료 및 식대 심사지침

1) 제정이유

자동차보험 환자의 입원료 및 식대 심사지침은 교통사고환자의 특성상 입원이 장기화되면서 필요에 의해 입원한다는 의료기관의 입장과 보험재정에 누수가 온다고 판단하는 보험사들이 장기입원이 의심되는 환자들에 대해서 의료기관의 합리적 청구에 대한 특별한 절차 없이 임의로 입원료와 식대 등을 조정한다는 의료계의 불만과 갈등이 지속되자 양자간의 의견을 조율하기 위하여 자보수가분쟁심의회에서 보험자, 의료사업자 위원간 합의로 제정되어 2002년 1월부터 시행되었고 2010년 2월 7일 개정 시행되었다.

이 지침은 기본원칙 7장, 심사지침 7장, 각종 서식 1장 등으로 구성되어 있다.

2) 입원료 및 식대 심사지침 기본원칙

① 의료기관은 의학적인 판단상 교통사고환자의 입원이 불필요하다고 판단한 경우에는 그 소견을 보험회사 등에게 서면 통지하여야 한다.〈2008.9.29 개정〉

② 보험회사 등은 초진기간이 지난 입원환자의 호전정도를 관찰, 입원이 불필요하다고 판단되는 경우에는 해당 의료기관에 입 · 퇴원여부를 질의하여야 한다.〈2008.9.29 개정〉

③ 의료기관은 보험회사 등의 소견의뢰에 대하여 반드시 회신하여야 하며 그 회신기한은 보험회사 등의 소견의뢰 공문을 수령한 날로부터 7일(토요일, 공휴일 제외) 이내로 한다.〈2008.9.29 개정〉

④ 의료기관이 보험회사 등의 입 · 퇴원여부 질의에 대하여 회신을 거부하거나 지연한 경우에는 해당 지연기간에 대한 입원료 및 식대는 의료기관이 부담한다.〈2008.9.29 개정〉

⑤ 보험회사 등이 의료기관으로부터 공식적인 퇴원, 전원 또는 통원소견을 통지 받았음에도 불구하고 입원진료비 지급보증을 중지하지 아니한 경우에는 그 중지의사 미통지 기간에 대한 입원료 및 식대는 보험회사 등이 부담한다.〈2008.9.29 개정〉〈2009.9.24 개정〉

⑥ 보험회사 등은 교통사고환자가 입원한 경우 당해 교통사고환자 또는 그 보호자에게

'교통사고로 인한 상해 및 질병에 대한 진료비는 자동차보험에서 지급하고, 환자의 기존 질병 및 당해 교통사고와 관련이 없는 상해 및 질병에 대한 진료비는 국민건강보험 등으로 처리됨'을 서면으로 안내하여야 한다.〈2006.11.1 신설〉〈2008.9.29 개정〉

⑦ 주치의의 의학적 판단 또는 심사청구사건에 대한 심의회의 심사 결과 해당 교통사고 환자의 입원사유가 교통사고와 인과관계 없는 상해 및 질병으로 인한 것으로 결정된 때에는 그로 인한 입원료 및 식대는 인정하지 아니한다.〈2006.11.1 신설〉

3) 심사지침

① 보험회사 등의 입퇴원여부 질의에 대하여 의료기관이 정해진 회신기한 7일(토요일, 공휴일 제외)이 지나도록 회신을 거부하거나 지연한 경우〈2008.9.29 개정〉

→ 회신마감일 이후부터 회신 통지가 보험회사 등에게 도달된 날까지의 입원료 및 식대는 의료기관의 부담으로 심사 · 결정한다. 단, 회신기한(의료기관이 질의를 받은 날부터 7일[토요일, 공휴일 제외]째 되는 날)까지의 입원료 및 식대는 보험회사 등의 부담으로 심사 · 결정한다.

② 보험회사 등이 의료기관으로부터 퇴원, 전원 또는 통원 가능 소견을 통지 받았음에도 불구하고 입원진료비에 대한 지급보증 중지통보를 아니한 경우〈2008.9.29 개정〉〈2009.9.24 개정〉

→ 퇴원, 전원 또는 통원가능소견 통지를 받은 날부터 보험회사 등의 입원진료비 지급보증중지 공문이 의료기관에 도달된 날까지의 입원료 및 식대는 전액 인정하는 것으로 심사 · 결정한다.

③ 이전 진료 의료기관에서 퇴원 또는 통원 소견의 통지가 있었음에도 불구하고 교통사고환자가 전원(轉院) 하여 입원한 경우〈2008.9.29 개정〉

→ 환자가 전원(轉院)하여 입원하게 된 경우 해당 의료기관은 반드시 환자가 입원한 시각부터 24시간(공휴일 제외)내에 입원진료비에 대한 보험회사 등의 지급보증여부를 서면으로 확인 받아야 한다. 이 경우 보험회사 등이 입원진료비 지급보증 통보를 했던 경우에 한하여 입원료 및 식대를 인정한다.

④ 보험회사 등의 입퇴원여부 질의 결과 의료기관이 일정시점까지 입원할 필요가 있다고 회신한 경우〈2008.9.29 개정〉

→ 제1차 질의회신에 의한 입원연장기간에 대한 입원료 및 식대는 원칙적으로 전액 인정하는 것으로 심사 · 결정한다. 다만, 제2차 이후의 질의회신에 의한 입원연장기간에 대하여 보험회사 등은 입원연장기간에 대한 필요성 여부를 검토하여 전원 · 통원 등 적절한 조치 의견을 서면으로 통보하여야 한다. 이 경우 보험회사 등의 공문이 의료기관에 도달된 날까지의 입원료 및 식대는 전액 인정하는 것으로 심사 · 결정한다.

⑤ 부득이한 사유로 인하여 의사의 허락 하에 외출, 외박한 경우

→ 1일 외박한 경우 입원료는 전액을 인정하고, 2일 이상 외박한 경우는 입원료 중 병원관리료만 인정한다.

⑥ 환자가 무단으로 외출, 외박하는 사례가 잦은 경우

→ 무단 외출, 외박일 이후의 입원료 및 식대는 전액 불인정한다.

⑦ 주치의의 의학적 판단 또는 심사청구사건에 대한 심의회의 심사 결과 해당 교통사고 환자의 입원사유가 교통사고와 인과관계 없는 상해 또는 질병으로 인한 것으로 결정된 경우〈2006.11.1 신설〉〈2008.9.29 개정〉

→ 해당 입원기간에 대한 입원료 및 식대는 인정하지 아니하고, 자동차손해배상보장법 이외의 해당 법령에 따라 청구할 것을 의료기관에 안내한다.〈2006.11.1 신설〉

→ 다만, 당해 보험회사 등이 기본원칙 제6항에 의한 절차를 거치지 아니하였다면 분쟁이 되는 입원료 및 식대에 대한 인정기준은 일반 심사청구사건의 예에 따른다.〈2006.11.1 신설〉

⑧ 의사표시의 정확한 전달과 표준화를 위하여 보험회사 등 및 의료기관이 사용하여야 할 서식을 다음과 같이 한다.〈2008.9.29 개정〉

〈제1호 서식〉 교통사고입원환자 퇴원 가능 소견서

〈제2호 서식〉 교통사고환자 입원에 관한 소견 의뢰서

〈제3호 서식〉 소견의뢰에 대한 회신

〈제4호 서식〉 입원진료비 지급보증 중지(불가) 통보서

〈제5호 서식〉 교통사고입원환자에 대한 통원 요청서

〈제6호 서식〉 교통사고환자 진료비 안내문〈2006.11.1 신설〉

⑨ 동 심사지침은 2006년 11월 1일 이후 진료분부터 적용한다.

4) 입원료 및 식대 심사지침의 활용

자동차보험 환자의 입원료 및 식대 심사지침은 보험회사와 의료기관이 서로 합의한 절차이므로 보험회사에서는 적극적으로 활용하려고 한다. 이에 따라 의료기관에 환자의 입원 연장과 퇴원가능 등의 문의와 소견의뢰가 합법적으로 요구되게 되었다.

그러므로 의료기관에서는 이에 대한 답변서를 충실히 작성하여 대응하여야 하며 진단기간 등도 준수할 수 있도록 하여야 한다.

또한 이 지침은 2013년 7월부터 시행된 자동차보험 진료비에 대한 건강보험 심사평가원의 심사에서도 활용될 것으로 충분히 예상되고 또한 자동차손해배상보장법상의 진료수가기준에서 자동차보험 세부인정사항에서도 일부 포함된 내용이므로 그 중요성이 상당하다 할 것이다.

(1) 교통사고 입원환자 퇴원 가능 소견서

이 서식은 환자를 진료하는 의료기관에서 자동차보험회사에서 지급보증한 교통사고 입원환자에 대하여 진료한 결과, 의학적인 판단상 해당 의료기관에서의 입원진료가 더 이상 필요하지 않다고 판단되는 경우에 보험회사에 통지하는 내용이다.

따라서 이 서식은 자동차보험 진료수가분쟁심의회의 심사지침에 의거 보험회사가 이 통지를 받은 이후 별도의 지급보증 중지여부를 통지하지 아니할 경우에는 그 때까지의 입원진료비는 지급의사가 있는 것으로 간주하여 보험회사가 지급하여야 한다.

별지 〈제1호 서식〉 교통사고입원환자 퇴원 가능 소견서

(2) 교통사고 입원에 관한 소견의뢰서

이 서식은 자동차보험회사가 초진 진단서에 의해 진료기간을 추정하고 있다가 초진 기간이 경과하면 병원에 소견의뢰서를 요구하게 된다. 이것은 환자에 대한 조기 퇴원이나 종결의 우회적 요구일 수도 있으나 입원 연장의 소견이 필요한 경우에는 진료담당의사에게 소견을 받아서 병원장의 날인을 거쳐 송부하도록 한다.

이 경우에는 반드시 7일 이내에 우체국 내용증명에 준하여, 등기로 보내야 하지만 팩스로 보내거나 보험회사 담당자가 직접 가져가는 경우가 있으므로 이때는 별도로 관리대장에 표기를 해 두도록 한다. 또한 소견의뢰서 부본 1부는 차트에 부착해 두어 환자관리에 참고하

도록 하며 이것은 추후 입원 진료비의 지급 심사시 지급 제한 용도 등으로 사용될 여지가 있으므로 잘 대응해야 한다.

이때 소견서는 보험회사에서 의뢰서가 오므로 이에 대해 답변서를 작성해서 교부하면 된다.

별지 〈제2호 서식〉 교통사고환자 입원에 관한 소견 의뢰서

별지 〈제3호 서식〉 소견의뢰에 대한 회신

(3) 통원요청서

통원요청서는 퇴원관리에서 설명한 바와 같이 자동차보험회사가 환자의 진료기간이 경과하면 병원에 대해 통원/퇴원 요청서를 발부하는 경우가 있다. 퇴원요청서는 추후 진료를 종결하고 진료비를 청구하여 조정할 때 통원요청서가 경과한 이후의 입원진료비에 대해서는 보험사가 보증하지 않는 경우가 있으므로 반드시 유의하여야 한다.

이때 퇴원요청서는 보험회사와 환자간의 합의와는 관련이 없으며 야기되는 문제는 보험회사가 책임을 지는 사항이고 병원에서는 의학적 차원에서 응대하여야 한다.

별지 〈제5호 서식〉 교통사고입원환자에 대한 통원 요청서

(4) 입원진료비 지급보증 중지(불가) 통보서

이 서식은 자동차보험 환자가 당해 의료기관에 입원하거나 이전 진료 의료기관에서 충분히 진료를 받아 통원진료가 가능하다는 소견이 제출되었던 경우에 대하여 자동차 보험회사에서 더 이상의 자동차보험 환자에 대한 진료비 지불보증을 하지 않겠다는 것을 알려주는 문서이다.

이 서류는 보험회사는 교통사고와 상당인과관계가 있는 의료행위에 대한 진료비는 그 지급을 보증하고 다만, 입원료 및 식대에 대하여는 지급 보증할 수 없음을 알려주는 것이므로 퇴원이나 종결 등의 조치를 하여야 추후 진료비 청구시 조정 등의 빌미를 제공하지 않게 되므로 반드시 유의하여야 한다.

별지 〈제4호 서식〉 입원진료비 지급보증 중지(불가) 통보서

(5) 교통사고환자 진료비 안내문

이 안내문은 보험회사 등이 교통사고환자가 의료기관에 입원한 경우 당해 교통사고환자 또는 그 보호자에게 '교통사고로 인한 상해 및 질병에 대한 진료비는 자동차보험에서 지급하고, 환자의 기존 질병 및 당해 교통사고와 관련이 없는 상해 및 질병에 대한 진료비는 국민건강보험 등으로 처리됨'을 서면으로 안내하여 교통사고로 인한 진료부분과 기존 상병에 대한 진료부분을 구분하여 장기입원과 기존 질병과의 병합을 감소시키고자 취하는 행동이라고 볼 수 있다. 이에 따라 보험회사는 환자에게 이러한 사항을 안내하게 되고 의료기관도 이에 따라 진료하게 된다.

〈제6호 서식〉 교통사고환자 진료비 안내문

교통사고환자 진료비 안내문

뜻하지 않은 교통사고로 고통을 겪고 계시는 귀하와 가족분들께 진심으로 위로의 말씀을 드리며, 조속히 쾌유하시길 바랍니다. 교통사고로 인하여 처리되는 진료비에 대한 이해를 돕고자 다음과 같이 안내를 드립니다.

－다 음－

교통사고로 인한 진료비는 보험회사에서 지급되고, 기존질병에 대한 진료비는 원칙적으로 건강보험으로 처리됩니다.

1. 교통사고로 인해 발생된 진료비는 자동차보험으로 처리됩니다. 이 경우 의료기관은 이에 해당하는 진료비를 교통사고환자에게 직접 청구할 수 없습니다.

2. 기존 질병 및 당해 교통사고와 관련이 없는 상병에 대한 진료비는 원칙적으로 건강보험으로 처리되며 이 경우 환자측의 본인부담금이 발생할 수 있습니다.

3. 다만, 기존질병이라고 하여도 당해 교통사고로 인하여 악화된 경우, 그 추가된 진료비는 자동차보험으로 처리됩니다.

※ 관련규정
1. 자동차손해배상보장법 제12조〈2008.9.29 개정〉
2. 국토해양부 고시 「자동차보험진료수가에관한기준」 제5조 제1항 및 제2항〈2008.5.15 개정〉

손해보험협회 · 대한의사협회 · 대한병원협회 · 대한한의사협회
(담당자 : ○○ 화재(공제), ○○○, 전화 ___－____)

* 각종 서식은 관련규정의 참고자료를 활용하기 바람

4 치료의 종결과 장기 재원자 관리

1) 의의

자동차보험 환자의 특성상 장기 재원하거나 재원하려는 경우가 많다. 이 경우에는 환자상태는 물론이고 상급종합병원, 종합병원, 일반병원, 의원이냐에 따라, 또는 의사의 성향에 따라서도 모두 다르게 나타난다. 자동차보험 환자의 장기진료는 상병 상태의 회복이 지연되는 것이 주된 이유라고 볼 것이며 이 경우에는 가급적 의학적 판단에 따른 원칙에 따라서 판단되어야 한다는 것을 강조하고자 한다.

환자의 입원과 퇴원은 당연히 의사의 합리적 판단에 따라야 하고 적정 치료와 적정 관리로 환자의 치유를 위해 노력하여야 하고 보험사기, 부정 허위 청구 등 사회적인 문제에 오해를 받지 않도록 항상 유의하여야 한다.

자동차보험은 다른 보험과 달리 보험회사와 '합의'라는 과정이 있어 그에 따라 변동 가능성이 있다.

즉 자동차보험이 자동차 소유자의 불법행위에 대한 배상의 문제이기 때문에 보험회사와 환자가 보상에 관한 합의를 하면서 진료가 종결된다. 이에 따라 환자의 상태도 중요하지만 보험회사와 보험계약자가 환자에게 어떻게 관리하고 보상을 하느냐에 따라 합의 도출의 결과가 달라질 수 있고 이에 따라 진료기간과 치료의 종결도 영향을 받기 때문에 이들의 동향에 대해서도 반드시 관심을 가져야 한다.

다만 이 과정에서 병원의 담당자는 보험회사와 환자와의 보상 협의과정에서 잘못 행동하면 관련법 위반 등의 문제가 발생할 수도 있으므로 매우 주의하여야 한다.

자동차보험은 이러한 절차 때문에 의료기관들이 의사의 의학적 소견대로 진료를 하는데 영향을 받을 수 있으며, 이것이 자동차보험 환자의 장기진료와 보상의 최대화를 위한 요구에 따른 경미한 상해환자의 입원 경향, 자동차보험사의 조기종결 욕구, 보험재정의 손실, 전체적인 보험문화의 발전 저해 등의 원인(遠因)으로 작용하게 되는 것이다.

참고판례

▶ [1] '입원'이라 함은 환자의 질병에 대한 저항력이 매우 낮거나 투여되는 약물이 가져오는 부작용 혹은 부수효과와 관련하여 의료진의 지속적인 관찰이 필요한 경우, 영양상태 및 섭취음식물에 대한 관리가 필요한 경우, 약물투여 · 처치 등이 계속적으로 이루어질 필요가 있어 환자의 통원이 오히려 치료에 불편함을 끼치는 경우 또는 환자의 상태가 통원을 감당할 수 없는 상태에 있는 경우나 감염의 위험이 있는 경우 등에 환자가 병원 내에 체류하면서 치료를 받는 것으로서, 보건복지부 고시인 '요양급여의 적용기준 및 방법에 관한 세부사항' 등의 제반 규정에 따라 환자가 6시간 이상 입원실에 체류하면서 의료진의 관찰 및 관리 아래 치료를 받는 것을 의미하나, 입원실 체류시간만을 기준으로 입원 여부를 판단할 수는 없고, 환자의 증상, 진단 및 치료 내용과 경위, 환자들의 행동 등을 종합하여 판단하여야 한다.

[2] 기망행위를 수단으로 한 권리행사의 경우 그 권리행사에 속하는 행위와 그 수단에 속하는 기망행위를 전체적으로 관찰하여 그와 같은 기망행위가 사회통념상 권리행사의 수단으로서 용인할 수 없는 정도라면 그 권리행사에 속하는 행위는 사기죄를 구성하는데, 보험금을 지급받을 수 있는 사유가 있다 하더라도 이를 기화로 실제 지급받을 수 있는 보험금보다 다액의 보험금을 편취할 의사로 장기간의 입원 등을 통하여 과다한 보험금을 지급받는 경우에는 지급받은 보험금 전체에 대하여 사기죄가 성립한다.

[3] 환자들의 건강상태에 맞게 적정한 진료행위를 하지 않은 채 입원의 필요성이 적은 환자들에게까지 입원을 권유하고 퇴원을 만류하는 등으로 장기간의 입원을 유도하여 국민건강보험공단에 과다한 요양급여비를 청구한 행위는 사회통념상 권리행사의 수단으로 용인할 수 없는 것이어서, 비록 그 중 일부 기간에 대하여 실제 입원치료가 필요하였다고 하더라도 그 부분을 포함한 당해 입원기간의 요양급여비 전체에 대하여 사기죄가 성립한다고 한 사례

(출처 : 대법원 2009.05.28. 선고 2008도4665 판결[사기 · 사기방조] 종합법률정보 판례)

따라서 통상의 경우에는 책임보험의 경우에는 진료비 한도에 따라 입원기간이 도래하면 환자에게 통보하고 그에 따라 건강보험으로의 전환 등 필요한 조치를 취하도록 하여야 하고 종합보험의 경우에는 진료비의 한도에는 제한이 없지만 의학적 소견을 바탕으로 환자의 상태에 따라 퇴원을 결정하여야 한다.

또한 자동차보험 환자가 장기간의 병원생활로 병실생활이 부적절한 경우에는 조기퇴원 등의 방법이 사용될 수 있다.

다만 환자의 조기퇴원에는 원무과의 입장에서는 병원의 재원일수관리, 회전율(가동률)과 관련하여 고려되어야 하는 경우도 있으므로 융통성 있게 결정하여야 한다. 최근에는 자동차보험 진료비에 대한 심사평가원의 심사로 병원들이 적정입원으로 변하고 있는 추세라고 지

적하고 있다.

2) 장기재원자 관리요령

(1) 기본적으로는 의사의 합리적 판단에 따라야 한다.

자동차보험 환자를 비롯한 모든 진료의 원칙에는 의사의 판단이 가장 중요하다. 만약 이때 환자의 상태와 관련하여 의학적인 면을 제외하고 의사의 판단이 미흡하면 잘 협의하여 적절하게 관리되도록 하여야 한다.

의료기관의 자동차보험 담당자의 기본 인식은 '나도 보험료 낸다. 환자에게 지급하는 보험진료비는 내가 낸 보험료이다' 라는 인식으로 적극 관리해야 한다.

특히 적정치료 후 종결에 최선을 다해서 '보험 지킴이'로써의 역할을 하여야 하며 사회적으로 문제가 되고 있는 보험사기 등의 문제에 휩쓸리지 않도록 자기관리를 철저히 해야 한다. 다행히 최근 추세는 경미한 환자에 대해 초진 기간내 종결이라는 방향으로 관리를 엄격히 하고 있는 것으로 보인다.

(2) 다른 보험과의 관계–개인보험, 어려움과 활용방법–환자측면

자동차사고로 부상한 환자가 개인적으로 질병과 상해보험을 적용받을 경우 장기재원을 하려는 의도가 있을 수 있다. 이때는 병원에서 퇴원을 종용하면 각종 이유를 대며 입원을 연장하려고 하게 될 것이다. 따라서 병원은 이를 적절히 하여야 하며 반드시 의학적 판단에 따라 결정되어야 한다. 이때는 당연히 통원과 입원 유지에 대해 병원 입장에서 생각하여야 하며 병원이 환자의 요구에 따르게 되면 적절한 관리가 되지 못하게 되므로 합리적 결정이 필요하다.

(3) 퇴원이 부당하게 지연될 경우의 문제–병원측면

모든 환자는 병원 종별 수준에 맞게 진료되어야 한다. 건강보험이든 자동차보험이든 간에 환자의 상태에 따라 대학병원, 종합병원, 전문병원과 일반 병의원 등 적절한 수준의 병원에서 합리적으로 진료되고 관리되어져야 한다. 그런 의미에서 의료전달체계는 의미가 있으며 이는 강제가 아니라 의사들의 자율에 의해 운영되어져야 한다.

자동차보험 환자의 상병 상태가 일반 상병과는 다르다는 것을 전제하더라도 여러 의사들이 객관적으로 보는 시각을 벗어나면 그것은 무리한 진료라고 생각할 수 있다.

자동차사고 환자가 초기에 복잡한 상병을 입고 내원하여 시간이 경과하면서 점차 회복되면 전문병원에서 일반병원으로 또는 입원을 마치고 통원을 하면서 사회복귀를 시도하게 되는 것이 일반적인 순서라고 보아야 할 것이다.

자동차보험 환자의 진료비를 부담하는 보험회사의 입장에서 볼 때 사고의 내용에 비추어 무리한 입원 연장이라고 생각되면 병원에 조기통원을 요구하게 된다. 이때 보험회사는 입원식대 심사지침이나 자동차보험 세부인정기준 등에 의한 소견의뢰서, 통원요청서 등을 통하여 병원에 요구하게 될 것이다. 또한 환자가 외출 · 외박 등으로 병원에 부재중인 것이 보험회사의 확인방문에서 적발되면 불이익을 주려고 할 것이기도 하다. 이때 보험회사가 병원에 불이익을 주는 방법은 사정당국에 제소하는 방법, 자체 실제조사를 하는 방법 등으로 이런 경우가 발생하면 병원은 이미지와 금전적 손실을 감수해야 할 수도 있다.

따라서 병원은 항상 환자를 의학적 차원에서 소신을 가지고 진료하는 것이어야 할 것이라고 본다.

(4) 환자의 장기재원과 보험사의 문제-보험사측면

자동차보험 환자가 장기 진료를 하는 이유는 가장 기본적으로 중증 상병이어야 할 것임은 당연하다 할 것이다. 따라서 모두가 생각하는 무리한 장기 재원은 경미하다고 보는 질병의 장기 입원을 의미한다고 볼 것이다.

일선 의료기관의 시각에서 볼 때 환자들의 장기 재원 성향이 보험사들의 업무태도에도 문제가 있는 것으로 보는 측면도 있다. 그것은 환자들이 입원치료를 하는 동안 발생하는 휴업손해에 대해서 입원시에는 지급하고 통원시 부지급 하는 오해를 갖고 있다고들 한다.

참고판례

▶ 일반적으로 사고로 인하여 입원치료를 받는 경우 그 치료가 당해 사고와 관계가 없는 상해에 대한 것이거나 의학적으로 입원치료가 필요하지 않음에도 치료를 빙자하여 입원을 한 것이라거나 상해의 부위나 정도, 치료의 경과 등에 비추어 입원기간이 명백하게 장기이어서 과잉진료로 인정되는 사정이 있다는 등 그 입원치료의 전부 또는 일부가 상당하지 아니한 것이라고 볼 만한 특별한 사정이 없는 한, 사고로 인한 입원기간 동안에는 노동능력을 전부 상실하였다고 보아야 한다.

(출처 : 대법원 2003.12.12. 선고 2003다49252 판결[손해배상(자)] 종합법률정보 판례)

위 판례에서 보듯이 해석하기에 따라 사고로 인한 입원기간 동안에는 노동을 못하게 되므로 휴업손해를 받을 수 있다는 것으로 볼 수도 있어서 해석에 한계가 있을 수 있으나 환자들의 인식을 전환시켜야 하는데 그렇지 못하고 의사의 지시에도 제대로 따르지 않게 되는 경우가 발생할 수 있는 것이다.

자동차보험은 타인에 대한 불법행위에 대한 보상차원에서 시행되는 것으로 부상에 대하여 적정치료 후 사회 복귀가 되어야 하는데 타인 보상과 개인보험이 상호작용하는 문제 등이 있어 제도상의 문제는 개선될 필요가 있다고 보는 것이다.

이에 대해서는 보험문화의 발전, 보험재정의 안정화를 위해 반드시 제도의 개선이나 사회적 교육과 상당한 노력을 할 필요가 있다고 보며 환자의 태도개선에 역시 의료기관의 의사, 자동차보험 담당자, 보험회사의 역할이 매우 필요한 것도 사실임을 생각하여야 할 것이다.

3) 진료관리론에서의 보험사기

자동차보험 환자를 진료하는 실무자의 입장에서 보는 자동차보험 환자의 보험사기에 대해서는 다음과 같이 설명할 수가 있다.

(1) 발생원인

자동차보험 환자는 사고 당시에는 경황이 없어 치료에 집중하지만 점차 환자 상태가 안정화되어 가면 치료와 보상 등에 대하여 관심을 갖게 된다. 이 과정에서 같은 처지에 있는 동료환자 및 지인 등과의 교류와 인터넷 등을 통하여 광범위한 보험지식을 접하게 되는 경우가 가장 일반적이다.

또한 개인적으로 가입한 보장보험에서의 보장도 고려하게 되고 그 과정에서 보다 나은 보상금의 획득을 위해 자신도 모르는 사이에 일부 악의적이고 고의에 의한 보험사기로 접근이 되는 경우도 있게 된다.

(2) 발생가능한 사례

자동차보험 환자의 보험사기에 가장 쉽게 문제가 되는 것은 장기입원과 이에 따른 병실생활의 부적절 등이다. 따라서 외출과 외박을 시도하게 되고 관리가 엄격한 의료기관보다는 상대적으로 보다 자유로운 의료기관으로 전원하여 부적절한 병원생활을 할 수가 있다.

그 과정에서 의료기관들은 부재중인 환자에 대한 진료비를 청구하거나 진료기록 부풀리기 같은 유혹을 가지게 되고 보험회사의 환자관리 등에서 발견되어 검찰고발이나 형사처벌 등을 받게 되는 것이다.

(3) 대응방법

자동차보험 환자에 대한 관리는 절대적으로 의사의 소신 있는 진료와 의료기관의 환자 관리 철저가 가장 기본이다. 또한 원무담당자도 원칙적이고 합리적 대응이 필수적이며 적절한 진료와 진료의 종결, 불법적인 일에 타협하지 않는 바른 업무자세 등이 가장 중요하다.

특히 계속하여 자동차보험에 대한 사회적 인식이 높아지고 있고 이에 따르기 위해서는 보험회사의 감시, 감독을 유의하지 않으면 안되고 관련 법률의 강화추세는 물론 진료비의 건강보험심사평가원으로의 위탁 등 합법적이고 합리적인 진료만이 가장 바람직한 방향이라고 아니할 수 없다.

이에 대해서는 자동차보험 문화발전론에서 자세히 설명한다.

5 종결 및 합의

자동차보험 환자에 대한 치료가 고착상태에 들어가면 치료를 종결하게 된다. 이때쯤이면 환자에게도 치료의 종결과 보험회사와의 합의에 대해서도 안내하게 된다. 의료기관의 담당자는 합의서 관리시 반드시 보험회사나 전문가들이 합의하도록 하고 대신 작성은 금지된다.

자동차보험 환자의 보상금 합의는 매우 예민한 문제이다. 자동차보험의 보상금 합의는 과실률의 적용과 호의동승 여부 등에 따라 다르다. 그러므로 이 부분에 대해서는 전문손해사정사 등을 활용하도록 안내하여야 한다.

또한 종결과정에서 향후 치료가 예상되는 경우에는 향후 치료 추정 등을 하게 되는데 이에 대해서는 별도로 설명한다. 다만 치료의 종결과정에서는 그동안 보험회사와 환자 개인과의 관계, 환자와 보험가입자와의 관계 등이 종결 저해요인으로 작용하는 경우도 발생할 수 있다.

1) 진료의 종결

자동차보험 환자에게 자동차보험으로 진료를 한 후 더 이상의 진료가 불필요하다고 의사가 판단하는 경우에 종결하게 된다. 그러나 자동차보험회사와 환자와의 관계에 따라 치료기간이 남아 있는데도 先 합의가 되어 종결되는 경우 등도 있게 되는데 이 경우에는 보상금에 따른 영향이나 환자 개인의 사정 등에 의한 경우가 많다.

자동차보험 환자를 진료하는 의료기관의 입장에서는 자연적 치료 종결이 아닌 경우 즉, 환자와 보험회사간에 先(선) 합의가 되는 경우에는 자동차보험회사로부터 진료비 지불보증 중지 또는 계속 여부에 대한 확인을 받고 자동차보험 계속 적용 여부를 결정하게 된다.

환자와 보험회사가 합의한 후에도 계속하여 진료를 받는 경우에는 사안에 따라 기본적으로는 일반 또는 자보수가 100% 등을 적용하여 환자 본인에게 청구하여야 한다. 이때 환자 본인이 건강보험 적용을 요구하면 건강보험공단에 급여제한 여부를 조회한 후 조치하여야 하고 의료기관의 담당자가 임의로 처리하면 안된다.

치료가 종결되어야 하는 시점에서 환자가 진료를 연장해 달라고 하여 진료기간이 상당한 기간 동안 연장되는 경우가 있는데 이때는 의사의 소견을 중심으로 보험사에게 독촉을 하여 의사가 소신껏 진료를 하도록 하여야 한다. 이때 의사가 소신껏 진료하지 않으면 추후 보험사의 보증이 있더라도 추후 진료비 청구, 지급시에는 건강보험심사평가원에서 심사를 담당하게 되므로 이 부분이 반영되기가 어렵기 때문에 반드시 별도의 확실한 보증을 받아 두는 것이 필요할 수도 있다.

2) 합의 및 합의서관리

자동차보험 환자가 진료를 종결할 때 개인 간의 민사합의에 관한 문제이므로 보험회사와 환자가 합의서를 작성하게 된다. 통상 환자의 진료가 종결된 때 하는 것이 일반적이며 환자가 입원하고 있는 의료기관에서 하게 되는 경우가 많다.

이때 자동차보험 환자는 의료기관의 담당자에게 합의에 관한 내용을 문의하는 경우가 많은데 이때는 전문가에게 의뢰하도록 하며 개입하는 것을 금지한다. 특히 이 과정에서 환자에게 유리하게 해 주는 행동을 하거나 이와 관련하여 사례를 받으면 직무상의 윤리문제도 있지만 변호사법 위반 등의 전혀 다른 법률적인 문제가 발생할 수도 있으므로 절대 해서는 안된다.

따라서 이때는 반드시 객관적이고 사실적인 것만 자문해 주고 구체적인 것은 손해사정인 등 전문가에게 위임하도록 하여야 한다.

의료기관의 담당자는 치료 종결 등에 있어서 의료기관의 입장을 준수하고 환자편, 보험사편 등 어느 곳에도 치우치지 않도록 균형 있게 하고 행동을 조심해야 한다.

실무상 아주 예외적으로 보험회사 담당자의 요청에 의해 환자로부터 합의서를 받아서 관리해 주는 경우가 발생할 수 있는데 반드시 환자 본인이나 지정한 사람이 기재하도록 하고 병원의 담당자가 대신 기재하는 일이 없도록 하여야 하고 문서는 항상 완전히 밀봉한 상태에서 전달할 수 있도록 하여야 하며 한 점의 의혹도 발생해서는 안된다.

3) 자동차사고의 과실률이 합의에 미치는 영향

자동차사고의 발생과 환자의 치료 종결시 합의의 과정에서 통상 과실률에 관한 말을 하게 된다. 과실률이란 자동차보험 환자가 사고를 당했을 때 자기의 잘못이 어느 정도인가를 나타내는 비율이라고 이해하면 될 것이다. 이것은 자동차사고 발생시 가해자가 배상을 하게 되지만 피해자의 잘못이 있으면 그 비율만큼 보상이나 치료비 등에서 삭감하게 되는 것을 의미한다.

자동차보험 환자를 진료하는 의료기관의 입장에서는 진료비를 모두 가해자측, 즉 과실비율이 큰 쪽이 전액 부담하고 피해자에 대해 일정률을 차감한 후 지급하거나 피해자 자동차보험에 구상하여 상호 정산하는 구조로 이루어진다.

자동차보험의 경우를 보면 아주 예외적인 경우를 제외하고는 100% 일방의 잘못은 없다고 보험사들은 주장한다. 통상 단 10%의 잘못이라도 있게 되지만 이 정도는 통상 무시되는 경우가 있지만 엄격히 적용하는 경우에는 이것도 고려요소에 들어간다는 것을 유의해야 한다.

특히 책임보험의 경우에는 자기 과실이 얼마냐에 따라 보상규모가 결정되고 치료기간도 정해지므로 매우 중요하게 작용하게 되는 것이다. 따라서 의료기관의 자동차보험 담당자는 보상급수와, 책임한도, 치료범위, 자기과실률 등을 종합적으로 고려할 수 있는 능력을 가져야 한다. 다만 어떤 경우에는 이것이 영향을 미치지 않는다고 말하는 보험회사 담당자도 있지만 보험회사마다 달리 적용될 수도 있으므로 기본 원칙을 벗어나면 안된다.

4) 자동차 동승이 사고시 보상에 미치는 영향

통상의 사람들은 흔히 업무상 혹은 지인 등의 이유로 자동차를 같이 타고 가는 경우가 많이 있다. 그런데 이 경우에 목적지까지 무사하게 도달하면 아무 문제가 없을 것이나 운행 중 사고가 발생하면 전혀 예상하지 못했던 문제가 발생할 수 있다. 이때 사고자가 피해자라면 크게 문제가 없을지 모르겠으나 가해자라면 문제가 다양해 진다.

첫째, 동승자에 대해서 의료보상을 책임져주어야 한다. 이 경우는 운전자가 가입한 보험 종류에 따라 보장하게 될 것이며 주로 대인배상 I 이나 대인배상 II 로 하게 된다. 이 과정에서 자동차보험 표준약관에서 보는 것과 같은 동승자 감액비율이 작용하게 된다.

둘째, 동승자에 대해 보상을 해 주는 과정에서 예상하지 못한 손해배상 청구를 받을 수도 있다. 판례 등에서 보듯이 기본적으로 호의로 동승을 하는 경우에 여러 가지 상황이 다르더라도 보상을 해 주어야 하는 것은 당연하고 그에 따라 동승자도 상당한 안전운전에 관한 주의를 기울여야 할 수도 있으며 보상 과정에서도 관련되는 감액비율을 적용받을 수 있으므로 안전하게 목적지까지 도착할 수 있도록 유의하여야 한다(근거-대법원 1994.11. 25. 선고 94다32917 판결[손해배상(자)] 종합법률정보 판례 등).

* 동승자 유형별 감액비율은 자동차보험 표준약관을 참조하기 바람

6 자동차보험 환자의 휴업보상 등에 대하여

자동차보험 환자의 휴업보상은 기본적으로 진단명에 따른 급수에 따라 정해지는 기본 의료보상금과 환자가 진료를 하는 동안에 얻지 못하는 노동손실(급여분)에 대한 보상이라고 보면 될 것이다. 자동차사고 환자의 보상은 기본적으로 자기의 급여를 기준으로 80% 선이 적용되는 것으로 이해하고 있는데[9] 사업자등록을 한 경우에는 그 소득액, 건설근로자의 경우에는 통계조사 금액, 기타 도시근로자 일용임금 등을 적용하고 60세 이상의 고령 등 여러 가지 함수가 작용되고 있어 구체적인 사항은 보험회사와 손해사정인 등과 협의되어야 할 사항이다.

그런데 자동차보험의 경우에는 산재보험에서처럼 치료가 장기화 되는 경우 매월별로 휴업손해에 대한 보상금을 지급하지 않고 있어 장기간의 치료가 요하는 자동차보험 환자의 경우 생활에 문제를 초래할 수가 있다.

대분의 사람들은 노동을 하고 그에 따른 수입으로 생활을 하게 되는데 이것이 교통사고로 인하여 입원하게 되면 생활의 균형이 깨어지고 간병을 위하여 가족 등이 동반되어야 하며 근로자로서 얻을 수 있는 수입이 끊겨 생활에 문제가 발생할 수 있는 것이다.

물론 자동차보험금 가지급금제도 등이 있기는 하지만 이 제도 또한 한계가 있기 때문에 이에 대한 방법이 강구되어야 할 것으로 생각한다.

---

9) 자동차보험 표준약관 참조

자동차보험은 현재의 구조에서는 월별로 휴업보상금을 청구하는 것이 곤란한 것은 사실이고 이렇게 함으로써 발생되는 우려사항도 없는 바는 아니나 현재의 제도상으로는 근로자-환자의 가족이 생계에 영향을 받을 수 있으나 치료 종결시에 일괄하여 합의하는 형식으로 지급되고 있어 개선이 필요하다고 보는 것이다.

7 합의금과 향후치료추정

보험회사의 자동차보험 담당자가 환자와 치료를 종결하고 합의를 하는 과정에서 추후 진료가 필요한 경우에 향후 치료에 소요되는 비용을 추정해서 지급하여 진료를 종결하고 보상을 하는 방법을 택하는 경우도 있다. 이것은 실제로 향후에 치료가 필요한 부분에 대한 사항도 있지만 자동차 보험사고를 빨리 종결짓기 위한 한 방안으로 작용할 수도 있다.

향후치료추정은 의사의 판단에 의해 기간이나 진료방법이 결정되며 이에 따라 진료비 추정이 이루어진다.

이에 대해서는 향후치료추정편에서 자세히 설명한다.

제5절 보험회사의 환자관리

1 의 의

보험회사 등은 자동차보험 의료기관에서 요양을 하고 있는 자동차보험 환자의 적절한 요양관리를 위하여 수시로 자동차보험 의료기관을 방문하여 요양실태를 점검할 수 있다.

이것은 자동차보험 환자에게 요양보상이나 보험급여의 지급에 관한 사항의 안내, 상병의 특성이나 상태에 적합한 의료 · 재활서비스를 제공하기 위하여 소속 직원에게 자동차보험 의료기관을 방문하도록 하거나 그 밖의 방법으로 그 자동차보험 환자의 상병의 치료 · 보험급여의 지급 또는 사회복귀에 필요한 사항 등을 지원(이하 "현장 요양서비스"라 한다)하게 할 수 있을 것이다.

이 제도는 자동차보험 환자의 보상을 담당하고 있는 보험회사 등의 직원이 자동차보험 의료기관을 방문하여 환자가 제대로 진료를 잘 받고 있는지 등을 관리하는 것으로 이해할 수 있다. 그리고 나아가 자동차보험 환자의 요양 현실을 확인하고 문제점을 파악하여 보다 나은 자동차보험 환자 관리를 하기 위한 것으로 볼 수 있다.

그러나 이것은 종종 자동차보험 환자의 병상 부재시 의료기관에 대한 허위 부당진료의 근거가 되기도 하며 이로 말미암아 보험 사기와 병원 및 보험사간의 불신 증가, 관련한 사회적 문제의 기초가 되기도 한다.

2 근거규정

이 제도는 법 제13조(입원환자의 관리 등) 3항과 법 제14조1항, 진료수가기준 제10조 등에서 근거를 찾을 수 있다고 할 것이다. 이에 따르면 환자관리와 진료비관리 및 진료수가 청구 전 관리와 청구 후 관리, 보험회사와 심사기관의 관리 등으로 나눌 수 있다.

1) 법률규정

법 제13조(입원환자의 관리 등) 제3항은 법 제12조제1항에 따라 자동차보험진료수가의 지급 의사 유무 및 지급 한도를 통지한 보험회사 등은 입원환자의 외출이나 외박에 관한 기록의 열람을 청구할 수 있다. 이 경우 의료기관은 정당한 사유가 없으면 청구에 따라야 한다고 규정하여 보험회사 등의 요양기관 관리에 대하여 규정하고 있다. 이것은 진료수가 청구 전 보험회사 등에 의한 환자관리라고 할 수 있다. 이를 위반하여 기록의 열람 청구에 따르지 아니한 자에게는 300만원 이하의 과태료를 부과한다(법 제48조3항3의2호).

또한 법 제14조(진료기록의 열람 등) ①항에서 보험회사 등은 의료기관으로부터 제12조제2항에 따라 자동차보험진료수가를 청구받으면 그 의료기관에 대하여 관계 진료기록의 열람을 청구할 수 있다고 규정하여 보험회사 등에 의한 진료수가 청구 후 진료비 관련 관리가 가능하도록 하고 있다.

또한 동조 제2항에서는 ② 제12조의2에 따라 심사 등을 위탁받은 전문심사기관은 심사 등에 필요한 자료를 의료기관에 요청할 수 있다고 규정하여 심사기관에 의한 진료비관리를 규정하고 있다.

2) 진료수가기준상의 규정

자동차보험 진료수가기준 제10조(진료기록의 확인청구) ①항에서 보험회사 등은 진료수가 지급을 위하여 관계 진료기록이 필요한 경우 법 제12조의2제1항에 따라 위탁한 심사평가원 또는 의료기관에게 진료기록의 확인을 청구할 수 있다고 하여 보험회사 등의 진료기록과 관련한 자료의 청구를 규정하고 있다.

다만 제2항에서는 제1항에 따른 보험회사등의 확인청구 내용이 진료에 관한 사실확인 및 진료수가 지급에 필요한 범위를 명백히 초과한 것으로 판단되는 경우 심사평가원 또는 의료기관은 관계진료기록의 일부만을 확인하게 하거나 그에 응하지 아니할 수 있고 이 경우에는 보험회사등에게 그 사유를 소명하여야 한다고 규정하여 반복되는 관계진료기록 등의 요구에 대해 응하지 않을 수 있도록 하였다.

3) 경미한 자동차 상해환자 입원기준 규정

국토교통부는 경미한 자동차 상해환자들의 입원으로 인하여 보험질서의 발전에 저해요소로 작용한다고 판단하여 경미한 환자 입원기간이 3일을 초과하는 경우 필요시 보험회사는 입원상태 점검서를 작성, 병원에 입원 필요성 재판단을 요청하도록 하고 있다.

이때 보험회사 등의 소속 직원은 입원상태 점검서 양식을 사용하여 환자 상태에 대해 자세한 상태를 점검하게 되며 확인서 작성을 위해 보험회사 등의 요청이 있을 경우 다소 해석상의 문제가 있는 부분이기는 하나 의료기관은 정당한 사유가 없으면 진료기록, 임상소견서 및 치료경위서 등을 열람, 지원하도록 하고 있다. 왜냐하면 법 제14조의 규정에 의하면 의료기관 등이 진료비를 청구한 후에 관계 진료기록의 열람을 청구할 수 있기 때문이다.

따라서 보험회사 등은 의료기관을 방문하여 의료진이나 의료기관의 업무 담당자 또는 환자를 면담하거나 환자가 병상생활을 잘 하고 있는가 등의 상태를 확인하거나 외출 · 외박에 관한 기록을 점검할 수 있으나 최초의 진료비를 청구 받은 후가 아니면 환자의 기록 등을 요구하여 환자 상태점검서를 작성하는 것은 무리라고 볼 것이다.

4) 입원료 식대심사지침상의 기준

자동차보험 환자에 대한 보험회사의 관리는 입원료 식대심사지침상에도 규정되어 있다고 보는데 기본적으로 의료기관은 의학적인 판단상 교통사고환자의 입원이 불필요하다고 판단한 경우에는 그 소견을 보험사업자등에게 서면 통지하여야 한다. 이때 보험사업자등은 초진기간이 지난 입원환자의 호전정도를 관찰, 입원이 불필요하다고 판단되는 경우에는 해당 의료기관에 입 · 퇴원여부를 질의하여야 한다고 하고 있고 의료기관은 보험사업자등의 소견의뢰에 대하여 반드시 회신하여야 하며 그 회신기한은 보험사업자등의 소견 의뢰 공문을 수령한 날로부터 7일(토요일, 공휴일 제외) 이내로 한다고 하고 있다.

이에 대한 결과는 보험사업자등의 입퇴원여부 질의에 대하여 의료기관이 정해진 회신기한 7일(토요일, 공휴일 제외)이 지나도록 회신을 거부하거나 지연한 경우에는 회신마감일 이후부터 회신 통지가 보험사업자등에게 도달된 날까지의 입원료 및 식대는 의료기관의 부담으로 심사 · 결정한다. 단, 회신기한(의료기관이 질의를 받은 날부터 7일[토요일, 공휴일 제외]째 되는 날)까지의 입원료 및 식대는 보험사업자등의 부담으로 심사 · 결정한다고 되어 있기 때문에 적절하게 대응하지 못하면 입원료 및 식대 등의 진료비에 대해 불이익을 받을 수 있음을 유의하지 않으면 안된다. 이에 대해서는 별도로 재론한다.

3 환자상태 점검의 효과 및 유의사항

보험회사 등에 의한 자동차보험 환자의 관리는 환자와 의료기관에 상당한 영향을 줄 수 있다. 대부분의 환자가 정상적으로 진료를 받고 있고 의료기관도 의학적, 합리적 타당성을 가지고 진료에 임하고 있지만 보험회사 입장에서는 환자가 적절하게 의료보상을 받기를 기대하고 있을 것이다.

그럼에도 불구하고 환자의 요양 상태가 바람직하지 못하다고 판단되면 보험회사 등은 앞에서 설명한대로 경미한 환자의 장기입원, 적정 치료후 연장 입원 등이 계속되면 의료기관에 진료비의 청구시 입원식대심사지침 등에 의해 입원실료의 조정이나 심한 경우 퇴원이나 전원 등에 대한 질의와 답변을 요구하게 될 것이고 환자들도 보험질서 확립을 위하여 위법행위에 대한 조치가 가능할 수도 있기 때문이다.

따라서 의료기관은 반드시 의학적 소견에 따라 합리적이고 타당하게 환자관리를 하도록 하여 불미스러운 오해를 받지 않도록 하여야 할 것이다.

제6절 자동차보험 환자 진료시 실무사항

자동차보험 환자를 진료하는 과정에서는 여러 가지 문제들이 발생할 수 있다. 이 절에서는 그와 관련한 실무적인 부분에 대해 설명하고자 한다.

1 보험신고의 문제

자동차보험 환자들이 보험으로 진료한다고 했는데 왜 보험처리를 해주지 않느냐고 하는 경우가 많이 발생한다. 이 경우에는 자동차사고로 인하여 경황이 없는 중에 보험사에 아직 신고가 정확하게 되지 않은 상태이거나 보험이 가입되지 않은 경우 등일 수 있다.

이런 경우에는 다음 절차를 반드시 확인해야 한다.

〈가입자가 보험사에 신고 → 보험사가 병원에 지불보증 → 지불보증 확인 → 진료〉

이때 보상센터가 아닌 보험모집인에게 신고하는 경우가 있고 대인이 아니라 대물만 신고되는 경우가 있으므로 정확하게 신고하도록 안내한다.

이 과정에서 보험관계가 확인되지 않았다고 환자를 전혀 진료해 주지 않으면 의료법상의 문제가 발생할 수 있으므로 응급환자인 경우에는 적절한 진료를 하면서 보호자나 운전자 등에게 인적사항과 보험관계를 확인하게 하도록 하여야 한다. 다만 이때 전혀 보험관계가 불확실하면 일반/자보수가/건강보험으로 진료비를 먼저 수령하고 검사 및 진료하고 추후 보험관계가 확인되면 환불하는 방법을 사용하도록 한다.

2 복잡사고인 경우 등 – 다중사고, 쌍방과실 등 경찰조사가 필요한 경우

1) 다중사고인 경우

자동차사고는 단독사고인 경우도 있지만 다중사고인 경우도 있고 대량인명피해가 나는 경우도 있다. 다중사고의 경우에는 정차중, 주행중 등 여러 가지 상황에 따라 가해자가 변화될 수가 있다. 따라서 이런 경우에는 사고와 관련한 여러 차량들의 인적사항을 모두 확보하여 두는 것이 좋다. 즉 가해자라고 주장하는 차량과 피해자라고 주장하는 차량의 인적사항을 모두 기록하여 추후 해당 사항에 따라 적용하도록 한다.

이 경우 모든 차량이 개별적으로 보험을 적용하거나 한 차량이 모두를 지불보증하는 경우도 있으므로 정확히 확인하도록 한다. 또한 가해자 혹은 피해자의 결과는 경찰서의 조사결과에 따라 보험회사가 결정하겠지만 의료기관에서는 이 결과를 참조하거나 미리 선수납하고 환불하는 등의 방법을 사용하도록 한다.

2) 쌍방 과실을 주장하는 경우

자동차사고가 교차로 등의 경우에서는 쌍방이 같은 과실률을 적용할 수도 있고 조사결과 어느 한쪽이 과실이 바뀌는 경우가 있다. 자동차 사고자들이 각각 쌍방 과실을 주장하는 경우, 보험회사의 지불보증을 신뢰하지만 그렇지 못한 경우 환자를 치료하고 환자로부터 진료비를 先수납하는 것이 원칙이다. 이 경우에도 경찰서의 조사결과에 따라 피해자/가해자가 결정되어 보험사에서 지불을 보증해 주면 그에 따르면 되고 그 전에는 先수납하는 것이 바람직하다고 할 것이다.

다만 이때 환자들이 선수납을 하지 못하겠다고 하면 상황에 따라 판단할 수밖에 없다. 교통사고는 매우 다양하게 발생한다. 어떤 특정하고 고정된 상황은 없다. 따라서 상황에 따라 무리 없도록 능동적으로 진료와 수납을 처리하여야 한다. 가장 중요한 원칙은 진료를 받은 환자가 진료비를 내는 것이 원칙이다.

3 건강보험 등으로 진료 중인 환자가 외출 중 자동차사고가 발생할 때

이 경우에는 의료보험을 정리하고 자동차보험을 적용하도록 한다. 다만 개인질병을 동시에 치료해야 하는 경우에는 의료보험과 자동차보험을 같이 진료하면서 분리하여 청구하도록 하거나 자동차보험으로 진료하면서 의료보험을 병행해서 하는 등 병원의 사정에 따라 시행하도록 한다.

모든 경우에 가급적 환자를 보호하고 환자의 부담을 줄이는 방안이 있으면 그렇게 하도록 하는 것이 의료기관의 기본 역할이라고 생각하며 다만 이중진료의 문제가 발생하지 않도록 사안에 따라 매우 유의하여야 한다.

4 보험회사 및 경찰 신고 권유

자동차사고의 경우 피해가 경미한 경우 쌍방이 합의하여 비보험처리를 하고 진료비는 직접 지불하고 종결하는 경우가 있는데 기본 원칙은 경찰서 신고 및 보험회사에 신고하는 것임을 알려 주어야 한다. 현재 제도상 경찰서에 반드시 신고할 의무가 없는 경우도 있는데 후일 문제가 확대되거나 불필요한 논란에 휘말리지 않도록 하기 위해서는 경찰서에 신고하여 필요한 조치를 받도록 하는 것이 자동차사고로 인한 사회적인 문제 등의 근원을 없애기 위해 필요한 일이다.

5 가해자 자체지급

가해자 자체지급이라 함은 환자가 교통사고로 부상 등을 당하여 내원하는 경우에 자동차보험 처리를 하지 않고 건강보험도 적용하지 않는 경우를 의미한다. 이것은 교통사고로 병원에 내원하여 진료하지만 자동차보험으로 처리하지 않고 자동차소유자(운행자)가 진료비를 부담하고 환자에게 진료비와 휴업수당 등을 보상하는 방법이라고 설명할 수 있다.

이것은 환자관리 실무상 자동차소유자가 교통사고가 발생한 경우에 부상을 당한 환자에게 모두 자동차보험을 적용하여야 하지만 모든 경우에 보험으로 적용하게 되면 자동차보험료가 올라가거나 사업용 자동차의 경우 안전관리상의 점검이 강화되는 등의 불이익을 받을 수 있어 이를 방지하고자 하는 것으로 이해될 수 있다.

이 경우 환자 입장에서는 치료와 임금을 보장하면 별도의 손해는 없으므로 선택의 문제이나 치료와 임금보장의 불안정 및 경미한 사례가 아닌 경우에는 자동차보험 제도의 원칙과는 약간의 거리가 있을 수 있음은 부인할 수 없다.

그러나 이 방법은 추후 보험가입자가 보험회사에 청구하게 되는 경우에 건강보험심사평가원으로 청구할 수 있도록 할 수 있으므로 적용시 유의하여야 한다.

참고규정

▶**자동차보험진료수가 심사업무처리에 관한 규정**[시행 2019.12.10.] [국토교통부고시 제2019-742호, 2019.12.10., 일부개정]

§제3조(적용범위)

2. 의료기관이 교통사고환자에게 진료비를 직접 받은 후 보험회사등으로부터 자동차보험진료수가의 지급의사와 지급한도를 통지받고 심사평가원에 청구할 것을 요청받은 경우

6 자동차보험 의료보상과 개인상병의 경합

자동차보험 환자가 진료 중에 개인 질병을 진료해야 하는 경우가 발생할 수 있다. 이 경우에 당연히 자동차보험 의료보상 대상은 자동차보험으로 관리하고 개인요양 대상은 개인 부담으로 분리하는 것이 원칙이다. 다만 자동차사고로 인하여 개인 질병이 악화되는 경우에는 보험회사 등과 협의를 해서 처리할 사항이고 자동차보험 종료 후 개인요양을 추가로 원하는 경우에는 당연히 개인 부담으로 해야 할 것이다. 이에 대해서는 기왕증 부분에서 설명한 바 있다.

자동차보험 환자가 입원하고 있는 동안에 개인질병으로 통원을 해야 한다면 당연히 자동차보험 입원과 개인 통원으로 각각 별도로 구분하여야 한다.

다만 자동차보험 환자가 진료 중 합병증 등이 발생한 경우에는 요양 중의 사고 등에서 전술한 바대로 병원에 현저한 잘못이 없고 자동차보험과 상당한 인과관계가 있는 경우에는 자동차보험으로 처리하는 것이 타당하다고 볼 것이다.

Tip 자동차보험과 건강보험과의 차이

구분	자동차보험	건강보험
진료대상	자동차사고로 인한 부상 및 질병을 대상	개인질병과 부상을 대상
진료비 기준	건강보험을 준용하지만 건강보험보다 보장범위가 넓어 보장성이 더 좋음	건강보험을 가장 기본으로 함
진료비 부담	의료보상, 장해보상, 장의비, 간병비의 일부 등까지 보상함	진료비 상당부분을 보험공단에서 부담하지만 개인부담 있음(입원 20% 등)
비보험	일부 인정됨	환자본인이 대부분 부담

7 자동차보험 대상을 건강보험 등 개인 보험으로 적용을 요구하는 경우

1) 기본 사항

자동차사고로 인한 사고나 질병 등의 상병은 기본적으로 자동차보험으로 처리하는 것이 타당하다. 그러나 자동차보험 사고환자가 건강보험 등으로 적용해 달라고 요구하는 경우 실무상 자동차보험과 건강보험 등의 적용 사항을 잘 모르는 경우이거나 경증이므로 무심코 환자의 건강보험으로 처리하려고 하는 경우가 있거나 혹은 자동차사고를 회피하거나 진료비를 절감하고자 하는 등 여러 가지 이유에서 요청하는 경우가 있을 수 있다.

이러한 요구가 있는 경우 당연히 건강보험 등 개인의 사회보험으로 처리하면 안되며 만약 요청이 있으면 건강보험 등에 급여제한 또는 상해외인 여부 조회 등을 실시하여 그 결과에 따라 조처하여야 한다. 만약 환자 또는 자동차회사의 요청으로 의료기관의 담당자가 임의로 건강보험 등을 적용하여 추후 건강보험 등에서 상해외인 등의 조사로 확인되면 진료비를 환수하거나 중대한 경우 자동차사고 은폐 또는 산재은폐 등으로 확인되면 회사가 벌칙을 받게 될 수도 있으므로 환자 또는 회사의 담당자에게 잘 설명하여 인지하도록 하며 그런 일이 없도록 하는 것이 회사나 의료기관의 자동차보험 의료담당자들의 역할이다.

2) 책임보험 환자인 경우

책임보험 환자인 경우 진료비 한도가 도래하고 만약 환자의 상태가 퇴원을 할 수 없는 경우라면 건강보험 등으로 보험 종별 전환을 할 수 있도록 하여 환자의 편의를 도와야 한다. 이 경우에는 건강보험 등에 급여제한 여부의 조회 등을 통하여 건강보험 적용 여부를 사전에 확인하고 조치하여야 한다.

이때 만약 의료기관의 담당자가 임의로 건강보험 등을 적용하게 되면 추후 건강보험 등에서 사후관리를 하게 되고 이때 건강보험 등으로 적용을 받지 못하게 되면 환자나 병원에 불이익을 초래할 수도 있기 때문이다.

그런데 이 과정에서 유의해야 할 사항은 책임보험은 진료비 한도를 초과하는 경우에 건강보험 등으로의 종별 전환을 할 수 있을 것으로 이해되지만 책임보험 도중 보험회사와 합의 등으로 그에 따른 진료비를 미리 받은 경우에는 건강보험 적용이 되지 않을 수 있으므로 유의하여야 한다.

또한 종합보험의 경우에도 자동차보험으로 진료를 한 후 합의를 마친 후 진료비 등으로 합의금을 수령하였다면 건강보험으로 적용이 불가할 수 있으므로 반드시 건강보험 등에 급여제한 여부를 조회한 후 그 결과에 따라야 한다.

3) 정부보장사업 환자인 경우

자동차손해배상보장법 제30조의 규정에 의하여 정부보장사업으로 진료를 받게 되는 환자인 경우에는 진료비 한도가 책임보험으로 적용된다. 그러므로 보험회사의 지불보증을 받을 때 책임보험을 한도로 받게 되며 그 한도가 초과하게 되면 환자의 개인 건강보험 등으로 보험 종별을 전환하여 관리하여야 한다. 이에 대해서는 진료비관리론에서 후술한다.

8 자동차보험과 약국관계

자동차사고로 진료를 받는 환자가 자동차보험으로 승인을 받기 전에 의료기관에서 진료를 받고 의약분업제도에 의하여 병원 외 약국에서 약을 받아야 하는 경우에 실무상으로는 다음과 같다.

1) 건강보험 등으로 선 적용 중인 경우

이 경우에는 약국에서도 건강보험으로 적용하고 추후 보험회사의 지불보증 결과에 따라 자동차보험 적용 혹은 건강보험 적용 부분에 대해 요양비 적용이 가능하도록 조처하면 될 것으로 본다.

2) 건강보험 등으로 적용하지 않는 경우

이 경우에는 먼저 환자가 부담한 후 영수증을 가지고 있다가 지불보증 후 환불하는 방법이 있을 것이다.

3) 지불보증이 된 경우

자동차보험 환자로 지불보증이 된 경우에는 지불보증서를 제시하고 자동차보험을 적용하면 되고 이 때 진료에 반드시 필요한 비보험 사항은 환자가 부담하여야 할 것이다.

9 기타 자동차보험의 적용

보통의 사람들이 일상생활에서 교통사고가 모두 자동차보험으로 보상되지 않는 경우가 다양하게 나타날 수 있다. 가해자와 피해자의 과실이나 고의, 부주의 등 여러 가지 상황에 따라 자동차보험이 적용되거나 적용되지 않을 경우가 있는 것이다.

따라서 자동차보험 적용을 명확히 하기 위해 경찰서의 교통사고 사실확인서를 요구, 첨부하는 경우도 있고 특정한 회사의 경우에는 반드시 교통사고 신고를 하고 교통사고 사실확인서가 없으면 보험을 적용해 주지 않는 경우도 있을 수 있다.

그 외에도 사업용 자동차 사고의 경우 자동차회사의 담당자와 의료기관의 담당자 사이에서 원활한 업무 처리를 위하여 환자에게 손해가 가지 않는 범위 내에서 융통성을 가지고 처리할 수도 있음을 이해하도록 한다.

단원평가

제1절 자동차보험 환자 관리의 특성

1. 자동차보험 환자의 진료관리의 특성에 대해서 설명하시오.
2. 자동차보험 환자의 특성에 대해서 설명하시오.
3. 자동차보험 환자의 진료관리 절차를 쓰시오.

제2절 진료관리실무

1. 자동차사고 환자의 인적사항 파악이 왜 중요한가를 설명하시오.
2. 의료기관의 지불보증 접수 확인에서 확인해야 할 사항을 쓰시오.
3. 보험회사의 사고 접수번호는 왜 중요한가.
4. 자동차사고 환자의 진단서 발급의의를 설명하시오.
5. 자동차보험 환자의 입원결정에 대해서 설명하시오.
6. 자동차보험 환자의 입원 수속시 보증상태에 대한 대응방법에 대해서 설명하시오.
7. 경미한 자동차사고 상해환자의 입원기준의 의의에 대해서 쓰시오.
8. 글라스고우 혼수척도와 시각적 통증 강도(VAS)를 구분하여 설명하시오.
9. 경미한 자동차사고 상해환자의 입원기준에 따른 입원상태 점검서는 누가 작성하는가.

제3절 자동차보험 환자의 입원환자 관리

1. 입원환자 관리의 의의를 설명하시오.
2. 입원환자의 외출 또는 외박에 관한 내용에는 어떤 것을 기록해야 하는가.
3. 입원환자의 외출 · 외박 관리는 왜 중요한가를 설명하시오.

제4절 퇴원 및 전원

1. 자동차보험 환자의 퇴원 및 전원의 중요성을 설명하시오.
2. 교통사고환자의 퇴원 · 전원 지시권의 내용 및 사유를 설명하시오.
3. 자동차보험 환자의 전원 형태는 어떠해야 하는가.
4. 전원요양의 신청과 결정시 유의사항을 설명하시오.
5. 자동차보험회사의 퇴원요청서 또는 통원요청서에 대해서 설명하시오.
6. 입원료 및 식대 심사지침의 제정이유에 대해서 설명하시오.

7. 입원료 및 식대 심사지침의 활용과 관련하여 의료기관의 대응방안을 쓰시오.
8. 기왕증과 합병증의 판단 및 적용기준에 대해서 설명하시오.
9. 교통사고 입원에 관한 소견의뢰서에 대해서 설명하시오.
10. 입원진료비 지급보증 중지(불가) 통보서에 대해서 설명하시오.
11. 교통사고환자 진료비 안내문의 의의에 대해서 설명하시오.
12. 자동차보험 환자의 치료의 종결의 특징에 대해서 설명하시오.
13. 자동차보험 환자의 장기재원자 관리요령에 대해서 설명하시오.
14. 자동차보험 환자 진료관리론에서의 보험사기에 대해서 설명하시오.
15. 자동차보험 환자의 합의시 유의할 사항에 대해서 설명하시오.
16. 자동차사고의 과실률이 합의에 미치는 영향에 대해서 설명하시오.
17. 자동차 동승이 사고시 보상에 미치는 영향에 대해서 설명하시오.
18. 자동차보험 환자의 휴업보상 등에 대하여 의견을 쓰시오.
19. 합의금과 향후치료추정의 관계에 대하여 설명하시오.

제5절 보험회사의 환자관리

1. 보험회사의 환자관리의 의의에 대하여 설명하시오.
2. 보험회사의 환자관리의 법적 근거에 대하여 설명하시오.
3. 환자상태 점검의 효과 및 유의사항에 대하여 설명하시오.

제6절 자동차보험 환자 진료시 실무사항

1. 자동차보험 환자 진료시 보험신고의 문제를 설명하시오.
2. 자동차보험 환자 진료시 다중사고인 경우를 설명하시오.
3. 쌍방 과실을 주장하는 경우에 대처방안을 설명하시오.
4. 건강보험 환자가 외출 중 자동차사고가 발생할 때 대처방안에 대해서 설명하시오.
5. 교통사고환자 진료시 가해자가 자체지급하는 경우에 유의할 사항에 대하여 설명하시오.
6. 자동차보험 요양보상과 개인상병의 경합(기왕증)의 경우에 대하여 설명하시오.
7. 자동차보험 요양보상과 개인상병의 경합(합병증)의 경우에 대하여 설명하시오.
8. 자동차보험 대상을 건강보험 등 개인 보험으로 적용을 요구하는 경우에 대처방안을 설명하시오.
9. 자동차보험과 약국관계에 대하여 설명하시오.

제4장 자동차보험 진료비관리론(I) – 기준, 심사

학습목표

- 자동차보험 진료수가 기준에 대해 이해한다.
- 건강보험과 달리 적용하는 사항 등 자동차보험에서 인정하는 범위를 이해한다.
- 자동차보험 진료비의 청구, 심사 지급에 관한 과정과 절차를 이해한다.
- 자동차보험 전문심사기관에 대해 이해한다.
- 자동차보험 진료비의 이의신청에 대해 이해한다.
- 보험진료와 소신진료에 대해서 이해한다.

제1절 자동차보험 진료수가에 관한 기준

1 자동차보험 진료수가 개요

모든 의료기관에 있어서 진료비관리는 매우 중요하다. 모든 의료기관의 수익 대부분이 진료수익에 의존하고 있으며 각종 지출의 근본이 되고 병원 경영에 직접적인 영향을 미친다. 우리나라의 의료기관들이 90% 이상이 민간의료기관으로 되어 있고 정부로부터의 보조금은 거의 없이 독자적인 경영을 하고 있으며, 의료기관은 영리를 추구하지 못한다는 한계 속에서 건강보험을 비롯 각종 보험의료를 통하여 발생하는 의료수익이 거의 모두를 차지하는 보험의료 시대에 들어가 있는 것이다.

물론 대한의사협회의 발표에 의하면 자동차보험 환자의 진료비가 전체 환자에서 차지하는 비중이 7~8%대에 이른다고 하는데[1] 의료기관들은 각종 사회보험 진료 수입을 통하여 병원을 경영하고 의료의 발전과 병원의 발전, 그리고 의료인을 비롯한 의료기관 종사자들의

1) 대한의사협회 성명서 2013.10.24

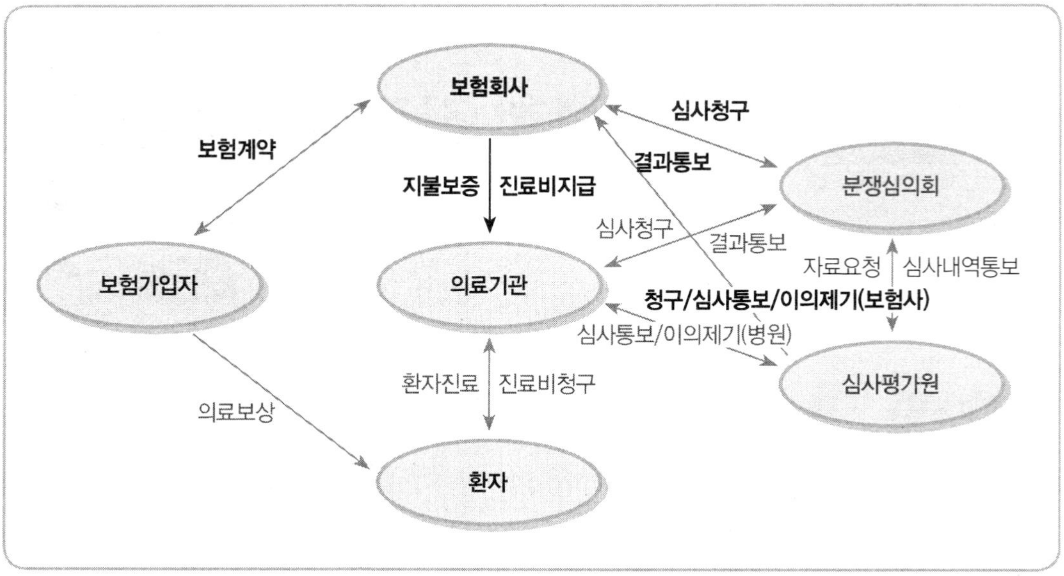

[그림 4-1] 진료비 청구심사지급 흐름도

꿈과 행복을 추구하게 되는 것이다. 그러므로 모든 의료기관에서 진료비관리는 매우 중요하다 아니할 수 없는 것이다.

통상 교통사고환자 진료비란 교통사고환자가 자동차사고로 인한 상병(부상으로 인한 제증상)을 진료하기 위하여 소요된 비용을 말하는 것으로 다만 기왕증 등 모든 것을 다 보장하는 것은 아닌 것을 유의하면서 이 장에서는 자동차보험 진료수가에 대해서 설명하고자 한다.

1) 개념

자동차보험 진료수가란 자동차손해배상보장법 제2조7호에서 규정하고 있는데 "자동차보험진료수가(診療酬價)"란 자동차의 운행으로 사고를 당한 자(이하 "교통사고환자"라 한다)가 「의료법」에 따른 의료기관(이하 "의료기관"이라 한다)에서 진료를 받음으로써 발생하는 비용을 말한다.

자동차보험 교통사고환자의 진료는 자동차소유자나 관리자가 운행 중 교통사고가 발생하면 자신이 가입한 보험회사에 사고 사실을 신고하고 보험회사는 의료기관에 해당 사고환자의 지불보증을 해 주면서 자동차보험 적용이 시작된다. 이를 근거로 의료기관은 교통사고

환자에게 진료를 해 주고 진료비는 추후 보험회사로 청구하는 구조로 이루어져 있다.

이때 의료기관이 보험회사를 상대로 진료비를 청구하는 기준이 필요한 데 이것이 자동차보험 진료수가 기준이라고 말한다.

자동차보험 진료수가 기준은 앞에서 설명한대로 1995년 이전에는 보험계와 의료계가 당시의 관행수가체계를 따라 책정한 간이수가표를 사용하여 적용하였으며 1995년에 당시의 건강보험 수가체계에 가산율을 추가하고 건강보험과 달리 적용하는 기준과 자동차보험에서 별도로 적용하는 기준을 추가한 의료보수 고시를 제정하여 시행하다가, 이후 1999.7.1. 시행된 자동차손해배상보장법[법률 제5793호, 1999.2.5., 전부개정]에 따라 현재 사용하는 자동차보험 진료수가에 관한 기준을 독립적으로 제정하여 1999년 9월 8일 시행되고 1개월 후인 10월 8일부터 적용하게 되었지만 그 기본은 건강보험 수가기준을 바탕으로 하여 1995년 시행된 의료보수 고시를 바탕으로 하고 있다.

2) 자동차보험 진료수가의 법적 근거 및 목적

자동차보험 진료수가의 법적 근거는 법 제15조(자동차보험진료수가 등) ①항에서 국토교통부장관은 교통사고환자에 대한 적절한 진료를 보장하고 보험회사등, 의료기관 및 교통사고환자 간의 진료비에 관한 분쟁을 방지하기 위하여 자동차보험진료수가에 관한 기준(이하 "자동차보험진료수가기준"이라 한다)을 정하여 고시할 수 있다고 규정하고 있다.

또한 ②항에서는 자동차보험진료수가기준에는 자동차보험진료수가의 인정범위 · 청구절차 및 지급절차, 그 밖에 국토교통부령으로 정하는 사항이 포함되어야 한다고 하였고, 그리고 ③항에서 국토교통부장관은 자동차보험진료수가기준을 정하거나 변경하는 경우 제17조에 따른 자동차보험진료수가분쟁심의회의 의견을 들을 수 있다고 하여 자동차보험 수가기준의 결정시 보험계와 의료계의 의견을 들을 수 있게 하여 형평성을 갖도록 하고 있다.

이때 국토교통부령으로 정하는 사항이란 다음과 같다(규칙 제7조).

(1) 자동차보험진료수가로 산정 · 지급하는 진료의 기준

(2) 자동차보험진료수가의 산정방법

(3) 삭제〈2014.2.7.〉 ; 이 내용은 보험회사 등과 의료기관간의 조정 및 협의에 관련한 사항으로 진료수가기준 제11조의 근거에 의해 심사업무처리규정 제28조(이의제기)를 참조하기 바람

(4) 자동차보험진료수가의 청구 및 지급방법

(5) 자동차보험진료수가로 산정 · 지급하는 「의료법」 제46조제5항에 따른 추가비용에 관한 사항

3) 자동차보험 진료수가의 적용

자동차보험 진료수가는 법 제2조의 7호에 의거 다음 각 목의 어느 하나의 경우에 적용한다.

가. 보험회사(공제사업자를 포함한다. 이하 "보험회사등"이라 한다)의 보험금(공제금을 포함한다. 이하 "보험금등"이라 한다)으로 해당 비용을 지급하는 경우

나. 제30조에 따른 자동차손해배상 보장사업의 보상금으로 해당 비용을 지급하는 경우

다. 교통사고환자에 대한 배상(제30조에 따른 보상을 포함한다)이 종결된 후 해당 교통사고로 발생한 치료비를 교통사고환자가 의료기관에 지급하는 경우

4) 자동차보험 진료수가에 관한 기준의 규정

자동차보험 진료수가에 관한 기준의 규정은 이를 좀 더 구체적으로 설명하여 다음 각 호의 경우에 이를 적용한다고 규정하고 있다〔수가기준 제3조(적용범위)〕.

1. 법 제10조제1항 또는 법 제11조제1항에 따라 보험회사등이 보험금(공제금을 포함한다. 이하 "보험금등"이라 한다) 또는 가불금의 지급청구를 받아 피해자에게 교통사고환자 진료비를 직접 지급하는 경우
2. 제1호의 보험금등 또는 가불금의 지급을 받았거나 이를 지급받을 교통사고환자가 의료기관에게 진료비를 변제하는 경우. 다만, 국민건강보험법령 또는 산업재해보상보험법령에 따라 보험 처리될 수 있는 비용은 제외한다.
3. 법 제12조의2제2항에 따라 의료기관이 자동차보험 진료수가(이하 "진료수가"라 한다)를 「국민건강보험법」 제62조에 따른 건강보험심사평가원(이하 "심사평가원"이라 한다)에 청구하고 이에 대하여 심사평가원이 심사하는 경우 및 보험회사 등이 의료기관에게 그 진료비를 지급하는 경우
4. 의료기관이 법 제12조제5항 단서에 따라 교통사고환자에게 직접 진료비의 납입을 청구하는 경우. 다만, 국민건강보험법령 또는 산업재해보상보험법령에 따라 보험 처리될 수 있는 비용은 제외한다.
5. 법 제17조에 따른 자동차보험 진료수가분쟁심의회(이하 "심의회"라 한다)가 법 제20

조제1항에 따른 심사 · 결정을 하는 경우

5) 진료의 기준

자동차보험 환자에 대한 진료기준은 진료관리론에서 설명한 바 있지만 의료기관은 교통사고환자의 조속한 원상회복을 위하여 필요한 진료에 최선을 다하되, 그 진료는 의학적으로 인정되는 범위 안에서 보편 · 타당한 방법 · 범위 및 기술 등에 따라 행하여야 한다.

이 기준은 보험진료라는 측면에서 당시 시행되고 있는 보편적이고 타당한 의학적 지식과 의료기술 수준 및 범위와 방법을 말하는 것으로 이를 벗어나면 진료비가 조정될 수도 있음을 유의하여야 한다.

6) 진료수가의 인정범위

자동차보험 환자의 진료수가의 인정범위는 기준 제5조 ①항에서 교통사고환자에 대한 진료수가의 인정범위를 다음 각 호에 따른다고 구체적으로 규정하고 있다.

(1) 국민건강보험 기준 준용

「국민건강보험법」 제41조제3항 및 제4항에 따라 보건복지부장관(보건복지부장관이 그 권한을 위임하거나 위탁한 경우에는 그 위임 또는 위탁을 받은 자를 포함한다)이 정한 내역 및 기준

이에 따라 자동차보험환자의 진료기준은 건강보험의 요양급여기준을 따르는 것이 명백하게 나타나고 있다.

(2) 장애인보장구 기준

「국민건강보험법」 시행규칙 별표 7에 따른 '장애인보장구에 대한 보험급여기준'

자동차보험 환자는 사고로 인하여 후천적 장애인을 발생시킬 수 있다. 이에 대해서도 건강보험법에서 정하는 장애인 보장구에 관한 기준을 적용하도록 하고 있다.

(3) 응급의료수가기준

「응급의료에 관한 법률」 제23조제1항에 따른 응급의료수가기준

자동차보험 환자는 사고라는 특성으로 인하여 경상이든 중상이든 응급성을 요하게 된다. 따라서 자동차보험에서도 건강보험의 응급의료기준을 따르도록 하고 있다. 그러나 여기서 중요한 것은 건강보험의 경우에는 응급증상이 아닌 경우에는 환자의 본인이 부담하여야 하지만 자동차사고환자의 특성상 응급증상의 유무를 불문하고 응급실 내원 초일은 모두 보험회사에서 부담하게 된다는 것을 유의하여야 한다.

7) 자동차보험에서 건강보험과 달리 정하는 사항

자동차보험 진료수가에 관한 기준 제5조 ②항에서는 동조 제1항에서 정한 인정범위(이하 “건강보험기준”이라 한다)와 달리 정하는 사항에 대해서는 다음 각 호에 따른다고 하여 자동차 사고환자의 특성에 따라 건강보험 등과 달리 정하고 있다.

(1) 건강보험기준과 달리 적용할 필요에 의하여 별표 1에 규정된 사항

이 부분은 당초 건강보험은 사회보험이고 자동차보험은 영리보험이라는 측면과 자동차사고 환자와 건강보험 환자가 환자의 상병과 진료비의 부담, 손해배상성과 자기부담 등 서로 현격한 차이가 있어 자동차보험과 건강보험과의 수가분류체계의 통합을 위해 장기간 동안 협의하였으나 상호간의 주장이 너무나 첨예하여 통합을 하지 못하고 있었으나 이 부분을 조정함으로써 통합에 이르게 되었다는 점은 전술한 바와 같다.

(2) 건강보험기준에 규정되지 않았거나 요양급여로 정하지 아니한 진료항목에 대해 별표 2에 규정된 사항

이 부분에 대해서는 건강보험이 사회보험이라는 특성상 기본적이고 일반적인 진료의 원칙을 적용하게 되는데 병원의 현 상황은 매우 다양하게 운영되고 있다. 그 중에서 현실적으로 자동차보험 환자에게 적용할 수밖에 없는 부분들에 대하여 자동차보험으로 인정하여 실질적인 의료보상을 하고자 하는 취지라고 이해할 수 있을 것이다.

(3) 산업재해보상보험 기준의 적용

제2호에서 정하지 아니한 항목의 진료수가에 대하여 고용노동부장관이 고시한 「산업재해보상보험 요양급여 산정기준」의 별표 “산재보험에서 추가로 인정하는 요양급여의 범위 및 비용산정기준”에 규정된 사항. 다만, 제1절 치과보철료의 [진료원칙] 중 제6호, 제7절 보험급여청구서 확인 및 진단서 발급수수료, 제10절 재활보조기구 처방 및 검수료, 제11절 이송료, 제14절 전신해부에 따른 비용, 제15절 재활치료료 중 제3호, 제18절 예방접종비용은 제외한다.

이에 대해서는 산재보험 진료비관리론의 기준을 참조하기 바람

8) 진료수가 인정 세부사항

자동차보험 진료수가에 관한 기준 제5조 ③항에서 정하는 진료수가 적용기준 및 방법에 관한 세부사항은 별표 3에 따른다.

이 부분은 자동차보험이 건강보험과는 다른 특성에서 자동차보험에서 별도로 관리되어지는 진료상의 세부적인 문제에 대하여 적용 기준을 규정하여 환자관리상 불필요한 마찰과 갈등을 방지하여 자동차보험 환자의 진료수가 기준의 정착과 제도 확립을 기고자 하는 것으로 이해할 수 있다.

이 중에서 특히 입원료 식대 심사기준 부분은 예전에 이 부분이 자보수가분쟁심의회에서 별도의 지침으로 확정되어 운영되던 사항을 이곳으로 옮겨 온 사항으로 자율적인 심사지침에서 고시사항으로 상향 규정된 것으로 반드시 준수되어야 하는 것으로 강화되었다고 볼 것이다.

9) 건강보험 비급여의 급여 적용기준일 자동 적용

자동차보험 진료수가에 관한 기준 제5조제4항에서 전 제2항제2호(건강보험기준에 규정되지 않았거나 요양급여로 정하지 아니한 진료항목에 대해 별표 2에 규정된 사항) 및 제3호(제2호에서 정하지 아니한 항목의 진료수가에 대하여 고용노동부장관이 고시한 「산업재해보상보험 요양급여 산정기준」의 별표 "산재보험에서 추가로 인정하는 요양급여의 범위 및 비용산정기준"에 규정된 사항. 다만, 제1절 치과보철의 [진료원칙] 중 제6호, 제7절 보험급여청구서 확인 및 진단서 발급수수료, 제10절 재활보조기구 처방 및 검수료, 제11절 이송료, 제14절 전신해부에 따른 비용, 제15절 재활치료료 중 제3호, 제18절 예방접종비용은 제외한다.)에 명시된 건강보험에서 정하는 기준을 적용하는 항목이 건강보험기준의 개정으로 새로이 요양급여의 범위에 포함되는 경우에는 그 날부터 건강보험기준에 따른다고 하여 건강보험과의 자동연동을 규정하고 있다.

따라서 건강보험 비급여 진료수가 및 산재보험 진료수가 중에서 자동차보험을 적용하는 항목이 건강보험 요양급여 범위에 포함되면 자동차보험에도 자동으로 적용되는 것으로 비록 자동차보험 담당자라 하더라도 항상 건강보험의 변동 상황을 관심을 갖고 유의하여야 한다.

10) 시범적 재활치료의 시행(수가기준 제5조5항)

법 제31조제1항제1호에 따른 의료재활시설의 재활의학과 전문의가 다음 각 호의 어느 하나에 해당하는 환자의 동의를 받아 시범재활치료를 할 경우에는 별표 4에 따른다.

1. 사고 후 2년 이내의 기간 동안 치료 중인 환자로서 적극적인 재활치료의 효과가 기대되는 경우
2. 사고 후 2년이 경과하였으나 부적절한 치료(전문재활치료를 중단한 경우 등)를 받은 환자로서 적극적인 재활치료의 효과가 기대되는 경우

11) 진료수가 인정제외 대상

자동차보험 진료수가에 관한 기준 제 6조①항에서 동 기준 제5조에 따른 인정범위의 진료비에도 불구하고 다음 각 호에 해당하는 진료비는 그 인정범위에서 제외된다고 규정하여 자동차보험과는 관계없는 개인 상병과 기왕증, 상급병실 사용, 의료기관의 퇴원 또는 전원의 지시에 불응하는 경우 등에 대하여 자동차보험 의료보상대상에서 제외하고 있다.

(1) 자동차사고와 상당인과관계가 없는 상병에 대한 진료비

자동차보험은 일반적인 생활상의 사람이 자동차 사고로 인하여 상병이 발생한다는 특성을 가지고 있다. 이에 따라 당연히 자동차 사고와 환자의 상병이 상당 인과관계가 작용하여야만 한다는 것을 대 전제로 한다.

따라서 명백히 해당 자동차사고와 인과관계가 없는 상병(傷病)에 대한 진료비는 자동차보험으로 인정할 수 없을 것이며 진료비의 지급의무도 발생하지 않는다고 보아야 할 것이다. 다만, 해당 자동차사고 당시에는 증상이 없었으나 환자에게 고의 또는 중대한 과실이 없으며 의료기관 또한 고의 또는 과실 없이 진료 중에 발생한 증상("합병증"을 말한다)에 대한 진료비는 그러하지 아니하다(대법원 1990.06.26. 선고 89다카7730 판결[손해배상(자)], 대법원 1993.01.26. 선고 92다4871 판결[손해배상(기)] 종합법률정보 판례 등 참조).

(2) 기왕증에 대한 진료비

자동차사고가 발생하기 전에 개인이 생활상의 상병을 가지고 있는 경우가 많다. 또한 이들 상병이 교통사고로 인하여 증상이 변화될 수도 있다. 이에 대해 자동차보험에서는 해당 자동차사고가 있기 전에 이미 가지고 있던 증상("기왕증"을 말한다)에 대한 진료비에 대해서는 적용을 제외한다. 다만, 기왕증이라 하여도 해당 자동차사고로 인하여 악화된 경우에는 그 악화로 인한 진료비는 그러하지 아니하다.

그러나 기왕증에 대한 자동차사고의 원인과의 기여에 대한 판단이 명확하지 않아 인정 여부에 대해 항상 문제가 되고 있는 부분이며 특히 척추분야 등은 항상 쟁점이 되고 있다.

참고판례

의료기관의 보험회사 등에 대한 자동차보험 진료수가 청구권은 교통사고 피해자의 보험회사 등에 대한 보험금 청구권의 인정 범위 내에서 인정된다고 보아야 할 것인데, 피해자의 기왕증이 교통사고와 경합하여 악화된 경우에는 기왕증이 그 결과 발생에 기여하였다고 인정되는 정도에 따라 피해자의 손해 중 그에 상응한 배상액을 피해자에게 부담하게 하는 것이 손해의 공평 부담이라는 견지에서 타당하다는 점과 자동차보험 진료수가의 인정 범위에 관한 위 각 규정의 내용 등을 종합하여 보면, 의료기관은 기왕증을 가지고 있는 교통사고 환자를 진료한 경우에는 교통사고로 인한 기왕증의 악화로 인하여 추가된 진료비의 범위 내에서 보험회사 등에 자동차보험 진료수가를 청구할 수 있다고 봄이 합리적이라고 할 것이다..

(출처 : 대법원 2013.04.26. 선고 2012다107167 판결[채무부존재등] 종합법률정보 판례)

(3) 상급병실료

교통사고환자의 요구로 발생한 상급병실료(일반병실료와의 차액을 말한다)에 대해서는 일반적으로 자동차보험에서 적용하지 않지만 일부는 적용이 된다.

이것은 자동차보험이 비록 교통사고로 인한 불법행위의 손해에 대하여 행하는 배상적 보험이라 할 것이나 보험의 특성상 특별한 약관을 적용하지 않는다면 기본적이고 일반적인 진료의 원칙을 적용하게 될 것이라고 볼 때 환자의 상병 치료나 병원의 여건상 부득이한 경우가 아닌 경우에도 제한 없이 상급병실을 사용하게 한다는 것은 보험제도의 안정성 측면과 모든 사람들의 상급병실 사용 희망 등 도덕적 해이 측면 등에서 불합리한 일이라고 보지 않을 수 없기 때문이다.

이에 따라 수가기준 제6조1항3호에서 정하는 사항은 상급병실료(기본입원료와의 차액) 및 상급종합병원 · 종합병원 · 병원 · 한방병원의 2~3인실 사용 시 건강보험에서 정한 본인

일부부담금에 해당하는 입원료. 다만, 다음 각목의 어느 하나에 해당되는 경우에는 그러하지 아니한다.

가. 의료진이 치료상 부득이하게 상급병실 및 상급종합병원 · 종합병원 · 병원 · 한방병원의 2~3인실에 입원하여야 한다고 판단하여 입원하였을 때

나. 병실의 사정으로 부득이 상급병실 및 상급종합병원 · 종합병원 · 병원 · 한방병원의 2~3인실 사용 시 7일의 범위에서는 그 병실의 입원료를 지급함. 만약, 7일을 초과했을 때에는 상급병실은 기본입원료만 지급하고 상급종합병원 · 종합병원 · 병원 · 한방병원의 2~3인실 입원료는 건강보험에서 정한 본인일부부담금을 제외한 차액만 지급함

다. 교통사고환자의 요구로 발생한 상급병실 및 상급종합병원 · 종합병원 · 병원 · 한방병원의 2~3인실 사용 시 상급병실은 기본입원료만 지급하고, 상급종합병원 · 종합병원 · 병원 · 한방병원의 2~3인실 입원료는 건강보험에서 정한 본인일부부담금을 제외한 차액만 지급하게 된다.

참고판례

불법행위 피해자가 일반병실에 입원하지 아니하고 상급병실에 입원하여 치료를 받음으로써 추가로 부담하게 되는 입원료 상당의 손해는, 당해 진료행위의 성질상 상급병실에 입원하여 진료를 받아야 하거나, 일반병실이 없어 부득이 상급병실을 사용할 수밖에 없었다는 등의 특별한 사정이 인정되지 아니한다면, 그 불법행위와 상당인과관계가 있는 손해라고 할 수 없다.

(출처 : 대법원 2010.11.25. 선고 2010다51406 판결[손해배상(의)] 종합법률정보 판례)

(4) 의료기관의 퇴원 또는 전원의 지시에 불응하는 경우의 당해 의료기관 진료비

교통사고 환자는 사고라는 특성에 따른 중증, 다발성, 복잡성 등의 특성으로 회복이 지연되고 피해자의 최상의 원상회복 등의 요구에 따라 장기 진료가 나타나고 있다. 이에 따라 보험계와 의료계는 적정한 진료범위를 설정하기 위하여 많은 관심을 갖고 있으며, 보험계는 의료계에 대하여 적정한 진료와 치료 후 전원, 퇴원 등의 조치를 기대하게 되는 것이다. 이에 대해 의료계에서는 환자의 특성을 고려하여 진료하고 있는 의료의 진료권을 저해하는 요소로 생각하면서 상호간에 많은 대립과 갈등을 겪어왔다.

자동차보험 진료수가에 관한 기준 제6조1항4호에서는 교통사고환자가 제12조제1항에 따른 의료기관의 퇴원 또는 전원(轉院) 지시에 불응하는 경우에 그 지시일의 다음 날부터 그 의료기관에서 입원함으로 인하여 증가된 진료비에 대해서는 지불보증을 하지 않는다고 규

정하고 있다. 그러나 퇴원 또는 전원 지시에 따라 통원치료 또는 다른 의료기관으로 전원하여 발생한 진료비는 그러하지 아니하다고 규정하고 있는 것으로 보아 적정한 병원에서의 적절한 치료와 적절한 전원 등의 진료질서를 확립하기 위하여 규정하고 있는 것으로 이해할 수 있다. 다만 이것은 환자나 의료계에 상당한 압력으로 이해될 수도 있을 것이다.

(5) 인정제외 대상의 환자 등에 대한 청구

자동차보험 환자를 진료한 의료기관은 원칙적으로 보험회사등에게 자동차보험진료수가를 청구할 수 있는 경우에는 교통사고환자(환자의 보호자를 포함한다)에게 이에 해당하는 진료비를 청구하여서는 아니 된다고 규정하고 있다(법 제12조5항).

그러나 자동차보험 진료수가에 관한 기준 제6조②항에서는 동조 제1항에 따라 진료수가의 인정범위에서 제외되는 비용은 교통사고환자 등에게 청구할 수 있다. 다만, 제1항제1호 단서 중 의료기관의 고의 또는 과실로 인한 합병증에 대한 진료비는 그러하지 아니하다고 규정하여 의료기관의 명백한 고의 또는 과실로 인한 합병증에 대한 진료비를 제외하고 교통사고 피해자의 요구 등에 따른 진료비 등은 환자 등에게 청구할 수 있도록 하여 조정과 융통성의 여지를 남겨두고 있다.

2 정신건강복지법에 따른 시범사업

자동차보험에서는 「자동차보험진료수가에 관한 기준」 제5조 진료수가의 인정범위에 따라 시범사업의 경우 진료수가 적용 범위에서 제외되었으나, 동 시범사업은 타 시범사업과 달리 「정신건강복지법」에 따라 정신질환 관련 입원 시 시범사업 대상에 해당되는 경우는 반드시 적용되어야 하며, 교통사고 환자에게도 해당 수가 적용이 필요한 사례가 발생한 점 등을 고려하여 자동차보험에서도 동 시범사업을 동일하게 적용하게 되었다.

아울러, 방문의사의 면허번호 기재를 위해서 특정내역 구분코드 'JJ005'를 신설하고, 명세서 세부 작성요령은 별도로 안내하고 있으므로 참고하기 바란다.

이 내용은 2017년 5월 30일 진료분부터 소급 적용한다.[2)]

2) 국토교통부 공문 「정신건강복지법」 관련 시범사업 수가 자동차보험 적용 알림 참조(자동차운영 보험과-5916. 2017.10.31)

3 진료수가의 결정

자동차보험은 건강보험의 진료수가를 기본으로 한다. 그러므로 건강보험의 진료수가가 결정되면 예외 규정이 없는 한 자동차보험에서도 같이 적용된다고 보아야 한다.

제2절 진료비 청구

1 진료비 청구

1) 의료기관의 진료비 청구

자동차보험 환자를 진료한 의료기관이 자동차보험 환자를 진료한 후 보험회사에 직접 진료비를 청구할 수 있도록 한 근거는 법 제10조(보험금등의 청구) ① 항에서 보험가입자등에게 제3조에 따른 손해배상책임이 발생하면 그 피해자는 대통령령으로 정하는 바에 따라 보험회사등에게 「상법」 제724조제2항에 따라 보험금등을 자기에게 직접 지급할 것을 청구할 수 있다. 이 경우 피해자는 자동차보험진료수가에 해당하는 금액은 진료한 의료기관에 직접 지급하여 줄 것을 청구할 수 있다고 규정하여 의료기관의 보험회사에 대한 직접 진료비청구를 인정하고 있다. 그러나 실무적으로는 심사평가원으로 청구하게 된다.

2) 책임보험의 진료비 청구

자동차보험은 책임보험과 임의보험으로 구분할 수 있다. 자동차손해배상 보장법에서 진료비 청구기준은 책임보험을 기본으로 하고 있다고 보는데 그 이유는 법 제14조의2에서 임의보험에서도 이 기준을 준용하도록 하고 있기 때문이다.

이에 따라 책임보험의 진료비 청구 근거는 법 제12조(자동차보험진료수가의 청구 및 지급) ①항에서 보험회사등은 보험가입자등 또는 제10조제1항 후단에 따른 피해자가 청구하거나 그 밖의 원인으로 교통사고환자가 발생한 것을 안 경우에는 지체 없이 그 교통사고환자를 진료하는 의료기관에 해당 진료에 따른 자동차보험진료수가의 지급 의사 유무와 지급 한도를 알려야 한다고 규정하고〈개정 2009.2.6.〉 있고, ②항에서 제1항에 따라 보험회사등으로부터 자동차보험진료수가의 지급 의사와 지급 한도를 통지받은 의료기관은 그 보험회사등에게 제15조에 따라 국토교통부장관이 고시한 기준에 따라 자동차보험진료수가를 청구할 수 있다고 규정하여 책임보험 환자의 진료비 청구 근거를 제시하고 있다.

따라서 책임보험 환자의 경우 진료비의 한도는 자동차손해배상보장법 시행령 제3조1항2호와 관련한 상해의 구분과 책임보험금의 한도금액에 관한 별표 1에 근거하여 자동차보험진료수가 기준에 따라 청구하여야 한다.

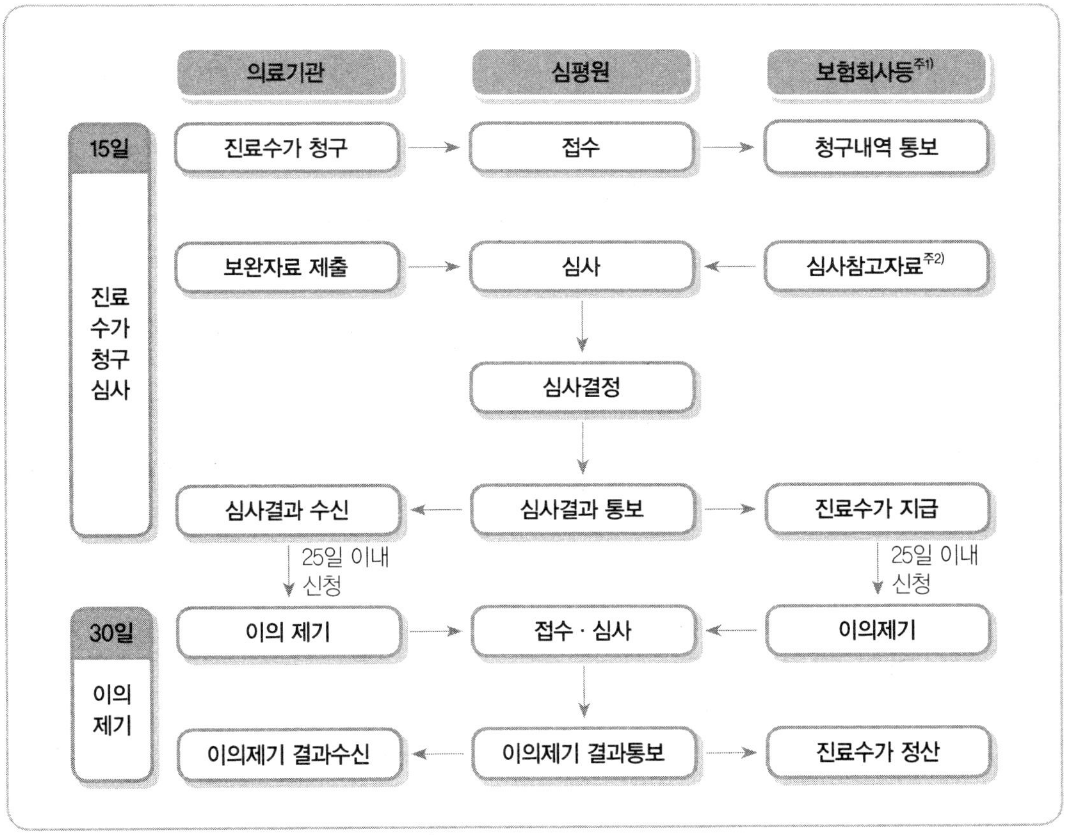

[그림 4-2] 진료수가 청구 및 지급처리 절차도(국토교통부 고시 제2016-1049호, 2017.1.1.시행)

주1) 보험회사등 : 보험회사 및 공제사업자
주2) 심사참고자료 : "지급한도", "부재환자 관리" 등 보험사에서 참고자료 송부
주3) 심사청구 : 심평원 이의제기 결과가 진료수가기준을 부당하게 적용한 것으로 판단시 심의회에 제출
* 자료출처 – 건강보험심사평가원 홈페이지

또한 정부보장사업 환자의 경우 및 자기신체사고보험 가입환자의 경우에도 책임보험에 준하여 진료비를 관리하여야 한다.

3) 보험가입자에 대한 진료비 청구

자동차보험 환자를 진료한 의료기관이 자동차보험 환자를 진료한 후 보험가입자 등에게 직접 진료비를 청구하는 것은 법 제10조 ②항에서 보험가입자등은 보험회사 등이 보험금등을 지급하기 전에 피해자에게 손해에 대한 배상금을 지급한 경우에는 보험회사 등에게 보험금등의 보상한도에서 그가 피해자에게 지급한 금액의 지급을 청구할 수 있다고 하고 있어 보험가입자등에 대해 직접 진료비를 청구할 수도 있다.

그러나 이때 법 제12조 ⑤항에서 의료기관은 법 제12조 제2항에 따라 보험회사등에게 자동차보험진료수가를 청구할 수 있는 경우에는 교통사고환자(환자의 보호자를 포함한다)에게 이에 해당하는 진료비를 청구하여서는 아니 된다고 규정하고 있어 이를 준수하여야 한다.

다만, 다음 각 호의 어느 하나에 해당하는 경우에는 해당 진료비를 청구할 수 있다.〈개정 2013.3.23.〉

1. 보험회사등이 지급 의사가 없다는 사실을 알리거나 지급 의사를 철회한 경우
2. 보험회사등이 보상하여야 할 대상이 아닌 비용의 경우
3. 제1항에 따라 보험회사등이 알린 지급 한도를 초과한 진료비의 경우
4. 제10조제1항 또는 제11조제1항에 따라 피해자가 보험회사등에게 자동차보험진료수가를 자기에게 직접 지급할 것을 청구한 경우
5. 그 밖에 국토교통부령으로 정하는 사유에 해당하는 경우

4) 종합보험의 진료비 청구

현재 시행되고 있는 자동차손해배상보장법에서 책임보험은 법 제3조1항 및 2항에 규정한 바에 의하여 자동차보유자가 반드시 가입하여야 하는 보험이며, 임의보험은 위 규정에 따른 책임보험에 가입하는 것 외에 자동차보유자가 자기를 위하여 책임보험의 한도를 초과하는 보험을 가입하여 사고 발생시 보장을 받는 것을 의미한다.

따라서 책임보험은 가입의 강제성에 따라 사회보험성을 가진다고 볼 수 있고 임의보험은 자기를 위하여 한도를 초과하는 보험이므로 손해배상성이라고 볼 수 있을 것이다.

그런데 법 제14조의2(책임보험등의 보상한도를 초과하는 경우에의 준용)에서 자동차보유자가 책임보험등의 보상한도를 초과하는 손해를 보상하는 보험 또는 공제에 가입한 경우 피해자가 책임보험등의 보상한도 및 이를 초과하는 손해를 보상하는 보험 또는 공제의 보상한도의 범위에서 자동차보험진료수가를 청구할 경우에도 제10조부터 제13조까지, 제13조의2 및 제14조를 준용한다고 하여 사실상 책임보험과 함께 임의보험에도 책임보험 진료수가를 적용하도록 하고 있다.[본조신설 2009.2.6.]

따라서 의료기관은 책임보험과 함께 임의보험에도 자동차보험진료수가에 관한 기준을 적용하여 진료비를 청구하여야 한다. 다만 이것은 진료수가 적용 및 진료비청구기술상의 문제와 영리보험과 의료수가의 자율청구 등의 문제가 작용할 수 있지만 언젠가는 재론될 소지가 있는 부분이다.

5) 기타

운전자보험과 무보험차 상해보험 등에 대해서는 보험가입자 해당 보험사의 지불보증 내용에 따라 진료하도록 한다.

6) 자동차보험 진료수가의 지급 의사 등의 통지(영 제11조)

① 법 제12조제1항에 따라 보험회사등이 의료기관에 하는 통지는 서류, 팩스, 전산파일, 그 밖의 문서로 한다.
② 법 제12조제5항제1호에 따른 통지 및 철회에 관하여는 제1항을 준용한다.
이에 대한 사항은 진료관리론의 지불보증편에서 전술한 바 있다.

2 청구 및 심사기관

자동차보험의 진료비 청구는 건강보험심사평가원으로 하게 된다. 이에 대한 근거는 법 제12조의2(업무의 위탁) ①항에서 보험회사등은 제12조제4항에 따라 의료기관이 청구하는 자동차보험진료수가의 심사 · 조정 업무 등을 대통령령으로 정하는 전문심사기관(이하 "전문심사기관"이라 한다)에 위탁할 수 있다고 규정하고 있다.

이에 따라 자동차손해배상법시행령 제11조의2(자동차보험진료수가 전문심사기관)에서 법

제12조의2제1항에서 "대통령령으로 정하는 전문심사기관"이란 「국민건강보험법」 제62조에 따른 건강보험심사평가원(이하 "건강보험심사평가원"이라 한다)을 말한다고 명문으로 규정하고 있다.〈개정 2014.2.5.〉[본조신설 2012.8.22.]

따라서 건강보험심사평가원은 조직을 구성하고 인력을 충원하여 자동차보험 진료비 심사에 대한 준비를 하였으며 2013년 상반기에 전국을 순회하면서 자동차보험 진료비 청구에 대한 교육을 하였다.

건강보험심사평가원의 조직은 심사평가원 내에 자동차보험심사센터를 설치하고 자동차보험심사운영부와 자보심사 1~3부 및 자보심사개발부를 설치하여 운영하고 있다.[3]

한편 동법 시행규칙 제6조의2(자동차보험진료수가의 청구) ①항에서 보험회사등이 법 제12조의2제1항 및 영 제11조의2에 따라 건강보험심사평가원(이하 "건강보험심사평가원"이라 한다)에 업무를 위탁한 경우에 의료기관은 건강보험심사평가원에 자동차보험진료수가를 청구하여야 한다고 규정하고 있고 제②항에서 건강보험심사평가원은 제1항에 따라 진료수가를 청구받은 때에는 해당 보험회사등에 청구받은 사실을 알려야 한다고 규정하고 있다.[본조신설 2012.9.4.]

또한 건강보험심사평가원은 국토교통부장관이 요청하면 법 제12조의2에 따라 위탁받은 자동차보험진료수가의 심사 업무 및 조정 업무 등의 처리현황을 국토교통부장관에게 제출하여야 한다(영 제34조제3항).〈신설 2014.2.5.〉

자동차보험 진료수가에 대한 심사를 건강보험심사평가원에 위탁하게 된 것은 매우 의미가 깊은 사항이다.

자동차보험 환자의 진료비를 건강보험심사평가원으로 위탁하기 전까지 보험계의 입장은 의료계에 대하여 허위, 장기, 과잉진료가 만연하여 자동차보험 질서를 훼손하고 있다고 생각하고 있었고, 의료계 입장은 자동차사고 환자의 특성과 분산되어 있는 보험회사가 전문성이 없이 진료비의 임의삭감이 많아 진료비를 제대로 지급받지 못하고 있다고 주장하여 왔다.

이러한 주장에 대하여 정부는 1) 허위 · 과잉진료, 보험사기 등으로 인해 자동차보험의 보험금 누수가 심각하다는 판단과, 2) 자동차보험진료수가 심사 · 조정업무를 전문심사기관에 위탁하여 심사업무의 전문성과 객관성, 공정성을 높여 보험금 누수를 막고 의료서비스의 질을 제고하고자 하였다.[4]

3) 건강보험심사평가원 인터넷 홈페이지
4) 2012년 개정법률 개정이유

앞에서 전술한 바와 같이 2020년 현재 우리나라에서 자동차보험을 취급하는 보험회사와 공제조합이 21개사에 이르고 있다. 이들 보험회사가 모두 처음에는 담당자가 임의로 진료비를 심사하거나 지급하여 왔고 점차 자체 또는 외부위탁 등의 형식으로 심사요원을 운용하면서 전문성을 확립하려고 해 왔다.

그러나 그간 의료계는 자동차보험 환자에게 건강보험 의료수가체계와 심사기준을 적용하여 자동차보험 환자에 대한 특성을 반영하지 못한다고 불만을 주장하여 왔고 의료계는 심사기구의 통합과 전문성의 필요성은 인정하지만 자동차보험 환자의 특성을 반영하는 합리적인 심사를 기대하게 되는 것이다.

위와 같은 여러 가지 사항으로 인하여 우리나라에 자동차보험이 도입된 이후 2013년 건강보험심사평가원이 자동차보험 진료비에 대한 심사를 시행하기 전까지 공정하고 전문적, 객관적인 진료비 심사가 이루어지지 못하여 온 것이 사실이고 보험계와 의료계는 진료비의 건강보험 수가체계의 적용문제와 심사의 갈등은 계속되어 온 것이다.

이 문제에 대하여 정부는 국민권익위의 권고와 함께 국회 등과 함께 그간 많은 논의를 거쳐 드디어 2012년 자동차손해배상보장법[법률 제11369호, 2012.2.22., 일부개정, 2012.8.23 시행]에 전문심사기관으로의 위탁 규정을 도입하게 된 것이다.[5)6)]

미니연혁[7)]

자동차보험 진료비 심사위탁 추진배경 및 경과

* 추진배경–자동차보험진료비에 대한 중립적 · 객관적 입장에서의 전문적 · 체계적 심사의 필요성 제기

('09. 11. 3) 국민권익위원회가 자동차보험진료비 심사를 "심사평가원"에 위탁하도록 정부에 권고

('10. 12. 29) 6개 부처 합동, "공정 사회를 향한 자동차보험 개선대책" 발표
자동차보험 심사를 심사평가원에 위탁 합의/(금융위, 복지부, 국토부, 공정위, 경찰청, 금감원)

('12. 2. 22) 심사 위탁 관련 자동차손해배상 보장법 개정
동법 시행령 ('12. 8. 22.), 시행규칙 개정 ('12. 9. 4.)

('13. 5. 8) "자동차보험진료수가 심사업무처리에 관한 규정" 국토교통부 고시

('13. 7. 1) 건강보험심사평가원에서 심사 시행

5) 병원 협회 성명서 2009년 3월

6) 병원신문 2006.10.13.

7) 건강보험심사평가원 인테넷홈페이지

자동차보험 환자의 진료비는 2013년 7월 1일부터 건강보험심사평가원으로 청구할 수 있도록 하였고 유예기간으로 부칙〈제2013-224호, 2013.5.8〉 ③항에서 (정보통신망을 이용한 진료수가 청구에 관한 적용례) 제6조제1항에도 불구하고 보건복지부장관이 고시한 「요양급여비용 청구방법, 심사청구서 · 명세서서식 및 작성요령」 제5조제2항에 따라 전산청구 프로그램을 자체개발하여 사용하는 것으로 심사평가원에 신청한 의료기관은 2013년 9월 30일까지 서면으로 진료수가를 청구할 수 있다고 하였다.

2020년 1월 건강보험심사평가원에 의한 자동차보험 진료비 심사는 의료계의 우려 속에 시행된지 5년 이상이 경과하여 초기의 혼란은 지나고 시간이 지나면서 점차 안정화되는 것으로 생각하고 있지만 진료비와 심사기준의 조정, 진료권의 보장 등에서 지속적인 긴장관계를 가지고 있는 것으로 보여진다.[8)9)10)]

자동차보험 환자의 진료비를 건강보험심사평가원 심사로 달라지는 것

기본적으로 건강보험과 청구심사 형태가 같아짐
건강보험 기준, 심사기준, 해석기준을 자보에 준용하되 엄격히 적용할 것임
자동차보험에만 별도로 적용되는 예외기준도 적용할 것임
진단서, 입퇴원 검토서, 소견요청서, 지불보증서, 외출외박대장 등 엄격히 적용될 것임
입원료 및 식대 심사지침, 경미한 환자가이드 적극 반영될 것임
자보청구, 심사-건강보험과 같은 수준으로 지식이 필요할 것임
자보환자 관리는 지금과 같은 방식으로 시행될 것임
자보환자 관리는 한층 더 엄격해지고 있음을 유의해야 할 것임

3 청구방법

1) 진료비청구의 원칙(법 제12조 ③항)

의료기관이 법 제12조제2항에 따라 보험회사등에게 자동차보험진료수가를 청구하는 경우에는 「의료법」 제22조에 따른 진료기록부의 진료기록에 따라 청구하여야 한다.

이것은 매우 중요한 사항이다. 모든 진료에 관한 사항은 진료기록 속에 있으며 이를 기준

8) 병원협회 보도자료
9) http://www.docdocdoc.co.kr/news/newsview.php?newscd=2014071800008.
10) http://www.dailymedi.com/detail.php?number=849602&thread=22r01

으로 청구하는 것이 원칙이다. 만약 의료를 행하고도 진료기록에 기록이 없는 것도 안되겠지만 진료기록부에 없는 사항을 청구하게 되면 당연히 허위청구, 부당청구 등의 문제가 제기되므로 항상 진료기록부의 관리에 주의하고 진료기록에 근거하여 사실대로 청구하는 것은 매우 중요한 일이다.

특히 점차 진료기록부의 외부 제출 기회가 많아지고 있기 때문에 그런 측면에서도 잘 정리되어야 할 사항이다.

이를 위반하여 진료기록부의 진료기록과 다르게 자동차보험진료수가를 청구하거나 이를 청구할 목적으로 거짓의 진료기록을 작성한 의료기관에 대하여는 5천만원 이하의 벌금에 처한다. 여기에는 양벌규정도 적용된다(법 제46조3항, 법 제47조).

2) 청구의 금지(법 제12조 ⑤항)

의료기관은 제2항에 따라 보험회사등에게 자동차보험진료수가를 청구할 수 있는 경우에는 교통사고환자(환자의 보호자를 포함한다)에게 이에 해당하는 진료비를 청구하여서는 아니 된다. 다만, 다음 각 호의 어느 하나에 해당하는 경우에는 해당 진료비를 청구할 수 있다.〈개정 2013.3.23〉

1. 보험회사등이 지급 의사가 없다는 사실을 알리거나 지급 의사를 철회한 경우
2. 보험회사등이 보상하여야 할 대상이 아닌 비용의 경우
3. 제1항에 따라 보험회사등이 알린 지급 한도를 초과한 진료비의 경우
4. 제10조제1항 또는 제11조제1항에 따라 피해자가 보험회사등에게 자동차보험진료수가를 자기에게 직접 지급할 것을 청구한 경우
5. 그 밖에 국토교통부령으로 정하는 사유에 해당하는 경우

이를 위반하여 자동차보험진료수가를 교통사고환자(환자의 보호자를 포함한다)에게 청구한 의료기관의 개설자에게는 2천만원 이하의 과태료를 부과한다.

3) 진료수가의 산정방법(수가기준 제8조)

자동차보험 환자에 대한 구체적인 진료수가 적용 기준은 다음과 같다.

① 제5조의 진료수가 인정범위는 다음 각 호의 비용으로 산정하되, 제4호 및 제5호는 각 호의 순서에 따라 적용한다.

1. 건강보험기준 중 상대가치점수, 금액이 정해진 행위 · 치료재료, 상한금액이 정해진 약제에 대해서는 「국민건강보험법」 제45조제4항 및 제46조, 같은 법 시행령 제21조제2항, 제3항제1호 · 제3호 및 제22조에 따른 요양급여의 상대가치점수 및 금액 이에 따라 대한병원협회에서 「건강보험 행위 급여 · 비급여 목록표 및 급여 상대가치점수」 책자를 자동차보험에 맞게 별도로 제작하여 사용하고 있다.
2. 제5조제1항제2호에 의한 장애인보장구는 「국민건강보험법」 시행규칙 [별표7]에 의한 금액
3. 제5조제2항 제1호부터 제3호까지에서 정한 항목 및 제5조제5항에서 정한 항목에 대해서는 그 항목의 점수 및 금액
4. 제1호 및 제3호에서 비용이 정해지지 아니한 행위는 「건강보험 행위 급여 · 비급여 목록표 및 급여 상대가치점수」 "제2부 행위 급여목록 · 상대가치점수 및 산정지침" 중 가장 유사한 분류항목의 점수 및 금액
5. 건강보험기준의 비급여대상으로 상대가치점수가 정해지지 아니한 행위는 해당 진료에 소요된 실제비용, 비급여로 정해진 치료재료 및 상한금액이 정해지지 않은 약제는 의료기관의 실구입가

② 제1항에도 불구하고 제5조제2항 각 호의 인정범위 중 금액으로 정한 항목은 의료기관 종별가산율을 적용하지 아니하되, 별도로 가산을 인정하는 항목은 그러하지 아니하다.

③ 개별 의료기관이 제5조의 진료수가 인정범위에 해당하는 비용에 관하여 별도로 정한 금액 또는 실제 구입금액이 제1항제1호부터 제4호까지의 규정에 따라 정한 금액보다 낮은 경우에는 제1항제1호부터 제4호까지의 규정에도 불구하고 그 금액을 산정한다.

참고사항

자보수가분쟁심의회에서 정한 진료기준수가에 대해서는 2013.5.30 기준까지에서는 규정이 있었으나 개정된 수가기준[시행 2013.6.28.] [국토교통부고시 제2013-391호, 2013.6.28., 전부개정] 이후에는 명문의 규정이 없다. 그러나 입원료 식대심사지침 등 이전의 수가기준에 의거 정해진 수가 등은 자보분쟁심의회에서 보험계와 의료계가 협의한 사항이기 때문에 여전히 작용할 수 있음은 유의하여야 한다.

§제5조 (진료수가의 인정범위) ① 생략

3. 별표 1 및 별표 2에 규정되지 아니한 사항에 관하여 심의회가 별도의 진료기준 및 수가를 정한 사항

4) 진료수가의 청구 · 지급절차 및 방법 등(수가기준 제9조)

① 「자동차손해배상 보장법 시행규칙」 제6조의2 및 제6조의3에 따른 진료수가의 청구 · 지급절차 및 방법 등은 국토교통부장관이 정하여 고시하는 「자동차보험진료수가 심사업무처리에 관한 규정」을 따른다.

② 의료기관이 제1항에 따라 진료수가를 청구할 때에는 반드시 해당 교통사고환자에 대한 진료기록부 등의 기록내용에 근거하여 청구서 등을 작성하여야 한다.

③ 의료기관이 제1항에 따라 다음 각 호의 진료수가를 청구할 때에는 그 내용 · 근거 및 진료비용을 객관적으로 알 수 있도록 소명하여야 한다. 이 경우 그 소명이 없거나, 소명된 내용 · 근거 및 진료비용이 객관적으로 인정될 수 없는 부분의 진료비는 교통사고환자 진료비의 인정범위에서 제외된다.

1. 제6조제1항 각 호의 단서에 해당하는 진료비
2. 별표 1에 명시된 진료항목(종별가산율 및 입원료는 제외한다)에 대한 진료비중 건강보험기준을 초과하는 진료비

자동차보험환자 진료비 청구시 유의사항

* 반드시 진료기록부에 근거–차트기록 매우 중요
* 환자의 관리는 모든 경우에 차트가 증명함
  – 환자진료차트는 초진에서부터 종결에 이르기까지 철저하게 작성하도록 함
* 전자차트(전자서명 반드시 필요), 수기차트 모두 동일함
  – 모든 진료내역, 진단서, 소견 등 차트에 기록
  – 많은 환자, 매일 같은 증상이라고 절대 소홀히 하면 안됨
* 심사평가원, 보험회사/개인/법원 등 다양한 곳에서 요구함
  – 진료비의 청구 및 이의신청시 대응, 타 병원에 진료기록의 제공, 소송 등 어떤 경우에도 진료기록은 필요하고 노출되므로 항상 철저히 관리함
* 자보삭감, 수가분쟁심 등에 대응시 차트관리가 안되어 있으면 필패(必敗)함
* 근거자료 첨부 – 심사자의 입장을 고려
  – 합병증, 기왕증 등의 진료비–(기준 5조 2항)
  – 건강보험 기준 초과 진료비 등 내용, 근거, 진료비용을 객관적으로 인정할 수 있도록 자료제출
  – 인정범위 제외–자료제출이 없는 경우
  – 소명된 내용, 근거 및 진료비용의 객관적 부인

실무상 자동차보험환자 진료비 청구시 유의사항

* 청구서 작성시 보험회사의 지급보증번호를 정확히 기재함
* 상급병실 사용신청서 첨부-사용시-각 병원기준
* 특수검사-CT, MRI 등 시행시 의사 소견서 필요
  - 심평원 심사로 의학적 타당성 인정 여부를 반영할 것
* CT, MRI, EMG, NCV 등 특수검사시행시 판독소견서 및 결과서 첨부
* 특수약물 사용에 대한 처방 소견서
* 중복청구 금지-진료일자, 각종 행위, 약 등 착오 금지
* 교통사고와 인과관계 없는 진료비-외상환자/내과치료 및 개인 질병
* 진단기간, 지불보증서, 소견의뢰 및 답변서, 퇴원요청서 등 준수
* 입원식대기준, 경미한 환자기준 등 준수
* 심사평가원 심사로 까다로워진 것 감안할 것

5) 전자문서교환방식의 표준화(수가기준 제13조)

① 국토교통부장관은 보험회사등, 의료기관 및 심의회가 다음 각 호의 업무를 효율적으로 처리하기 위하여 필요한 경우에는 전자문서교환(Electronic Data Interchange, EDI)방식의 표준을 정할 수 있다.

1. 법 제12조제1항에 따라 보험회사등의 의료기관에 대한 진료수가의 지급의사유무 및 지급한도 등의 통지
2. 법 제12조제5항에 따라 보험회사등의 의료기관에 대한 진료수가의 지급의사의 철회
3. 법 제14조제1항 및 이 고시 제10조의 규정에 따라 보험회사등의 의료기관에 대한 관계 진료기록의 확인청구 및 그 확인청구에 대한 의료기관의 보험회사등에 대한 의사표시
4. 법 제19조제1항에 따라 보험회사등의 심의회에 대한 심사청구
5. 법 제21조제1항에 따라 심의회의 심사청구 당사자에 대한 결정내용의 통지
6. 법 제21조제2항에 따라 심의회의 결정내용에 대한 당사자의 수락 또는 거부의 의사표시
7. 법 제22조에 따라 심의회의 관계자에 대한 의견 등의 수집
8. 그 밖에 제1호부터 제7호까지의 업무를 위하여 필요한 사항

② 보험회사등, 의료기관 및 심의회가 제1항의 전자문서교환방식에 따라 통지 등을 행한 경우에는 법, 같은 법 시행령, 같은 법 시행규칙 및 이 고시에 적합한 것으로 본다.

제3절 진료비 심사 및 이의제기, 지급

1 진료비의 심사

1) 자동차보험 진료비 심사

(1) 의의

자동차보험의 진료비 심사란 자동차보험 교통사고환자를 진료한 의료기관들이 자동차보험진료수가에 관한 기준에 의거하여 보험회사가 지급할 진료비 및 보험가입자 등이 납부한 진료비를 대상으로 건강보험심사평가원에 청구한 진료비를 그 기준에 적합한지를 심사하는 것을 말한다.

앞 절에서 설명한 바와 같이 최초에는 의료기관에서 청구한 진료비를 자동차보험사가 자체 심사하여 지급하였고 점차 전문심사요원들의 활동이 증가하다가 2013년 7월 1일부터 건강보험심사평가원에서 담당하게 되었다.

따라서 법 제12조의2 제②항에서 전문심사기관은 제1항에 따라 의료기관이 청구한 자동차보험진료수가가 제15조에 따른 자동차보험진료수가에 관한 기준에 적합한지를 심사한다고 규정하고 제③항에서 보험회사등은 전문심사기관의 심사결과에 따라 자동차보험진료수가를 지급하여야 한다고 규정하여 왔으나 2015.12.23. 시행법에서는 이 규정을 삭제하였지만 자동차보험 진료비의 청구와 심사 및 지급처를 분리하고 있다.

이에 따라 동조 제④항에서 제1항에 따라 전문심사기관에 위탁한 경우 청구, 심사, 지급, 이의제기 등의 방법 및 절차 등은 국토교통부령으로 정한다고 하여 '자동차보험 진료비청구 및 심사업무 처리 규정'을 별도로 제정하여 시행하고 있다.

저자가 자동차보험 환자의 진료비 청구, 심사관리에 대해 계속하여 강조하는 이유는 자동차보험 환자 진료비의 청구/심사기관이 각 보험회사에서 건강보험심사평가원으로 변경되는 것과 함께 심사 기준이 그간 각 보험회사의 단순한 기준이 작용했다고 보면 이제부터는 진료수가 및 기타 관련 규정이 적극적으로 적용될 것이라는 점, 그리고 청구/심사절차와 과정이 매우 까다롭게 진행될 것이며 결국 건강보험의 심사 기준이 약간씩의 조정과 보완은 있겠지만 모든 보험으로 확대 적용될 것이며 그간 보험회사와 병원간의 신뢰중심의 진료비 심사였다면 이제는 의학적 근거 중심으로 진료 및 심사관리가 강화될 것으로 보기 때문이다.

이러한 부분들이 그간 의료계가 자동차보험 회사의 진료비 심사를 비합리적인 진료비 심사라고 하면서 만족을 가지지 못하였지만 나름대로 유지되어 온 것들이 이제는 모두 오로지 진료기준과 의학적 소견, 합리적 진료 등으로 제도적 시스템 속으로 들어오기 때문으로 보는 것이다.

따라서 자동차보험의 진료비 청구, 심사 관리에 관한 업무는 건강보험 등의 진료비 청구 심사보다 더 높은 수준의 관리가 필요할 것으로 생각된다.

(2) 자동차보험 진료비 심사의 목적

자동차보험 환자에 대한 진료비 심사의 목적은 기본적으로 진료비 심사기준에 적합한지를 심사하는 것이지만 그 외에도 불필요하거나 과다한 급여비용을 억제하고 이를 통하여 보험재정을 안정하고자 하며 자동차보험 환자에 대한 진료체계 확립 및 적정진료를 유도하고 자동차보험제도의 성공적 발전에 기여하고자 하는 것이라고 볼 수 있다.

(3) 기존 진료비 심사의 문제점

2013년 7월부터 자동차보험 환자에 대한 진료비가 건강보험심사평가원으로 위탁되기 전에는 기존 자동차보험의 진료비는 자동차보험 회사가 자체적으로 심사하여 지급하거나 전문담당자를 위촉하여 심사를 해 왔다고 볼 수 있다. 그 과정에서 의료계의 인식은 보험회사가 보험료를 내는 보험가입자를 보호한다는 기본 목적과 보험재정을 보호하고 이를 통하여 회사의 영리를 추구하기 위하여 진료비 삭감에 치중하였다고 인식하고 있었다.

또한 의료기관들의 입장은 자동차보험 의료수가의 기본이 되는 건강보험에 대해서도 자동차보험 환자의 특성과 의료현실을 무시하는 낮은 보험수가와 건강보험심사평가원의 일방적 심사조정으로 인하여 의료발전에 장애를 초래하고 있다고 인식하고 있었다.

여기에다 보험회사로부터의 입원환자의 외출 · 외박 관리강화의 움직임과 경증환자 가이드라인 제정 및 운영, 보험회사의 비전문가 및 위탁 심사역에 의한 실적제고 등을 위하여 의학적 근거 없는 일방적이고 자의적 삭감 등으로 두 업계간 항상 갈등이 상존하고 있었던 것이다.

(4) 건강보험심사평가원 위탁으로 인한 기대효과

여러 가지 우여곡절 끝에 2013년 7월 1일 진료분부터 건강보험심사평가원에서 자동차보험 환자에 대한 진료비 심사가 시작되면서 관련자료들에 따르면 이에 대한 기대효과는 다음과 같다.

① **심사의 공정성 추구**–자동차보험회사와 의료기관간의 중립적 위치에서 준정부기관인 심사평가원이 공정하고 객관적으로 심사할 것으로 기대
다만 이 부분에서 건강보험심사평가원이 자동차보험으로부터 진료비 위탁심사에 따른 심사수수료를 받도록 되어있기 때문에 위탁자와의 관계에서 심사가 자유로울 수 있느냐의 문제가 발생할 수 있는데 이것은 심사평가원의 법률적 독립성의 지위와 심사양심의 자유의 독립 측면에서 상호신뢰가 구축되었을 경우에만 가능하다고 볼 것이다.

② **일관성 유지**–전문심사기관이므로 그간 각 보험회사가 각각의 심사기준으로 자의적으로 심사하던 기준을 자동차보험 수가기준으로 통합하여 한 곳에서 심사하므로 심사의 일관성을 가질 것으로 기대

③ **타당성 확보**–전문심사기간이 가지는 전문적인 심사지식을 축적하여 자동차보험 환자 심사기준에 대한 법적, 의학적 타당성을 확보할 수 있을 것으로 기대

④ **경제적 비용 절감**–그간 자동차보험 환자의 진료비를 각 보험사가 개별적으로 심사하면서 자체적인 심사시스템을 유지 운영하면서 관련되는 비용을 지출하여왔는데 이를 전문심사기관으로 통합하여 위탁함으로써 경제적인 비용 절감에 대한 효과도 기대할 수 있을 것임, 그러나 이 부분은 심사수수료를 지급하는 문제 때문에 얼마나 비용절감 효과가 나타날지는 조사 및 연구를 통해 밝혀져야 할 것임

⑤ **과학적 심사**–건강보험심사평가원이 진료비 전문심사기관으로 구축되어 온 각종 심사와 관련한 빅데이터를 활용하여 과학적인 심사가 가능할 것으로 기대함

⑥ **심사기술의 발전**(명세서–개별–경향–전산심사)–그간 각 보험회사의 개별적인 심사로 인하여 심사관련 기술의 발전을 기대하지 못하고 명세서에 의한 개별심사를 해 온 것으로 볼 수 있는데 이에 대해 앞으로 개별심사는 물론 경향심사 및 중점 심사 등을 통하여 발전된 심사기술을 적용하고 이를 통하여 자동차보험 환자 진료비 기술의 향상도 기대함

그러나 이러한 문제들에 대해 2020년 현재 5년여가 경과한 이후 초기의 혼란에서는 많이 발전되었으나 앞으로도 제도적 보완과 긴장관계가 유지되고 있는 것으로 보인다.

2) 진료수가 청구의 접수(이하 심사규정 제21조)

① 의료기관이 제7조제1항에 따라 진료수가를 청구한 경우 심사평가원은 별지 제14호 서식에 따른 자동차보험진료수가 청구서 · 명세서 접수증을 발급하여야 한다.

② 심사평가원은 제7조제1항에 따른 청구 내역을 보험회사등에 통보하여야 하며, 보험회사등은 청구 내역 통보를 받은 날부터 2일 이내에 진료수가 심사에 필요한 자료를 심사평가원에 제출하여야 한다.

3) 청구서 등의 반려 및 수정 · 보완 요청(심사규정 제22조)

① 심사평가원은 의료기관으로부터 제출받은 청구서와 명세서가 이 규정에서 정한 기재사항 중 진료수가 심사에 필요한 필수사항을 누락하였거나 착오기재 등(이하 “청구오류”라 한다)으로 진료수가의 심사가 곤란한 경우에는 그 사유를 명기하여 반려하거나, 2일 이내에 수정 · 보완할 것을 정보통신망을 이용하여 요청할 수 있다.

② 제1항에 따라 심사평가원으로부터 청구서와 명세서를 반려 받은 의료기관은 그 사유를 수정 · 보완하여 다시 청구하여야 하며, 진료수가명세서에 대한 수정 · 보완 요청을 받은 의료기관은 제1항에서 정한 기간 이내에 청구오류를 수정 · 보완하여야 한다.

4) 심사평가원 전산자동점검 시스템 청구오류 (AFK 등 기재착오) 확인 및 처리[11)]

심사평가원에서 정보통신망으로 청구된 명세서 중 단가착오(A), 증빙자료 미제출(F), 코드착오(K) 등 의료기관의 청구오류 건에 대하여 의료기관과 심사평가원 간에 접수단계에서 수정 · 보완처리가 가능토록 하는 시스템으로 A, F, K, L, U, B 코드로 조정된 내역 및 단순기재착오 심사 불능된 내역을 즉시 의료기관에 웹-메일 또는 SNS로 제공하고 의료기관에서는 이를 수정 · 보완하면 심사평가원에서 수정 · 보완된 내용을 토대로 전산자동점검 재실행 후 심사처리한다.

11) 건강보험심사평가원 인터넷 홈페이지

[표 4-1] 전산자동청구 주요 오류내역

코드	착오내역
A	단가착오
F	구입증빙자료 또는 비용산정목록표 미제출
K	코드 및 코드구분 착오 또는 누락
L	수탁기관기호 또는 검사의뢰일 누락 또는 착오
U	의약분업기관에서 예외구분코드 누락 또는 착오
B	야간가산 시간 미기재
02	보험자종별 누락 또는 기재착오
04	상병분류기호 누락 또는 착오
10	환자성명, 환자주민번호 누락 또는 착오
16	내원(입)원 일수와 진료일수 누락 또는 착오
24	상병과 다른 진료
28	분리청구건 최초 입원개시일 누락 또는 착오
30	청구서와 명세서의 청구구분 불일치

* 자료출처 – 건강보험심사평가원 인터넷 홈페이지

[표 4-2] 자동차보험 진료수가 심사(조정)내역 사유별 코드(심사평가원 고시 2013-85)

코 드	내 역
4	미신청된 신의료기술 등(행위, 치료재료)의 청구비용 조정
A	금액 산정착오 조정(행위, 약제, 치료재료)
B	자동차보험진료수가기준 적용착오 비용 조정
C	자동차보험진료수가기준 범위초과비용 조정
D	계산착오금액 조정
F	구입증빙자료 또는 비용산정목록표 미제출분 조정
G	중복청구비용 조정
H	소멸시효기간이 경과된 진료수가 조정
K	산정코드 및 코드구분 착오 또는 누락 조정
M	증빙자료상 확인되지 아니한 진료수가 조정
N	항산균 의료기관착오
O	허위청구비용 조정
P	정보통신망 청구관련 2이상의 줄번호를 상호 연계조정
Q	재심사후 전액 환수
R	의료장비 미신고 행위료 조정

U	의약분업관련 의사, 치과의사의 허용범위외 직접조제
AK	코드 산정착오 조정
BD	약제상한차액 산정착오 조정
BR	물리치료 1일 산정횟수 초과분 조정
BZ	I, II란 적용착오분 조정
CP	임부금기 의약품 청구비용 조정
CR	연령금기 의약품 청구비용 조정
CU	병용금기 의약품 청구비용 조정
DD	약제상한차액총액 계산착오 조정
RB	부적합 의료장비 사용 행위료 조정
TB	요양병원 입원 불인정 진료비
TD	진료비총액(청구액) 계산착오
TG	중복청구(진료비총액 해당)
TH	소멸시효기간이 경과된 진료수가 청구(진료비총액 해당)
JA	자동차사고와 인과관계 없는 진료비, 기왕증 진료비 조정 (건강보험등으로 처리, 환자 본인 부담금 발생)
JB	자동차보험 진료수가 인정제외 대상 진료비 조정
JD	환자납부총액 계산착오

[표 4-3] 심사조정 상세사유 코드(심사평가원 고시 2013-85)

코 드	내 역
R	연령금기
U	병용금기
F	저함량 배수처방
G	중복처방
P	임부금기

이 시스템은 자동차보험 의료기관들이 건강보험심사평가원에 진료비를 청구할 때 가장 자주 발생하는 기본적인 오류들을 코드화 하여 이를 전산에서 자동으로 걸러지게 함으로써 진료비청구서의 접수, 반송, 재청구에 소요되는 행정 인력과 비용, 시간을 절감하고 심사의 효율성을 증진하고자 하는 방법이다.

5) 심사(법 시행규칙 제6조의3)(자동차보험진료수가의 심사 · 지급)

①항에서 건강보험심사평가원은 제6조의2에 따라 자동차보험진료수가를 청구받은 때에는 그 청구 내용이 법 제15조제1항에 따른 자동차보험진료수가에 관한 기준에 적합한 지를 심사하여야 한다고 규정하고 있다.

6) 진료수가의 심사(심사규정 제23조)

① 심사평가원은 진료수가의 청구를 받은 때에는 그 청구 내역이 국토교통부장관이 고시하는「자동차보험진료수가에 관한 기준」에 적합한지를 심사하여야 한다.

> * 심사의 처리방법
> * 진료수가는 접수한 일자순으로 심사처리 된다.
> * 제출된 심사청구서 및 제출자료만으로 진료수가의 심사가 곤란한 경우에는 심사에 필요한 보완자료의 요청, 현지확인 심사 등을 실시할 수 있다.

[표 4-4] 진료수가 심사보류, 불능 및 반송 사유별 코드(심사평가원 고시 2013-85)

* 이 부분에 대해서는 건강보험과 구조가 매우 유사하므로 코드번호 내역표는 생략하기로 한다.

가. 반송

나. 심사불능

코 드	세부코드	내 역
02		보험자종별 기재착오 등
	06	보험자종별 기재착오
	07	청구서와 명세서의 보험자종별 불일치
12	112	의료기관 종별가산율 변경 전 · 후 미분리 청구
J1		보험회사등 요청에 의한 지급불능건
	01	보험회사등이 알린 한도초과
	02	합의 이후 발생된 진료비
	03	지급보증 중지 또는 사망일 이후 진료분
	04	보험회사등 코드 기재착오, 타보험사 대상건
	05	자동차보험 환자성명, 주민등록번호 기재착오 또는 확인불가
	06	사고접수번호, 지급보증번호 기재착오 또는 확인불가
	07	기타 사유

J2		자동차사고와 관련 없는 진료분 청구
	01	자동차사고와 인과관계 없는 진료비 또는 기왕증 진료비 청구
	02	이전 자동차사고와 관련된 진료비 청구
	03	기타 사유
J3		사고접수번호 등 기재누락, 자동차보험 심사위탁 진료분 착오청구 등
	01	사고접수번호 기재누락
	02	지급보증번호 기재누락
	03	자동차보험 심사 위탁 적용 이전(2013년 7월 이전) 진료분 청구

[표 4-5] 수탁기관 통보 확인결과 통보서 처리 사유별 코드(심사평가원 고시 2013-85)

코드	내 역
01	서식번호 기재착오
03	수탁기관으로 인증된 기관이 아닌 경우 또는 위탁기관기호 착오
09	총건수 불일치
11	직접지급
20	처리기간(60일) 경과
2K	코드구분 또는 코드 기재착오 및 누락
2B	진료수가 산정기준 적용착오
2F	증빙자료 미제출 등

② 심사평가원은 진료수가를 심사함에 있어 의학적 전문성과 효율성을 기하기 위하여 자동차보험진료수가심사위원회(이하 "자보심사위원회"라 한다)를 설치 · 운영할 수 있다. 이 때 자보심사위원회의 구성 및 운영 등에 관하여 필요한 사항은 국토교통부장관이 정한다.

③ 심사평가원장은 제1항에 따른 심사기준을 심사에 적용함에 있어 불분명한 사항이 있는 경우 심사지침(이하 "심사지침"이라 한다)을 운영할 수 있다. 이 경우, 자보심사위원회의 심의를 거쳐 공고하여야 하며, 공고한 이후의 진료분부터 심사에 적용한다.

④ 국토교통부장관은 심사지침이 법령 및 자동차보험진료수가기준의 취지 또는 내용에 합치되지 아니하다고 판단한 경우나 심의회의 개정 건의가 있는 경우 심사평가원장에게 수정 · 변경을 요구할 수 있으며, 심사평가원장은 특별한 사유가 없으면 이에 따라야 한다.

⑤ 심사평가원장은 심사지침을 심사에 적용함에 있어 전문분야별로 널리 인정되는 교과

서나 임상진료지침 등을 함께 활용할 수 있다. 이 경우, 제3항의 절차를 거쳐 그 목록을 구체적으로 공고하여야 한다.

⑥ 심사평가원은 진료수가를 심사(제7항에 따른 심사내역 확인을 포함한다)함에 있어 자보심사위원회 또는 「국민건강보험법」 제66조에 따라 설치된 진료심사평가위원회의 의학적 전문지식에 대한 자문을 받을 수 있다.

⑦ 심사평가원은 다음 각 호의 어느 하나에 해당하는 경우에는 진료수가의 지급 후 심사내역에 대하여 확인 · 조정할 수 있다.

1. 약제 및 치료재료의 금액
2. 기타 심사평가원장이 진료수가 심사내역의 확인이 필요하다고 인정하는 경우

7) 자료제출요구권 및 현지조사권

자동차보험은 건강보험심사평가원에 대하여 의료기관에 대하여 자료의 법과 시행규칙에서 제출요구권과 현지조사권을 부여하고 있다.

먼저 자동차손해배상보장법 제14조 2항에서 법 제12조의2에 따라 심사 등을 위탁받은 전문심사기관은 심사 등에 필요한 자료를 의료기관에 요청할 수 있다고 규정하여 자료제출요구권을 규정하고 있으며, 이때 의료기관은 정당한 사유가 없는 한 이에 응하여야 한다(동조 3항).

또한 법 시행규칙 제6조의3 ②항에서는 건강보험심사평가원의 원장은 제6조의2에 따라 청구받은 사실을 확인할 필요가 있다고 인정하면 해당 의료기관에 관련 자료의 제출을 요구할 수 있으며, 의료기관은 특별한 사유가 없으면 이에 따라야 한다. 다만, 해당 의료기관이 관련 자료의 제출을 거부하거나 제출한 자료만으로는 사실관계 확인이 곤란한 경우에는 현지를 방문하여 확인할 수 있다고 하여 자료제출 요구와 현지확인권을 부여하고 있다.

(1) 심사관련 보완자료의 요청(심사규정 제24조)

① 심사평가원은 제7조 및 제28조에 따라 의료기관으로부터 제출받은 자료만으로 진료수가의 심사 및 이의제기 처리가 곤란하다고 인정되는 경우에는 법 제14조제2항 및 규칙 제6조의3제2항에 따라 진료기록부, 환자에게 발행된 진료비계산서 사본 등 진료수가 심사에 필요한 보완자료의 제출을 요청할 수 있다.

② 제1항에 따라 보완자료의 제출을 요청하는 경우에는 심사평가원은 10일의 기간을 정

하여 요청하여야 하며, 보완자료 요청을 받은 의료기관은 동기간내에 제출하여야 한다.

(2) 진료수가 내역의 현지 확인(심사규정 제25조)

심사평가원장은 규칙 제6조의3제2항에 따라 심사평가원의 소속직원이 현지를 방문하는 경우에는 별지 제15호 서식에 따른 진료수가 현지확인 통보서와 심사평가원의 소속직원임을 증명할 수 있는 신분증을 의료기관의 장에게 제시하여야 한다.

8) 심사기한(규칙 제6조의3 ③항)

건강보험심사평가원의 원장은 제6조의2에 따라 자동차보험진료수가를 청구받은 날부터 15일 이내에 해당 의료기관 및 보험회사등에 그 심사결과를 알려야 한다고 규정하고 있다.

여기서 기간계산 기준은 심사규정 제35조를 참조하기 바란다.

9) 진료수가 심사결과의 통보 등(심사규정 제26조)

① 심사평가원은 진료수가를 심사한 경우에는 별지 제16호 서식에 따른 진료수가심사결과통보서(이하 "심사결과통보서"라 한다)에 다음 각 호의 사항을 기재하여 의료기관 및 보험회사등에 통보하여야 한다.

1. 심사청구서에 관한 사항
2. 진료수가 심사담당자의 성명 및 전화번호
3. 명세서별 심사내역(심사조정내역이 없을 경우 생략할 수 있다.)
4. 진료수가 심사조정사항이 있을 경우 항목별, 사유별 조정내역 및 심사결정 사항
5. 진료수가의 심사가 불가하거나 보류 중일 경우 그 내역

② 심사평가원은 제23조제3항에 따른 심사내역에 대한 확인결과 새로운 조정사유를 확인한 경우에는 그 내역을 의료기관 및 보험회사등에 통보하여야 한다.

③ 심사평가원은 제21조제1항에 따른 청구서 접수증 및 제1항에 따른 심사결과통보서를 정보통신망을 이용하여 의료기관 또는 보험회사등에 통보할 수 있으며, 의료기관이 진료수가를 서면으로 청구한 경우도 이와 같다.

④ 심사평가원은 제28조제3항에 따른 이의제기결과를 정보통신망을 이용하여 의료기관

또는 보험회사등에 통보할 수 있으며, 의료기관이 진료수가를 서면으로 청구한 경우도 이와 같다.

2 진료수가의 지급(규칙 제6조의3 ④항)

1) 진료수가의 지급

보험회사등은 제3항에 따라 자동차보험진료수가 심사결과를 통보받은 때에는 해당 의료기관에 자동차보험진료수가를 지급하여야 한다.[본조신설 2012.9.4.]

2) 진료수가의 지급 절차 등(심사규정 제27조)

① 보험회사등은 심사평가원의 심사결과에 따라 지체없이 진료수가를 지급하고 그 내역을 의료기관에 통보하여야 한다.

② 보험회사등이 의료기관에 지급할 진료수가는 명세서별로 10원미만의 끝수가 있을 때에는 끝수를 제외한 금액으로 한다.

③ 보험회사등은 보험회사등의 변경 등으로 진료수가 지급주체가 다른 경우에는 해당 의료기관에게 우선 지급 한 후 해당 보험회사등과 상호 정산하여야 한다.

④ 보험회사등은 의료기관이 제7조제3항에 따라 청구하지 아니한 경우 환자납부액을 의료기관에 지급할 진료비 금액 중에서 공제하거나 정산할 수 있다.

⑤ 보험회사등이 의료기관에 지급할 진료비 금액 중에서 공제하거나 정산하는 경우에는 그 내역을 의료기관 및 심사평가원에 통보하여야 한다.

3) 진료비의 지급 기한(법 제12조4항)

(1) 지급기한

법 제12조 제2항에 따라 의료기관이 자동차보험진료수가를 청구하면 보험회사등은 30일 이내에 그 청구액을 지급하여야 한다. 다만, 보험회사등이 제12조의2제1항에 따라 위탁한 경우 전문심사기관이 심사결과를 통지한 날부터 14일 이내에 심사결과에 따라 자동차보험진료수가를 지급하여야 한다.〈개정 2015.6.22.〉

이에 따라 건강보험 심사평가원에서는 자동차보험 의료기관으로부터 진료비를 청구받으면 보험회사 등으로 통보하고(규칙 제6조의2 2항), 15일 이내에 심사를 완료하여 보험회사 등으로 심사결과를 통보하게 되면(규칙 제6조의3 3항), 보험회사 등은 통보받은 날로부터 15일 이내(의료기관이 청구한 날로부터 30일)에 지급하여야 한다.

(2) 지급기한 초과 이자율(영 제16조)(진료수가의 지급에 관한 이자율)

① 보험회사등이 법 제12조제4항 본문에 따른 지급기한(30일)을 넘겨 청구액을 지급하는 경우에는 연 20퍼센트의 이자율을 적용하여 지급한다. 〈개정 2014.2.5.〉

4) 진료비 지급 방법

자동차보험 환자의 진료비는 청구한 지 30일 이내에 통장으로 자동 입금되도록 하고 있다. 이때 반드시 금융계좌로 입금하게 되는데 이는 진료비 지급의 근거와 투명성을 확보하기 위해서 반드시 필요한 사항이라고 볼 것이다.

5) 진료비 관리시 유의사항

자동차보험 환자의 진료비관리에서 유의할 사항은 다음과 같다.

(1) 진료비의 적정청구와 적시수납을 정규화하여야 한다.

자동차보험 진료는 단기간에 진료가 끝나는 경우도 있지만 장기간 치료를 필요로 하는 경우도 있다. 예전에 자동차보험사에서 자체 심사를 하던 무렵에는 심사의 연계성이나 관련 업무의 편의성 등의 이유로 해당 환자에 대한 진료가 끝나야 청구를 하던 관행이 있었는데 이제는 심사평가원에서 전문적으로 심사를 하게 됨으로써 분리청구를 해도 기술적으로 문제가 없게 되었다. 따라서 자동차보험 환자의 진료비는 매월 규칙적으로 청구하여 의료기관의 경영안정에 기여할 수 있도록 하여야 한다.

(2) 미수관리 철저 및 발생 차단, 철저 회수

자동차보험 진료비에 대해서는 법적으로 청구 후 30일 이내에 지급하고 지급일을 경과하면 연 20%의 이자를 지급하도록 하고 있지만 실무현장에서는 반드시 그렇지 못한 경우도 있다. 따라서 의료기관의 담당자는 당해 병원의 수입에서 자동차보험 환자가 차지하는 진료비의 비중을 고려하여 관리를 철저히 하여야 한다.

자동차보험 진료비의 미수금 발생원인은 본인진료비, 보험회사 보증 후 미지급 진료비, 환자전원, 자동차회사 미수금 등으로 분류할 수 있는데 그러한 사례가 발생하지 않도록 철저히 관리하는 수밖에 없다고 할 것이다.

이에 대한 효과적 관리방법은 매월, 매년 또는 담당자 교체시 등 정기적인 확인과 독촉, 누락확인 등으로 담당자의 노력에 따라 달라지게 될 것이다.

따라서 의료기관의 자동차보험 담당자는 업무관행을 합리화, 효율화하여 비규칙적 관리를 지양하고 일일관리/월별관리/분기관리/년도관리 등으로 항상 관리를 철저히 하여야 하고 필요한 경우에는 공식적인 경로를 통하여 독촉을 하기도 하여야 한다. 이때 오래된 관행으로 보험회사 직원과의 친소관계가 작용할 수도 있는데 이것이 업무에 영향을 미치도록 해서는 안된다고 할 것이다.

(3) 진료비의 청구/조정과 소신진료

자동차보험을 비롯 모든 보험 환자에 대해 의학적 견해에 따른 소신진료와 사실청구, 심사조정의 균형은 지극히 이상적인 생각이다. 이는 세상에서 가장 좋은 창과 방패의 모순과 같은 논리라고 해도 과언이 아닐 것이다. 그 중심에 의사와 보험환자 진료기준이 있다.

의료기관은 반드시 의사가 의학적 견해에 따라 소신을 가지고 진료하여야 한다. 그것이 보험진료 기준에 부합하던 하지 않던 그것은 인간의 생명보호를 위해서 가장 필요한 최선의 조치여야 한다. 다만 담당의사의 소견이 가장 최우선적으로 반영될 사항이고 존중되어야 하겠지만 다만 여러 사람들이 그것이 비합리적이거나 비의학적이라고 본다면 그에 대해서는 고려해 볼 필요가 있다.

의사가 소신을 가지고 진료했다면 보험 청구 담당자는 진료기준에 따라, 또는 의사의 진료사실에 따라 사실대로 청구하여야 한다. 그것이 비록 진료기준과 부합하거나 하지 않거나 간에 반드시 사실대로 모두 청구되어야 한다.

이것은 의사의 기본적인 진료권을 합리적으로 주장하는 것이며 이를 진료기준에 부합하지 않는다고 하여 미리 청구에서 제외할 필요는 없다. 왜냐하면 그것은 의사의 진료가 과잉이 아니라면 타당한 진료에 대한 스스로의 포기이기 때문이며 스스로 진료의 부당성을 용인하는 것으로 오해될 수도 있기 때문이다.

의사의 합리적인 진료에 대해서 심사기관이 진료기준에 부합하지 않는다고 하여 자의적으로 삭감하는 것은 문제가 있다. 이것은 모든 환자마다 다른 개별적인 특성을 가지고 있고 의사의 진료권에 대한 심사자의 권리가 의사의 진료권을 무시해서는 안되기 때문이다. 다만 심사기구가 전문적이고 빅데이터를 가지고 부당하게 장기진료이거나 과잉진료라고 판단되면 그에 대해 의료계의 전문적인 의견을 받을 필요가 있다. 이를 위해 합리적인 전문기구를 설치하고 있으며 합리적인 절차에 따라 수립된 의학적인 소견은 의사와 보험사가 준수하는 것이 보험진료시대에 합리적인 방법이라고 할 것이다.

그렇지 않고 심사기구가 임의로 의사의 진료내용에 대해 조정을 한다는 것은 계속하여 보험회사와 의료계의 갈등을 안고 가게 되는 것이며 자동차보험의 전문심사기구 위탁도 의미가 없어지기 때문이라고 볼 것이다.

따라서 의사가 소신진료를 한 후 이것이 보험진료기준을 초과하여 조정되었다면 보험진료기준의 부당성을 제기하고 이를 개선함으로써 의료권을 보장받을 수 있어야 할 것이다.

실무적으로 통상의 의료기관 등에서 진료비 청구 후 삭감률이 얼마나 되느냐에 따라 얼마나 잘 청구하고 못하는가를 기준으로 삼는 경우가 있다. 이것은 정확한 심사기준을 알고 이것이 환자의 상태를 반영하여 잘 진료되고 잘 청구되는 것으로 적용되지 못하고 과잉진료, 허위청구 등으로 왜곡되어서는 안된다. 따라서 의료기관의 청구담당자는 심사기준을 따르되 의사의 소신있는 진료를 반영하고 적정한 청구를 하도록 하여야 한다.

(4) 보험진료시대에 맞는 의료의 시행

우리나라 사회보장 및 사회보험에서 진료의 기준은 의학적으로 보편적이고 일반적인 기준을 준수하도록 하고 있다. 이것은 건강보험 뿐만 아니라 의료급여, 산재보험, 자동차보험 등이 모두 같다.

따라서 자동차보험 환자를 진료하는 의사도 자동차보험 진료수가 기준과 보험진료의 기준을 숙지할 필요가 있다. 이것은 계속하여 강화되어 가는 보험진료시대에 적정진료, 적정심사의 표준을 수립해 가는 것이 필요하며 환자의 특성을 고려할 수 있는 융통성이 필요하기 때문이다.

대체로 의사들은 의사의 진료에 대해 누가 심사하느냐고 생각하지만 실제로 심사에 의해 의사의 진료가 평가되고 있으며 진료비도 지급되어지고 있는 것이 현실이다. 그렇다면 의료의 주체이고 그 의료행위에 따라 진료비가 발생하는 구조에 있는 우리나라의 보험 의료수가 체계 내에서 보험진료기준을 무시한다는 것은 병원의 경영에 손실을 초래할 수도 있다. 그것이 저가의 약품이나 기기, 재료인 경우도 문제지만 고가의 기기, 재료, 약가인 경우 문제는 심각해지기 때문이다.

이것은 향후 건강보험심사평가원에서 심사가 정착될 경우 더욱 엄격해지게 될 것은 명약관화한 일이라고 할 것이다.

3 보험진료와 표준진료지침, 신의료기술의 적용

1) 신의료기술의 적용

전 항에서 보험진료의 획일성에 대해서 언급한 바가 있다. 보험진료는 보험이라는 특성상 보편타당한 진료를 규정할 수밖에 없다. 우리나라 건강보험은 보험진료 수준을 초과하는 진료에 대해 보험가입자의 자유로운 선택에 의한 의료 구매를 제한하는 듯한 인식을 갖고 있었다. 즉, 건강보험에 규정하지 않은 사항에 대해 청구도 불가능하고 본인에게도 수납하지 못하도록 하는 것이었다.

이것은 보험가입자들이 보험진료 이외에 자기 부담에 의한 비보험진료를 선택하지 못하는 것으로 이는 자유경제체제 내에서 계속하여 발전하는 첨단 의료에 대한 선택을 저해하는 요소로 작용할 수 있으며 의료의 발전에도 부정적인 영향을 미치게 되는 것이다.

과학의 발달과 함께 의학에도 계속하여 새로운 의료기술과 새로운 재료가 등장하고 있으며 이에 다른 신의료기술의 사용이 요구되고 있다. 이에 대해서는 건강보험 등에서도 신의료기술에 대한 보험 적용에 대한 규정을 별도로 정하여 운용하고 있고 자동차보험에서도 불가피한 경우에는 인정을 하도록 하고 있다.

보험진료에 있어서 기본적으로 보편 타당한 진료의 일반원칙을 준수하지만 신의료기술과 검사, 진료재료를 사용하지 못하는 것은 새로운 진료 방법에 의한 치료 기간단축에 따른 진료비의 절감과 치료효과 제고 등에서 보면 오히려 불합리할 수도 있다.

우리나라에서 현실적으로 모든 환자가 (건강, 급여, 자동차, 산재)보험으로 진료되는 현실에서 심사, 분쟁에서 인정되지 않는다는 이유로 현재 사용중인 진료재료, 발전하는 의료를 수용하지 않으면 한국의 의학발전은 기대할 수 없고 하향평준화 할 수밖에 없을 것을 우려하는 것이다.

그러므로 신의료기술과 신진료재료는 남용되지 않는 범위 내에서 적절하게 사용되어야 한다. 다만 과용되거나 개인적인 성향에 좌우되지 않도록 제도를 보완할 필요가 있을 수도 있다는 것도 인정하여야 한다.

또한 전혀 그럴 가능성은 없지만 사회적으로 문제가 되고 있는 의약품 및 의료기기의 리베이트 등과 관련해서 의약품과 의료기기가 사용되어진다면 그것은 엄격히 금지되어져야 할 일이기도 하다.

2) 표준진료지침

표준진료지침이란 의료행위가 이루어지는 과정에서 특정 질환에 대한 진료 순서와 치료 시점 등을 미리 정해놓아 특별한 진단이나 시술에 따른 지연과 자원 이용을 최소화하고 의료의 질을 최대화하기 위해 고안된 의사나 간호사 혹은 기타 의료진의 중재에 대한 최적의 시기와 절차(즉 표준화된 진료 과정)를 의미한다.[12]

이것은 치료 과정의 표준화를 통해 최상의 진료를 선택함으로써 환자에게 일관된 치료를 제공하는 것을 목표로 하는 것으로 이를 통해 특정 질환에 대해 적절한 치료와 시기 방법, 절차 등을 규정하여 의료제공을 효율화하기 위한 것으로 볼 수 있다.

보험진료에 대해 왜 표준진료지침을 언급하는가 하면 보험진료는 역시 보편타당한 진료를 행하도록 요구하고 있고 의료는 항상 최선의 의료를 제공하여 환자의 조속한 치유와 생명보존 및 건강증진 등의 목적을 가지고 있으므로 최선의 진료와 보편 타당한 진료와의 접점에 표준진료지침이 가장 효과적인 대안으로 작용할 수 있다고 보기 때문이다.

따라서 의료인들이 특정한 질환에 대하여 보험진료를 할 때 해당 병원에서 해당 질환에 대해 가장 효율적인 진료방법을 선택하게 될 때 가장 합리적인 진료가 가능할 수 있을 것으로 기대되며 이 범위를 벗어나는 특정한 개별성에 대해서는 의사의 의학적 판단에 따른 소신 진료와 그에 대한 소견서 등으로 이를 증명해 보이도록 하면 될 것이기 때문이다.

4 이의제기 등(규칙 제6조의4)

1) 이의제기

① 의료기관 및 보험회사등은 제6조의3제3항에 따른 건강보험심사평가원의 심사결과에 이의가 있는 때에는 심사결과를 통보받은 날부터 25일 이내에 건강보험심사평가원에 이의제기할 수 있다.〈개정 2014.2.7.〉

② 건강보험심사평가원은 제1항에 따라 이의제기를 받은 때에는 이의제기를 받은 날부터 30일 이내에 해당 의료기관 및 보험회사등에게 이의제기에 대한 심사결과를 알려야

12) http://blog.naver.com/enrique9/32293950

한다. 〈개정 2014.2.7.〉

이때 기간의 계산은 심사규정 제35조를 참조하기 바람

자동차보험의 이의제기에 대해서는 건강보험과 같이 90일과는 다르고 30일도 아닌 25일밖에 되지 않으므로 이의제기를 신속히 서둘러야 한다. 왜냐하면 자동차보험 진료비를 청구하는 담당자가 여러 가지 업무상 바쁘다보면 이의제기 신청에 관한 자료를 모으기도 바쁘고 신청 기간을 착각하고 넘겨버릴 가능성이 많기 때문이다.

2) 심사결과에 대한 이의제기(심사규정 제28조)

① 의료기관 또는 보험회사등이 심사평가원의 진료수가 심사결과에 이의가 있을 때에는 규칙 제6조의4에 따라 심사결과통보서를 받은 날부터 25일 이내에 별지 제17호 서식에 따라 이의제기를 하여야 한다.

② 의료기관은 제23조제3항에 따른 조정사유에 대하여는 조정사유를 통보받은 날로부터 25일 이내에 이의제기를 하여야 한다.

③ 심사평가원은 제1항부터 제2항까지의 규정에 따른 이의제기를 받은 때에는 규칙 제6조의4제2항에 따라 이의제기를 받은 날로부터 30일 이내에 별지 제18호 서식에 따른 문서로 의료기관 및 보험회사등에게 이의제기에 대한 결과를 통보하여야 한다.

Web 이의제기[13)]

1. Web 이의제기란

의료기관 또는 보험회사등이 심사평가원의 진료수가 심사결과에 이의가 있을 때 인터넷을 통해 접수할 수 있다.

2. Web 이의제기의 장점

1) 이의제기서 작성이 용이하다.

심사조정 화면에서 이의제기할 대상을 선택(클릭)만 하면 된다.

2) 송부(이의제기서 작성화면에서 "제출" 선택) 즉시 접수된다

Web 접수 확인 즉시 접수증을 올려주며, 직접 확인도 가능하다.

3) 신속히 처리된다.

문서의 접수 및 등록업무 과정이 단축된다.

13) 건강보험심사평가원 인터넷홈페이지

접수 즉시 심사담당자에게 분배되며, 담당자는 매일 접수 현황을 확인하여 처리한다.
4) 효율적인 업무처리 및 관리가 가능하다.
문서 작성 및 발송작업 시간을 줄일 수 있으며,
이의제기의 유무 및 사본을 따로 보관하지 않아도 된다.
분실 등의 배달사고를 방지할 수 있으며,
처리과정 및 결과를 홈페이지에서 확인할 수 있다.

3. Web 이의제기 절차 및 방법
1) 메인에서 [공인인증 로그인]
2) 의료기관은 [진료비청구〉 이의제기 신청] 선택
3) 보험회사등은 [보험회사등 이의제기〉 이의제기 신청] 선택
4) 작성 및 제출

5 기록보존

자동차보험은 교통사고환자를 진료한 경우에는 관련자료를 보관하여야 한다.

1) 진료에 관한 기록 등의 보존(심사규정 제29조)

의료기관이 교통사고환자를 진료한 경우에는 다음 각 호의 서류를 해당 진료가 끝난 날부터 5년간 보존하여야 한다.

1. 자동차보험진료수가청구서 및 자동차보험진료수가명세서
2. 약제 및 치료재료 기타 진료의 구성요소의 구입에 관한 서류
3. 개인별 투약기록
4. 그 밖에 보건복지부장관이 고시한「건강보험 행위 급여 · 비급여 목록표 및 급여 상대가치점수」제1편 제2부에 따른 간호관리등급료의 산정자료 등 진료수가의 산정에 필요한 서류 및 이를 증명하는 서류
5. 제1호부터 제4호까지의 서류 등을 디스켓 · 마그네틱테이프 등 전산기록장치를 이용하여 자기매체에 저장하고 있는 경우에는 해당 자료

2) 청구서와 명세서의 보관(심사규정 제30조)

① 보험회사등 및 심사평가원은 청구서와 명세서를 5년간 보관한다. 다만, 조사연구 등을 위하여 필요한 경우에는 보험회사등의 장 및 심사평가원장은 보관기간을 별도로 정할 수 있다.

② 제1항에 따른 보관기간의 기산일은 심사가 완결된 날이 속하는 연도의 다음 연도 1월 1일로 한다.

6 진료기록 열람권 등(법 제14조)

1) 보험회사의 의료기관에 대한 기록 열람권(1항)

(1) 보험회사의 의료기관에 대한 기록 열람

보험회사등은 의료기관으로부터 제12조제2항에 따라 자동차보험진료수가를 청구받으면 그 의료기관에 대하여 관계 진료기록의 열람을 청구할 수 있다.〈개정 2012.2.22.〉

(2) 진료기록의 확인청구(수가기준 제10조)

① 보험회사등은 진료수가 지급을 위하여 관계 진료기록이 필요한 경우 법 제12조의2제1항에 따라 위탁한 심사평가원 또는 의료기관에게 진료기록의 확인을 청구할 수 있다. 이 경우 그 청구는 별지 제1호 서식 교통사고환자 진료기록 확인 요청서에 의한다.

② 제1항에 따른 보험회사등의 확인청구 내용이 진료에 관한 사실확인 및 진료수가 지급에 필요한 범위를 명백히 초과한 것으로 판단되는 경우 심사평가원 또는 의료기관은 관계진료기록의 일부만을 확인하게 하거나 그에 응하지 아니할 수 있다. 이 경우에는 보험회사등에게 그 사유를 소명하여야 한다.

2) 전문심사기관의 의료기관에 대한 자료요청권(2항)

법 제12조의2에 따라 심사 등을 위탁받은 전문심사기관은 심사 등에 필요한 자료를 의료기관에 요청할 수 있다.〈신설 2012.2.22.〉

이에 대해서는 심사부분에서 전술하였다.

3) 의료기관의 거부금지의무(3항)

제1항 또는 제2항의 경우 의료기관은 정당한 사유가 없는 한 이에 응하여야 한다.〈신설 2012.2.22.〉

4) 교통사고관련기록의 열람(4항)

(1) 교통사고관련기록의 열람의 의의

보험회사등은 보험금 지급 청구를 받은 경우 대통령령으로 정하는 바에 따라 경찰청 등 교통사고 조사기관에 대하여 교통사고 관련 조사기록의 열람을 청구할 수 있다. 이 경우 경찰청 등 교통사고 조사기관은 특별한 사정이 없는 한 열람하게 하여야 한다.〈신설 2012.2.22.〉

보험회사 등이 교통사고에 대한 기록을 열람할 수 있도록 한 이유는 교통사고에 대한 정확한 경위의 확인과 이해는 물론 차량의 파손 및 피해자의 부상과의 인과관계를 분석하여 의료기관으로 하여금 과잉진료 혹은 정비공장으로 하여금 피해과장 등의 조사에 활용할 수도 있음을 유의하여야 한다.

(2) 교통사고 관련 조사기록의 열람 청구(영 제12조의3)

① 법 제14조제4항 전단에 따라 보험회사등이 경찰관서에 열람을 청구할 수 있는 교통사고 관련 조사기록은 국가경찰공무원이 작성한 교통사고보고서 중 다음 각 호의 사항에 관한 기록으로 한다.

1. 교통사고 발생 일시, 장소 및 원인
2. 교통사고 유형 및 피해상황
3. 무면허운전 및 음주운전 여부

② 보험회사등이 법 제14조제4항 전단에 따라 교통사고 관련 조사기록의 열람을 청구하는 경우에는 열람예정일 7일 전까지 열람청구서에 열람사유서를 첨부하여 경찰관서에 제출하여야 한다. 다만, 긴급하거나 부득이한 사유가 있음을 소명하는 경우에는 그러하지 아니하다.

③ 제1항에 따른 열람의 청구를 받은 경찰관서는 수사에 지장을 초래하는 등 특별한 사유가 있는 경우를 제외하고는 열람방법, 열람장소 및 열람범위 등을 정하여 서면, 전자우편 또는 휴대전화 등의 방법으로 알려야 한다.

[본조신설 2012.8.22.]

5) 비밀누설 금지(8항)

보험회사등, 전문심사기관 및 자동차손해배상진흥원에 종사하거나 종사한 자는 제1항부터 제4항까지에 따른 진료기록 또는 교통사고 관련 조사기록의 열람으로 알게 된 다른 사람의 비밀이나 제6항에 따라 제공받은 개인정보를 누설하여서는 아니 된다.〈개정 2012.2.22., 2019.11.26.〉

7 진료비정산(규칙 제6조의4 3항)

제2항에 따라 심사결과를 통보받은 의료기관 및 보험회사등은 그 결과에 따라 제6조의3 제4항에 따라 지급된 자동차보험진료수가를 정산하여야 한다.〈신설 2014.2.7.〉

[본조신설 2012.9.4.] [제목개정 2014.2.7.]

8 기간의 계산(심사규정 제35조)

① 규칙 제6조의3제3항 및 제6조의4제2항에 따른 기간의 계산은 심사평가원이 의료기관으로부터 자동차보험진료수가를 청구받은 날 또는 이의제기를 받은 날부터 기산한다.

② 다음 각 호의 어느 하나에 해당하는 경우에는 그에 소요되는 기간은 규칙 제6조의3제3항 및 제6조의4제2항에 따른 기간에 산입하지 아니한다.

1. 제21조제2항에 따른 자료 제출
2. 제22조에 따른 청구오류에 대한 수정 · 보완
3. 제23조제2항 및 제3항에 따른 자문
4. 제24조에 따른 심사관련 보완자료의 제출
5. 제25조에 따른 현지확인

여기서 기간의 계산을 따로 설명하는 것은 위 2항에서 예시한 기간은 전체 심사기간에서 제외되므로 그만큼 진료비 심사기간이 지연될 수 있고 당연히 진료비도 늦게 지급될 수 있다는 것을 우려하는 것이다. 따라서 각 병의원의 자동차보험진료수가 청구 담당자들은 이러한 문제가 발생하지 않도록 심사자의 입장에서 심사보충자료를 미리 제공하는 등 청구에 유의하는 것이 바람직할 것이다.

9 심사수수료의 지급 등(심사규정 제36조)

① 보험회사등은 「자동차손해배상보장법 시행령」 제11조의2에 따른 업무위탁 수수료를 심사평가원에 지급하여야 한다.

② 심사평가원과 보험회사등은 협의체를 구성하여 심사업무 위탁에 따른 수수료를 협의하여 정할 수 있다. 이 경우 수수료가 협의되기 전까지는 전년도 수수료를 준용하여 운영한다.

③ 제2항에 따라 장기간 수수료가 협의되지 아니하는 경우 국토교통부장관이 중재할 수 있다.

④ 제2항 및 제3항에 따라 협의체에서 정하여진 수수료는 심사평가원과 각각의 보험회사등 사이에 합의된 것으로 본다.

⑤ 기타 수수료의 징수, 납부절차 및 방법 등에 관하여 필요한 사항은 심사평가원장과 보험회사등의 장과의 협의에 의하여 별도로 정하여 운영할 수 있다.

이에 대해서 자동차보험회사가 진료비 위탁심사수수료를 부담하게 되므로 심사평가원의 심사의 독립성에 대해 우려하는 경우도 있는 것이 사실이다. 이를 위해서는 법률적 독립성과 심사양심의 독립성이 구축되어야 할 것이라는 것은 전술한 바 있다.

단원평가

제1절 자동차보험 진료수가에 관한 기준

1. 자동차보험 진료수가기준의 개념을 설명하시오.
2. 자동차보험 진료수가의 적용 범위를 설명하시오.
3. 자동차보험 환자에 대한 진료기준을 설명하시오.
4. 진료수가의 인정범위를 열거하시오.
5. 현재 적용 중인 자동차보험의 의료기관 종별 가산율은 어떠한가.
6. 현재 적용 중인 자동차보험의 입원료 체감기준은 어떠한가.
7. 건강보험과 달리 적용하는 사항들의 내용은 어떤 것들이 있는가.
8. 자동차보험의 상급병실료 인정기준에 대해서 설명하시오.
9. 산재보험의 기준 중에서 적용하지 아니하는 내용은 어떤 것인가.
10. 진료수가 인정제외 대상의 종류에 대해서 설명하시오.
11. 자동차보험의 선택진료 대상에 대해 설명하시오.
12. 진료수가의 결정과정에 대해서 설명하시오.

제2절 진료비 청구

1. 의료기관이 보험가입자에 대하여 직접 진료비 청구가 가능한 경우는 어떤 경우인가.
2. 자동차보험의 진료비 청구는 어디로 하는가.
3. 자동차보험 환자의 진료비를 건강보험심사평가원 심사로 유의할 사항은?
4. 진료비청구의 원칙에 대해서 설명하시오.
5. 청구의 금지사항이 아닌 것은?
6. 자동차보험 수가기준에서 정하는 구체적인 진료수가의 산정방법 적용기준은?
7. 자동차보험 환자 진료비 청구시 유의사항을 설명하시오.
8. 기존 자동차보험 진료비 심사의 문제점과 심사평가원 심사의 차이점에 대해서 설명하시오.
9. 자동차보험 진료비 심사에 대하여 건강보험심사평가원 위탁으로 인한 기대효과에 대해서 설명하시오.
10. 심사평가원 전산자동점검 시스템 청구오류에 대해서 설명하시오.
11. 심사조정 상세사유 코드의 종류가 아닌 것은?
12. 건강보험심사평가원은 자료제출요구권 및 현지조사권에 대해서 설명하시오.

13. 심사관련 보완자료의 요청은 며칠 내에 하여야 하는가.
14. 심사평가원은 심사를 며칠 내에 완료하여야 하는가.
15. 자동차보험의 진료비를 지급하는 곳은 어디인가.
16. 자동차보험 환자의 진료비의 지급 기한은 며칠인가.
17. 지급기한 초과 이자율은 얼마인가.
18. 자동차보험 환자의 진료비관리에서 유의할 사항은 어떤 것이 있는가.
19. 보험진료시대와 소신진료에 대해서 설명하시오.
20. 보험진료와 표준진료지침, 신의료기술의 적용에 대해서 의견을 쓰시오.

제3절 진료비 심사 및 이의제기, 지급

1. 의료기관 및 보험회사등 심사평가원의 심사결과에 이의가 있는 때에는 심사결과를 통보 받은 날부터 언제까지 이의제기를 하여야 하는가.
2. 심사평가원은 이의제기에 대해 심사결과는 언제까지 알려야 하는가.
3. 진료에 관한 기록 등을 5년간 보존해야 하는 종류는 어떤 것이 있는가.
4. 진료기록의 열람권 등에 관한 사항이 아닌 것은?
5. 자동차보험회사의 교통사고관련기록의 열람의 의의에 대해서 설명하시오.
6. 기간의 계산에 산입하지 않는 사항은?

제5장 자동차보험 진료비관리론(II) – 청구서 · 명세서 작성방법

학습목표

- 진료비 청구서 및 명세서의 구체적인 작성방법을 이해한다.
- 진료비 청구서 및 명세서의 작성시 유의할 사항을 이해한다.
- 진료비 청구서 및 명세서의 전자작성 방법을 이해한다.
- 진료비 청구서 및 명세서를 작성할 줄 안다.

제1절 진료비 청구

1 일반사항

건강보험심사평가원에 위탁된 자동차보험진료수가의 청구 · 심사 · 지급 및 이의제기 등에 관한 절차와 방법, 서식과 작성요령 및 자동차보험진료수가분쟁심의회 심사청구의 대상 및 절차는 「자동차손해배상보장법」 제12조의2, 제19조, 같은 법 시행령 제11조의2, 제16조의2, 같은 법 시행규칙 제6조의5에 따라 자동차보험진료수가 심사업무처리에 관한 규정[시행 2019.12.10] [국토교통부고시 제2016-1049호, 2019.12.10, 일부개정]에서 구체적으로 정하고 있다.

2 진료비 청구의 개요[1]

자동차손해배상보장법 제12조의2와 시행령 제11조의2에서 자동차보험 환자의 진료비의 청구와 심사를 건강보험심사평가원으로 위탁하고 있다.

1) 이재홍 외. p323

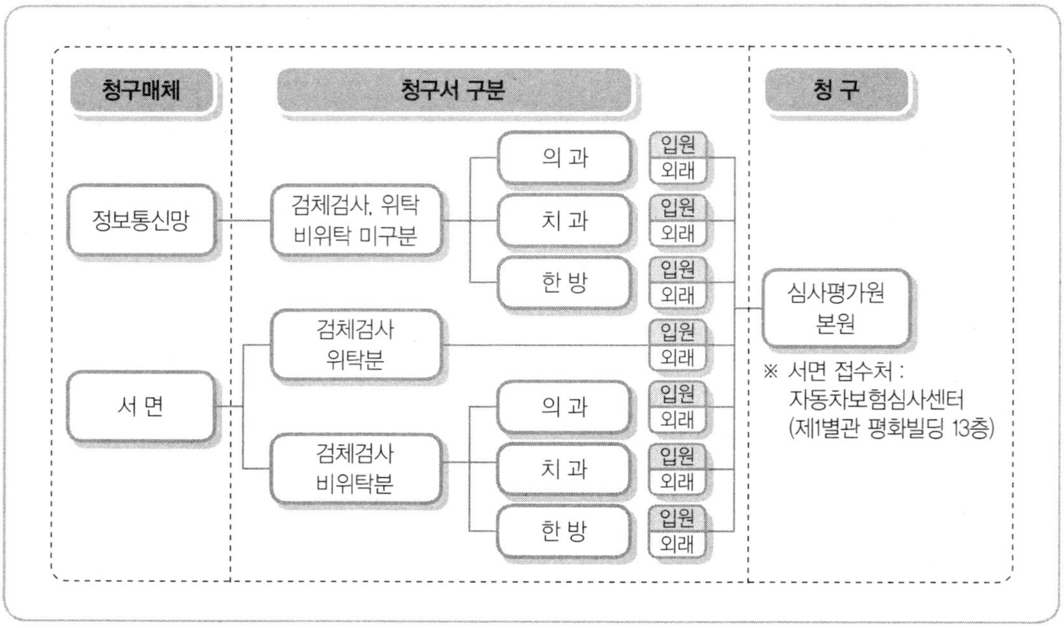

[그림 5-1] 자동차보험 진료수가 청구체계(별표 1. 제13조제5항 관련)

* 자료 출처 – 건강보험심사평가원

주) 1. 보험회사등별로 구분하여 청구함

2. 요양병원의 의과 입원은 장기환자와 제외환자의 진료수가로 구분하여 청구함

* 시행일 : 2013년 7월 1일 진료분부터 심사평가원으로 청구한다.
* 청구처 : 심사평가원 자동차보험 심사센터(심사평가원 본원)
* 청구매체 : 정보통신망(포털, EDI)원칙, 초기 일부 서면 청구 허용(2013.9.30.까지)
* 청구단위 : 건강보험과 동일함(월 또는 주단위 청구 가능)
* 작성방법 : 건강보험과 동일(입원 통합작성, 외래 일자별 작성)
* 청구서 및 명세서 구분
  - 보험회사별, 의과, 치과 및 한방, 입원과 외래로 구분한다.
  - 사고 접수번호, 지급보증 번호, 환자납부액, 세부내역을 기재한다.
* 세부작성요령 : 건강보험과 매우 유사함
  - 자동차보험 진료수가 심사업무처리에 관한 규정에서 정하여 시행
  - 건강보험심사평가원 공고 제2013-85호, 2013.6.4

3 적용범위(심사규정 제3조)

이 고시는 다음 각 호의 경우에 이를 적용한다.

1. 「자동차손해배상 보장법 시행규칙」(이하 "규칙"이라 한다) 제6조의2부터 제6조의4까지의 규정에 따라 의료기관이 자동차보험진료수가(이하 "진료수가"라 한다)를 「국민건강보험법」 제62조에 따른 건강보험심사평가원(이하 "심사평가원"이라 한다)에 청구한 경우
2. 의료기관이 교통사고환자에게 진료비를 직접 받은 후 보험회사등으로부터 자동차보험진료수가의 지급의사와 지급한도를 통지받고 심사평가원에 청구할 것을 요청받은 경우
3. 보험회사등 및 의료기관이 법 제19조에 따라 심의회에 심사청구하는 경우

4 청구인(제4조)

진료수가의 청구인 또는 검체검사공급내역 통보인은 해당 의료기관의 대표자(개설자)가 된다. 다만 실무적으로는 청구담당자가 제출하는 것이며 당연히 대표자의 명의로 청구되는 것이다.

5 「정보통신망 이용촉진 및 정보보호 등에 관한 법률」의 준용(제5조)

의료기관이 진료수가를 「정보통신망 이용촉진 및 정보보호 등에 관한 법률」 제2조제1항제1호에 따른 정보통신망(이하 "정보통신망"이라 한다)을 이용하여 청구하거나, 보건복지부장관이 고시하는 「건강보험 행위 급여 · 비급여 목록표 및 급여 상대가치점수」 중 '검체검사위탁에 관한 기준'에 따른 수탁기관(이하 "수탁기관"이라 한다)이 검체검사공급내역을 정보통신망으로 통보하는 경우 전자문서, 전자서명, 전자문서의 효력, 전자문서의 도달시기, 전자문서 내용의 추정 등은 「정보통신망 이용촉진 및 정보보호 등에 관한 법률」의 관련규정을 준용한다.

이와 관련하여 진료수가 기준 편에서 전자문서 교환방식의 표준화(수가기준 제13조)에 대하여 설명한 바 있다.

제2절 진료수가의 청구 및 자료제출

1 진료수가 청구 및 자료제출 매체(제6조)

① 의료기관은 진료비청구포털서비스(이하 "포털"이라 한다)의 정보통신망을 이용하여 전산으로 진료수가를 청구한다. 다만, 다음 각 호의 어느 하나에 해당하는 경우에는 서면으로 진료수가를 청구할 수 있다.

1. 보건복지부장관이 고시하는 「요양급여비용 청구방법, 심사청구서 · 명세서서식 및 작성요령」 제5조제1항에 따라 정보통신망(포털) 이외의 방법으로 요양급여비용을 청구하는 경우
2. 「국민건강보험법」 제47조제1항에 따른 요양급여비용 청구 실적이 없는 경우

② 의료기관이 정보통신망으로 진료수가를 청구하거나 수탁기관이 정보통신망으로 검체검사공급내역을 통보하고자 하는 경우에는 별지 제1-1호 서식에 따른 전산청구(포털) 신청서를 심사평가원에 제출한다.

③ 제2항에도 불구하고 보건복지부장관이 고시한 「요양급여비용 청구방법, 심사청구서 · 명세서서식 및 작성요령」 제5조제2항에 따른 정보통신망을 동일하게 이용하는 의료기관은 전산청구신청서 제출을 생략할 수 있다.

④ 정보통신망으로 청구하는 의료기관에서 제2항에 따른 청구방법을 변경하고자 하는 경우에는 사전에 별지 제1-2호 서식에 따른 전산청구(포털) 변경신청서를 심사평가원에 제출한다.

⑤ 심사평가원은 제2항 및 제4항에 따른 신청이 접수되면 정보통신망 청구기관으로 등록, 변경한 후 의료기관에 통보한다.

⑥ 의료기관은 제1항에 따른 진료수가 청구를 「국민건강보험법」 제47조제6항 각 호의 단체가 대행하게 할 수 있고, 대행청구통지방법은 보건복지부장관이 고시한 「요양급여비용 청구방법, 심사청구서 · 명세서서식 및 작성요령」 제15조에 따른다.

⑦ 전산청구(포털) 신청 · 변경신청서 제출 및 결과 등에 대한 통보는 정보통신망을 이용할 수 있다.

[표 5-1] 건강보험과 자동차보험과의 청구방법 비교

구분	과거 자동차보험	건강보험	위탁 자동차보험
서식	진료수가 지급청구서	요양급여비용 청구 · 명세서	진료수가 지급 청구 · 명세서
청구매체	서면, EDI	서면, 전산매체, 포털, EDI	서면, 포털
서면 명세서 접수처	각 손해보험사	심사평가원 본 · 지원	심사평가원, 자동차보험센터(본원)
청구방법	수시	주단위, 월단위	주단위, 월단위
청구구분	–	보완청구, 추가청구	보완청구, 추가청구
진료구분	의과, 치과, 한방	의과, 치과, 의료급여정산과 정액, 보건기관, 약국, 한방	의과, 치과, 한방
진료분야 구분	–	내과, 외과, 산 · 소, 안 · 이, 피 · 비, 치과, 한의과	의과, 치과, 한방
점검	–	AFK	AFK
심사기간	30일 이내	정보통신망 : 15일 서면, 전산매체 : 40일	15일
이의제기	–	심사결과통보일로부터 90일	심사결과통보일로부터 25일
이의제기 결과통보	–	접수일로부터 60일	접수일로부터 30일
보완자료 요청	–	1차 : 10일, 2차 : 7일	10일

* 자료 출처 – 이재홍 외 p.362

2 진료수가 청구서 등의 제출 및 자료의 전송 등(제7조)

① 의료기관이 규칙 제6조의2제1항에 따라 진료수가를 청구하고자 하는 때에는 청구서에 명세서와 기타 필요한 자료를 첨부하여 심사평가원에 제출하여야 한다.

② 보험회사등은 의료기관이 교통사고환자로부터 진료비를 직접 받은 후 보험회사등으로부터 자동차보험진료수가의 지급의사와 지급한도를 통지받은 경우에 한하여 제1항의 명세서에 교통사고환자가 납부한 진료비의 세부내역을 기재하여 심사평가원에 청구할 것을 별지 제19호 서식에 따라 요청할 수 있다.

③ 의료기관은 제2항에 따라 보험회사등으로부터 청구요청을 받은 경우 통보받은 날로부터 30일 이내에 심사평가원에 진료수가를 청구하여야 한다.

④ 의료기관은 진료수가를 청구할 때에 전송한 전자문서가 심사평가원에 접수되었는지 여부를 확인하여야 하고, 접수일은 전자문서 전체가 심사평가원에 도달한 날로 한다. 여기서 전자문서가 심사평가원에 접수되었는지 여부를 확인하는 것은 매우 중요한 것으로 심사평가원에 제대로 청구서가 접수되지 않으면 심사가 이루어지지 않으므로 청구담당자는 청구 후 반드시 청구서가 접수되었는지 접수증을 확인하여야 하고 접수되지 않고 반송되면 반송내역을 조치하여 다시 보내도록 하여야 한다.

⑤ 의료기관이 진료수가를 서면으로 청구한 경우 접수일은 서면청구 전체 자료가 심사평가원에 도달한 날로 한다.

3 진료수가 청구 시기(제8조)

① 입원진료의 청구시기는 다음 각 호와 같다.

1. 정보통신망으로 진료수가를 청구할 경우에는 퇴원일이 속한 날의 다음 주 월요일부터 청구할 수 있다. 다만, 월의 말일과 초일이 모두 포함된 주의 진료수가를 청구하는 경우에는 이를 월별로 구분하여 청구한다.
2. 서면으로 진료수가를 청구하는 경우에는 퇴원일이 속한 다음 달 초일부터 월별로 청구한다.

② 30일을 초과하여 입원진료를 하는 경우에는 연계 심사가 가능하도록 다음 각 호의 기재방법에 따라 월단위로 분할 청구할 수 있다. 다만, 의약품관리료의 경우에는 일괄하여 청구한다.

1. 정보통신망의 경우 청구구분란에 분리청구코드, 기청구명세서의 접수번호, 명세서일련번호 및 최초입원개시일을 기재한다.
2. 서면의 경우 명세서 상단에 최초입원개시일을 기재하고, 진료내역 하단의 "특정내역"란에 기청구명세서의 접수번호, 명세서일련번호, 당월진료개시일, 수술명, 주요진료내용 및 월별 진료비총액 등을 기재한다.

③ 외래진료는 내원일이 속한 날의 다음 달 초일부터 월별로 청구하거나, 내원일이 속한 다음 주 월요일부터 주단위로 구분하여 청구할 수 있다. 다만, 월의 말일과 초일이 모두 포함된 주의 진료수가를 청구하는 경우에는 이를 월별로 구분하여 청구한다.

④ 제1항 및 제2항의 규정에도 불구하고 요양병원형 수가를 적용하는 진료수가는 청구매체 및 입원기간에 관계없이 월별로 구분하여 진료월 다음달 초일부터 청구한다. 이 경우 명세서 기재방법은 제2항 각 호에 따른다.

청구시기

* 입원건
* 정보통신망(포털)
  - 30일 이내 입원 : 퇴원일이 속한 다음 달 초일부터 월별로 청구하거나 퇴원일이 속한 날의 다음주 월요일부터 가능. 단, 월의 말일과 초일이 모두 포함된 주는 월별로 구분하여 청구
  - 30일 초과 입원 : 연계심사를 위하여 명세서 청구구분란에 분리청구코드 '3'을 표기하고, 기 청구명세서의 접수번호, 명세서 일련번호, 최초입원개시일을 기재하여 청구
* 서면
  - 30일 이내 입원 : 퇴원일이 속한 다음 달 초일부터 월별로 청구하되, 월의 말일과 초일이 모두 포함된 주는 월별로 구분하여 청구
  - 30일 초과 입원 : 연계심사를 위하여 명세서 상단에 최초입원개시일을 기재하고, 하단 특정내역란에 기 청구명세서의 접수번호, 명세서 일련번호, 당월진료개시일, 수술명, 주요 진료내용 및 월별 진료비총액 등을 기재하여 청구
* 외래건 작성방법 – 방문일자별로 각각 작성

예시) 동일 월에 동일 환자가 3회 내원한 경우

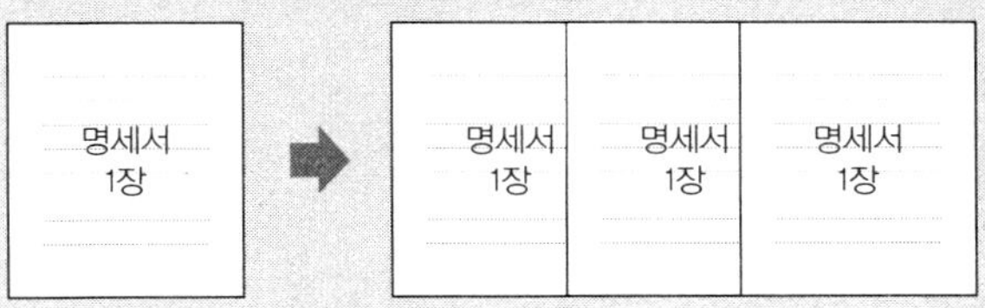

* 청구시기
  - 내원일이 속한 날의 다음 달 초일부터 월별로 청구하거나
  - 내원일이 속한 다음 주 월요일부터 일요일까지 주단위로 구분하여 청구하되, 월의 말일과 초일이 모두 포함된 주는 월별로 구분하여 청구

4 목록표 등의 제출(제9조)

① 의료기관은 진료수가를 최초로 청구하는 때에는 실제 구입가격을 확인할 수 있는 구입증빙자료를 첨부한 다음 각 호의 목록표 등을 심사평가원에 제출하여야 한다. 이

경우 목록표 등은 진료수가 청구 전에 도달될 수 있도록 한다.

1. 원료약 구입목록표
2. 치료재료 및 비급여약제 구입목록표
3. 자체 조제(제제)약 목록표
4. 비용산정 목록표

여기서 목록표 등을 제출하게 하는 것은 진료비의 심사에 필요한 근거자료를 먼저 제출하여 진료시 사용 여부와 진료비 지급의 타당성을 확인하기 위한 것이다.

② 의료기관은 제1항에 따라 제출한 내용이 변경된 경우에는 변경사항을 심사평가원에 제출하여야 한다.

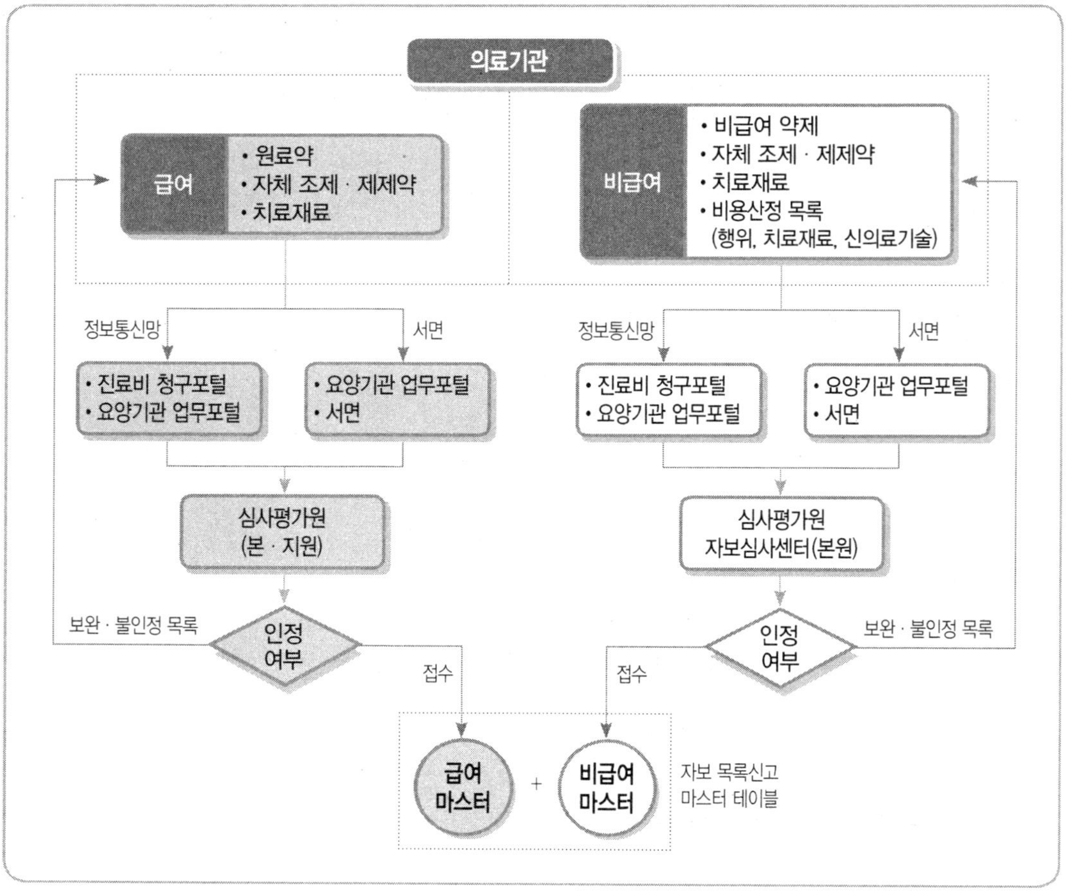

[그림 5-2] 자동차보험 목록표 등의 제출 흐름도

* 자료 출처 – 이재홍 외 p.361

③ 의료기관으로부터 검체검사를 수탁 받은 기관은 위탁기관에 검사결과를 통보하는 시점에 검체검사공급내역을 심사평가원에 제출하여야 한다.

④ 요양병원은 보건복지부장관이 고시한「건강보험 행위 급여 · 비급여 목록표 및 급여 상대가치점수」제3편 제2부에 따른 환자평가표를 해당 진료분의 명세서 청구 전에 심사평가원에 제출하여야 한다.

⑤ 제1항부터 제4항까지의 규정에 따른 목록표 등은 정보통신망을 이용하여 제출한다. 다만, 제6조제1항에 따라 서면으로 청구하는 의료기관은 이를 서면으로 제출할 수 있다.

⑥ 제1항 및 제2항에도 불구하고 보건복지부장관이 고시한「요양급여비용 청구방법, 심사청구서 · 명세서서식 및 작성요령」제6조제2항에 따라 원료약, 자체 조제(제제)약 및 치료재료의 실구입 가격을 확인할 수 있는 목록표를 심사평가원에 제출한 경우에는 이를 생략할 수 있다.

심사참고자료

* **심사참고자료란**

의료기관이 청구한 진료수가기준이 정확하게 청구되었는지를 심사하기 위해 필요한 진료기록부, 영상자료 등 자료를 말한다.

* **심사참고자료 목록**

의료기관이 진료수가 청구시 필요한 심사참고자료목록을 제공하고 있다.

* **제출방법**
* **웹접수**

의료기관이 심사참고자료를 디지털이미지 파일(JPG, PDF), 압축파일(Zip) 등의 형태로 전환하여 "요양업무포탈서비스 – 신청 및 자료제출 – 심사영상자료제출"을 통하여 접수하는 방식

• 웹접수의 장점

– 온라인을 통하여 접수현황을 실시간 조회할 수 있다.
– 접수 즉시 심사담당자에게 분배되므로 자료 배달 소요시간이 단축된다.
– 첨부 자료의 누락 및 분실을 방지할 수 있다.
– 자료 준비 및 발송 작업 소요 시간이 단축된다.

* **서면접수**

의료기관이 심사참고자료를 인편 · 일반우편 · 택배 등의 방법을 통하여 직접 접수하는 방식. 빠르고 정확한 심사참고자료 접수처리를 위하여 서면접수시에는 화면하단의 "심사참고자료표지서식"을 요청한다.

5 의료기관의 신고 등(제10조)

① 의료기관은 진료수가를 최초로 청구하는 때에는 「국민건강보험법」 제43조제1항에 따라 시설 · 장비 및 인력 등에 대한 현황을 심사평가원에 신고하여야 한다.

② 의료기관은 제1항에 따라 신고한 내용이 변경된 경우에는 「국민건강보험법」 제43조제2항에 따라 15일 이내에 변경사항을 심사평가원에 신고하여야 한다.

③ 제1항 및 제2항에도 불구하고 「국민건강보험법」 제43조제1항 및 제2항에 따라 시설 · 장비 및 인력 등에 대한 현황을 심사평가원에 신고한 의료기관은 제1항 및 제2항에 따른 신고를 생략할 수 있다.

제3절 청구서, 명세서 서식 및 작성요령

1 전자청구 서식(제11조)

① 의료기관과 심사평가원이 진료수가 청구와 관련하여 사용할 수 있는 전자청구 서식의 종류는 다음 각 호와 같다.

1. 자동차보험진료수가청구서
2. 자동차보험진료수가명세서
   가. 의 · 치과용명세서
   나. 한방용명세서
3. 치료재료 및 비급여약제 구입내역 통보서
4. 의료기관 자체 조제 · 제제약 내역 통보서
5. 비용산정 통보서
6. 보완자료 제출내역서
7. 검체검사 공급내역 통보서
8. 자동차보험진료수가청구서 · 명세서 등 접수(반송)증
9. 자동차보험진료수가 심사결과 통보서

10. 보완자료 요청내역서
11. 수탁기관 통보확인결과 통보서
12. 이의제기(정산심사)결과 통보서
13. 정산심사내역서
14. PACS 등 영상자료 제출내역서
15. 환자평가표 파일

② 제1항 각호에서 정한 전자문서의 서식번호는 별표 2와 같다.

2 서면청구 서식(제12조)

① 심사평가원 진료수가 청구와 관련하여 사용할 수 있는 서식은 다음 각 호와 같다.

1. 자동차보험진료수가청구서(C001, 별지 제2호 및 제2-1호 서식)
2. 자동차보험진료수가명세서(의과입원)(C002, 별지 제3호 및 제3-1호 서식)
3. 자동차보험진료수가명세서(의과외래)(C003, 별지 제4호 서식)
4. 자동차보험진료수가명세서(치과입원)(C004, 별지 제5호 서식)
5. 자동차보험진료수가명세서(치과외래)(C005, 별지 제6호 서식)
6. 자동차보험진료수가명세서(한방입원)(C006, 별지 제7호 서식)
7. 자동차보험진료수가명세서(한방외래)(C007, 별지 제8호 서식)
8. 교통사고환자에 대한 진료비 지급보증서(별지 제9호 서식)
9. 치료재료 구입목록표(별지 제10호 서식)
10. 비급여약제 구입목록표(별지 제11호 서식)
11. 조제(제제)약 목록표(별지 제12호 서식)
12. 비용산정 목록표(별지 제13호 서식)
13. 자동차보험진료수가 청구서 · 명세서 접수증(별지 제14호 서식)
14. 진료수가 현지확인 통보서(별지 제15호 서식)
15. 진료수가심사결과 통보서(별지 제16호 서식)
16. 이의제기서(별지 제17호 서식)
17. 이의제기결과 통보서(별지 제18호 서식)
18. 교통사고환자 진료비에 대한 심사요청서(별지 제19호 서식)

② 심의회 심사청구와 관련하여 사용할 수 있는 서식은 다음 각 호와 같다.

1. 심사청구서(별지 제20호 서식)
2. 접수증(별지 제21호 서식)
3. 심사청구접수내역통보서(별지 제22호 서식)
4. 답변서(별지 제23호 서식)
5. 심사의견서(별지 제24호 서식)

3 청구서와 명세서의 구분 작성 등(제13조)

① 청구서와 명세서는 의과 · 치과 및 한방, 입원과 외래로 각각 구분하여 작성한다.

② 수탁기관의 검체검사공급내역통보서는 위탁기관별로 구분한다.

③ 제1항에도 불구하고 요양병원입원 진료수가 청구서와 명세서는 「국민건강보험법 시행령」 제21조제3항제1호 및 「국민건강보험 요양급여의 기준에 관한 규칙」 제8조제4항의 규정에 의하여 포괄적인 행위가 적용되는 환자(이하 "장기환자"라 한다)와 포괄적인 행위가 적용되지 않는 환자(이하 "제외환자"라 한다)로 각각 구분한다.

④ 서면으로 진료수가를 청구하는 의료기관 중 검체검사를 위탁한 의료기관은 검체검사 위탁분에 대하여 입원, 외래로 분철하여 작성 청구한다.

⑤ 제1항부터 제4항까지 규정과 제6조에 따른 진료수가의 청구는 별표 1과 같이 한다.

⑥ 동일 교통사고환자에 대한 명세서는 제1항에 따라 구분하여 다음 각 호와 같이 작성한다.

1. 입원의 경우 입원진료기간의 진료내역을 동일한 명세서에 통합하여 작성한다. 다만, 다음 각 목의 경우는 진료내역을 구분하여 각각 작성한다.
   가. 요양병원형 수가를 적용하는 교통사고환자의 명세서는 정액수가 적용기간과 행위별수가 적용기간(특정기간)의 진료내역
   나. 「자동차보험 진료수가에 관한 기준」 제5조제5항에 따른 시범재활치료 대상자의 명세서는 시범재활치료 적용기간과 적용외기간의 진료내역
2. 외래의 경우 진료내역을 방문일자별로 작성한다.

⑦ 제6항제2호에 따른 동일 교통사고환자의 명세서는 연이어 각각 작성한다.

4 끝수 계산(제14조)

① 청구서와 명세서에 기재하는 금액 중 진료비총액, 청구액, 환자납부총액은 10원 미만의 끝수가 있을 때에는 그 끝수는 계산하지 아니한다.

② 제1항에서 정한 금액 이외의 금액은 원 미만을 사사오입한다. 다만, 정보통신망으로 청구하는 기관은 코드단위 금액을 기재한다.

5 한글 전용(제15조)

청구서, 명세서 및 진료수가 청구에 필요한 자료의 기재사항은 한글과 아라비아 숫자로 정확하게 기재한다. 다만, 의학용어 등 특수한 용어가 필요한 경우에는 영문 또는 한문으로 표기할 수 있다.

6 사고접수번호 및 지급보증번호(제16조)

① 보험회사등이 부여한 사고접수번호를 명세서에 기재한다.

② 법 제12조제1항에 따라 자동차보험진료수가의 지급 의사 유무와 지급 한도를 통보받은 별지 제9호 서식의 지급보증번호를 명세서에 기재한다.

여기서 사고접수번호 및 지급보증번호는 정확하게 기재하여야 한다. 만약 이 번호가 틀리게 되면 진료비청구서가 접수되지 않고 반송되어 심사가 이루어지지 않기 때문이다. 따라서 사고접수번호와 지급보증번호는 자동차사고 환자 접수 초기부터 보험회사별로 정확히 확인하여야 하고 진료비청구시에 다시 한번 확인하여 진료비의 청구/심사/지급에 차질이 발생하지 않도록 해야 한다.

7 교통사고환자 성명, 주민등록번호 등(제17조)

① 신생아로서 주민등록번호를 받지 못한 경우에는 “환자 성명”란에 산모이름과 신생아임을 구분할 수 있도록 “아기”를 함께 쓰거나 “이름”을 쓰고, “주민등록번호”란에는 앞부분에 생년월일과 뒷부분은 남아는 “3”, 여아는 “4”로 기재한다. 다만, 쌍태아의

경우에는 "주민등록번호"란의 끝자리에 첫째 아이는 "1", 둘째 아이는 "2"를 기재한다.

② 주민번호가 없는 경우에는 "주민등록번호"란에는 앞부분에 생년월일과 뒷부분은 다음 각 호로 기재한다.

1. "9": 1800 ~ 1899년에 태어난 남성
2. "0": 1800 ~ 1899년에 태어난 여성
3. "1": 1900 ~ 1999년에 태어난 남성
4. "2": 1900 ~ 1999년에 태어난 여성
5. "3": 2000 ~ 2099년에 태어난 남성
6. "4": 2000 ~ 2099년에 태어난 여성
7. "5": 1900 ~ 1999년에 태어난 외국인 남성
8. "6": 1900 ~ 1999년에 태어난 외국인 여성
9. "7": 2000 ~ 2099년에 태어난 외국인 남성
10. "8": 2000 ~ 2099년에 태어난 외국인 여성

8 상병명 및 상병분류기호(제18조)

① 진료수가 청구시 사용하는 상병명 및 상병분류기호는 "한국표준질병 · 사인분류"에 따라 기재하되, 분류기호가 6단위로 분류되어 있는 경우 6단 분류기호까지 기재하고, 분류기호가 3단위, 4단위 또는 5단위까지만 분류된 경우는 3단, 4단 또는 5단 분류기호를 기재하며, 분류기호란의 앞자리에서부터 기재한다. 다만, 국토교통부장관이 별도의 기재요령을 정하는 경우는 그에 따른다.

② 치과진료의 경우에는 상병의 부위(치식)를 상병명과 함께 기재하되 치식의 구분은 별표 8 "치식구분 기재 요령"에 따른다.

9 진료결과(제19조)

명세서상의 최종 진료일의 교통사고환자 상태를 다음과 같이 구분하여 해당 코드를 기재한다.

1. 명세서상 최종진료일 당시 입원중이거나 계속 내원이 예정된 경우: 계속(1)
2. 다른 의료기관으로 진료를 의뢰한 경우: 이송(2)

3. 당초 의뢰한 의료기관으로 보낸 경우: 회송(3)
4. 의료기관내에서 사망이 확인된 경우: 사망(4)
5. 제2호부터 제4호까지에 해당되지 않은 퇴원 또는 외래 치료종결인 경우: 퇴원 또는 외래 치료종결(9)

10 기타 작성요령(제20조)

① 서면으로 진료수가를 청구하는 경우에는 별첨1 "서면서식 작성요령"에 따른다.

② 정보통신망으로 진료수가를 청구하거나 검체검사공급내역을 통보할 경우에는 별첨2 "전자문서 작성요령"을 따른다.

③ 「건강보험 행위 급여 · 비급여 목록표 및 급여 상대가치점수」 제3편제2부 [산정지침] 2. 및 제4편제2부 [산정지침] 5.에 따른 요양병원 및 호스피스 정액수가를 적용하는 명세서에는 정액수가에 포함된 실제 행위별 진료내역을 L항의 해당 각 목에 기재하여야 하며, 진료수가에는 산입하지 아니한다.

④ 진료과목은 실제 진료를 받은 진료과목(병원급 의료기관) 또는 상병명에 해당하는 진료과목(의원급 의료기관)을 별표 3 "진료과목별 코드"에 따라 기재하되, 진료과목이 2개 이상에 해당되는 경우에는 이를 모두 기재한다.

[별표 3]

진료과목별 코드(제20조제3항 관련)

(의 과)

진료과목	코드번호	진료과목	코드번호
내 과	01	피 부 과	14
신 경 과	02	비 뇨 의 학 과	15
정신건강의학과	03	영 상 의 학 과	16
외 과	04	방사선종양학과	17
정 형 외 과	05	병 리 과	18
신 경 외 과	06	진단검사의학과	19
흉 부 외 과	07	결 핵 과	20
성 형 외 과	08	재 활 의 학 과	21
마취통증의학과	09	핵 의 학 과	22
산 부 인 과	10	가 정 의 학 과	23

진료과목	코드번호	진료과목	코드번호
소아청소년과	11	응 급 의 학 과	24
안 과	12	직업환경의학과	25
이 비 인 후 과	13	예 방 의 학 과	26

※ 내과 세부전문과목

진료과목	코드번호	진료과목	코드번호
내과 통합	00	신장내과	05
소화기내과	01	혈액종양내과	06
순환기내과	02	감염내과	07
호흡기내과	03	알레르기내과	08
내분비 · 대사내과	04	류마티스내과	09

* 내과 세부전문과목 운영기관 중 일부 분리하지 않고 통합 운영하는 분야는 '00'으로 기재

(치 과)

진료과목	코드번호	진료과목	코드번호
구강악안면외과	50	구 강 내 과	56
치 과 보 철 과	51	영 상 치 의 학 과	57
치 과 교 정 과	52	구 강 병 리 과	58
소 아 치 과	53	예 방 치 과	59
치 주 과	54	통 합 치 의 학 과	61
치 과 보 존 과	55	–	–

(한 방)

진료과목	코드번호	진료과목	코드번호
한 방 내 과	80	한방신경정신과	84
한 방 부 인 과	81	침 구 과	85
한 방 소 아 과	82	한방재활의학과	86
한방안 · 이비인후 · 피부과	83	사 상 체 질 과	87

⑤ 의약분업 예외사항 발생으로 의료기관에서 자체 조제 · 투약하는 경우에는 별표 4 "의약분업 예외 구분코드"에 해당하는 코드를 기재한다.

[별표 4]

의약분업 예외 구분코드(제20조제4항 관련)

구분	코드	예 외 사 유
지역	01	약국이 없는 지역, 재해발생지역, 보건기관 중 예외기관
환자	11	응급환자

구분	코드	예 외 사 유
환자	13	「정신보건법」에 따른 정신요양시설에 수용중인 정신질환자 및 조현병 · 조울증 등 자신 또는 타인을 해할 우려가 있는 정신질환자
	15	「감염병의 예방 및 관리에 관한 법률」에 따른 제1군 감염병환자
	17	국가유공자 등 예우 및 지원에 관한 법령에 따른 상이등급 1급부터 3급 해당자까지에 해당하는 자, 「5 · 18민주유공자예우에 관한 법률」에 따른 5 · 18민주화운동부상자 중 장해등급 1급부터 4급까지에 해당하는 자
	19	장애인복지 관련 법령에 따른 1급 · 2급 장애인 및 이에 준하는 장애인 「장애인복지법」에 따른 1급 · 2급 장애인 및 중증 장애인 보호자와 동반한 소아환자, 고엽제후유의증환자 지원 등에 관한 법령에 따른 고도장애인
	21	파킨슨병 환자, 한센병 환자
	23	장기이식을 받은 자에 대하여 이에 관련된 치료를 하거나 후천성면역결핍증 환자에 대하여 해당 질병을 치료하기 위하여 조제하는 경우
	25	「사회복지사업법」에 따른 사회복지시설 입소자
	27	가정간호대상자, 방문 보건 의료사업 대상자
	29	협진(한양방, 양한방, 양양방)환자
	31	「형의 집행 및 수용자의 처우에 관한 법률」 및 「군에서의 형의 집행 및 군수용자의 처우에 관한 법률」에 따른 교정시설, 「보호소년 등의 처우에 관한 법률」에 따른 보호소년 수용시설, 「치료감호법」에 따른 치료감호시설 수용자
약품	41	감염병 예방접종약, 진단용 의약품
	43	보건소, 보건지소, 결핵협회부속의원에서 「결핵예방법」에 따라 결핵치료제를 투여하는 경우
	45	의료기관 조제실 제제 · 임상시험용 의약품 · 마약 · 방사성의약품 · 신장투석액 및 이식정 등 투약을 위하여 기계 · 장치를 이용하거나 시술이 필요한 의약품 · 식품의약품안전청장이 정하는 희귀의약품
	47	6세 이하의 소아에게 투약하는 항암제(경구)
	52	주사제를 원내 투약하는 경우
	55	검사를 위하여 필요하거나 수술 및 처치에 사용하는 의약품
	57	예외약제와 동시 투여하는 약제
기타	61	국군의료시설, 경찰병원 또는 중앙소방전문치료센터에서 그 업무수행으로서 군인환자, 경찰환자 · 소방공무원인 환자에 대하여 조제하는 경우 등

⑥ 별도 명세서 작성구분 등 특정의 진료내역 및 청구내역에 대한 추가적 기술사항 등이 있을 경우에는 별표 5 "특정내역 구분코드"에 따라 해당 구분코드 및 내역을 "특정내역기재란"에 기재한다. 특정내역 구분코드는 심사업무처리규정 별표 5를 참조하면 된다.

⑦ 진료수가 청구시 사용하는 보험회사등 코드와 명칭은 별표 6 "보험회사등 코드"에 따른다.

[별표 6]

보험회사등 코드(제20조제6항 관련)

보험회사 등	코드	보험회사 등	코드
메리츠화재해상보험	01	전국버스공제조합	22
한화손해보험	02	전국화물자동차공제조합	23
롯데손해보험	03	전국개인택시공제조합	24
MG손해보험	04	전국전세버스공제조합	25
흥국화재해상보험	05	전국렌터카공제조합	30
삼성화재해상보험	08	AXA손해보험	41
현대해상화재보험	09	The-K 손해보험	42
KB손해보험	10	BNP파리바카디프손해보험	43
DB화재해상보험	13	현대하이카다이렉트자동차보험	45
AIG손해보험	17	캐롯손해보험	69
전국택시공제조합	21		

⑧ 진료수가 청구시 사용하는 진료코드는 심사평가원장이 정하여 공고한 "진료코드"에 따른다.

⑨ 제1항 및 제2항에 따른 요령에서 정하지 않은 세부작성요령은 심사평가원장이 정할 수 있으며, 심의회 심사청구 세부작성요령은 심의회 위원장이 정할 수 있다.

제4절 청구서 및 명세서 작성방법

1 자동차보험 진료수가 청구시 유의사항[2)]

1. 자동차보험진료수가 청구서(이하 "청구서"라 한다) 및 자동차보험진료수가 명세서(이하 "명세서"라 한다)는 반드시 해당 의료기관 종사자가 직접 작성하여야 한다. 다만,

2) 자동차보험진료수가 청구서 · 명세서 세부작성요령(건강보험심사평가원 공고 제2013-85호(2013년 6월 4일)

대행청구단체로 하여금 심사청구를 하게 하는 경우에는 대행청구단체의 작성자를 기재하고, 2인 이상이 공동으로 작성한 경우에는 작성책임자의 성명, 생년월일을 기재하여야 한다.

2. 청구서 등 전자서명이 필요한 전자문서는 의료기관 대표자(청구인)가 청구내용 및 금액을 확인한 후 지정된 전송항목에 전자서명을 하여야 한다.
3. 외래명세서는 방문일자별로 작성하여 주단위 또는 월단위로 청구할 수 있으며 주단위로 청구하는 기관은 해당 진료수가를 청구단위구분 순서대로 청구하여야 한다.
4. 동일인에 대한 동일 청구단위별 진료수가는 분할하여 청구하여서는 아니 된다.
5. 이 공고는 2013년 7월 1일 진료분부터 적용하며, 공고일로부터 시행한다.

자동차보험진료수가 청구서 · 명세서 세부작성요령

Ⅰ. 진료수가 청구서 및 명세서 구분방법

항 목	세 부 작 성 요 령
1. 청구서	1. 청구서의 입원 · 외래 구분청구 등 청구서의 구분방법은 "자동차보험진료수가 심사업무처리에 관한 규정 제2장 제2절 청구서, 명세서 서식 및 작성요령(이하 "작성요령"이라 한다) (별표 1) 자동차보험 진료수가 청구체계"에 따른다. 2. 청구매체별로 정보통신망의 경우 위탁검사와 비위탁검사를 구분하지 않고 보험회사등별, 의과 · 치과 및 한방, 입원 · 외래별로 명세서를 분리하여 청구서를 각각 작성하고, 서면의 경우 검체검사비위탁분은 정보통신망과 동일한 방법으로 청구하며, 검체검사위탁분은 보험회사등별, 입원 · 외래로 분리하여 청구한다. 3. 병원급이상 의료기관에서 다른 직역의 진료과목을 추가 개설한 경우 의과, 치과, 한의과 진료를 각각 구분하여 청구서를 작성한다. 4. 외래 명세서 방문일자별 작성 후 주단위로 구분하여 청구할 경우에는 반드시 주단위로 명세서를 분리하여 청구서를 각각 작성한다.
2. 명세서	1. 명세서는 의과, 치과, 한의과로 구분하여 작성하되, "작성요령 (별표 3) 진료과목별 코드"에 기재된 진료과목 순으로 구분한다. – 응급실내 응급의학과에서 진료한 경우에는 응급의학과로 분류하고, 응급환자가 응급실을 경유하여 입원한 경우 또는 응급실에서 응급의학과가 아닌 다른 진료과에서 진료한 경우에는 해당 상병의 진료과목으로 분류한다. – 종합병원, 치과병원이외의 병원(한방병원, 요양병원 포함)에서의 치과의 경우 2013년 12월 31일까지 세부 진료과목은 표시하지 않고 '치과'로 표시한다.

항 목	세 부 작 성 요 령
	2. 외래 방문일자별 명세서 가. 동일 환자의 명세서는 방문일자별로 구분하여 연이어 각각 작성한다. 나. 서면의 경우 방문일자별로 작성하되, 명세서 일련번호는 방문일자별로 연이어 부여한다. 또한, 환자일련번호는 환자별 명세서 총건수와 순서를 표기(예: 3-1, 3-2, 3-3)하되, 명세서가 1건인 경우에는 1-1로 기재한다. 3. 기타 가. 요양병원의 입원 명세서 정액수가 적용기간과 행위별수가 적용기간(특정기간)의 진료내역을 구분하여 각각 작성한다. 나. 진찰 및 처방전 발행이외의 진료내역이 없어 청구액이 발생하지 않는 경우에도 처방내역을 포함하여 명세서를 작성 · 청구한다.
3. 기 타	1. 서면청구기관의 경우 가. 외래 명세서의 한 묶음이 400건 이상일 경우에는 400건씩 묶으며, 입원의 경우는 100건 이상일 경우 100건씩 묶어서 구분한다. 나. 명세서 일련번호는 매 명세서마다 순서대로 기재하되, 명세서 1건이 2매 이상인 경우에는 해당 건수마다 연번호(1-1, 1-2 등)를 기재한다. 2. 자료제출방법의 일원화 정보통신망 또는 서면 중 한가지 방법으로 진료수가를 청구하되, 청구구분(원청구, 추가 · 보완청구 등)을 불문하고 동일한 방법을 사용하여 청구하여야 한다.

II. 진료수가 청구서 작성요령

항 목	세 부 작 성 요 령
1. 청구단위 구분	□ 외래 명세서는 '청구단위구분'에 해당 구분자를 기재한다. • 주단위로 청구하는 경우에는 해당 주단위별 구분자 「1~6」을 기재하며, 월단위로 청구하는 경우에는 「0」을 기재한다. • 여러 주(週)의 진료수가를 동시에 청구하더라도 청구서 및 명세서는 주단위로 각각 구분하여 청구하여야 한다. • 진료월별로 주단위 또는 월단위 청구방법 중 한가지 방법을 선택하여 청구할 수 있으나, 동일 월의 진료수가는 주단위 또는 월단위 청구방법 중 한가지 방법으로만 청구하여야 한다. • 월의 말일과 초일이 모두 포함된 주의 진료수가는 월별로 구분하여 청구한다.

항 목	세 부 작 성 요 령
	• 주단위 구분예시 〈2013년 7월〉 (see table below) ※ 주(週)의 개념 : 월요일부터 일요일까지를 의미함 (예시) 2013년 7월 진료분 청구단위구분 기재시 – 7월 진료분 전체를 월단위로 청구할 경우 : "0" – 7월 진료분을 주단위로 구분하여 청구할 경우 • 둘째주(7.8일~7.14일) 진료분 : "2" • 7월 마지막 주와 8월 첫째 주가 포함된 주(7.29일~8.4일) 진료분 : 7.29일~7.31일까지의 진료분은 "5"(7월 5주), 8.1일~8.4일까지의 진료분은 "1"(8월 1주)을 기재하여 각각 청구함 • 진료수가는 청구단위구분 순서대로 청구한다. 단, 해당 주(週)의 진료사실이 없어 청구건이 발생되지 않은 경우에는 그 다음 주(週) 진료분 청구서 "참조란"에 해당 사실을 기재한다. (예시) 2013년 7월 진료분을 주단위로 청구

〈2013년 7월〉

월	화	수	목	금	토	일	구분	
1	2	3	4	5	6	7	1주	
8	9	10	11	12	13	14	2주	
15	16	17	18	19	20	21	3주	
22	23	24	25	26	27	28	4주	
29	30	31					5주	
			8/1	8/2	8/3	8/4	1주	(8월 1주)

(예시) 2013년 7월 진료분을 주단위로 청구

구분	1주	2주	3주	4주	5주	비 고
청구단위구분	1	2	3	4	5	
청구순서	1	2	3	4	5	(○)
	1	2	5	4	3	(×)

Ⅲ. 진료수가 명세서 작성요령

1. 일반(공통)사항

가. 명세서 일반내역

항 목	세 부 작 성 요 령
1) 최초입원 개시일	□ 30일을 초과하여 계속 입원한 환자의 진료수가를 분리청구하는 경우에는 해당 입원의 최초 입원일자(년, 월, 일)를 기재한다. ※ 추가청구분의 경우에는 기재하지 않음
2) 환자 인적사항 등 가) 보험회사등 코드, 명칭	□ "작성요령 (별표 6) 보험회사등 코드"에 기재된 해당 코드 및 명칭을 기재한다.

항 목	세 부 작 성 요 령
나) 사고접수번호	□ 사고접수번호는 자동차사고 접수시 보험회사등에서 부여한 번호를 "-"를 포함하여 기재한다.
다) 지급보증번호	□ 보험회사등으로부터 받은 "교통사고환자에 대한 진료비 지급보증서"(별지 제9호 서식)에 기재된 자동차보험 진료수가의 지급 의사와 한도를 통지받은 관리번호를 "-"를 포함하여 기재한다.
라) 환자 성명, 주민등록 번호	□ 교통사고환자의 주민등록상의 성명과 주민등록번호를 기재하되, 주민등록번호는 생년월일 다음의 "-"은 생략하여 13자리로 기재하고, 환자의 성명은 한글로 성과 이름을 붙여서 기재한다.

□ 신생아로서 주민등록번호를 받지 못한 경우에는 "환자성명"란에 '산모이름'과 '아기'를 함께 쓰고(이름이 있는 경우에는 '이름' 기재), "주민등록번호"란에는 앞부분의 '생년월일'과 남ㆍ여 구분(3 또는 4)을 기재하고, 나머지 자리는 '0'으로 채워서 기재하며, 서면의 경우에는 '생년월일'과 남ㆍ여 구분만 기재한다.

다만, 쌍태아인 경우에는 주민등록번호의 끝자리에 첫째 아이는 1, 둘째 아이는 2로 기재한다.

(예시 1) 2013. 7. 30 출산한 남아의 경우

구 분	환자성명	주민등록번호
정보통신망	유미영아기 또는 윤현준	1307303000000
서 면	유미영아기 또는 윤현준	130730-3

(예시 2) 2013. 7. 30 출산한 남자 쌍태아의 경우

구 분		환자성명	주민등록번호
정보통신망	첫째아이	유미영아기 또는 윤현준	1307303000001
	둘째아이	유미영아기 또는 윤현민	1307303000002
서 면	첫째아이	유미영아기 또는 윤현준	130730-3000001
	둘째아이	유미영아기 또는 윤현민	130730-3000002

□ 외국인 등 주민등록번호가 없는 경우에는 "주민등록번호"란에는 앞부분에 생년월일을 기재하고, 뒷부분은 아래와 같이 남ㆍ여 구분(0 내지 9)을 기재하고, 나머지 자리는 '0'으로 채워서 기재하며, 서면의 경우에는 생년월일과 남ㆍ여 구분만 기재 한다.

• 출생년도별 남ㆍ여 구분코드

코드	출생년도	성별	코드	출생년도	성별
0	1800 ~ 1899	여	5	1900 ~ 1999	남(외국인)
1	1900 ~ 1999	남	6	1900 ~ 1999	여(외국인)
2	1900 ~ 1999	여	7	2000 ~ 2099	남(외국인)
3	2000 ~ 2099	남	8	2000 ~ 2099	여(외국인)
4	2000 ~ 2099	여	9	1800 ~ 1899	남

<table>
<tr><th>항 목</th><th>세 부 작 성 요 령</th></tr>
<tr><td></td><td>(예시 1) 2006. 5.15에 태어난 여성의 경우
<table>
<tr><th>구 분</th><th>주민등록번호</th></tr>
<tr><td>정보통신망</td><td>0605154000000</td></tr>
<tr><td>서 면</td><td>060515-4</td></tr>
</table>
(예시 2) 1956. 4. 1에 태어난 외국인 남성의 경우
<table>
<tr><th>구 분</th><th>주민등록번호</th></tr>
<tr><td>정보통신망</td><td>5604015000000</td></tr>
<tr><td>서 면</td><td>560401-5</td></tr>
</table></td></tr>
<tr><td>3) (당월)
진료일수</td><td>□ 해당 명세서상 진료를 받은 실 일수를 기재한다.
• 외용제 또는 인슐린 등 분할투여 약제의 진료일수는 실 투약일수를 반영
□ 입원 또는 내원일수에 원내투약일수를 산입하여 산정하되, 입원 또는 내원일수와 투약일수가 중복될 경우에는 1일로 계산한다.</td></tr>
<tr><td>4) 입원일수</td><td>□ 해당 명세서상 입원 일수를 기재한다.
• 지급보증 한도금액 초과 등으로 입원기간을 분할하여 청구시 해당 명세서의 입원일수만 기재</td></tr>
<tr><td>5) 입원경로</td><td>□ 진료수가를 정보통신망으로 청구하는 병원급이상 의료기관에서 기재하되, 의료기관 도착경로와 입원경로를 각각 구분하여 해당항목의 코드를 기재한다.
• 도착경로
<table>
<tr><th>1</th><th>2</th><th>3</th></tr>
<tr><td>타의료기관 경 유</td><td>응급구조대 후 송</td><td>기 타</td></tr>
</table>
• 입원경로
<table>
<tr><th>1</th><th>2</th></tr>
<tr><td>응 급 실</td><td>외 래</td></tr>
</table>
(예시) 다른 의료기관으로부터 이송되어 응급실을 경유 입원한 경우
<table>
<tr><th>입원경로</th><td>1</td><td>1</td></tr>
</table></td></tr>
<tr><td>6) 진료결과</td><td>□ 명세서상 최종 진료일의 환자상태를 구분하여 진료결과에 따라 해당 코드를 기재한다.
• 진료결과 : 1 (계속), 2 (이송), 3 (회송), 4 (사망), 9 (퇴원 또는 외래치료종결)
(예시)
<table>
<tr><th>진 료 결 과</th><th>구분코드</th></tr>
<tr><td>최종진료일 당시 입원중이거나 계속 내원이 예정된 경우</td><td>1</td></tr>
<tr><td>타 의료기관으로 환자의 진료를 의뢰한 경우</td><td>2</td></tr>
<tr><td>당초 의뢰한 의료기관으로 보낸 경우</td><td>3</td></tr>
<tr><td>의료기관 내에서 사망이 확인된 경우</td><td>4</td></tr>
<tr><td>이송, 회송, 사망에 해당되지 않은 퇴원인 경우이거나 계속 내원이 필요치 않아 외래진료가 종결된 경우</td><td>9</td></tr>
</table></td></tr>
<tr><td>7) 약제상한
차액총액</td><td>□ 약제상한차액(비급여약제 및 환자납부액에 기재된 약제 제외)을 모두 합하여 총 금액을 10원미만 절사하여 기재한다.
(「국민건강보험법 시행령」에 따라 2012년 2월 1일부터 효력 정지)</td></tr>
</table>

<table>
<tr><th>항 목</th><th>세 부 작 성 요 령</th></tr>
<tr><td>8) 진료비총액</td><td>□ 1~S항까지의 기본진료, 약제 등 의료기관 종별 가산율이 적용되지 않는 진료수가(약제상한차액 제외), 의료기관 종별 가산율이 적용되는 진료행위료와 가산금액, 약제상한차액총액을 모두 합한 금액에서 10원미만의 끝수는 절사하여 기재한다.</td></tr>
<tr><td>9) 환자납부 총액</td><td>□ 환자납부액의 기본진료, 약제 등 의료기관 종별 가산율이 적용되지 않는 진료수가, 의료기관 종별 가산율이 적용되는 진료행위료와 가산금액을 모두 합한 금액에서 10원미만의 끝수는 절사하여 기재한다.</td></tr>
<tr><td>10) 청구액</td><td>□ "진료비총액"에서 "환자납부총액"을 제외한 금액을 기재한다.</td></tr>
<tr><td>11) 기타</td><td>※ 서면청구 기관만 해당</td></tr>
<tr><td>가) 기본진료 · 약제 · 특정재료(Ⅰ)및 진료행위(Ⅱ)</td><td>□ 각 항목의 내역란 "금액"의 합계액을 (Ⅰ)란(약제상한차액 제외), (Ⅱ)란에 그대로 기재한다.</td></tr>
<tr><td>나) 소계</td><td>□ "1"항부터 "S"항까지의 기본진료 · 약제 · 특정재료(Ⅰ)란(약제상한차액 제외)과 진료행위(Ⅱ)란의 해당 금액의 합계를 각각 기재한다.</td></tr>
<tr><td>다) 가산율</td><td>□ "%" 표 앞에는 당해 의료기관의 해당 가산율을 기재한다.
□ 진료행위(Ⅱ)의 소계란 금액에 의료기관 종별가산율을 곱한 금액(소계×의료기관 종별가산율)을 기재한다. (원미만 4사5입)</td></tr>
<tr><td>라) 진료내역란 작성순서 및 방법</td><td>□ 진료내역란은 다음과 같은 순서로 기재한다.
• 상병명 및 상병기호(상병란의 5개 초과시)
• 진료내역 : 각 항별 구분
• 처방내역 : 처방전 발급내역별 처방전 발급번호, 점검번호, 처방일수, 처방내역
• 특정내역(심사시 참고사항 등)
□ 진료내역 및 처방내역은 다음과 같이 기재한다.
• 항목 간 구분을 위하여 시작과 끝에 가로선을 삽입하고 항목의 시작 시 "분류"란에 제목을 기재한다.
• 명세서 좌측의 "구분"의 분류별('항'별)로 합계 금액을 기재하되, 분류별('항'별) 끝 가로선 윗줄에 "분류"란에 "합계"라 기재하고 "금액"란에 금액합계를 기재한다.
• "줄번호"는 진료코드에 일련번호를 4자리 숫자로 부여하되 연이어 부여 기재한다.
• "코드구분"은 코드를 구분하는 구분자로서, 코드를 기재할 경우는 해당 구분자를 반드시 기재한다.
<table>
<tr><th>코드구분</th><th>내 역</th></tr>
<tr><td>1</td><td>수가</td></tr>
<tr><td>2</td><td>준용수가
신의료기술등 급여 결정신청건(행위 및 치료재료 포함)</td></tr>
<tr><td>3</td><td>약제(코드구분 4 제외)</td></tr>
<tr><td>4</td><td>원료약, 의료기관 자체 조제(제제)약</td></tr>
<tr><td>8</td><td>치료재료</td></tr>
</table>
</td></tr>
</table>

항 목	세 부 작 성 요 령
	(예시 1)

구 분		(I)(원)	(II)(원)	줄번호	코드구분	코드	분류	단가	일투	총투	금액
1.	①초진					K20	식도염				
	②재진	9,430				K30	소화불량				
	③의약품관리료	160					1. 진찰료				
	④응급 및 회송료			0001	1	AA254	재진진찰료	9,430	1	1	9,430
	.	.	.	0002	1	AL801	의약품관리료	160	1	1	160
	.	.	.				1. 진찰료 합계				9,590
.	.						4. 주사료				
4	①피하또는근육내	1,044	1,030	0003	1	KK010	피하또는근육내주사	1,030	1	1	1,030
	.	.	.	0004	3	646001280	베타페낙주	1,044	1	1	1,044
	.	.	.				4. 주사료 합계				2,074
6.	①이학요법료		4,270				6. 이학요법료				
	.	.	.	0005	1	MM015	표층열치료(심층열동시)	360	1	1	360
	.	.	.	0006	1	MM020	심층열치료	980	1	1	980
				0007	1	MM070	경피적전기신경자극치료	2,930	1	1	2,930
							6. 이학요법료 합계				4,270
				처방전발급번호			20130720-01234			처방일수	7
				점검번호			1234				
				0001	3	642901280	암포젤정	1	4	7	
				0002	3	642701320	맥페란정	1	3	7	
				0003	3	643601140	디페인정	1	1	7	
				특정내역							

나. 명세서 상병내역

항 목	세 부 작 성 요 령
1) 상병분류 구분	□ 각 상병분류기호별 주 · 부상병, 배제된 상병을 구분하는 구분자로서 상병분류기호별로 반드시 해당 구분자를 기재한다. □ 작성방법 • 전산청구(정보통신망)

상병분류기호	상병분류구분
• 치료나 검사에 대한 환자의 요구가 가장 컸던 상병을 첫 번째 자리에 기재(주상병) • 진료기간 중 주상병과 함께 있었거나 발생된 병태로서 환자 진료에 영향을 주었던 상병은 두 번째 자리부터 중요도 순으로 기재(부상병) • 최종상병이 확진된 경우 주상병 또는 부상병 이외에 이전에 고려하였지만 배제된 상병을 기재(배제된 상병)	• 상병분류기호란에 기재된 상병분류기호에 대하여 주상병, 부상병, 배재된 상병 구분을 위한 구분자를 기재 [구분코드] 1 (주상병) 2 (부상병) 3 (배제된 상병)

항 목	세 부 작 성 요 령
	• 서면청구 – 주상병은 첫 번째 자리(제1단)에 기재하고, 부상병은 두 번째자리(제2단)부터 중요도 순으로 기재 후 배제된 상병을 연이어 기재 – 배제된 상병이 있는 경우는 배제된 상병임을 별도 명시함 예) R/O 무릎뼈의 골절, 폐쇄성(배제된 상병) 등 ☐ 작성예시 (예시 1) '비골골절(모든 부분)을 동반한 경골상단의 골절, 폐쇄성'을 주상병으로 내원하여 '손목 및 손의 다발성 열린 상처' 상병을 함께 진료한 경우 상병분류기호 / 상병분류구분 S82120 (비골골절(모든부분)을 동반한 경골상단의 골절, 폐쇄성) / 1 (주상병) S617 (손목 및 손의 다발성 열린 상처) / 2 (부상병) (예시 2) 무릎뼈의 폐쇄성 골절이 의심되어 골절과 관련된 검사 등을 실시하였으나, 최종 무릎의 타박상으로 확진된 경우 상병분류기호 / 상병분류구분 S800 (무릎의 타박상) / 1 (주상병) S8200 (무릎뼈의 골절, 폐쇄성) / 3 (배제된 상병)
2) 상병명 상병분류기호 가) 일반원칙	☐ 통계청 고시에 따른 「한국표준질병 · 사인분류」의 분류기호를 주상병, 부상병, 배제된 상병 순으로 기재하되, 주상병은 반드시 첫 번째 자리(제1단)에만 기재하고, 부상병, 배제된 상병은 각각 2개 이상인 경우 중요도 순으로 각각 기재한다. ☐ 상병분류기호는 알파벳과 숫자를 사용하여 표현한다. • 한국표준질병 · 사인분류 7차 개정판(KCD-7) 분류체계 – 알파벳과 숫자를 병행하여 기재 – 각 질병을 감염원이나 인체 해부학적 부위, 기타 요인 등에 따라 22장으로 분류하면서 알파벳을 이용하여 구분 (예) A와 B는 특정 감염성 및 기생충성 질환, G는 신경계통의 질환을 의미 – 각 장에서의 세부 분류는 숫자를 사용하여 구분 (예) S92.30은 중족골의 골절 중 폐쇄성 골절을 의미 ☐ 진료수가 청구시 . 이나 *, † 등 특수기호는 사용하지 않는다. • 한국표준질병 · 사인분류의 특수기호 – " . "는 상병분류기호의 3단위 이전과 3단위 이후 분류 구분을 의미 – "검표(†)"는 환자상태를 자세히 나타내기 위해 원인(기저질환)이 되는 상병을 의미 – "별표(*)"는 임상에서 문제가 되는 특정 장기나 부위의 증세를 의미

항 목	세 부 작 성 요 령

• 진료수가 청구시 특수기호를 표기하지 않은 상병분류기호만 표기

> (예시)
> 추간판 장애로 인한 "신경뿌리 및 신경총 압박"으로 진단된 경우 의무기록에는 질환의 원인에 해당되는 "신경뿌리병증을 동반한 요추 및 기타 추간판장애(M51.1)"와 증상을 나타내는 "추간판 장애에서의 신경뿌리 및 신경총 압박(G55.1)"을 묶어서 M51.1†, G55.1*로 표기하되, 진료수가 청구시에는 특수기호(†, *)는 제외하고 M511, G551만 기재함

□ 청구된 상병분류기호는 의무기록 내용과 일치하여야 한다.

• 명세서에 기재하는 상병분류기호는 의무기록지에 기록되어 있는 자료를 근거로 작성하여야 함

• 심사조정 방지를 위하여 상병분류기호를 추가 기재하거나 더 중한 질환으로 기재하지 않도록 함

□ 의료기관을 방문하게 만든 가장 중요한 병태를 주상병으로 기재한다.

• 주상병 기재원칙(상병분류구분 '1'로 기재)

– 진료기간 중 최종적으로 진단 받은 병태로서 치료나 검사에 대한 환자의 요구가 가장 컸던 병태를 주상병으로 기재

> (예시)
> '요추의 염좌 및 긴장'으로 내원한 환자의 진료 결과 '요추의 골절'이 확인되어 '요추의 골절'에 대한 진료를 하였다면 주상병은 최종적으로 진단된 '요추의 골절'로 기재함

– 위와 같은 병태가 둘 이상 있을 때는 의료자원을 가장 많이 사용하게 했던 한 가지 병태를 주상병으로 기재

> (예시)
> 아래팔의 다발성 열린 상처, 기타 머리 부분의 표재성 손상, 타박상 환자가 내원한 경우
> ① 진료결과 아래팔의 다발성 열린 상처가 문제가 되어 이에 대한 치료에 자원소모를 많이 하였다면 주상병은 '아래팔의 다발성 열린 상처(S517)'로 기재함
> ② 진료결과 머리부분의 타박상으로 인하여 검사를 실시하는 등 이에 대한 치료를 주로 하였다면 주상병은 '머리의 기타 부분의 표재성 손상, 타박상(S0084)'로 기재함. 이 경우 동반질환인 아래팔의 다발성 열린 상처(S517)는 부상병으로 기재함

– 진료 개시 후 주된 상병과 관련된 질환이나 합병증이 발생하였을 경우에는 이로 인한 자원소모가 많다고 할지라도 기존 주상병을 유지

> (예시)
> 자동차사고로 인한 경추의 골절로 내원한 환자가 공황장애가 발생하여 치료를 받은 경우, 공항장애 치료에 더 많은 자원이 소모되었다고 하더라도 주상병은 경추의 골절을 유지하고 공항장애는 부상병에 기재함

항 목	세 부 작 성 요 령
	– 단, 진료 개시 후 의료기관을 방문하게 만든 병태와는 관련이 없는 새로운 병태가 발견되고, 이로 인한 자원 소모가 더 클 때에는 새로운 상병을 주상병으로 기재 (예시) 자동차사고로 인한 상세불명의 다발성 손상 치료를 위해서 입원한 환자가 입원 중 갑자기 뇌내출혈이 발생하여 뇌내출혈 치료를 주로 받은 경우는 뇌내출혈을 주상병으로 선정함 – 진단이 내려지지 않은 경우에는 주 증상이나 검사의 이상소견 또는 문제점을 주상병으로 선택 (예시) 두통으로 내원한 환자가 치료가 끝날 때까지 특별한 원인을 발견하지 못하고, 단지 두통에 대한 증상 치료만 한 경우에는 두통(R51)을 주상병으로 선정함 □ 부상병은 두 번째 자리부터 중요도 순으로 기재한다. • 부상병이란 – 진료기간 중 주상병과 함께 있었거나, 진료기간 중 발생되어 환자 진료에 영향을 주었던 병태를 말하며, 주된 하나의 상병 이외는 부상병임 • 부상병 기재원칙(상병분류구분 '2'로 기재) – 부상병은 두 번째 자리부터 중요도 순으로 기재함 (예시) '요골머리의 개방성 골절', '아래팔의 다발성 열린 상처', '기타 머리 부분의 표재성 손상, 타박상'으로 진료를 받은 경우 → 주상병 기재 원칙에 의해 요골머리의 개방성 골절로 확인되어 주상병으로 기재하였다면 아래팔의 다발성 열린 상처, 타 머리 부분의 표재성 손상, 타박상은 부상병이 되며, 기재는 환자진료에 영향을 준 중요도 순으로 함 □ 불명확한 진단이나 의심나는 병태는 증상, 검사의 이상소견 등을 나타내는 코드를 기재한다. • 확진되지 아니한 경우 기재원칙 – 진료가 끝날 때까지 확진이 내려지지 않은 경우 R/O 상병을 기재하기 보다는 증상이나 검사의 이상을 나타내는 상병분류기호(R00–R99)를 기재함 – 단, 확진은 되지 않았지만 의사의 판단 하에 해당 질환에 준하여 진료를 한 경우에는 의심되는 상병명을 확진된 것으로 기재할 수 있음 (예시) ① '두통'으로 내원한 환자를 진료하여 치료가 끝날 때까지 특별한 원인을 발견하지 못하고, 단지 '두통'에 대한 증상 치료만 한 경우에는 R/O 상병이 아닌 '두통' 증상에 대한 코드(R51)를 기재함 ② 검사 등에서 확진은 되지 않았지만 진료한 결과 여러 가지 정황이 좌골신경통을 동반한 요통이 강력히 의심되어 좌골신경통 및 요통 치료를 한 경우에는 'R/O 좌골신경통을 동반한 요통, 요추부(M5446)'로 기재함

항 목	세 부 작 성 요 령
	※ 증상 · 징후 등 코드(R코드)는 달리 분류되지 않은 증상, 징후, 임상 또는 다른 연구과정에서 얻어지는 병적인 결과, 그리고 달리 분류할 수 없는 진단에 관한 불명확한 병태(Symptoms, signs and abnormal clinical and laboratory findings, NEC : not elsewhere classified)를 나타내는 코드임 **R코드로 기재하는 증상 또는 증후** • 증례에 관한 모든 사실을 검사하였음에도 더 이상 명확한 진단을 내릴 수 없는 경우 • 일시적인 것으로 증명되고 원인이 결정되지 않은 입원 당시의 증상 또는 징후 • 더 이상의 조사나 진료를 받지 않은 환자의 잠정 진단 • 진단이 내려지기 전에 조사나 치료를 다른 곳에 위탁한 경우 • 기타 다른 이유로 더 이상의 정확한 진단이 필요하지 않은 경우 • 의료에 있어서 중요한 문제임을 알리는 특정 증상이라 여겨지는 부가적인 정보 • 특정 질병이 의심되어 검사한 결과 치료나 의학적 진료가 필요하지 않는 경우는 Z03 코드 사용 – Z코드는 현재 질환이 없지만 특별한 목적으로 보건서비스와 접촉하였거나 현재 증세에 대해 제한된 치료 또는 서비스를 받는 경우 사용하는 코드임 – 특정 질병이 의심되어 검사한 결과, 더 이상의 치료나 의학적 진료를 필요로 하지 않는 경우 Z031~Z039로 코드를 기재함 ※ Z03 : 의심되는 질병 및 병태를 위한 의학적 관찰 및 평가 (예시) ① 아래다리의 신경손상이 의심되어 검사한 결과 신경손상이 아니어서 이에 대한 치료를 하지 않은 경우 Z033(의심되는 신경계통 장애의 관찰, Observation for suspected nervous system disorder)로 기재함 ② 정신 및 행동장애가 의심되어 검사한 결과 정상으로 확인되어 이에 대한 치료를 하지 않은 경우 Z032(의심되는 정신 및 행동장애에 대한 관찰, Observation for suspected mental and behavioural disoders)로 기재함 □ 상병분류기호는 마지막 단위까지 구체적으로 기재한다. • 분류기호가 3단까지 분류된 경우는 3단분류를, 4단까지 분류된 경우는 4단분류를, 5단까지 분류된 경우는 5단분류를 기재함 (예시) ① T07(상세불명의 다발손상), S16(목 부위의 근육 및 힘줄의 손상)등은 3단까지만 분류되어 있으므로 T07, S16으로 기재하며, ② S95(발목 및 발 부위의 혈관의 손상)는 4단위에 발생 부위에 의한 분류코드가 구분되어 있으므로 발생 부위에 따라 4단위까지 기재하며, ③ S931(발가락의 탈구)은 5단위에 발가락 부위에 따라 분류코드가 구분되어 있으므로 부위에 따라 5단위까지 기재함

항 목	세 부 작 성 요 령
	□ 일부 6단으로 분류된 상병분류기호는 6단까지 기재함 • '제19장(손상, 중독 및 외인에 의한 특정 기타 결과)'에서 S코드에 해당되는 '손상' 상병 중 내부기관 손상의 형태를 구분하기 위해 5단위에 열린 상처 동반 유무를 6단위에 손상의 형태를 분류하여 기재하여야 함

5단위	열린상처 동반 유무	6단위	손상의 형태
0	강내로의 열린상처가 없는 (without open wound into cavity)	0	폭풍손상
		1	타박상
1	강내로의 열린상처가 있는 (with open wound into cavity)	2	진탕손상
		3	으깸
		4	열상
		5	외상성 혈종
		6	외상성 천자
		7	외상성 파열
		8	외상성 찢김
		9	기타 및 상세불명의 손상

(예시)
비장의 손상(S36.0)인 경우 열린 상처 동반 유무에 따라 5번째 자리에 분류코드(0 또는 1)을 기재하며 강내로의 열린 상처가 없는 경우에는 S3600, 강내로의 열린 상처가 있는 경우에는 S3601로 분류하고, 6번째 자리에 손상의 형태에 따라 분류코드(0 부터 9)를 기재함. 예를 들어, 강내로의 열린 상처가 있는 비장의 열상인 경우에는 S36014(강내로의 열린 상처가 있는 비장의 손상, 열상)으로 기재함

□ '제19장(손상, 중독 및 외인에 의한 특정 기타 결과)' 에서 S코드에 해당되는 '골절', '손상' 상병은 골절 및 손상의 형태를 나타내는 분류를 6단에 기재하여야 함

6단위	골절의 형태	6단위	
0	폐쇄성 (closed)	0	
1	개방성 (open)	1	

(예시)
대퇴골 경부 바닥의 골절(S7206)인 경우 골절의 형태에 따라 6번째 자리에 분류코드(0 또는 1)을 기재하여 폐쇄성골절인 경우 S72060(대퇴골 경부 바닥의 골절, 폐쇄성)으로 기재함

항 목	세 부 작 성 요 령
	□ 확진된 상병분류기호와 동일 병태의 유사 상병분류기호는 같이 기재하지 않는다. • 원인이나 발병부위가 명확히 확인되어 확진된 상병분류기호를 기재한 경우 동일 상병의 '상세불명' 또는 '기타' 상병분류기호는 같이 기재하지 않도록 함 (예시) ① 확진된 상병 'C1/C2경추의 탈구(S1310)'를 기재하였다면 부위가 불명확한 '경추의 상세불명 부위의 탈구(S1319)'는 같이 기재하지 아니함 ② '신경뿌리병증을 동반한 경추간판장애(M501)'로 확진되었다면 '상세불명의 경추간판장애(M509)'를 같이 기재하지 아니함 □ 한쪽 성(sex)으로 제한된 상병분류기호가 별도 구분되어 있다. • 특정 성(姓)에만 국한되는 상병분류기호는 해당 성별에만 기재함 (예시) ① '음경의 열린 상처(S312)', '음낭 및 고환의 열린 상처(S313)' 등 남성에만 발생될 수 있는 질환을 여성에게 기재하지 아니함 ② '자궁의 손상(S376)', '질 및 외음부의 열린 상처(S314)' 등 여성에만 발생될 수 있는 질환을 남성에게 기재하지 아니함
나) 감염병 관련 상병	□ 감염병은 진단이 확정된 경우에 한하여 '별첨 6.「감염병의 예방 및 관리에 관한 법률」에 따른 감염병 상병분류기호'의 해당되는 상병분류기호를 기재한다. •「감염병의 예방 및 관리에 관한 법률」에 따른 감염병의 경우 진단이 확정된 경우에 한하여 해당 상병분류기호를 기재하고, 의심되지만 아직 확진되지 않은 경우에는 그 상황에 적합한 상병분기호를 기재함 (예시) 발열, 두통, 권태감, 상대적 서맥 등 주요한 임상증상과 혈중이나 소변, 대변 등 검체에서 살모넬라 티피균(Salmonella Typhi)을 분리, 배양하여 확진된 장티푸스는 A010으로 기재함
3) 내원일자, 당월 진료 개시일	□ 내원일자 (외래 명세서 해당) 해당 상병(명세서)의 진료를 위해 내원한 일자를 기재한다. □ 당월진료개시일 (입원 명세서 해당) 해당 상병의 진료를 위하여 그 달에 최초 입원한 연, 월, 일을 기재한다.

다. 명세서 진료내역

이하 구체적인 청구방법은 건강보험과 유사하므로 건강보험 청구방법과 건강보험심사평가원 고시 2013-85를 참고하기 바람

라. 명세서 처방내역

마. 명세서 특정내역란

바. 기타

2. 진료내역별 사항

이하 구체적인 명세서 작성요령은 건강보험심사평가원 2013-85를 참조하기 바람

가. 의과 명세서 – 건강보험과 별도로 적용하는 사항

항 목	세 부 작 성 요 령
다) 이송료	□ 교통사고환자를 진료 중 다른 의료기관으로 이송한 경우에 산정하며, "1항 03목 응급및 회송료 등"란에 기재한다.

※ 서면으로 청구하는 경우: "1.진찰료 ④응급 및 회송료"란의 "기본진료, 약제, 특정재료(I)"란에 기재

(예시) A 의료기관에서 입원 중 55km 떨어진 B 의료기관으로 일반구급차를 이용하여 이송한 경우

• 정보통신망으로 청구하는 경우

항	목	코드구분	코드	단가	일투	총투	금액
01	03	1	AY100	20,000	1	1	20,000
01	03	1	AY101	800	45	1	36,000

• 서면으로 청구하는 경우

구 분		(I)	(II)	줄번호	코드구분	코드	분 류	단가	일투	총투	금액
1.	①초진			0010	1	AY100	이송처치료 – 가. 일반구급차 – 기본요금 (10km 이내)	20,000	1	1	20,000
	②재진										
	③의약품 관리료			0011	1	AY101	이송처치료 – 나.일반구급차 – 10km 초과 시 1km당	800	45	1	36,000
	④응급 및 회송료	56,000									

항 목	세 부 작 성 요 령
마) 수수료	□ 교통사고환자에게 진단서 등을 발급한 경우 산정하며, "1항 03목 응급및 회송료 등"란에 기재한다.

※ 서면으로 청구하는 경우: "1.진찰료 ⑧기타"의 (I)란에 기재

(예시) 종합병원에서 교통사고환자에게 장해보상청구용 진단서를 발급한 경우

• 정보통신망으로 청구하는 경우

항	목	코드구분	코드	단가	일투	총투	금액
01	03	1	70012	30,000	1	1	30,000

• 서면으로 청구하는 경우

구 분		(I)	(II)	줄번호	코드구분	코드	분 류	단가	일투	총투	금액
1.	. .	. .	. .	0007	1	70012	장해보상 청구용 진단서–종합병원	30,000	1	1	30,000
	⑦선택진료비										
	⑧기타	30,000									

항 목	세 부 작 성 요 령

라) 상급병실료

□ 보험회사등이 상급병실료에 대하여 그 지급의사 및 지급한도를 통지한 경우에 한해 일반 병실료와의 차액을 1일당으로 산정하여 "2항 14목 상급병실료"란에 기재한다.(단, 환자가 직접 지불한 상급병실료의 경우는 "11.환자납부액"항 에 기재)

※ 서면으로 청구하는 경우 : "2.입원료 등 ⑨상급병실료"란의 (Ⅰ)란에 기재

(예시) 일반 병실료와의 차액이 1일당 150,000원인 1인용 상급병실을 2013.7.1일부터 2일간 사용한 경우

• 정보통신망으로 청구하는 경우

항	목	코드구분	코드	단가	일투	총투	금액
02	14	1	VA021	150,000	1	2	300,000

• 서면으로 청구하는 경우

구 분		(Ⅰ)	(Ⅱ)	줄번호	코드구분	코드	분류	단가	일투	총투	금액
2.				0007	1	VA021	상급병실료 – 1인실	150,000	1	2	300,000
	⑨상급병실료	300,000									

9) 환자납부액

□ 의료기관이 교통사고환자로부터 직접 받은 진료비 중 보험회사등의 보상책임이 있어 보험회사등으로부터 심사평가원에 세부내역을 심사청구할 것을 요청받은 진료비를 청구시에는 "11항 01목(진료행위), 02목(의약품), 03목(치료재료)"에 기재한다.

※ 서면으로 청구하는 경우 : "11.환자납부액"란에 기본진료 · 약제 · 특정재료(Ⅰ)와 진료행위(Ⅱ)를 구분하여 기재

□ 특정내역(기재)란에 환자납부액이 발생한 구체적인 사유를 기재한다.

(예시) 상급종합병원에서 "HZ334 양전자단층촬영–전신"을 촬영 당시 보험회사등으로부터 지급보증을 받지 못해 교통사고 환자에게 직접 진료비를 받았으나 추후 보험회사등으로부터 심사청구 요청을 받은 경우

• 정보통신망으로 청구하는 경우

줄번호	항	목	코드구분	코드	단가	일투	총투	금액
0023	11	01	1	HZ334	509,920	1	1	509,920

특정내역기재란

발생단위구분	줄번호	특정내역구분	특정내역
1		MJ002	환자 진료 당시 보험회사등의 지급의사 통보를 못 받아 환자에게 직접 진료비를 받음

주) MJ002 : '환자납부액 발생사유'를 기재하는 특정내역 구분코드

• 서면으로 청구하는 경우

구 분		(Ⅰ)	(Ⅱ)	줄번호	코드구분	코드	분류	단가	일투	총투	금액
11.	①환자납부액		509,920	0023	1	HZ334	양전자단층 촬영–전신	509,920	1	1	509,920
				특정내역		환자 진료 당시 보험회사등의 지급의사 통보를 못 받아 환자에게 직접 진료비를 받음					

나. 치과 명세서 – 생략

다. 한방 명세서 – 생략

3. 첨부자료

□ 「상대가치점수표」의 각 장별 산정지침과 「자동차보험진료수가에 관한 기준」 등에 의거 첨부(증빙)자료를 제출하여야 하는 건에 대하여는 해당 명세서에 자료(검사결과지 등)를 첨부하여야 한다.
단, 작성요령 '별표 5. 특정내역 구분코드' 특정내역항목을 특정내역 기재형식에 따라 검사결과 등을 기재하여 청구한 경우에는 첨부하지 않아도 된다.

4. 보완청구 및 추가청구 요령

<table>
<tr><th>항 목</th><th>세 부 작 성 요 령</th></tr>
<tr><td>가. 보완청구</td><td>□ 의료기관에서 진료수가를 청구하였으나, 심사평가원에서 심사불능 처리된 건에 대하여는 해당 사유를 보완하여 명세서를 재작성하고, 청구서에 첨부하여 다시 청구한다.
이때 반드시 원청구분 등과 구분 · 작성하여 청구하여야 한다.
• 정보통신망으로 청구하는 경우
<table>
<tr><th rowspan="2">구분</th><th rowspan="2">청구서
청구구분</th><th colspan="5">명세서 청구구분</th></tr>
<tr><th>코드</th><th>접수번호</th><th>명세서
일련번호</th><th>사유코드</th><th>최초
입원개시일</th></tr>
<tr><td>기재
내역</td><td>1</td><td>1</td><td colspan="3">이미 통보된 심사결과통보서의 접수번호,
명세서일련번호, 심사불능사유코드</td><td>–</td></tr>
</table>
• 서면으로 청구하는 경우
– 청구서와 명세서 우측 하단 여백에 적색으로 "보완청구"라 표기
– 명세서의 특정내역란에 원청구의 접수번호, 통보번호, 심사불능항목 사유코드, 명세서 일련번호 등을 기재</td></tr>
<tr><td>나. 추가청구</td><td>□ 의료기관이 진료수가를 지급 받은 명세서 중 진료내역의 일부가 당초 청구시 누락되어 누락된 진료내역만을 추가로 청구하는 경우(약제상한차액과 수가, 치료재료 등 다른 진료내역을 동시에 추가로 청구하는 경우 포함) 및 교통사고환자의 진료수가를 청구한 이후 교통사고환자에게 직접 받은 진료비의 세부내역에 대하여 보험회사등으로부터 심사청구 요청을 받은 경우에는 명세서를 작성하여 청구서에 첨부하여 다시 청구한다.
이때 반드시 원청구분과 구분 · 작성하여 청구하여야 한다.
• 정보통신망으로 청구하는 경우
<table>
<tr><th rowspan="2">구분</th><th rowspan="2">청구서
청구구분</th><th colspan="5">명세서 청구구분</th></tr>
<tr><th>코드</th><th>접수번호</th><th>명세서
일련번호</th><th>사유코드</th><th>최초
입원개시일</th></tr>
<tr><td>기재
내역</td><td>2</td><td>2</td><td colspan="2">이미 통보된 원청구서의 접수번호,
명세서일련번호</td><td>–</td><td>–</td></tr>
</table>
• 서면으로 청구하는 경우
– 청구서 우측 하단 여백에 적색으로 "추가청구"라 표기
– 명세서의 특정내역란에 이미 통보된 원청구서의 접수번호, 명세서 일련번호를 기재</td></tr>
</table>

<table>
<tr><th>항 목</th><th>세 부 작 성 요 령</th></tr>
<tr><td>다. 약제상한차액 추가청구</td><td>□ 의료기관이 진료수가를 지급 받은 명세서의 진료내역 중 약제상한차액만 당초 청구시 누락되어 누락된 약제상한차액을 추가로 청구하는 경우에는 명세서를 작성하여 청구서에 첨부하여 다시 청구한다.
이때 반드시 원청구분과 구분 · 작성하여 청구하여야 한다.
(「국민건강보험법 시행령」에 따라 2012년 2월 1일부터 효력 정지)
• 정보통신망으로 청구하는 경우
<table>
<tr><th rowspan="2">구분</th><th rowspan="2">청구서 청구구분</th><th colspan="5">명세서 청구구분</th></tr>
<tr><th>코드</th><th>접수번호</th><th>명세서 일련번호</th><th>사유코드</th><th>최초 입원개시일</th></tr>
<tr><td>기재 내역</td><td>8</td><td>8</td><td colspan="2">이미 통보된 원청구서의 접수번호, 명세서일련번호</td><td>–</td><td>–</td></tr>
</table>
• 서면으로 청구하는 경우
– 청구서 우측 하단 여백에 적색으로 "약제상한차액 추가청구"라 표기
– 이미 통보된 원청구서의 접수번호, 명세서 일련번호를 기재</td></tr>
<tr><td>라. 기타</td><td>□ 분리청구, 추가청구건의 심사불능시 청구방법
• 분리청구 명세서가 심사불능된 경우
– "분리청구" 건으로 청구
– 청구명세서의 접수번호 및 명일련은 이전 진료분 접수번호 및 명일련을 기재
– 해당 심사불능사유를 보완
• 추가청구 명세서가 심사불능된 경우
– "추가청구" 건으로 청구
– 청구명세서의 접수번호 및 명일련은 원청구분 접수번호 및 명일련을 기재
– 해당 심사불능사유를 보완
• 약제상한차액 추가청구 명세서가 심사불능된 경우
– "약제상한차액 추가청구" 건으로 청구
– 청구명세서의 접수번호 및 명일련은 원청구분 접수번호 및 명일련을 기재
– 해당 심사불능사유를 보완</td></tr>
</table>

Ⅳ. 요양병원 진료수가 작성요령

이 장에 별도로 정하지 않은 요양병원 입원 진료수가 청구서 및 명세서 작성요령은 건강보험심사평가원 2013-85 Ⅰ~Ⅲ장, Ⅴ장에 따른다.

1. 청구서 및 명세서 등 구분방법
2. 명세서 일반내역
3. 명세서 진료내역
4. 특정내역 구분코드 작성요령

5. 환자평가표 제출
   (1) 일반기준
   (2) 환자평가표 파일

Ⅴ. 특정내역 구분코드 작성요령
1. 명일련단위 작성 특정내역 항목
2. 줄번호(확장번호) 단위로 작성하는 특정내역 항목
3. 처방내역 단위로 작성하는 특정내역 항목

* 참고자료 목록은 심사평가원 자동차보험 자료방 자료실 청구방법에서 참조하기 바람

요양기관 업무포털사이트

건강보험심사평가원에서는 의료기관에서 진료비 심사와 관련한 급여기준, 진료비 청구 및 각종 요양기관 현황신고, 질향상 사업 등을 지원하기 위한 '요양기관업무포털사이트'를 운영하고 있다.

또한 2013년 7월부터는 자동차보험 진료비 심사를 위하여『자동차보험센터』를 설치 운영하고 있다(http://biz.hira.or.kr).

의료기관은 서면과 전산청구(포털) 등을 이용하여 청구할 수 있으며 건강보험심사평가원의 포털을 이용하는 경우 '요양기관업무포털서비스'를 설치하고 의료기관공인인증서를 이용하여 서비스를 활용할 수 있도록 하고 있다.

자동차보험메뉴에서는 기본적인 안내사항과 각종 급여기준 및 심사기준 조회, 알림방, Q&A 및 교육, 서식 등의 자료방, 청구관련코드조회 및 심사사례 등의 정보방 및 각종 신청 및 심사 참고자료 및 목록표 제출, 진료비 청구와 관련하여 진행과정과 청구오류, 이의제기 신청 등의 메뉴를 가지고 있어 거의 모든 것을 인터넷 포털사이트를 활용하도록 하고 있어 업무에 편의를 증진하고 있다.

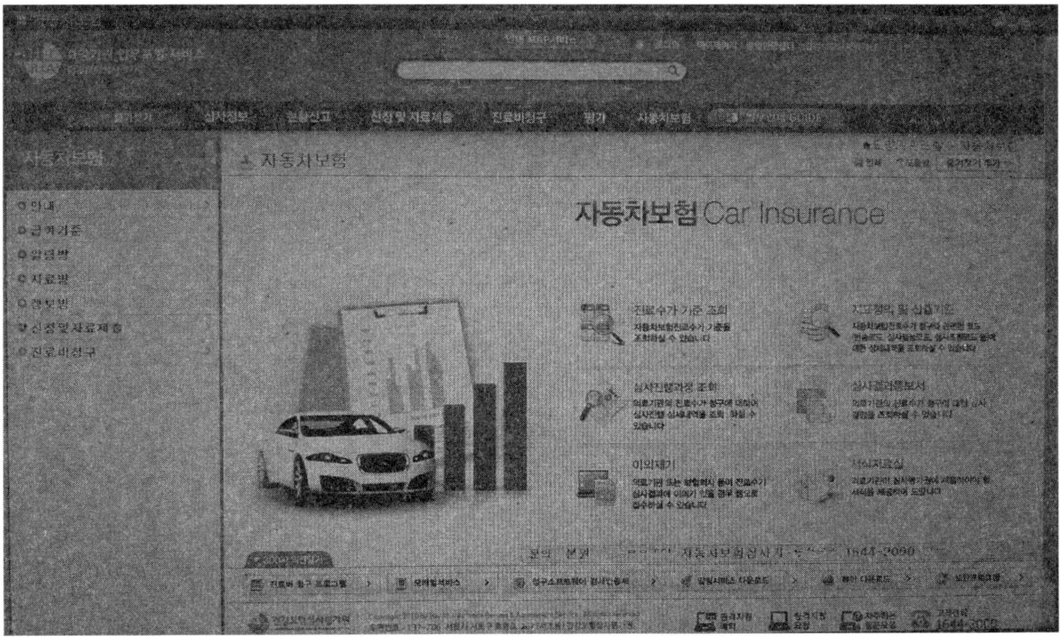

[그림 5-3] 심평원 포털사이트 그림

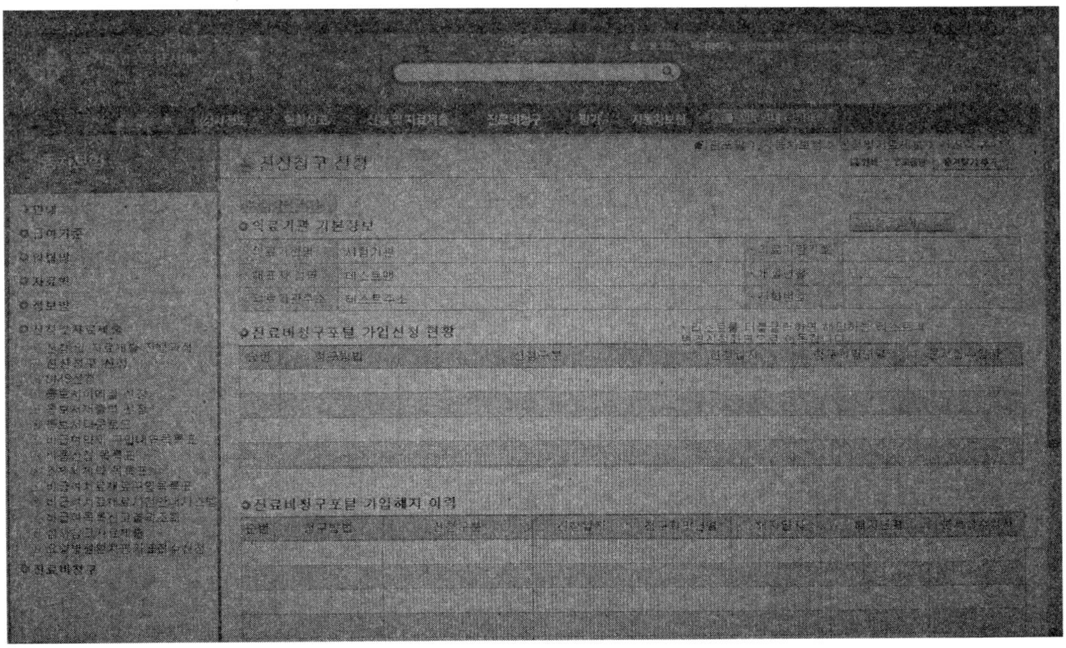

[그림 5-4] 자동차보험 전산청구신청화면

단원평가

제1절 진료비 청구

1. 자동차보험 진료비의 청구인은 누구여야 하는가.
2. 외래 및 입원진료의 청구시기는 언제부터 가능한가.

제2절 진료수가의 청구 및 자료제출

1. 자동차보험의 진료수가 청구방법은?
2. 자동차보험이 진료비를 청구하는 경우에 의료기관이 신고하게 되는 것은?

제3절 청구서, 명세서 서식 및 작성요령

1. 청구서와 명세서의 구분 작성 등에 관한 사항이 아닌 것은?
2. 사고접수번호 및 지급보증번호에 대하여 설명하시오.
3. 진료결과에 대한 표시가 아닌 것은?

제4절 청구서 및 명세서 작성방법

1. 자동차보험 진료수가 청구시 지켜야 할 유의사항은?
2. 진료수가 청구서 및 명세서 구분방법을 간단히 설명하시오.
3. 심사사유 구분코드 등 실무적인 사항을 숙지하였는가.

제 6 장 자동차보험 권리보장관계론

학습목표
- 자동차보험 권리보장관계에 대해서 전반적인 사항을 이해한다.
- 보험금의 직접청구 및 가불금과 구상권 등에 대해 이해한다.
- 자동차사고 피해지원사업의 의의와 종류 등을 이해한다.
- 자동차보험에서의 압류 등의 금지와 소멸시효에 대해 이해한다.

제1절 보험금의 직접청구 등

1 보험금 등의 직접청구

1) 의의

자동차보험 피해환자를 진료하는 과정에서 실무적으로 보면 환자가 내원하여 진료를 먼저 해 주면서 추후 보험을 신고하기로 하였는데 차량 소유자가 보험에 들어 있으면서 자기들의 부담을 줄이거나 혹은 여러 가지 이유(사고 내용)로 보험에 신고를 해 주지 않는 경우가 있다. 이렇게 되면 기본적으로 자동차보험회사의 지불보증에 의하여 진료를 해 주어야 하는데 지불보증을 받지 못하는 현상에 처하게 되는 것이다.

이런 경우에 피해환자의 직접청구라는 제도로 환자측이 직접 당해 차량을 보험사에 신고하여 보험을 적용받을 수 있는 방법을 모색하여 환자를 보호하도록 하는 것이다(제1항).

통상 이 경우에는 보험가입자가 보험에 관한 사항을 잘 모르거나 자기가 가해자가 아니라고 의도적으로 회피하는 경우 또는 실제로 보험에 가입하지 않은 경우 등 다양한 사례가 있는데 이때 가해자가 자동차보험에 가입한 경우에 피해자가 사용할 수 있는 방법이다. 만약 이때 가해자가 보험에 가입하지 않은 경우에는 정부보장사업에 관한 사항을 적용하는 것을 검토해 볼 수 있을 것이다.

또한 보험가입자(가해자)가 피해자에게 직접 손해에 대한 배상금을 지급한 경우에는 보험회사 등에게 보험금의 보상한도내에서 그가 피해자에게 지급한 금액을 청구할 수 있게 하여 피해자에 대한 신속한 보상을 규정하고 있다(제2항).

2) 보험금등의 직접청구(법 제10조)

① 보험가입자등에게 제3조에 따른 손해배상책임이 발생하면 그 피해자는 대통령령으로 정하는 바에 따라 보험회사등에게 「상법」 제724조제2항에 따라 보험금등을 자기에게 직접 지급할 것을 청구할 수 있다. 이 경우 피해자는 자동차보험진료수가에 해당하는 금액은 진료한 의료기관에 직접 지급하여 줄 것을 청구할 수 있다.

② 보험가입자등은 보험회사등이 보험금등을 지급하기 전에 피해자에게 손해에 대한 배상금을 지급한 경우에는 보험회사등에게 보험금등의 보상한도에서 그가 피해자에게 지급한 금액의 지급을 청구할 수 있다.

3) 보험금등의 지급청구 절차(영 제7조1항)

(1) 청구서 기재사항

법 제10조제1항에 따라 보험금 또는 공제금(이하 "보험금등"이라 한다)의 지급을 청구하거나 법 제11조제1항에 따라 가불금의 지급을 청구하려는 자는 보험회사 또는 공제사업자(이하 "보험회사등"이라 한다)에 다음 각 호의 사항을 적은 청구서를 제출하여야 한다.

1. 청구인의 성명 및 주소
2. 청구인과 사망자의 관계(피해자가 사망한 경우만 해당한다)
3. 피해자 및 가해자의 성명 및 주소
4. 사고 발생의 일시 · 장소 및 개요
5. 해당 자동차의 종류 및 등록번호
6. 보험가입자(공제가입자를 포함한다)의 성명 및 주소
7. 청구금액과 그 산출 기초. 다만, 법 제11조제1항에 따라 가불금의 지급을 청구하는 경

우에는 산출 기초를 적지 아니한다.

(2) 첨부서류(영 제7조2항)

제1항에 따른 청구서에는 다음 각 호의 서류를 첨부하여야 한다.〈개정 2013.3.23.〉

1. 진단서 또는 검안서
2. 제1항제2호부터 제4호까지의 사항을 증명할 수 있는 서류
3. 제1항제7호에 따른 산출 기초에 관하여 국토교통부령으로 정하는 증명서류

(3) 보험금등 산출 기초의 증명서류(규칙 제5조)

영 제7조제2항제3호에서 "국토교통부령으로 정하는 증명서류"란 치료비의 명세별로 단위, 단가, 수량 및 금액을 명시하여 의료기관이 발행한 치료비청구명세서 및 치료비추정서를 말한다. 이 경우 치료비추정서에는 주치의의 치료에 관한 의견이 표시되어야 한다.〈개정 2012.9.4., 2013.3.23.〉

(4) 특별진찰(영 제7조4항)

보험회사등은 보험금등 또는 가불금을 적절하게 지급하기 위하여 필요하다고 인정하면 영 제7조제2항제1호에 따른 진단서를 제출하는 자에게 보험회사등이 지정하는 자가 작성한 진단서를 제출하게 할 수 있다. 이 경우 진단서 작성에 필요한 비용은 보험회사등이 부담한다.

(5) 기타

기타 실제 실무적인 사항은 사례 발생시 보험회사에 문의하여 시행하도록 한다.

2 피해자에 대한 가불금(법 제11조)

1) 의의

보험가입자등이 자동차의 운행으로 다른 사람을 사망하게 하거나 부상하게 한 경우에는 피해자는 대통령령으로 정하는 바에 따라 보험회사등에게 자동차보험진료수가에 대하여는 그 전액을, 그 외의 보험금등에 대하여는 대통령령으로 정한 금액을 제10조에 따른 보험금

등을 지급하기 위한 가불금(假拂金)으로 지급할 것을 청구할 수 있다(동조1항).

자동차보험은 산재보험에서처럼 재해를 당한 환자에게 매월 급여 형태의 보상금을 지급하는 제도가 없다. 그렇기 때문에 자동차사고로 인하여 갑작스럽게 피해를 당한 피해자가 치료과정 및 그의 수입 등으로 생활하던 가족들의 생활이 궁핍해 지는 것을 방지하여 피해자가 받을 수 있는 보험금의 50%를 사전에 지급함으로써 최소한의 인간다운 생활을 할 수 있도록 보장하고자 하는 취지라고 이해할 수 있을 것이다.

2) 가불대상금액(영 제10조)

① 법 제11조제1항에서 "대통령령으로 정하는 금액"이란 피해자 1명당 다음 각 호의 구분에 따른 금액의 범위에서 피해자에게 발생한 손해액의 100분의 50에 해당하는 금액을 말한다. 〈개정 2009.12.31., 2020.2.25.〉

1. 사망의 경우: 1억5천만원
2. 부상한 경우: 별표 1에서 정하는 상해 내용별 한도금액
3. 후유장애가 생긴 경우: 별표 2에서 정하는 신체장애 내용별 한도금액

3) 지급의무와 처리기간

(1) 지급의무(법 제11조2항)

보험회사등은 제1항에 따른 청구를 받으면 국토교통부령으로 정하는 기간에 그 청구받은 가불금을 지급하여야 한다. 〈개정 2013.3.23.〉

(2) 가불금의 지급기한(규칙 제6조)

법 제11조제2항에서 "국토교통부령으로 정하는 기간"이란 피해자로부터 가불금의 지급청구를 받은 날부터 10일까지의 기간을 말한다. 〈개정 2013.3.23.〉

(3) 가불금 초과액의 반환(법 제11조3항)

보험회사등은 제2항에 따라 지급한 가불금이 지급하여야 할 보험금등을 초과하면 가불금을 지급받은 자에게 그 초과액의 반환을 청구할 수 있다.

(4) 가불금 부지급책임의 반환(법 제11조4항)

보험회사등은 제2항에 따라 가불금을 지급한 후 보험가입자등에게 손해배상책임이 없는 것으로 판명된 경우에는 가불금을 지급받은 자에게 그 지급액의 반환을 청구할 수 있다.

(5) 반환받지 못한 가불금의 정부 청구(법 제11조5항)

보험회사등은 제3항 및 제4항에 따른 반환 청구에도 불구하고 가불금을 반환받지 못하는 경우로서 대통령령으로 정하는 몇가지 요건을 갖추면 반환받지 못한 가불금의 보상을 정부에 청구할 수 있다.〈개정 2009.2.6., 2016.12.20.〉

그 외 자세한 사항은 자배법 영 제10조2항을 참조할 수 있다.

제2절 심사청구

1 자동차보험진료수가분쟁심의회

자동차보험 환자에 대한 진료와 진료비의 청구, 심사, 지급과 관련하여 보험계와 의료계는 과잉진료와 장기진료 등의 문제로 끊임없는 갈등을 가지고 있었다. 이 문제를 해소하기 위하여 1999.7.1. 시행된 자동차손해배상보장법[법률 제5793호, 1999.2.5., 전부개정]은 교통사고환자의 진료비를 둘러싼 보험사업자와 의료기관간의 고질적인 분쟁을 조정하기 위하여 자동차보험 진료수가분쟁심의회를 구성 · 운영하도록 하였다.

이에 따라 1999.2. 자동차손해배상보장법 개정이후 국토해양부 중재로 보험업계와 의료업계간 심의회 설립에 관해 합의한 후 준비 작업을 거쳐 1999.6.28. 총회를 거쳐 설립되었다.[1)]

1) 자동차보험진료수가분쟁심의회(법 제17조)

① 보험회사등과 의료기관은 서로 협의하여 자동차보험진료수가와 관련된 분쟁의 예방

1) 자보분쟁심의회 인터넷 홈페이지

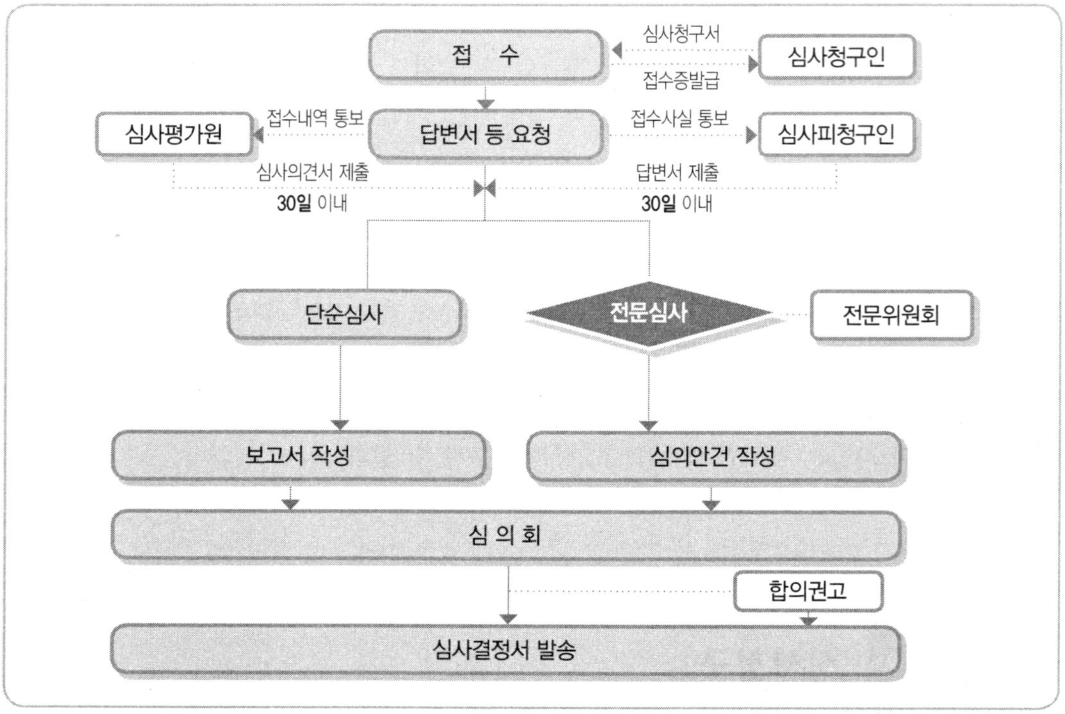

[그림 6-1] 자동차보험 진료수가분쟁심의회 업무흐름도

＊출처 – 자보분쟁심의회 인터넷 홈페이지

및 신속한 해결을 위한 다음 각 호의 업무를 수행하기 위하여 자동차보험진료수가분쟁심의회(이하 "심의회"라 한다)를 구성하여야 한다.

1. 자동차보험진료수가에 관한 분쟁의 심사 · 조정

자보분쟁심의 주요기능

- 국토교통부장관에 대하여 자동차보험진료수가에 관한 기준에 관한 의견 제시
- 보험업계 · 의료업계간 진료비분쟁의 심사 · 결정
- 심사청구당사자에 대한 합의의 권고와 조정
- 자동차보험 진료수가기준에 관한 조사 · 연구 및 정보수집 · 제공 등
- 기타 법령에 의하여 위임 또는 위탁받은 업무 수행
- 사무국의 운영에 필요한 규정의 제 · 개정

＊자료 출처 – 자보분쟁심의회 인터넷 홈페이지

2. 자동차보험진료수가기준 조정에 대한 건의
3. 제1호 및 제2호의 업무와 관련된 조사 · 연구

② 법 제17조제1항에 따른 자동차보험진료수가분쟁심의회(이하 "심의회"라 한다)의 효율적으로 운영하기 위하여 심의회에 전문위원회를 둘 수 있다(영 제14조2항).

2) 구성(법 제17조)

② 심의회는 위원장을 포함한 18명의 위원으로 구성한다.
③ 위원은 국토교통부장관이 위촉하되, 6명은 보험회사등의 단체가 추천한 자 중에서, 6명은 의료사업자단체가 추천한 자 중에서, 6명은 대통령령으로 정하는 요건을 갖춘 자 중에서 각각 위촉한다. 이 중 대통령령으로 정하는 요건을 갖추어 국토교통부장관이 위촉한 위원은 보험회사등 및 의료기관의 자문위원 등 심의회 업무의 공정성을 해칠 수 있는 직을 겸하여서는 아니 된다.〈개정 2012.2.22., 2013.3.23.〉
④ 위원장은 위원 중에서 호선한다.
⑤ 위원의 임기는 2년으로 하되, 연임할 수 있다. 다만, 보궐위원의 임기는 전임자의 남은 임기로 한다.
⑥ 심의회의 구성 · 운영 등에 필요한 세부사항은 대통령령으로 정한다.

3) 자동차보험진료수가분쟁심의회의 위원 요건(영 제14조1항)

법 제17조제3항에서 "대통령령으로 정하는 요건을 갖춘 자"란 다음 각 호의 어느 하나에 해당하는 자를 말한다.

1. 자동차보험 · 의료 또는 법률 등에 관한 지식이나 경험이 풍부한 자
2. 소비자단체에서 소비자 보호업무를 5년 이상 수행한 경력이 있는 자
3. 자동차사고의 피해자

4) 심의회 위원의 해촉(영 제15조)

국토교통부장관은 법 제17조제3항에 따른 위원이 다음 각 호의 어느 하나에 해당하는 경우에는 해당 위원을 해촉(解囑)할 수 있다.

1. 심신장애로 인하여 직무를 수행할 수 없게 된 경우
2. 직무와 관련된 비위사실이 있는 경우
3. 직무태만, 품위손상이나 그 밖의 사유로 인하여 위원으로 적합하지 아니하다고 인정되는 경우
4. 위원 스스로 직무를 수행하는 것이 곤란하다고 의사를 밝히는 경우

[본조신설 2015.12.31.]

5) 사무국(영 제14조3항)

심의회의 운영을 지원하기 위하여 심의회에 사무국을 둘 수 있다.

6) 운영비용

(1) 심의회의 운영을 위하여 필요한 운영비용은 보험회사등과 의료기관이 부담한다(법 제18조). –수수료체계–자동차보험진료수가분쟁심의회 홈페이지 참조

(2) 심의회의 업무비용에 대한 보험회사등과 의료기관의 분담금액, 분담방법, 그 밖에 심의회의 운영에 필요한 사항은 심의회의 의결을 거쳐 심의회의 위원장이 정한다(영 제14조4항).

2 자동차보험진료수가의 심사 청구 등(법 제19조)

1) 심사청구의 의의

자동차손해배상보장법에서는 보험회사 등과 의료기관이 전문심사기관의 심사결과에 이의가 있는 때에는 자보수가분쟁심의회에 심사청구를 청구하도록 하고 있다. 이것은 그간 자동차보험 환자에 대한 진료비를 보험회사로 청구하던 시기에 의료기관의 진료비에 대해 수긍을 하지 못하는 경우에 보험회사가 진료비의 일부(80%)를 선 지급하고 자보수가분쟁심의회에 심사를 청구하여 오던 제도를 2013년 7월부터 자동차보험 환자 진료비를 건강보험심사평가원에서 심사하고 그 결과에 따르도록 하면서 보험회사와 의료기관 공히 건강보험심사평가원의 심사에 대해 불만이 있는 경우에 심사를 청구할 수 있도록 제도화하고 있는 것이다.

이에 따라 법 제19조 ①항에서 보험회사등과 의료기관은 제12조의2제2항에 따른 심사결과에 이의가 있는 때에는 이의제기 결과를 통보받은 날로부터 30일 이내에 심의회에 그 심사를 청구할 수 있다고 규정하고 있다.〈개정 2013.8.6.〉

이후 2항과 4항, 5항을 삭제하고 ③항에서 제12조의2제1항에 따른 전문심사기관의 심사결과를 통지받은 보험회사등 및 의료기관은 제1항의 기간에 심사를 청구하지 아니하면 그 기간이 끝나는 날에 의료기관이 지급 청구한 내용 또는 심사결과에 합의한 것으로 본다고 규정하여 심사청구를 하지 않은 건수에 대해 자동합의를 규정하고 있다.〈개정 2013.8.6.〉

2) 심의회에 대한 심사 청구의 대상 및 절차(영 제16조의2)

① 보험회사등과 의료기관은 법 제12조의2제2항에 따른 이의제기 결과가 자동차보험진료수가기준을 부당하게 적용한 것으로 판단되면 법 제19조제1항에 따라 심의회에 심사를 청구할 수 있다.

② 제1항에 따라 심사를 청구하려는 보험회사등과 의료기관은 이의제기 결과에 대한 불복 사유 등을 적은 심사청구서를 심의회에 제출하여야 한다.

③ 심의회는 보험회사등과 의료기관으로부터 심사청구를 받은 경우에는 그 사실을 건강보험심사평가원에 통보하여야 한다.

*** 심사청구절차**

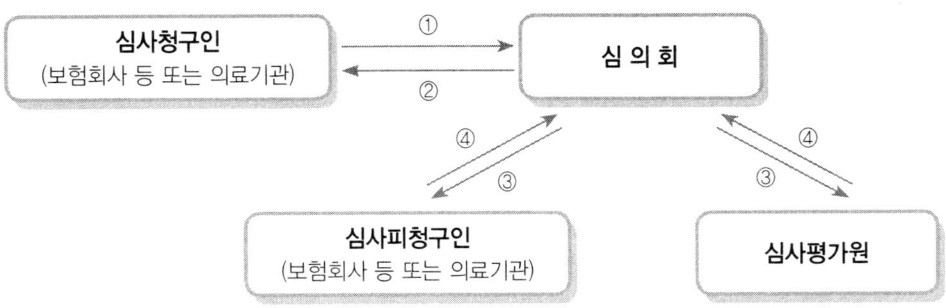

① 심의회 심사청구
② 접수증 발급, 심의결과 통보
③ 심사청구사실 통보 및 답변서 등 제출 요청
④ 심사피청구인은 답변서, 심사평가원은 심사의견 심의회에 제출

* 출처 – 자보분쟁심의회 심사청구절차 및 방법안내 p.5

④ 제3항에 따라 통보를 받은 건강보험심사평가원은 해당 청구에 대한 의견을 심의회에 제출하여야 한다.

⑤ 제1항부터 제4항까지에서 규정한 사항 외에 심사 청구의 대상 및 절차에 관하여 필요한 사항은 국토교통부장관이 정하여 고시한다.

[본조신설 2014.2.5.]

3) 심사 · 결정 절차 등(법 제20조)

① 심의회는 제19조제1항에 따른 심사청구가 있으면 자동차보험진료수가기준에 따라 이를 심사 · 결정하여야 한다. 다만, 그 심사 청구 사건이 자동차보험진료수가기준에 따라 심사 · 결정할 수 없는 경우에는 당사자에게 합의를 권고할 수 있다.

② 심의회의 심사 · 결정 절차 등에 필요한 사항은 심의회가 정하여 국토교통부장관의 승인을 받아야 한다.〈개정 2013.3.23.〉

전문위원회 미회부 사유

- 전문위원회 회부 – 지체없이, 심사청구사유서+답변서
- 전문위원회 미회부 – 단순심사사건
- 구체적 사례
  - 단순한 계산착오로 인한 심사청구
  - 의학적인 검토가 명백히 불필요한 경우
  - 동종 선례 3건 이상으로 더 이상의 검토 불필요한 경우
  - 당사자간에 상호협의, 조정으로 분쟁이 해결된 경우
  - 의료기관이 증빙자료를 제출하지 않은 경우

4) 심사와 결정의 효력 등(법 제21조)

① 심의회는 제19조제1항의 심사청구에 대하여 결정한 때에는 지체 없이 그 결과를 당사자에게 알려야 한다.

② 제1항에 따라 통지를 받은 당사자가 심의회의 결정 내용을 받아들인 경우에는 그 수락 의사를 표시한 날에, 통지를 받은 날부터 30일 이내에 소(訴)를 제기하지 아니한

경우에는 그 30일이 지난 날의 다음 날에 당사자 간에 결정내용과 같은 내용의 합의가 성립된 것으로 본다. 이 경우 당사자는 합의가 성립된 것으로 보는 날부터 7일 이내에 심의회의 결정 내용에 따라 상호 정산하여야 한다. 〈개정 2015.6.22.〉

참고판례

[1] 구 자동차손해배상보장법(2008. 3. 28. 법률 제9065호로 전문 개정되기 전의 것) 제17조 제2항은, 자동차보험진료수가분쟁심의회의 심사결정은 그 심사결정을 통지받은 당사자가 심의회의 결정내용을 수락한 경우 또는 그 통지를 받은 날부터 30일 이내에 소를 제기하지 아니한 경우에 당사자 사이에 결정내용과 동일한 내용의 합의가 성립한 것으로 본다고 규정하고 있을 뿐 소를 제기하는 절차나 방법 등에 관하여는 따로 규정을 두고 있지 않은바, 위 법이 정하고 있는 심의회의 구성, 심사절차, 심사결정의 효력 등에 관한 관련 규정들을 종합하여 볼 때 위 심사결정을 행정처분으로 볼 수는 없으므로, 심의회의 심사결정을 통지받은 당사자로서는 위 법이 정한 기간 내에 상대방에 대하여 직접 진료비의 지급을 구하거나 이미 지급된 진료비에 대한 부당이득반환을 구하는 등 심사결정의 내용과 양립할 수 없는 취지의 소를 제기함으로써 심사결정에 불복할 수 있으며, 그와 같은 소가 제기되면 심사결정은 아무런 법적 구속력을 발생하지 않는다고 해석된다.

[2] 자동차보험진료수가분쟁심의회는 구 자동차손해배상보장법(2008. 2. 29. 법률 제8852호로 개정되기 전의 것) 제13조가 정한 자동차보험진료수가에 관한 기준에 의하여 심사결정을 하는 것인데(위 법 제16조 제1항), 교통사고 피해자는 교통사고로 인한 치료비로 그 불법행위와 상당인과관계가 있는 범위 내의 실제 손해액을 배상받을 수 있으므로 당해 치료행위에 대한 치료비는 부상의 정도, 치료내용, 횟수, 의료보험수가 등 의료사회 일반의 보편적인 진료비 수준 등 제반 사정을 고려하여 합리적으로 그 범위를 산정하여야 한다. 반면 위 자동차보험진료수가에 관한 기준은 교통사고 환자에 대한 적절한 진료를 보장하고 보험사업자 등과 의료기관 간의 교통사고 환자의 진료비에 관한 분쟁을 방지하기 위한 기준의 의미를 가지는 것으로서 피해자가 사고로 인하여 입은 치료비 손해액 산정의 절대적 기준이 되는 것은 아니다.

(출처 : 대법원 2008.10.23. 선고 2008다41574 판결[채무부존재확인 · 부당이득금] 종합법률정보 판례)

5) 심의회의 권한(법 제22조)

심의회는 제20조제1항에 따른 심사 · 결정을 위하여 필요하다고 인정하면 보험회사등 · 의료기관 · 보험사업자단체 또는 의료사업자단체에 필요한 서류를 제출하게 하거나 의견을 진술 또는 보고하게 하거나 관계 전문가에게 진단 또는 검안 등을 하게 할 수 있다.

6) 자료의 제공(법 제22조의2)

심의회는 제20조제1항에 따른 심사 · 결정을 위하여 전문심사기관에 필요한 자료 및 의견서를 제출하게 할 수 있다. 이 경우 요청을 받은 전문심사기관은 특별한 사유가 없으면 이에 협조하여야 한다.[본조신설 2016.3.22.]

7) 위법 사실의 통보 등(법 제23조)

심의회는 심사 청구 사건의 심사나 그 밖의 업무를 처리할 때 당사자 또는 관계인이 법령을 위반한 사실이 확인되면 관계 기관에 이를 통보하여야 한다.

여기서 병의원은 이 사항을 매우 주의 깊게 생각하여야 할 것은 진료비의 청구시 허위청구나 부당청구 등의 문제가 발생하면 관계기관에 통보되어 법적인 문제가 발생할 수도 있음을 주의하여야 하는 것이다.

8) 심의회 운영에 대한 점검(법 제23조의2)

① 국토교통부장관은 필요한 경우 심의회의 운영 및 심사기준의 운용과 관련한 자료를 제출받아 이를 점검할 수 있다.〈개정 2013.3.23.〉

② 심의회는 제1항에 따라 자료의 제출 또는 보고를 요구받은 때에는 특별한 사유가 없는 한 이에 응하여야 한다.[본조신설 2012.2.22.]

3 심의회 심사청구의 절차 등

1) 심사청구서 작성 및 제출(이하 심사규정 제31조)

① 심사규정 제28조제3항에 따른 이의제기 결과가 자동차보험진료수가기준을 부당하게 적용한 것으로 판단되면 심사청구인은 별지 제20호 서식의 심사청구서를 심의회에 제출하여야 한다. 이 경우 심사청구서 제출 방법은 우편 또는 직접 방문으로 한다.

② 심사청구인은 제1항의 심사청구서에 다음 각 호를 첨부하여야 한다.

1. 제28조에 의한 이의제기서 및 이의제기결과통보서

*** 심사청구 접수비용 예치 확인서**

심사청구인이 심사청구사건 1건당 다음의 산식에 의하여 산정되는 건당 전체 심사수수료를 심의회 계좌에 예치한 사실을 확인할 수 있는 서류(예 : 무통장 입금증 등)

*** 심사수수료 산정방법**

가. 건당 전체 심사수수료 : 건당 기본수수료(5만원) + 부가수수료(심사청구액*10%)

나. 예치 계좌 : 한국씨티은행 156-00549-249-01 (예금주 : 자동차보험진료수가분쟁심의회)

※ '14.2.6. 이전 접수 건에 대한 심사수수료 입금 계좌 : 한국씨티은행 156-50160-253 (기존 동일)

다. 적요란 작성 방법 : ⅢⅢ (심사청구인 기관명 중 주요 명칭 4자리) + ◇◇◇(해당 심사청구 건의 교통사고 환자명 3자리, 예 : 삼성화재 이몽룡, 서울성모 성춘향, 서울의원 홍길동)

※ 적요란 작성시 주의사항 : 입금(예치)자 및 심사청구기관 대표자 이름 표기 금지

- 1건-1명의 환자, 1개의 의료기관 및 1회의 심사청구
- 지급청구서를 접수한 일자가 서로 다르면 각각으로 봄

2. 제13조제1항에 의한 자동차보험진료수가명세서
3. 심사청구 접수비용 예치 확인서
4. 심사청구서 부본
5. 심사청구인 사업자등록증 사본

③ 제2항제1호의 이의제기서는 심사평가원의 이의제기 결과가 기각처리된 경우 이의제기 주체가 그 결과에 대해 심의회에 심사청구하는 경우에만 제출한다.

④ 제2항제4호는 심사청구인이 심의회에 최초로 심사청구한 경우에만 제출한다. 다만, 이미 제출한 내용이 변경된 이후 심사청구할 때에도 이와 같다.

⑤ 제1항의 심사청구는 교통사고환자별로 심사평가원의 이의제기결과통보서를 기준으로 청구하여야 하며, 심사청구액의 범위는 제28조제1항 및 제2항의 이의제기금액 이내로 한다.

* 심사청구서(별지 제20호 서식) 및 작성요령 – 다음 페이지 참조

[별지 제20호 서식]

심 사 청 구 서(□의료기관 □보험회사등)				
※심사청구접수번호			①진 료 과 목	
②심사 청구인	기호/코드		명 칭	
	주 소			□□□-□□□
	전 화 번 호		전 자 우 편	
	작 성 자 명		(서명 또는 날인)	
③심사 피청구인	기호/코드		명 칭	
	주 소			□□□-□□□
	담 당 자		전 화 번 호	
④ 환 자 성 명			⑤ 생년월일	성별
⑥ 사 고 일 시			⑦ 사고접수번호	
⑧ 환자탑승차량 견적				
⑨사 고 경 위				
⑩이의제기결과통보서 도달일자			⑪심사수수료예치액	원(예치일: 월 일)

⑫연번	⑬접수번호	⑭명일련	⑮진료비 청구기간	⑯진료구분 (입 · 통원)	⑰이의제기금액	⑱심사청구액
1						
2						
3						
총 합 계						

⑲주요진단명		
⑳치료 경과		

심사청구 세부내역						
⑫ 연번	㉑ 항	㉒ 목	㉓분류 및 약품명(코 드)	㉔심사청구액		㉕심사청구 사유 및 내역
				I	II	
㉖ 소 계						
㉗ 가 산 율				%		
㉘ 합 계						

㉙ 제출서류			
	필수	1. 이의제기서 및 이의제기결과통보서 2. 자동차보험 진료수가 명세서 3. 심사수수료 예치사실 확인 서류(예 : 무통장 입금증 등) 4. 심사청구서 부본 5. 심사청구인 사업자 등록증 사본 (□신규 □변경)	*제출근거 : 자동차보험진료수가 심사업무처리에 관한 규정 제31조제2항
	추가	□6. 진료기록부 사본 □7. CD □8. 필름 □9. 기타 (예 : 심평원 1차 심사결과 통보서, 진단서 등)	

자동차손해배상보장법 제19조제1항의 규정에 의하여 위와 같이 심사청구합니다.

청구일 : 년 월 일

청구인 : (인)

자동차보험진료수가분쟁심의회 귀중

*** 심사청구서 작성요령(심사규정 제20조1항 별지 제20호 서식)**

1. ※란은 자동차보험진료수가분쟁심의회에서 기재한다.
2. 심사청구사건 "1건"이란 1인의 심사청구인 및 1회의 이의제기 결과통보서를 기준으로 한다. 다만, 이 요건을 갖추더라도 환자가 다른 경우에는 그 각각을 1건으로 한다.
3. "①진료과목"란에는 제20조제3항에 따라 기재하되, 진료과목이 2개 이상일 경우는 주상병에 따른 진료과목만 기재한다.
4. "②심사청구인"과 "③심사피청구인"란의 "기호/코드"는 요양기관 기호 또는 (별표6)에 따른 보험회사등 코드를 기재한다.
5. "⑦사고접수번호"란에는 보험회사등이 부여한 사고접수번호를 "–" 포함하여 기재한다.
6. "⑧환자탑승차량 견적"란에는 차대차 사고의 경우 환자탑승차량의 피해견적 금액을 기재한다.
7. "⑩이의제기결과통보서 도달일자"란에는 심사평가원 이의제기결과통보서 도달일자를 정확히 기재한다.
8. "⑫연번"란은 해당 심사청구사건에 2개 이상의 진료수가 명세서가 있는 경우 진료기간이 앞선 청구서부터 번호를 부여한다. 다만, 심사청구대상이 아닌 진료수가 명세서의 경우에는 연번을 부여하지 아니한다.
9. "⑬접수번호"와 "⑭명일련"란에는 심사평가원이 부여한 청구명세서의 접수번호와 진료수가 명세서 상의 일련번호를 기재한다.
10. "⑮진료비청구기간"란에는 심사청구대상 진료수가 명세서별 진료비 청구기간을 기재한다.
11. "⑰이의제기금액"란에는 심사청구대상 진료수가 명세서별로 심사평가원에 이의제기한 금액을 기재한다.
12. "⑱심사청구액"란에는 심사청구대상 진료수가 명세서별로 심사청구액을 기재(각 연번별로 ㉘심사청구액의 합계)하고, 총 합계액을 기재한다.
13. "⑳치료경과"란에는 환자의 치료관련 주요사항을 기재한다(예: 주요치료내용, 환자의 직업, 장해발생여부 등).
14. 심사청구 세부내역은 연번이 여러 개일 경우 연번별로 각각 작성하여야 하고 내용이 서식의 범위를 넘을 때는 별지로 작성한다.
    가. "㉑항"과 "㉒목"란에는 진료수가 명세서 구분 중 항과 목를 기재한다.
    나. "㉓분류및약품명(코드)"란에는 심사청구하고자 하는 진료수가 명세서상의 분류 또는 약품명을 기재하고 해당 코드를 기재한다.
    다. "㉔심사청구액"란에는 해당 분류 및 약품명에 대하여 심사청구인이 이의제기결과통보서의 심사결정금액 중 이의가 있어 심사 청구하는 금액을 I항과 II항으로 구분하여 기재한다.
    라. "㉕심사청구사유 및 내역"란에는 해당 분류 및 약품명에 대한 심사청구 내역과 주장에 대한 근거 · 기준 · 사유 등을 구체적으로 기재한다.
    마. "㉖소계"란에는 각 항목의 내역란 "금액"의 합계액을 (I)란, (II)란에 그대로 기재한다.
    바. "㉗가산율"란에는 "%" 표 앞에는 의료기관의 해당 가산율을 기재하고, 진료행위(II)란의 소계란 금액에 의료기관 종별가산율을 곱한 금액을 기재한다.(원미만 4사5입)

사. "㉘합계"란에는 (I)란, (II)란의 소계와 의료기관 종별 가산금액을 모두 합한 금액에서 10원미만의 끝수는 절사하여 기재한다.

15. "㉙제출서류"란의 필수제출서류 5.심사청구인 사업자등록증 사본과 추가제출서류는 해당 란에 √표시한다.

2) 심사청구 접수(제32조)

① 심의회는 제출된 심사청구서가 관련 법령 및 이 고시에서 정한 사항에 부합하지 아니하는 경우에는 그 접수를 거부하여야 한다. 다만, 심의회는 법 제19조제1항의 기간 이내에 심사청구인에게 필요한 사항에 대해 수정·보완할 것을 요청할 수 있다.

② 심의회가 심사청구서를 접수한 때에는 별지 제21호 서식의 접수증을 심사청구서에 기재된 심사청구인의 전자우편 주소로 송부하여야 한다.

③ 심사청구인은 제2항의 접수여부를 확인하여야 하며, 심의회에 접수된 심사청구서의 심사청구액을 임의로 변경할 수 없다.

3) 답변서 등(제33조)

① 심의회는 제32조제2항에 따라 심사청구를 접수한 때에는 심사피청구인에게 심사청구서 사본으로 그 사실을 통보하고, 심사평가원에게는 별지 제22호 서식으로 그 사실을 통보한다.

② 심사피청구인은 제1항의 통보를 받은 날부터 30일 이내에 별지 제23호 서식에 따라 작성한 답변서와 이와 관련된 증빙자료를 심의회에 제출하여야 한다. 다만, 답변서를 제출하지 아니한 경우에는 심사평가원의 이의제기 결과와 동일한 것으로 본다.

③ 심사평가원은 제1항의 통보를 받은 날부터 30일 이내에 별지 제24호 서식에 따라 작성한 해당사건의 심사의견을 심의회에 제출하여야 한다.

4) 심사청구접수비용 부담 등(제33조의2)

① 심사청구인은 심사청구사건 1건당 다음의 산식에 의하여 산정되는 접수비용을 심의회

가 정하는 금융기관 계좌로 예치하여야 한다(10원 미만 절사).

접수비용 = 기본비용(5만원) + 부가비용(심사청구액 × 10%)

② 심의회가 심사청구사건을 심사결정한 때에 기본비용은 심사청구인이 부담한다. 단, 심사청구액이 10만원 미만인 경우 청구인이 부담하는 기본비용은 다음의 산식에 의하며 그 금액이 제1항의 기본비용과 차이가 있는 경우 심의회는 이를 청구인에게 반환한다(10원 미만 4사 5입).

심사청구인부담액 = 기본비용(5만원)×(1−심사청구인인정금액/심사청구액)

③ 심의회가 심사청구사건을 심사결정한 때에 부가비용은 다음 각 호의 산식에 따라 당사자가 각각 부담한다(10원 미만 4사 5입).

1. 심사청구인 : 부가비용×(1−심사청구인인정금액/심사청구액)
2. 심사피청구인 : 부가비용×심사청구인인정금액/심사청구액

④ 심사피청구인은 자기부담 접수비용이 발생하는 경우에는 심의회 심사결정통지를 받은 날로부터 30일 이내에 심사청구인에게 이를 반환하여야 한다.

5) 심의회 운영규정(제34조)

심의회 심사청구 절차 등과 관련하여 이 규정에서 정하지 않은 사항 및 시행에 필요한 세부 사항은 심의회가 정한다.

6) 자보분쟁심의회와 관련한 유의사항

(1) 분쟁심에 대한 의료기관의 대응 부실

자동차보험 진료수가에 대해 분쟁을 방지하고 합리적인 심사청구를 위하여 제도적으로 설치한 자보수가분쟁심의회에 대해 의료기관들은 제대로 대응하지 않았다. 당시의 자동차보험 진료비의 청구, 심사, 지급의 형태가 각 보험사에 자체적으로 청구, 심사, 지급이 이루어지던 시기여서 과잉진료와 임의삭감이라는 문제가 많았던 시기였는데, 각 의료기관들은

보험회사에서 진료비를 삭감하기 위하여 당시의 규정대로 진료비의 80%를 선 지급하고 삭감액에 대해 보험회사에서 자보분쟁심에 심의를 회부하면 의료기관들이 의학적 차원에서 소신에 따라 시행한 진료에 대해 적극적으로 대응하여 자동차보험 환자 진료의 신뢰성을 확보하였어야 하는데 그러지 못하고 삭감을 용인하거나 자보분쟁심의회의 결정을 그대로 따르는 경향을 보였다.

당시의 현실을 보면 의료기관들은 자보분쟁심에 가면 이기지 못한다는 인식이 팽배하여 가장 기초적인 자료마저 제출하지 않아 아예 심의 자체가 불가능한 경우도 있었던 것으로 보인다.

그 이유는 실무를 담당한 바 있는 저자의 경험으로 보아 의료기관의 실무담당자들의 분쟁심에 대한 막연한 불안감이나 실무지식의 부재, 적극적인 대응의식의 부재, 의사들의 방임 내지 회피, 불필요한 진료의 인정 등이 원인이라고 생각한다.

따라서 의료기관들은 심사지급원칙을 준수하고 자체심사를 강화하여 급여기준을 준수하도록 하며 표준진료지침 제정 및 준수와 자보환자의 특성을 고려하여 합리적인 진료를 하도록 한다. 또한 자동차보험환자를 진료하는 과정에서 발생되는 지급보증서, 소견의뢰서, 입원중지 통보서 등에 대해 적극 대응하도록 하고 자보분쟁심의 요구에도 적극 대응하여야 할 것으로 생각된다.

이러한 현실은 현재도 마찬가지라고 생각되는데 다만 2013년 7월 이후 진료비의 심사가 건강보험심사평가원에서 이루어지므로 이에 대한 이의신청 제도가 활성화되면 자보분쟁심에 대한 진료비 심사청구의 역할도 의미가 축소될 수 있을 것으로 보이지만 그렇다고 하더라도 이에 대한 철저한 준비를 해야 할 것으로 본다.

(2) 전문심사기관의 자보수가의 삭감에 대한 심사청구의 불형평성의 문제

자보분쟁심의 설치 이유는 자동차보험 환자에 대한 진료와 진료비의 청구, 심사, 지급과 관련하여 보험계와 의료계는 과잉진료와 장기진료 등의 문제로 끊임없는 갈등을 가지고 있었다. 이 문제를 해소하기 위하여 1999.7.1. 시행된 자동차손해배상보장법[법률 제5793호, 1999. 2.5., 전부개정]에서 자동차보험진료수가분쟁심의회를 구성·운영하도록 하였다.

그런데 이 규정이 2012년 시행 법률에서 전문심사기관으로 자보수가의 청구, 심사가 위탁된 이후에도 그대로 적용되면서 전문심사기관의 자보수가의 삭감에 대한 심사청구의 불형평성의 문제가 나타나게 되었다.

참고법률

▶ **자동차손해배상 보장법** [시행 2012.5.23] [법률 제11369호, 2012.2.22., 일부개정]	▶ **자동차손해배상 보장법** [법률 제12021호, 2013.8.6., 일부개정]
제19조(자동차보험진료수가의 심사 청구 등) ① 보험회사등은 제12조제2항에 따른 지급청구가 자동차보험 진료수가기준을 부당하게 적용한 것으로 판단되면 그 지급 청구일부터 60일 이내에 심의회에 그 심사를 청구할 수 있다.	**제19조(자동차보험진료수가의 심사 청구 등)** ① 보험회사등과 의료기관은 제12조의2제2항에 따른 심사결과에 이의가 있는 때에는 이의제기 결과를 통보받은날로부터 30일 이내에 심의회에 그 심사를 청구할 수 있다.〈개정 2013.8.6〉

즉, 전문심사기관에 의한 진료비의 조정에 대하여 보험회사 등은 자보분쟁심의회에 심사청구가 가능하고 의료기관 등은 심사청구를 할 수 없도록 하였던 것이다.

이를 보면 법 개정 당시 법률개정 담당자의 착오 내지 자동차보험 진료비의 청구, 심사가 보험회사에서 전문심사기관으로 위탁되는 부분에서 관련 부분을 미처 고려하지 못한 부분이었다고 생각되지만, 의료계 입장에서 보면 지극히 불형평적인 규정이고, 이를 그대로 해석하면 정부나 사회, 보험업계가 의료계에 대하여 그동안 얼마나 많은 편향적이고 비판적인 시각으로 보고 있었는지 추정할 수 있다. 이에 대해서는 의료계의 적극적인 개선주장으로 2013년 시행법률에서 개정되었다.

제3절 보험사의 구상권

1 보험금등의 지급 등(법 제29조)

1) 의의

자동차손해배상보장법은 법 제29조 ①항에서 다음 각 호의 어느 하나에 해당하는 사유로 다른 사람이 사망 또는 부상하거나 다른 사람의 재물이 멸실되거나 훼손되어 보험회사등이 피해자에게 보험금등을 지급한 경우에는 보험회사등은 법률상 손해배상책임이 있는 자에게 국토교통부령으로 정하는 금액을 구상(求償)할 수 있다고 규정하여 무면허, 무자격, 음주운전 등으로 사고를 유발하거나 사고 후 무조치로 보험금을 지급하는 경우에는 가해자 본인에게 구상할 수 있도록 하였다.

이 제도는 음주운전 등에 의한 사고가 발생하였을 때 원칙적으로는 자동차보험의 적용이 안되고 가해자가 모두 배상하여야 하지만 가해자에게 손해배상의 능력이 없는 경우에는 피해자에 대한 보호가 불가능하다는 문제를 갖게 된다.

이에 따라 2004.8.22. 시행된 자동차손해배상보장법[법률 제6969호, 2003.8.21., 일부개정]에서 음주운전 등 도로교통법에서 정한 사항을 위반하여 운행하다가 사고를 유발한 경우에 보험회사에서 피해자를 구제하면서 가해자에게 일정액의 부담금을 구상할 수 있도록 하여 실질적으로 피해자를 보호하고 가해자도 일시적 경제위기에서 위험부담을 경감하도록 하였다.

따라서 이에 해당하는 교통사고 환자에 대해서 의료기관은 보험회사의 지불보증에 따라 진료를 하고 진료비는 규정에 따라 청구하면 될 일이며 음주운전이라 하여 자동차보험을 적용하지 않는다고 할 수는 없는 사항이므로 실무상 유의하여야 할 사항이다.

이 제도는 피해자 보호와 가해자의 경제적 부담금의 완화라는 측면에서는 매우 바람직한 사항이나 음주운전이나 무면허운전은 범죄에 해당하는 중대한 사회문제이므로 매우 엄격히 관리되어져야 할 사항이라 할 것이다.

2) 구상의 사유(법 제29조1항)[시행 2018.5.29.] [법률 제15118호, 2017.11.28., 일부개정]

법 제29조제1항에서 "대통령령으로 정하는 사유"란 다음 각 호의 어느 하나에 해당하는 사유를 말한다.

1. 「도로교통법」에 따른 운전면허 또는 「건설기계관리법」에 따른 건설기계조종사면허 등 자동차를 운행할 수 있는 자격을 갖추지 아니한 상태(자격의 효력이 정지된 경우를 포함한다)에서 자동차를 운행하다가 일으킨 사고 - 무면허 또는 무자격 운전
2. 「도로교통법」 제44조제1항을 위반하여 술에 취한 상태에서 자동차를 운행하다가 일으킨 사고 - 음주운전
3. 「도로교통법」 제54조제1항에 따른 조치를 하지 아니한 사고(「도로교통법」 제156조제10호(주 · 정차된 차만 손괴한 것이 분명한 경우에 제54조제1항제2호에 따라 피해자에게 인적 사항을 제공하지 아니한 사람)에 해당하는 경우는 제외한다) - 사고 후 무조치

구상의 사유(영 제18조) [시행 2019. 2. 8.] [대통령령 제29518호, 2019. 2. 8., 타법개정]

법 제29조제1항에서 "대통령령으로 정하는 사유"란 다음 각 호의 어느 하나에 해당하는 사유를 말한다.
1. 「건설기계관리법」에 따른 건설기계조종사면허 또는 「도로교통법」에 따른 운전면허 등 자동차를 운행할 수 있는 자격을 갖추지 아니한 상태(자격의 효력이 정지된 경우를 포함한다)에서 자동차를 운행하다가 일으킨 사고
2. 「도로교통법」 제44조제1항을 위반하여 술에 취한 상태에서 자동차를 운행하다가 일으킨 사고

* 제3판의 개정판 작업 중인 2020년 1월 1일 현재 시행중인 자배법([시행 2018.5.29.] [법률 제15118호, 2017.11.28., 일부개정]) 제29조와 자배법영[시행 2019.2.8.] [대통령령 제29518호, 2019.2.8., 타법개정] 제18조에서 상위법에서 하위법에 위임을 하지 않고 있음에도 하위법에서 상위법보다 좁은 내용으로 구상의 대상이 명문화되어 있어 법조문의 역전 불일치가 발생하고 있어 부득이 2개 법조문을 모두 기재한다.

3) 구상금액(규칙 제10조)

법 제29조제1항에서 "국토교통부령으로 정하는 금액"이란 보험회사등이 피해자에게 실제로 지급한 보험금 또는 공제금의 총액을 말한다. 다만, 보험회사등이 실제로 지급한 보험금 또는 공제금의 총액이 다음 각 호의 어느 하나에 해당하는 금액을 초과하는 경우에는 다음 각 호의 어느 하나에 해당하는 금액을 말한다. 〈개정 2013.3.23., 2015.1.8〉

1. 사망 또는 부상의 경우 : 사고 1건당 300만원
2. 재물의 멸실(滅失) 또는 훼손의 경우 : 사고 1건당 100만원

4) 음주운전 또는 무면허운전 관련 사고부담금(약관 제11조)

① 피보험자 본인이 음주운전이나 무면허운전을 하는 동안에 생긴 사고 또는 사고발생 시의 조치의무를 위반한 경우 또는 기명피보험자의 명시적 · 묵시적 승인하에서 피보험자동차의 운전자가 음주운전이나 무면허운전을 하는 동안에 생긴 사고 또는 사고발생 시의 조치의무를 위반한 경우로 인하여 보험회사가 「대인배상 Ⅰ」, 「대인배상 Ⅱ」 또는 「대물배상」에서 보험금을 지급하는 경우, 피보험자는 다음에서 정하는 사고부담금

을 보험회사에 납입하여야 한다.

1. 음주운전, 사고발생시 조치의무 위반 사고부담금: 1 사고당 「대인배상 I · II」는 300만원, 「대물배상」은 100만원
2. 무면허운전 사고부담금: 1 사고당 「대인배상 I」은 300만원, 「대물배상」은 100만원

② 피보험자는 지체 없이 음주운전 또는 무면허운전 사고부담금을 보험회사에 납입하여야 한다. 다만, 피보험자가 경제적인 사유 등으로 이 사고부담금을 미납하였을 때 보험회사는 피해자에게 이 사고부담금을 포함하여 손해배상금을 우선 지급하고 피보험자에게 이 사고부담금의 지급을 청구할 수 있다.

제4절 자동차사고 피해지원사업

1 자동차손해배상 보장사업

1) 의의

자동차손해배상보장법은 제30조1항에서 정부는 다음 각 호의 어느 하나에 해당하는 경우에는 피해자의 청구에 따라 책임보험의 보험금 한도에서 그가 입은 피해를 보상한다. 다만, 정부는 피해자가 청구하지 아니한 경우에도 직권으로 조사하여 책임보험의 보험금 한도에서 그가 입은 피해를 보상할 수 있다고 하여 보유불명자동차와 무보험자동차에 의한 사고에 대해 피해자를 적극적으로 보호하도록 하고 있다.

이 제도는 자동차의 증가에 따른 교통사고의 증가와 속칭 뺑소니라고 일컫는 사고후 조치를 하지 아니하고 달아난 사고와 자동차가 보험에 가입하지 아니하여 피해자에게 보상할 수 없는 경우에 대해 피해자를 보호함으로써 자동차보험의 사회적 책임을 다하고자 하는 것이라고 볼 수 있다.

따라서 이 제도로 인하여 자동차보험의 사회보험적 기능을 가진다고 할 수 있으며 이에 따라 넓은 의미에서 보험계와 정부가 타인에 대한 손해배상적 민간 영리보험인 자동차보험에 대한 진료수가를 건강보험 의료수가의 분류체계를 도입할 수 있도록 하는 근거를 제공할

수 있다고도 이해할 수 있는 것이다.

이를 위하여 국토교통부장관은 자동차손해배상 보장사업의 체계적인 지원 및 공제사업자에 대한 검사 업무 등을 수행하기 위하여 자동차손해배상진흥원을 설립할 수 있다(법 제39조의3).

2) 대상분야

(1) 적용대상

법 제30조1항에서 정하고 있는 대상 분야는 다음과 같다.

1. 자동차보유자를 알 수 없는 자동차의 운행으로 사망하거나 부상한 경우(속칭 뺑소니라고 칭함)
2. 보험가입자등이 아닌 자가 제3조에 따라 손해배상의 책임을 지게 되는 경우(속칭 무보험차라고 칭함). 다만, 법 제5조제4항에 따른 자동차(영 제5조)의 운행으로 인한 경우는 제외한다.

(2) 적용 비대상

1. 법 제30조1항 2호 단서에서 말하는 법 제5조제4항에서 정하는 대통령령으로 정하는 자동차

참고조항

▶ 영 제5조(보험 등에의 가입의무가 없는 자동차)

법 제5조제4항에서 "대통령령으로 정하는 자동차"란 다음 각 호의 어느 하나에 해당하는 자동차를 말한다.〈개정 2013.3.23.〉

1. 대한민국에 주둔하는 국제연합군대가 보유하는 자동차
2. 대한민국에 주둔하는 미합중국군대가 보유하는 자동차
3. 제1호와 제2호에 해당하지 아니하는 외국인으로서 국토교통부장관이 지정하는 자가 보유하는 자동차
4. 견인되어 육지를 이동할 수 있도록 제작된 피견인자동차

2. 도로(「도로교통법」 제2조제1호에 따른 도로)가 아닌 장소에서만 운행하는 자동차

3) 보장금액의 갹출

정부는 자동차피해보장사업을 시행하기 위하여 책임보험 등의 가입자로부터 자동차사고 피해지원사업을 위한 분담금을 갹출하게 된다(법 제37조). 이 분담금은 책임보험등의 계약을 체결하는 보험회사등이 해당 납부 의무자와 계약을 체결할 때에 징수하여 정부에 내야 한다.

이에 대한 자세한 사항은 법 제37조 자동차사고 피해지원사업 분담금에서 후술한다.

4) 자동차손해배상 보장사업에 따른 피해보상금액(영 제19조)

법 제30조제1항에 따라 정부가 피해자에게 보상할 금액(이하 "보상금"이라 한다)은 「보험업법」에 따라 인가된 책임보험의 약관에서 정하는 책임보험금 지급기준에 따라 산정한 금액으로 한다.

이 경우 손해배상 보장사업에 따른 자동차보험 환자의 진료는 책임보험 진료비 한도에 따라 보장하게 되고 보장 한도를 초과하면 건강보험 등 다른 보장 수단을 활용하여야 한다.

5) 보상의 절차 등(영 제20조)

① 피해자(피해자가 사망한 경우에는 피해보상을 받을 권리를 가진 자를 말한다. 이하 제3항과 제4항에서 같다)가 법 제30조제1항에 따라 보상을 청구할 때에는 다음 각 호의 사항을 적은 청구서를 국토교통부장관(법 제45조제1항에 따라 국토교통부장관이 법 제30조제1항에 따른 보상에 관한 업무를 보험회사등 또는 보험 관련 단체에 위탁한 경우에는 그 위탁을 받은 자를 말한다. 이하 제5항과 제6항에서 같다)에게 제출하여야 한다.〈개정 2013.3.23.〉

1. 청구인의 성명 및 주소
2. 청구인과 사망자의 관계(피해자가 사망한 경우만 해당한다)
3. 피해자 및 가해자(법 제30조제1항제1호에 해당하는 경우는 제외한다)의 성명 및 주소
4. 사고 발생의 일시 · 장소 및 개요
5. 해당 자동차의 종류 및 등록번호(법 제30조제1항제1호에 해당하는 경우는 제외한다)

6. 청구금액

② 제1항에 따른 청구서에는 다음 각 호의 서류를 첨부하여야 한다.

1. 진단서 또는 검안서
2. 제1항제2호부터 제4호까지의 사항을 증명할 수 있는 서류. 이 경우 제1항제4호의 사항을 증명할 수 있는 서류는 사고 장소를 관할하는 경찰서장의 확인이 있어야 한다. 여기서 관할경찰서장이 확인해 주는 서류란 교통사고사실확인원을 말한다(도로교통법시행규칙 별지144호의7).

③ 자동차의 운행으로 인한 사망 또는 부상 사고를 조사한 경찰서장은 그 사고가 법 제30조제1항 각 호의 어느 하나에 해당하는 경우에는 피해자에게 법 제30조제1항에 따른 보상을 청구할 수 있음을 알려야 한다.

④ 피해자가 법 제35조제1항에 따라 준용되는 법 제10조 및 법 제11조에 따른 보상금 및 가불금을 함께 청구할 때에는 그 지급청구서를 각각 제출하되, 그 중 하나의 청구서에는 제2항에 따른 서류를 첨부하지 아니할 수 있다.

⑤ 국토교통부장관은 제1항에 따라 보상의 청구를 받으면 지체 없이 이를 심사한 후 보상금을 결정하고, 결정한 날부터 10일 이내에 지급하여야 한다. 〈개정 2013.3.23.〉

⑥ 제1항에 따른 보상금의 지급청구에 관하여는 제7조제4항을 준용한다. 이 경우 "보험회사등"은 "국토교통부장관"으로 본다. 〈개정 2013.3.23.〉

⑦ 보험회사등이 법 제11조제5항 및 법 제30조제4항에 따라 보상을 청구할 때에는 다음 각 호의 사항을 적은 청구서를 국토교통부장관(법 제45조제4항에 따라 국토교통부장관이 법 제30조제4항에 따른 보상 업무를 위탁한 경우에는 그 업무를 위탁받은 보험 관련 단체 또는 특수법인을 말한다. 이하 제9항에서 같다)에게 제출하여야 한다. 〈개정 2013.3.23, 2015.12.22.〉

1. 청구인의 명칭 및 주소
2. 피해자의 성명 및 주소
3. 사고 발생의 일시 · 장소 및 개요
4. 해당 자동차의 종류 및 등록번호
5. 보험가입자의 성명 및 주소
6. 청구요건(제10조제2항에 해당하는 사유를 말한다)
7. 청구금액 및 그 산출 기초

⑧ 제7항에 따른 청구서에는 같은 항 제2호 · 제3호 · 제6호 및 제7호의 사항을 증명할

수 있는 서류를 첨부하여야 한다.

⑨ 국토교통부장관은 제7항에 따라 청구서를 받으면 지체 없이 이를 심사하여 보상의 금액을 결정하고, 결정한 날부터 10일 이내에 보상금을 지급하여야 한다.〈개정 2013.3.23.〉

6) 정부보장사업 환자의 진료절차

정부보장사업의 진료절차는 다음과 같다.

(1) 진료의 접수

진료접수는 통상의 자동차사고 환자의 경우와 같다. 만약 환자가 가해자 인적사항을 모르고 있는 경우에는 관할 경찰서의 협조를 받도록 안내한다.

(2) 보험회사의 지불보증

보장사업 환자의 지불보증은 교통사고 관할 경찰서의 교통사고사실확인원과 진료하는 병원의 진단서를 발급받아 환자 본인이 가입하고 있는 자동차보험회사에 신청하도록 한다. 보험회사는 아무 회사나 지정할 수 있는데 가급적 본인이 가입한 보험회사가 업무협조가 용이할 것으로 기대되기 때문이다.

환자의 신청이 있으면 보험회사는 정부보장사업 지침에 의해 의료기관으로 지불보증을 해 주게 된다.

(3) 지불보증의 한도

정부보장사업의 진료비 지불한도는 책임보험 등급별 지불한도를 따르도록 되어있다. 따라서 일반적인 책임보험 환자에 준하여 관리하면 된다. 이때 주의할 것은 책임보험의 한도가 진료비와 일실보상금을 포함하고 있다는 것을 유의하여야 한다.

(4) 진료비의 청구

진료가 종료된 경우 진료비의 청구는 일반적인 자동차보험 환자 진료과정과 동일하게 하면 된다. 다만 부상이 심하여 진료비 지급한도를 초과할 우려가 있는 경우에는 사전에 건강보험 등으로 보험 종별을 전환하여야 한다.

** 그 외 이와 관련하여 자세한 사항에 대해서는 자동차손해배상보장사업 업무처리규정

[시행 2018.11.5.] [국토교통부예규 제250호, 2018.11.5., 일부개정], 자동차손해배상보장사업 업무관리지침[시행 2018.11.5.] [국토교통부지침 제188호, 2018.11.5., 일부개정] 등을 참고하기 바람

2 유자녀 및 중증 후유장애인 피부양가족

1) 의의

자동차손해배상보장법 제30조2항에서 정부는 자동차의 운행으로 인한 사망자나 대통령령으로 정하는 중증 후유장애인의 유자녀(幼子女) 및 피부양가족이 경제적으로 어려워 생계가 곤란하거나 학업을 중단하여야 하는 문제 등을 해결하고 중증 후유장애인이 재활할 수 있도록 지원할 수 있다고 규정하여 교통사고와 관련하여 발생하는 중증 후유장애인과 유가족에 대하여 정부의 책임을 다할 것을 규정하고 있다.

이 제도는 교통사고의 발생으로 인하여 뜻하지 않게 불행을 당한 본인과 가족들에게 정부가 할 수 있는 방법을 사용하여 자동차사고로부터 불행을 극복하고 학업의 계속과 재활을 도우며 생계를 안정시켜 최저한의 인간다운 생활을 영위하고 국민의 행복을 추구하기 위한 방안으로 이해할 수 있다.

2) 지원대상자(영 제21조)

① 법 제30조제2항에 따라 정부가 지원할 수 있는 대상자는 다음 각 호의 요건을 모두 갖춘 사람으로서 제23조제2항에 따라 지원대상자로 결정된 자로 한다. 다만, 지원을 위한 재원이 부족할 경우에는 생활형편이 어려운 자의 순서로 그 지원대상자를 선정할 수 있다.〈개정 2020.1.7.〉

1. 중증 후유장애인, 사망자 또는 중증 후유장애인의 유자녀 및 피부양가족일 것
2. 생활형편이 「국민기초생활 보장법」에 따른 기준 중위소득을 고려하여 국토교통부장관이 정하는 기준에 해당되어 생계 유지, 학업 또는 재활치료(중증 후유장애인인 경우만 해당한다)를 계속하기 곤란한 상태에 있을 것

② 제1항에 따른 중증 후유장애인, 사망자 또는 중증 후유장애인의 유자녀 및 피부양가족의 범위는 별표 3과 같다.〈개정 2020.1.7.〉

[별표 3] 〈개정 2013.3.23.〉

유자녀 등의 범위(제21조제2항 관련)

구분	범위
1. 중증 후유장애인	별표 2에 따른 1급 이상 4급 이하의 장애에 해당하는 후유장애인
2. 유자녀	18세 미만의 자녀(고등학교에 재학 중인 자녀의 경우에는 20세 이하인 자를 포함한다)
3. 피부양가족	피부양가족은 다음 각 목의 어느 하나에 해당하는 사람으로 한다. 가. 사망자 또는 중증후유장애인이 사고 당시 부양하고 있던 직계존속 또는 배우자의 직계존속으로서 부양의무자가 없거나, 부양의무자가 있어도 부양능력이 없거나 부양을 받을 수 없는 65세 이상인 자 나. 사망자 또는 중증후유장애인의 직계존속 또는 배우자의 직계존속이면서 현재 중증후유장애인 또는 유자녀와 생계를 같이 하는 자로서 부양의무자가 없거나 부양의무자가 있어도 부양능력이 없거나 부양을 받을 수 없는 65세 이상인 자

비고

피부양가족의 범위란 중 "부양의무자가 있어도 부양능력이 없거나 부양을 받을 수 없는" 경우란 다음 각 호의 어느 하나에 해당하는 경우를 말한다.

1. 부양의무자의 생활형편이 제21조제1항에 따라 국토교통부장관이 정하는 기준에 해당하는 경우
2. 부양의무자가 행방불명인 경우
3. 부양의무자가 「병역법」에 따라 징집 또는 소집된 경우
4. 부양의무자가 「형의 집행 및 수용자의 처우에 관한 법률」 또는 종전의 「사회보호법」에 따라 교도소, 구치소 또는 보호감호소에 수용 중인 경우
5. 부양의무자가 해외이주를 한 경우
6. 부양의무자가 부양을 거부하거나 기피하는 경우
7. 그 밖에 제2호부터 제6호까지의 규정에 준하는 사유가 있는 경우

** 이와 관련하여 자세한 사항은 자동차사고 피해자등 지원업무처리에 관한 규정(국토교통부예규 제280호, 2019.8.29., 일부개정) 등을 참고하기 바람

3 후유장애인 등의 재활 지원(법 제31조)

1) 의의

① 국토교통부장관은 자동차사고 부상자나 부상으로 인한 후유장애인의 재활을 지원하기 위한 의료재활시설 및 직업재활시설(이하 "재활시설"이라 한다)을 설치하여 그 재

활에 필요한 다음 각 호의 사업(이하 "재활사업"이라 한다)을 수행할 수 있다.〈개정 2013.3.23., 2016.3.22.〉

1. 의료재활사업 및 그에 딸린 사업으로서 대통령령으로 정하는 사업

> **▶ 영 제24조(재활사업의 범위 등)**
> ① 법 제31조제1항제1호에서 "대통령령으로 정하는 사업"이란 다음 각 호의 사업을 말한다.
> 1) 의료재활사업 관계자에 대한 교육
> 2) 의료재활사업에 관한 조사 · 연구

2. 직업재활사업(직업재활상담을 포함한다) 및 그에 딸린 사업으로서 대통령령으로 정하는 사업

> **▶ 영 제24조(재활사업의 범위 등)**
> ② 법 제31조제1항제1호에서 "대통령령으로 정하는 사업"이란 다음 각 호의 사업을 말한다.
> 1. 직업재활사업 관계자에 대한 교육
> 2. 직업재활사업에 관한 조사 · 연구
> 3. 「장애인복지법」에 따른 장애인복지시설에서 제공하는 주거편의 · 상담 · 훈련 등 서비스의 소개

② 삭제〈2016.12.20.〉

③ 재활시설의 용도로 건설되거나 조성되는 건축물, 토지, 그 밖의 시설물 등은 국가에 귀속된다.

④ 국토교통부장관이 재활시설을 설치하는 경우에는 그 규모와 설계 등에 관한 중요 사항에 대하여 자동차사고 후유장애인단체의 의견을 들어야 한다.〈개정 2013.3.23.〉

2) 재활시설운영자의 지정(법 제32조)

① 국토교통부장관은 다음 각 호의 구분에 따라 그 요건을 갖춘 자 중 국토교통부장관의 지정을 받은 자에게 재활시설이나 재활사업의 관리 · 운영을 위탁할 수 있다.〈개정 2009.5.27, 2013.3.23., 2015.6.22.〉

1. 의료재활시설 및 제31조제1항제1호에 따른 재활사업: 「의료법」 제33조에 따라 의료기관의 개설허가를 받고 재활 관련 진료과목을 개설한 자로서 같은 법 제3조제3항에 따른 종합병원을 운영하고 있는 자

2. 직업재활시설 및 제31조제1항제2호에 따른 재활사업: 다음 각 목의 어느 하나에 해당하는 자
   가. 자동차사고 후유장애인단체 중에서 「민법」 제32조에 따라 국토교통부장관의 허가를 받은 법인으로서 대통령령으로 정하는 요건을 갖춘 법인
   나. 자동차사고 후유장애인단체 중에서 「협동조합 기본법」에 따라 설립된 사회적협동조합으로서 대통령령으로 정하는 요건을 갖춘 법인

▶ 영 제25조(재활시설운영자의 요건)

① 삭제〈2009.9.3.〉

② 법 제32조제1항제2호가목 및 나목에서 "대통령령으로 정하는 요건을 갖춘 법인"이란 「장애인복지법」에 따른 장애인복지단체로서 자동차사고후유장애인의 재활사업을 목적으로 설립된 법인을 말한다.〈개정 2015.12.22.〉

② 제1항에 따라 지정을 받으려는 자는 대통령령으로 정하는 바에 따라 국토교통부장관에게 신청하여야 한다.〈개정 2009.5.27., 2013.3.23.〉

③ 제1항에 따라 지정을 받은 자로서 재활시설이나 재활사업의 관리·운영을 위탁받은 자(이하 "재활시설운영자"라 한다)는 재활시설이나 재활사업의 관리·운영에 관한 업무를 수행할 때에는 별도의 회계를 설치하고 다른 사업과 구분하여 경리하여야 한다.〈개정 2009.5.27.〉

3) 기타사항(법 제32조4항)

재활시설운영자의 지정 절차 및 그에 대한 감독 등에 관해 필요한 사항은 대통령령으로 정한다.

** 기타 자세한 사항은 관련 법령을 참조하기 바란다.

4 다른 법률에 따른 배상 등과의 조정

1) 다른 법률에 따른 배상 등과의 조정(법 제36조)

자동차손해배상보장법은 법 제36조1항에서 정부는 피해자가 「국가배상법」, 「산업재해보상보험법」, 그 밖에 대통령령으로 정하는 법률에 따라 제30조제1항의 손해에 대하여 배상 또는 보상을 받으면 그가 배상 또는 보상받는 금액의 범위에서 제30조제1항에 따른 보상 책임을 지지 아니한다고 규정하여 다른 법률에서의 이중보상은 금지하도록 하고 있다.

이것은 자동차사고에 대한 기본적인 피해 보상을 이 법에 따르도록 하고 있고 그 외의 사항에 대해서는 법 제4조에서 민법에 따르도록 하고 있다. 그런데 법 제36조에서 별도로 제30조1항에 대한 사항을 규정한 것은 자동차보험 가입자들에게서 갹출된 보험금을 재원으로 하는 자동차사고 피해자에 대한 정부보장사업이 다른 법률에 의하여 별도로 보장이 되는 경우에는 이중보상의 문제가 발생하기 때문에 그 금액의 범위 내에서 이중보상에 대한 방지를 규정하고 있는 것으로 이해할 수 있다. 따라서 이 규정은 법 제30조1항, 2항에 대해서만 적용된다고 볼 것이다.

2) 보상책임의 면제(영 제29조)

법 제36조제1항에서 “그 밖에 대통령령으로 정하는 법률”이란 다음 각 호의 법률을 말한다.〈개정 2015.11.20., 2018.9.18.〉

1. 「공무원 재해보상법」(같은 법 제8조의 급여 중 같은 조 제5호에 따른 재해유족급여를 제외한 급여를 말한다)
2. 「군인연금법」(같은 법 제6조제13호 · 제14호 및 제17호에 따른 재해보상금, 사망조위금 및 공무상요양비만 해당한다)
3. 「사립학교교직원 연금법」(같은 법 제42조에 따라 준용되는 「공무원 재해보상법」 제8조의 급여 중 같은 조 제5호에 따른 재해유족급여를 제외한 급여를 말한다)
4. 「의무경찰대 설치 및 운영에 관한 법률」
5. 「국가유공자 등 예우 및 지원에 관한 법률」(같은 법 제15조에 따른 간호수당, 같은 법 제17조에 따른 사망일시금 및 같은 법 제43조의2에 따른 보철구의 지급만 해당한다)
6. 「근로기준법」

7. 「국민건강보험법」

3) 보상책임 범위(법 제36조)

(1) 정부는 피해자가 제3조의 손해배상책임이 있는 자로부터 제30조제1항의 손해에 대하여 배상을 받으면 그가 배상받는 금액의 범위에서 제30조제1항에 따른 보상 책임을 지지 아니한다(동조2항).
(2) 정부는 제30조제2항에 따라 지원받을 자가 다른 법률에 따라 같은 사유로 지원을 받으면 그 지원을 받는 범위에서 제30조제2항에 따른 지원을 하지 아니할 수 있다(동조 3항).

5 자동차사고 피해지원사업 분담금제도

1) 피해지원사업 분담금 의의(법 제37조)

자동차손해배상보장법은 법 제37조 ①항에서 제5조제1항에 따라 책임보험등에 가입하여야 하는 자와 법 제5조제4항에 따른 자동차 중 대통령령으로 정하는 자동차보유자는 자동차사고 피해지원사업 및 관련사업을 위한 분담금을 국토교통부장관에게 내야 한다고 규정하고 있다.

이 제도는 자동차의 증가로 인하여 국민의 거의 절반이 자동차를 보유하고 있고 이로 인하여 사고의 위험성도 날로 커지고 있으며 이로 인한 자동차사고의 피해자도 불특정 대다수의 국민이 대상이 됨으로 자동차보유자들에게서 자동차사고에 대한 피해자 지원사업을 위한 분담금을 납부하게 하여 자동차보유자에 대한 사회적 책임을 부과하려는 조치로 이해할 수 있다.

따라서 이 제도를 통하여 법 제30조 이하에서 정하는 보유불명자동차 및 무보험자동차에 의한 사고는 물론 자동차사고로 인한 유족과 중증 후유장애인의 지원 및 재활사업, 교통사고 피해예방 사업 등 관련된 업무를 수행할 수 있는 재원 등으로 사용하게 되는 것이다.

또한 이를 통하여 자동차보험의 사회보험성을 강화하여 자동차보험 교통사고 환자에 대한 진료수가를 사회보험인 건강보험 의료수가 분류체계를 적용할 수 있는 원인도 된다고 이해할 수 있는 것이다.

2) 분담금의 납부자 등

(1) 납부의무자

① 법 제37조1항 전단에서 정한 법 제5조제1항에 따라 책임보험등에 가입하여야 하는 자
② 법 제37조1항 후단에서 "대통령령으로 정하는 자동차보유자"란 법시행령 제5조제3호에 따른 자동차의 보유자를 말한다(영 제30조1항).

3) 원천징수납부의무자

자동차 피해지원사업 분담금은 제1항에 따라 분담금을 내야 할 자 중 제5조제1항에 따라 책임보험등에 가입하여야 하는 자의 분담금은 책임보험등의 계약을 체결하는 보험회사등이 해당 납부 의무자와 계약을 체결할 때에 징수하여 정부에 내야 한다(법 제37조2항).

이때 외국자동차의 경우에는 제1항에 따른 자동차의 보유자와 자동차손해배상에 관한 보험계약을 체결한 보험회사(「보험업법」에 따른 외국보험 사업자를 포함한다)는 해당 자동차의 보유자로부터 분담금을 징수하여 정부에 납부하여야 한다(영 제30조2항).

4) 분담금액(영 제31조1항)

법 제37조제1항에 따라 자동차보유자가 국토교통부장관(법 제45조제1항에 따라 국토교통부장관이 법 제37조에 따른 분담금의 수납 · 관리에 관한 업무를 보험회사등 또는 보험 관련 단체에 위탁한 경우에는 그 위탁을 받은 자를 말한다. 이하 제32조제1항, 제32조의2제2항 및 제33조에서 같다)에게 납부하여야 하는 분담금은 책임보험등의 보험료(책임공제의 경우에는 책임공제분담금을 말한다. 이하 "책임보험료등"이라 한다)에 해당하는 금액의 100분의 5를 넘지 아니하는 범위에서 국토교통부령으로 정하는 금액으로 한다.〈개정 2009.12.31, 2013.3.23, 2016.12.30〉

국토교통부장관은 제1항에 따라 분담금을 정할 때에는 미리 금융위원회와 협의하여야 한다.〈개정 2013.3.23., 2016.12.30.〉(동조3항)

이때 법시행규칙 제11조(분담금액)에서 영 제31조제1항에서 "국토교통부령으로 정하는 금액"이란 책임보험의 보험료(책임공제의 경우에는 책임공제분담금을 말한다)의 1,000분의 10을 말한다고 하고 있다.〈개정 2008.11.13., 2013.3.23.〉

5) 분담금의 추가징수

국토교통부장관은 제30조제1항제1호 및 제2호의 경우에 해당하는 사고를 야기한 자에게는 제1항에 따른 분담금의 3배의 범위에서 대통령령으로 정하는 바에 따라 분담금을 추가로 징수할 수 있다(법 제37조제3항).〈신설 2016.3.22.〉

이에 따라 보유불명자동차에 의한 사고 및 무보험차 등에 의한 사고를 야기한 자에게는 책임보장사업 분담금을 3배의 범위에서 추가로 징수할 수 있게 하였는데 이는 무보험차, 보유불명자동차의 사고에 대한 책임성을 강화하려는 것으로 이해할 수 있다.

이때 ① 법 제37조제3항에 따라 추가로 징수할 수 있는 분담금은 법 제37조제1항에 따른 분담금의 3배에 해당하는 금액으로 한다(영 제32조의2 제1항).

② 보험회사등은 법 제37조제3항에 따라 분담금을 추가로 내야 할 자와 책임보험등의 계약을 체결할 때에 제1항에 따른 분담금을 징수하여 국토교통부장관에게 납부하여야 한다(영 제32조의2 제2항).[본조신설 2016.12.30.]

6) 기타사항

기타 자세한 내용은 자동차손해배상보장업무처리규정 및 지침을 참조하기 바람

6 청구권 등의 대위

1) 보장사업 대위권(법 제39조1항)

정부는 제30조제1항(보유불명자동차, 무보험자동차)에 따라 피해를 보상한 경우에는 그 보상금액의 한도에서 제3조에 따른 손해배상책임이 있는 자에 대한 피해자의 손해배상 청구권을 대위행사(代位行使)할 수 있다.

이것은 정부에 의한 보장사업을 실행하고 보장사업에 소요된 비용을 행위유발자에게 구상하는 것으로 권한을 가진 자가 행사하지 못하면 정부가 권한을 행사하겠다는 강력한 의지를 보여주며 이를 통해 보장질서를 확립하고자 하는 것으로 이해할 수 있다.

2) 손해배상청구권의 대위행사를 위한 협조요청(영 제33조)

① 국토교통부장관은 법 제39조제1항에 따른 피해자의 손해배상청구권을 대위행사하기 위하여 가입관리전산망을 이용하여 경찰청장 · 지방경찰청장 또는 경찰서장(이하 "경찰청장등"이라 한다)에게 법 제30조제1항제1호에 따른 보유자를 알 수 없는 자동차를 운행한 자의 검거 여부 및 인적사항(「개인정보 보호법 시행령」 제19조에 따른 주민등록번호, 여권번호, 운전면허번호, 외국인등록번호를 포함한다)에 관한 정보 또는 법 제30조제1항제2호 본문에 따른 보험가입자등이 아닌 자의 인적사항에 관한 정보의 열람 · 제출 또는 확인 등을 요구할 수 있다.〈개정 2009.12.31., 2013.3.23., 2014.12.30.〉

② 제1항에 따른 요구를 받은 경찰청장등은 특별한 사유가 없으면 요구에 따라야 한다.

7 자동차손해배상진흥원의 설립(법 제39조의3)

국토교통부장관은 자동차손해배상 보장사업의 체계적인 지원 및 공제사업자에 대한 검사 업무 등을 수행하기 위하여 자동차손해배상진흥원을 설립할 수 있다.

1) 자동차손해배상진흥원의 업무(법 제39조의4, 규칙 제11조의2)

① 자동차손해배상진흥원은 다음 각 호의 업무를 수행한다.
  1. 제2항의 검사 대상 기관의 업무 및 재산 상황 검사
  2. 자동차손해배상 및 보상 정책의 수립 · 추진 지원
  3. 자동차손해배상 및 보상 정책 관련 연구
  4. 그 밖에 국토교통부령으로 정하는 업무

② 자동차손해배상진흥원의 검사를 받는 기관은 다음 각 호와 같다.
  1. 「여객자동차 운수사업법」에 따른 인가를 받아 공제사업을 하는 기관
  2. 「화물자동차 운수사업법」에 따른 인가를 받아 공제사업을 하는 기관
  3. 그 밖에 국토교통부령으로 정하는 기관[본조신설 2015.6.22.]

③ 법 제39조의3제1항에 따라 설립된 자동차손해배상진흥원(이하 "자동차손해배상진흥원"이라 한다)은 매년 법 제39조의4제1항에 따른 업무의 계획을 수립하여 법 제39조

의10제3항에 따른 예산서와 함께 국토교통부장관에게 제출하여야 한다.

④ 법 제39조의4제1항제4호에서 "국토교통부령으로 정하는 업무"란 다음 각 호의 업무를 말한다.

1. 자동차손해배상 및 보상 정책의 교육 및 홍보
2. 자동차손해배상 및 보상 정책 관련 통계 및 자료의 수집 · 관리
3. 법 제39조의4제2항 각 호의 기관에 대한 정책 연구 지원
4. 그 밖에 법 제39조의4제1항제1호부터 제3호까지의 업무 및 이 조 제1항제1호부터 제3호까지의 업무를 수행하기 위한 부대사업

⑤ 제1항 및 제2항에서 규정한 사항 외에 자동차손해배상진흥원의 업무에 관하여 필요한 사항은 국토교통부장관이 정한다.[본조신설 2016.1.22.]

8 자동차사고 피해지원기금의 설치(법 제39조의11)

국토교통부장관은 자동차사고 피해지원사업 및 관련 사업에 필요한 재원을 확보하기 위하여 자동차사고 피해지원기금(이하 "기금"이라 한다)을 설치한다.[본조신설 2016.12.20.]

1) 기금의 조성(법 제39조의12 제1항)

기금은 다음 각 호의 재원으로 조성한다.

1. 법 제37조에 따른 분담금
2. 기금의 운용으로 생기는 수익금

2) 기금의 용도(법 제39조의12 제2항)

기금은 다음 각 호의 어느 하나에 해당하는 용도에 사용한다.

1. 제7조제1항에 따른 의무보험 가입관리전산망의 구성 · 운영
2. 제30조제1항(자동차보유자를 알 수 없는 자동차의 운행으로 사망하거나 부상한 경우 및 보험가입자등이 아닌 자가 제3조에 따라 손해배상의 책임을 지게 되는 경우. 다만, 제5조제4항에 따른 자동차의 운행으로 인한 경우는 제외)에 따른 보상
3. 제30조제2항(자동차의 운행으로 인한 사망자나 대통령령으로 정하는 중증 후유장애

인(重症 後遺 障碍人)의 유자녀(幼子女) 및 피부양가족이 경제적으로 어려워 생계가 곤란하거나 학업을 중단하여야 하는 문제 등을 해결하고 중증 후유장애인이 재활할 수 있도록 지원)에 따른 지원

4. 제30조제4항에 따른 미반환 가불금의 보상
5. 제30조의2제1항에 따른 자동차사고 피해예방사업
6. 제31조제1항에 따른 재활시설의 설치
7. 제32조제1항에 따른 재활시설 및 재활사업의 관리 · 운영
8. 제39조제1항 및 제2항에 따른 청구권의 대위행사
9. 제39조의2제1항에 따른 채권정리위원회의 운영
10. 제39조의3제1항에 따른 자동차손해배상진흥원의 운영 및 지원
11. 제43조의2에 따른 포상금의 지급
12. 자동차사고 피해지원사업과 관련된 연구 · 조사
13. 자동차사고 피해지원사업과 관련된 전문인력 양성을 위한 국내외 교육훈련
14. 분담금의 수납 · 관리 등 기금의 조성 및 기금 운용상 필요한 경비

[본조신설 2016.12.20.]

**** 그밖에 자동차손해배상보장 채권정리 및 손해배상 진흥원에 관한 자세한 사항은 법령과 자동차보험 채권정리 업무지침을 참조하기 바람

제5절 보 칙

1 압류 등의 금지(법 제40조)

1) 의의

자동차손해배상보장법은 법 제40조에서 법 제10조제1항, 제11조제1항 또는 제30조제1항에 따른 청구권은 압류하거나 양도할 수 없다고 규정하여 자동차보험 환자에 대한 보상권을

보호하고자 하고 있다.

이 제도는 교통사고를 당한 환자가 보상을 받을 권리를 보장하는 것으로 이는 자동차보험 교통사고 환자의 생활안정과 건강회복 또는 그 유족의 생존을 위하여 절대적으로 필요한 것이기 때문이다.

또한 이 규정은 1997년 우리나라에 IMF 구제금융 등과 함께 이후 국제금융시장의 불안 등으로 국가경제의 위기가 초래되고 이로 인하여 회사의 경영이 매우 불안정하였던 시기가 있었고 그 여파로 이후에도 비정규직의 증가 등에 의한 근로자들의 근로관계 불안정으로 개인파산과 자영업자의 경영불안 및 신용불량 등 경제적 불안감은 끝나지 않고 있는 것이 현실이다.

이에 따라 자동차보험 교통사고 환자와 보유불명자동차, 무보험자동차 등에 의한 피해보상 및 가불금 등에 대해 환자의 개인적 사정 등으로 인하여 보상을 청구할 권리 등을 제3자 등에 양도하거나 이를 압류할 수 없도록 명문화함으로써 자동차보험 환자의 보상권을 가장 직접적이고 최대한 보장하려는 특별한 환자 보호규정으로 이해할 수 있다.

2) 보호대상 권리

(1) 보험금등의 청구권리(법 제10조1항)

보험가입자등에게 제3조에 따른 손해배상책임이 발생하면 그 피해자는 대통령령으로 정하는 바에 따라 보험회사등에게 「상법」 제724조제2항에 따라 보험금등을 자기에게 직접 지급할 것을 청구할 수 있다. 이 경우 피해자는 자동차보험진료수가에 해당하는 금액은 진료한 의료기관에 직접 지급하여 줄 것을 청구할 수 있다.

(2) 피해자에 대한 가불금법(법 제11조1항)

보험가입자등이 자동차의 운행으로 다른 사람을 사망하게 하거나 부상하게 한 경우에는 피해자는 대통령령으로 정하는 바에 따라 보험회사등에게 자동차보험진료수가에 대하여는 그 전액을, 그 외의 보험금등에 대하여는 대통령령으로 정한 금액을 제10조에 따른 보험금등을 지급하기 위한 가불금(假拂金)으로 지급할 것을 청구할 수 있다.

(3) 자동차손해배상 보장사업(법 제30조1항)

정부는 다음 각 호의 어느 하나에 해당하는 경우에는 피해자의 청구에 따라 책임보험의 보험금 한도에서 그가 입은 피해를 보상한다. 다만, 정부는 피해자가 청구하지 아니한 경우에도 직권으로 조사하여 책임보험의 보험금 한도에서 그가 입은 피해를 보상할 수 있다.〈개정 2012.2.22〉

1. 자동차보유자를 알 수 없는 자동차의 운행으로 사망하거나 부상한 경우
2. 보험가입자등이 아닌 자가 제3조에 따라 손해배상의 책임을 지게 되는 경우. 다만, 제5조제4항에 따른 자동차의 운행으로 인한 경우는 제외한다.

2 시효(법 제41조)

제10조, 제11조제1항, 제29조제1항 또는 제30조제1항에 따른 청구권은 3년간 행사하지 아니하면 시효로 소멸한다.〈개정 2009.2.6.〉

1) 시효의 의의

시효란 법률관계의 법적 안정성을 확보하기 위하여 도입된 제도로 일정 기간 권리를 행사하지 않으면 그 권리를 상실시키는 제도로 자동차보험법에서 부여하고 있는 각종 권리에 대하여 그 기간을 정하여 그 기간 내에 권리를 행사하지 않으면 이를 소멸시키는 것을 의미한다.

즉 소멸시효란 자동차사고 보험 교통사고 환자 등이 가질 수 있는 보상의 권리에 대해서 이를 무한정 허용하는 것이 아니라 법에 정한 일정기간 동안만 이를 허용함으로써 법적 안정성을 확보하기 위한 것으로 해석할 수 있다.

이에 따라 자동차손해배상보장법에서도 법 제41조에서 보험금의 청구, 가불금, 보험회사의 구상권, 피해보장사업 등에 따른 청구권은 3년간 행사하지 아니하면 시효로 소멸한다고 규정하여 법적 안정성을 위한 규정을 두고 있다.

2) 시효 대상

(1) 보험금등의 청구(법 제10조)

① 보험가입자등에게 제3조에 따른 손해배상책임이 발생하면 그 피해자는 대통령령으로 정하는 바에 따라 보험회사등에게 「상법」 제724조제2항에 따라 보험금등을 자기에게 직접 지급할 것을 청구할 수 있다. 이 경우 피해자는 자동차보험진료수가에 해당하는 금액은 진료한 의료기관에 직접 지급하여 줄 것을 청구할 수 있다.

② 보험가입자등은 보험회사등이 보험금등을 지급하기 전에 피해자에게 손해에 대한 배상금을 지급한 경우에는 보험회사등에게 보험금등의 보상한도에서 그가 피해자에게 지급한 금액의 지급을 청구할 수 있다.

(2) 피해자에 대한 가불금(법 제11조1항)

보험가입자등이 자동차의 운행으로 다른 사람을 사망하게 하거나 부상하게 한 경우에는 피해자는 대통령령으로 정하는 바에 따라 보험회사등에게 자동차보험진료수가에 대하여는 그 전액을, 그 외의 보험금등에 대하여는 대통령령으로 정한 금액을 제10조에 따른 보험금등을 지급하기 위한 가불금(假拂金)으로 지급할 것을 청구할 수 있다.

(3) 보험금등의 지급 등(법 제29조1항)-음주 및 무면허운전, 사고 후 무조치

다음 각 호의 어느 하나에 해당하는 사유로 다른 사람이 사망 또는 부상하거나 다른 사람의 재물이 멸실되거나 훼손되어 보험회사등이 피해자에게 보험금등을 지급한 경우에는 보험회사등은 법률상 손해배상책임이 있는 자에게 국토교통부령으로 정하는 금액을 구상(求償)할 수 있다.〈개정 2013.3.23., 2017.11.28.〉

1. 「도로교통법」에 따른 운전면허 또는 「건설기계관리법」에 따른 건설기계조종사면허 등 자동차를 운행할 수 있는 자격을 갖추지 아니한 상태(자격의 효력이 정지된 경우를 포함한다)에서 자동차를 운행하다가 일으킨 사고
2. 「도로교통법」 제44조제1항을 위반하여 술에 취한 상태에서 자동차를 운행하다가 일으킨 사고
3. 「도로교통법」 제54조제1항에 따른 조치를 하지 아니한 사고(「도로교통법」 제156조제10호에 해당하는 경우는 제외한다)

(4) 자동차손해배상 보장사업(법 제30조1항)

정부는 다음 각 호의 어느 하나에 해당하는 경우에는 피해자의 청구에 따라 책임보험의 보험금 한도에서 그가 입은 피해를 보상한다. 다만, 정부는 피해자가 청구하지 아니한 경우에도 직권으로 조사하여 책임보험의 보험금 한도에서 그가 입은 피해를 보상할 수 있다.〈개정 2012.2.22.〉

1. 자동차보유자를 알 수 없는 자동차의 운행으로 사망하거나 부상한 경우

2. 보험가입자등이 아닌 자가 제3조에 따라 손해배상의 책임을 지게 되는 경우. 다만, 제5조제4항에 따른 자동차의 운행으로 인한 경우는 제외한다.

3) 시효의 기산점

소멸시효의 기산점에 대하여 법률에는 규정이 없다. 따라서 다음 사항을 참조할 필요가 있다.

참고판례

상법 제662조는 보험금액의 청구권은 2년간 행사하지 아니하면 소멸시효가 완성한다는 취지를 규정하고 있을 뿐 보험금액청구권의 소멸시효 기산점에 관하여는 아무런 규정을 두지 않고 있으므로, "소멸시효는 권리를 행사할 수 있는 때로부터 진행한다."고 규정한 민법 제166조 제1항에 따를 수밖에 없는바, 보험금액청구권은 보험사고가 발생하기 전에는 추상적인 권리에 지나지 아니할 뿐 보험사고의 발생으로 인하여 구체적인 권리로 확정되어 그 때부터 그 권리를 행사할 수 있게 되는 것이므로, 특별한 사정이 없는 한 원칙적으로 보험금액청구권의 소멸시효는 보험사고가 발생한 때로부터 진행한다고 해석함이 상당하다(대법원 1998. 5. 12. 선고 97다54222 판결, 대법원 2004. 12. 24. 선고 2003다5573, 5580 판결 등 참조). 한편 보험사고가 발생하였는지 여부가 객관적으로 분명하지 아니하여 보험금청구권자가 과실 없이 보험사고의 발생을 알 수 없었던 경우에도 보험사고가 발생한 때부터 보험금청구권의 소멸시효가 진행한다고 해석하는 것은 보험금청구권자에게 가혹한 결과를 초래하게 되어 정의와 형평의 이념에 반하고 소멸시효제도의 존재이유에도 부합하지 않으므로, 객관적으로 보아 보험사고가 발생한 사실을 확인할 수 없는 사정이 있는 경우에는 보험금청구권자가 보험사고의 발생을 알았거나 알 수 있었던 때부터 보험금청구권의 소멸시효가 진행한다고 해석하는 것이 타당하다.

(출처 : 대법원 2013.09.26. 선고 2013다34693 판결[보험금] 종합법률정보 판례)

4) 소멸시효의 완성 효과

자동차보험에서 보상을 받을 권리는 3년간 행사하지 아니하면 소멸시효가 완성된다. 소멸시효가 완성된 보험급여에 대하여는 지급할 의무가 없어진다.

참고판례

교통사고로 심신상실의 상태에 빠진 갑이 을 보험회사를 상대로 교통사고 발생일로부터 2년이 경과한 시점에 보험계약에 기한 보험금의 청구를 내용으로 하는 소를 제기한 사안에서, 보험금청구권에 대하여는 2년이라는 매우 짧은 소멸시효기간이 정해져 있으므로 보험자 스스로 보험금청구권자의 사정에 성실하게 배려할 필요가 있다는 점, 권리를 행사할 수 없게 하는 여러 장애사유 중 권리자의 심신상실상태에 대하여는 특별한 법적 고려를 베풀 필요가 있다는 점, 갑이 보험사고로 인하여 의식불명의 상태에 있다는 사실을 그 사고 직후부터 명확하게 알고 있던 을 보험회사는 갑의 사실상 대리인에게 보험금 중 일부를 지급하여 법원으로부터 금치산선고를 받지 아니하고도 보험금을 수령할 수 있다고 믿게 하는 데 일정한 기여를 한 점 등을 종합하여 보면, 을 보험회사가 주장하는 소멸시효완성의 항변을 받아들이는 것은 신의성실의 원칙에 반하여 허용되지 아니한다고 판단하여 갑의 보험금청구를 인용한 원심판단을 수긍한 사례.

(출처 : 대법원 2010.05.27. 선고 2009다44327 판결[보험금] 종합법률정보 판례)

그러나 환자에게 특수한 사정이 있는 경우에는 매우 예외적으로 인정된 사례가 있으나 이 경우는 2007년 3년으로 개정되기 전의 소멸시효가 2년인 경우였으므로 그대로 적용하기는 무리일 수도 있다고 할 것이다.

5) 시효의 중단

시효의 중단에 대해서도 명문의 규정이 없으므로 민법의 규정에 따르는 것으로 보아야 한다.

단원평가

제1절 보험금의 직접청구 등

1. 보험금등의 직접청구에 대한 의의를 설명하시오.
2. 직접지급 청구시 첨부서류는 어떤 것이 있는가.
3. 피해자에 대한 가불금의 취지와 한도, 처리기간을 설명하시오.

제2절 심사청구

1. 자동차보험진료수가분쟁심의회의 의의와 목적에 대해 설명하시오.
2. 자동차보험진료수가분쟁심의회의 주요 기능에 대해 설명하시오.
3. 자동차보험진료수가분쟁심의회의 구성과 운영에 대해서 설명하시오.
4. 자동차보험진료수가분쟁심의회에 대한 심사청구의 의의를 설명하시오.
5. 분쟁심의회의 심사 결정의 효력에 대해서 설명하시오.
6. 분쟁심의회의 권한에 대해서 설명하시오.
7. 분쟁심의회의 위법 사실의 통보에 대한 의의를 설명하시오.
8. 분쟁심의회의 심사청구서에 첨부하는 서류의 종류는 어떤 것이 있는가.
9. 분쟁심의회의 답변서는 언제까지 답변하여야 하는가.
10. 분쟁심의회에 대한 의료기관의 대응 방안은 무엇인가.

제3절 보험사의 구상권

1. 보험회사의 구상권의 의의는 무엇인가.
2. 보험회사가 구상할 수 있는 사유는 어떤 것이 있는가.
3. 보험회사가 구상할 수 있는 금액은 얼마인가.

제4절 자동차사고 피해지원사업

1. 자동차사고 피해지원사업의 의의를 설명하시오.
2. 자동차손해배상 보장사업의 대상은 무엇인가.
3. 자동차손해배상 보장사업의 보장금액(분담금)의 의의와 납부하는 방식은?
4. 자동차손해배상 보장사업의 피해자가 보상을 받고자 할 때 제출하는 서류는 어떤 것이 있는가.

5. 정부보장사업 환자의 진료절차는 어떻게 하면 되는가.
6. 유자녀 및 중증 후유장애인 피부양가족 지원사업의 의의를 설명하시오.
7. 유자녀 및 중증 후유장애인 피부양가족 지원사업의 대상자는 어떠한가.
8. 자동차사고 피해예방사업의 범위에 대해서 쓰시오.
9. 재활시설운영자의 지정신청시 제출하는 서류에는 어떤 것이 있는가.
10. 재활시설운영자의 지정 취소 사유에는 어떤 것이 있는가.
11. 정부보장사업과 다른 법률에 따른 배상 등과의 조정의 의의를 설명하시오.
12. 자동차사고 피해지원사업 분담금의 액수와 납부 의무자는 누구인가.
13. 정부보장사업에 대한 청구권 등의 대위의 의의를 설명하시오.

제5절 보 칙

1. 자동차보험에서의 압류 등의 금지 의의를 설명하시오.
2. 압류 등의 금지 대상 권리를 쓰시오.
3. 자동차보험에서의 시효의 의의에 대하여 쓰시오.
4. 시효의 대상에 대해서 쓰시오.
5. 소멸시효의 완성 효과에 대하여 쓰시오.

제7장 자동차보험 진료관계론

학습목표
- 자동차보험의 의료기관의 지정 및 관리에 대해 이해한다.
- 입원환자의 관리에 대해 이해한다.
- 자동차보험의 벌칙에 대해 숙지한다.
- 자동차보험의 의료전달체계에 대해 이해한다.

제1절 일반사항

1 자동차보험 의료기관의 지정관리

자동차보험 환자의 진료를 담당하는 의료기관은 산재에서처럼 별도의 지정절차를 거치지는 않는다. 진료관리론에서 설명한 바대로 모든 의료기관과 보건의료원이 자동차보험 환자를 진료할 수 있다고 보면 되며 환자가 자발적으로 의료기관을 선택하여 진료 받을 수 있다. 다만 1차 치료를 한 후에는 상향하여 전원할 수는 없고 하향 전원만이 가능하다.

자동차보험 환자를 진료하는 의료기관은 보험회사의 지불보증만 받으면 가능하고 추후 진료비의 청구를 위해서는 진료비 지불과 관련한 서류-거래 인감 및 예금통장 사본, 사업자등록증 등의 등록이 필요하게 된다.

2 입원환자의 관리 등(법 제13조)

자동차보험 환자가 입원하여

① 제12조제2항에 따라 보험회사등에 자동차보험진료수가를 청구할 수 있는 의료기관은 교통사고로 입원한 환자(이하 "입원환자"라 한다)의 외출이나 외박에 관한 사항을 기록 · 관리하여야 한다.

② 입원환자는 외출하거나 외박하려면 의료기관의 허락을 받아야 한다.

③ 제12조제1항에 따라 자동차보험진료수가의 지급 의사 유무 및 지급 한도를 통지한 보험회사등은 입원환자의 외출이나 외박에 관한 기록의 열람을 청구할 수 있다. 이 경우 의료기관은 정당한 사유가 없으면 청구에 따라야 한다.

위반시 벌칙

이를 위반하면 300만원 이하의 과태료를 부과한다.

▶ **법 제48조3항**

3. 제13조제1항을 위반하여 입원환자의 외출이나 외박에 관한 사항을 기록 · 관리하지 아니하거나 거짓으로 기록 · 관리한 의료기관의 개설자

3의2. 제13조제3항을 위반하여 기록의 열람 청구에 따르지 아니한 자

따라서 이 문제로 인하여 의료기관의 진료비 청구의 문제는 물론 의료기관에 대한 신뢰의 저하와 보험사기 등의 문제와도 연관되므로 자동차보험회사 소속 직원의 의료기관 관리에 유의하여야 한다. 이 부분에 대해서는 진료관리론에서 전술한 바 있다.

3 교통사고환자의 퇴원·전원 지시(법 제13조의2)와 관련한 병원관리

법 제13조의 2의 ①항에서 의료기관은 입원 중인 교통사고환자가 수술 · 처치 등의 진료를 받은 후 상태가 호전되어 더 이상 입원진료가 필요하지 아니한 경우에는 그 환자에게 퇴원하도록 지시할 수 있고, 생활근거지에서 진료할 필요가 있는 경우 등에는 동급 이하의 병원으로 하향전원하도록 하고 있다.

이것은 1차 병원에서 장기진료를 방지하고 생활근거지 근처에서 적정진료를 하도록 유도하는 것을 의미한다. 이때 적정진료가 종료된 후에도 퇴원이나 전원, 종결 등을 시행하지 않게되면 보험회사는 입원환자 상태점검서 등을 통하여 경미한 환자에게는 퇴원 여부를 의료기관에 요청하거나 장기환자인 경우 입원료 식대심사지침 등에 의거 입원진료 계속 여부에 대한 소견을 질의하게 되며 이에 따르지 않으면 입원식대의 청구나 조정 등에서 불

이익을 당할 수 있고 나아가 보험 사기 등의 문제에도 노출될 수 있으므로 매우 유의하여야 한다.

이 경우 의료기관은 해당 환자와 제12조제1항에 따라 자동차보험진료수가의 지급 의사를 통지한 해당 보험회사등에게 그 사유와 일자를 지체없이 통보하여야 한다.

4 진료기록의 열람 등(법 제14조)

자동차보험은 법 제14조 ①항에서 보험회사등은 의료기관으로부터 제12조제2항에 따라 자동차보험진료수가를 청구받으면 그 의료기관에 대하여 관계 진료기록의 열람을 청구할 수 있다.〈개정 2012.2.22.〉

또한 ②항에서 제12조의2에 따라 심사 등을 위탁받은 전문심사기관은 심사 등에 필요한 자료를 의료기관에 요청할 수 있다고 규정하고 있다.〈신설 2012.2.22.〉

이에 대해 ③항에서 제1항 또는 제2항의 경우 의료기관은 정당한 사유가 없는 한 이에 응하여야 한다고 규정하여 의료기관이 이에 따르도록 하도 있다.〈신설 2012.2.22.〉

이것은 보험회사 등은 물론 자동차보험 진료비의 심사를 맡은 건강보험심사평가원이 자동차보험 환자를 진료한 의료기관이 진료비를 청구한 경우 당해 진료비가 진료기준에 적합한지, 진료재료나 입원생활이 적절했는지, 의료행위가 적절했는지 등 진료비지급과 관련하여 전반적인 사항에 대하여 기록을 열람하겠다는 것으로 의료기관에 대한 가장 강력한 관리수단이다. 그러나 이에 대한 벌칙은 별도로 규정되어 있지는 않아서 실효성 여부는 생각해 볼 일이라고 할 것이다.

그간 건강보험의 경우를 보면 많은 수의 의료기관들이 소신껏 진료를 하고도 진료비의 현지조사에서 많은 부분에 대해 과잉진료나 부정청구나 허위청구 등의 이름으로 진료비를 환수당했고 의료기관들은 수행한 진료행위와 보험진료기준과의 사이에서 계속하여 거리감을 가지고 있는 것이 사실이다.

따라서 모든 진료기록은 사실대로 정확하게 기록되어져야 하고 진료기록에 근거하여 사실대로 청구되어져야 한다.

5 자동차보험진료수가분쟁심의회에 의한 관리

자동차보험은 법 제22조(심의회의 권한)에서 심의회는 제20조제1항에 따른 자동차보험

진료비의 심사청구시 심사 · 결정을 위하여 필요하다고 인정하면 보험회사 등 · 의료기관 · 보험사업자단체 또는 의료사업자단체에 필요한 서류를 제출하게 하거나 의견을 진술 또는 보고하게 하거나 관계 전문가에게 진단 또는 검안 등을 하게 할 수 있다.

또한 동법 제22조의2에서 심의회는 제20조제1항에 따른 심사 · 결정을 위하여 전문심사기관에 필요한 자료 및 의견서를 제출하게 할 수 있다. 이 경우 요청을 받은 전문심사기관은 특별한 사유가 없으면 이에 협조하여야 한다[본조신설 2016.3.22.]고 함으로써 심의회는 건강보험심사평가원이 자동차보험 진료비를 심사한 자료를 요구할 수 있게 하고 심사평가원은 특별한 사유가 없으면 이에 협조하도록 하고 있어 의료기관의 진료비 청구 및 심사에 관련한 자료 등이 심의회로 제공될 수 있고 이는 의료기관에 어떻게 영향을 미치거나 작용할지 알 수 없다.

그리고 동법 제23조(위법 사실의 통보 등)에서 심의회는 심사 청구 사건의 심사나 그 밖의 업무를 처리할 때 당사자 또는 관계인이 법령을 위반한 사실이 확인되면 관계 기관에 이를 통보하여야 한다고 규정함으로써 만약 의료기관이 적정진료 후 적정진료비를 청구하였지만 어느 부분에서 부당한 부분이 개입되어 결과적으로 법령을 위반하게 되면 이것이 관계기관에 통보되고 그에 따라 조치를 받게 될 것이다.

따라서 자동차보험 환자를 진료하는 모든 의료기관에서는 진료수가 청구시에는 물론 근본적으로 의료의 전 과정에서 위법사항이 발생하지 않도록 매우 유의하여야 한다.

제2절 정부감독과 신고포상금

1 검사·질문 등(법 제43조)

① 국토교통부장관은 필요하다고 인정하면 소속 공무원에게 재활시설, 자동차보험진료수가를 청구하는 의료기관 또는 제45조제1항부터 제5항까지의 규정에 따라 권한을 위탁받은 자의 사무소 등에 출입하여 다음 각 호의 행위를 하게 할 수 있다. 다만, 자동차보험진료수가를 청구한 의료기관에 대하여는 제1호 및 제3호의 행위에 한한다. 〈개정 2009.5.27., 2013.3.23., 2013.8.6.〉

1. 이 법에 규정된 업무의 처리 상황에 관한 장부 등 서류의 검사

2. 그 업무 · 회계 및 재산에 관한 사항을 보고받는 행위
3. 관계인에 대한 질문

이를 위반하여 검사 · 보고요구 · 질문에 정당한 사유 없이 따르지 아니하거나 이를 방해 또는 기피한 자에게는 300만원 이하의 과태료를 부과한다(법 제48조3항3의3호).

② 국토교통부장관은 이 법에 규정된 보험사업에 관한 업무의 처리 상황을 파악하거나 자동차손해배상 보장사업을 효율적으로 운영하기 위하여 필요하면 관계 중앙행정기관, 지방자치단체, 금융감독원 등에 필요한 자료의 제출을 요청할 수 있다. 이 경우 자료 제출을 요청받은 중앙행정기관, 지방자치단체, 금융감독원 등은 정당한 사유가 없으면 요청에 따라야 한다. 〈개정 2013.3.23.〉

③ 제1항에 따라 검사 또는 질문을 하는 공무원은 그 권한을 표시하는 증표를 지니고 이를 관계인에게 내보여야 한다.

④ 국토교통부장관은 제1항에 따라 검사를 하거나 보고를 받은 결과 법령을 위반한 사실이나 부당한 사실이 있으면 재활시설운영자나 권한을 위탁받은 자에게 시정하도록 명할 수 있다. 〈개정 2013.3.23.〉

이를 위반하여 시정명령을 이행하지 아니한 자에게는 300만원 이하의 과태료를 부과한다(법 제48조3항4호).

2 포상금(법 제43조의2)

1) 보유불명자동차(속칭 뺑소니)의 신고

① 국토교통부장관은 자동차보유자를 알 수 없는 자동차의 운행으로 다른 사람을 사망하게 하거나 부상하게 한 자동차 또는 운전자를 목격하고 대통령령으로 정하는 관계 행정기관이나 수사기관에 신고 또는 고발한 사람에 대하여 그 신고되거나 고발된 운전자가 검거될 경우 1백만원의 범위에서 포상금을 지급할 수 있다. 〈개정 2013.3.23.〉

② 제1항의 포상금은 같은 항에 따라 신고되거나 고발된 운전자가 검거됨으로써 제30조제1항제1호에 따라 지급하여야 할 보상금이 절약된 금액의 범위에서 지급할 수 있다. 〈개정 2016.12.20.〉

* 이 부분은 자동차사고 후 도주 등 신고와 관련된 사항으로 의료기관과는 관련이 없으므

로 기타 자세한 사항은 관련법령 및 뺑소니사고 신고자에 대한 포상금 지급에 관한 규정 [시행 2016.4.25] [국토교통부고시 제2016-220호, 2016.4.25, 일부개정]을 참조하기 바람

제3절 벌 칙

1 벌칙(법 제46조)

1) 의의

자동차손해배상보장법에서의 벌칙은 자동차보험의 질서를 확립하여 자동차보험의 입법 목적을 달성하기 위하여 규정된 것이라고 이해할 수 있을 것이다. 이에 따라 자동차손해배상보장법에서는 다음과 같은 벌칙 규정을 두고 있으며 특히 의료기관의 허위 진료비 청구 등에 대해서는 더욱 엄격한 규정을 두고 있다.

2) 3년 이하의 징역 또는 3천만원 이하의 벌금(법 제46조1항)

다음 각 호의 어느 하나에 해당하는 자는 3년 이하의 징역 또는 3천만원 이하의 벌금에 처한다. 다만, 제1호에 해당하는 자에 대하여는 비밀누설로 피해를 받은 자의 고소가 있어야 공소를 제기할 수 있다.〈개정 2009.2.6., 2012.2.22., 2015.1.6., 2019.11.26.〉

1. 제14조제8항을 위반하여 진료기록 또는 교통사고 관련 조사기록의 열람으로 알게 된 다른 사람의 비밀이나 제공받은 개인정보를 누설한 자. 다만 이 조항은 피해자의 친고죄-반의사불벌죄라는 의미로 피해자의 고소가 있어야 처벌이 가능하다는 특징을 가지고 있다.
2. 제27조를 위반하여 의무보험 사업을 구분 경리하지 아니한 보험회사등
3. 제32조제3항을 위반하여 다른 사업과 구분하여 경리하지 아니한 재활시설운영자
4. 제45조의3을 위반하여 정보를 누설하거나 다른 사람의 이용에 제공한 자

이 조항은 당초 3년 이하 징역 또는 1천만원 이하의 벌금형에서 3년 이하의 징역 또는 3

천만원 이하의 벌금으로 강화되었다(2015.1.6. 개정).

3) 1년 이하의 징역 또는 1천만원 이하의 벌금(법 제46조2항)

다음 각 호의 어느 하나에 해당하는 자는 1년 이하의 징역 또는 1천만원 이하의 벌금에 처한다.〈개정 2012.2.22., 2015.1.6.〉

1. 제5조의2제2항을 위반하여 가입 의무 면제기간 중에 자동차를 운행한 자동차보유자
2. 제8조 본문을 위반하여 의무보험에 가입되어 있지 아니한 자동차를 운행한 자동차보유자

이 조항은 당초 1년 이하 징역 또는 500만원 이하의 벌금형에서 1년 이하의 징역 또는 1천만원 이하의 벌금으로 강화되었다(2015.1.6. 개정).

4) 의료기관에 대한 벌칙 예외(법 제46조3항)

제12조제3항을 위반하여 진료기록부의 진료기록과 다르게 자동차보험진료수가를 청구하거나 이를 청구할 목적으로 거짓의 진료기록을 작성한 의료기관에 대하여는 5천만원 이하의 벌금에 처한다. 따라서 의료기관들은 진료기록부의 작성에 매우 신중을 기하여야 한다.

2 양벌규정(법 제47조)

1) 의의

양벌규정이란 법령에 규정된 위반행위를 하면 그 행위자를 벌하는 외에 그 법인 또는 개인에게도 해당 조문의 벌금형을 과(科)하여 공동책임을 지게 함으로써 담당자 개인뿐만 아니라 관리책임자에게도 벌칙을 과하여 행정법규의 실효성을 확보하고 법령의 시행목적을 달성하고자 하는 것으로 이해할 수 있다.

2) 규정

법인의 대표자나 법인 또는 개인의 대리인, 사용인, 그 밖의 종업원이 그 법인 또는 개인의

업무에 관하여 제46조의 위반행위를 하면 그 행위자를 벌하는 외에 그 법인 또는 개인에게도 해당 조문의 벌금형을 과(科)한다. 다만, 법인 또는 개인이 그 위반행위를 방지하기 위하여 해당 업무에 관하여 상당한 주의와 감독을 게을리하지 아니한 경우에는 그러하지 아니하다.
[전문개정 2009.2.6.]

3 과태료(법 제48조)

1) 의의

과태료는 법령에 규정한 일정한 의무를 이행하지 않거나 가벼운 벌칙을 위반한 사람에게 국가에 납부하게 하는 것으로 벌금이나 과료와 달리 형벌의 성질을 가지지 않는 법령위반에 대하여 부과하는 금전벌을 의미한다.

그러나 이것 또한 자동차보험 의료기관으로서는 불이익한 일이며 금전적인 손실과 함께 이미지에도 손실을 초래하므로 엄격히 관리되어야 한다.

2) 2천만원 이하의 과태료(법 제48조)

① 삭제〈2013.8.6.〉
② 다음 각 호의 어느 하나에 해당하는 자에게는 2천만원 이하의 과태료를 부과한다.
1. 제11조제2항을 위반하여 피해자가 청구한 가불금의 지급을 거부한 보험회사등
2. 제12조제5항을 위반하여 자동차보험진료수가를 교통사고환자(환자의 보호자를 포함한다)에게 청구한 의료기관의 개설자
3. 제24조제1항을 위반하여 제5조제1항부터 제3항까지의 규정에 따른 보험 또는 공제에 가입하려는 자와의 계약 체결을 거부한 보험회사등
4. 제25조를 위반하여 의무보험의 계약을 해제하거나 해지한 보험회사등

3) 300만원 이하의 과태료(법 제48조3항)

다음 각 호의 어느 하나에 해당하는 자에게는 300만원 이하의 과태료를 부과한다.〈개정 2009.5.27.〉

1. 제5조제1항부터 제3항까지의 규정에 따른 의무보험에 가입하지 아니한 자
2. 제6조제1항 또는 제2항을 위반하여 통지를 하지 아니한 보험회사등
3. 제13조제1항을 위반하여 입원환자의 외출이나 외박에 관한 사항을 기록 · 관리하지 아니하거나 거짓으로 기록 · 관리한 의료기관의 개설자

3의2. 제13조제3항을 위반하여 기록의 열람 청구에 따르지 아니한 자

3의3. 제43조제1항에 따른 검사 · 보고요구 · 질문에 정당한 사유 없이 따르지 아니하거나 이를 방해 또는 기피한 자

4. 제43조제4항에 따른 시정명령을 이행하지 아니한 자

4) 500만원 이하의 과태료(법 제48조4항)

제39조의6을 위반하여 자동차손해배상진흥원 또는 이와 유사한 명칭을 사용한 자에게는 500만원 이하의 과태료를 부과한다.〈신설 2015.6.22.〉

5) 부과기준(법 제48조5항)

제1항부터 제3항까지의 규정에 따른 과태료는 대통령령으로 정하는 바에 따라 시장 · 군수 · 구청장이, 제4항의 규정에 따른 과태료는 국토교통부장관이 부과 · 징수한다.〈신설 2009.2.6., 2015.6.22.〉

이에 따라 법시행령 제36조(과태료의 부과기준) 법 제48조제1항부터 제3항까지의 규정에 따른 과태료의 부과기준은 별표 5에서 별도로 정하고 있다.[전문개정 2011.4.4.]

그 중 의료기관과 관련한 부과기준은 표와 같다.

[별표 5] 〈개정 2015.12.22.〉

과태료의 부과기준(제36조 관련)

1. 일반기준
   가. 위반행위의 횟수에 따른 과태료 부과기준은 최근 1년간 같은 위반행위로 과태료처분을 받은 경우에 적용한다. 이 경우 위반횟수별 부과기준의 적용일은 위반행위에 대한 과태료처분일과 그 처분 후 다시 적발된 날로 한다.

나. 제2호가목부터 다목까지의 규정에 따른 부과기준을 적용할 때에는 법 제6조제4항, 「자동차관리법」 제13조제6항 및 제37조제3항, 「건설기계관리법」 제13조제9항, 「지방세법」 제131조제1항, 「질서위반행위규제법」 제55조제1항 또는 「여객자동차 운수사업법」 제89조제2항에 따라 자동차의 등록번호판이 영치된 경우 영치된 날 이후의 일수는 과태료 부과 일수 계산에서 제외한다.

다. 부과권자는 다음의 어느 하나에 해당하는 경우에는 제2호에 따른 과태료 금액의 2분의 1의 범위에서 그 금액을 줄일 수 있다. 다만, 과태료를 체납하고 있는 위반행위자의 경우에는 그러하지 아니하다.

1) 위반행위자가 「질서위반행위규제법 시행령」 제2조의2제1항 각 호의 어느 하나에 해당하는 경우

2) 그 밖에 위반행위의 정도, 위반행위의 동기와 그 결과 등을 고려하여 줄일 필요가 있다고 인정되는 경우

라. 부과권자는 다음의 어느 하나에 해당하는 경우에는 제2호에 따른 과태료 금액의 2분의 1의 범위에서 그 금액을 늘릴 수 있다. 다만, 법 제48조제1항부터 제3항까지의 규정에 따른 과태료 금액의 상한을 넘을 수 없다.

1) 위반의 내용 · 정도가 중대하여 피해자 등에게 미치는 피해가 크다고 인정되는 경우

2) 그 밖에 위반행위의 정도, 위반행위의 동기와 그 결과 등을 고려하여 늘릴 필요가 있다고 인정되는 경우

2. 개별기준

<table>
<tr><th>위반행위</th><th>근거 법조문</th><th colspan="3">과태료 금액</th></tr>
<tr><td>사. 의료기관의 개설자가 법 제12조제5항을 위반하여 자동차보험 진료수가를 교통사고환자(환자의 보호자를 포함한다)에게 청구한 경우</td><td>법 제48조 제2항제2호</td><td colspan="3">2천만원 한도에서 청구 건별로 청구한 금액의 2배에 해당하는 금액</td></tr>
<tr><td>아. 의료기관의 개설자가 법 제13조제1항을 위반하여 입원환자의 외출이나 외박에 관한 사항을 기록 · 관리하지 않거나 거짓으로 기록 · 관리한 경우</td><td>법 제48조 제3항제3호</td><td colspan="3">200만원</td></tr>
<tr><td>자. 법 제13조제3항을 위반하여 기록의 열람 청구에 따르지 않은 경우</td><td>법 제48조 제3항제3호의2</td><td colspan="3">200만원</td></tr>
<tr><td>차. 보험회사등이 법 제19조제4항을 위반하여 같은 조 제1항에 따른 심사청구를 하지 않고 법 제12조제2항에 따른 의료기관의 지급 청구액을 삭감한 경우</td><td>법 제48조 제1항</td><td colspan="3">5천만원 한도에서 청구 건별로 삭감한 금액의 2배에 해당하는 금액</td></tr>
<tr><td>파. 법 제43조제1항에 따른 검사 · 보고요구 · 질문에 정당한 사유 없이 따르지 않거나 이를 방해 또는 기피한 경우</td><td>법 제48조 제3항제3호의3</td><td colspan="3">200만원</td></tr>
<tr><td rowspan="2">하. 법 제43조제4항에 따른 시정명령을 이행하지 않은 경우</td><td rowspan="2">법 제48조 제3항제4호</td><td>1회</td><td>2회</td><td>3회 이상</td></tr>
<tr><td>90 만원</td><td>120 만원</td><td>150 만원</td></tr>
</table>

제4절 자동차보험 환자의 의료전달체계

1 자동차보험 환자의 의료네트워크

1) 의료전달체계의 의의

의료전달체계란 1989년 7월부터 우리나라에 전국민 의료보험이 시행되면서 같은 의료수가로 대규모 종합병원으로 환자가 집중하는 현상을 막기 위해 1단계로 인근의 병 · 의원을 거친 다음 종합병원으로 가서 진료 받도록 하는 제도이다.

이 제도는 비교적 경미한 환자들이 거주지 인근의 병의원에서도 진료가 가능한 데에도 대규모 종합병원으로 집중하면서 양질의 의료를 제공받는 것은 필요하다고 할 수 있겠지만 종합병원이 수행해야 할 응급환자나 중증, 고난이도 환자에 대한 진료가 소홀해질 수가 있어 규모별 의료기관의 진료영역을 구분하여 이용하도록 하여 충분한 진료 능력을 가진 지역의 중소병의원의 공동화에 따른 의료자원의 낭비를 막고 균등발전을 위하여 시행된 것이다.

자동차보험에서도 건강보험에서의 의료전달체계처럼 논의를 필요로 한다고 볼 것이다. 다만 자동차보험 환자의 경우 응급증상, 중증 환자의 경우에는 3차병원, 2차병원에서 전문적인 치료가 필요하고 회복기, 1,2차 병원에서의 치료가 가능한 환자는 해당 병원으로 적극적인 전원이 필요하다고 할 것이다.

이 과정에서 대학병원의 재원일수관리, 각 과별 환자관리 특성 등에 따라 일부 영향을 받을 수도 있다. 또한 자동차사고라는 특성상 구체적인 의료전달체계를 확립할 수는 없지만 응급증상이 아닌 경우 전원을 적극적으로 활용하여 대학, 중소병원, 의원이 상호 기능상 연계하여 병상 운영에 효율을 기하도록 하여야 할 것이다. 물론 치료과정에서 하위병원에서 진료 중 악화되면 큰 병원으로 돌아가는 것은 당연하다 할 것이다.

2) 자동차보험 환자의 의료전달체계는 구분하면 다음과 같다.

(1) 1차 치료 – 대학병원, 종합병원, 전문병원–급성기 종합치료

(2) 2차 치료 – 일반병원, 의원, 요양병원, 사회복귀–급성기 이후 관리

(3) 3차 치료 – 요양병원, 사회복귀, 회복기
(4) 4차 요양 – 요양시설 등

3) 자동차보험 환자의 의료네트워크

(1) 병원간 이동–전원–내원 / 상향–하향

자동차보험 환자의 의료네트워크는 전 항에서 설명한대로 환자의 전원 및 내원 등 이동에 대한 사항이다. 자동차 사고로 인하여 발생하는 응급환자의 특성상 생명보존이 우선이기 때문에 인근병원을 선호하게 된다. 여기서 응급치료를 한 후 의료진의 판단이나 생활상의 편의를 위하여 전문병원이나 거주지 인근으로 전원하게 된다.

이때 환자의 상태에 따라 상향 전원하거나 하향 전원하게 되며 환자의 상태가 개선되면 하향 전원이 원칙이라는 것은 앞 장에서 설명한 바 있다.

이 과정에서 환자의 상태에 관하여는 중증으로 전문적이고 종합적인 치료가 필요한 경우이면 종합전문병원으로 의료협력체계를 구축하여 전원되어야 할 것이며 증상이 개선된 경우에는 하향 전원하도록 의료진과 자동차보험 담당자와 사전에 필요한 지식을 가지고 있어야 한다.

자동차보험 환자의 진료와 관련하여 전문병원은 화상전문, 골관절전문 등 전문화된 병원들이 있어 환자의 상병 상태에 따라 전원하여 진료하게 되며 지역간, 병원규모간, 진료과목간 네트워크 진료가 필요하게 되는 것이다.

자동차보험 환자의 병원간 이동은 먼저 병원 규모별로 하향 전원 및 상향 전원으로 구분할 수 있는데 하향 전원은 상급종합병원–종합병원 및 일반병의원–요양병원 등으로 전원하게 되고 상향 전원은 그 반대 방향으로 진행하게 된다.

또한 상병 상태별로 일반병의원에서 전문 병의원으로 상호 전원하게 되며 지역적으로는 타지역에서 거주지 인근 지역으로의 전원 등도 발생할 수 있고 그 반대의 경우도 발생할 수 있다. 환자의 전원에는 의료진의 판단에 따르지만 실무적인 절차는 담당자의 협력이 매우 필요하기 때문이다. 따라서 각급 의료기관의 담당자는 자동차보험 환자의 의료협력 네트워크를 잘 유지하고 있어야 한다.

자동차보험 환자의 전원에 대해서는 진료관리론에서 자세히 설명한 바 있다.

1차 치료 후 적정한 병원에서 적정한 치료, 재활, 요양을 시행하고 치료 종료 후에는 직장 및 사회로 복귀하는 것이 자동차사고 환자의 기본적인 의료전달체계의 과정이라고 볼 수 있다.

이 과정에서 자동차보험 환자들은 전국의 각 지역에서 운행을 하고 사고를 당할 수가 있기 때문에 발생 빈도수는 비교적 소수이겠지만 같은 지역 내 뿐만 아니라 전국적인 의료의 협력관계를 유지하는 경우도 발생할 수가 있다.

4) 내부 네트워크 분야

자동차보험 환자의 진료는 의사 혼자서 진료하는 것이 아니다. 특히 자동차보험은 다른 보험 종별 환자보다 환자의 진료와 관련한 행정 서류가 많이 발생하게 되며 외출 · 외박 등 관리 또한 엄격하다. 따라서 병원 내부에서도 종사자 간의 협력 네트워크가 매우 중요하다.

(1) **의사/간호사와의 관계** – 자동차보험 환자의 직접 진료와 관련된 사항으로 환자의 상태, 각종 서류의 발급, 병동 생활의 관리 등 모든 부분에서 관련이 있다.

(2) **심사실과의 관계** – 자동차보험 환자의 진료시 각종 진료기준의 해석, 진료비의 청구 및 이와 관련한 사전–사후심사, 이의신청, 분쟁자문 등의 관계에서 많은 업무 협력이 필요하다.

(3) **원무과 내에서 관계** – 원무과 내에서도 각 파트의 담당자들과의 관계에서 환자의 진료기간, 진단서 등 서류발급, 전산정보, 입원 및 퇴원, 건강보험 등의 적용 여부 검토, 진료기록유지 등 모든 분야에서 당연히 협조되어야 한다.

(4) **진료지원 부서와의 관계** – 영양실, 영상의학팀, 임상병리팀, 물리치료실, 약제팀 등 기본적인 병의원의 각 부서와의 의료협력 및 지원협력 등 진료관리측면에서 매우 필요하다.

5) 외부 네트워크 분야

자동차보험 환자를 진료하기 위해서는 다양한 외부 기관들과 관계를 가지게 된다. 가장 기본적인 것이 진료비의 지불보증을 해 준 보험회사의 담당자는 물론 사고 조사를 위한 경찰서 등과의 관계이다.

(1) **환자와의 관계** – 환자와의 관계는 의료적인 관계에는 최선을 다하여 진료를 해 줄 것이 요청된다. 환자는 교통사고를 당하기 전에는 건강하였기 때문에 재해에 관하여 상심이 클 수밖에 없고 최선의 회복을 위하여 노력하게 되므로 이에 도움을 줄 수 있어야 한다.

환자와의 관계는 당연히 반드시 의학적 소견에 근거하여야 하고 객관적이고 합리적인 타당성을 가질 수 있어야 한다. 이 과정에서 개인적인 이해관계나 부당한 요구나 거래는 엄격히 금지되어야 한다. 이는 보험사기 등으로 오해될 수 있기 때문이다.

(2) **보험회사와 병원과의 관계** – 보험회사는 병원에 환자의 지불보증을 해 주고 병원은 환자를 최선을 다해 치료해 주는 상호 협력적 관계라고 보아야 한다. 보험회사는 환자 진료의 지불보증과 환자의 관리, 진료비의 지급, 진료기록의 열람 등 상호관계가 형성되어 있어 병원과 보험회사는 상호 합리적이며 엄격하면서도 원만한 관계를 유지하여야 한다. 특히 환자의 지불보증의 적절성과 보증상황의 변동(면책 등), 진료비의 적기 지급 등은 보험회사와의 중요한 문제라고 할 것이다. 또한 보험회사별로 조직문화가 다르고 업무수행 방식이 다르기 때문에 이에 대해서도 유의를 할 필요가 있다.

(3) **건강보험심사평가원과의 관계와 병원** – 자동차보험 환자에 대한 진료비를 건강보험심사평가원으로 청구하여 심사하게 하는 제도로 인하여 병원과 심사평가원과의 관계는 매우 중요해졌다. 심사평가원은 진료수가 기준에 의하여 의료기관의 진료비를 합리적으로 심사하려고 할 것이며 여기에는 그간 병원과 자동차보험회사가 주고받은 각종 진료와 관련한 서류들을 필요로 하게 될 것이다. 따라서 의료기관은 최선을 다해 진료한 환자의 진료비를 제대로 지급받기 위해서는 심사평가원과의 상호관계를 객관적이고 합리적 관계를 유지하여야 하며 상호 독립성과 전문성을 충분히 확보할 수 있도록 업무를 진행할 수 있어야 한다.

(4) **기타 사회관계 네트워크** – 자동차보험 환자를 진료하는 경우에 사고 조사를 담당하는 경찰서와 타 병원 담당자 등과의 관계 및 이송단체 등과도 공식/비공식 인적네트워크가 필요한 경우가 있다. 이들과의 관계로 상호 신뢰와 협력으로 우호적인 관계를 유지하여 사고에 대한 조사와 실무상 편의증진과 환자보호에 기여하도록 하여야 한다.
이들과의 관계에서는 환자이송, 관리협력, 교육연수, 경영자문, 정보교환, 마케팅 등 네트워크의 평가 및 유지관리, 상호간의 노력에 필요한 사항들이 있게 된다.

(5) **자동차운수회사와 병원** – 자동차 운수사업자들과 병원의 관계는 환자의 보호와 근로자인 운전자의 보호 및 자동차보험 적용과 산재보험의 적용 등에서 다양한 관계가 생길 수 있다. 교통사고가 발생하면 피해자에 대하여 자동차보험을 적용하려면 공제조합에 신고를 하게 되는데 이 과정은 물론 근로자인 운전자의 보호를 위해서는 산재보험의 적용, 무사고 운전자 등의 경우에는 그에 따른 행정적 조치 등 업무협조를 할 사항이 많다.

업무용 자동차의 보험 처리의 특징은 회사 내부적인 절차 등으로 사고접수의 지연, 진단서 발급 독촉, 진료비의 직접 지급, 산재보험의 적용 등 몇가지 특징이 작용할 수 있다. 따라서 이 경우에는 의료기관의 담당자와 유기적인 협조체계를 구축하는 것이 바람직하다.

(6) **전문검사기관과의 협력관계** – 자동차보험 환자의 경우에는 CT, MRI 등 전문검사센터와의 협력관계가 필요한 경우가 다른 보험 종별보다 더 많다. 종합병원 등에서 자체적인 검사시스템을 구축하고 있는 경우에는 별 무리가 없겠으나 그렇지 못한 경우에는 영상의학과 등 전문검사센터와의 협력관계를 잘 구축하여 환자 진료에 무리가 없도록 할 필요가 있다.

단원평가

제1절 일반사항

1. 자동차보험 의료기관의 지정관리에 대해서 쓰시오.
2. 입원환자의 관리와 관련한 벌칙은 무엇인가.
3. 입원환자의 관리와 관련한 종류를 쓰시오.

제2절 정부감독과 신고포상금

1. 정부감독에 대한 종류를 쓰시오.
2. 보유불명자동차에 대한 포상금의 한도액수는 얼마인가.

제3절 벌 칙

1. 벌칙의 의의를 쓰시오.
2. 3년 이하의 징역 또는 3천만원 이하의 벌금에는 어떤 것이 있는가.
3. 1년이하의 징역 또는 1천만원 이하의 벌금에는 어떤 것이 있는가.
4. 의료기관에 대한 벌칙 예외 사항의 내용과 그 의의를 설명하시오.
5. 양벌규정의 의의를 쓰시오.
6. 2천만원 이하의 과태료의 종류를 쓰시오.
7. 300만원 이하의 과태료의 종류는 어떤 것이 있는가.

제4절 자동차보험 환자의 의료전달체계

1. 의료전달체계의 의의에 대해서 설명하시오.
2. 자동차보험 환자와 의료전달체계를 설명하시오.

제8장

자동차보험 문화발전론

학습목표

- 자동차보험의 문화발전의 필요성에 대해 이해한다.
- 자동차보험 문화발전의 대상 분야에 대해 이해한다.
- 자동차보험과 도덕적 해이에 대해 이해한다.
- 자동차보험의 도덕적 해이의 발생원인 및 문제점에 대해 이해한다.
- 자동차보험의 도덕적 해이 개선방안에 대해 각 분야별 역할에 대해 이해한다.

1 자동차보험의 도입과 발전과정

우리나라에 현대적 의미의 자동차보험이 도입되어 운용되기 시작한 것은 1963년도부터이다. 자동차산업과 자동차보험은 우리나라의 경제사회 및 국가의 발달과 함께 많은 발전을 추구해 왔으며 2019년 12월말 현재 우리나라의 자동차 등록대수는 2,368만대를 넘어서 인구 2.2명당 자동차 1대를 보유하고 있는 것으로 나타나 거의 모든 국민이 자동차보험의 적용대상으로 보아도 무리가 없을 것이다.[1)]

이렇게 국가와 경제, 사회가 발전해 오는 과정에서 자동차보험도 가입대상을 비롯 보장분야에서도 지속적인 발전을 하여 현재에 이르고 있음은 그간의 자동차보험법의 역사를 통하여 이해할 수 있다.

그러나 이러한 보장 범위의 확장에도 불구하고 아직도 자동차보험에 가입하지 않거나 적용을 받지 못하는 대상자가 있는가 하면 보험 급여 적용범위도 손해배상의 특성상 새롭게 발전하는 산업의 특성에 따른 변화를 적시에 수용하지는 못하고 있는 것도 현실이다.

특히 국가 및 국민들의 수준에 맞는 자동차보험의 부정 수급 등 보험 사기와 도덕적 해이 등은 자동차보험이 지향해야 할 자동차보험 문화발전의 중요한 과제이다.

1) 국토교통부 보도자료 http://www.molit.go.kr/USR/NEWS/m_71/dtl.jsp?lcmspage=1&id=95083428

여기서는 국가 및 국민 수준의 발전에 따른 자동차보험 문화발전에 대하여 논하고자 한다.

2 우리나라의 자동차보험 문화의 변화

국가의 경제사회 발전과 함께 급격한 자동차의 증가로 우리나라의 자동차문화에도 많은 변화를 가져왔다고 볼 수 있다.

가장 중요한 변화는 국민들의 자동차문화 수준이 크게 향상되고 있다는 사실이다. 이것은 경제개발계획의 성공으로 인한 경제적 부의 증가와 함께 국민소득이 증가하고 아시안게임과 올림픽, 월드컵 등 커다란 국제행사의 개최로 인한 국가수준의 향상도 크게 작용했다고 볼 수 있다.

또한 세계화, 정보화로 인한 국민들의 문화수준과 질서의식의 향상도 기여하고 있다고 볼 수 있으며 자동차의 증가에 따른 운전 및 보험문화도 점차 향상되고 있기 때문으로 볼 수 있다.

정부는 또한 교통안전시설에 대해 많은 투자를 하여 대형 교통사고의 발생이 감소되는 것으로 일선 병원들이 체감하고 있고 교통사고로 진료하는 환자의 비중도 감소하고 있다고 느끼고 있다. 이에 따라 일선 병의원에서는 의료기관들의 경미한 환자에 대한 입원 기준을 강화하고 보험회사의 적극적인 대응과 보상성 환자의 감소로 이어지고 있다고 생각하고 있다.

그러나 보험사고에 관한 뉴스는 아직도 진행 중이며 보험시스템의 발달로 보험사기 등 보험범죄의 적발 건수와 금액은 계속하여 증가하고 있는 것으로 나타나 자동차보험문화의 발전과 정착에 많은 노력을 해야 할 것으로 보아야 할 것이다.

3 자동차보험 문화발전의 대상 분야

1) 자동차보험의 발전을 위한 문제제기

자동차보험은 자동차를 보유한 자가 자동차를 소유, 관리, 사용하는 동안에 그 운행으로 인하여 다른 사람을 사망 또는 부상케 하였을 때 보험가입자 등이 손해를 배상하는 것으로 자동차보유자가 교통사고를 대비하여 보험회사에 보험료를 납부하고 교통사고가 발생하면 자동차보험 의료기관 등에서 치료를 하고 장해보상 등을 보장하는 구조로 되어 있다.

자동차보험은 모든 자동차가 반드시 자동차보험에 가입하도록 하고 있어 민간손해보험이기도 하지만 사회보장적 기능을 담당하고 있으며 이에 따라 자동차보유자는 자동차보험의 가입과 적용과 관련한 의무를 성실히 수행하여야 하며 교통사고가 발생되었을 때에는 최선의 치료와 협조로 조속한 치유와 회복, 요양 등으로 사회로의 복귀를 위하여 노력해야 할 것이다.

또한 의료기관은 교통사고 환자에 대한 치료에 최선을 다함으로써 병원의 자동차보험에 대한 기본적 역할을 다해야 하고 보험업무를 담당하는 보험회사 역시 합리적이고 객관적인 관리를 통하여 자동차보험의 발전을 위해 노력하여야 하는 것은 당연하다 할 것이다.

그 외에도 자동차보험과 관련되는 기관들도 자동차보험의 발전을 위해 그들이 해야 할 역할을 충실히 수행하여야 하고 국민들에 대한 자동차보험의 발전을 위한 교육과 홍보, 보험사기 방지대책 등 국가의 수준에 맞는 자동차보험 문화 향상을 위해 노력하여야 한다.

2) 자동차보험 분야별 검토사항

(1) 자동차보험 가입대상자의 문제

자동차보험은 현재 농기계 등 일부 제외대상을 제외하고는 모든 자동차가 반드시 가입하여야 한다. 그런데 현실적으로는 자동차책임보험도 제대로 가입하지 않은 상태로 운행 중인 이른바 무보험자동차도 있으며 속칭 대포차라 불리는 불법 차량들도 운행되고 있는 실정이다.

자동차는 사람의 생명과 직결되어 있는 사회적 장비이다. 그런데도 이러한 불법 차량 또는 자동차보험 미가입자가 운행되고 있다는 것은 국가의 수준을 여실히 보여 주는 것이라 아니할 수 없다. 국가의 수준이 향상되고자 한다면 이러한 사회정의적 부분이 확고하게 정립되어야 한다.

전국의 많은 도로에 정보수집장치가 가동되고 있고 많은 유료도로 톨게이트와 CCTV 등이 국민들과 자동차의 일거수일투족이 수집되고 있거나 노출되고 있음에도 불구하고 불법 자동차들이 운행을 하고 있다는 것은 국가의 역할과 국민의 수준을 다시 한번 생각해 보지 않을 수 없다.

자동차사고가 발생하면 사망하거나 중증, 복잡 다발성 등으로 많은 신체적 손상을 가지고 오게 된다. 또한 치료가 완료되고 보상을 받는다 하더라도 후유장해 등으로 평생 인간다운 생활을 할 수 없는 경우도 발생할 수 있는데 보상금이 인간의 행복을 대신할 수는 없는 것이다.

물론 정부나 보험회사, 국민들이 자동차사고의 감소, 보험 가입, 국민들의 자동차문화 수준의 향상 등을 위해 많은 노력을 기울이고 있고 국민들도 많은 참여가 있어 계속하여 향상이 되고 있지만 아직도 많은 부분에서 개선되어야 할 사항이 많은 것이 현실임을 부정할 수 없다.

(2) 보험제도의 운용과 발전

우리나라 자동차보험은 자동차보유자가 보험료를 납부하고 산재보험과는 달리 민간 상업보험회사가 관리를 하고 있다. 따라서 자동차사고의 불법행위에 의한 손해배상을 목적으로 하는 민간 영리보험으로 운영되고 있다. 자동차보험의 초기에는 한국자동차보험이라는 회사가 직접 업무를 담당했으나 자동차보험의 전문성과 경쟁을 통한 발전 추구 등을 목적으로 전 보험사로 확대되어 시행하고 있는 것이다.

참고자료

▶ 한국자동차보험의 다원화[2)]

한국자동차보험(주)는 국내보험회사의 공동지분으로 운영하는 자동차보험 전업회사로 자동차사고 피해자 보호라는 사회적 책무를 수행하여 오면서 1982년도 국내 손해보험의 총 시장점유율이 40%를 상회하는 대형회사로 성장하였다.

이때 동부그룹이 지분율 50%를 인수하면서 경영권을 갖게 되고 재무부는 국내 손해보험사의 경영규모가 자동차보험을 영위하기에 적정하다고 판단하여 자동차보험의 다원화를 결정하게 된다.

이후 재무부는 1983년 3월 25일자로 자동차보험 다원화에 따른 인가조건을 시달하였고 그 조건을 이행하는 경우에 자동차보험 사업을 인가하도록 하였다.

당시의 인가조건은 다음과 같다.

1) 자본금의 증자 및 시도별 지점 설치
2) 자동차보험 보상인력의 확보
3) 자동차보험 보상처리를 위한 병원과 정비공장의 계약체결
4) 자동차보험 계약 및 보상 실무지침서 완비
5) 자동차보험 상품별 약관과 요율 등의 기초서류 작성

이에 따라 각 손해보험사는 위의 사업인가 조건을 갖추고 1983년도 9월 28일 동양화재(현 메리츠화재)를 시작으로 자동차보험 판매를 시작하였다. 초기에는 책임보험을 제외한 종합보험만을 판매하였지만 업무협정을 통하여 자동차보험 전부를 다원화했다.

2) http://blog.daum.net/jooni730/6-재인용

이에 따라 우리나라의 자동차보험에 관한 업무도 많은 발전을 해 왔으며 이에 대해서는 국가경제사회의 발전과 근로자인 국민들의 인간존중과 생활의 질 향상과 보장에도 크게 기여하여 왔다고 생각할 수 있다.

우리나라의 자동차보험제도는 산업화가 가속화되던 시절 도입된 사회보험성 기능으로써, 교통사고환자의 안정적인 치료와 보상 및 자동차 보유자의 위험부담 경감을 자동차산업의 발달을 뒷받침하였다는 것도 사실이다.

그러나 그간 자동차보험에 대한 끊임없는 논란은 국가사회의 발전과 산업구조의 변화에 따른 고용형태의 다양화, 고령화 무엇보다 급증하는 자동차 수와 보험문화의 발전 요구 등 여건 변화에 맞게 자동차보험 제도전반에 대한 보다 근본적인 접근이 필요하고 아울러 국민 모두가 안전하게 생활할 수 있도록 정책의 변화가 절실하게 요구되고 있다.

사회는 점차 다원화, 다양화, 세계로의 개방화 되어가고 있으며 국민들의 요구 수준은 더욱 높아지고 있다. 또한 보험사기를 비롯한 사회적 도덕적 해이의 문제와 보험회사의 영업자유화로 인한 보험사업비용 등의 증가는 경쟁을 통한 비용의 절감이 아니라 자동차보험회사의 통합이나 사회보험화 등 보험사업의 효율성이 매우 필요한 상황이다.

자동차보험 제도의 운용 측면에서 우리나라의 국가 수준이 향상되면서 그에 맞는 외국의 발전된 제도를 수용하여 더욱 더 나은 제도로 발전시키는 것이 필요한 시기가 되고 있다고 볼 것이고 이에 따라 자동차보험을 운용하는 가칭 자동차보험관리공단의 설치와 그에 걸맞는 정부의 역할과 국민 수준의 향상을 위한 노력도 필요하다 할 것이다.

(3) 자동차보험 담당자로서의 의료

자동차보험의 발달과 관련하여 의료계를 제외하고는 아무것도 말할 수 없을 것이다. 자동차보험 교통사고 환자의 직접적인 치료 담당자는 의료계이기 때문이다. 이에 따라 우리나라 자동차보험의 발전과정에서 의료계의 역할은 실로 지대하다 할 것이다.

특히 민간 영리보험인 자동차보험 진료수가가 사회보험인 건강보험 진료수가와 분류체계를 동일시 하는 과정은 물론 자동차보험 환자를 진료하는 과정에서 발생하는 끊임없는 가짜환자와 경증환자 논란, 장기입원과 과잉진료, 보험사기 등의 문제는 자동차보험을 담당하는 중요한 한 축인 의료계를 매우 불편하게 만들었고 이에 대한 사회적인 인식 또한 좋지 않은 것이 사실이다.

또한 자동차보험 진료비의 청구와 심사, 지급의 과정에서 그동안 전문적인 과정과 절차를 가지지 못하여 보험회사들이 임의적으로 심사지급하면서 진료비의 심사와 지급에서 수많은 갈등을 해 왔고 그 방법들은 우리나라에 현대적인 자동차보험제도가 도입된 1963년도부터 만 50년만인 2013년 7월 1일부터 시행되는데 이는 국가의 발전과정에서 매우 늦은 것으로 생각할 수밖에 없다.

자동차사고가 발생하여 환자가 발생하면 1차적으로 병원을 찾게 되며 병원에서 의사가 의학적 소견으로 진료여부를 판단할 수밖에 없는 것이다. 의사는 의학적 소견으로 최선의 치료로 최선의 치유와 회복을 위하여 노력하게 되는 것이며 다소 주관적인 판단을 할 수밖에 없는 것이다.

또한 자동차보험 환자는 사고로 인한 외상성, 중증, 복잡 다발성, 손해배상적 성질에 의한 최선의 회복 요구 등으로 단순히 의학적 소견만으로는 결정되어지지 못하는 한계를 가지고 있고 이것과 의사의 기준, 사회적 양심과의 관계에서 의료는 항상 고민할 수밖에 없었다.

그럼에도 불구하고 극히 일부이기는 하지만 불법적인 보험 사건이 발생해왔던 것도 사실이며 여기에는 보험의료를 담당하는 관련자들의 역할이나 책임 또한 전혀 없지가 않았던 것이다.

이에 따라 2011년과 2012년에 이르러 보험회사와 의료계가 서로 상생을 위한 협약을 체결하면서 화해모드로 가기도 했으나 2013년 건강보험심사평가원이 자동차보험 진료비의 심사를 담당하는 구조로 가면서 이제 자동차보험 진료비의 심사 부분에 대해서만 전문심사기구로 단일화되었다.

자동차보험 의료는 자동차산업의 발전과 국가경제의 발전과 함께 의료의 발전이 동반 성장하는 과정으로 이해할 수 있으며 교통사고의 발생으로 인한 교통사고 환자의 진료가 의료기술과 의료기관의 발전에 전혀 기여하지 않았다고 보기는 어려울 것이다.

최근에 들어서는 우리 나라 의료는 첨단 의료로 발전하고 있는 의학지식과 의료기술 등으로 세계적인 수준의 의료로 발전하고 있으며 이것은 자동차보험 환자에 대한 전문적인 검사와 치료, 재활, 요양 등이 이루어지고 있고 최선의 회복을 위해 노력하게 되는 것이다.

자동차보험 의료는 앞으로도 더욱 발전하는 의학과 함께 계속하여 다양화, 첨단화되어 가는 자동차를 비롯한 경제산업과의 관계에서 상호 동반 발전을 위하여 학문적, 기술적 등 모든 방면에서 상호 발전을 추구할 것으로 생각할 수 있다.

(4) 교통사고 환자와 국민, 보험가입자

자동차보험의 중요한 대상자는 모든 국민, 보험가입자이다. 우리나라의 자동차 등록대수가 2000만대를 넘어서는 현재 모든 국민 또는 그 가족은 자동차보험의 가입자이기도 하고 자동차사고가 불특정 대상자를 대상으로 하기 때문에 보험대상자이기도 하다. 그렇기 때문에 자동차보험이 민간영리보험임에도 불구하고 사회보험적 성격을 가진다고 하는 것이다.

모든 국민은 인간다운 생활을 할 권리를 가지고 있다. 모든 국민은 건강한 몸과 마음으로 자기의 맡은 바 직무를 성실히 수행하고자 하며 이를 위하여 자기와 가족, 소속기관 나아가 사회와 국가를 위해 노력하고 있다. 이에 따라 국가는 모든 국민이 안전한 생활을 하도록 제도를 확립하여야 한다.

자동차보험은 모든 국민에 대한 안전보장이며 자동차보유자에게도 중요한 경제적 이익을 준다. 자동차보험은 장래에 발생할 자동차사고에 대해 미리 보험적 성격에 가입함으로써 위험을 예방하고 사고발생시 자동차보유자에게 미칠 경제적 손실의 위험을 보험사가 보장하는 구조이기 때문이다.

따라서 교통사고가 발생하면 환자 본인에게도 심각한 손실을 입히지만 자동차보유자에게도 치료 및 보상 등에 따른 경제적 지출을 감수하지 않으면 안된다. 자동차보험은 이를 제도적으로 보장하는 것이며 그것은 가장 보편적인 사회 안전망이라고 보아야 한다.

그러므로 자동차보유자는 반드시 보험에 가입하여야 하는 것은 물론 안전운전과 같은 교통질서의 준수로 교통사고를 방지함은 물론 바람직한 자동차보험 문화의 발전에 적극 참여하여야 한다.

자동차보험과 관련하여 국민들의 역할은 더욱 크다. 모든 국민은 국가가 국민의 일상생활의 안전을 완전하게 담보하지는 못한다는 사실을 인식하여야 한다. 아무리 좋은 제도와 규칙, 엄격한 처벌시스템을 가지고 있다하여도 이를 운용하는 국민들이 바르지 못하면 절대 고도화된 자동차보험 문화가 확립될 수 없다.

모든 국민은 교통안전에 관한 철저한 의식이 없으면 모든 것이 의미가 없다고 보아야 한다. 좋은 도로와 교통시설, 철저한 안전 교육 등이 시행된다고 하더라도 교통질서를 위반하거나 과속 등으로 이를 무시하게 되면 사고가 발생하게 되고 이것은 모두 국민 모두의 피해와 부담으로 돌아온다.

우리나라의 자동차문화에서 핸들만 잡으면 비신사로 변한다는 말이 있을 정도이다. 이것은 자동차문화에 대한 잘못된 정서가 지배하고 있기 때문이며 이것이 다른 누구가 아닌 바로 본인들 스스로라는 사실을 인식하지 않으면 안된다.

자동차사고의 발생을 보장하기 위한 보험가입자는 곧 국민 모두이고 보험사고의 피해자 역시 국민 모두라는 사실을 항상 잊어서는 안된다.

4 자동차보험과 도덕적 해이

1) 자동차보험의 도덕적 해이

도덕적 해이[道德的 解弛, moral hazard]란 사전적인 의미에서는 자신의 이익만을 추구하여 사회에 피해를 주는 것[3] 또는 이해당사자들이 상대를 배려하지 않고 책임을 다하지 않는 행태[4]를 말하는 용어로 원래 미국에서 보험가입자들의 비도덕적 행위를 지칭하는 용어로 사용되었다. 또한 도덕적 위험(도덕적 해이)은 물적 위험(物的危險:physical hazard)에 대응하는 말로, 계약이 이루어진 이후 계약 당사자 간에 발생하는 정보의 비대칭성을 이유로 서로에게 의무를 소홀히 하는 경우를 일컫는 말이기도 하다.[5]

도덕적 해이란 윤리적으로나 법적으로 자신이 해야 할 최선의 의무를 다하지 않고 법 또는 제도의 허점을 이용하거나 상황 변화에 따라 자기 책임을 소홀히 하고 자기 이익만 추구함으로써 다른 사람이나 사회에 피해를 주는 것으로 이해되고 있다.[6]

경제학적으로 '도덕적 해이'란 정보의 비대칭이 존재하는 상황에서 주인(principal)이 대리인(agent)의 행동을 완전히 관찰할 수 없을 때 대리인이 자신의 효용을 극대화하는 과정에서 나타난다.[7]

예를 들어 노동자가 감시가 소홀할 때 일을 열심히 하지 않는 것, 보험을 든 자가 보험을 들고 나서 사고에 대비한 주의를 덜 하는 것, 의사가 의료 보험금을 많이 타내기 위해 과잉 진료를 하는 것 등 이 모든 것이 도덕적 해이에 해당한다.

여기서 기업가, 보험회사, 의료보험기관이 주인이고 노동자, 보험에 가입한 자, 의사가 대리인이지만 어떤 수직적인 신분 관계를 의미하는 것이 아니라 단지 서로의 목적하는 바가 다르다는 것을 나타낼 뿐이다.

이를 자동차보험에서 그대로 인용하자면 자동차보험의 도덕적 해이란 자동차보험과 관련한 보험가입자나 교통사고 환자, 의료기관, 보험회사, 그 외의 자동차보험 관련자들이 윤리

---

3) http://terms.naver.com/entry.nhn?docId=930375&cid=515&categoryId=1164/
[네이버 지식백과](시사상식사전, 박문각)

4) http://terms.naver.com/entry.nhn?docId=780813&cid=520&categoryId=520
[네이버 지식백과](NEW 경제용어사전, 2006.4.7, 미래와경영)

5) http://terms.naver.com/entry.nhn?docId=300326&cid=515&categoryId=1161
[네이버 지식백과](시사경제용어사전, 2010.11, 대한민국정부)

6) 상게자료

7) http://terms.naver.com/entry.nhn?docId=67311&cid=520&categoryId=520

적으로나 법적으로 자신이 해야 할 최선의 의무와 역할을 다하지 않고 법 또는 제도의 허점을 이용하거나 상황에 따라 자기 책임을 소홀히 하고 자기 개인의 이익을 추구함으로써 다른 사람이나 자동차보험과 사회에 피해를 주는 것으로 정의할 수 있다.

즉 보험가입자나 교통사고 환자가 허위로 자동차보험을 적용하고자 하는 것, 의료기관이 교통사고 환자에게 허위진료나 환자관리로 진료비를 청구하는 행위, 자동차보험회사의 관계자가 부정한 자동차보험의 적용에 개입하는 행위, 그 외에 교통사고 환자에게 접근하여 더 많은 보상금 등을 받게 해 준다고 현혹하여 이를 실현시키기 위하여 선량한 사람들을 개입시키는 사람들의 행위 등을 두고 우리는 통상 자동차보험 사기 등의 이름으로 통칭하고 있는데 보험범죄, 보험사기 등을 포괄하는 용어로 생각할 수 있다.

이와 같이 보험에서의 도덕적 해이는 비단 자동차보험 뿐만 아니라 생명보험, 산재보험, 건강보험 등 보험과 관련하여 항상 위험성을 내포하고 있고 가끔씩 사회문제로 등장하고 있다.

2) 자동차보험 부정수급 현황

(1) 부정수급 현황

금융감독원이 발표한 자료에 의하면 최근 5년간 자동차보험 부정수급 적발 현황은 금액상으로는 매년 상당한 금액으로 증가하고 있다.

[표 8-1] 자동차보험 연도별 보험사기 부정수급 적발 금액 (단위 : 백만원,명, %)

구 분		2017년		2018년		상반기(A)		2019년 상반기(B)		증감(B-A)	
		인원	구성비	인원	구성비	인원	구성비	인원	구성비	인원	비율
적발 금액	생명보험	72,755	10.0	74,371	9.3	37,818	9.5	40,258	9.7	2,440	6.5
	손해보험	657,425	90.0	723,790	90.7	362,155	90.5	373,163	90.3	11,008	3.0
	전체	730,180	100.0	798,161	100.0	399,973	100.0	413,421	100.0	13,448	3.4
적발 인원	생명보험	6,801	8.1	6,769	8.5	2,828	7.3	3,693	8.6	865	30.6
	손해보험	76,734	91.9	72,410	91.5	35,859	92.7	39,401	91.4	3,542	9.9
	전체	83,535	100.0	79,179	100.0	38,687	100.0	43,094	100.0	4,407	11.4

* 출처 – 금융감독원 보도자료 재구성 (2019.10.31. 제 목 : 2019년 상반기 보험사기 적발금액 4,134억원)

(2) 부정수급 유형

자동차보험 부정수급이란 허위사고, 고의사고 또는 피해과장 등으로 자동차보상을 받은 행위, 허위 입퇴원 확인서를 발급하는 행위, 장해등급을 높은 등급으로 조작하는 행위 등 부당하게 자동차보험급여를 받았거나 받고자 하는 것이다.

실제로 2019년도 자료를 보면 허위(과다) 입원 · 진단 및 사고내용 조작 등의 허위 · 과다 사고 유형은 3,130억원(75.7%)으로 전체 보험사기 유형 중 가장 큰 비중을 차지하고 손해보험 중에서 자동차보험이 43.0%를 차지하고 있는 것은 그만큼 피해가 막심하고 우리 사회에 만연해 있다고 보는 것이다.

실제사례

▶ **부정수급 사례**

■ 척추 장해보험금 허위 · 과다 청구

ㅁ (사례개요) A는 '14년 자동차사고로 인해 사지마비 등 1급 장해 판정을 받아 4개 보험사로부터 약 10억원의 보험금을 수령, 허위 · 과다 장해진단으로 보험금을 편취한 혐의

ㅁ (특이사항) 장해진단서상 A는 일상생활이 불가능하여 항상 간호가 필요한 상태임에도 자유롭게 일상생활을 영위할 뿐만 아니라,

- 본인의 사업을 활발하게 운영하는데다, '16년 이후 자동차 주행중 교통법규 위반으로 수차례 과태료 부과된 정황

* 출처 – 금융감독원 보도자료(2019.10.31.)

3) 도덕적 해이의 발생 원인

(1) 경제적 유인

자동차보험에서의 도덕적 해이의 가장 큰 발생 원인은 경제적 유인이라고 볼 것이다. 즉 교통사고 환자가 경미한 사고인데도 이를 과장하거나 일부러 교통사고를 유발하는 행위 등을 하고자 하는 것은 환자의 경제적 이익의 획득에서 시작된다고 볼 것이다. 또한 의료기관도 허위의 진료나 재료를 사용하고 진료한 것처럼 거짓으로 청구하여 경제적 이익을 얻기 위함이며 이를 묵인하거나 동조하는 관계자나 내부종사자, 전문가들도 결국 자기에게 혜택이 돌아오거나 자기 돈이 아니라는 무의식으로 방관하면서 자동차보험의 재정적 손실을 초래하게 되는 것이다.

(2) 사회의 배금주의 풍토와 사회적 인식 결여

자본주의 사회는 모든 가치를 돈으로 측정하게 되고 돈 자체가 인간 사회의 목표가 되기도 한다. 이러한 배금주의는 돈을 버는 수단이 어떠하든 무조건 돈을 벌어야겠다는 사회적 인식이 원인이 되었으며 보험 범죄도 이러한 사회적 인식에 기인하는 바가 크다. 특히 보험의 경우에는 보험금을 주인 없는 돈으로 인식하고 자동차보험 관련자들끼리 어떠한 수단과 방법을 동원해서라도 많은 보험금을 받는 것을 개인의 능력으로 인정될 뿐 범죄로 인식하지 않는 잘못된 사회적 분위기가 만연되고 있는 것이다.

(3) 방지시스템 및 소극적 대응

자동차보험에 관한 도덕적 해이가 그간 생계형이거나 소액인 점 등 소극적으로 대응을 한 부분도 있다고 본다. 자동차보험이 교통사고 환자의 치료와 생계보장에 중점을 두고 있는 제도이기 때문에 자동차보험 법령에 부당이득과 관련한 상당한 금액의 벌칙이 규정되어 있고 현지조사와 포상금 등도 규정하고 있으며 주기적으로 자동차보험 사기 등과 관련한 언론의 보도 등으로 국민들에게 보험사기에 관한 주의와 환기를 촉구하고 있지만 보다 직접적이고 강력한 대응대책은 보이지 않았다는 점이다.

최근 들어 보험회사 등에서 보험범죄 조사 전담 조직을 가동하면서 자동차보험 사기방지시스템을 도입하는가 하면 생명보험과 자동차보험 등에서 상당한 활동을 하고 있지만 정보의 공유나 사전 예방 등은 제대로 이루어지지 못하고 있고 사후에 고발, 병원 폐쇄, 대 국민 공개 등의 조치로 경제적, 사회적 불이익을 주고 있는 것으로 보인다.

그러나 자동차보험 부정수급이 결국은 점차 조직화되고 사회문제화 될 수 있으므로 2009년부터 금융감독원에서는 보험조사실에서 체계적이고 조직적인 부정수급 방지시스템을 구축하고 보험사기방지센터를 운영하여 왔으며 2010년 2월부터 부정수급을 예방하기 위해 보험사기인지시스템(FIS, FIS: Fraud Indicators System)(또는 IFAS(Insurance Fraud Analysis System) : 보험사기 혐의자 자동 추출 정보처리시스템)을 구축하고 본격적으로 운영하고 있다.[8] 보험사기인지시스템은 보험계약 및 사고정보 등을 DB로 관리 · 분석함으로써 보험사기 혐의자를 자동 추출해 낼 수 있는 정보처리시스템으로 주요기능은 ① 혐의자 선정, ② 연계분석, ③ 혐의내용 확인, ④ 사건관리, ⑤ 통계분석 등으로 구성시스템이다.

---

8) 금융감독원 보도자료 http://www.fss.or.kr/fss/kr/promo/bodobbs_view.jsp?page=1&seqno=14149

4) 도덕적 해이의 발생시 문제점

도덕적 해이의 사회화에 따른 문제점은 보험가입자들의 보험료 증가, 보험산업의 경쟁력 저하, 국가발전 및 사회문화 수준의 발전 저해, 보험범죄자의 양산, 의료산업의 발전 저해 및 이미지 저하 등 부정적인 문제들이 발생하는 것으로 생각할 수 있다.

자동차보험은 교통사고로 치료를 받고 회복하면 다시 사회로 복귀하는 것이 가장 이상적이다. 그런데 자동차보험으로 진료받는 환자가 적절한 치료를 받은 후에도 장기적으로 치료를 받고자 하면 그에 따른 사회적 손실을 초래하게 될 것이다.

자동차보험은 보험가입자가 보험료를 납부하여 운영된다. 물론 자기를 위하여 보험을 가입하는 것이기는 하지만 당연히 불필요한 자동차보험료가 과다지출되면 재정불균형을 초래하게 될 것이고 이것은 가입자들의 자동차보험료가 증가할 것이다.

자동차보험에 가입한 많은 보험가입자와 국민들이 자동차보험에 대한 도덕적 해이가 팽배해지면 이는 국가 전체적으로도 상당한 손실을 초래하게 될 것이며 결국 전체적인 국가발전을 저해하고 국민들의 사회문화 수준의 향상도 저해하게 될 것이다.

또한 보험사기에 연루된 의료기관들이 병원을 폐쇄하거나 벌칙을 부여받게 되면 해당 의료기관의 이미지 저하는 물론 전체 의료계의 사회적 이미지 저하에도 매우 큰 영향을 미치게 되는 것이다.

5) 도덕적 해이 발생의 대상 범위 및 유형

자동차보험의 도덕적 해이의 발생 대상 범위 및 유형을 살펴보면 다음과 같이 분류할 수 있다.

(1) 보험가입자

자동차보험의 가입자는 자동차 소유자이다. 보험가입자는 사고를 허위로 발생하였다고 하거나 사고내용을 조작하고 음주, 무면허 운전과 사고차량 또는 운전자 바꿔치기, 사고 후 보험 가입, 피해사실을 과장하는 등 다양한 보험사기 형태를 사용할 수 있다. 이를 통하여 부정수급을 하도록 하는 등 제도를 악용하거나 보험재정의 손실을 초래하게 할 수 있을 것이다.

보험가입자는 사고가 발생하면 할증률이 작용하기 때문에 상대적으로 보험사기에 개입할 가능성이 낮지만 특히 자기 차량 손해나 자기신체 손해보장 등에 전혀 발생하지 않는 것은 아니라고 볼 것이다.

(2) 교통사고 환자

교통사고 환자는 가장 많은 부분에서 보험사건에 연루되어 있다. 관련자료를 보면 허위입원, 진단, 진료, 수술 등의 종류를 불문하고 다양한 형태를 나타내고 있으며 장기진료를 통하여 개인적인 보험에서 보장을 받는 행위, 보다 많은 장해보상을 받기 위하여 등급을 부풀리는 행위 등은 전형적인 교통사고 환자의 보험사기와 도덕적 해이현상이라고 볼 수 있을 것이다.

(3) 자동차보험 의료기관

자동차보험 의료기관은 교통사고 환자에게 적정한 진료를 통하여 조속하게 치유하여 사회나 가정으로 복귀하게 하는 것이다. 그럼에도 교통사고 환자가 비록 그 특성이 있다고 하더라도 장기진료, 부당청구, 장해등급 상향 등에 개입하여 진료비 수익을 늘리거나 종사자들이 개인적인 이익을 취하려는 경우들이 있었음을 부인할 수 없다.

(4) 보험관련 종사자

자동차보험을 관리하는 보험회사는 민간 상업보험회사이다. 특히 자동차보험은 보험설계사라 부르는 보험모집인과 사고시 손해액을 사정하는 손해사정인이라는 중간영역의 사람들이 존재한다. 일반적으로 보험모집인은 보험모집을 통하여 보험회사와 보험가입자를 연결하며 손해사정인은 사고시 손해사정을 통하여 보험회사와 교통사고 환자를 연결한다. 즉 보험의 가입과 보상과의 관계에 이들이 작용하게 되는 것이다.

그런데 이들이 보험사건에 개입된 경우가 1.4%로 매우 작은 비중을 차지하고 있거나 거의 없는데도 불구하고 이들이 사회문제의 이슈로 등장하는 것은 그들이 보험관련 종사자이기 때문이고 그들이 보험의 구조를 잘 알고 있는 사람들이기 때문이다.

따라서 보험관련 종사자들의 직업윤리가 더욱 강조된다고 보아야 할 것이다.

(5) 사회적 문제

자동차보험은 기본적으로 모든 국민이 가입대상자이고 피해의 당사자가 될 수 있다. 2019년도 상반기까지의 자료를 보면 직업별 보험사기 적발 인원은 기타가 29.1%, 전업주부를 포함한 무직, 일용직이 19.7%, 보험업을 제외한 회사원이 19.7%, 학생, 기타서비스종사자가 각각 4.3%, 일반자영업이 4.1% 등인 반면 보험업종사자는 0.1%, 병원종사자 1.2%, 정비업소 종사자 1.3%, 보험모집종사자 1.8% 등으로 나타나고 있어[9] 전체 직업군에서 다양하게 나타나고 있지만 상대적으로 자동차보험관련자는 오히려 매우 미미한 비중을 차지하고 있다.

그럼에도 불구하고 이들이 사회적으로 지탄을 받는 것은 결국 자동차보험과 관련된 내부 종사자나 전문가들이 이러한 사고에 가담하는 경우이기 때문이다. 자칭 전문가라고 행세하는 사람들이 부정한 방법으로 환자들을 유혹하여 이를 도모하다가 이것이 잘못되어 사고로 나타나는 경우가 발생할 수가 있다.

따라서 자동차보험과 관련된 모든 분야에서 자동차보험의 도덕적 해이에 대해 유의하지 않으면 안되는 것이 현실인 것이다.

6) 도덕적 해이 대책 및 개선방향

자동차보험에 대한 도덕적 해이가 전 사회적으로 광범위하게 확대되어 상당한 사회문제로 등장하고 있다고 보아야 할 수 있다. 자동차보험과 관련한 모든 사람들이 각자의 분야에서 최선을 다하여 자동차보험 문화의 발전을 위하여 노력하고 있다고 본다. 또한 보험사고 방지를 위한 많은 노력들이 체계적, 조직적으로 시행되고 있음에도 불구하고 이러한 사항들이 계속하여 발생하고 있다는 사실은 더욱 큰 문제인 것이다.

어느 사회나 도덕적 해이는 있다고도 볼 수 있다. 그러나 그 수준은 결국 국가의 수준이나 사회문화의 수준에 따라 그 양상을 달리하고 있다고 본다. 따라서 사회적으로 이러한 문제들이 노출되면서 더욱 큰 사회문제로 확대되어서는 안되고 국가의 수준을 향상시키기 위해서는 반드시 근절되어야 할 사항이다.

다음에서 자동차보험의 도덕적 해이와 관련한 대책 및 개선 방향에 대해서 설명하고자 한다.

(1) 보험가입자 및 보험회사

자동차보험 가입자는 허위사고 등의 근절을 위해 사실에 입각한 정확한 사고신고가 가장 필수적이라고 본다. 전술한 바와 같이 보험가입자가 사고가 발생하면 할증률이 적용되기 때

9) 금융감독원 보도자료(2019.10.31.)

문에 일부러 사고가 발생하였다고 할 필요성은 다른 보험과는 달리 다소 작을 수 있다. 그럼에도 사고가 발생한 후에 발생할 수 있는 사고운전자 바꿔치기, 피해과장, 사고내용 조작 등의 문제는 모든 교통사고시 반드시 경찰서에 신고하도록 하거나[10] 보험회사에서 경찰권을 가지고 현장조사를 할 수 있도록 하는 것이다. 최근 보험조사자들을 전문팀으로 구성하여 조사를 강화하고 있는 것은 좋은 예이다.

교통사고가 발생하면 반드시 경찰서에 신고하게 하여 사고에 대한 조사가 엄격하게 이루어진다는 인식이 확산되면 허위사고 부분은 상당히 감소하게 될 것이다. 특히 고의사고 등의 경우에는 교통사고를 일부러 초래하게 하여 운전자 등 보험가입자에게 보상을 요구하는 사례가 있었는데 이런 사항들은 개선될 수 있을 것이다.

다만 모든 사례를 모두 신고하게 되어 업무에 차질이 발생할 것이 우려되면 교통사고로 인하여 인명피해가 발생하여 일정액(예를 들어 30만원 등) 이상 치료비가 소요되거나 보상금이 소요되는 경우에는 경찰서에 신고를 하여 사고조사를 받도록 하는 것이다. 반면에 사고가 발생하더라도 보험에 가입되어 있는 자동차는 교통사고에 대한 벌금을 부과하지 않도록 한다. 다만 사고시 벌점을 10점이나 20점 부여하여 경각심을 주도록 한다.

대부분의 보험가입자가 교통사고의 발생을 방지하기 위해 노력하고 있지만 일부 극소수의 잘못된 인식을 가진 보험가입자들의 행동으로 인하여 자동차보험 질서를 흩트리는 행동을 하도록 해서는 안된다. 따라서 보험가입자들에게 보험 가입시 보험사고 방지에 대한 교육과 안내, 별도의 서약이나 동의 등을 하도록 하는 방안을 강구하여 시행하여 사전에 경각심과 주의를 기울이도록 하여야 한다. 마치 우리가 컴퓨터상에서 회원으로 가입할 때 운용약관에 동의를 하듯이 반드시 동의를 받고 그렇지 않으면 보험료를 할증하도록 하거나 보험사고 발생시 본인의 책임을 가중시키도록 하며, 그렇게 하고도 보험사기 등의 사건 발생시 반드시 형사범죄로 처벌하도록 하는 것은 당연한 일이다.

또한 보험에 가입하는 경우에 사고발생에 관한 정보를 공유하여 교통사고 혹은 보험사고가 발생한 자에 대해서는 그에 따른 보험료를 할증하도록 하여 불이익을 주게 하는 제도를 강화하여야 한다.

특히 보험회사가 판매하는 보험상품에 대해서는 교통사고 발생시 자기를 보호하기 위한 상품, 즉 운전자보험 등을 통한 변호사비용, 벌금 등을 충당할 수 있는 보험상품 등의 판매는 보험가입자를 보호하고 보험회사의 영리성의 추구는 이해하지만 이들은 교통사고처리특례법이나 종합보험 등에서 보장하도록 하게 하고 건전한 정의 사회의 형성에 문제가 있는

10) http://kdtester.blog.me/130098899379

부분이라 할 수 있다면 주의를 가져야 할 필요성이 있다.

보험회사에 대하여 취할 수 있는 방법은 보험사고에 대비한 전문적인 팀을 운영하고 이들의 역할을 강화하는 것이라고 볼 수 있다. 물론 지금도 나름대로 노력을 하고는 있지만 그럼에도 불구하고 보험사고가 끊임없이 발생하고 있는 것은 보험가입자 관리에도 문제가 있지 않는가 하는 점이다.

그러므로 자동차보험 적용의 경제성을 연동하여 도덕적 해이와 같은 보험사고가 발생한 회사에 대해서는 회사별로 데이터를 공개하는 방법이나 사고발생 방지에 대한 불이익을 줌으로써 보험회사들도 사고방지에 대한 노력을 더욱 많이 하도록 할 필요가 있다. 즉 보험사기 방지에 대한 투자를 늘리도록 하여야 한다는 의미이다.

따라서 보험사고로 인하여 도덕적 해이가 발생하는 회사에는 일정비율 이상을 초과하면 보험회사에서 벌금을 내도록 보험회사에 직접적인 경제적 불이익을 부과하는 것도 고려해 볼 일이다. 반대로 보험사고 예방 우수회사에 대해서는 그와 관련된 인센티브를 주도록 하여 형평성을 유지하도록 한다.

자동차보험은 자동차 소유자가 반드시 가입하여야 하는 보험이다. 그럼에도 자동차보험에 가입하지 않고 있는 자동차는 반드시 자동차를 운행하지 못하도록 하는 방법을 강구하여야 하고 자동차의 소유자에게는 그에 맞는 벌칙을 주어야 한다.

우리는 도로에서 음주단속이나 각종 교통질서 위반에 대한 단속을 자주 하고 있다. 또한 각종 유료도로의 하이패스 등 차량인식시스템과 도로교통 정보시스템, 방범을 위한 CCTV 등을 운영하고 있다. 이런 방법을 사용하더라도 무면허, 대포차, 자동차보험 미가입자 등에 대한 주기적인 단속과 시민홍보 등을 통하여 보험을 가입하게 하고 자동차사고의 방지 및 보험사고 방지에 대한 국민들의 인식을 한 단계 더 상향, 성숙시켜야 한다.

(2) 교통사고 환자

교통사고 환자에 대해서는 허위사고를 근절하고 치료받는 동안에는 충분한 보장을 하지만 치료를 종결해도 된다고 판단되는 시점 이후에는 조속한 사회복귀를 위하여 관련기관이 노력하여야 한다.

현재의 보상체계는 교통사고 환자가 외래로 통원을 받는 경우에는 입원을 하여 치료를 받는 것 보다 보상이 적다고 인식하고 있는데 이러한 잘못된 인식을 전환하도록 실질적인 조치가 따라야 한다. 보험회사의 방침이 회사의 이익을 우선하는 것 때문에 교통사고 환자에 대한 보상이 충분하지 못한 것은 아닌지 제도적으로 재검토해 보아야 한다.

보험사기 사건의 직업별 현황을 보면 회사원이나 무직, 일용자의 수치가 상당히 많은 비중을 차지하고 있는데 이들이 생계형으로 보험사기에 가담하는 부분도 생각할 수 있다. 현재의 자동차사고 보상 기준을 보면 도시일용 노동자의 기준을 적용하고 있다고 보는데 이것을 현재의 직업 기준으로 바꿔야 한다. 다만 그들이 건강한 사람이 장차 노동을 통하여 급여 수익을 받을 것이라는 전제가 있기는 하지만 자신의 소득을 증빙하지 못하면 그에 대한 보상을 최저수준으로 하여 최저임금 노동자와 형평을 맞추도록 하여야 한다. 다만 손해배상이라는 특성이 있기는 하지만 그가 연간 소득 1억원 이상의 고액연봉자라면 그에 맞게 보상하되 보험의 특성을 고려하여 사회적 합의를 통하여 현행처럼 80% 정도의 보상을 하도록 하는 방안도 고려하여야 한다.

만약 휴업시 보상이 근무시 수익보다 높은 현상이 발생하는 등 불합리한 요소가 있다면 이는 개선되어야 한다. 이렇게 하여 교통사고 환자가 사고로 인하여 자신의 평소 수익보다 과다한 이익을 취하지 못하도록 한다.

다만 의료보상은 충분하게 보상하도록 하여 복귀 후에 발생할 노동력 손실에 대한 우려를 감소시키고 그에 따른 장해에 대해서도 정확한 판정으로 보상하도록 하여 중증으로 노동력을 상실하여 향후 인간다운 생활이 문제가 되는 경우까지 보상을 하지 않도록 하는 것은 안된다.

당연히 보험사고에 개입한 환자는 그에 관한 형사적 처벌이나 손해배상 등은 이루어져야 한다.

(3) 자동차보험 의료기관

자동차보험 의료기관은 순수한 의학적 판단으로 환자를 진료하여야 하며 사사로운 감정이 개입되어서는 안된다. 물론 자동차보험 환자의 특성이 존재하는 것도 사실이고 의학적 판단과 환자의 주관적 판단이 일치할 수는 없지만 최선의 진료로 조기에 치유하여 사회나 가정으로 복귀하는 것이 자동차보험의 사회보장성의 취지이므로 이해할 수 없는 장기진료는 근절되어야 하고 환자관리도 철저히 이루어져야 한다.

사회가 의사에 대한 신뢰를 저버리지 않고 있는 것은 의학적 판단에 대하여 누구도 부정하지 못할 전문성을 인정해 주고 있기 때문이라고 보아야 한다. 그러므로 이러한 사회적 신뢰를 유지하는 것은 전문가로서의 의사의 직업윤리와 양심의 문제이라고 할 것이다.

따라서 자동차보험 의료는 교통사고 환자의 특성을 이해하고 국민 과반수가 가입하는 사회보험성이라는 취지를 고려하여 순수한 의학적 차원에서의 판단으로 환자 진료에 임하여야 할 것이다.

(4) 가칭『자동차보험관리공단』의 설립 및『보험경찰』의 설치

현재 자동차보험은 민간 상업보험회사에서 분산하여 관리하고 있다. 이에 따라 보험의 가입, 관리, 사고의 조사, 보험금의 지급을 각 보험사가 각각 취급하고 있는 것이다. 이로 인하여 발생하는 문제는 보험가입자를 모집하기 위한 사업비용의 별도 지출, 보험 관리를 위한 인력의 별도 운용, 보험금의 회사별 지급 등 모든 것이 분리, 분산되어 있다.

이렇게 보험 영업을 자유화 한 것은 그로 인한 경쟁을 통하여 보험료를 인하하고 보험가입자나 교통사고 환자를 보호하고 경제성을 통하여 국가의 발전을 추구하는 것이어야 하는데 이에 따라 발생하는 경제적 손실이 오히려 경제적 이익을 초과하게 되는 경우라면 진지하게 관리의 통합을 고려해 보아야 한다.

물론 자본주의 경제사회에서 보험 영업의 범위를 자유화에서 통합으로 간다는 것이 쉬운 일은 아니라고 볼 것이지만 자유화가 보험경제 발전에 장애가 된다면 관리의 통합으로 효율성을 제고하여야 하는 것이 맞다고 할 것이다.

따라서 저자는 자동차사고의 관리만을 전담하는 가칭『자동차보험 관리공단』을 설치하여 보험관리의 효율성을 추구하는 것을 제안하고자 한다.[11)]

자동차보험의 관리를 담당하는 가칭『자동차보험 관리공단』은 다음과 같이 운영된다.

① 자동차보험의 모집과 보험료 납부, 보험기간 종료시 재가입관리 등의 일반적인 보험관리는 각 보험회사의 능력범위로 자유화한다. 이것은 보험영업의 자유화를 그대로 인정하고 보험료의 납부를 통하여 재정 운영은 그대로 가능하도록 한다.

② 자동차보험 가입자에 대한 정보는 자동차보험관리공단으로 이전하여 향후 자동차보험 사고발생시 관리를 용이하게 한다.

③ 자동차보험 환자가 교통사고가 발생하면 자동차보험관리공단으로 신고를 일원화한다. 이를 통하여 보험사로부터 받은 보험정보를 활용하여 보험사고조사를 실시한다.

④ 자동차보험관리공단은 교통사고 조사를 위하여『보험경찰』조직을 운영한다. 이 조직은 사법경찰권과 유사한 정도의 권한을 부여하여 교통사고에 관한 조사와 형사고발을 담당한다.

⑤ 자동차보험관리공단은 보험보상을 위하여 필요한 범위의 보상부를 운영하고 보상팀의 역할을 전문화하며 그 범위를 초과하는 사건에 대해서는 민간 자동차보험 전담 법률사무소의 판단을 받도록 한다.

⑥ 자동차보험관리공단은 교통사고 환자에 대한 정확한 의료보상과 장해보상을 위하여

11) 자동차보험의 허와 실 – http://blog.naver.com/neil21/20040521360

의료위원회를 구성하여 운영한다. 이 의료위원회는 1개월 이상의 장기진료와 교통사고 환자의 전원, 장해판단시 특별진찰 등의 업무를 수행한다.

⑦ 자동차보험관리공단의 보상업무는 각 보험사가 보험가입자들로부터 받은 보험료 중 보험사업에 소요되는 비용을 매 분기마다 적립하여 활용한다. 만약 분기 중 보험사업 비용이 일시적으로 과다 지출되면 전분기에서 이월된 자금을 사용하거나 다음 분기에서 선입하게 하거나 특별비용을 납입하도록 한다. 이때 자동차보험 영업회계는 1년 단위로 정산한다.

⑧ 자동차보험관리공단은 각보험사별로 회계를 분리하여 관리, 운용하며 부족한 부분에 대해서는 충원을 요청하고 남은 부분에 대해서는 환원하여 각 회사의 발전을 위해 사용하도록 한다.

⑨ 자동차보험관리공단은 환자진료를 담당하는 지정 의료기관에 대해서 진료비 심사나 지도점검, 평가강화 등 합법적인 방법을 통하여 원칙대로 진료하고 관리되며 운영되는 시스템을 확립하여야 한다. 물론 평가는 자동차보험 환자 진료와 관련된 부분에 한정한다.

⑩ 정부는 자동차보험관리공단의 운영을 위한 필요한 경비를 예산의 범위 내에서 지급할 수 있도록 한다. 이것은 자동차보험이 사회보험성을 가지는 기능 때문이다.

그 외에 현재 금융감독원 등에서 운영하고 있는 보험사기 적발과 포상금제도 등을 운영하고 있지만 잘하는 대상자에 대해서는 인센티브를 부여하고 보험사고 관리 질을 향상하며 부정한 부분에 대해서는 제도개선과 벌칙을 강화하여 자동차보험에 대한 사회적 인식을 제고하도록 하는 것은 계속 유지한다.

특히 자동차보험관리공단 인력의 전문성을 강화하도록 하여 그들이 자동차보험의 전문가로서의 자긍심과 신뢰를 보일 수 있도록 하여야 한다.

또한 최근부터 시행된 FIS시스템을 더욱 강화, 활성화하여 적발을 철저히 하고 적발된 사안에 대해서는 엄격히 관리하도록 하여 부정수급에 대한 인식을 갖지 못하도록 하여야 한다. 그리고 자동차에 설치한 블랙박스 동영상 등을 증거자료로 활용하는 경우도 많고 이를 사회적 증거로 채택하는 경우도 있는데 이런 것을 활용하여 공식적인 사회적 사고방지 시스템을 구축하는 것도 필요하다.

(5) 사회적인 문제

발전된 자동차보험 문화를 만들기 위해서는 제도적 장치로 자동차보험 뿐만 아니라 전 사회적인 보험사고 방지시스템을 구축하고 발생시 강력한 처벌을 하도록 하여 보험사고에 대한 인식을 전환하도록 하며, 철저히 관리하도록 한다.

또한 현재 각 보험사가 가지고 있는 보험의 정보를 공유하여 통합관리 할 수 있도록 하며 자동차사고에 대한 안전의식 수준을 향상하여 교통사고와 보험사고의 발생을 방지하려는 원칙적인 노력을 기울여야 한다.

법적인 문제에서 교통사고의 발생시 경찰서에 반드시 신고하는 부분도 중요하며 교통사고처리특례법을 잘 활용하여 음주, 무면허, 과속 등의 경우에는 범죄로 엄격히 관리하고 단순한 실수 등은 확실하게 보험에서 보장하여 보장과 신뢰, 보호, 처벌이 서로 구분되면서도 일관성을 가지도록 하여야 한다.[12)]

한 나라의 국가 수준은 자동차보험의 문화 발전에도 기여할 것으로 판단된다. 자동차사고를 방지하기 위한 자동차문화의 성숙, 자동차운전 및 교통질서의 확립을 위하여 법규위반자에 대한 철저한 단속 등 많은 노력을 해야 할 것이다.

국가와 국민의 사회문화적 수준을 향상시키기 위하여 시스템적으로 잘 구조화되어 있어야 하고 건전한 자동차보험의 운용과 보험사기에 대한 사회교육 캠페인도 자동차보험 대상자는 물론 일반사회인을 대상으로 전문적이고 규칙적으로 시행할 필요도 있다.

(6) 자동차보험 의료기관에 당부하는 말

자동차보험 문화의 발전을 위하여 자동차보험 의료기관들이 그간 많은 노력을 해 온 점을 다시 한번 강조한다. 자동차보험 문화의 발전을 위해서는 전 국민은 물론 자동차보험 관련자들의 헌신적인 노력이 수반되어야 함은 전술한 바 있다. 다만 부언하고 싶은 것은 자동차보험을 담당하는 중요한 한 축인 자동차보험 의료기관은 한층 더 윤리와 도덕이 요청된다고 보아 다음 사항을 당부하고자 한다.

가장 중요한 것은 병원에 대한 사회적 신뢰의 회복이 필요하다. 그간 자동차보험 사기사건 등을 비롯 장기진료, 허위진료 거짓청구 등 부조리한 사건만 발생하면 의료기관이 개입되어 있는 것으로 나타난다. 이러한 사건이 실제로 전체에서 차지하는 비중이 1.2%에 지나지 않지만 사회윤리차원에서 이제는 의료기관이 연루되지 않기를 바라는 마음이 간절하다.

자동차보험 의료기관은 진료비 청구에 진실성을 담보하도록 하여야 하며 환자의 부당한

12) 캐나다의 보험이야기 – http://weblogger.tistory.com/312?srchid=BR1http://weblogger.tistory.com/312

요구시 의학적 차원에서 합리적으로 대응하기를 기대한다. 또한 의학적 의미가 없는 장기진료, 허위진단, 과잉진료, 허위청구, 등급 상향(특히 장해판단시 유의) 등의 단어를 영원히 추방하는 의식전환이 반드시 필요하다고 본다.

자동차보험 문화의 발전에 병원 담당자들의 역할은 매우 중요하다. 자동차보험 의료기관 근무자들은 유관업무를 숙지하여 업무효율성을 제고하고 병원의 중요한 경영담당자임을 인식하고 근무하도록 하는 것이 필요하다.

그리고 각 자동차보험 의료기관의 의료인과 담당자들도 상호간에 네트워크를 형성하여 의료협력과 정보협력, 연구강화 등으로 자동차보험 의료문화의 합리적 발전에 참여하고 기여하는 것을 기대한다. 자동차보험 환자도 의료기관에서는 결국 장차 병원을 발전하게 할 중요한 고객이자 의료소비자이기 때문이다.

마지막으로 자동차보험의 허위 적용–허위환자의 공모 방지와 개입 금지, 우리가 납부한 자동차보험료로 보상을 한다는 것으로 인식하고 모두가 바람직한 보험의료 질서의 확립에 기여하여야 할 것이다.

단원평가

1. 우리나라의 자동차보험 문화의 변화 원인에 대해 쓰시오.
2. 자동차보험 문화발전의 대상 분야에는 어떤 것이 있는가.
3. 자동차보험 문화발전과 도덕적 해이에 대해서 설명하시오.
4. 자동차보험의 도덕적 해이의 발생 원인에는 어떤 것이 있는가.
5. 자동차보험의 도덕적 해이의 발생을 방지하기 위하여 분야별로 해야 할 사항을 쓰시오.
6. 자동차보험관리공단의 설립 필요성에 대해서 의견을 쓰시오.

자동차보험 법령편 및 양식편 목록

【법령 및 규정편】

자동차손해배상보장법

자동차손해배상보장법 시행령

자동차손해배상보장법 시행규칙

자동차보험진료수가에 관한 기준

자동차보험진료수가 심사업무처리에 관한 규정

경미한 자동차사고 상해환자 입원기준

입원료 및 식대 심사지침

자동차보험 표준약관

자동차보험진료수가 청구서 및 명세서 세부작성요령

뺑소니사고 신고자에 대한 포상금 지급에 관한 규정

자동차사고 피해자 등 지원업무처리에 관한 규정

자동차손해배상보장사업 업무관리지침

자동차손해배상보장사업 업무관리규정

자동차손해배상보장사업 채권정리위원회 업무처리규정

자동차의무보험 가입관리에 관한 업무처리규정

의무보험 만기안내 업무처리규정

자동차보험 위탁심사 관련 Q&A

심사 Q&A
자동차보험진료수가 청구서
자동차보험진료수가 명세서
심의회 심사청구 서식 및 작성요령
심의회 심사청구 절차 및 방법 안내
심사결정통보서
이의제기서

자동차보험분쟁심의회 심사청구서
답변서

【양식편】

(일반)진단서
장해진단서
교통사고사실확인원-도로교통법시행규칙 별지 제144의 7

외출외박기록표-법시행규칙 별지 제3호의2 서식
입원식대 서식
선택진료신청서-별지 1호서식-선택진료규칙
자동차사고 환자 입원상태점검서
교통사고환자진료기록확인요청서-별지 1호서식
교통사고 환자에 대한 진료비 지급보증서-심사규정 별지 9호
교통사고 환자에 대한 진료비 지급보증중지통보서-수가기준 별지 2호
교통사고 입원환자 퇴원 가능 소견서-수가기준 별지 3호
입원진료비 지급보증 중지(불가) 통보서-수가기준 별지 4호

* 그 외에도 많은 규정과 참고자료, 양식이 있으므로 필요한 경우 국가법령정보센터, 건강보험심사평가원 등에서 관련 자료를 찾아서 참고하기 바람

참고문헌

1. 이재홍 외. 산업재해보상보험 및 자동차보험 청구실무. 수학사. 2014
2. 김수배. 원무관리. 군자출판사. 2011
3. 대한의사협회. 의료법원론. 법문사. 2008
4. 박기수. 자동차보험의 문제점과 개선방안. 병원신문. 1993
5. 한석홍. 자동차보험 의료보수 고시. 대한병원협회지. 1995
6. 자동차보험 표준약관
7. 생명보험 표준약관
8. 건강보험심사평가원 홈페이지
9. 자동차보험분쟁심의회 홈페이지
10. 국가법령정보센터 각종 법령 및 규정
11. 종합법률정보센터
12. 그 외 각종 인터넷 자료
13. 네이버. 다음 포털사이트 백과사전. 지식백과

❖ 저자 소개

• 박 기 수

전 마산대학교 보건행정과 겸임교수

산업재해보상보험 및 자동차보험 청구실무 값 30,000원

2016년 2월 29일 제1판1쇄 발행
2017년 7월 10일 제2판1쇄 발행
2020년 3월 20일 제3판1쇄 발행

저 자 : 박 기 수
발행인 : 주 영 일
발행처 : 계 축 문 화 사

판권소유

서울특별시 종로구 통일로12길 16-17
우편번호 : 03029
TEL : 735-2257 · 738-9746
FAX : 723-9025
E-mail : gyechuk@hanmail.net
홈페이지 : http://gyechuk.co.kr
1973. 10. 31 등록번호 제300-1973-8호
ISBN 978-89-5629-595-4 93320